KB158647

프라이버시 중심 디자인은 어떻게 하는가

프라이버시 중심 디자인은 어떻게 하는가

신기술의 프라이버시 문제,
디자인에 답이 있다

우드로 하초그 지음
김상현 옮김

에이콘

에이콘출판의 기틀을 마련하신 故 정완재 선생님 (1935-2004)

사랑과 감사의 마음을 담아 젠, 윌, 로미에게
이 책을 바친다

하초그 교수는 깊은 통찰과 열정, 유머를 섞어 우리가 늘 보면서도 미처 깨닫지 못했던 디지털 기술의 본질을 일깨운다. 기술이 결코 가치 중립적이지 않으며 특히 소셜미디어와 사물인터넷, 감시 기술은 사용자에게 더 많은 개인정보를 제공하도록 부추기는 쪽으로 디자인됐음을 입증한다. 저자는 우리가 프라이버시 보호를 염두에 두고 앱과 소셜미디어, 사물인터넷 옷(심지어 속옷까지!)을 디자인할 수 있지만 구체적인 계획이 필요하다고 강조한다. 그리고 이 책은 그런 계획의 청사진을 일러준다. 정보시대의 개념서이자 온라인 프라이버시를 염려하는 사람이라면 누구나 읽어야 하는 필독서다.

— 다니엘르 키츠 시트론 Danielle Keats Citron,
『Hate Crimes in Cyberspace』(Harvard Univ. Press, 2016)의 저자

『프라이버시 중심 디자인은 어떻게 하는가』는 '프라이버시 중심 디자인' 연대기의 결정판이다. 평이하면서도 생동감 있는 문체로 생생한 사례를 들어 온라인 프라이버시의 다층적 문제와 해법을 짚는다. 우리 시대의 프라이버시를 다룬 더없이 중요하고 시의적절한 책이다.

— 대니얼 솔로브 Daniel Solove, 『Understanding Privacy』(Harvard Univ. Press, 2009),
『인터넷세상과 평판의 미래』(비즈니스맵, 2008)의 저자

『프라이버시 중심 디자인은 어떻게 하는가』는 진정한 문제작이다. 온라인상의 프라이버시 보호에 요구되는 다차원적 구조와 문제, 해법을 종합적으로 잘 풀어 소개한다.

— 프랭크 파스쿠알레Frank Pasquale, 『The Black Box Society』(Harvard Univ. Press, 2016), 『New Laws of Robotics』(Belknap Press, 2020)의 저자

과감하고 혁신적인 프라이버시 보호의 어젠다를 명쾌하게 설명한 책이다. 하초그 교수는 어떻게 그리고 왜 프라이버시 중심 디자인이 권력과 정치의 문제인지 생생하게 보여준다.

— 폴 슈워츠Paul Schwartz, 『Information Privacy Law』(Wolters Kluwer, 2021)의 저자

기술 디자인이 프라이버시 보호에 얼마나 중요한지 명석하게 밝힌 책이다. 이 책을 통해 현대 디지털 기술의 문제점을 새로운 시각에서 파악하는 것은 물론, 관련 법규를 어떻게 개정하고 강화해야 더 나은 프라이버시 보호를 실현할 수 있는지 파악할 수 있을 것이다.

— 제임스 바르슈츠James Barszcz, 국제프라이버시전문가협회 프라이버시 자문역

기만적인 디자인은 당신을 넛지하고, 속이고, 성가시게 굴어 더 많은 개인정보를 온라인에 공개하도록 부추긴다고 이 책에서 주장한다. 그리고 당신은 개인정보를 제대로 관리한다고 생각할지 모르지만 실상은 그렇지 못한 경우가 대부분이라고 경고한다.

— 아리엘 보글Ariel Bogle, 오스트레일리아 ABC 뉴스 방송인

| 지은이 소개 |

우드로 하초그 Woodrow Hartzog

노스이스턴대학교Northeastern University의 로스쿨과 컴퓨터 및 정보과학대 겸임 교수다. 프라이버시, 미디어, 로봇공학 등에 대한 연구 논문을 「예일 로저널The Yale Law Journal」, 「컬럼비아 로 리뷰Columbia Law Review」, 「캘리포니아 로 리뷰California Law Review」, 「미시건 로 리뷰Michigan Law Review」 등 다수의 법률저널과 학술지에 게재했다. 「가디언Guardian」, 「와이어드Weird」, 「디 애틀랜틱The Atlantic」, CNN, BBC 등 유명 매체에도 기고하거나 출연해 프라이버시의 중요성을 계몽하고 있다.

| 감사의 글 |

지은이가 단독으로 쓴 책도 실상은 협업 프로젝트다. 이 프로젝트를 위해 도움을 준 이들에게 깊이 감사의 마음을 전한다.

내가 애초에 법학교수가 된 것부터가 수많은 멘토의 배려와 도움 덕택이고, 이들 중 많은 이를 친구라고 부를 수 있다는 점에서도 행운이라고 생각한다. 도리스 컴피어Doris Compere는 목적도 없고 불안해하는 열네 살 소년에게 언어를 능숙하고 명확하게 사용하는 것이 얼마나 중요한지, 그리고 열정을 기르는 것이 무슨 의미인지 가르쳐줬다. 알렉스 볼라Alex Bolla는 세상 물정에 어두운 법학도를 학계의 치열한 연구의 세계로 이끌어 평생의 커리어로 삼게 해줬다. 캐시 패커Kathy Packer는 난해한 법률 용어를 남발하는 데 익숙한 박사 과정 학생에게 더 명료하고 유의미하게 글쓰는 방법과 어떤 것이 진지한 학자의 길인지 알려줬다. 그리고 이 책의 주제와 가장 밀접한 내용으로, 대니얼 솔로브는 프라이버시에 열정은 있지만 아직 제대로 가다듬어지지 않고 계발되지 않은 학생에게서 잠재력을 찾아줬다. 솔로브 교수의 우정과 조언, 격려는 이 책을 쓰는 일뿐 아니라 내 전체 커리어에도 더없이 소중한 힘이 됐다. 당신은 교사로, 멘토로 그리고 친구로 이상적인 모델이다. 솔로브 교수님께 가장 깊은 감사의 마음을 전한다.

샘포드대학교Samford University 컴버랜드Cumberland 로스쿨의 관계자들께도 깊이 감사를 드린다. 컴버랜드에서 비판적 사고, 징의의 가치 및 진정한 변호인의 의무 등을 배웠다. 존 캐럴John Carroll 교수를 비롯한 컴버랜드의 교수님들, 나를 법학 교수로 키워주신 데 감사드린다. 교수님들의 지속적인 후원과 우정은 진정한 협력 관계의 모델이다. 컴버랜드의 학생들에게도 많은 것을 배웠다. 학생들의 무한한 열정과 호기심, 밝은 에너지를 공유해준 데 감사한다. 나는 언제나 자랑스러운 컴버랜드인일 것이다. 이 책을 집필하는 데 필요한 시간, 공간 및 자원을 제공해준 컴버랜드의 코키 스트릭랜드Corky Strickland 학장님께 특별한 감사의 말씀을 올린다. 그리고 브래넌 데닝Dean Brannon Denning 부학장님은 이 책의 초고를 꼼꼼히 읽어보시고 소중한 고견을 기록적인 속도로 보내줬다. 그리고 지금 나는 노스이스턴대학교Northeastern University 로스쿨과 컴퓨터 및 정보과학대 식구로 초대해주신 제레미 폴Jeremy Paul과 칼라 브로들리Carla Brodley 두 분의 학장님께 큰 빚을 지고 있다. 법률을 공부하는 일의 미덕과 희열, 책임감을 끊임없이 일깨워준 노스이스턴대학교 학생들에게도 감사의 말을 전한다. 나는 이 대학 공동체의 구성으로 크나큰 혜택을 누렸고, 앞으로도 그럴 것이라 기대한다.

또한 미국과 세계 여러 나라에서 프라이버시와 기술을 연구하는 학자들의 도움을 많이 받았다. 이들의 사려 깊고 친절하며 적극적인 도움에 깊이 감사한다. 이 책의 구조와 내용에 근본적인 영향을 미친 오랜 동료와 협력자들의 이름을 적으면서 특별한 감사를 표현하고 싶다. 라이언 케일로Ryan Calo, 다니엘르 키츠 시트론, 조시 페어필드Josh Fairfield, 크리스 후프네이글Chris Hoofnagle, 마고 카민스키Margot Kaminski, 이언 커Ian Kerr, 빌 맥게버런Bill McGeveran, 마크 매케나Mark McKenna, 폴 옴Paul Ohm, 닐 리처즈Neil Richards, 에반 셀린저Evan Selinger 그리고 프레드 스터츠만Fred Stutzman, 여러분들께 정말 감사합니다.

다른 많은 분께 감사를 드려야 마땅하지만 사실 너무 많아서 감사인사로 할당된 지면이 모자랄 정도다. 여기에 그분들의 이름을 열거할 뿐이지만 감사의 마음은 절실하다. 알레산드로 아퀴스티Alessandro Acquisti, 리사 오스틴Lisa

Austin, 데릭 뱀바우어Derek Bambauer, 줄리 코엔Julie Cohen, 그렉 콘티Greg Conti, 로리 페이스 크레이너Lorrie Faith Cranor, 케이트 달링Kate Darling, 윌 드브라이스Will DeVries, 데이브 퍼군데스Dave Fagundes, 짐 포스터Jim Foster, 조너선 프랭클Jonathan Frankle, 바트야 프리드만Batya Friedman, 에이미 가즈다Amy Gajda, 수 글뢱Sue Glueck, 네이선 구드Nathan Good, 제니퍼 그래닉Jennifer Granick, 게헌 구나세카라Gehan Gunasekara, 조 홀Joe Hall, 거스 허위츠Gus Hurwitz, 메그 존스Meg Jones, 케이트 클로닉Kate Klonick, 사프나 쿠마Sapna Kumar, 캐런 레비Karen Levy, 애런 매시Aaron Massey, 안드레아 매트위신Andrea Matwyshyn, 에밀리 맥레이놀즈Emily McReynolds, 크리스티나 멀리건Christina Mulligan, 디어드리 멀리건Deirdre Mulligan, 템플 노섭Temple Northup, 프랭크 파스쿠알레Frank Pasquale, 줄리아 파울스Julia Powles, 오메어 콰지Omair Qazi, 조엘 라이덴버그Joel Reidenberg, 제시카 로버츠Jessica Roberts, 아이라 루빈스타인Ira Rubinstein, 캐머런 러셀Cameron Russel, 제어 사이드Zahr Said, 폴 슈워츠Paul Schwartz, 리사 셰이Lisa Shay, 제시카 실비Jessica Silbey, 아쉬칸 솔타니Ashkan Soltani, 자이넵 투펙치Zeynep Tufekci, 그렉 베터Greg Vetter, 아리 왈드만Ari Waldman, 폴 웜스테드Paul Wamsted, 펠릭스 우Felix Wu를 비롯한 모두에게 감사의 마음을 전한다.

이 원고의 일부와 내 아이디어를 여러 콘퍼런스와 워크숍, 심포지엄에 발표했을 때 유익한 논평과 피드백을 많이 받았다. 코넬대학교 로스쿨Cornell University's Law School과 정보과학과, 포덤 로스쿨Fordham Law School의 법과 정보정책센터, 휴스턴대학교 로스쿨University of Houston Law School, 메릴랜드대학교 로스쿨University of Maryland Law School, 멜버른대학교 로스쿨University of Melbourne Law School, 버클리 로스쿨Berkeley Law School에 소재한 새뮤얼슨 법, 기술, 공공정책 클리닉Samuelson Law, Technology & Public Policy Clinic, 마이크로소프트사, 뉴질랜드 오클랜드대학교University of Auckland에서 열린 아시아지역 프라이버시 학자네트워크 콘퍼런스, 그리고 UC 버클리대학교The University of California-

11

Berkeley와 조지워싱턴대학교George Washington University에서 열린 연례 프라이버시 법학자 콘퍼런스 등에서 피드백을 받았다.

오랫동안 함께 연구한 출중한 학생이자 자랑스러운 친구이기도 한 나타샤 두아르테Natasha Duarte에게 특별한 감사를 전한다. 나타샤는 이 책 전체의 초기 원고를 탁월하게 편집해줬다. 컴버랜드와 노트르담Notre Dame의 여러 법학도는 수년간 연구를 도왔으며, 케이트 클라크Kate Clark, 메건 피츠패트릭Megan Fitzpatrick, 조너선 그린Jonathan Green, 브랜든 무어Branden Moore, 카르멘 와이트Carmen Weite, 리디아 윔벌리 메시나Lydia Wimberly Messina의 도움을 많이 받았다.

가족에게도 큰 빚을 졌다. 조부모 루비Ruby와 엘로이즈Eloise, 우디Woody와 짐Jim은 당신들께서 아시는 것보다 훨씬 더 큰 가르침을 행동으로 보여주셨다. 사촌이지만 형제 같은 엘리스Ellis와 디니Deenie 고모는 내게 너무나 많은 자신감을 불어넣어서, 책 쓰는 일이 쉬울 거라고 착각하게 만들었다. 누나인 디니Deenie는 내 기술을 다듬고, 심지어 자정 무렵의 실존 위기 때도 기운을 북돋아줬다. 그리고 물론 부모님 리키Rickey와 데비Debbie도 많은 지지를 보내주셨다. 당신들이 가르쳐준 교훈과 내게 보내준 지원과 사랑은 한이 없지만, 지난 몇 년간 그런 점을 더욱 절실히 느꼈다. 부모님은 내게 친절하라고, 용기 있게 행동하라고 또 질문을 하라고 가르쳤다. 책을 쓰는 데 필요한 불꽃은 바로 부모님으로부터 시작됐다.

아내와 아이들은 이 책이 존재하도록 도와줬다. 아이들은 내가 일하는 동안 무한한 인내심을 발휘해줬고, 이 프로젝트에 대한 이들의 열정은 내가 비틀대고 탈진했을 때 다시 일어설 힘을 줬다. 윌Will은 항상 초고 몇 페이지를, 특히 욕설이 들어간 페이지를 읽고 싶어했다. 로미Romy는 아직 읽을 줄 모르는데도 항상 초고 몇 페이지를 읽고 싶어했다. 하지만 이들이 직접적으로 기여한 가장 큰 공로는 아이들이 제공한 새로운 관점과 디지털 세계에서 성장

함에 따라 더욱 필요한 것이 신뢰와 모호성, 자율성이라는 사실을 보여준 점이다. 아이들이 아직 자기들의 유튜브 채널을 만드는 법을 몰라서 (적어도 내가 알기로는) 다행이라는 점을 덧붙인다.

내 인생의 사랑인 아내 젠Jen은 가장 든든한 후원자이고, 가장 적극적인 교정자이며, 가장 친한 친구다. 이 책을 완성하는 데 필요한 모든 것을 준 아내에게 뭐라고 감사해야 할지 모르겠다. 이 위대한 모험에서 젠의 동료가 된 것을 한없이 고맙게 생각한다.

| 옮긴이 소개 |

김상현

캐나다에서 정보공개 및 프라이버시 전문가로 일하고 있다. 서울대학교를 졸업하고 10여 년 동안 「시사저널」, 「주간동아」, 「동아닷컴」, 「한경닷컴」 등에서 기자로 일하다 2001년 캐나다로 이주해 토론토대학교, 앨버타대학교, 요크대학교에서 개인정보보호와 프라이버시, 사이버보안을 공부했다. 캐나다 온타리오주 정부와 앨버타주 정부, 브리티시 컬럼비아^{BC}주의 의료서비스 기관 등에서 정보 공개 담당관, 개인정보보호 책임자, 프라이버시 관리자 등으로 일했다. 지금은 밴쿠버 아일랜드의 수도권청^{Capital Regional District}에서 정보공개 및 개인정보보호를 담당하고 있다. 개인정보보호와 프라이버시 분야의 자격증인 CIPP/C(캐나다), CIPT(IT 분야), CIPM(프로그램 경영), FIP(정보 프라이버시 펠로) 등을 취득했다.

저서로 『유럽연합의 개인정보보호법 GDPR』(커뮤니케이션북스, 2018), 『디지털 프라이버시』(커뮤니케이션북스, 2018), 『인터넷의 거품을 걷어라』(미래 M&B, 2000)가 있고, 번역서로 『공개 사과의 기술』(문예출판사, 2016), 『디지털 파괴』(문예출판사, 2014), 『통제하거나 통제되거나』(민음사, 2011)가 있다. 에이콘출판사에서 펴낸 번역서로 『마크 저커버그의 배신』(2020), 『에브리데이 크립토그래피 2/e』(2019), 『보이지 않게, 아무도 몰래, 흔적도 없이』(2017), 『보안의 미학 Beautiful Security』(2015), 『똑똑한 정보 밥상 Information Diet』(2012), 『불편한 인터넷』(2012), 『디지털 휴머니즘』(2011) 등이 있다.

코로나 팬데믹을 계기로 소셜미디어 이용이 크게 늘었다. 거의 모든 물리적 모임과 활동은 온라인으로 이뤄지며, 줌^{Zoom}, 마이크로소프트 팀즈^{Teams}, 웹엑스^{WebEx}, 페이스타임^{Facetime} 같은 비디오 툴로 대체됐다. 페이스북, 카카오톡, 스냅챗, 트위터 같은 소셜미디어 플랫폼은 뜻하지 않게 팬데믹 상황의 최대 수혜자들 중 하나로 급부상했으나, 사람들은 그렇게 바뀐 상황에 적절히 대응하지 못하고 있다. 툴을 쓸 줄 모른다는 뜻이 아니다. 그런 툴을 쓸 때 그 뒤에서 어떤 일이 벌어지는지, 특히 우리의 개인정보와 프라이버시에 어떤 영향이 미치는지 제대로 모르고 있다는 뜻이다. 이것은 물론 우리의 잘못만은 아니다. 아니, 도리어 온라인 툴을 제공하는 기업의 잘못이라고 해도 크게 틀리지 않다.

우리는 페이스북이나 카카오톡을 쓸 때 내가 쓰는 댓글과 대화는 오직 당사자들만 볼 수 있을 것이라고, 따라서 우리의 사생활은 적절히 보호될 것이라고 믿는다. 컴퓨터 앞에 앉아 대화를 주고받을 때 우리는 사적인 공간에서 안전하게 소통한다고 생각한다. 이는 컴퓨터나 스마트폰 화면이 우리에게 안겨주는 일종의 환상이고 오해다. 내가 소속된 그룹만 알 것이라고 믿었는데 비회원들에게도 알려져 민망한 상황에 처하거나, 나는 프라이버시 설정을 높게 잡았다고 믿었는데 회사가 내게 알리지도 않고 설정을 바꿔 물의를 일으키기도 한다. 이와 같은 '심리 모델$^{mental\ model}$'의 부조화와 갈등은 특히 소셜미디어 플랫폼에서 심각하다.

심리 모델은 어떤 제품이나 서비스에 대해 내가 머릿속으로 예상하는 작동 방식이다. 문에 당김 손잡이가 달렸다면 나는 그것을 당겨야 문을 열 수 있다고 짐작하고, 아무런 손잡이 없이 넓적한 패널만 붙어 있다면 손바닥으로 밀어야 한다고 짐작한다. 페이스북이나 링크드인 같은 소셜미디어의 프라이버시 설정에서 내 정보를 내 친구들만 보게 할지, 내 친구의 친구들까지 보게 할지, 아니면 완전히 공개할지 판단하는 것도 마찬가지다. 문제는 오프라인의 사례와 달리 온라인에서는 심리 모델의 부조화가 심각하다는 사실이다. 말로는 "당신의 프라이버시는 우리에게 매우 중요하다."라고 해놓고, 정작 뒷전으로는 가능한 한 더 많은 개인정보를 뽑아내고, 더 많은 공유를 부추기고, 더 광범위한 정보 확산을 유도하는 것이다. 페이스북에서 특히 자주 벌어지는 개인정보 유출은 개별 사용자가 생각하는 페이스북의 심리 모델과 페이스북이 실제로 디자인한 모델이 다르기 때문이다. 가령 스냅챗 화면의 시계 아이콘은 어떤가? 사용자가 몇 초인지 설정하면 해당 시간이 지난 뒤 이미지나 메시지가 지워질 것이라는 심리 모델을 사용자에게 전달한다. 그러나 실상은 달랐다. 사용자는 자신이 설정한 시간 뒤에 해당 파일이 지워졌을 것으로 믿었지만 그렇지 않았다. 사용자의 기대 심리(심리 모델)가 기업에 의해 배신당한 것이다.

『프라이버시 중심 디자인은 어떻게 하는가』는 소셜미디어를 비롯한 온라인의 수많은 서비스와 플랫폼이 이처럼 사용자들의 기대를 배반하고 있다고 지적한다. 개중에는 의도치 않은 경우도 있지만 많은 경우는 의도한 것이다. 교묘하고 혼란스러운 이미지나 메시지를 활용해 사용자가 제대로 된 심리 모델을 머릿속에 그리지 못하도록 방해한다. 지은이는 시중의 여러 실제 사례로 신기술의 프라이버시 문제를 짚는다. 그와 더불어 개별 사용자의 동의에 지나치게 의존한 현행 개인정보보호법의 허점과 비현실성을 지적한다. 어떻게 하면 그런 허점을 메우고, 온라인 프라이버시 보호의 책임을 거의 일방적으로 사용자에게 전가하는 현재 관행을 타파할 수 있는지 논의한다.

우드로 하초그 교수는 온라인 프라이버시 분야에서 손꼽히는 전문가다. 그는 개인 사용자와 페이스북, 구글 같은 초대형 플랫폼 기업 사이에 놓인 극심한 힘의 불균형을 바로잡을 방안을 이 책에서 제시한다. 프라이버시 보호와 관리의 책임을 개인 사용자에게만 부과하는 현재 상황을 타파할 방안을 소개한다. 페이스북이나 구글처럼 막대한 규모의 개인정보를 수집하고 분석하고 이용하는 기업에 더 큰 보호 책임을 물어야 한다는 '신탁 의무' 아이디어가 그중 하나이고, 이 책의 핵심이라 할 수 있는 '프라이버시 중심 디자인' 아이디어도 실천 가능성이 높은 제안이다. 프라이버시 법을 개정해 신기술의 디자인 단계에서 프라이버시 보호 방안을 세우고 반영해야 한다는 하초그 교수의 제안은 정책 입안자와 입법자들이 경청할 만한 내용이다.

온라인과 오프라인의 경계는 점점 더 흐려지고 있다. 온라인 활동이 오프라인에 직접 영향을 미치고, 그 반대도 마찬가지다. 그럼에도 개인정보보호, 좀 더 넓게 잡아 개인의 프라이버시 문제는 유독 온라인에서 더 취약하다. 오프라인의 신체적 프라이버시, 투표 행위 같은 의사 결정의 프라이버시는 비교적 잘 보호되고 보장되는 반면, 온라인 활동은 그렇지 못하다. 공유와 복제, 유통과 확산이 그보다 더 쉬울 수 없는 디지털이라는 특성 때문이라고 치부하고 넘기기에는 사안이 너무나 중차대하다. 이는 온라인 환경이 이미 우리 삶의 중요한 한 축으로 자리 잡았기 때문이다. 멀리 갈 것도 없이 주요 선거나 정책을 둘러싼 가짜 뉴스와 선동성 루머, 코로나 팬데믹을 둘러싼 거짓정보의 범람은 그런 현실을 극명하게 드러낸다. 그저 막연히 친구나 친척, 동료들과 사교하는 공간 정도로만 치부했던 페이스북, 카카오톡 같은 소셜 미디어 플랫폼이 다른 개인 사용자의 프라이버시를 침해하고, 그를 통해 정치적 선전과 선동의 대상으로 삼는다는 사실이 밝혀진 것이다.

『프라이버시 중심 디자인은 어떻게 하는가』는 소셜미디어 플랫폼에 대한 우리의 안일한 시각에 경종을 울린다. 한 시간만 하자고 계획했던 페이스북이나 유튜브 사용이 세 시간, 네 시간으로 늘어난 게 결코 내 의지력이 부족한 탓만이 아니며, 소셜미디어가 나에 대해 너무나 많은 사실을 파악하고 있는 것이 결코 훌륭한 서비스가 아니라는 점을 하초그 교수는 이들 플랫폼의 본질과 의도를 보여줌으로써 입증한다. 우리의 프라이버시는 중요하다. 그렇다면 어떻게 보호해야 하는가? 『프라이버시 중심 디자인은 어떻게 하는가』에서 그 답의 일단一端을 찾을 수 있다.

| 차례 |

이 책에 쏟아진 찬사 6

지은이 소개 8

감사의 글 9

옮긴이 소개 15

옮긴이의 말 16

일러두기 22

들어가며 25

1부 | 프라이버시 법에서 디자인을 중요하게 취급해야 하는 이유

1장   디자인이 왜 중요한가 53

2장   프라이버시 법의 '디자인 간극' 101

2부 | 프라이버시 법을 위한 디자인 어젠다

3장   디자인이 지닌 프라이버시의 가치 153

4장   디자인 경계 설정 191

5장   프라이버시 디자인 툴킷 241

3부 | 프라이버시의 청사진 – 응용

6장   소셜미디어 293

7장   숨바꼭질 기술 339

8장   사물인터넷 379

마치면서 401

참고 문헌 406

찾아보기 508

기술과 프라이버시에 대한 요즘의 논의는 비관적인 우려로 기울기 십상이
지만 나는 이 책을 숙명론자의 관점에서 쓰지 않았다. 오히려 그 반대에 가
깝다. 이 책은 그동안 학계에서 배우고 연구한 초반 내용뿐만 아니라 프라이
버시가 우리 삶에서 얼마나 중요한 역할을 하는지에 대한 체험적 각성을 담
고 있다. 나는 도서관, 텔레비전 방송국, 레스토랑, 대학신문사, 법률회사,
시민단체 및 여러 교육 기관 등에서 일했다. 거기에서 프라이버시가 얼마나
중요한지, 프라이버시를 그와 경합하는 다른 주요 가치와 균형을 맞추기가
얼마나 어려운지 목격했다. 그리고 솔직히 말한다면 이 책은 청소년기의 서
투른 성장통을 남의 눈에 띄지 않게 조용히 통과할 수 있었던 개인적 행운에
도 일정 부분 빚을 지고 있다.

이 책에서 내가 강조하는 가치와 제안하는 이론은 내 경험과 연구의 결과지
만, 이것이 프라이버시와 설계의 교차 지점을 규정하는 최종 이론이나 유일
한 결론은 아니다. 이론은 진화하고 다른 이론과 상호작용하며, 비판되고 재
해석돼야 마땅하며, 운이 닿는다면 궁극적으로 우리 사회를 개선하는 동력
의 일부로 기여해야 할 것이다.

이 책의 여러 부분은 다음 기사와 논문을 개작한 것이다.

- "The Indispensable, Inadequate Fair Information Practices",
  「Maryland Law Review」, Vol. 76, pp. 952~982, 2017

- "The Feds Are Wrong to Warn of 'Warrant-Proof' Phones", 「MIT Technology Review」, March 17, 2016
- "The Internet of Heirlooms and Disposable Things", 「North Carolina Journal of Law and Technology」, Vol. 17, pp. 581~598, 2016(에반 셀린저 공저)
- "Taking Trust Seriously in Privacy Law", 「Stanford Technology Law Review」, Vol. 19, pp. 431~472, 2016(닐 리처즈 공저)
- "Increasing the Transaction Costs of Harassment", 「Boston University Law Review Annex」, November 4, 2015(에반 셀린저 공저)
- "Social Media Needs More Limitations, Not Choices", 「Wired」, April 2015
- "Surveillance as Loss of Obscurity", 「Washington and Lee Law Review」, Vol. 72, pp. 1343~1387, 2015(에반 셀린저 공저)
- "The FTC and the New Common Law of Privacy", 「Columbia Law Review」, Vol. 114, pp. 583~676, 2014(대니얼 솔로브 공저)
- "Reviving Implied Confidentiality", 「Indiana Law Journal」, Vol. 89, pp. 763~806, 2014
- "The Value of Modest Privacy Protections in a Hyper Social World", 「Colorado Technology Law Journal」, Vol. 12, pp. 332~350, 2014
- "The Case for Online Obscurity", 「California Law Review」, Vol. 101, pp. 1~50, 2013(프레드 스터츠만 공저)
- "The Fight to Frame Privacy", 「Michigan Law Review」, Vol. 111, pp. 1021~1043, 2013
- "Obscurity by Design", 'Washington Law Review」, Vol. 88, pp. 385~418, 2013(프레드 스터츠만 공저)

- "Social Data", 「Ohio State Law Journal」, Vol. 74, pp. 995~1028, 2013
- "Website Design as Contract", 「American University Law Review」, Vol. 60, pp. 1635~1671, 2011
- "The Privacy Box: A Software Proposal", 「First Monday」, Vol. 14, 2009
- "Promises and Privacy: Promissory Estoppel and Confidential Disclosure in Online Communities", 「Temple Law Review」, Vol. 82, pp. 891~928, 2009

어떤 경우에는 논문이나 기사에서 일부 표현만 선별해 쓰기도 했다. 많은 경우는 기사의 표현과 주장을 상당 부분 수정했다. 공저한 내용의 개작과 인용을 허락해준 닐 리처즈, 에반 셀린저, 대니얼 솔로브와 프레드 스터츠만에게 감사의 마음을 전한다.

디자인에서 무시되는 프라이버시

최선의 노력도 기술 앞에서는 무용지물이 될 때가 있다. 2012년 가을, 당시 텍사스대학교 오스틴캠퍼스에 재학 중이던 바비 던컨Bobbi Duncan은 소셜네트워크 사이트인 페이스북의 디자인 결함 탓에 동성애자라는 사실을 아버지에게 들키고 말았다. 던컨은 프라이버시 설정을 통해 자신의 성적 취향을 아버지에게 숨겨 왔다. 그러나 페이스북 토론 그룹은 개인의 프라이버시 설정을 존중하게끔 디자인되지 않았다. 그 때문에 텍사스대학교의 동성애자 동아리인 '퀴어 코러스Queer Chorus'의 페이스북 그룹이 던컨을 회원으로 추가하자 페이스북은 이 사실을 본인에게 묻지도 않고 자동으로 그녀의 모든 페이스북 '친구들'에게 즉각 알렸고, 그중에는 던컨의 아버지도 있었다. 페이스북의 기본 디자인은 본인 허락 없이도 그룹 가입 사실을 자동으로 공개할 수 있도록 설정돼 있었다.

페이스북의 이런 디자인 방식은 심각한 결과로 이어졌다. 던컨은 「월스트리트저널Wall Street Journal」 인터뷰에서 자신의 동성애자 그룹 가입 사실이 '친구들'에게 통보된 지 몇 시간 뒤부터 아버지의 성난 음성 메시지를 받기 시작했노라고 밝혔다. "악, 안 돼 안 돼 안 돼!" 던컨은 패닉 상태에 빠져 친구에게 하소연하던 순간을 기억한다. "업데이트 내용을 아버지에게 숨겨왔는데 그걸 보시게 된 거죠. 제가 레즈비언이라는 사실을 아시게 된 거예요." 던컨은 아버지와 관계가 소원해졌고, 몇 주 동안 우울증에 빠졌다. "제정신이 아니었어요."라고 던컨은 말했다. "수업에 들어가도 무엇 하나 귀에 들어오지 않았어요. 비참한 기분에 빠져 '페이스북이 내가 게이라는 사실을 아버지에게 알리기로 결정했어.'라고 말한 기억이 나요."[1]

디자인 결함으로 뜻하지 않게 비밀을 들켜버린 사람은 바비 던컨만이 아니었다. 해커들은 소셜미디어 서비스인 스냅챗Snapchat의 디자인 허점을 악용했다. 사용자 게시물이 수신자들에게 노출되는 시간을 제한할 수 있는 스냅챗은 독특한 설정 방식 때문에(해당 이용약관은 다른 회사의 접근을 불허한다고 돼 있음에도 불구하고) 다른 회사 앱이 해당 서비스에 접근할 수 있었다. 예상한 대로 다른 회사의 앱을 통해 들어온 해커들이 수십만 장에 이르는 사용자들의 사진과 비디오를 가로챘고, 며칠 간의 자랑과 엄포 뒤에 13기가바이트 분량의 사진과 비디오를 온라인에 올렸다. 스냅챗은 보안이 취약한 앱을 썼기 때문이라고 사용자들을 탓했지만, 실상 사용자들을 실망시킨 것은 사용자를 보호할 수 있는 최선의 위치에 있던 스냅챗이었다. 스냅챗은 정상적인 사용자 인증에 더해, 인가된 소프트웨어만 스냅챗 서버와 소통할 수 있도록 강력한 고객 인증 방식을 사용할 수 있었다. 그럼에도 스냅챗은 자체 서버에 대한 접근 보안에 게을렀고, 아무도 읽지 않을 게 분명한 길고 복잡한 이용약관 속에 다른 회사의 추가(애드온) 앱을 깔 때는 조심하라는 경고 문구를 숨겨놓았다.

잘 만든 디자인은 심오하면서도 미처 깨닫지 못한 방식으로 우리의 프라이버시를 보호한다. 구글, 빙, 덕덕고DuckDuckGo 같은 검색엔진은 'robots.txt' 파일을 존중하도록 디자인돼 있는데, 이 파일은 웹 서버에 저장되며, 검색엔진에게 웹페이지를 무시하도록 지시한다. 유튜브는 사용자가 비디오를 올리기 전에 사람들의 신원을 숨길 수 있게 해주는 얼굴 모자이크 툴을 제공한다. 익명 포스팅을 가능케 해주는 모바일 앱인 '이크야크Yik Yak'는 앱을 닫기 전에 관련자들의 신원을 익명으로 걸러주는 '성명full name' 필터를 적용한다. 그리고 페이스북 같은 소셜미디어의 프라이버시 환경은 적절히 디자인되고 설정된다면 사용자는 누구에게 게시물을 볼 수 있게 할지 통제할 수 있다.

우리의 프라이버시에 영향을 미치는 기술 디자인은 워낙 널리 퍼져 있어서 거의 인식조차 하지 못할 정도다. 통신회사가 휴대폰을 이상적인 감시장비가 되도록 설계해 우리의 일거수일투족을 추적하고, 우리의 위치 정보를 다른 기업과 공유한다고 생각하는 사람은 별로 많지 않다. 웹사이트와 모바일 앱의 프라이버시 정책은 대개 길고 작은 글자로 빽빽하며, 가능한 한 눈에 잘 띄지 않도록 배치되는데, 사람들의 주의를 덜 끌기 위한 의도가 담겨있다. 앱과 웹사이트 홍보를 허용하겠느냐고 묻는 체크박스에 이미 체크가 된 경우도 있음을 눈치챈 적이 있는가? 이는 우연이 아니며, 기업은 기본 설정의 위력을 잘 알고 있다. 웹사이트와 앱의 개인정보 수집을 기본 설정으로 해놓고, 그에 동의하지 않을 때만 따로 의사표시를 하도록 하는 '옵트아웃opt out'이 명시적 동의를 구한 뒤 개인정보를 수집하는 경우보다 이용자들의 허락을 얻기가 더 쉽다.

기술은 백화점 쇼핑객들의 얼굴을 인식할 목적으로, 흔적을 남기지 않고 배우자의 컴퓨터 사용 습관을 훔쳐보기 위해, 소셜미디어에서 정보 공유에 열중하도록, 개별 사용자의 이메일 메시지와 웹 브라우징 활동으로부터 정보를 수집할 수 있도록, 우리 속옷을 인터넷에 접속할 수 있도록 디자인된다. 심지어 무해한 것처럼 보이는 디자인 결정도 프라이버시에 미처 의도하지 않은 영향을 끼칠 수 있다. URL은 흔히 추적되는 정보이기 때문에 이를테면 http://www.webmd.com/198897 대신 http://www.webmd.com/

popular-herpes-treatments.html처럼 웹페이지의 콘텐츠를 알려주는 주소 선택은 겉보기에 아무런 문제가 없어 보이지만, 후자는 개별 이용자의 웹사이트 사용 내역과 개인적인 건강 정보를 쉽게 드러낸다는 부작용도 낳는다.

개인정보 보안에 필요한 디자인 결정도 중요하다. 2014년은 '데이터 침해의 해'로 불릴 만큼 침해 사건과 사고가 빈발했지만, 돌이켜보면 그것은 시작에 불과했다.[2] 이후 더 막대하고 세간의 주목을 받는 데이터 침해 사고가 이어졌다. 의료보험회사인 앤섬Anthem과 블루크로스 블루실드Blue Cross Blue Shield, 감시 전문 기업인 해킹 팀Hacking Team, 비밀번호 관리 서비스인 라스트패스Last Pass, 무선 전기통신 사업자인 T-모바일, 미국 국세청IRA, 미국 주방위군, 신용평가 기관인 에퀴팩스Equifax가 모두 데이터 침해 사고를 당했다. 미국 연방 인사관리처OPM, Office of Personnel Management가 당한 대규모 침해 사고는 국가 안보사상 가장 치명적인 데이터 유출 사고 중 하나일 것이다.

이것은 단지 소프트웨어, 서버 및 데이터베이스와 관련된 문제일 뿐이었다. 이제는 일상의 사물이 프라이버시의 위협이다. 우리는 마치 술에 취한 듯 모든 사물에 와이파이 연결 기능을 더하고 있다. 바비 인형, 아기 모니터, 커피메이커, 냉장고, 의류, 손목시계와 승용차에 이르기까지 우리는 거의 모든 사물을 인터넷에 연결해왔다. 새로운 사물인터넷IoT 장비가 나타날 때마다 해커들의 새로운 표적이 되고, 개인정보 유출의 위험성도 그만큼 더 높아진다. 예를 들면 인터넷에 연결된 초인종의 보안은 너무나 취약해서 드라이버만 있으면 문을 열어 집주인의 와이파이 비밀번호를 알아낼 수 있다.[3] 인터넷에 연결된 아기 모니터를 해킹하기는 워낙 쉬워서 누군가가 해킹된 웹 캠에 찍힌 잠자는 아기들의 사진을 모아 검색엔진을 만들었을 정도다.[4]

사물인터넷이 형편없음을 빗댄 'Internet of Shit(@internetofshit)'이라는 아이디로 활동하는 한 트위터 사용자는 사물인터넷을 둘러싼 우리의 비이성적 광기를 지적한다. 이들은 특별한 이유나 명분도 없이 한 사물에('어떤' 사물이든) 칩을 내장시키는 경솔한 결정을 계속해왔다. 이제 전등 스위치, 요리용 팬, 봉제 인형, 농구공, 머리띠, 물병, 직장直腸 온도계 등 온갖 사물이 인터넷과 모바일 기기에 연결돼 있다.[5] 일본의 보안 연구자들은 이미 블루투스로 작동하는 변기를 해킹해 대변을 내리고 물을 뿌리는 기능을 마음대로 조절할 수 있다.[6] 말 그대로 '똥의 인터넷'인 셈이다.

데이터 침해가 대기업에서 벌어져야만 그 영향이 치명적인 것은 아니다. 기혼자 불륜 알선 서비스인 애슐리 매디슨Ashley Madison은 대규모 해킹을 당해 회원들의 이름이 공개됐고, 여기에는 실제로 불륜을 저지르지 않은 이들도 포함됐다. 신원이 공개된 많은 피해자는 우울증을 겪는가 하면 가정이 파탄 나는 사태로 이어졌다. 예를 들면 뉴올리언즈의 목사이자 신학 교수였던 존 깁슨John Gibson은 해커들에 의해 자신이 애슐리 매디슨의 회원임이 밝혀진 직후 자살했다.[7] 그는 유서에 신원이 탄로가 난 데 따른 우울증과 수치심을 고백했다. 데이터 보안보다 더 결정적으로 우리의 프라이버시에 영향을 미치는 기술 디자인 분야는 거의 없다.

이런 상황에도 불구하고 미국 정부는 기술 설계자들에게 우리의 프라이버시를 보호하는 데 가장 중요한 기술 중 하나인 암호화encryption 기술을 약화시키도록 강제하는 방안을 고려하고 있다. 정부는 기술 회사가 암호화로 보호된 시스템을 우회할 수 있게 해주는 '백도어back door'나 '만능 키golden key' 기능을 제공하기를 원한다. 그러나 손상된 암호화 기술은 우리의 프라이버시를 더욱 취약하게 만들 것이다. 여기에서도 디자인이 결정적이다. 애플은 아이폰을 암호화함으로써 정확한 개인식별번호PIN나 지문 정보 없이는 열 수 없게 만들었다. 애플은 테러리스트를 수사하는 과정에서 아이폰 비밀번호를 알려달라는 FBI 요구를 거절했다. 일정 횟수 이상 로그인 정보를 틀리게 입력하면 해당 아이폰에 담긴 정보는 삭제돼 버린다. 모든 디지털 기술이 이런 식으로 디자인돼 있지는 않다. 마이크로소프트는 윈도우10의 암호화 키를 클라우드에 저장해 놓고, 정부가 법원의 허가를 받아 데이터 공개를 요구하면 해당 이용자 정보를 해독해 제공한다.[8]

이것은 기업이 사악해서가 아니다. 일부 기업이 악의적인 행태를 보이기도 하지만, 내가 만나본 기술 설계자와 경영자들은 사용자와 고객들의 프라이버시 보호에 깊은 관심을 갖고 있다. 그들의 디자인과 행동은 이런 점을 잘 반영하기도 한다. 최고프라이버시책임자CPO와 최고정보책임자CIO 등 관련 전문가들은 '프라이버시 중심 디자인'을 적극 옹호한다. 이들은 프라이버시 보호의 이론과 원칙이 디지털 제품과 서비스에 실제로 구현되도록 애쓴다.[9]

문제는 개인정보의 수집, 이용 및 공개를 극대화하는 방향으로 기술을 디자인할 동기가 월등히 더 강력하다는 점이다. 지배적인 인터넷 비즈니스 모델은 가능한 한 많은 이용자 데이터를 수집하고 팔고 이용함으로써 이용자를 더 정확하게 겨냥해 설득한다는 개념이다. 개인정보의 높은 가치 때문에 대다수 기업은 '정보 수집 먼저, 질문은 나중에'라는 접근법을 택한다. 그 때문에 개인정보 수집과 이용 방식, 익명화에 대한 이용자들의 관심과 권리는 디자인의 우선 순위에서 뒤로 밀릴 수밖에 없다. 디자인은 점점 더 많은 개인정보를 수집하는 방향으로 교묘하게 기운다. 프라이버시 보호에 중점을 둔 디자인 사례도 많지만 시장은 프라이버시를 잠식하는 온갖 기술에 압도되고 있다.

설상가상으로 일반 이용자들은 어떤 앱과 소프트웨어가 안전하고 프라이버시를 보호하는지, 어떤 것이 나쁜지 쉽게 구별할 수 없기 때문에 기업이 우수하고 안전한 보안 디자인에 투자하게 만들 시장의 인센티브는 거의 없다.[10] 그래서 기업은 종종 프라이버시와 보안 요소를 무시하거나 심지어 프라이버시를 침해하고, 보안이 취약한 디자인에 몰두하면서 사고가 터지지 않기만을 바란다. 단적으로 말해 정보기술 분야의 디자인은 우리를 제대로 보호하지 못하며, 그 때문에 우리의 프라이버시도 위험에 처해 있다.

무슨 수가 없을까? '프라이버시 중심 디자인privacy by design'이라는 표현은 매우 유명해졌다. 하지만 업계에서는 이를 실질적인 프라이버시 보호 계획이라기보다는 마케팅 구호로 잘못 쓸 때가 더 많다. 비록 광범위한 개념이기는 하지만 '프라이버시 중심 디자인'은 기업이 취하는 자율 규제 대책을 지칭하는 데 사용하기도 한다. 또 다른 경우 '프라이버시 중심 디자인'은 이 표현을 처음 만든 앤 커부키언Ann Cavoukian이 조직과 기술 디자인의 모든 측면에 '프라이버시를 적용'한다고 언급한 전체론적 접근방식보다는 주로 '양호한 데이터 보안'과 동의어 정도로 쓰이기도 한다.

업계는 이구동성으로 '프라이버시 중심 디자인'을 주창하고 옹호하는 듯하지만, 법률과 규제 기관의 역할이 제기되면 돌연 대화는 중단된다. 업계의 주상은 크고 명확하다. 정부 규제가 업계의 제품 디자인에 개입해서는 결코 안 된다는 것이다. 정부의 기술 규제를 반대하는 이들은 불량한 기술이란 없고, 단지 불량한 사용자가 있을 뿐이라고 주장한다. 다시 말하면 "기술은 사람을 해치지 않는다. 사람이 사람을 해치는 것이다."라는 요지다. 개인정보의 유해한 수집, 이용, 공개를 막기 위한 효과적인 프라이버시 법은 이미 존재한다고 이들은 주장한다.

나는 동의하지 않는다. 전 세계의 프라이버시 법은 '디자인' 부분을 간과하고 있기 때문에 불충분하다. 입법자들은 개인정보의 수집, 이용 및 유통에 제한을 두고자 시도해 왔다. 그러나 이들은 디자인의 위력을 간과했다. 프라이버시 법이 막고자 했던 불법 행위에 미치는 디자인의 역할을 과소평가했다. 어떻게 디자인하느냐에 따라 프라이버시의 승자와 패자가 갈리고, 대개는 데이터 주체이자 감시 대상인 개인들이 패자의 위치에 놓인다.

잘못된 디자인은 이용자 기대를 왜곡하고 프라이버시의 피해를 희석함으로써 데이터 보호를 약화할 수 있다. 퓨 리서치 센터^{Pew research center}의 연구에 따르면 대다수 성인은 온라인 서비스 제공사가 자신들의 데이터를 제대로 보호해줄 것으로 믿지 않는다. 기술의 디자인 내용이 개인정보보호와 공유 방식에 대한 이용자들의 기대와 기업의 약속을 지속적으로 위배하는 경우, 이용자들은 프라이버시를 포기하고 싶은 유혹을 받게 된다. 많은 프라이버시 법은 프라이버시에 대한 합리적인 기대를 가진 사람들만을 보호한다. 기술 디자인은 이런 기대 수준을 바꿀 수 있고, 그렇게 함으로써 프라이버시에 대한 우리의 문화적 규범을 훼손할 수 있다. 프라이버시의 잦은 노출과 취약성이 변경하기 어려운 표준이 돼 버리는 것이다.

소셜미디어, 검색엔진 및 사물인터넷 세계에서 프라이버시 피해를 초래할 수 있는 대부분의 위협은 결함을 가진 자동차 에어백의 물리적 위험처럼 명백하지 않다. 대신 이들은 점진적이다. 한 번 클릭할 때마다 우리의 프라이버시는 천천히 부식된다. 대규모 프라이버시 침해 사고가 언론의 헤드라인을 장식하지만, 실상 우리의 프라이버시에 심각한 손상을 끼치는 변수는 눈에 잘 띄지 않는 경우가 많다. 수없이 많은 작은 상처가 죽음을 불러오는 '천

번의 자상에 의한 죽음'인 셈이다. 그리고 정보 프라이버시의 대다수 피해는 사소하고, 많은 사람 사이에 분산돼 있기 때문에 법관과 입법자들은 그런 문제를 제대로 인식하지 못한다.

프라이버시 침해 위험이 있는 신기술을 규제할 필요성이 제기된 경우에도, 규제는 기술 혁신을 저해해서는 안 된다는 명분에 밀려 지연된다. 기술 진보가 달려 있는데 규제가 이를 저해한다는 주장이다. 법적 대응을 반대하는 이들은 기술 디자인에 초점을 맞춘 규제는 지나치게 진부하다고 주장한다. 정부 규제기관은 그런 업무에 부적합하다고 반박한다. 그들의 기술적 전문성은 턱없이 제한적이며, 따라서 규제를 가할 경우 너무 많은 것을 잃게 될 것이라고 반대자들은 주장한다. 이들은 묻는다. "왜 아무런 기술적 전문성도 없는 정부 관료들이 IT 기업에게 제품과 서비스를 어떻게 디자인하라고 지시해야 하는가?" 높은 급여를 받는 애플의 공학자들보다 시스템 디자인 방식을 더 잘 아는 규제 담당자를 상상할 수 있는가? 반대론자들은 말도 안 된다고 말한다.

입법자들도 곤란한 처지다. 만약 법관과 입법자들이 개인정보의 지나친 수집, 이용, 혹은 공개를 금지한다면 상거래 및 표현의 자유, 우리가 다른 이들과 자유롭게 소통할 수 있는 능력을 제한하는 결과로 이어질 것이다. 디자인에 대한 과도한 규제는 위험하다. 하지만 이를 무시하는 것도 마찬가지로 위험하며, 따라서 적절한 균형이 필요하다. 그리고 아마도 이런 미묘한 균형과 업계의 반대 때문에 프라이버시 법은 정보 기술의 디자인에 대체로 침묵해왔을 것이다. 이런 침묵은 유감스러운 일이다.

이 책은 우리의 프라이버시에 영향을 미치는 기술 디자인상의 결정 내용을 다룬다. 우리의 개인정보의 수집과 이용에 대해 어떤 디자인 결정이 내려졌는지 따져보고, 프라이버시 침해를 부추기는 디자인 방식을 정면으로 검토한다. 그리고 어떻게 모두가 기업, 입법자, 활동가, 교육자, 이용자 등이 프라이버시 관련 기술의 디자인에 기여하고 그와 소통할 수 있는지 논의한다. 기본적으로 나는 우리 기술의 구조와 그 구조를 가능케 한 규칙을 비판하고자 한다. 왜 프라이버시가 침해되는지, 그런 프라이버시의 악화를 초래하는 요인이 어떻게 누적되는지 살핀다. 우리가 지금 가진 것은 공개와 폭로의 청사진이다. 하지만 꼭 그런 방향이어야 할 필요는 없다.

내 제안은 한 가지 제안으로 수렴된다. 널리 이용되는 기술 디자인은 프라이버시에 결정적이며, 법률은 그런 점을 진지하게 수용해야 한다는 점이다. 법과 정책 입안자들은 '인식recognition'과 '지침guidance'을 통해 그렇게 할 수 있다. 입법자들과 법관들은 디자인이 우리의 프라이버시에 미치는 영향을 더 잘 인식할 필요가 있다. 불법 행위tort, 계약, 소비자 보호 및 감시 법률 등은 모두 개인정보에 대한 일반의 지각과 행동에 미치는 디자인 영향을 더 잘 반영할 수 있다. 프라이버시 법은 정보 기술이 우리의 프라이버시를 보호하도록 디자인 방향을 이끌어야 한다. 법은 기술적 디자인의 경계와 목표를 정해야 한다. 그렇게 되면 우리는 다른 사람들을 더 신뢰할 수 있을 것이고, 수용 가능한 수준의 노출 위험을 인지한 상태에서 외부 세계와 더 잘 소통할 수 있을 것이다. 그러나 법은 디자인에 대한 규제가 유연하고, 불필요한 제약을 가하지 않도록 신중해야 할 것이다. 요컨대 나는 이 책에서 프라이버시 법이 다뤄야 할 디자인 의제를 제시하고자 한다.

정보 기술의 디자인은 입법자들이 인식하는 수준보다 훨씬 더 중요하다. 기술 디자인은 프라이버시 법의 기본적인 구성 요소여야 하며, 그렇게 법에 반영된 기술 디자인 내용은 업계의 정책과 관행의 핵심 기준으로 작용할 것이다. 이제는 행동으로 옮겨야 할 때다. 여러 중요한 기술은 아직도 비교적 낯설다. 옛 기술은 항상 재디자인되고 있다. 우리는 이미 오래 전에 대체됐어야 함에도 여전히 영향력을 발휘하는 특정 디자인과 기술의 소위 '잠금 효과lock-in effect'를 줄일 수 있고, 기울어진 배를 바로잡을 기회가 아직 있다.

그러나 아직까지 우리는 법을 활용해 프라이버시 보호를 독려하거나 의무화할 수 있는 구체적 방법이 없다. 우리에게 필요한 것은 날로 더 정교해지고 복잡해지는 디지털 제품과 서비스로부터 이용자의 프라이버시를 더 잘 보호해 줄 수 있는 청사진이다.

이 책은 그와 같은 법률적 청사진, 즉 현행 프라이버시 법에서 누락된 디자인의 간극을 메울 수 있는 프레임워크를 제시하고자 한다. 입법자, 규제자, 판사, 디자이너, 경영진, 프라이버시 옹호자, 기술업계 관계자 그리고 시민사회가 프라이버시 보호를 위한 디자인 변수를 적절히 평가하고, 공통된 정보기술의 이상을 정립하는 데 도움을 주고자 한다. 나는 웹사이트, 앱, 브라우저, 드론, 멀웨어, 얼굴 인식 기술 및 프라이버시에 영향을 주는 사물인터넷 등에 초점을 맞췄다. 데이터 아키텍처와 감사auditing 기술 같은 디자인 개념도 중요하지만, 이 책은 주로 일반 소비자들이 이용하는 기술 디자인에 주목하고, 프라이버시 침해 위험에 놓인 보통 사람들에게 초점을 맞춘다. 일반 소비자용 제품과 서비스를 살펴보는 것만으로도 책 한 권 분량으로 충분하다.

프라이버시 논의에서 제기되는 주요 질문은 디자인에 대한 논리적 접근으로 대답할 수 있다. 정부는 암호화 같은 프라이버시 보호 기술을 어느 정도까지 손상시킬 수 있을까? 감시 기술은 탐지될 수 없도록 디자인돼야 할까? 기업은 이용자들의 개인정보를 보호하기 위해 어떤 기술적 보안 기술을 적용해야 할까? 소셜미디어에서 공유를 부추기는 기능, 기본 설정 그리고 구조적 선택의 한계는 어디일까? 평소대로라면 공개하지 않았을 개인정보를 이용자들이 공개하도록 부추기는 소프트웨어 인터페이스를 기업이 만들도록 허용해야 할까? 일상의 사물을 인터넷과 연결할 때 어떤 유형의 의무 조항을 부과해야 할까?

이 책은 '왜' 디자인이 지금 우리의 프라이버시에 그토록 결정적인 역할을 하는지도 따져본다. 미디어 학자인 마셜 매클루언Marshall McLuhan은 "우리는 도구를 만들지만 그 이후에는 도구가 우리를 만든다."라는 주장을 펼쳤다.11 디자인상의 결정은 주어진 환경에서 권력과 권위를 설정한다. 사회적 규범과 기대에 영향을 미친다. 사람들이 현대 정보기술을 '사용한다use'라고 말할 때 이들이 실제로 하는 것은 기술이 제공하는 신호와 선택 사항에 '반응하는responding' 것으로, 우리에게 제공된 버튼을 클릭할 수 있을 뿐이다. 각각의 디자인 결정은 주어진 정보기술이 어떻게 기능하거나 사용될지에 관한 의도를 반영한다.

기본적으로 정보기술의 디자인 내용은 정보의 수집, 사용, 혹은 공개를 규제하는 어떤 불법행위법, 규제, 또는 법률에 못지 않게 프라이버시에 중대한 영향을 미칠 수 있다. 디자인은 신뢰와 자율성처럼 소중하게 여기는 프라이버시 관련 가치를 보호하는 강력한 힘이 될 수 있다. 어떤 맥락에서는 디자인이 데이터 수집자와 통제자의 행위를 규제하는 법률보다 더 효율적으로 개인정보를 보호할 수 있다. 프라이버시 디자인 원칙은 사람들을 개인정보의 오남용으로부터 보호할 수 있다. 하지만 디자인은 우리의 프라이버시, 보안 및 안전을 손상시킬 수도 있기 때문에 우리를 불리하게 하는 방법으로 더 취약하고, 덜 안전하며 더 투명하게 만들 수 있다.

그 대신 만약 기업이 디자인을 통해 프라이버시를 보호하겠다고 다짐한다면, 이들은 이용자들의 신뢰를 얻을 수 있다. 신뢰는 상거래, 친밀성 및 사람들 간의 관계를 돈독하게 만드는 데 요구되는 필수요소다. 따라서 상거래와 대인 관계, 자기 모색의 여정을 향상시키고자 한다면 더 나은 프라이버시 디자인이 필요하다.

이것은 프라이버시와 기술 및 정책에 관심이 있는 이들을 위한 책이다. 내가 이 책에서 제안하는 청사진은 주로 법과 정책에 초점을 맞췄지만, 경영진, 설계자, 프라이버시 옹호자, 학생을 비롯해 프라이버시와 기술의 미래에 관심을 가진 이들에게도 유용할 것이다. 우리는 모두 정보기술의 디자인에서 각자 역할이 있다. 예를 들면 이용자 신뢰를 얻으려는 기업은 내가 청사진에서 제시한 이용자 중심 접근법, 그리고 거래 비용과 심리 모델의 개념을 활용할 수 있다. 프라이버시 옹호자들은 이 책에 소개한 '모호성 훼손obscurity lurches'과 '가학성 디자인abusive design' 같은 개념을 사용해 기술은 가치 중립적이라는 오해와 공공장소에는 프라이버시가 없다는 잘못된 인식에 반박할 수 있다. 프라이버시 운동가들은 청사진을 활용해 기업 및 정부와의 공통 기반을 찾아 국제 표준과 가이드라인을 함께 개발할 수 있을 것이다.

마지막으로 이용자들은 디자인이 프라이버시에 어떻게 영향을 미치는지 이해할 수 있다. 기업은 프라이버시와 보안을 책임지고 잘 보호할 테니 개인정보를 믿고 맡기라고 주문하지만, 디자인의 위험을 줄이고 이를 유익하게 사용하기 위해 우리가 할 수 있는 역할도 존재한다. 우리가 디자인 내용에 주의를 기울인다면 혼란스럽고 기만적인 인터페이스와 이용자에게 불리한 기본 설정 때문에 초래되는 피해를 줄일 수 있다. 또한 검색 기술과 보안 감시에서 자신이나 개인정보를 사전에 차단할 수도 있다. 기업과 공조해 우리의 개인정보를 해커로부터 보호할 수 있다. 우리는 더 현명하게 요구할 수 있고, 상황이 더 나빠지면 법의 도움을 받아 대항할 수 있다. 우리 모두 디자인 개선에 힘을 쏟는다면 더 나은 정보기술을 만들어 모두의 이익을 위해 사용할 수 있다.

디자인 어젠다는 큰 가치가 있다. 프라이버시 법의 초점을 제한된 정보 범주에 대해 사후 처벌하는 비효율적인 방식에서, 개인정보 전반을 미연에 보호하는 광범위하고 효과적인 방식으로 전환할 수 있다. 사람들의 신뢰를 얻고자 하는 기업에도 특별한 관점을 제공할 수 있다. 프라이버시에 관심이 있고, 자신들이 사용하는 기기의 디자인 내용을 알고 싶어하는 사람들에게는 교육 도구가 될 수도 있다. 가장 중요한 대목은 프라이버시 법의 청사진은 정보기술이 우리를 통제하기 전에 우리가 먼저 이를 제어하는 데 도움이 될 것이라는 사실이다.

프라이버시에 관한 메모

프라이버시의 청사진을 펼치기 전에 '프라이버시'라는 용어를 먼저 명확하게 정의하고자 한다. 프라이버시는 뚜렷한 형태가 없고, 따라서 한두 마디로 요약할 수 없는 개념이다. 프라이버시가 법과 우리 일상에서 차지하는 비중을 고려하면 놀랍다. 프라이버시는 누구나 직관적으로 인식하고 갈망하는 여러 개념 중 하나다. 그럼에도 프라이버시가 정확히 뭐냐는 질문을 받으면 말문이 막히기 십상이다. 프라이버시를 정의하려는 노력은 많았지만 어떤 정의도 확고하게 자리잡지 못했다. 프라이버시를 정의하려는 거의 모든 시도는 지나치게 구체적이거나 지나치게 일반적이어서 어떤 상황에는 맞지만 다른 상황에는 맞지 않는다.

프라이버시는 '정보를 제어할 수 있는 능력', '혼자 있을 권리', '자신에 대한 접근 제한', '경계 규제', 비밀성, 친밀성, 자율성 및 자유 등으로 개념화돼 왔다. 이 모든 프레임은 적어도 특정 상황에서는 맞기도 하고, 틀리기도 하다. 예를 들어 프라이버시를 전적으로 통제의 관점에서 생각하는 것은 공공 감시에서 드러나는 여러 문제와 잘 맞지 않고, 성적 자유 같은 사적 행위에 내재된 프라이버시의 관심사와도 적합하지 않다. 비밀성의 개념은 우리가 사적인 것으로 간주하면서도, 우리가 믿는 사람들과 공유하는 정보나 몇몇 친구들과 공유한 젊은 시절의 일탈에 관한 옛 블로그 포스팅처럼 발견될 가능성이 낮은 맥락에서는 제대로 맞지 않는다.

헬렌 니센바움Helen Nissenbaum 교수는 프라이버시를 구체적으로 정의하는 데서 벗어나야 한다고 제안하면서, 우리가 사적으로 간주하는 것은 전적으로 정보 흐름의 맥락에 의해 설정된 규범의 한 기능이라고 주장한다. 그러한 지배적 규범이 깨지면 해당 정보의 맥락적 온전성도 훼손되고, 우리는 프라이버시 침해를 경험하게 된다. 대니얼 솔로브 교수는 프라이버시에 대한 단 하나의 정의를 찾으려는 시도를 포기하고, 대신 프라이버시는 루드비히 비트겐슈타인Ludwig Wittgenstein의 '가족 유사성' 개념과 유사하게 공통된 특성을 공유하는 관련 문제 그룹으로 가장 정확하게 이해될 수 있다고 주장한다.

또 다른 유용한 접근법은 닐 리처즈 교수가 제안한 것으로, 프라이버시를 우리 개인정보와 관련된 '행위action' 또는 '비행위inaction'를 지배하는 '규칙'과 '규범'의 문제로 개념화한다.[12] 나는 프라이버시가 다양한 유형의 문제를 발생시키는 데 사용될 수 있는 포괄적인 용어라고 생각하지만, 가능하면 더 구체적인 개념에 유리하도록 버려야 한다는 솔로브 교수의 견해에 동의한다. 프라이버시와 디자인은 여러 다른 가치를 내포할 수 있지만, 나는 이 책에서 '신뢰trust', '모호성obscurity' 및 '자율성autonomy'의 개념으로 제한했다.

그렇게 제한한 이유는 프라이버시의 광범위한 개념 속에서 우왕좌왕하기보다는 프라이버시의 구체적인 개념과 문제 그리고 규칙에 초점을 맞추는 것이 중요하다고 믿기 때문이다. 프라이버시는 실용적 가치의 관점에서 평가돼야 한다. 프라이버시는 인간적 삶과 민주주의 번창에 필요한 선결 조건이기 때문에 중요하다. 프라이버시는 우리가 누구인지, 어떤 사람이 되고 싶은지 파악하는 데 필요한 유희, 탐구 및 발견을 위한 휴식의 공간을 제공한다.

디자인에 관한 메모

이것이 디자인에 관한 책인 만큼, 나는 이 용어가 무슨 뜻인지 명확히 해두고자 한다. '디자인design'은 '프라이버시'처럼 한두 마디로 요약하기 어려운 용어다. 그것은 여러 다른 의미를 가질 수 있다. 한가지 폭넓은 정의는 '계획에 따라 창작하거나 만들거나 실행하거나 축조하는 것'[13]이다. 사람들은 정치 전략이나 조직 구성, 또는 거실의 가구 배치 등 어떤 창작물이든 디자인할 수 있다. 기술이 연계되는 경우 디자인 과정은 다양하다. '디자인', '엔지니어링', '코딩' 같은 단어는 특정 맥락에서 문화적 함의와 구체적 의미를 전달한다. 디자인 과정은 그룹 간에도 다르다. 엔지니어들은 어느 정도 공식적이고, 객관적이며 필요 조건에 좌우되는 환경에서 사물을 디자인한다. 사용자 인터페이스, 상호작용 및 사용자 경험의 다른 부문을 만드는 디자이너는 사용자와 솔루션에 대한 상황별 이해를 여러 목표에 통합하기 위해 약간 더 발전적이고 개방적인 방식으로 작업한다.

나는 이 책에서 '디자인'이라는 용어를 매우 폭넓게 사용한다. 엔지니어 작업뿐 아니라 제품 디자인, 그래픽 디자인, 사용자 인터페이스 및 사용자 경험 디자인 등 다른 분야의 설계자들도 포괄하기 위해서다. 무엇이 '진짜real' 디자인, 엔지니어링 혹은 컴퓨팅이냐를 둘러싼 논쟁에는 참여할 생각이 없다. 그보다는 소비자 기술을 고안하는 사람과 프로세스의 전체 집합, 그리고 하드웨어와 소프트웨어로 반영되는 창의적 프로세스의 결과를 지칭하는 용어로 사용하고자 한다. 훌륭한 디자인은 엔지니어, 아티스트, 경영진, 사용자 및 법률가를 포함한 모든 이해 당사자의 참여와 존중 없이는 불가능하다.

이 책은 디자인의 미학보다는 기능에 초점을 맞춘다. 예를 들면 사용자 인터페이스가 프라이버시에 중요한 이유는 그것이 보기에 좋아서가 아니라 사용자의 선택 내용을 전달하고, 기대 수준을 조절할 수 있기 때문이다. 단적으로 말하면 나는 '디자인'이라는 용어를 한 시스템이 어떤 아키텍처에 기반하는지, 어떻게 기능하는지, 어떻게 통신을 주고받는지 그리고 그 아키텍처와 기능, 통신이 사람들에게 어떤 영향을 미치는지를 뜻하는 것으로 사용한다.

법에서 디자인의 개념은 법령, 규제 체제, 입법 기관의 설치 계획, 사실상 법규나 소송의 의도한 결과 등을 묘사하는 데 자유롭게 사용된다. 만약 어떤 규칙이 계획대로 실행된다면 그것은 '계획된by design' 것이다. 그러나 프라이버시와 관련 정책에서 디자인의 개념은 비교적 새로운 의미를 갖는다. 지난 25년여 동안 '프라이버시 중심 디자인'이라는 개념은 국제 수준의 프라이버시 담론에서 중요한 부분으로 자리잡았다. 프라이버시 정책을 공부하는 대부분의 이들은 프라이버시 중심 디자인을 그룹(예: 비즈니스), 행동(예: 정보 수집) 혹은 사물(예: 테크놀로지)을 개발할 때 프라이버시를 고려하고 보호하기 위한 사전 예방적인 접근 방식을 의미한다고 이해한다. 프라이버시 중심 디자인의 반대는 프라이버시 침해가 발생한 후에 대응하는 것이다.

프라이버시 중심 디자인은 특정 맥락에서 점점 더 발전하고 있다. 캐나다 온타리오주의 개인정보보호위원회 위원장을 역임한 앤 커부키언은 '프라이버시 중심 디자인PbD, Privacy by Design'이라는 이니셔티브를 시작했고, 이후 세계적으로 큰 영향을 미쳤다. 이 이니셔티브는 기업이 신기술, 비즈니스 관행, 물리적 인프라 등에 처음부터 프라이버시 개념을 적용해 개인 프라이버시를 더욱 효율적으로 보호할 수 있도록 돕자는 취지다. 나는 이 책에서 프라이버시 중심 디자인이나 다른 프라이버시 디자인 프레임워크를 단순히 흉내 낼 생각은 없다. 대신 프라이버시 중심 디자인이나 유사 프로그램과 같은 취지로 나는 법과 정책을 위한 분명한 프레임워크로서, 그리고 프라이버시 디자인을 개선한다는 궁극의 목표를 확장하는 한 방법으로서 프라이버시의 청사진을 제시하고자 한다. 2상에서 논의하겠지만 프라이버시와 디자인의 관계는 프라이버시 중심 디자인 모델 이상의 내용을 포함한다. 참고 문헌, 표준화 기구, 프라이버시 옹호 단체와 기관 및 비즈니스 전체 분야가 건실한 프라이버시 중심 디자인에 반영돼야 한다.

이 책은 일종의 프라이버시와 디자인 운동에 속하지만, 그 핵심 내용은 소비자 보호와 감시다. 일상에서 우리가 사용하고 또 우리를 조종하는 기술에 관한 내용이다. 그러므로 이 책에서 '디자인'이라는 용어를 사용할 때, 나는 현재 상황을 이해하고 이를 개선할 수 있는 툴을 만들자고 이야기하는 것이다. 프라이버시를 보호하기 위해 법에 디자인 문제가 포함돼야 한다고 주장할 때, 나는 특히 소비자가 사용하는 하드웨어 및 소프트웨어 디자인과 이를 만드는 프로세스를 구체적으로 언급한다. 사용자에게 초점을 맞추면서 디자인이 사람들을 '기업'의 마케팅 유혹에 취약하게 유도하는 방식뿐 아니라 디자인이 기업의 제품이나 서비스의 '다른 이용자'에게 어떻게 취약하게 만드는지도 강조하고자 한다.

하드웨어와 소프트웨어에 초점을 맞출 때 나는 인간적 가치를 앞세우는 디자인 분야, 이를테면 "디자인 과정 전반에 걸쳐 공정성, 존엄성, 정의 등 많은 인간적 가치를 원칙적이고 체계적으로 설명하는 이론과 방법을 제공하고자 한다."는 '가치 중심 디자인value sensitive design' 운동 같은 분야를 참고한다.[14] 철학적으로 이 책은 기술 제품이나 서비스에 내포된 정치적 속성, 기술에 반영된 개발자 의도 및 기술이 이용자에게 미치는 행동유도성affordance에 대한 탐구에서 비롯된다. 이러한 접근법은 기술이 작업을 수행하는 사람들의 직무 목표와 가치를 구현하는 방법에 중점을 둔다. 프라이버시 법은 이러한 통찰을 포함해야 한다.

더 넓은 의미에서 나는 심리학 교수 돈 노먼Don Norman으로부터 영감을 얻었다. 그의 독창적인 저서 『도널드 노먼의 디자인과 인간 심리The Design of Everyday Things』(학지사, 2016)는 일상에서 디자인이 얼마나 중요하며, 어떻게 하면 일상용품이 사용자에게 맞게 디자인할 수 있는지 보여준다. 노먼에 따르면 사물을 디자인할 때 그것을 어떻게 사용하면 된다는 가시적인 신호를 더해야 한다. 잘 디자인된 사물은 사용설명서가 따로 필요하지 않으며, 사용자들은 직관적으로 사용법을 알 수 있어야 한다고 주장한다.

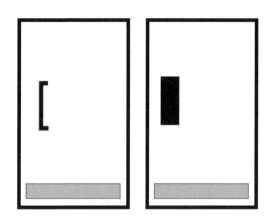

그림과 같이 서로 다른 손잡이의 디자인을 예로 들면 그 형태만으로도 어떤 문을 '당겨야' 하고 어떤 문을 '밀어야' 하는지 쉽게 파악할 수 있는데, '미는' 문은 당기는 손잡이가 없기 때문이다. 넓적한 판은 밀기 위한 용도다. 당김 손잡이와 판의 위치는 문이 어느 쪽으로 열리는지 사람들에게 시각적으로 알려준다. 이런 제약과 신호는 사람들에게 문이 어떻게 작동하는지 파악하는 데 도움을 준다. 행동유도성, 제약, 배치 형태 등이 어떻게 개념적 모델의 성격을 좌우해 직접적인 행태를 유도하는지에 관한 노먼의 통찰은 꽤 유용하다. 하드웨어와 소프트웨어 설계자들이 프라이버시를 배려해 디자인하도록 도울 수 있다. 입법자들이 어떤 디자인 결정이 프라이버시에 대한 우리의 기대치를 낮추고, 프라이버시 보호 환경을 조성하거나 유지할 수 있는 능력을 약화시키는지 판단하는 데 도움을 줄 수 있다.

자잘한 사물과 하드웨어, 소프트웨어에 치중한 이 책의 범주는 '프라이버시 중심 디자인'이라는 용어가 흔히 조직 구조와 기업 내 직원들의 의무 같은 것까지 포괄한다는 점을 고려하면 약간 협소하다. 하지만 실상은 자잘한 사물과 인터페이스에 초점을 맞추는 것만으로도 책 한 권이 가능할 만큼 서로 연관되면서도 독특한 문제가 수천 개 존재한다. 이 책은 페이스북 인터페이스나 '캔디 크러쉬 사가^{Candy Crush Saga}' 같은 모바일 앱 게임의 프라이버시 설정처럼, 기술 사용자이자 표적인 일반 사람들에게 친근한 기술에 집중한다. 그러나 애플의 암호화된 아이폰이나 보안성 허술한 스냅챗의 API(응용프로그램 인터페이스) 같은 일부 소비자 기술은 사용자 눈에 보이지 않지만 우리가 의존하는 온갖 앱이 해당 기술에 기반한다는 점에서 우리를 취약한 상황으로 내몰 수 있다. 이 책은 눈에 보이든 보이지 않든 소비자에게 직접 영향을 미치는 기술에 대한 디자인 결정을 다룬다. 하지만 편향적이고 차별적인 알고리즘과 빅데이터에 기반한 예측 같은 '백엔드^{back end}' 기술[15]의 문제는 엄청난 중요성에도 불구하고 다음 기회로 미루고자 한다. 프라이버시 보호를 최우선으로 고려해야 한다는 커다란 운동의 작은 부분에 불과하다고 할지라도, 소비자 및 감시 기술 디자인에 대한 법률적 청사진을 개발하는 일은 이미 충분히 어렵고 복잡하기 때문이다.

책의 구성

이 책은 3부로 나뉜다. 1부는 프라이버시 법에 대한 디자인 어젠다 사례를 설명한다. 1장은 디자인이 왜 그토록 중요한지, 설계자의 가치로 꽉 차 있는지 보여준다. 기술에 대한 일반적인 시각은 그것이 가치 중립적이라는 것이다. 기술은 친사회적이거나 반사회적인 목적 어느 쪽으로나 사용될 수 있지만, 기술 자체는 태생적으로 선한 것도 악한 것도 아니라고 사람들은 흔히 주장한다. 달리 말하면 "나쁜 기술은 없다, 나쁜 사용자만 있을 뿐"이라는 주장이다. 이런 시각은 기술의 '사용' 방식을 규제해야지 기술 자체를 규제해서는 안 된다는 주장으로 이어진다. 1장은 그런 시각을 비판한다. 디자인은 어디에나 있다. 디자인은 권력이고 디자인은 정치적이다. 정보기술에 가치 중립적인 대목은 없다. 가치는 기술의 디자인 속에 깊숙이 내장돼 있다. 사람들은 기술을 자유롭게, 자신이 원하는 것을 무엇이든 얻기 위해 사용하는 게 아니다. 실상은 기술이 사람들의 사용 방식에 영향을 미친다. 기술은 사람들의 행태와 선택, 심지어 태도에 영향을 미친다. 지금의 프라이버시 법은 권력이 우리 세상에서 분배되고 행사되는 가장 중요한 방식을 무시하고 있다.

2장에서 나는 현대 프라이버시 법과 정책에 반영되지 않은 디자인 변수를 부각시키면서 디자인 어젠다가 포함돼야 하는 근거를 제시한다. 현재 통용되는 대다수 프라이버시 규제 시스템은 세 가지 간단한 규칙으로 요약할 수 있으며, 이 중 어디에서도 디자인은 고려되고 있지 않다. 세 가지 규칙은 '공정정보 규정Fair Information Practice Principles을 따르라, 거짓말하지 말라, 해를 끼치지 말라'는 것이다. 각각의 세 가지 규칙은 소비자 기술 디자인을 심각하게 고려하지 못하고 있다. 나는 기술의 잠금 효과 사례를 통해 왜 처음부터 적절한 디자인이 결정적으로 중요하며, 그렇지 않은 경우 수십 년간 위험한 디자인에 묶여 있을 수밖에 없는지 보여줄 것이다. 디자인 어젠다는 프라이버시 법의 효과를 높일 수 있다. 아무도 프라이버시 정책을 읽지 않지만 모두가 디자인의 영향을 받는다. 건전한 디자인 규칙은 행위에 근거한 프라이버시 법의 부담을 덜어줄 수도 있다. 입법자와 판사들은 자동차, 항공기, 빌딩, 의약품, 우리 몸에 이식된 기술 제품, 심지어 일상의 소비재 등 다른 맥락에서도 디자인의 막강한 영향력을 확인할 수 있다. 긍정적인 소식은 프라이버시 중심 디자인의 어젠다를 위한 준비 작업은 이미 갖춰졌다는 점이다. 이제는 그것을 받아들일 시간이다.

2부에서 나는 프라이버시 법을 위한 디자인 어젠다를 발선시켜 원시의 제목처럼 '프라이버시의 청사진'을 제시한다. 그 청사진은 가치value, 경계boundary

와 툴^{tool}로 구성된다. 3장은 그중 가치 부분, 입법부와 사법부가 프라이버시 법을 통해 디자인에 대한 규칙을 마련할 때 어떤 가치에 초점을 맞춰야 할지 논의한다. 디자인은 주로 신호로 소통하면서 직무를 방해하거나 원활하도록 돕는다. 이들 기능은 프라이버시의 두 가지 중요한 요소에 영향을 미친다. 바로 정보 교환을 가능케 하는 관계와 정보를 찾고 사용하고 공유하는 데 소요되는 거래 비용이다. 그리고 이 관계와 거래 비용은 세 가지의 프라이버시 관련 가치, 즉 신뢰(남들에게 스스로를 약하게 만드는 행위), 모호성(사람 또는 그 사람의 데이터와 관련된 가치가 어렵거나 발견 또는 이해될 가능성이 낮은 것), 그리고 자율성(외부 간섭으로부터의 자유)에 영향을 미친다. 세 가치는 서로 얽혀 있다. 자율성은 프라이버시 법이 우리의 신뢰와 모호성을 유지할 수 있는 능력을 보호해주는 기술을 장려할 때, 일종의 디자인 가치로서 더욱 확대된다. 신뢰와 모호성은 상호 보완적인 가치다. 신뢰는 관계망 안에서 우리의 정보를 보호하며, 모호성은 아무도 신뢰할 사람이 없을 때 우리를 보호한다.

4장에서 나는 입법자들에게 신뢰, 모호성 및 자율성을 키우는 규칙과 목표를 디자인하는 '경계'를 정하라고 제안한다. 디자인의 바깥 경계는 디자인 프로세스에 대한 다른 산업계의 관심과 이해 때문에 필요하다. 가치는 변질된다. 나는 입법자들이 프라이버시 관련 디자인 경계를 정할 때, 특정 규칙 대신 유연한 기준을 내세우는 편이 더 낫다고 생각한다. 제품의 안전과 소비자 보호법을 참조해 입법자들은 기만적^{deceptive} 디자인, 가학적^{abusive} 디자인 및 위험한^{dangerous} 디자인이라는 세 가지 유형의 디자인을 억제하는 기준을 마련해야 할 것이다. 이들 세 유형의 디자인은 서로 겹치며 기만, 착취, 피해를 부추긴다.

5장은 입법부와 사법부가 건전한 디자인을 확대하는 데 활용할 수 있는 여러 '툴'을 살펴본다. 입법자들은 가용한 모든 툴을 활용해야 하지만 그 성격과 용도에 맞춰 적절히 사용해야한다. 이 툴은 온건한 것부터 중간 수준 그리고 강력한 것까지 다양하다. 온건한 대응은 산업 표준을 장려하고, 지침을 만들고, 프라이버시 디자인 연구에 기금을 대는 형태다. 프라이버시 디자인의 경계를 초과해도 과징금을 물리는 대신 프라이버시의 청사진에 제시된 목표를 달성하도록 돕는 쪽이다. 중도적인 대응은 고지나 절차를 의무화한 디자인 보증 같은 것이다. 디자인 경계를 넘을 경우 과징금을 물리기는 하지만 기술 디자인에 미치는 부담은 크지 않다. 강력한 대응은 디자인으로 인한 피해에 법적 책임을 묻고, 규제 기관의 증명을 의무화하는 식이다. 온건한 대응은 초기에 자주 사용돼야 한다. 중도적 대응은 온건한 대응으로는 불충분한 경우 더 분별력 있게 사용돼야 한다. 마지막으로 강력한 대응은 매우 심각한 프라이버시 디자인의 문제에 대응할 때 사용돼야 한다. 입법자들은 기만적이거나 가학적이거나 위험한 디자인에 대한 적절한 법적 대응 방식을 선택할 때나 특정한 프라이버시 디자인 목표를 지원할 때 균형과 적합성을 모색해야 한다. 더 나아가 입법자들은 이런 툴을 지속적으로 갱신해야 한다. 기업은 소프트웨어를 심지어 해당 제품이 이미 소비자에게 출시된 이후라도 바꾸고 그것을 개선할 수 있는 능력이 있고, 그로부터 혜택을 누릴 수 있다. 정체된 상태로 법을 준수할 수는 없으며, 지속적인 개선을 통해 더 나아질 수 있다는 사고방식은 프라이버시 디자인에도 적용돼야 한다. 효율성과 미적 디자인의 경우와 마찬가지로 프라이버시 디자인 또한 지속적인 과정이다. 언제 끝나는 것도 아니며 완벽한 디자인도 존재하지 않는다.

3부는 프라이버시의 청사진을 프라이버시 문제가 가장 심각하게 제기되는 정보 기술 분야에 적용해본다. 6장에서 나는 소셜미디어 디자인이 어떻게 이용자의 온라인 경험을 형성해 이들을 취약하게 만들거나 안전하게 보호할 수 있는지 살펴본다. 그리고 어떻게 레이아웃, 강요된 선택 및 기본 선택사항이 이용자에게 온라인에서 개인정보를 더 적극 공유하도록 부추기는지 입증한다. 길고 읽기 어려운 프라이버시 정책 대신 이용자 인터페이스 디자인이 프라이버시를 더 효과적으로 보호할 수 있는 방법을 보여주며, 온라인 괴롭힘과 학대를 제한하는 데 디자인이 어떤 역할을 할 수 있는지 알려준다.

7장은 검색엔진, 브라우저, 삭제 툴, 스파이웨어, 드론, 자동차 번호판 식별기 및 얼굴 인식 기술 같은 이른바 '숨바꼭질 기술hide and seek technology' 디자인을 분석한다. 감시는 모호성과 거래 비용의 문제임을 밝히고, 찾고, 인식하고, 감시하고, 숨기는 기술의 핵심 디자인 특징을 살펴본다. 7장에서 입법자들이 사람들을 찾거나 인식하고 감시하는 데 드는 비용을 대폭 줄여주는 디자인을 더 면밀히 살펴야 한다고 강조한다. 이들 디자인은 합리적으로 안전해야 한다. 적어도 감시 기술 디자인은 특히 감시로 인해 취약해지는 사람들을 포함해 사회 전반에 주는 혜택이 더 크다는 점으로 정당화될 수 있어야 한다. 그와 반대 입장에서 입법자와 정책 입안자들은 사람과 데이터를 찾거나 이해하는 데 소요되는 비용을 보전하거나 높이는 소위 '숨는hiding' 기술도 장려해야 한다. 이것은 암호화, 감시에 대항한 마스크, 광고 차단앱ad blocker, 다른 모호성 기술을 무력화하지 않고 포용한다는 뜻이다.

8장은 사물인터넷IoT, Internet of Things에서 디자인이 차지하는 역할을 알아본다. 가정의 어떤 아이템을 네트워크에 연결한다는 결정은 법적으로 상당한 영향을 미친다는 점을 인식해야 한다. 프라이버시 법은 '사물인터넷'에서 '인터넷' 부분은 심각하게 받아들였지만, 정작 어떻게 '사물'이 우리의 프라이버시와 보안에 영향을 미치는지는 무시했다. 어떤 경우는 일회성이지만 다른 사물은 대대로 전해지기도 한다. 그러나 프라이버시 법과 우리가 거기에 사용하는 표현은 특별한 구분 없이 마치 다른 컴퓨터를 쓰는 것이나 다름없다는 식으로 취급한다. 사물인터넷의 보안 취약성은 컴퓨터와는 다른 방식으로 우리의 신뢰, 모호성 및 자율성에 영향을 미친다. 프라이버시 법과 데이터 보안법은 그러한 차별성을 더 분명히 인식해야 한다.

나는 내가 제안하는 프라이버시의 청사진이 정보 기술에 적절히 반영돼 정보 기술을 개발하고 배치하는 기업뿐 아니라 모두에게 혜택을 줄 수 있어야 한다고 결론을 내린다. 기술의 디자인을 신뢰할 수 있게 되면 우리는 더 많은 개인정보를 안전하고, 지속 가능하고, 유용한 방식으로 공개할 것이다. 상거래, 여러 관계망과 민주주의도 번영하게 될 것이다. 기술은 지속적으로 개선될 것이며, 우리에게는 계획이 필요할 뿐이다. 이 책은 그런 계획의 하나를 제시하려 시도한다.

1부

프라이버시 법에서
디자인을 중요하게 취급해야 하는 이유

1

디자인이 왜 중요한가

당신에게 완벽한 통제권이 있다고, 온라인으로 무엇을 누구와 그리고 어떻게 공유할지 선택할 수 있다고, 우리는 적어도 그렇게 들어왔다. 테크 기업은 사용자에게 자신의 개인정보를 통제할 수 있다는 인상을 심어주기 위해 갖은 수를 다 쓴다. 프라이버시 침해의 피해자들이 결국은 스스로를 탓할 수밖에 없다는 얘기는 놀라운 일이 아니다. 하지만 실상은 이렇다. 통제에만 초점을 맞추는 사이 정작 당신의 프라이버시에 큰 영향을 미치는 요소는 놓치고 있다는 점이다. 프라이버시에 대한 가장 중요한 결정은 당신이 휴대폰을 집어 들거나 집을 나서기 전에 이미 내려져 있다. 모든 것은 디자인 속에 있다.

디자인은 해당 사물이 어떻게 감지되고 작동하는지, 어떻게 사용되는지에 영향을 미친다. 기술은 디자인의 위력을 보여주는 대표적인 사례다. 소셜미디어 서비스인 스냅챗의 이용자 인터페이스를 보여주는 53페이지의 마케팅 사진을 보자.

시계 아이콘과 연결된 선택 가능한 '초' 숫자, 전송 버튼과 용의주도하게 잘 라 벗은 어깨만 살짝 보여주는 사진 등은 모두 이 소프트웨어는 이용자에게 친밀하거나 도발적인 사진을 일시적으로 공유할 수 있도록 디자인됐음을 시 사한다.[1] 이 모든 내용은 명시적인 약속이나 선언 없이 그저 디자인으로만 암시된다. 새로운 이용자라면 이 그림만을 보고 야한 사진 혹은 '스냅 사진' 을 공유해도 곧 완전히 사라져 버릴 것이라고 생각할 만하다.

문제는 그렇게 작동하지 않는다는 점이다. 스냅 사진은 수신자에게만 보이 지 않게 될 뿐이다. 해당 사진의 복제본은 여전히 존재한다. 대부분의 요즘 휴대폰은 화면의 디스플레이를 고스란히 잡아주는 '스크린샷screenshot' 기능 이 있고, 이것은 스냅 사진을 '캡처'하는 데 흔히 이용된다. 데이터 포렌식 전 문가들은 스토리지에 아직 남아 있는 복제본을 복구할 수 있다. 스냅 사진이 사라지기 전에 이를 저장할 수 있게 해주는 전용 소프트웨어까지 나와 있다. 열아홉 살의 지샨 아크사Zeeshan Aqsar는 열다섯 살 난 여학생이 스냅챗으로 보낸 누드 사진을 이런 식으로 저장한 뒤 이를 미끼로 더 많은 사진과 돈을 보내라고 위협했다.[2] 많은 스냅챗 이용자가 그렇듯이 그 여학생은 자신이 보 낸 사진이 사라지리라 생각했다. 앞에 언급한 대로 스냅챗은 응용 프로그램 인터페이스에 자체 소프트웨어 클라이언트만 접근할 수 있도록 제한하는 데 실패했다. 디자인을 강화해 이용자의 기대 수준을 높이고, 사진 저장을 더 어렵게 만들 수도 있었지만 한동안 스냅챗은 그러지 않았다.

설령 디자인이 기술에 대한 인식을 좌우하지 않는 경우에도, 그것은 백그라 운드에서 우리에게 벌어지는 상황을 좌우한다. 이용자들은 보통 자신들이 방문하는 웹사이트와 앱이 어떤 유형의 개인정보를 수집하는지 파악할 수 없다. 모든 웹사이트와 모바일 앱은 인터넷 프로토콜IP 주소, 브라우저 종류

및 브라우징 내역 같은 논란의 여지는 있지만 '개인정보'라고 볼 수 있는 데이터를 수집한다. 링크를 클릭할 때 당신이 사용하는 브라우저는 당신이 어디에서 왔는지 해당 웹사이트에 통보한다는 사실을 아는가? 예컨대 성적 집착fetish에 대한 블로그를 읽고 아마존으로 연결된 링크를 클릭한다면, 아마존은 당신이 사이트로 들어오기 전에 어떤 외설 사이트의 콘텐츠를 읽었는지 안다. 이런 정보는 하이퍼텍스트 전송 프로토콜HTTP 출처 헤더라는 메타데이터에 포함돼 있다. 우리는 눈에 보이지 않는 데이터의 흐름에 휩쓸리고 있다. 현대의 정보기술은 명시적으로 더욱 더 많은 데이터를 수집할 수 있도록 디자인돼 있다.

1장은 디자인이 어떻게 우리의 프라이버시에 영향을 미치는지 보여준다. 나는 세 가지 논점을 제시할 것이다. 첫째, 프라이버시 관련 디자인은 어디에나 있다. 그것은 우리가 휴대폰, 랩톱, 태블릿을 사용하면서 취하는 모든 행동의 일부다. 우리가 물리적 세계에서 상호작용하는 데 미치는 힘이기도하다. 프라이버시 관련 디자인을 찾아내는 최선의 방법은 기술이 그 기능이나 작동에 관한 정보를 어떻게 표시signal하는지 혹은 기술이 어떻게 '거래 비용'을 통해 직무를 얼마나 더 쉽거나 어렵게 만드는지 살펴보는 것이다. 신호와 거래 비용은 기술이 어떻게 작동해 우리의 행태를 특정한 방식으로 이끄는 제약으로 작용하는지에 관한 심리 모델을 만든다.[3]

둘째, 디자인은 권력임을 보여줄 것이다. 모든 디자인 결정은 일정한 현실을 실현하거나 가로막는다. 따라서 디자이너는 일정한 수준의 통제력을 남들에게 행사하는 셈이다. 사람들은 신호와 제한에 예측 가능한 방식으로 반응하기 때문에 소비자 기술 디자인은 이용자들이 일정한 결정을 내리도록 유도할 수 있다. 디자인은 관계와 위험에 대한 우리의 인식에 영향을 끼친다. 우리 행태에도 영향을 끼친다. 디자인이 어떤 사물을 쓰기 쉽게 만들면 우리는 해당 사물을 이용할 가능성이 더 크고, 어렵게 만들면 포기하고 다른 곳을 찾아볼 가능성이 크다. 디자인의 힘을 무시하면 위험해진다.

나는 1장을 일반의 통념과는 상반되는 결론으로 맺을 것이다. 그것은 디자인이 중립적이라는 생각은 틀렸다는 것이다. 과학기술 법 분야의 통념은 유해한 방식으로 사용되는 기술 개발보다 다른 사람의 개인정보를 수집해 이용하거나 공유하는 행위에 법률의 초점을 맞춰야 한다는 것이다. '빅데이터'에서 큰 가능성을 보는 사람들은 개인정보의 수집 단계보다는 그렇게 수집된 데이터의 '사용'을 규제하는 쪽이 더 바람직하다고 주장한다.[4] 데이터 보안이 허술한 기업에 대한 법적 제재에 반대하는 사람들은 관련 조치를 정부가 강도 피해자를 처벌하는 격이라고 비판한다.[5] 유해 콘텐츠를 호스팅하는 서비스에 대한 면책을 옹호하는 사람들은 이들 사이트는 단지 전달자에 불과하다고 주장한다.[6] 프라이버시 피해의 가장 즉각적이고 가까운 출처에만 주의를 기울이도록 유도함으로써 기업은 개인 프라이버시에 미치는 디자인 효과를 축소한다. 디자인을 규제해야 한다는 비평가들의 의견에 대해서는 디자인 중립성을 주장하며 규제를 회피하려 한다.[7] 그들은 틀렸다. 디자인은 절대 중립적이지 않다. 디자인은 정치적이고, 디자인은 우리의 정보 정책의 핵심 부분이어야 한다.

디자인은 어디에나 있다

이 책은 소비자 기술 중에서도 특정한 두 종류의 디자인에 초점을 맞춘다. 하나는 사람들이 사용하는 기술이고, 다른 하나는 사람들에게 직접 사용되는 기술이다. 우리가 사용하는 대다수 기술은 경험을 '중재^{mediate}'한다. 브라우저, 모바일 앱, 소셜미디어, 메시지 소프트웨어 및 그와 비슷한 기술은 우리가 정보를 찾고 소비하고 다른 사람들과 소통하는 매개체로 작동한다. 한편 자동차 번호판 식별기, 드론, 얼굴 인식 소프트웨어 같은 감시 기술은 우리에게 사용되는 기술이다. 우리는 이런 유형의 기술과 상호작용하지는 않지만 개인 프라이버시에 심대한 영향을 미친다.

디자인이 프라이버시에 미치는 영향은 거의 어디에서나 볼 수 있다. 물리적 환경에서는 문과 벽, CCTV, 강의실 테이블의 가림판 그리고 헤아릴 수 없이 많은 여러 디자인은 프라이버시 개념에 영향을 끼친다. 집이나 아파트 같은 구조적 보호는 '프라이버시에 대한 합리적인 기대reasonable expectations of privacy'를 낳고, 이러한 기대는 프라이버시 보호법의 시금석이다. 하지만 그런 구조는 감시와 정보 오용을 돕게 되는 경우 우리의 프라이버시를 약화시킬 수도 있다. 직장의 화장실 벽이나 칸막이가 투명 유리로 돼 있지 않은 반면, 콘퍼런스 룸의 벽이 투명한 이유도 거기에 있다. 당신의 모습이 분명히 보일수록 더 좋다. 그리고 프라이버시와 디자인에 관한 책은 예외 없이 아주 짧게라도 유명한 프라이버시 관련 특정 구조물을 언급하는데, 바로 판옵티콘panopticon이다.

철학자이자 사회이론가였던 제레미 벤담Jeremy Bentham은 판옵티콘을 중앙에 간수들이 있는 탑을 세운 원형 구조물 형태의 감옥으로 디자인했다. 그런 구조 덕택에 간수 한 명(혹은 소수)으로도 언제든 모든 죄수를 감시할 수 있다.[8] 감옥 쪽에서는 간수 탑에서 누구를 감시하는지 파악하기 어렵고, 따라서 죄수들은 자신들이 언제 감시되는지 혹은 간수가 있는지 여부도 알 수가 없다. 그 때문에 죄수들은 항상 감시당하고 있다는 전제 아래 행동해야 한다. 이 디자인은 감시를 대별하는 은유처럼 발전했고, 특히 철학자 미셸 푸코Michel Foucault는 현대의 감시 상황과 사람들이 감시의 공포를 느끼는 근거로 이 단어를 사용했다.[9]

디자인은 매개 환경인 온라인상의 프라이버시에도 더없이 중요하다. 예를 들면 앱 개발회사인 골든쇼어스 테크놀로지스GoldenShores Technologies는 모바일 이용자들의 위치 데이터를 수집하기 위해 '가장 밝은 플래시Brightest

Flashlight'라는 이름의 앱을 디자인했다.[10] 불을 밝히는 게 주목적인 플래시 앱에 위치 데이터가 필요할 아무런 이유도 없다. 말 그대로 플래시 앱으로 스마트폰의 플래시에만 접근하면 된다. 그럼에도 '데이터는 새로운 연료'이기 때문에 앱 회사는 누구나 주머니에 넣고 다니는 소형 감시장비인 스마트폰의 아키텍처와 기능을 더 활용할 수 있다는 유혹을 떨치지 못했다. 골든쇼어스는 이용자들의 위치 정보를 수집하는 것이 충분히 가능했고, 또 그렇게 하는 것이 수익면에서도 더 낫기 때문에 앱을 그런 식으로 디자인한 것이었다. 연방거래위원회는 골든쇼어스의 디자인이 프라이버시 보호 약속을 지키지 않았으며, 불공정하고 기만적인 비즈니스 행태를 보였다고 주장했다. 4장에서 우리는 이 사안을 어떻게 하면 입법 기관이 더 나은 프라이버시 보호 디자인을 고려할 수 있는지 논의할 때 다시 언급할 것이다.

골든쇼어스의 디자인 결정을 온라인 미디어 사이트인 「기즈모도Gizmodo」가 방문자의 IP 주소를 저장하지 않도록 설정한 결정과 비교해보자. 회사의 결정을 설명하면서 기즈모도의 애널리 뉴위츠Annalee Newitz는 "예컨대 당신이 우리 사이트에 들어와 댓글을 달면서 애플에 관한 기업 비밀을 흘리는 바람에 당신에 관한 개인정보를 넘기라는 법원 영장을 우리가 내일 받는다고 해도 우리는 그럴 수가 없습니다. 우리의 IT 시스템 팀은 응할 수가 없습니다. 우리는 그런 데이터를 기록하지 않기 때문이죠. 그리고 댓글 관리 시스템을 그렇게 설정한 것은 자유롭게 익명으로 발언할 수 있는 독자 여러분의 권리를 보호하기 위해서입니다."[11]라고 썼다. 기즈모도의 결정은 어떻게 디자인이 모호성과 익명성 같은 프라이버시 관련 가치를 구현할 수 있는지 보여준다. 이런 가치는 어떤 기능은 더 쉽게 만들거나 사용하기 어렵도록 설정함으로써, 혹은 기즈모도의 경우처럼 아예 불가능하도록 만듦으로써 실현된다. 물론 타당한 거부권은 두 가지 상반된 효과가 있다. 범법 행위를 보호하는 데 악용될 수도 있고, 표현의 자유와 인권의 보장을 위한 공간을 제공할 수도 있다. 어느 쪽이든 여기에서 디자인은 특정한 가치를 반영하며 중대한 결과를 낳는다.

애플은 아이폰에 담긴 정보를 보호하겠다는 목적으로 모바일 기기의 암호화 시스템을 디자인했다. 이런 디자인 결정 때문에 해당 암호화 기술을 적용한 기기에 담긴 정보는 애플조차도 공개할 수가 없다.[12] 이런 결정은 안전하고 사적인 커뮤니케이션과 기술 이용을 보장하겠다는 애플의 입장을 반영한다. 애플의 입장은 2016년 초, 캘리포니아 샌 버나디노San Bernardino에서 벌어진 총격 사건으로 사망한 테러리스트 용의자의 아이폰 비밀번호를 풀지 못하자 해당 보안 장치를 무력화할 수 있는 맞춤형 운영체제를 만들어달라는 FBI의 요청에 저항한 애플의 결정[13]에서도 드러난다. 이 논란은 보호 장치가 잘 마련된 디자인의 매우 현실적인 파장의 한 단면을 잘 보여준다. 범죄를 수사하고 테러리스트를 감시하는 수사 기관이나 첩보 기관은 제때 정보를 취득하지 못할 수 있고, 따라서 어떤 경우는 사이버보안을 약화하고 도리어 범죄자들을 도와줄 수 있다. 예를 들면 법 집행기관은 범죄 해결에 중요한 정보를 얻지 못할 수도 있고, 첩보기관은 중요 정보를 놓칠지도 모른다. 그럼에도 이들 디자인은 사람들의 사적인 통신과 개인정보를 정부의 절차 남용과 해커들의 공격으로부터 보호해준다. 인간 계발, 상거래, 인프라 관리 및 국가 안보에 필요한 자유와 자율성을 제공해준다.

우리는 매일 디지털 기술을 사용하기 때문에 디자인의 역할은 미처 생각하지 못할 수도 있다. 하지만 디자인은 언제나 존재한다. 왜 디자인이 그토록 중요한지 이해하기 위해 먼저 디자인의 기능을 따져보자.

디자인은 어떤 기능을 하는가?

폭넓게 말해서 기술의 특정한 디자인은 정보를 전달하고^{communicate} 활동을 돕거나^{enable} 방해한다^{hinder}. 온라인상의 체크박스와 하단으로 메뉴가 나타나는 드롭다운 메뉴의 레이블이 이용자의 선택을 묻는 데서 보듯이 디자인은 두 가지 기능을 수행한다. 적절한 비밀번호의 요건은 좋은 사례다. 급여 명세서와 납세 내역처럼 민감한 전자 문서를 안전하게 보관하기 위해 기업이 고려할 만한 비밀번호를 생각해보자. PDF 파일을 비밀번호로 잠그는 경우 회사는 오직 허가받은 사람만 비밀번호를 넣고 열람할 수 있도록 함으로써 접근을 '방해하는' 것이지만, 동시에 수신자들에게 해당 파일의 콘텐츠는 아무나 접근할 수 있는 것이 아니라는 정보를 전달하는 방법이기도 하다. 소통되는 내용의 정확한 본질은 해석의 여지가 있지만, 인증을 요구하도록 한 디자인 선택은 해당 정보가 아무나 볼 수 있는 것이 아니라는 신호를 보낸다. 디자인은 일종의 매체로서 설계자와 이용자 양쪽을 대신해 일정한 정보를 제공한다. 그것은 또한 이용자들에게 직접 작용해, 특정한 방식으로 제한을 가하거나 행동을 유도하고 돕는다. 디자인이 보내는 신호와 장벽에 초점을 맞춤으로써 우리는 어떻게 디자인이 사람들에게 영향을 미치는지 알 수 있고, 해당 가치와 중요성을 이해할 수 있다.

디자인은 신호를 보낸다

전자제품 가게에 랩톱 수리를 맡기면서 수리 기간 동안 쓰기 위해 다른 랩톱을 빌리는 경우를 생각해보자. 임대 랩톱을 켜면 이런 팝업 창이 나타난다.[14]

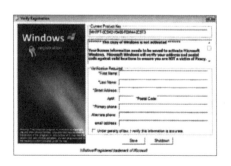

이런 종류의 팝업 창은 새로운 소프트웨어에서 흔히 볼 수 있기 때문에 낯설지 않다(이 컴퓨터는 어쨌든 난생 처음 쓰는 것은 아니다). 이 창은 눈에 익은 마이크로소프트 로고와 보안과 접속을 상징하는 열쇠 그림을 보여준다. 그리고 제품의 키처럼 보이는 양식이 보이는데, 이 소프트웨어가 진품이라는 신호다. 이 창은 개인정보에 관한 일반적인 질문을 던진다. 체크 표시 옆에 붙은 "법의 처벌 조항에 따라 나는 이 정보가 정확함을 인증한다."는 서약은 진짜 같다. 꽤 심각한 내용이다. 이 팝업 창의 디자인이 사용자에게 전달하는 메시지는 당신의 랩톱에 설치된 소프트웨어의 활성화를 돕기 위해 마이크로소프트가 이 인터페이스를 만들었다는 의미다.

문제는 이 창이 가짜라는 점이다. 이것은 마이크로소프트가 아니라 디자이너웨어DesignerWare라는 소프트웨어 회사가 만든 창이다. 이것은 랩톱을 임대해주는 회사가 사용하는 'PC 렌탈 에이전트PC Rental Agent'라는 스파이웨어의 악의적인 한 대목이다. 렌탈 회사는 이 소프트웨어를 이용해 랩톱을 추적하고, 만약 빌려간 사람이 사용료를 제때 내지 않으면 쓸 수 없게 잠가버릴 수 있다. 이 팝업 창은 해당 소프트웨어의 '탐지 모드detective mode'의 일부로 이용자의 키보드 입력 내용을 기록하고, 랩톱의 웹캠을 원격 조작해 카메라에 잡히는 누구든 포착할 수 있다.

이 팝업 창은 위장이다. 등록 창은 아무것도 등록하지 않는다. 대신 박스에 입력된 모든 개인정보를 수집해 디자이너웨어와 해당 랩톱을 빌려주는 매장으로 전송한다. 이것은 가상이 아니다. 프라이버시 법에서 디자인 문제를 심각하게 취급한 드문 사례 중 하나인 이 소송에서 연방거래위원회FTC는 이 소프트웨어가 가짜 등록 창을 이용해 기만적인 비즈니스 행위를 벌이고 있다고 지적했다.

나는 이 사례를 디자인의 주기능 중 하나가 '정보를 전달하는' 데 있다는 점을 입증하기 위해 제시했다. 디자인은 사람들에게 신호를 보낸다. 정보 전달은 설계자가 보내는 메시지일 수도 있고, 다른 이용자들이 보내는 정보거나 다른 이용자들에 관한 정보일 수도 있으며, 어떻게 기술이 기능하는지에 관한 정보, 이용자에게 어떤 선택이 주어지는지에 관한 정보 혹은 단순히 미적인 선택일 수도 있다. 거짓 등록 페이지의 경우 그것이 전달하는 정보는 명백하다. 설계자들은 텍스트와 그래픽 디자인으로 권위, 보안, 보호 등의 메시지를 보내면서 이용자들이 개인정보를 공유하도록 기만했다.

때로 디자인은 좀 더 미묘하거나 심지어 잠재의식을 자극하는 방식으로 정보를 전달한다. 예를 들면 애플은 아이폰끼리 무료로 주고받을 수 있는 문자 메시지의 배경 색깔은 심리적으로 편안한 파란색을 사용한 반면, 사용자가 보내는 메시지의 숫자를 제한하는 다른 기종의 휴대폰과 아이폰 간의 문자 메시지의 배경 색깔은 더 차가운 느낌의 초록색을 쓴다.[15] 서로 주고받는 메시지의 색깔을 다르게 표현하는 배경에는 경쟁사 휴대폰과 텍스트를 주고받음으로써 이용자의 문자 메시지에 이용료가 부과되는 경우를 포함해 미묘한 메시지가 깔려 있다. 그런 차이는 경쟁사의 휴대폰을 사용하는 사람과 메시지를 주고받는 일은 더 차분한 느낌의 파란색 대화창을 보여주는 사람들과 소통하는 것보다 조금 더 짜증스럽다는 뜻일 수도 있다. 초록색은 수신자 휴대폰 기종이 아이폰이 아니라는 정보도 전달한다.

신호를 통해 디자인은 우리의 관계를 규정하고, 다른 것을 다룰 때 제기되는 위험 수준에도 영향을 미친다. 디자인은 해당 사물을 사용하는 맥락과 그에 대한 우리의 기대에 영향을 미친다. 온라인 어디에서나 만날 수 있는 자물쇠 아이콘을 생각해보자. 우리는 그런 아이콘을 브라우저에서, 휴대폰에서 그리고 소셜미디어에서 본다. 이 아이콘은 어디에나 있다.

자물쇠 아이콘은 프라이버시 관련 디자인 신호 중에서도 가장 친숙하고, 기업이나 디자이너가 열쇠가 있는 사람에게만 방이나 박스에 대한 접근을 허용하는 실제 현실의 자물쇠처럼 보안이나 보호의 이미지를 전달하고자 할 때 예외 없이 사용된다. 인터넷 브라우저의 경우 자물쇠 아이콘은 표준적인 HTTP 대신 암호화된 HTTPS(여기에서 S는 '보안성이 갖춰져 있다Secure'라는 뜻)[16] 기능이 제공됨을 인증한다는 뜻이다. HTTPS는 공격자가 송신자와 수신자 사이에 비밀리에 끼어들어 데이터를 훔쳐내는 도청이나 '중간자 공격 man-in-the middle attack '[17]을 막아준다. 트위터의 자물쇠 아이콘은 '보호' 계정이라는 뜻으로, 계정 당사자가 승인해야만 팔로어가 프로필에 접근할 수 있다. 페이스북의 자물쇠는 이용자를 페이스북 프라이버시 설정으로 인도해 주는 버튼이다.

각 자물쇠 아이콘은 기술이나 서비스의 신뢰성을 강조하며, 안전하다는 신호를 보낸다. 트위터와 페이스북의 경우, 자물쇠는 이용자와 회사 간의 관계에 대한 이용자의 기대 수준에 영향을 미친다. 기술 관련 제품이나 서비스를 이용하는 사람들에게 자물쇠 아이콘은 자신들의 개인정보를 취급하는 기업의 수준에 대한 기대치를 높인다. 1장 후반부에서 논의하겠지만 자물쇠 아이콘과 프라이버시 설정 같은 신호는 개인정보를 공개하는 데 따른 피해 위험성이 낮아서, 정보 공유에 따른 부정적 영향도 거의 없을 것이라는 인상을 심어줌으로써 사람들이 더 많은 정보를 공유할 확률이 높다.

디자인은 거래 비용에 영향을 미친다

디자인이 어떤 행위를 부추기거나 방해할 때, 그것은 특정 행위의 거래 비용에 영향을 미친다. 경제 이론에서 거래 비용은 시장의 교환 활동에 참여하는 데 요구되는 비용 수준[18]을 가리킨다. 그러나 그런 개념은 무슨 일을 하는 데 요구되는 비용을 충당하도록 확대될 수 있다. 예를 들어 시간과 노력은 중요한 자원이다. 우리는 어떤 일을 완수하는 데 얼마 정도의 시간과 노력이 필요한가를 계산함으로써 그 가치를 평가하기도 한다.

집 창문에 방범창을 설치하는 경우를 생각해보자. 방범창이 있다고 강도가 집을 털지 못하는 것은 아니다. 동기가 충분한 강도라면 쇠줄이나 심지어 더욱 강력한 장비를 동원해 방범창을 제거할 수 있을 것이다. 그러나 그에 필요한 비용이 너무 높기 때문에 이런 일은 흔히 일어나지 않는다. 강철 방범창을 쇠줄로 잘라내는 데는 너무 오래 걸리고, 너무 시끄럽고 너무 눈에 잘 띄고 값도 비싸다. 방범창은 완벽한 보안 수단은 아니다. 대다수 주택과 상점에 적당한 수준의 보안을 제공할 뿐이다. 온라인 사례는 대개 이 정도로 극적이지는 않다. 온라인에서 거래 비용의 변수는 거의 감지하지 못할 수준으로 선택과 기대에 영향을 미친다.

거래 비용은 디지털 기술 디자인에서 중요한 역할을 한다. 사용자 인터페이스 디자인과 사용자 경험을 위한 디자인은 사용의 용이성에 초점을 맞춘다. 예를 들면 페이스북 초기에는 모든 '친구'의 활동 내역을 한 장소에서 볼 수 있게 해주는 뉴스피드가 없었다. 페이스북 사용자들은 포스트나 활동 내용이 궁금하면 친구의 프로필을 직접 찾아가야 했다. 뉴스피드는 친구들이 무슨 글이나 어떤 근황을 올렸는지 파악하기 쉽게 해줬다. 찾아보고 싶은 친구를 떠올려서 해당 친구의 이름을 검색 창에 입력하고, 그 친구의 프로필을 찾아 근황을 파악하고, 다시 다른 친구의 이름을 검색하는 식의 번거로운 절차를 되풀이할 필요가 없어졌기 때문이다. 디자인은 이런 작업을 '더 쉽게' 만들었다.

사실 데이터 경제는 그 전체가 직무를 더 쉽게 해주는 디자인에 바탕을 두고 있다. 디지털 데이터 자체는 정보를 매우 낮은 비용으로 항시 검색 가능한 상태로 보존함으로써 정보 추출을 더 쉽게 해주는 디자인의 결과다. 데이터베이스와 통신 기술 덕택에 인터넷 연결과 적절한 로그인 정보만 있으면 누구든 불과 몇 초 안에 인류 지식의 총체에 접근할 수 있다. 이런 환경은 무엇을 찾는지 정확히 알기만 한다면 굳이 도서관이나 세계의 다른 연구 지역까지 가지 않고도 정보를 얻을 수 있게 해줬다. 작업을 더 쉽게 만든 사례로 이만한 경우도 달리 없다.

디자인은 일을 더 어렵게도 만든다. 예를 들면 앰네스티 인터내셔널Amnesty International은 컴퓨터 봇은 판독하지 못하고, 사람만 읽을 수 있는 디지털 '돌연변이mutant' 폰트 디자인 작업을 도와줬다. 많은 인터넷 이용자는 온라인상의 추적 봇을 피하고 싶어하는데, 이들 봇은 글자 모양이나 폰트 출처를 통해 문자를 찾고 처리한다. 추적을 피하고 싶은 사람들을 위한 돌연변이 폰트 디자인은 "컴퓨터가 글자 모양을 식별할 수 없도록 작은 그래픽을 추가했다. 여기에는 일곱 가지 다른 폰트가 있으며, 그를 통해 추적 활동을 혼란에 빠뜨리는 수천 개의 코드를 생산한다. 그 알고리즘도 24시간마다 형식을 바꿔 자동화된 스캔을 지연시킨다."[19]

> As you can see, the graphical interventions make this text harder to read. And the fact that it changes on a regular basis serves to confuse bots that are trying to read what you've written.

'돌연변이 폰트' 디자인의 실질적인 효과는 데이터의 대규모 처리를 더 어렵게 만드는 것이다. 다른 사람들을 추적하려는 이들은 실제 사람과 시간을 투자해야 하고, 이는 저비용에 지칠 줄 모르고 끊임없이 다른 사람들을 추적할 수 있는 소프트웨어 봇을 사용하는 것보다 더 어렵다. 때로는 디자인이 일정한 직무를 사실상 불가능하게 만들 수 있다. 예를 들어 암호화의 강도는 이론상의 공격자가 '무차별 대입 공격brute force attack'으로 모든 가능한 키 조합이나 비밀번호를 추정해 맞는 숫자를 찾아낼 때까지 걸리는 시간으로 평가된다. 한때 전문가들은 128비트의 고급 암호화 표준AES 키를 깨는 데 슈퍼컴퓨터를 동원해도 10^{18}년이 걸릴 것이라고 추정했다.[20] 이는 십억 년이 십억 번 반복되는 시간이다.

심지어 사소하기 그지없는 비용도 일정한 행위를 억제할 수 있다. 여기에서도 페이스북은 좋은 사례가 된다. 이 소셜미디어 사이트의 비밀메시지는 응답 기능은 있지만 전달(포워딩) 기능은 없다.[21] 한 친구와 나눈 비밀 대화 내용을 복사한 다음 다른 친구와 나누는 메시지 박스에 삽입할 수도 있지만, 간단히 전달 버튼을 누른 다음 수신자 이름을 입력하는 방법보다는 더 많은 시간과 노력이 투여된다. 그것도 거래 비용이다. 그런 시간과 노력의 비용은 사소한 수준에 불과하지만 사용 시간이 늘어날수록 그런 식으로 공유하는 경우는 줄어든다. 어떻게 디자인이 이런 대화의 비밀성 혹은 모호성을 실질적으로 보호하는지 보여주는 사례다.

디자인은 물론 다른 기능도 수행할 수 있다. 미적 가치를 창출한다는 점이 한 사례다. 월드와이드웹 초창기, 모든 사람이나 기업 홈페이지가 얼마나 보기 흉했는지 기억하는가? 엉성한 디자인이었다. 하지만 정보와 프라이버시에 관한 한 디자인의 가장 중요한 기능은 사람들에게 신호를 보내고 거래 비용에 영향을 미치는 것이다.

어떻게 디자인을 식별하고 판단할 것인가

일상에서 디자인이 차지하는 중요성을 심리학자인 도널드 노먼만큼 명쾌하게 설명할 수 있는 사람도 드물다. 그의 명저 『도널드 노먼의 디자인과 인간 심리The Design of Everything』22에서 노먼은 우리가 사용하는 사물에서 디자인이 그토록 중요한 이유를 설명한다. 사용자가 쓰기 편하게 사물을 디자인할 수 있는 방법도 보여준다. "잘 디자인된 사물이 해석하고 이해하기 쉽다."라고 그는 설명한다. "이들은 어떻게 작동하는지 알려주는 시각적 단서를 담고 있다. 허술하게 디자인된 사물은 사용하기 어렵고 짜증을 북돋운다. 이들은 아무런 단서도 없으며, 때로는 잘못된 단서를 보여준다. 사용자를 가두고, 정상적인 해석과 이해의 절차를 방해한다."고 주장한다.

노먼의 디자인 이론은 시각적인 단서와 촉각을 이용한 단서에 사람들이 반응하는 방식에 기반을 두고 있다. 그는 사람들을 위한 디자인의 기본 원칙은 '(1) (사용자들이 사물의 작동 방식을 마음속으로 시뮬레이션할 수 있도록) 훌륭한 개념적 모델을 제공하고, (2) 사물의 작동 방식을 시각적으로 확연히 드러내는 것'이라고 정리한다. 이 두 가지 원칙을 성취하는 열쇠는 특히 사물의 행동유도성, 제약성constraints 및 관계성mappings을 명확히 드러내는 시각적 구조를 만드는 데 있다고 주장한다.

노먼의 설명에 따르면 '행동유도성'은 '주어진 사물의 추정된 그리고 실질적인 특징, 특히 그 사물이 어떤 용도로 사용되는지 알려주는 기본 특성'을 가리킨다. 행동유도성은 "사물의 작동 방식을 알려주는 강력한 단서다. (출입문의 손잡이 위치에 붙은) 넓적한 판은 '밀어서' 여는 문임을 시사한다. 손잡이knob는 문을 돌려서 열라는 신호다. 가느다란 구멍slot은 그 안으로 무엇인가를 집어넣으라는 의미다. 공은 던지거나 튀기기 위한 것이다. 행동유도성을 잘 활용하면 사용자는 그저 보는 것만으로도, 그림이나 레이블이나 설명이 없어도 어떻게 해야 할지 안다."고 설명한다. 심리학자 제임스 깁슨James Gibson이 처음 제시한 행동유도성의 개념23은 기술적인 디자인을 이해하는 데도 매우 유용하다. 웹페이지에서 박스는 체크하기 위한 것이고, 아래로 표시된

화살표는 더 많은 내용을 보려면 클릭하라는 신호이고, 커서가 손가락으로 바뀌면 마우스로 클릭할 수 있다는 뜻이거나 하이퍼링크라는 표시다.

관계성은 두 사물 간의 관계를 지칭하는데 이 경우는 제어와 움직임 간의 관계와 그에 따른 세상의 결과다. 노먼이 든 사례는 운전대를 시계 방향으로 돌리면 차가 우회전하는 경우다. 관계성은 운전자가 제어(운전대)와 그 결과(회전) 간의 관계를 이해하는 데 도움을 준다. 운전대의 시각적 디자인 때문에 시계 방향의 움직임은 의도한 우회전의 결과로 이어질 것임을 알려주고, 그런 움직임은 즉각적인 피드백을 제공하기 때문에 차의 방향을 조절하는 법을 파악하기는 쉽다. 관계성은 정보 기술에도 결정적으로 중요하다. 화면의 커서는 마우스나 터치패드의 움직임을 흉내 낸다. 손잡이, 스위치 및 아이콘은 모두 관계성에 의존해 사용법을 우리에게 알려준다.

제약성은 훌륭한 사용자 디자인의 마지막 요소다. "사물의 어떤 부분이 함께 작동할 수 있는지 혹은 특정 방식으로 움직이거나 사용되거나 조작될 수 있는지 같은 물리적 특성은 해당 사물의 가능한 작동 방식에 제약을 가한다. 각 사물은 돌출부, 함몰부, 나사의 이, 부속 기관 등 다른 사물과의 관계를 제한하는 물리적 특징을 가지고 있고, 그에 맞는 장치와 방식으로만 작동할 수 있다." 사회적 규범(노먼은 이를 '문화적 관례cultural convention'라고 불렀다)도 제약으로 작용한다. "이들의 자연적이거나 인위적인 제약 때문에 특정 상황에 대한 대안의 숫자는 줄고, 인간의 기억 속에서 요구되는 지식의 양과 구체성도 마찬가지로 감소한다."라고 말한다. 예컨대 암호화와 비밀번호는 인가받지 않은 누군가가 정보에 접근하지 못하도록 설정한 기술적 디자인의 제약이다. 디자인에서 행동유도성과 제약을 잘 조합하면 사용자들이 어떤 사물을 처음 접한 경우에도 적절히 반응하도록 명확하게 유도할 수 있다.

노먼은 직무를 더 간단하고 직관적으로 만들 수 있는 디자인의 일곱 가지 원칙을 다음과 같이 제시한다.

1. 세상의 지식과 당신 머릿속의 지식을 함께 활용하라(다시 말하면 심사숙고하고 연구를 하라).
2. 직무의 구조를 단순화하라(예를 들어 사용자들에게 요구되는 단계를 줄여라).
3. 사물의 용도를 시각화하라(사물의 용도가 겉으로 드러난 요소로 명확히 드러나도록 하고, 중요한 디자인 요소는 금방 인지할 수 있도록 하라).
4. 관계성이 잘 맞도록 디자인하라(주어진 사물을 통한 직무와 그로 인한 결과가 직관적으로 호응하도록 배려하라).
5. 자연적이고 인위적인 제약의 힘을 활용하라.
6. (사람의) 오류를 감안해 디자인하라.
7. 다른 모든 것이 실패한다면 표준화하라(보편적으로 누구나 인식할 수 있는 신호를 사용하라).

이 통찰은 비단 설계자들에게만 유용한 것이 아니다. 언제, 왜 디자인이 우리의 기대와 어긋나거나 우리를 기만하는지 이해하는 데 도움을 줄 수 있다.

누구나 사람들의 실수를 더 자주 유발하는 디자인 기능의 사례를 적어도 하나는 알고 있다. 바로 '전체답장Reply All' 버튼이다. 이것을 실수로 누르면 우리가 의도한 한 사람만이 아니라 주고받은 메일에 포함된 모든 사람에게 메일이 발송돼 버린다. 전체답장과 다른 예기치 않은 이메일 실수는 지나치게 자주 일어났다. 내가 생각하기에 가장 인상적인 사고는 유명 로펌에서 여름 인턴십을 하던 한 법대생이 절친에게 보내려던 이메일이었다. "쓰레기 같은 잡무를 하느라 바빠. 오늘은 스시 젠Sushi Zen에서 두 시간 동안 그럴듯한 스시 점심을 먹었지. 괜찮은 데야. 하루의 나머지 시간은 이메일을 쓰고 다른 사람들과 헛소리 하는 걸로 채웠고… 이 자료를 정말로 숙독해서 개판치지 말아야 돼… 그러니까 맞아, 아직은 대기업에서 일하는 게 나쁘지 않아… 하지만 조금만 더 시간을 줘."[24] 운 나쁘게도 그는 이메일을 친구뿐 아니라 자신이 인턴십을 하는 로펌의 전체 보험담당 그룹에도 보내버렸다. '전체답장'

기능을 둘러싼 민망한 실수 사례는 헤아릴 수 없이 많다. 그럼에도 그런 실수는 여전히 벌어지고 있다. 우리는 온라인에서 항상 더 조심할 수는 있지만, 그럼에도 이 정도 빈도로 실수가 벌어진다는 사실은 디자인 자체에 문제가 있다는 방증이다. 기업은 직원들이 뻔한 실수를 저지르지 않도록 소프트웨어의 디자인을 바꿔야 하지만 그러지 못하고 있다. 때로 기업은 실수에서 교훈을 얻기도 한다. 실수로 '전체답장'을 누르는 실수의 빈도를 줄이기 위해 새로 추가된 팝업 경고창과 더 나아진 레이아웃이 그런 경우다.

프라이버시 디자인의 실패 사례도 그와 같은 방식으로 분석할 수 있다. 2012년 컬럼비아대학교의 컴퓨터 과학자들은 페이스북의 프라이버시 설정 기능에 대한 유용성 테스트를 벌였다. 그 결과는 매우 우려스럽게도 "압도적으로 프라이버시 설정은 이용자들의 공유 의도와 부합되지 않는다."라는 것이었다. 정보를 공유하거나 숨기는 방식은 소셜미디어 이용자들이 예상하거나 의도한 방식과 달랐다. 더 심각한 것은 "대다수 참가자는 해당 문제를 해결할 능력이 없거나 해결할 의지가 없다는 점이다. 그처럼 실수가 흔하다는 (모든 참가자가 적어도 한 번 이상은 설정을 잘못했다고 응답했다) 점은 프라이버시에 대한 현재의 접근법이 심각하게 그리고 근본적으로 잘못됐으며, 수정될 수 없음을 시사한다. 완전히 다른 접근법이 필요하다.[25]"라고 연구팀은 주장했다. 최악의 추정은 페이스북의 이런 프라이버시 설정이 이용자들을 혼동시켜 공유를 더욱 부추기기 위해 의도적으로 그렇게 된 것일지 모른다는 점이다. 선의로 해석한다면 페이스북은 관계망을 잘못 짜는 바람에 이용자들이 선택한 설정 내용이 그 결과와 논리적으로 부합하지 않았다는 것이다. 이 연구는 디자인이 우리의 온라인 프라이버시 관리를 방해하는 주요 걸림돌[26]이라는 여러 연구자의 발견과 일치한다.

이 모든 연구는 두 가지 결론으로 이어진다. 첫째, 디자인은 굉장히 중요하다. 우리 두뇌의 고정된 작동 방식 때문에 우리는 디자인에 민감할 수밖에 없고, 그래서 모든 분야에서 우리에게 영향을 미친다. 기술 디자인은 우리가 통신하고 정보를 공유하는 방식, 특정한 기술을 사용하는 빈도, 온라인에서 비즈니스나 다른 기관과 관계를 맺는 방식 등을 결정할 수 있다. 디자인은 우리가 통제권을 쥐고 있다고 느끼게 할 수도 있고, 짜증을 부추겨 사용을 포기하게 만들 수도 있으며, 우리를 기만할 수도 있다. 둘째, 디자인은 제대로 하기가 어렵다. 우리가 우리 주변의 사물과 어떻게 상호작용하는지 그리고 그런 상호작용으로부터 무엇을 기대하는지에 대해 체계적인 고려가 있어야 한다. 디자인은 사람의 실수를 예상해야 하며 피드백에 응답해야 한다. 한 마디로 기술은 '사람'을 배려해 디자인해야 한다. 디자인을 생업으로 삼는 사람들은 이런 점을 알고 있다. 연구자들은 디자인을 맹렬히 연구하고, 기업은 디자인에 많은 투자를 한다. 기업은 디자인의 위력을 자신들에게 유리하도록 사용할 동기가 충분하다. 그럼에도 앞으로 보게 되겠지만 프라이버시법은 디자인을 진지하게 고려하지 않았다.

디자인은 권력이다

디자인에 대한 첫 번째 진실은 디자인은 어디에나 존재한다는 점이고 두 번째 진실은 그것이 권력의 한 형태이기도 하다는 점이다. 권력은 '다른 사람들의 행태나 사건의 진로를 지시하거나 그에 영향을 미칠 수 있는 능력'[27]으로 정의된다. 디자인이 우리의 인식, 행태, 가치 등에 얼마나 큰 영향을 미치는지 감안하면 권력과 디자인은 동의어처럼 느껴진다. 디자인이 권력인 이유는 사람들이 디자인에 예측 가능한 방식으로 반응하기 때문이다. 이는 정확한 지식이 뒷받침된다면 디자인이 혼돈에 일정 형태의 질서를 부여할 수 있다는 뜻이다.

나는 여기에서 디자인이 우리의 프라이버시를 전적으로 지배하며, 다른 어떤 요소도 중요하지 않다고 주장하는 것은 아니라는 점을 강조하고자 한다.

그처럼 극단적인 주장은 잘못된 형태의 기술 결정론으로 기술이 문화를 있는 그대로 만들고, 기술만이 변화를 일으키는 절대적인 열쇠라는 사상이다.[28] 하지만 기술은 강력하고 구체적인 방식으로 우리에게 영향을 미친다.

정부와 산업계는 디자인이 사실상 모든 중요한 프로젝트를 완수하는 데 결정적이라는 점을 오래 전부터 인지해 왔다. 이들은 특정 목표를 성취하기 위해 항상 디자인을 활용해 왔다. 이런 점은 자동차와 사람의 움직임을 원활하게 하기 위해 원형 교차로, 격자형 시스템grid system, 도로의 너비 등을 활용한 대규모 도시 계획에서 잘 드러난다. 그런 점은 사람들이 누워 자는 것을 막기 위해 가운데에 팔걸이를 배치한 공원 벤치의 작은 디자인에서도 볼 수 있다.

정책과 산업에서 디자인의 힘을 이해하고 활용하기 위한 연구 문헌은 매우 방대하다. 엔지니어링 분야 전체는 무엇인가를 성취하기 위한 디자인의 활용과 관련돼 있다. 건축가들은 프랭크 로이드 라이트Frank Lloyd Wright의 표현을 빌려 '구조가 사상을 표현'[29]할 수 있도록 하기 위해 디자인과 목적을 부합시킨다. 도시 계획가들은 공공 복지의 향상, 환경 보호 같은 도시의 목표를 달성하기 위해 디자인을 사용한다. 하지만 디자인 연구는 도시와 빌딩, 기계 등의 건설 수준을 훌쩍 뛰어넘는다. 연구자들은 디자인의 사회적 효과[30]도 연구한다. 자연광이 더 잘 들어오도록 설계된 방은 업무 능률을 높여 줄 수 있다.[31] 엘리베이터가 운행되는 벽면을 반사되도록 설계하면 엘리베이터를 기다리는 사람들은 바라볼 풍경이 생겨 엘리베이터를 기다리며 느낄 수 있는 조바심이나 짜증을 줄일 수 있다. 비행기에서 내려 수하물을 찾는 곳까지 거리를 의도적으로 멀게 배치함으로써 수하물을 찾기까지 걸리는 시간에 대한 감각을 무디게 만든다. 비행기에서 내리자마자 수하물 찾는 곳이 있다면 사람들은 기다리는 시간이 더 길다고 느낄 것이다.[32] 아무 기능도 없지만 단지 존재하는 그 자체로 사람들의 기분을 누그러뜨려 주는 이른바

'플라시보 버튼placebo button'은 어디에나 존재한다. 엘리베이터의 '닫힘' 버튼? 아마 가짜일 것이다. 횡단보도 버튼? 아마 가짜일 것이다. 사무실 벽의 온도계? 아마 가짜일 것이다. 나도 그런 사실에 놀랐다.[33]

경제학 교수인 리처드 탈러Richard Thaler와 법학 교수인 캐스 선스타인Cass Sunstein은 소위 '선택 설계choice architecture'라는 디자인 기법을 통해 사람들의 삶을 향상시킨다는 '넛지nudge' 개념을 처음 제시했다. 선택 설계자choice architect는 '사람들이 결정을 내리게 되는 맥락을 조정하는 책임을 진' 사람들이다. 넛지는 '어떤 선택을 금지하거나 경제적 인센티브를 크게 변경하지 않고 예측 가능한 방식으로 사람의 행태를 변화시키는 선택 설계의 모든 측면'[34]이다. 디자이너와 엔지니어는 선택 설계자들이다. 탈러와 선스타인은 수많은 넛지 사례를 들려준다. 이를테면 도망치는 알람 시계는 주인이 침대에서 일어나 쫓아가서 꺼야 하며(그럼으로써 확실히 잠에서 깨어나게 해준다), 위험한 커브 길에 칠해진 가로지른 흰 선으로 그려진 모양은 운전자에게 과속하고 있다는 느낌을 안겨주고(따라서 반사적으로 속도를 늦춘다), 전기 고지서에 그려놓은 웃거나 찡그린 이모티콘은 사람들의 에너지 절약 의식을 북돋운다. 선택 설계를 통한 넛지가 설계자들에게 완전한 통제력을 부여하는 것은 아니지만 넛지는 주변부에 대한 제어 권한을 설계자들에게 부여할 수 있다.

디자인이 강력한 이유는 우리가 스스로 생각하는 것보다 더 쉽게 조종당하기 때문이다. 우리는 자신의 이익에 맞는 행동조차 못할 때도 많다. 우리는 스스로를 이성적이고 자율적인 주체라고 생각하고 싶어하지만 실상은 그렇지 않다. 수십 년 전 심리학자인 대니얼 카너먼Daniel Kahneman과 아모스 트버스키Amos Tversky는 우리가 이성보다 경험에 의존해 손쉽고 빨라 보이는 쪽을 선택하는 경향이 있으며, 우리의 심리적 프로세스와 판단도 편견에 의해 지배된다는 점을 입증함으로써 사람들이 이성적으로 결정을 내린다는 '이성적 주체rational actor' 모델을 허물었다. 이들은 우리가 논리와 이성을 반영하는 시스템을 적용해 판단을 내리기도 하지만, 측정과 숙고의 부담 없이 경험에 의존해 자동으로 판단을 내릴 때가 더 많다는 가설을 세웠다. 행동경제학의 근간이 된 『생각에 관한 생각Thinking Fast and Slow』[35]에서 카너먼은 빠르고 직관적이며 감성적인 방법을 '시스템 1'로 그리고 더 숙고되고 논리적인 방법을 '시스템 2'로 불렀다. 시스템 1은 우리가 가장 자주 쓰는 방식이지만 유감스럽게도 말썽꾼이기도 하다. 우리를 최적화되지 못한 결정으로 빈번하게 유도한다.

자신의 이익에 부합하는 방향으로 행동하지 못한다는 점에서 우리는 '이성적'이지 않을지 모르지만, 그래도 일관성이 있다. 행동경제학자와 심리학자들은 사람들이 일상적인 판단을 내릴 때 일관된 편향을 보여준다는 점을 입증했다.[36] 예를 들면 우리는 엉뚱한 숫자, 특히 머릿속에 가장 먼저 떠오르는 숫자에 휘둘리는 경향(앵커 효과anchoring effect 프로세스)을 보인다. 어떤 사건이 벌어질 가능성을 짐작할 때, 우리는 연관성이 높은 정보보다는 머릿속에서 가장 쉽게 떠오르는 정보에 지나치게 의존한다(가용성 휴리스틱availability heuristic 프로세스). 우리는 실제보다 훨씬 더 낙관적인 경향을 보인다. 심지어 그와 반대되는 증거를 보면서도 그렇다(낙관론 편향optimism bias 프로세스). 좋지 않은 아이디어임에도 불구하고 거기에 시간과 노력을 투자하곤 한다. 혹은 이미 투자할 만큼 투자한 데 대한 후회를 피하고 싶은 바람에서 나쁜 곳에 아까운 돈을 낭비한다(매몰 비용의 오류cost fallacy 프로세스). 1장 후반부에 설명하겠지만 우리는 순전히 사실이 제시되는 방식에 따라 설령 사실은 그대로더라도 사물에 대한 태도를 바꾼다(프레이밍framing 프로세스). 우리는 일관되게 '더 크지만 더 오래 기다려야 하는' 보상보다 '더 작지만 금방 받을 수 있는' 보상 쪽을 택한다(과장된 가치 폄하hyperbolic discounting 프로세스[37]). 또한 기존 신념을 확증하는 경향으로 정보를 찾고, 해석하고, 선호하고, 소환하며 그와 부합하지 않는 대안은 상대적으로 덜 고려하는 경향이 있다(확증 편향 프로세스[38]). 이런 효과는 일관되고 뻔하기 때문에 설계자들은 마음만 먹으면 이런 편향을 이용하기 위해 디자인을 조정할 수 있다.

디자인은 우리의 프라이버시 인식에 영향을 주고, 그런 인식은 더 나아가 우리가 기술을 이용하고 그에 반응하는 방식에 영향을 미친다. 프라이버시는 규정하기가 워낙 어렵고 프라이버시 침해에 따른 피해는 워낙 다양하고, 때로 동떨어져 있기 때문에 우리는 프라이버시에 관한 분명한 가이드를 원한다. 디자인은 그런 가이드가 될 수 있다. 알레산드로 아퀴스티, 로라 브랜디마르테 및 조지 로웬스타인은 프라이버시와 의사 결정에 관한 방대한 문헌 조사 결과를 요약하면서, 디자인에 대한 우리의 취약성과 우리가 개인정보를 공개하거나 우리의 프라이버시에 관한 선택을 내리는 데 영향을 미치는 다른 외부의 영향력을 설명해주는 세 가지 공통 주제를 제시했다.[39]

첫째, 사람들은 프라이버시를 둘러싼 타협의 본질에 관해 그리고 어떤 유형의 타협을 자신들이 더 선호하는지에 관해 불확실하다uncertain. 기업이나 기관 쪽에 압도적으로 치우친 정보 불균형 혹은 비대칭 information asymmetries 때문에 사람들은 프라이버시의 위험을 적절히 평가하지 못하며, 심지어 프라이버시에 대한 영향이 명백한 경우에도 어떤 선택을 내려야 좋을지 잘 모른다. 둘째, 프라이버시와 관련한 우리의 선택은 거의 전적으로 '맥락 의존적 context dependent'이다. 아퀴스티와 동료들이 지적했듯이 "같은 사람도 어떤 상황에서는 프라이버시에 전혀 신경을 쓰지 않고, 다른 상황에서는 깊이 우려한다." 마지막으로 우리의 프라이버시 선택은 가변적이다malleable. 다시 말해 더 나은 통찰을 가진 사람들의 영향을 받아 선택이나 행동을 바꿀 수 있다.

일반 개인들은 자신들의 프라이버시 우려에 영향을 미치는 힘이 무엇인지 모를 수 있는 반면, 개인정보를 비즈니스에 활용하는 기업은 그렇지 않다. 아퀴스티와 동료들은 프라이버시 우려를 불러일으키거나 잠재우는 미묘한 변수가 조작되고 있다는 증거를 발견했다. "무수한 영역에서 가령 소셜 네트워크의 공유 범위 선택이나 소셜미디어에서 이용자에게 더 큰 통제권을 준다는 식의 메시지는 사람들에게 안전의 환상을 심어주고, 더 적극적인 공유를 부추긴다."고 이들은 지적했다.

우리의 불확실성, 가변성 및 맥락 의존성은 함께 작동한다. 우리가 맥락에 그토록 의존하는 것은 개인정보의 공유에 따른 결과에 대해 그만큼 불확실하기 때문일 것이다. 어떻게 해야 좋을지 판단하기 위해서는 정말 많은 단서가 필요하다. 그리고 프라이버시와 관련된 선택과 행동은 가변적이며, 맥락에 대한 의존도가 큰 만큼 언제든 다른 변수의 영향을 받을 수 있다. 프라이버시에 관한 우리의 직관은 워낙 가변적이기 때문에 자신들의 이익을 위해 맥락을 조작할 수 있는 기업이나 기관에 취약하다.

디자인이 중요한 것은 그 때문이다. 훌륭한 디자인은 심리적 상관성, 기술적 규범적 제한성 및 행동유도성이라는 세 가지 변수의 함수라는 노먼의 이론을 상기해보자. 사물이 사용되는 방법을 결정하는 기본 특성인 행동유도성 개념이 유용한 것은 사람들이 주어진 사물이나 환경을 어떻게 해석하고, 그와 상호작용하는지 이해할 수 있는 틀을 제공하기 때문이다. 제임스 깁슨은 우리가 설령 동일한 사물이나 환경과 상호작용하더라도 우리의 능력과 한계 때문에 이들을 저마다 다르게 인식한다고 이론화했다. 사람들은 절벽을 위험하다고 인식하지만, 새들은 그에 전혀 괘념치 않거나 둥지를 짓기에 좋은 장소라고 인식한다.

행동유도성은 어떻게 인식되느냐에 따라 부정적일 수도 있고 긍정적일 수도 있으며, 언제든 바뀔 수 있다고 여길 수 있다. 가파른 언덕에 설치된 계단은 걸을 수 있는 지면을 제공한다. 하지만 계단 자체는 휠체어를 이용하는 사람들에게는 부정적인 행동유도성으로 작용한다. 행동유도성이 맞든 그르든, 지각할 수 있든 숨겨져 있든, 사람들이 사물이나 환경과 상호작용하는 데도 영향을 미친다. 숨겨진 행동유도성은 사람들에게 기여하는 바가 없다. 사람들이 정보 수집에 반대할 수 있도록 만든 홈페이지의 체크박스가 만약 사람들이 쉽게 볼 수 없는 화면 맨 아래에 놓여 있다면 사실상 무의미하다. 허위 행동유도성은 실제 존재하지 않는 거짓 보호 대책과 대피로로 사람들을 기만한다. 사람들은 자주 행동유도성에 의존하기 때문에 실질적으로 아무 역할도 수행하지 못하는 옵트아웃opt-out 체크박스는 아예 그런 체크박스가 없는 경우보다 더 나쁘다.

언어도 디자인 속에 통합돼 우리의 인식에 영향을 미치며, 우리가 메시지를 받는 방식은 메시지 자체만큼이나 중요할 수 있다. 설령 커뮤니케이션에 담긴 메시지가 동일하다고 해도, 그것을 제시하는 방식은 해당 메시지에 대한 우리의 인식에 중요한 영향을 미친다. 커뮤니케이션, 사회학, 심리학 및 관련 분야에서 이것은 '프레이밍'[40]으로 불린다. 프레이밍 이론은 주어진 사안이나 이벤트를 제시하는 방식의 작은 변화로도 중대한 의견 변화를 초래할 수 있다고 강조한다.[41] 예컨대 더 오래된 연구에 따르면 일부 사람들은 논쟁적인 증오 그룹의 집회에 대해 그런 집회가 공공의 질서를 해치는 프레임 대신 표현의 자유권을 행사하는 프레임으로 제시될 때 더 관용적인 태도를 보여줬다.

두 가지 질문을 생각해보자. 데이터 사용 정책을 가진 기업은 당신의 프라이버시를 보호해 주는가? 그리고 프라이버시 정책을 가진 기업이 당신의 프라이버시를 보호해 주는가? 이 질문은 다르게 표현했지만 기본적으로 동일한 질문을 던진다. 하지만 어느 질문을 선택하는지에 따라 대답을 미리 결정할 수 있다. 2005년 조셉 터로우Joseph Turow는 "응답자의 59%가 프라이버시 정책을 가진 웹사이트는 이용자 동의 없이는 개인정보를 팔 수 없다고 오해한나."[42]는 내용의 연구 결과를 발표했다. 흔편 페이스북과 다른 기업이 쓰는 '데이터 사용 정책data use policy'이라는 용어는 프라이버시를 존중한다는 아무런 묵시적 표시나 약속의 인상을 주지 않는다.

판사, 입법자 및 대중도 모두 프레임을 짜고, 또 프레임의 영향을 받는다.[43] 로버트 엔트먼Robert Entman에 따르면 '프레임을 짜는 것은 인지된 현실의 일부 측면을 골라 이를 텍스트로 소통할 때 더 두드러지게 내세움으로써 묘사된 아이템이 가진 문제의 특정한 측면, 원인에 대한 해석, 윤리적 평가, 그리고 또는 권장 처방법을 강조하고 부추기는 방법'이며 프레이밍은 '텍스트 소통의 힘'을 더 명확히 하기 위한 한 방법이다. 정보의 특정한 부분을 더 두드러지게 내세움으로써 프레임은 수신자가 해당 정보를 일정한 방식으로 해석하고, 특정한 의미를 식별하고, 그에 따라 정보를 처리할 가능성을 높여준다.[44]

프레임이 청중의 사고에 반드시 영향을 미치는 것은 아니지만, 수신자들의 기존 신념 체계와 부합하는 경우는 특히 더 효과적일 수 있다.[45] 카너먼과 트버스키는 일정한 특징은 부각시키면서 다른 특징은 의도적으로 누락시키는 프레이밍의 기본 방식을 사례로 제시했다. 한 실험에서 연구자들은 실험 대상에게 다음과 같은 가정을 고려해보라고 주문한다.

> 미국이 600명의 사망자가 발생할 것으로 예상되는 아시아발 질병 확산에 대한 대비책을 준비 중이라고 상상해보자. 이 질병과 싸우기 위한 프로그램으로 두 가지 대안이 제시됐다. 두 프로그램의 정확한 과학적 추정 내용은 다음과 같다.
> 만약 A 프로그램을 채택한다면 200명을 구할 수 있을 것이다.
> 만약 B 프로그램을 채택한다면 600명을 구할 확률이 33%,
> 아무도 구하지 못할 확률이 66%다.
> 당신은 두 프로그램 중 어느 쪽을 더 선호하는가?

여기에서 조사 대상의 72%는 A 프로그램을 선택했다. 카너먼과 트버스키는 이 실험을 똑같은 상황에 대해 수학적으로는 동일한 옵션이지만, 프레임을 달리해 '구할 수 있는 사람' 대신 '가능한 사망자'라는 단어를 써서 수행했다.

> 만약 C 프로그램을 채택한다면 400명이 사망할 것이다.
> 만약 D 프로그램을 채택한다면 아무도 사망하지 않을 확률이 33%,
> 600명이 사망할 확률이 66%이다.

이렇게 프레임을 바꾸자 조사 대상의 22%가 C 프로그램을 선택했다. 이는 이전 실험 그룹의 72%가 C 프로그램의 수학적 쌍둥이라고 할 수 있는 A 프로그램을 선택했던 사실과 대조된다.[46] 단적으로 말하면 프레임을 바꾸자 결과가 거꾸로 나왔다.

이 실험에서 프레임은 대다수 사람들이 문제의 본질을 인식했는지의 여부, 그리고 문제를 어떻게 이해하고 기억했는지를 드러냈다. 해당 문제에 대한 사람들의 평가와 대처 방식에도 영향을 미쳤다. 프레임의 가장 중요한 기능 중 하나는 현실을 묘사하고 설명하는 과정에서 특정 부분을 부각해 주목을 꾀하고, 다른 부분은 축소해 주목도를 줄이는 것이다. 이는 달리 말하면 대다수 프레임의 위력은 무엇을 넣느냐뿐 아니라 무엇을 빼느냐에도 존재한다고 볼 수 있다. 청중을 이끌기 위해 문제를 규정할 때, 설명하거나 평가하거나 권고할 때, 누락시키는 것은 해당 프레임이 포함한 것만큼이나 중요할 수 있다는 뜻이다.[47]

디자인과 언어는 서로 융합돼 프레임을 만들고, 프레임은 기술에 대한 우리의 인식에 영향을 미치며, 궁극적으로는 우리의 프라이버시에 영향을 미치는 결정을 좌우한다. 예를 들면 레슬리 K. 존Leslie K. John, 알레산드로 아퀴스티, 조지 로웬스타인은 실증적인 연구를 통해 사람들이 프라이버시에 관한 안정되고 일관된 선호도를 갖고 있다는 문학과 대중문화의 일반적인 가정과는 대조적으로, "사적인 정보의 공개로 가늠해 본 사람들의 프라이버시 우려는 디자인을 비롯한 맥락의 변수에 매우 민감하다."[48]는 점을 밝혀냈다.

일련의 실험에서 존과 동료들은 특정 참가자에게 프라이버시 문제가 어느 정도 두드러지도록 인터페이스 디자인을 조작했다. 각 실험에서 참가자들은 개인 식별 정보(이메일 주소)를 제공했고, 일련의 민감하고 어떤 경우는 불법적인 활동에 참여할지 여부를 선택했다.

한 실험에서 연구자들은 참가자들이 더 공식적이고 진지해 보이는 인터페이스보다 경박하고 촌스럽게 디자인된 설문 조사에 대해 민감한 개인정보를 공개할 가능성이 높다는 점을 발견했다. "연구는 '여자가 심야 파티에 빠지지 말고 집에 있어야 하는 20가지 이유'라는 페이스북 그룹에 관한 뉴스에서 영감을 얻었다. 이 페이지는 젊은 여성들이 자발적으로 올린 사진을 담고 있는데, 일반적인 맥락에서라면 수치스러워할 법한 내용이다."[49] 연구자들은 해당 사이트의 경박한 특징이 자기 공개를 부추기고 프라이버시의 우려를 억제하는지 여부에 관심이 있었다. 이들은 두 가지 다른 디자인의 온라인 설문 조사를 통해 "마리화나를 피워 본 적이 있습니까?"처럼 매우 민감한 질문으로 사람들의 반응을 시험했다. 첫 번째 디자인은 프라이버시의 우려가 별 것 아니라는 듯 보이도록 만들었다. 설문 조사의 제목도 가벼워 보이는 '코믹산스^{Comic Sans}' 폰트로 "당신의 불량도는 얼마??^{How BAD are U??}"라고 달았다.

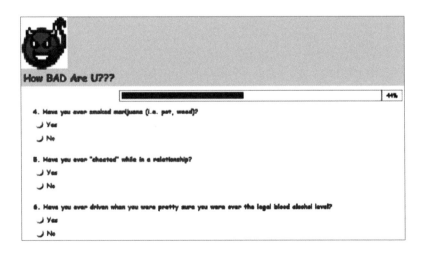

두 번째 비교용 디자인은 전문적인 느낌을 주는 한편 '카네기 멜론 대학의 윤리 기준 설문 조사'라는 제목을 달았다. 외양에서 덜 경박했고, 따라서 프라이버시에 대한 우려를 다른 경박한 인터페이스처럼 가볍게 다루지 않겠다는 인상을 줬다.

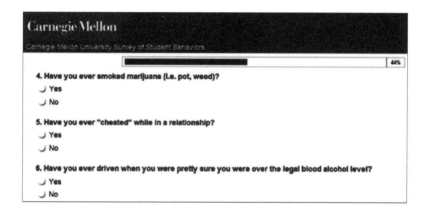

진중한 느낌의 인터페이스와 비교해 경박해 보이는 디자인의 설문 조사에 참가한 사람들은 동일한 질문에 대해 위험한 행위에 참가했다고 인정할 확률이 평균 1.7배 더 높았다. 연구자들은 "경박해 보이는 설문의 참가자는 '자신이나 파트너의 누드 사진을 찍은 적이 있다'고 인정할 확률이 평균 2.03배 더 높다."는 점을 발견했다. "사람들은 비전문 사이트에 개인정보를 제공하는 데 더 편안함을 느끼는 것 같다. 그런 사이트는 실상 개인정보를 오용할 위험성이 더 높은 데도 불구하고 말이다." 이어서 저자들은 이렇게 결론을 내린다. "사적인 정보의 공개는 거의 아무런 규범적 정당성도 없는 맥락적 변수의 영향을 받는다는 점이 드러남으로써, 우리 연구는 과연 개인들이 이 복잡한 환경에서 자신들의 이익에 부합하는 결정을 내릴 수 있을까에 대해 심각한 의문을 던진다."

일단 디자인이 우리의 인식에 영향을 미치면 우리의 행동도 바꾸기 시작한다. 우리의 행동이 바뀌면 해당 디자인은 우리를 통제하는 데 사용될 수 있다. 우리가 정상이라고 여기는 기준을 이미 설정해놓은 상태이기 때문이다. 그리고 그런 규범이 정착되면 이를 바꾸기는 어렵다. 여러 연구는 프레이밍과 디자인이 우리의 프라이버시 관련 행태에 어떤 영향을 미치는지 탐구해 왔다. 2014년에 발표된 여러 실험에서 연구자들은 온라인에서 디자인과 프레임, 표시 방식을 변형시켜 이용자들에게 프라이버시 설정을 요구했다. 예를 들면 한 그룹에는 '프라이버시 설정'을 노출시켰고, 다른 그룹에는 '설문 조사 설정'을 보여줬다. 연구자들은 "세 실험에 걸쳐 프라이버시 보호 옵션에 대한 선택은 객관적으로 유사한 내용임에도 불구하고 옵션을 어떤 프레임으로 제시하느냐에 따라 17%~55%의 편차가 나타났다."[50]고 설명한다.

연구자들은 개인정보의 가치를 고려할 때 기업이 더 많은 개인정보를 수집하기 위해 프레이밍 효과를 전략적으로 활용하지 않는다면 놀라운 일이라고 결론지었다. 그리고 기업의 미묘한 조작을 사람들이 알아챌 확률은 거의 없기 때문에 시장의 힘이 소비자들에게 도움을 줄 가능성도 거의 없다. 더욱이 그러한 조작이 자신들의 행태에 미치는 영향을 감지할 확률도 거의 없다. 단적으로 말해 우리는 그렇게 잘 스스로를 인식하지 못한다. 심지어 디자인이 사람들에게 개인정보에 대한 '통제권'을 더 보장한다고 주장하면, 우리는 이를 믿고 더 위태로운 정보 공개 결정을 내리기 십상이다.

이런 연구는 우리의 프라이버시 인식에 미치는 디자인의 영향력을 보여주는 빙산의 일각일 뿐이다. 기본 설정, 악의적인 인터페이스, '프라이버시 경고'의 의도적 은폐 및 다양한 디자인 선택은 개인정보의 공개를 부추기는 데 이용된다. 아퀴스티와 브랜디마르테, 로웬스타인은 고지告知나 개인의 결정에만 의존하는 정책 접근법은 통하지 않을 것이라고 주장한다. 프라이버시 보호의 두 근간이라 할 수 있는 '통제control'와 '투명성transparency'조차 매우 취약하며, 특히 다른 개인정보보호 원칙과 분리해 적용하는 경우 턱없이 불충분하다. "사람들은 도움이 필요하며, 특히 쌍방 간의 불균형이 심각한 경우는 균형을 맞추도록 도와줄 수 있는 보호가 필요하다."[51]라고 이들은 주장한다. 디자인은 권력의 불균형을 초래할 수도 있지만, 관계 안에서 권력을 더 잘 분배해 줄 수도 있다. 저자들은 "효과적이기 위해서는 프라이버시 정책은 전후 사정에 무지하고, 불확실하고, 취약한 사람들을 보호해야 한다. 정보 시대의 새롭고 예측 불가능한 복잡성에 맞춰 진화할 수 있을 만큼 충분히 유연해야 한다."라고 결론짓는다.

디자인은 우리의 가치에 영향을 미친다

우리는 우리가 고안한 것에 영향을 받기 때문에 무엇을 만들지 매우 신중해야 한다.[52] 디자인은 고안한 사람의 가치를 반영하며, 더 일반적으로는 인류의 가치를 지지하거나 절하할 수 있다.[53] 인공물 혹은 아티팩트artifact의 정치적 속성에 관한 연구에서 랭던 위너Langdon Winner는 1920년대부터 1970년대까지 뉴욕에서 도로와 공원, 다리 및 다른 공공 시설의 전문 건축가였던 로버트 모제스Robert Moses의 사례를 소개한다. 모제스는 고가 도로를 자신이 조성한 공원 도로로 버스가 접근하지 못하도록 낮게 설계했다.[54] 맥락을 모르면 이런 결정은 이상해 보인다. 하지만 소수인종과 가난한 사람들이 이동하는 수단으로 버스를 주로 이용한다는 사실을 감안하면 이런 디자인은 악의적인 것으로 드러난다. "모제스의 전기 작가인 로버트 A. 카로Robert A. Caro가 제시한 증거에 따르면, 고가 도로가 낮게 건설된 이유는 모제스의 계급적 편향과 인종적 편견을 반영한다. 승용차를 소유한 백인들, 그가 '상류층'과 '안락한 중산층'으로 부른 계급은 공원 도로를 레크리에이션과 통근 목적으로 자유롭게 사용할 수 있을 것이었다." 버스는 들어올 수 없으므로 가난한 사람들도 접근할 수 없었다(혹은 적어도 마땅한 교통편이 없으므로 가난한 사람들이 온다고 해도 그 숫자는 더 적을 것이었다).

만약 사실이라면 모제스의 가치는 이 다리에 반영됐고, 그런 가치를 반영한 디자인은 효율적인 운송은 말할 것도 없이 개방과 평등이라는 더 큰 인간적 가치까지 훼손한 셈이다. 어떤 맥락에서는 디자인이 확장하는 가치에 더 주의를 기울일 필요가 있다. 소위 '잠금 효과' 때문이다. 위너는 이렇게 말한다. "모제스가 사망하고 그가 결성한 동맹이 해체된 후에도 여러 세대에 걸쳐 그가 구축한 공공 건축물, 특히 대중 교통 수단보다 승용차 사용을 우선해 건설한 고속도로와 다리는 계속해서 뉴욕이라는 도시를 규정할 것이다 … 뉴욕의 도시 계획가인 리 카플만$^{Lee\ Koppleman}$은 카로에게 낮게 건설된 다리에 대해 이렇게 말했다. '그 노인네는 세월이 얼마나 지나든 버스는 그 빌어먹을 공원 도로를 절대 사용할 수 없도록 확실하게 설계해 놓았어요.'"[55]

다리의 경우처럼 기술 디자인도 사회적 가치로 채워질 수 있다. 참담한 실패로 끝나고만 구글 글래스$^{Google\ Glass}$의 착용 기술 실험을 떠올려보자. 어디에서나 착용할 수 있는 최초의 컴퓨터 기기를 꿈꾸며 2012년 발표된 구글 글래스는 광범위한 비판에 부딪혔다(이 기기를 반겼던 사람들은 '글래스홀^{Glassholes}'[56]로 불리기도 했다[57]). 구글 글래스는 기본적으로 소형 컴퓨터와 한쪽 눈을 살짝 가리는 렌즈를 장착한 안경 모양이었다. 사람들이 손을 쓰지 않고도 화면을 볼 수 있는 형태였다.

하지만 하나의 디자인 결정이 사람들의 반발을 불러오는 결정적 계기로 작용했다. 구글 글래스에 카메라를 포함하기로 한 결정이었다. 카메라가 없었더라도 유용했겠지만 일반 대중은 어느 순간에든 마음대로 사진을 찍을 수 있는 기능에 익숙해졌고, 이미지 센서는 매우 유용했다. 카메라를 장착한 것은 지나친 결정이었음이 드러났다. 사람들은 새로운 기술에 익숙해지기까지 시간이 필요하다. 카메라가 달리지 않았다면 우리는 소형 컴퓨터를 항상 눈앞에 착용하고 다니는 일에 익숙해졌을지도 모른다. 그러나 사진을 찍는 행동이 확연히 드러나는 카메라와 달리 이용자가 어느 순간에든 피사체 몰래 사진을 찍을 수 있는 구글 글래스는 감시를 연상시켰고, 사람들의 프라이버시와 자율성에 대한 위협으로 간주됐다.

구글 글래스 근처에 있는 사람은 누구든 감시받는다는 느낌을 받았다. 자유롭고 일상적인 대화는 불과 몇 초 안에 녹음돼 대중에게 공개될 수 있었다. 구글 글래스에 장착된 카메라는 현대 사회에서 감시에 대한 사람들의 두려움을 구현한 듯했다. 구글 글래스가 녹음 중이라는 사실을 주변 사람들에게 경고하기 위해 표시등을 설치하고, 얼굴 인식 앱도 의도적으로 지원하지 않았지만 프라이버시를 침해하는 기술이라는 오명을 피하지는 못했다.[58] 이것을 스마트폰에 달린 카메라와 비교해보자. 휴대폰에 카메라를 더하는 작업은 더 서서히 진행됐고, 그로 인해 생활 속에 자연스럽게 녹아들어 사람들이 끊임없이 사진을 찍고 공유하는 작업을 좀 더 쉽게 만들었다. 스마트폰은 또한 주머니나 지갑 혹은 핸드백 속에 보관되기 때문에 이를 꺼내어 사용하는 데는 적어도 약간의 노력이 요구된다. 구글 글래스는 어떻게 디자인과 문화 양쪽이 사람들의 신기술 수용 여부와 그 사용 방식에 영향을 미치는지 보여준다. 어떻게 디자인이 가치에 영향을 끼치는지도 보여준다.

디자인은 정치적이다

지난 여러 해 동안 나는 프라이버시 관련 디자인의 중요성에 대해 산업계, 학계, 정부 및 시민단체와 논의를 해 왔다. 그런 논의에서 되풀이해 제기되는 한 가지 주장은 프라이버시 침해의 책임은 기술이 아니라 이용자라는 것이었다. 이 책의 논점을 언급하면 사람들은 때로 "나쁜 기술은 없어요. 나쁜 기술 이용자들이 있을 뿐이죠."라고 반응했다.

이런 논리에 따르면 중요한 것은 기술 자체가 아니라 사람이며, 이들이 존재하는 사회적 경제적 시스템이다. 우리는 이처럼 도구는 선이나 악을 위해 선용되거나 악용되거나 중간 어디쯤에서 사용될 수 있다는 사고에 익숙하다. 기술 자체보다 기술을 사용하는 주체에 주의를 기울여야 한다는 도구론적 개념은 기술의 적절한 사용에 관한 윤리와 정책 논의에 단골로 이용된다. 예를 들면 지적재산권 법은 기술에 '상당한 비침해성 이용substantial non-infringing uses'의 면책권을 부여한다.[59] 이것은 실제로 해악을 끼치는 것은 사람이므로 기술을 탓해서는 안 된다는 주장이다. 이런 시각으로 보면 기술은 대체로 무고한 방관자다.

이런 중립적 기술의 개념은 직관적으로 맞는 것처럼 보일지 모른다. 왜 사람이 저지르는 피해에 기술을 탓하는가? 결국 기술은 단지 도구에 지나지 않는다. 이것은 제멋대로 작동하지 않으며, 누군가가 또는 많은 사람이 자신들의 목적에 맞춰 작동시켜야만 한다. 자동차를 운전하려면 엔진을 켜고, 엑셀레이터 페달을 밟고, 운전대를 돌려야 한다. 컴퓨터를 사용하려면 전원 버튼을 누르고, 마우스를 움직여 클릭하고, 키보드를 눌러야만 메시지를 작성할 수 있다. 자동화 기술도 개발자와 운전자가 있어야만 맨 처음에 실행될 수 있다. 심지어 냉장고처럼 단순하고 다루기 쉬운 사물조차 제대로 위치를 잡고 플러그를 꽂아야만 음식을 차게 보관할 수 있다. 이처럼 복종적인 기술의 역할을 고려하면 '기술적 중립성'이라는 개념이 정책을, 산업계를 그리고 우리의 삶을 압도하는 것은 놀라운 일이 아니다.

기술적 중립성의 논리는 때때로 총기 소유 찬성론자들의 슬로건을 연상시키기도 한다. "총은 사람을 죽이지 않는다. 사람이 사람을 죽이는 것이다."[60] 기술적 중립성의 논리는 정치적 매력이 있고, 그래서 입법가들의 주의를 기술 자체에서 그것을 사용하는 악의적인 주체로 돌리는 데 효과적으로 사용돼 왔다. 하지만 이런 유형의 기술적 중립성 주장은 기술의 정치적 영향력과 실질적인 힘을 간과한다. 모든 기술은 예외 없이 특정한 디자인을 통해 일정한 기능을 수행하도록 함으로써 가치를 시현한다.

그렇다면 개인적인 책임은 어떻게 묻느냐는 반박이 나올 수 있다. 실제로 기본 설정이 돼 있지 않으면 아이폰은 다른 누군가의 노골적인 사진을 스스로 저장하지 않는다. 사람을 찾고 괴롭히는 데 악용되는 얼굴 인식 소프트웨어는 스스로 그렇게 악행을 저지를 수 없다. 이런 기술은 단지 유해한 결정을 내리는 사람들에게 봉사할 뿐이다.

디자인의 중요성을 평가절하하는 한 가지 방법은 기술이 활용될 수 있는 여러 다른 이론적 방법에 주목하라고 주장하는 것이다. 사람들은 드론을 창문 너머로 다른 사람의 사생활을 훔쳐보기보다는 새를 찍는 데 사용할 수 있다. 스냅챗으로 받은 은밀한 사진을 저장했다가 포르노나 보복성 포르노 사이트에 올리는 대신 자동으로 삭제되도록 내버려둘 수 있다. 이런 식으로 프레임을 짜면 기술 자체의 디자인보다는 그것을 악용하는 사람들을 탓하기가 훨씬 더 수월하다.[61]

하지만 사실은 그렇게 간단하지 않다. '핀홀 스파이 투스브러시 히든 카메라 Pinhole Spy Toothbrush Hidden Camera'를 생각해보자. 이것은 아무런 전선도 없고, 긴 배터리 수명을 자랑하며, 외장 메모리카드도 없이 매우 작은 렌즈를 장착했지만 평범한 전동 칫솔처럼 보이도록 디자인됐다. 이 몰래 카메라를 파는 웹사이트는 불법 행위에 이상적이라고 광고하면서 "이 카메라가 설령 불법 활동에 이용되더라도 우리는 책임이 없으며, 이것은 가정 보안용 카메라로 사용자도 책임을 지고 그런 용도로 사용해야 합니다."[62]라고 놀라울 만큼 뻔뻔한 태도를 보여준다.

물론 이런 기술은 다양한 방식으로 그리고 많은 적법한 용도로 사용될 수 있다. 사람들은 이것을 양치질하는 데 사용할 수 있을 것이다. 해변에서 가족 휴가를 즐기며 비디오를 찍는 데 쓸 수도 있다. 문이 요란하게 닫히거나 벽에 부딪쳐 흠이 나는 것을 막기 위해 문에 끼우는 도어스톱^{doorstop}으로 쓰거나, 이것으로 장난삼아 캐치볼을 할 수도 있다. 혹은 벽난로 선반에 장식용으로 올려놓을 수도 있을 것이다.

하지만 물론 이런 예는 말도 안 되는 용도다. 그럴 수도 있다고 주장한다면 이 기술이 사람들의 행태를 변모시키는 가치를 구현하고 있다는 점을 무시하는 것이다. 에반 셀린저의 지적을 빌려 표현한다면, 스파이 칫솔의 디자인은 그것이 어떤 용도로 '쓰여야만^{should}' 하는지, 다시 말해 다른 사람들을 몰래 감시하는 일이 우선적인 목표임을 내비치고 있다. 사람들이 단순한 칫솔, 장난감 또는 조각에 230달러를 지출할 가능성은 많지 않다. 그리고 가족 휴가 장면을 찍는 데 칫솔 카메라를 쓴다면 퍽이나 어색할 것이다. 당신을 괴짜처럼 보이게 만들지 않고도 사진을 찍을 수 있는 더 좋고 값싼 카메라는 얼마든지 있다. 이런 기술 디자인은 화장실 훔쳐보기를 조장할 뿐이다. 그 이상은 없다. 여기에는 아무런 중립성도 존재하지 않는다.

기술적 중립성의 개념이 유용할 수 있다는 점은 분명하다. 그런 시각은 어떤 기술이 적용되는 사회적 경제적 시스템을 고려하지 않은 채 무작정 사물과 기술만 탓하는 상황을 회피할 수 있다. 위너는 이처럼 '기술의 사회적 결정론$^{social\ determinism\ of\ technology}$'으로 요약되는 사상은 "어떤 기술이 개발되고 시행되고 사용되는 사회적 정황과 배경을 제대로 보지 못하는 사람들에게 … 필요한 교정적 시각을 제공한다."고 주장한다. 이런 시각은 안이한 '기술 결정론$^{technological\ determinism}$', 즉 기술은 순전히 내부의 다이내믹에 의해 개발돼 어떤 다른 영향도 받지 않은 채 사회에 녹아들어 그 패턴을 따른다는 사상의 해독제 구실을 한다.[63]

하지만 우리는 기술적 중립성에 지나치게 매몰되지 말아야 한다. 위너는 "기술의 사회적 결정론에 곧이 곧대로 따른다면 기술적인 사물 자체는 전혀 중요하지 않다"라고 주장한다. 그는 대신 사물은 정치적 의도와 메시지로 가득차 있다고, 즉 인간 관계에 존재하는 권력과 권위의 양식, 그런 양식 안에서 발생하는 활동을 반영하고 있다고 말한다. 때로 구체적인 기술 기기나 시스템의 디자인이나 방식은 "특정 공동체에 존재하는 문제를 해결하는 한 방법이 되기도 한다."[64] 위너에 따르면 "우리는 보통 주어진 기기에 대해 그것이 본래 용도를 내세우기 전에, 그것이 일련의 결과를 논리적으로나 임시적으로 생산하도록 디자인되고 제작됐는지 끊임없이 살핀다." 그리고 "만약 기술을 평가하기 위한 윤리적, 정치적 언어가 오직 도구나 용도와 관련된 범주만 갖는다면, 사물의 디자인과 배치 방식이 가진 의미에 주목하지 않는다면, 우리는 지적으로나 실질적으로 매우 중요한 사안을 놓치게 될 것이다."

그가 맞다. 기술 디자인에 적절히 주목하지 못할 때 우리는 사람의 행동에만 초점을 맞추게 된다. 우리의 이익에 반하는 방향으로 끌어당기거나 밀어부치는 디자인의 불균형을 맞추기 위해 우리는 우리 자신과 다른 사람들에게 너무 많은 것을 요구한다. 그래서 자신이나 다른 사람들을 서투르다거나 기계치라고 탓한다. 노먼은 사람들이 일상의 물건을 제대로 사용하지 못할 때 자기 잘못으로 돌리는 경향이 있다고 지적한다.

소셜미디어에서 심지어 우리 자신의 '프라이버시 실패privacy fails'를 지칭하는 용어까지 있다. 바로 '과잉공유oversharing'[65]라는 용어다. 인터넷은 '페이스북을 통한 최악의 과잉공유 30개', '페이스북을 통한 과잉공유: 당신이 온 세상에 공개하는 것임을 모르는 7가지 경우' 등과 같은 기사로 넘쳐난다.[66] 이런 포스트는 처녀성을 잃은 사연, 월경의 거북함, 신장 결석結石(그림까지 곁들여서!), 성병과 관련된 내용 그리고 남들이 가능하면 알고 싶어하지 않을 은밀한 개인사의 노골적인 공개 같은 내용이다. 심지어 무작위 클릭도, 이를테면 3년 전에 올린 누군가의 사진에 '좋아요' 버튼을 누르는 경우도 있다. 이것은 누군가를 '페이스북 스토킹Facebook stalking' 하는 데 지나치게 많은 시간을 허비하고 있다는 점을 드러낼 수 있다는 점에서 과잉공유로 간주될 수 있다.

이런 뻔한 사례는 수치심을 모르는 사람이나 멍청이들이나 과잉공유를 할 것처럼 보인다. 하지만 그렇지 않다. 과잉공유를 '필요 이상으로 공유하는' 행위나 '중간에 아무런 매개자가 없는 오프라인 환경에서보다 더 공유하는' 행위로 정의한다면 우리는 누구나 일상적으로 과잉공유를 하고 있다. 6장에서 논의하는 소셜미디어는 공개를 적극 부추기는 시스템이다. 이들의 목적 자체가 더 일찍 더 자주 공유를 돕는 것이다. 일부 소셜미디어의 경우 그런 공유 정보가 개인적인 것일수록 더 좋다. 소셜미디어 계정을 가진 사람들은 자신의 생일, 질환, 여행 계획, 즉 언제 집을 비울 것인지, 내밀한 생각 및 노출이 심한 수영 팬티나 비키니 차림의 사진을 공유하는 일이 흔하다. 그리고 때로는 누가 자신의 포스트를 볼 수 있게 할지 설정하는 것을 잊어버리거나 실수를 저지른다. 그런 적이 있음을 인정해도 괜찮다. 완벽한 판단력을 가진 사람은 없다.[67]

그리고 누군가가 과잉공유를 하면 우리는 거의 항상 당사자 탓이라고 말한다. 예를 들면 "페이스북의 프라이버시 문제에 당신도 저커버그만큼이나 책임이 있다."라는 제목의 기사에서 칼럼니스트 파하드 만주Farhad Manjoo는 소셜미디어 이용자 자신들도 프라이버시 우려의 원인이라면서 "페이스북을 사용할 때는 창문이 열린 침실에 있는 것처럼 조심해야 한다."고 충고하고, 프라이버시 설정을 어떻게 하든 "당신이 페이스북에 올리는 모든 것은 영원히 대중에게 공개될 수 있다고 가정해야 한다."[68]고 강조했다. 이것이야말로 소셜미디어에서 가장 안전한 공유 규칙이다. 만주는 '페이스북에서 비밀을 유지하는 한 가지 쉬운 방법'이라는 제목의 칼럼에서 두 마디 충고를 제시했다. "페이스북을 끊어라!"[69] 만주가 볼 때 과잉공유는 궁극적으로 본인의 잘못이다. 이를 막으려면 입을 닥치는 수밖에 없다. 따지고 보면 무슨 내용이든 포스트해야 한다고 누가 등 떠민 것도 아니다.

이런 '이용자가 잘못'이라는 관념은 합의되지 않은 포르노, 때로 '보복형 포르노revenge pornography'의 경우에도 두드러진다. 다니엘르 키츠 시트론이 『Hate Crimes in Cyberspace』에서 썼듯이 "보복형 포르노의 피해자들은 자신들의 누드 사진이 온라인에 공개된 것은 그런 사진을 찍은 본인들의 책임이라는 반응이 압도적이라고 내게 호소했다." 그러면서 시트론은 보복형 포르노 사이트인 Texxxan.com의 운영자가 언론에 한 말을 인용한다. "당신 자신의 누드 사진을 찍고 그것을 다른 사람에게 보낼 때는, 혹은 다른 사람이 당신의 누드 사진을 찍도록 허용할 때는 당신 자신이 저지른 행동 때문에 프라이버시에 대한 기대도 떨어질 수밖에 없다."

'프라이버시에 대한 타당한 기대'라는 개념이 가진 문제, 특히 스스로 기대를 떨어뜨릴 수 있다는 특성은 그만두고라도, 프라이버시 피해의 가장 근접하고 직접적인 원인에만 초점을 맞추는 경향은 그런 피해의 발생을 도운 전체 구조와 맥락을 무시하는 것이다. 물론 사람들은 남들과 소통할 때 부주의할 수도 있다. 때로는 믿었던 사람들에게 배신을 당하거나 어떤 행위는 섬세한 균형 추를 한쪽으로 기울게 만들기도 한다. 우리는 영화나 텔레비전에서 통제 불능으로 내닫던 차가 절벽 끝에 아슬아슬하게 걸려 승객 중 한 사람이 앞으로 살짝 몸을 기울이기만 해도 절벽 밑으로 떨어질 수 있는 상황을 본 적이 있다. 신입 법대생이라면 누구든 그렇게 몸을 앞으로 살짝 기울인 사람이 기술적으로 추락을 '초래했다'고 말하겠지만 그 사람만의 잘못은 아니다.

프라이버시를 보호하는 데 가장 중요한 것은 디자인이 아니라 사람의 선택이라는 개념은 미국 법에 견고하게 각인돼 있다. 그럼으로써 프라이버시 법은 기술에 대해 중립적이거나 심지어 보호주의적인 관점을 견지한다. 법원은 대체로 기술 기업이 보안이 취약한 컴퓨터 코드로 인한 불법행위의 책임이 있다는 섬을 인성하지 않는다.[70] 프라이버시에 관한 네 가시 불법행위는 모두 사람들의 행위를 규제한다. 즉 다른 사람의 사적인 사실을 공개할 수 없고, 다른 사람의 은둔생활을 침해할 수 없으며, 다른 사람의 이름이나 유사성을 상업적으로 전용할 수 없고, 다른 사람을 그릇된 내용으로 묘사할 수 없다는 것이다. 미국의 감시법은 통신 내용에 대한 인가되지 않은 도청을 금지하지만, 감시 기술의 디자인에 대해서는 아무런 언급이 없다(한 가지 주목할 만한 예외는 스파이웨어Spyware에 관한 내용으로 5장과 7장에서 다룰 것이다). 데이터 보안을 제외하면 '가족교육권 및 개인정보보호법FERPA, Family Educational Rights and Privacy Act', '그램─리치─블라일리 법Gramm-Leach-Bliley Act '71 그리고 '의료보험 이동성과 책임에 관한 법HIPAA, Health Insurance Portability and Accountability Act' 등은 대체로 사람들의 기밀 유지 책임에만 초점을 맞출 뿐 공개 툴은 무시한다.

심지어 일상에서 우리는 기술적 중립성의 신화에 매몰돼 어떻게 기술적 디자인이 우리에게 영향을 미치는지는 놓치고 만다. 비밀번호를 고려해보자. 많은 데이터 침해는 공격자가 누군가의 비밀번호를 알아낸 결과 발생한다. 이런 사고는 우리가 흔히 듣는 표준적 조언으로 이어진다. "길고 복잡한 비밀번호를 고르세요. 대문자와 소문자, 문자와 숫자, 특별 부호를 섞어 쓰십시오. 기억해두세요. 비밀번호를 자주 바꾸세요. 그리고 당신이 가진 계정마다 따로 비밀번호를 만드십시오." 대다수는 이렇게 하지 않는다. 어떻게 할 수 있겠는가? 가장 흔한 비밀번호는 아직도 'password'나 다른 단순한 암호라서 형편없는 해커라도 몇 초 안에 깰 수 있다. 사람들은 비밀번호를 재사용하거나, 포스트잇에 적어 컴퓨터 옆에 붙여놓거나, 종이에 적어 지갑에 넣고 다니기도 한다. 그리고 비밀번호를 자주 바꾸지도 않는다.

그리고 취약한 비밀번호로 된 계정이 침해당하면 우리가 가장 먼저 보이는 반응은 "이 멍청이는 12345를 비밀번호로 사용했다."라는 식으로 이용자를 탓하는 것이다. 몇 년 전 나 자신의 개인 이메일 계정이 한 스팸꾼에 의해 해킹을 당했을 때도 나는 나 자신을 탓했다. 나는 비교적 짧은 비밀번호를 재

사용했는데, 당연히 그러지 말았어야 했다. 프라이버시와 데이터 보안을 주제로 밥을 벌어먹으면서 그런 일을 당했으니 더욱 민망했다. 내가 어떻게 그렇게 멍청할 수 있지?

당시 내가 미처 생각하지 않았던 대목은 어떻게 디자인이 그런 침해를 일으키도록 도왔는가 하는 점이었다. 해당 시스템은 우리 모두가 실패할 수밖에 없도록 설정돼 있었다. 우리의 기억력은 길고 복잡한 비밀번호를 기껏해야 몇 개나 감당할 수 있을 뿐 많이 기억하지 못하며, 자주 바꿔야 하는 경우는 더더욱 감당하지 못한다. 한 연구에 따르면 소비자들은 평균 24개의 온라인 계정을 갖고 있다. 인터넷을 적극 사용하는 사람들의 계정 수는 그보다 훨씬 더 많을 것이다. 기억력만으로 이를 감당하기는 역부족이며, 따라서 사람들이 건전한 비밀번호 규칙을 따르지 못하는 것은 놀라운 일이 아니다.[72]

만약 우리가 "시스템은 데이터 침해를 부추기지 않으며, 사람이 그럴 뿐이다."라고 말한다면, 우리는 이용자들에게 실질적 권한이나 여지를 거의 주지 않는 디자인상의 선택과 조율 문제를 간과하는 것이다. 다양한 디자인 결정은 인간의 인지적 한계와 뻔한 실수를 고려해 내릴 수도 있었다. 예를 들면 설계자들은 이중 인증two-factor authentication을 요구할 수도 있었다. 이 개념의 핵심은 간단하다. 로그인하기 위해서는 본인이 아는 방법(보통은 비밀번호)외에 추가로 본인이 가진 다른 인증장치(보통은 휴대전화)가 있어야 한다. 추가 변수는 비밀번호에만 의존하지 않도록 다양하게 짜맞출 수 있다. '두 채널' 인증 방식에서 기업은 이용자로부터 인증 용도로 설정된 두 번째 채널(가령 휴대전화)에 관한 정보를 받지 않는 한 접속을 허용하지 않는다. 다른 변수는 친구가 당신을 보증하거나 서명하는 경우도 될 수 있다. 이들 중 어느 것도 완벽하게 안전하지는 않고, 어떤 방법은 다른 것보다 명백히 더 낫지만, 중요한 계정에서 두 가지 변수는 한 가시보나 훨씬 너 안전하다.

나는 사람들이 온라인에서 무슨 짓이든 할 수 있고, 그런 행위에 따른 책임을 지지 않을 수 있어야 한다고 주장하는 것은 아니다. 그것은 말도 안 되는 개념이다. 누구나 온라인에서 합리적으로 행동해야 하며, 경솔해서는 안 된다. 그렇게 행동한 경우 그에 따른 책임을 수용해야 한다. 하지만 프라이버시 논의에서 '오직' 중요한 것은 개인정보의 수집, 사용, 공개라는 개념을 넘어서야 한다. 지금부터 진행되는 프라이버시 법과 논의는 더 이상 디자인의 역할을 경시하는 방향이어서는 결코 안 된다. 디자인은 데이터 승자와 프라이버시 패자를 결정한다.

이것은 그 결과가 '의도한' 것인지 아니면 '의도하지 않은' 것인지 판단할 수 없는 경우에도 마찬가지인데, 실상은 그런 이분법도 지나치게 단순화한 범주인 경우가 많다. 위너는 때로 "기술 개발 과정 자체가 워낙 철저하게 특정한 방향으로 치우쳐 그 결과가 사회의 일부 계층에는 굉장한 돌파구로 여겨지는 반면, 다른 계층에는 치명적인 퇴보로 작용한다."고 지적한다. 일반적으로 강력한 데이터 분석을 뜻하는 용어로 알려진 '빅데이터' 현상의 배후에서 작용하는 데이터 수집 인프라를 생각해보자. 과학자들은 빅데이터에 열광한다. 그것은 과거에는 파악할 수 없었던 건강과 복지에 관한 의문에 해답을 줄 수 있는 잠재력을 가졌다. 보험사와 광고주들도 빅데이터에 흥분한다. 더 정확하고 더 효율적인 개인 프로필을 만들 수 있고, 그에 따라서 누구에게 어떤 보험을 제공할지 어떤 광고를 내보낼지 더 정확한 결정을 내릴 수 있으며, 이는 더 높은 수익성으로 돌아올 것이기 때문이다. 하지만 빅데이터는 프로필을 당하는 사람들에게는 위험하기도 하다. 우리 삶의 거의 모든 부문에 신용등급과 비슷한 점수를 매기는 데 이용될 수 있다.[73] 점수화된 사회는 많은 이점을 약속하지만, 다른 한편으로는 무자비하게 효율적인 차별 요인이 돼 우리의 자율성을 축소하고, 소수 공동체에 일방적으로 불이익을 초래하며, 개인들에게 점점 더 많은 개인정보를 요구하는 위협으로 작용할 수도 있다. 빅데이터 세계에서는 항상 많을수록 더 좋다.

위너는 대다수 공학자들의 경우 "누군가가 다른 누구에게 해를 끼칠 의도가 있었다라고 말하는 것은 정확하지도 않고 통찰력이 있는 것도 아니다. 그보다는 기술적 방안 자체가 특정한 사회적 이익에 더 호의적이도록 오래전부터 설정돼 있어서 결국 어떤 사람들은 다른 이들보다 더 많은 혜택을 얻을 수밖에 없다고 말하는 것이 옳다."[74]고 지적한다. 디자인이 프라이버시에 어떤 영향을 미치는지 제대로 파악하기 위해서는 그런 기술적 방안이 어떻게, 왜 그리고 누구에게 유리하도록 설정돼 있는지 이해해야 한다.

디자인은 정책에 포함돼야 한다

디자인은 권력을 특정 계층과 산업계에 할당할 수 있기 때문에 본질적으로 정치적이다. 기술 혁신을 옹호하는 이들은 흔히 "법은 기술에 관여하지 말아야 한다."고 말한다. 이것은 때로 중립성을 요구하는 것으로, 시장의 힘과 규범이 기술의 방향을 결정하도록 해야 한다는 말로 해석되기도 한다. 법이 기술 디자인에 직접 개입하지 말아야 할 이유가 분명한 경우도 많지만, 그러한 결정은 중립적인 것이 아니다. 디자인에 개입하지 않는 것은 이용자들이 의사 결정의 맥락을 스스로 정할 수 있게 해주는 개발자 권한을 허용한다는 뜻이다. 대부분의 경우 이것은 옳은 경로이다. 법은 일반적으로 디자인의 세세한 내용을 간섭해서는 안 된다. 모든 디지털 기술의 온갖 사소한 디자인 부분까지 관리돼 일일이 담당 규제 기관의 사전 승인을 받아야 한다면 그것은 악몽에 가까울 것이다.

그러나 열성적으로 디자인을 '지시하는dictating' 것과 디자인의 중요성을 '강조하는addressing' 데는 차이가 있다. 법은 범위, 지침, 목표 등을 분명히 함으로써 디자인의 영향력을 적절히 견제할 수 있다. 법은 디자인이 프라이버시에 대한 우리의 기대와 현실에 미치는 영향력을 더 잘 인식할 수 있다. 중립성이라는 이름으로 디자인을 완전히 무시하는 것은 윤리적인 일탈이다. 디자인과 아키텍처는 우리가 내리는 모든 선택에 영향을 미치기 때문에 심지어 그에 대해 침묵하는 것조차 문제가 된다.

다른 이들은 디자인 자체를 통제하는 것은 사람들이 특정한 선택을 하도록 조작하려는 시도이기 때문에 윤리적으로 문제가 있다고 주장한다. '넛지'의 윤리성에 대해 캐스 선스타인은 이렇게 말한다. "사람들은 결정을 내릴 때 선택의 아키텍처로 구성된 배후에 저항해서 그렇게 하는 것이다. 카페는 일정한 디자인 형태를 띠고 있는데, 그 디자인은 사람들이 무엇을 먹을지 고르는 데 영향을 미칠 것이다. 웹사이트도 마찬가지다. 백화점은 그 나름의 아키텍처를 포함하고 있고, 그것은 쇼핑객들의 특정한 선택을 권장하거나 아무것도 구매하지 않고 매장을 떠나는 행위 등을 방해하도록 디자인될 수 있다."[75] 이 아키텍처는 설령 설계자가 그런 효과를 의도하지 않았다고 해도 사람들의 선택에 영향을 미칠 것이다. 예를 들면 사람들은 처음 마주친 물건을 구매하는 성향이 있어서 스웨터 베스트(조끼처럼 생긴 스웨터)를 많이 팔려고 노력하지 않는다고 해도 그것을 매장 입구에 진열하면 다른 장소에 배치하는 경우보다 더 많이 팔게 된다.

우리는 선택의 아키텍처를 회피할 수 없다. 선스타인은 "인간 혹은 개나 고양이나 말은 선택의 아키텍처가 없어지기를 바랄 수 없다. 어느 매장이든 그 나름의 디자인이 있고, 어떤 제품은 먼저 눈에 띄고 다른 제품은 그렇지 않다. 어떤 메뉴나 선택 사항을 다양한 장소에 배치한다. 텔레비전 방송국은 저마다 다른 숫자로 채널이 표시되는데 놀랍게도 그게 문제가 된다. 채널을 바꾸는 비용은 무시해도 좋을 만큼 미미하지만, 사람들은 낮은 숫자의 방송국을 선택하는 경향이 있어서 채널 3번이 53번보다 더 많은 시청자를 끌어모은다."고 설명한다. 웹사이트도 저마다 디자인이 있고, 각 디자인은 이용자가 해당 사이트를 어떻게, 얼마나 오랫동안 사용하는지에 영향을 미친다. 입법자와 법관들이 디자인을 무시하는 것은 현상 유지를, 다시 말해 기존의 무제한적인 권력 사용을 묵시적으로 옹호하는 셈이다.

기본값^{default}으로 정해진 규칙과 설정을 따져보자. 이것은 사용자가 그냥 내버려두거나 일정한 선택을 취하지 않은 경우에 자동으로 적용되는 기본 선택이다. 때로는 기본값을 설정 안 하는 게 불가능하다. 스마트폰에서 흔히 볼 수 있는 온/오프 토글 버튼을 살펴보자.

여기에서 가능한 선택은 켜거나^{on} 끄는^{off} 두 가지밖에 없다. 설계자들은 이 버튼의 기본값을 미리 정해놓지 않으면 안 된다. 이것은 이진법적으로 따져 절반 정도의 기능이 '오프'라고 해도 피할 수 없는 선택이다. 기본값은 흡인력이 높고, 이를 바꾸자면 사용자의 의도적인 주목과 시간을 요구하기 때문에 기본값 결정은 이를 만든 기업이나 기관의 가치를 반영한다. 만약 '위치 추적'과 '공유'의 기본값이 '온'으로 돼 있다면 훨씬 더 많은 스마트폰 사용자들의 정확한 위치가 추적되고 공유될 것이라고 짐작할 수 있다. 많은 사람은 그런 점에 별로 신경 쓰지 않을지도 모르지만, 정치적 반체제 인사와 가정 폭력의 피난처를 찾는 사람들은 이 기본설정 때문에 위험에 빠질 수도 있다. 기본값의 위험성은 사람들이 그런 사실을 모르거나, 온/오프 선택 화면이 이처럼 연속적인 목록으로 나타날 때 특히 심각하다.

많은 소셜미디어 서비스 기본값은 사용자에게 공유를 극대화하는 방향으로 설정돼 있다. 예를 들면 모바일 지불 서비스인 벤모^{Venmo}는 한때 이용자들의 거래 내용이 공개적으로 공유되도록 기본 설정을 해놓았다.[76] 이용자가 자신의 모든 거래 내역에 대한 접근 수준을 제한하는 절차는 별로 직관적이지 않다. '디폴트 오디언스$^{Default\ Audience}$'라는 설정은 이용자 자신의 가격과 지불 내역의 표시에만 영향을 미친다. 기본 프라이버시 설정을 바꾸지 않은 친

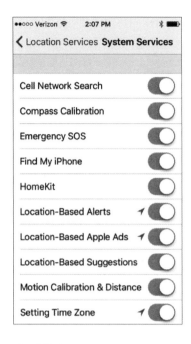

구들의 거래 내역은 여전히 공개적으로 공유된다. 모든 거래 내용을 가리기 위해서는 눈에 잘 띄지도 않는 '당신이 관련된 거래Transactions Involving You'라는 설정을 찾아내어 바꿔야 한다.[77] 이런 종류의 기본 설정은 중요하다. 2015년 카스퍼스키 랩Kaspersky Lab의 연구에 따르면 소셜미디어 이용자의 28%는 프라이버시 설정을 무시해 모든 포스트, 사진 및 비디오가 일반에게 공개되는 것으로 나타났다.[78] 다양한 기술 뒤에는 수백 개의 버튼이 숨어 있다. 각각의 기본값 설정은 우리의 선택에 영향을 미친다.

그리고 사용자들은 속수무책이다. 기술 사용자들은 고립된 개별적 존재로 행동한다. 자신이 사용하는 기술에 대해 잘 모른 채, 가령 정보 공개의 위험을 제대로 파악하지 못한 상태에서 복잡한 법률 용어로 구성된 약관에 동의한다. 우리는 명문 대학에서 더 많은 개인정보 공개를 유도할 수 있는 방법을 공부한 엘리트들과 경쟁하고 있다. 우리는 잘 훈련된 군대에 맞서 싸우는 오합지졸의 작은 부족 같다. 거대 기술 기업은 한 번에 수천 번의 A/B 테스트를 돌린다고 자랑한다. 이들 테스트는 두 가지 다른 버전의 인터페이스를 비교해 어느 쪽이 더 잘 작동하는지 판단한다. 이 중 얼마나 많은 테스트가 사용자로부터 최대한의 개인정보를 추출해 낼 수 있는 방법을 파악하기 위한 것일까? 바로 이런 대목이야말로 선진적인 새 프라이버시 법으로 평가되는 유럽연합의 일반개인정보보호법GDPR이 제25조 '개인정보보호 중심의 디자인과 기본 설정'에서 개인정보보호를 위한 핵심 원칙을 데이터 기술 디자인과 개발 단계에 통합하도록 한 규정이 매우 중요한 이유다.[79]

디자인 문제를 다루거나 무시하기로 한 규제 기관의 선택도 일종의 기본 설정이고, 여기에는 그 나름의 결과가 뒤따를 수밖에 없다. 이것은 실상 법의 기능이다. 우리가 어떻게 서로를 상대하는지에 대한 기본 규칙을 제공하는 것이기 때문이다. 설령 정부가 자유 시장과 사유 재산을 보장하고 기술을 규제하지 않겠다고 해도 아무런 행동도, 혹은 탈러와 선스타인의 표현을 빌린다면 '넛지'도 하지 않을 수는 없다. 심지어 자유 시장이라도 경쟁 기반의 시스템은 법적 프레임워크가 필요하다. 선스타인은 "재산이나 불법 행위뿐만 아니라 계약의 규칙은 사회 질서를 위한 일종의 선택 아키텍처를 제공한다."라고 말한다. 물론 디자인은 그것이 필요한 경우 선택의 자유를 보장할 수 있고, 의식적으로 중립성을 추구할 수 있다. 그러나 선스타인에 따르면 '선택의 아키텍처 자체는 불가피하고, 이는 윤리적 근거로 반대하는 일은 부질없다는 뜻'[80]이다.

사실은 입법자에게 디자인을 중요하게 취급하도록 요구하는 것은 윤리성이다. 설계자들이 어떤 사물을 개발하면서 내리는 결정은 도덕적으로 상관된 결과를 낳기 때문에 이들은 도덕성이 부각되도록 돕는 셈이다. 철학자 피터-폴 베르비크[Peter-Paul Verbeek]는 기술이 도덕적으로 '선한 결과'나 '악한 결과'를 두드러지게 한다고 지적한다. 예를 들면 과속 방지턱은 우리가 학교 근처에서 과속하지 말아야 한다는 도덕적[81] 결정을 내리는 데 도움을 준다. 기술은 우리의 행동과 경험에 영향을 주고, 그러는 과정에서 도덕적 결정을 내리도록 도와준다. 예를 들면 소셜미디어 디자인은 사용자들에게 시민적 참여를 북돋우거나 다른 사람을 모욕하고 괴롭히도록 넛지할 수 있다. 베르비크에 따르면 기술은 '도덕성으로 가득 차 있기' 때문에 기술의 도덕적 디당성을 개념화한 윤리적 프레임워크를 개발해야 한다.[82]

입법자들은 법이 필연적으로 디자인에 영향을 끼친다는 점을 인정해야한다. 입법자, 정책 입안자, 법관들이 선택의 아키텍처는 불가피하며, 시스템 디자인은 도덕적 의미를 담고 있다는 점을 깨닫게 되면 선택을 내려야 할사안이 있다. 프라이버시 법을 개정할 때 현재 상태를 유지하면서 테크놀로지 디자인을 무시하거나, 디자인이 도덕적으로 중요한 결과를 유도하는 여러 방식을 정면으로 다루거나 해야 한다. 만약 입법자들이 바람직한 결과에미치는 디자인의 효과를 평가한 다음, 그에 따라 법과 규정에 디자인 요소를반영하지 않겠다며 의도적으로 기각하고 대신 현상 유지 쪽을 택한다면 그런 결정은 정당화될 수 있다. 그러나 중립성을 유지하겠다는 열망이나 순수한 무작위성에 대한 욕망으로 아무런 행동도 취하지 않는다면 이는 정당화될 수 없다. 그런 결과는 불가능하기 때문이다. 디자인이 인류의 번영을 돕거나 고통을 초래할 수 있는 잠재력은 워낙 크기 때문에, 관대한 접근이든적극적인 개입이든 의식적인 법률 프레임워크의 개발이 필수적이다. 우리는윤리적으로 디자인을 무시할 수 없다.

1장에서 우리는 어떻게 디자인이 우리의 프라이버시에 영향을 미치는지 살펴봤다. 디자인은 어디에나 존재하고, 강력하며, 정치적이다. 다시 말하면정책 입안자들이 무시해서는 안 되는 '힘'이다. 2장에서 나는 프라이버시 관련 디자인이 법과 정책에서 훨씬 더 큰 주목을 받아야 하는 이유를 제시하고자 한다.

2

프라이버시 법의 '디자인 간극'

어느 모로 보나 프라이버시 법은 늘 진행 중인 작업이다. 미국의 프라이버시 법 체계는 기본적으로 '클러지^{kludge}'[1]다. 1890년 새뮤얼 워렌$^{Samuel\ Warren}$과 루이스 브랜다이스$^{Louis\ Brandeis}$는 코닥이 내놓은 즉석 카메라와 점점 더 선정적으로 변하는 언론으로 인한 프라이버시 침해를 법적으로 구제할 방법을 찾았지만 실패했다. 그래서 '홀로 남겨질 권리$^{right\ to\ be\ let\ alone}$'[2]라는 새로운 개념을 제안했다. 이 권리는 기밀성^{confidentiality}과 재산^{property} 및 평판^{reputation}의 개념을 기반으로 하는 기존 난맥상의 구제 방안에 대한 부가 개념으로 의도된 것이었다. 이 개념은 법과 규제의 획기적인 짜깁기를 유도해 기민하고 가변적이지만 결속력이 결여된 현행 프라이버시 법 체계를 낳았다. 그 이후 우리는 이들이 떨어지지 않도록 테이프로 봉합하는 행태를 거듭해 왔다.

유럽연합 내 국가와 아시아 지역의 대다수 국가처럼 다른 나라는 인권 프레임워크와 중앙 집중화된 개인정보보호 법처럼 종합적인 접근법으로 현대 프라이버시 문제에 대응했다. 그러나 이런 접근법은 그 나름의 문제를 안고 있다. 프라이버시는 다양하면서도 구체적인 맥락에 따라 달라지는 개념이기 때문에 개인정보보호 체계는 개인정보 수집이나 이용, 또는 공개를 정당화하는 수단으로 '동의^{consent}'의 개념에 지나치게 의존한다. 이런 체계는 다소 경직되고 근시안적으로 변질될 수 있다. 이들 개념은 공정정보 규정^{FIPs, Fair Information Practices}과 긴밀히 연관된다. 이 규정은 책임 있는 정보 수집과 사용을 위한 일련의 원칙으로, 1970년대에 제안된 이후 프라이버시 보호의 기본으로 뿌리를 내렸다(이 원칙은 미국의 개인정보보호 체계에도 큰 영향을 끼쳤다). 공정정보 규정은 모범적인 프라이버시 보호 방안을 제시하는 국제적 시금석으로 놀라울 만큼 탄력적이고 유용하다. 하지만 앞으로 보게 되겠지만, 이 규정은 데이터베이스에 담긴 정보에 대한 책임성 있는 관리만을 다룰 뿐이다. 현재 우리가 겪고 있는 대규모 기관이 초래하는 위협이나 작지만 여기 저기 분산된 프라이버시 문제는 다루지 않는다. 프라이버시를 침해하는 배후 동기도 다양하다.

프라이버시에 대한 미국의 짜깁기식 접근법이 가진 장점은 기민해서 새로운 문제에 즉각 반응할 수 있다는 점이다. 하지만 짜깁기식 대응은 이런저런 허점이 많고, 따라서 미처 다루지 못하는 부분이 나올 수밖에 없다. 설상가상으로 입법자들은 복잡하고 특정 산업에 한정된 법규의 세부 내용에 매몰된 나머지, 나무만 보고 숲은 보지 못하는 상황에 놓이기 일쑤다. 소비자 정보 기술의 디자인 같은 크고 중요한 개념이 바로 눈앞에 있는데도, 큰 그림을 볼 수 있게 도와주는 메커니즘이나 통일된 개념이 없기 때문에 프라이버시 법규의 일부로 편입되지 못한다. 입법자들이 디자인 요소를 간과한 탓에 기업은 프라이버시 법의 목적을 회피하는 데 디자인을 활용한다. 기만적이고 혼란스러운 웹사이트 디자인이나 편법적인 감시 장비 디자인은 기술적으로는 합법이지만 사람들을 무지한 상태로 버려두고, 속이고, 헷갈리게 하고, 심지어 다치게도 만든다.

훌륭한 디자인에 대한 규제 기관과 사용자의 상식은 잘못된 것이다. 그것은 전 세계의 모든 프라이버시 체계와 마찬가지로 동일한 약점을 지니고 있다.

그것은 '관리control'의 집착이다. 표면적으로 사용자에게 모든 가능한 선택권과 관련 정보를 줌으로써 기업은 자사 디자인이 사용자 및 프라이버시에 우호적이라고 주장할 수 있다. 하지만 실상은 그렇지 못할 때가 많다. 미리 짜인 다수의 선택 사항은 우리를 압도해 버리거나, 미처 제시되지 않은 다른 선택 사항을 비판적으로 검토할 수 없도록 주의를 분산시킨다. 이렇게 함으로써 디자인은 프라이버시 원칙의 목표를 사실상 회피하기 위한 유용한 수단으로 작동한다.

이런 맥락에서 선택은 사용자에게 권한을 준다는 환상이나 부담이 된다. 규제 시스템은 맹목적으로 사용자에게 정보 관리 권한을 안겨주려 시도하기보다는 소비자 기술의 디자인이 사용자들에게 가장 적절하고 지속 가능한 선택, 행동유도성 및 제약을 제공할 수 있도록 하는 데 초점을 맞춰야 한다. 프라이버시 법은 또한 사용자들이 기술의 작동 방식을 머릿속에 쉽게 그릴 수 있도록 보장해야 한다. 이 글을 쓰는 시점에서 대다수 프라이버시 체계는 디자인과 사용자 선택, 개인정보 규칙의 다양한 목표를 명시적으로 다루지 않고 있다.

2장에서 나는 프라이버시 법이 디자인 문제를 고려하지 않고 있다는 점을 환기하면서 프라이버시 법과 정책에 디자인 어젠다를 담아야 하는 명분을 (나는 이를 '청사진'이라고 부른다) 제시할 것이다.

첫째, 나는 이 책의 목적상 현대의 프라이버시 규제 시스템이 세 가지 단순한 규칙으로 요약될 수 있다고 주장할 것이다. 즉 세 가지 규칙은 공정정보 규정을 따를 것, 거짓말하지 말 것, 해를 끼치지 말 것이다. 디자인의 간극(갭)은 이 규칙이 적용되는 과정에서 특히 미국에서 발생한다. 각 규칙은 소비자 기술의 디자인을 진지하게 고려하지 않는다. 그 결과 디자인은 이런 프라이버시 규칙을 방해하거나 회피하는 데 이용된다. 프라이버시 보호를 도울 수 있는 디자인 잠재력이 낭비되는 것이다.

2장의 후반부에서 나는 프라이버시 법에 반영할 수 있는 디자인 어젠다(청사진)의 필요성을 강조한다. 사람들은 거의 약관을 읽지 않고, 프라이버시 법에 무지할 수도 있다. 하지만 앱이나 기기를 사용하는 사람은 누구나 할 것없이 해당 앱이나 기기의 작동 방식을 머릿속으로 쉽게 그려서, 해당 기술의제약과 행동유도성을 인식할 수 있도록 해야 한다.

지금 현재 입법부와 사법부는 거의 일방적으로 프라이버시 딜레마의 한 가지 측면에만 초점을 맞추고 있다. 그것은 기업이나 기관이 우리의 개인정보를 어떻게 수집하고, 이용하고, 공유하는 부분이다. 하지만 프라이버시는 행위의 영향만 받는 것이 아니다. 디자인에도 영향을 받는다. 입법자들은 자신들이 이용할 수 있는 모든 수단을 사용하지 않고 있고, 법원은 사람들이 기술을 이해하고 사용하는 방법에 대해 충분히 폭넓은 견해를 갖고 있지 않다.그들은 디자인을 더 진지하게 받아들임으로써 현대 프라이버시 체계의 결점을 보완할 수 있다.

프라이버시의 청사진을 위한 기반 작업이 이미 진행되는 방법을 보여주는것으로 2장을 마감한다. 법은 여러 다른 맥락, 가령 승용차, 항공기, 빌딩,제약, 광고, 우리 신체에 이식하는 여러 기술과 심지어 일상의 소비재에서도디자인을 진지하게 취급하고 있다. 그뿐 아니라 학계와 산업계가 어떻게 하면 견고한 프라이버시 디자인을 완성할 수 있을까 연구 중이다. 우리는 이런흐름을 적절히 활용하기만 하면 된다.

프라이버시 법의 3대 규칙에는 '디자인'이 빠져 있다

프라이버시 법은 속수무책으로 복잡하고 어렵게 여겨질 수 있으며, 다른 규칙이 워낙 많다. 미국의 시스템은 프라이버시를 불법행위tort, 계약contract, 증거로 채택될 수 없는 기밀 정보evidentiary privilege, 감시법law of surveillance, 소비자 보호, 의료, 교육, 금융 정보처럼 특정한 맥락에서 헌법적 보호를 받는 분야로 나눈다. 이처럼 복잡한 구조를 갖게 된 특별한 이유는 없다. 입법부와 사법부가 문제가 발생할 때마다 하나씩 개별적으로 다루면서 나타난 결과다. 중앙 집중화된 시스템을 가진 나라도 있지만 그렇다고 덜 복잡하다는 뜻은 아니다. 예를 들어 유럽연합에 소속된 국가에서는 일반적으로 프라이버시 문제를 인권human right과 개인정보보호data protection라는 두 가지 뚜렷한 렌즈로 본다. 존엄성dignity 같은 가치는 은둔seclusion과 자유freedom의 개념보다 우위에 놓는다. 유럽연합은 미국보다 총괄적인 접근법을 취하지만, '쿠키cookies' 추적과 '잊힐 권리right to be forgotten'에 관한 구체적인 규칙 같이 여전히 많은 하위 규칙과 일관되지 못한 규정이 많아서 이 제도가 미국의 프라이버시 체계만큼이나 복잡해질 수 있다.

그러나 이처럼 복잡한 법 체계에도 불구하고 사실상 세계의 모든 프라이버시와 개인정보보호 체계는 방금 언급한 세 가지 기본 윤리, 즉 공정정보 규정 따르기, 거짓말하지 않기, 해를 끼치지 않기를 포용한 것으로 보인다. 물론 여기에서 나는 지나치게 환원주의적이다. 그리고 프라이버시 법은 이보다 더 많은 영역을 포함해야 하고, 아마도 그렇게 될 것이다. 하지만 이 세 규칙은 현행 프라이버시 법의 핵심이다. 나는 이 세 가지 윤리를 바탕으로, 현행 프라이버시 법이 디자인 관점에서 노출하는 약점을 보여줄 것이다.

공정정보 규정은 이용자 제어라는 근시안적 주문에 매달리고, 기업은 이런 규정을 따른다는 명분으로 디자인을 조작해 사람들의 판단 능력을 압도해버린다. 공정정보 규정은 또한 디자인을 직접 다루지 못한다. '거짓말 하지 말라'는 윤리적 규정을 따르는 프라이버시 법은 인간이 가진 인지 능력의 한계를 무시하고, 기업이 디자인을 이용해 프라이버시 관련 정보를 깊이 묻어 누거나 가릴 수 있게 하는 형식주의에 너무 자주 굴복한다. 마지막으로 프라이버시 법은 '해를 끼치지 말라'는 윤리 규정에 기반을 두지만 '프라이버시 피해privacy harm'의 정의를 너무 좁혀 잡는 바람에 점진적이고 분산된 구조적 해악을 끼치는 기술이 정밀 조사에서 벗어날 수 있게 했다.

규칙 1: 공정정보 규정을 따르라

프라이버시라는 더없이 다양하면서도 모호한 개념에서 가장 놀라운 특징 중 하나는 개인정보를 둘러싼 기본 규칙에 대해 사람들이 일반적인 합의를 이끌어냈다는 점이다. 세계에서 가장 주도적인 프라이버시 및 개인정보보호 모델은 공정정보 규정에 기반을 두고 있다. 공정정보 규정은 프라이버시에 관한 한 시금석과도 같다.[3] 폴라 브루닝Paula Bruening은 이를 '프라이버시의 공통어the common language of privacy'[4]라고 불렀다. 영향력이 큰 이 원칙은 1970년대 미국의 보건교육복지부Department of Health, Education and Welfare에서 나왔다. 경제협력개발기구OECD는 국제적으로 영향력이 큰 문서에서 이 원칙을 개정해 프라이버시 규제 체계와 공공 정책의 확고한 토대로 삼았다.

공정정보 규정의 영향은 오스트레일리아, 캐나다, 유럽연합 및 여러 아시아 국가 등 전 세계의 개인정보보호 체계에서 확인된다.[5] 공정정보 규정은 미국의 프라이버시 법률에도 상당한 영향을 미쳐 '의료보험 양도 및 책임에 관한 법HIPAA'과 부당하고 기만적인 무역 관행을 감시 감독하는 권한을 통한 연방거래위원회의 프라이버시 규제에 깊숙이 반영됐다.

공정정보 규정은 개인정보를 수집하는 기관에 대해 다음 내용을 주문한다.

- 수집하는 개인정보의 양을 제한하고, 개인정보를 수집할 때는 당사자의 인지와 동의를 얻으라(수집 제한의 원칙).
- 목적에 부합하는 데이터만 수집하고 해당 목적에만 사용하되, 데이터를 정확하고 완전하게 유지하고 적시에 업데이트하라(데이터 품질 관리의 원칙).

- 데이터 수집 목적을 명시하라(목적 명시의 원칙).
- 개인정보를 수집 당시와 다른 목적으로 사용하고 공개하려면 동의를 얻으라(사용 제한의 원칙).
- 데이터를 보호하기 위한 '합리적인 보안 대책'을 세우라(보안의 원칙).
- 투명한 데이터 수집 행태와 정책을 수립하라(개방성의 원칙).
- 수집된 개인정보의 당사자에게 정보 접근을 허용하고, 정보에 문제를 제기할 때는 사용자 뜻에 따라 부정확한 정보를 삭제, 수정, 보충, 개정하라(개인 참여의 원칙).
- 위 원칙을 준수할 책임을 가져라(책임성의 원칙).

이 원칙은 정보가 어떻게 수집되고 사용되는지에 초점을 맞춘다. 입법자들은 이런 부분을 관리, 고지 및 동의의 개념을 통해 시행함으로써 프라이버시를 보호하려 시도한다. 공정정보 규정은 놀라울 정도로 생명력이 강해서 빅데이터와 자동화 같은 새로운 개념이 점점 더 가파르게 도전하는 와중에도 잘 유지되고 있다. 이 규정은 개인정보로 가득 찬 디지털 데이터베이스의 위력을 인정한다.

문제는 입법자들이 모든 프라이버시와 데이터 관련 문제를 공정정보 규정의 붓으로 칠해버리곤 한다는 점이다. 프라이버시의 틀을 이런 식으로 정해버림으로써 개선의 여지는 고정돼 버린다. 공정정보 규정을 더 강조하라는 것이다. 개인정보 침해? 보안 대책을 강화할 시점이다. 기업의 정보 수집과 공유 행태에 사람들이 불만스러워한다고? '목적 명시'의 원칙을 충분히 강조하지 않았음에 틀림없다. 마치 모든 프라이버시 문제에 대한 답은 '공정정보 규정을 더 강조하라'인 것 같다.

공정정보 규정에 근거한 체계는 개인정보로 인해 발생하는 권력 격차와 조직적 제한 및 개별 관리의 필요성을 인식한다. 그러나 공정정보 규정은 용의 주도하게 프라이버시 문제를 모호하게 만드는 소비자 기술로부터 제한적인 보호막만을 제공할 뿐이다. 공정정보 규정은 1970년대 정부와 거대 기업만이 정보를 수집할 수 있던 시절의 청사진이다.

공정정보 규정은 개인에게 실질적인 보호 대신 과도한 정보와 선택으로 압도해 버리기 일쑤여서, 사람들은 자주 허울뿐이거나 형식적이고 무의미한 기술적, 법적 준수에 의한 보호만 받을 뿐이다. 우리더러 동의하라거나 동의하지 않으면 필요로 하는 서비스를 이용할 수 없다며 보여주는 프라이버시 알림은 극히 일부만 읽는 것조차 비현실적이다. 개인정보에 대한 관리 권한은 이론적으로는 이용자의 자율성을 보장할 것 같지만, 실제 상황에서 공정정보 규정을 바탕으로 한 법률적 틀은 '동의'와 '관리' 같은 개념을 무의미한 형식으로 변질시켜 버린다. 공정정보 규정은 어떻게 기술이 사람들에게 실제로 '영향을 미치는지'에 주목하지 않기 때문에 어떻게 디자인하느냐에 따라 약화될 수 있다.

공정정보 규정은 디자인에 초점을 맞추고 있지 않다. 규정의 내용은 '개방성 openness', '정보의 품질data quality'6 처럼 맥락이 결여된 목표다. 공정정보 규정에 포함된 '보안 보호security safeguard'와 '개방성의 수단' 같은 표현은 어디에서 디자인이 프라이버시 정책을 보완해줄 수 있는지 보여준다. 비밀번호와 온라인 포털은 디자인을 활용해 각각 보안과 투명성을 보장해 줄 수 있는 해법이다. 그러나 공정정보 규정이 아무 구체적인 기술 의무나 지침을 제공하지 않기 때문에 그리고 어떻게 사람들이 소비자 기술을 실제로 인식하고 사용하는지 검토해야 할 의무가 없기 때문에, 프라이버시 법은 대체로 디자인 부분을 간과해 왔다. 그래서 공정정보 규정은 데이터에 데이터베이스 관련 문제에는 유용하지만, 프라이버시 법의 디자인 간극을 메우기 위해서는 더 깊이 알아야만 한다.

이쯤에서 공정정보 규정을 포기해야 한다고 주장하는 게 아니라는 점을 강조해야겠다. 이 규정은 존엄성과 자율성 같은 중요 가치를 실제 기업이나 기관의 프라이버시 규정에 반영토록 했으며, 그 가치는 개인정보 수집과 관련된 일반적인 지침으로서 매우 중요하다. 디자인은 그런 규정을 제대로 반영하기 위해 노력해야 한다. 하지만 공정정보 규정은 프라이버시 디자인 정책을 위한 최선의 청사진이 아니며, 따라서 입법자들의 유일한 지침이어서도 안 된다.

대신 우리는 사람을, 특히 이들이 디자인에 어떻게 영향을 받고 반응하는지를 디자인 어젠다의 중심에 세워야 한다. 우리는 여기에서 디자인이 좋으냐 나쁘냐는 행동유도성, 제한, 기능 간의 유기적 연계성의 함수로 평가된다고 말한 도널드 노먼[7]으로부터 배울 점이 있다.

이런 변수는 프라이버시 법의 디자인 어젠다를 위한 핵심 요소여야 한다. 4장에서 설명하겠지만 이들 세 변수는 제품안전법과 소비자보호법에 적절히 호응한다. 바람직한 프라이버시 디자인을 생각할 때 "공정정보 규정을 따랐습니까?"라는 질문은 거기에 담긴 '개방성'과 '보호'라는 개념이 워낙 다양한 해석의 여지를 낳기 때문에 별로 유용하지 않다. 그보다 훨씬 더 유용한 질문은 "사람들이 이 기술을 어떻게 쓰거나 반응할 것으로 예상합니까? 대다수 이용자들은 이 기술의 작동 방식을 어떤 유형의 심리적 모델로 그릴 것이라고 봅니까? 이 기술은 어떤 형태의 행동유도성을 제시합니까? 안전하고 지속적인 사용을 위해 어떤 종류의 제한이 필요합니까?" 같은 질문이다.

공정정보 규정의 또 다른 주요 문제는 특정한 한 부류의 행위 주체, 즉 정보를 수집해 데이터베이스에 보관하는 개인이나 기관에만 근시안적으로 책임을 지운다는 점이다. 하지만 물론 기술의 다른 '이용자'를 비롯해 여러 다른 종류의 사람과 기관도 개인정보를 제공한 사람들의 프라이버시에 영향을 미칠 수 있다. 그룹 멤버 중 한 사람인 바비 던컨이 레즈비언인 사실을 우발적으로 공개한 텍사스대학교 퀴어 코러스의 페이스북 그룹(이 책의 서문에서 말한 바 있다), 혹은 상업용 출판 툴이나 얼굴 인식 기술, 드론, 자동차 번호판 인식기를 관음증이나 보복, 혹은 다른 악의적 목적으로 사용하는 사람들을 고려해보자.

디자인은 이런 상황에서 개인정보 당사자에 적대적이지만 꼭 정보 수집 담당자는 아닌, 부주의하거나 악의적인 행위자에게 유리한 쪽으로 심리적 모델을 구성하고, 제한 사항을 설정하고, 행동유도성을 제시함으로써 프라이버시 해악이 발생하는 것을 도와줄 수 있다. 하지만 공정정보 규정은 그 속성상 잠재적인 악의적 행위자들이 기술에 어떻게 반응할지에 대한 질문은 제기하지 않는다. 예컨대 공정정보 규정은 드론, 감시 카메라 및 제3자가 이용할 앱을 디자인하는 기업이 그런 툴에 의해 감시될 사람들을 보호할 책임을 져야 하는지 여부를 다루지 않는다. 디자인 원칙은 개인정보의 흐름을 제어하고 그와 관련된 결정에 영향을 미칠 수 있는 잠재적 행위자와 세력을 더 정확하게 파악하고 감안할 수 있다.

'이용자 관리' 개념의 지나친 강조: 허울뿐인 '동의' 만들기

직설적으로 말하자면 프라이버시 규제 기관과 설계자는 거의 모든 것을 관리의 개념에 기반을 두는 실수를 저질렀다. 규제 기관과 업계는 관리를 프라이버시 보호와 동의어로 보는 것 같다. 이것이 문제가 되는 이유는 관리는 사람들에게 지극히 중요한 유한한 자원이기 때문이다. 그럼에도 프라이버시 디자인과 공정정보 규정을 바탕으로 한 개인정보보호 체계는 관리를 마치 바닥없는 우물처럼 취급하고 있다.

이론적으로 공정정보 규정의 목표는 개인정보 당사자들에게 권한을 주자는 것이다. 이 맥락에서 권한을 준다는 것은 개인정보 당사자가 정보 수집 기관의 활동 내용을 알고, 특정한 행위에 대해 동의할 수 있도록 관리 권한을 부여한다는 뜻이다. 기업의 정보 취급 활동을 알고 기업이 당신의 개인정보로 무엇이든 하고 싶을 때는 당신의 동의를 구하도록 한다는 개념은 이론상으로는 그럴듯하게 들린다. 표면상으로는 사람들 스스로 자신들의 개인정보가 수집, 사용, 공개되는 데 따른 비용과 계산을 따져 결정할 수 있도록 도와준다는 것이다.

관리는 개인정보보호 체계의 전형이 됐다. 그것은 미국 백악관이 제안한 '소비자 프라이버시 권리장전Consumer Privacy Bill of Rights'8에서도 이를 강조하고 있다. 관리는 연방거래위원회의 보고서 '급속한 변화 시대의 소비자 프라이버시 보호 방안Protecting Consumer Privacy in an Era of Rapid Change'9에서도 핵심 요소였다. '동의'는 EU의 개인정보보호 규정 전체를 통틀어 가장 중요한 부분이다. 동의는 대부분의 정보 수집, 사용, 공개를 적법화한다.10

사실 정보에 대한 관리의 능력은 종종 프라이버시 자체의 정의로 제시되기도 한다. 저명한 프라이버시 학자였던 앨런 웨스틴Alan Westin은 프라이버시를 '개인, 그룹, 혹은 기관이 자신들에 관한 정보를 언제, 어떻게 그리고 어느 수준까지 다른 사람이나 기관과 공유할지 결정할 수 있는 권리'11라고 정의했다. 찰스 프리드Charles Fried, 아서 밀러Arthur Miller, 리처드 파커Richard Parker, 퍼디난드 슈먼Ferdinand Schoeman 등을 비롯한 다른 사람들은 프라이버시를 '관리'의 관점에서 개념화했다.12 과연 일부 기술 기업은 타당하다고 여기는 부분에서 서서히 이용자의 관리 영역을 늘리고 단순화하는 선의의 노력을 기울이는 것으로 보인다. 셀 수 없이 많은 언론 기사와 책13은 어떻게 하면 온라인에서 우리의 프라이버시에 대한 관리 권한을 확보할 수 있는지 도와주려 시도한다.

관리는 업계가 선호하는 프라이버시 툴이기도 하다. 기술 기업의 말을 들어보면, 현대의 모든 프라이버시 문제에 대한 해답은 이용자들에게 더 많은 관리 권한을 주는 것이다. 페이스북은 "사람들이 자신들의 개인정보를 소유하고, 누구와 공유할지에 대한 결정권도 갖는다는 우리의 철학은 늘 유지돼 왔습니다."라고 밝힌다.[14] 그리고 페이스북 설립자이자 CEO인 마크 저커버그는 "사람들이 원하는 것은 완전한 프라이버시가 아닙니다. 비밀성을 원하는 게 아니에요. 자신들의 어떤 정보를 공유하고 공유하지 않을지에 대한 관리 권한을 원하는 거죠."[15]라고 말한다. 마이크로소프트의 CEO인 사티야 나델라Satya Nadella는 이용자의 관리 권한에 초점을 맞춘 기업의 방향을 이렇게 요약한다. "이용자들은 자신들의 프라이버시에 대한 관리 권한을 유지할 것이기 때문에 마이크로소프트를 사용하는 경험도 저마다 독특할 것입니다." 그리고 회사는 '사람들의 프라이버시 관리 권한을 보장하는 법과 법적 절차를 옹호할 것'[16]이라고 덧붙인다. 구글은 이렇게 썼다. "구글은 당신의 정보를 당신이 안전하게 관리할 수 있게 해주는 단순하면서도 강력한 프라이버시와 보안 툴을 만듭니다."[17] 정부나 기술 기업이 볼 때 이용자에게 더 많은 관리 권한을 맡김으로써 해결할 수 없는 프라이버시 문제는 없는 것 같다. 좀 더 많은 관리 권한을 이용자에게 넘기자.

이것은 이론적으로는 칭찬할 만한 목표지만, 실제로는 바람처럼 잘 작동하지 않았다. 이용자의 관리 수준을 높이는 데는 두 가지 문제가 있다. 첫째, 관리 능력은 쉽게 확장되지 않는다. 이용자가 선택해야 할 숫자는 감당할 수준을 훨씬 넘어 선택 자체가 부질없는 상황이 된다. 둘째, 다른 공정정보 규정의 원칙은 부차적인 것이 된다. 관리에 지나치게 초점을 맞추다 보니, 이를테면 애초에 데이터 수집을 제한해야 한다는 다른 중요한 원칙이 부차적인 것으로 밀린다.

닐 리처즈와 나는 프라이버시를 보호하기 위해 관리의 개념에 지나치게 의존하는 데 대해 경고한 바 있다.[18] 우리는 관리에 대한 과도한 의존을 '관리의 환상control illusion'이라고 부르는데, 이것은 공적 담론뿐 아니라 프라이버시 정책도 주도한다. 연방거래위원회가 1990년대 말 프라이버시를 처음 규제하기 시작했을 때, '고지와 선택notice and choice'으로 요약되는 기본 관리 체계를 기업에 부과했다. 기업이 자사의 정보 수집, 사용, 공개 행태를 사람들에게 알리고 거기에 참여하지 않겠다는(옵트아웃) 선택의 기회를 주면 사람들은 자신이 개인정보에 대한 관리 권한을 지닌다고 여겼다. 만약 사람들이 서비스를 받지 않겠다고 명시적으로 옵트아웃을 하지 않으면 기업은 소비자에게 제공한 고지 내용에 따라 어떤 방식으로든 수집한 개인정보를 마음대로 사용할 수 있었다. 이런 고지와 선택 시스템의 가장 두드러진 사례는 어디에나 널린 프라이버시 정책이다. 사실상 인터넷의 모든 웹사이트와 앱의 구석이나 바닥에 링크로 연결된 프라이버시 정책은 엇비슷한 표준적 법률용어로 빼곡히 채워져 일반 사람들은 읽기가 어렵다. 고지와 선택 시스템을 통해 개인에게 부여된 '관리' 권한은 기업이 개인정보를 수집, 사용, 공유하겠다는 허락을 이끌어내기 위해 최적화된 메커니즘으로 이용된다.

프라이버시 정책을 실제로 읽는 사람이 과연 있는가에 대한 농담이 많지만, 이런 농담은 개인정보에 대한 의미 있는 통제가 수집기관이 대규모로 늘어나게 되면 거의 불가능하다는 부인할 수 없는 진실에 기반한다. 예컨대 알리시아 맥도날드Aleecia M. McDonald와 로리 페이스 크레이너Lorrie Faith Cranor의 한 연구에 따르면, 평균 인터넷 이용자들이 1년간 온라인에서 만나게 되는 모든 프라이버시 정책을 신속하게 읽는다고 가정하면 개인당 휴일을 제외하고 약 76일이 걸릴 것으로 추정한다.[19] 저명한 프라이버시 및 기술 전문 언론인인 줄리아 앵귄Julia Angwin은 취재를 통해 정부와 기업의 광범위한 감시에서 벗어나기는(옵트아웃하기는) 사회나 사람들과 사실상 단절하지 않고는 불가능하다고 밝혔다.[20]

현대의 프라이버시 규제망에서 우리가 얻는 관리 권한은 우리 두뇌를 공격하는 분산형 서비스 거부 공격DDoS 같다(분산형 서비스 거부 공격은 특정한 서버에 대한 트래픽을 인위적으로 폭증시킴으로써 온라인 서비스를 마비시켜 버리는 공격이다). 어느 기기든 켜서 특정 웹사이트나 앱을 방문하는 순간, 당신은 프라이버시 정책, 약관, 팝업 창 등의 형태로 당신의 정보를 어떻게 관리할지의 권한은 본인에게 있다는 고지를 받는다. 그런 고지를 계속해서 받다 보면 궁극적으로 당신은 그런 정책을 제대로 읽거나 살피지도 않고 거의 무의식적으로 '동의' 버튼을 누르거나 체크한다. 당신의 비판적인 능력은 다운되고, 사실상 포기하게 된다.

이런 현실을 추궁하면 규제 기관은 알림의 불필요성과 만연한 개인정보 수집 활동에서 실질적인 선택의 여지는 없음을 인정한다. 백악관 산하 프라이버시와 시민권 감독위원회는 사람들이 오랫동안 기다려 온 프라이버시와 감시에 대한 보고서에서 이런 점을 인식했다.[21] 빅데이터에 관한 2014년 보고서에서 미 대통령 직속 과학기술자문위원회PCAST도 "고지와 동의의 프레임워크는 또한 유용한 정책 기반으로서 그 실효를 잃어가고 있다."라고 관리 원칙을 반박했다.[22] 심지어 그런 개념을 처음 제안했던 연방거래위원회도 고지와 선택의 한계를 깨달았다.[23] 그처럼 고지와 선택의 방식이 우리가 요구하는 만큼 작동할 수 없음에도 불구하고, '이용자 관리'라는 개념은 마치 주문처럼 유지되고 있다.

나는 관리의 개념을 경시하는 게 아니다. 오히려 관리는 필수다. 2015년에 나온 퓨 연구센터의 조사에 따르면 응답자의 93%가 개인정보에 대한 접근 여부를 당사자가 관리하는 것이 중요하다고 생각하며, 90%는 수집되는 개인정보의 유형에 관심이 크다고 답했다.[24] 문제는 규제 시스템이 사람들의 관리 능력을 마치 무한한 자원인 것처럼 취급한다는 점이다. 이것은 우리가 겪는 비밀번호 문제와 어느 정도 비슷하다. 우리는 비밀번호 몇 개는 기억할 수 있지만, 수십 수백 개를 모두 기억하기란 거의 불가능하다. 개인정보에 대한 본인의 관리 권한은 기업과 입법자들이 이를 남용하도록 방치할 수 없는 매우 중요한 부분이라고 나는 주장한다. 관리 권한은 자율성을 가능케 하지만 그것이 곧 자율성은 아니다. 자율성을 높이기 위한 어떤 바람직한 프라이버시 접근법이든 사람들이 감당할 수 있을 만큼 적절한 규모의 관리와 구조적인 선택을 설정해야 한다. 관리 추구가 기업이 프라이버시를 보호하기 위한 주된 혹은 유일한 방법이 될 때 문제가 발생한다.

기업의 신뢰 의무 이행 및 정보 수집 최소화 같은 다른 목표보다 개인정보에 대한 '관리'를 우선시하는 것은 어리석은 일이다. 최악의 경우 그것은 덫이다. 심리학자 배리 슈워츠^{Barry Schwartz}는 『선택의 패러독스^{The Paradox of Choice}』에서 자율성과 선택의 자유는 인간의 핵심 가치이지만 지나치게 많은 선택과 관리는 실상 우리를 압도하고 혼란스럽게 한다고 주장한다.[25] 모리스 고델리어^{Maurice Godelier}는 '모든 형태의 동의는 동의한 쪽이 다른 쪽의 지배를 묵인함으로써 장기적인 권력 유지를 보장하는 가장 강력하고 가장 효과적인 힘'[26]으로 표현했다. 이드리스 애저리드, 알레산드로 아퀴스티, 그리고 조지 로웬스타인은 이런 개념을 연장해, 보완적인 보호막이 없는 선택 메커니즘이 소비자를 현혹시켜 실질적인 보호 대책을 제공하지 않은 채 프라이버시 우려를 잠재울 가능성이 있다고 주장한다.[27] 사람들은 개인정보에 대한 수집과 사용을 제한할 수 있는 기회가 있다는 점에 오도돼 자신들에게 힘이 있다고 오해한다. 그러나 디자인은 배후에서 사람들에게 광범위하고 잠재적으로 본인에게 유해한 접근을 실제로 계속 허용하도록 작동한다.

관리는 효과적일 때조차 프라이버시 보호 책임의 부담을, 그것을 다룰 만한 여건이나 능력이 부족한 사람들에게 전가하는 쪽으로 작동할 수 있다. 우리는 현기증이 날 정도로 많은 데이터에 포위돼 있고, 사실상 모든 거래는 우리의 개인정보를 누군가에게 공개하라고 요구한다. 개인정보의 관리를 당사자에게 일임한다는 개념은 매력적으로 들릴 수 있다. 누군들 본인의 삶에 영향을 미치는 것에 대해 더 낳은 영향력을 행사하고 싶어하지 않겠는가? 하지만 이런 힘에는 실질적인 의무가 따른다. 당신의 관리 권한을 행사하지 않는다면 당신은 위험에 빠진다. 아무런 행동도 취하지 않으면 기업은 이것을 묵인, 즉 기업이 마음대로 결정할 수 있다는 묵시적 동의로 간주한다.

당신은 아마도 페이스북의 프라이버시 설정을 바꿀 수 있다는 점을 기억할지 모른다. 그러면 아마존, 캔디 크러시 사가$^{Candy Crush Saga}$, 코타나^{Cortana}, 핏빗^{Fitbit}, 구글, 인스타그램, 넷플릭스, 스냅챗, 시리, 트위터, 집안의 스마트 TV, 로봇 진공청소기, 와이파이에 연결된 승용차 그리고 자녀의 '헬로 바비$^{Hello Barbie}$' 인형은 어떤가? 2015년의 퓨 연구센터 조사에 따르면 모바일 앱은 데이터에 접근하고 사용하기 위해 스마트폰 이용자들에게 평균 다섯 개 정도의 승인[28]을 요청하며, 그 가짓수는 235개(!) 이상까지 이를 수 있다. 사람들은 어디에 동의를 했는지 기억하는 것은 고사하고, 과연 그 모든 설정이 무엇을 뜻하는지, 어디에 있는지 파악할 수 있을까? 본인의 다른 선택과 일관성을 유지하는 것이 과연 가능하기나 할까? 아니면 이것은 내용도 모른 채 무작정 기본값 설정을 수용한다는 버튼을 눌러버리는 것으로 전락하고 말까? 그나마 이것은 시작 단계에 불과하다. 자주 그렇듯이 앱 설정과 승인 내용이 바뀌면 사람들은 다시 로그인해서 이것을 다시 바꿔야 한다. 거품을 내 헹구고 반복하듯이 당신이 사용하는 모든 온라인 서비스에 대해 평생 그렇게 해야 한다.

종합해보면 지나치게 구조화된 관리 체계의 무게는 우리를 짓눌러버릴 것이다. 우리를 당황스럽고 절망적으로 만들어 무엇에든 동의하게 한다. 기업은 우리가 프라이버시 정책을 결코 읽지 않으리라는 사실을 알기 때문에 사실상 반反프라이버시 정책이 된다. 이용자들이 대체로 설정을 바꾸지 않는다는 사실을 알기 때문에 기업은 프라이버시 관리의 기본 설정을 거의 모든 것을 허용하는 쪽으로 정해 놓는다. 당신의 기기를 추적하는 소매점에서는 그것을 원치 않는 사람들이 상점 대신 온라인에서만 옵트아웃을 할 수 있도록 해놓는다. 나중에 온라인에서 옵트아웃하는 것을 잊어버릴 가능성이 높다는 점에 착안한 것이다.[29] 관리는 필수적이지만 부족한 자원이며, 쉽게 희석된다. 이를 방해하는 디자인은 관리 시스템의 단점을 더욱 악화시킬 수 있다. 관리를 우선시하는 것은 현대의 기술 환경에 내재된 권력 불균형을 숨긴다. 프라이버시 시스템은 관리가 가장 효과적인 경우 이를 보존할 수 있는 방법을 찾고, 나머지 다른 개념은 프라이버시 친화적인 디자인으로 실현해야 한다.

규칙 2: 거짓말하지 말라

미국에서 프라이버시 법은 다양한 종류의 염탐과 게시자를 허용한다. 남의 사생활에 대한 험담, 파파라치, 염탐꾼(이들이 '공공장소에 있는' 한), 트롤 및 데이터 블랙박스 등을 허용한다. 하지만 프라이버시 법이 용납하지 않는 한 가지는 거짓말쟁이다. 사기성 표현과 누락에 대한 금지는 미국 정보보호법의 기반이다.

1990년대 중후반 인터넷이 대중화하기 시작하고, 사람들이 웹을 서핑하며 온라인에서 상업 활동에 관여하기 시작하면서 프라이버시는 명백한 우려 대상이었다. 상당한 양의 개인정보가 수집될 수 있기 때문이었다. 정보 보안은 또 다른 주요 우려사항으로, 많은 사람은 자신들의 정보가 부적절하게 이용될 수 있다는 두려움 때문에 인터넷 사용을 주저했다.

이런 맥락에서 프라이버시를 직접 다룬 법은 거의 없었다. 프라이버시의 불법행위법을 현대의 정보 수집과 사용에 적용하려던 시도는 대체로 실패했다. 산업계는 자율규제 시스템을 선호했는데, 이것은 대체로 공정정보 규정에 바탕을 둔 '고지와 선택'으로 구성돼 있었다. '고지' 부분을 만족시키기 위해 기업은 프라이버시 정책을 웹사이트, 특히 상업용 사이트에 포함시키기 시작했다. 프라이버시 정책은 보통 웹사이트의 홈페이지 하단에 놓인 링크를 이용자가 클릭하면 읽을 수 있게 돼 있었다. 이들 정책은 해당 웹사이트가 방문자의 개인정보를 수집, 사용, 공유하는 다양한 방식과 보호 대책을 설명했다. '선택' 부분에서 이용자들은 어떻게 정보가 수집되고 사용되는지, 가장 일반적으로는 '옵트아웃'의 방식으로 선택권이 주어졌다. 이는 사용자가 이런 사용에 동의하지 않겠다고 명시적으로 의사 표명을 하지 않는 한 기업은 프라이버시 정책에서 설명하는 방식대로 정보를 사용할 수 있다.

이들 프라이버시 정책은 이제 모든 웹사이트 및 앱에서 약관 혹은 때로는 타협이 불가능한 특성 때문에 '보일러플레이트^{boilerplate}(표준조항)'라고 불리면서 다루기 어려운 문서의 일부가 됐다. 웹사이트와 사용자 간의 권리와 의무를 설정하는 이 **빽빽**하고 잘 읽히지 않는 문서는 대부분의 경우 구속력이 있는 계약서로 통용된다. 전형적인 의미의 계약서가 '관련 당사자들의 견해와 합의 내용을 반영한 것'이라는 점에서 보면 이를 계약서로 보는 데는 무리가 있다. 그럼에도 기업은 사용자가 특정 웹사이트의 서비스를 이용하는 대가로 승인해야 하는 여러 내용을 '알림으로써^{informing}' 위험을 관리하는 데 이 합의문을 사용한다.

많은 프라이버시 법이 있지만 온라인에서 가장 흔히 마주치는 프라이버시 규제 수단은 계약서다. 사실상 모든 웹사이트와 모바일 앱에 계약서가 있다. 나는 이 책을 쓰기 위한 연구차 수백, 어쩌면 수천 개의 웹사이트를 방문했지만 약관과 프라이버시 정책이 없는 사이트는 하나도 보지 못한 것 같다.

프라이버시 법은 일반적으로 계약이나 프라이버시 정책, 마케팅에 대해 한 가지 간단한 규칙을 부과한다. 그것은 각 기업의 정보 규정에 대해 무슨 말이든 할 수 있지만 그것이 '사실^{truth}'이어야 한다는 것이다. '거짓말하지 말라'라는 프라이버시 법에 의하면 피해는 개인정보 수집, 이용 혹은 공개의 침입적이거나 해로운 특성때문이 아니라 타인의 감시 및 정보 관리 규정에 속아서 발생한다.

'거짓말하지 말라'는 접근법의 가장 두드러진 사례는 기만적 거래 규정에 대한 연방거래위원회 규제다. 기만적인 거래 규정은 '주어진 상황에서 합리적으로 행동하는 소비자를 오도해 소비자에게 손해를 끼치는 사칭misrepresentation, 누락omission 또는 다른 행태'[30]를 지칭한다. 연방거래위원회는 프라이버시 침해 혐의가 있을 때 주로 기만 이론에 의존한다. 연방거래위원회는 기업이 자체 프라이버시 정책을 위반하거나 정보 수집과 사용 행태를 공개하지 않았을 때 프라이버시 관련 징계를 내린다. '거짓말하지 말라'는 윤리는 공정대부법Truth in Lending Act, 그램-리치-블라일리 법(금융서비스 현대화법), 의료정보 이동성과 책임에 관한 법HIPAA 그리고 주마다 조금씩 다른 정보침해 고지 법률 등에도 나타난다. 이들은 중요한 프라이버시 관련 항목의 공개를 의무화한 법이다. 이 모든 법률 뒤에는 기업이 정보 당사자들과 프라이버시에 대해 정직해야 한다는 개념이 자리잡고 있다.

고지의 덫: 언제 고지는 무의미해지는가?

프라이버시 법은 고지를 진실 전달의 도구로 취급한다.[31] 고지는 소비자 기술 기업이 미국에서 준수해야 할 프라이버시 관련 의무 사항 중 하나다.[32] 실상 고지는 규제 기관에 매력적이다. 고지는 기업에는 거의 아무런 비용도 들지 않으면서 혁신의 이름으로 기업이 원하는 대로 실험하고 디자인할 수 있는 자유의 상당 부분을 보존할 수 있기 때문에 입법자들도 의무화된 고지를 규제 수단으로 선호한다. 고지 시스템은 이질적인 소비자 취향과도 잘 맞는다. 어떻게 개인정보를 수집하거나 사용할지에 대해 기업이 일정한 한도를 정하는 대신, 고지를 받은 고객이 기업 규정이 자신의 구미에 맞는지의 여부를 결정할 수 있다. 적어도 이론적으로는 말이다.

변호사들이 볼 때 고지가 들어갈 장소는 프라이버시 정책과 약관, '동의합니다'를 누른 것 이외에는 무시했던 빼곡하고 읽히지 않는 텍스트 속이다.

디자이너에게 약관은 '방안의 코끼리'[33] 같은 존재다. 약관의 실제 영향력을 인식할 수 있도록 환경을 구축하거나 디자인으로 표현된 이미지와 실제 내용 간의 불일치를 무시할 수 있다. 예를 들면 모바일 앱은 이용자에게 팝업 스크린으로 위치 정보를 수집한다고 고지하면서 동의할 경우 'OK' 버튼을 클릭하라고 요구할 수 있다. 아니면 아무도 읽지 않을 것을 알면서 그런 고지를 표준적인 계약서 안에 끼워 넣을 수 있다.

프라이버시 법이 디자인을 무시하면 고지는 기계적이 되고 효과가 없게 된다. 디자인은 고지를 모호하게 만들어 메시지에 대한 우리의 제한적인 이해 능력을 악용하는 데 이용될 수 있다.[34] 그럼에도 프라이버시 법은 고지를 요구할 때 여전히 유의미한 공개보다 기술적 준수를 더 우선시한다. 개인정보 침해가 발생하면 기업은 당사자들에게 그들의 개인정보가 유출됐음을 알려야 하지만, 고지 방식은 여느 편지로도 가능해서 다른 광고 전단이나 홍보 편지와 뒤섞이기 쉽다. 개봉도 되지 않고 버려질 가능성도 농후하다.

설령 고지가 팝업 창 형태로 제공된다고 해도, 우리는 워낙 팝업 광고를 많이 봐온 터라 제대로 보지도 않고 클릭해서 꺼버릴 가능성이 크다. 예컨대 영국이나 다른 유럽 국가에서 관리하는 인기 웹사이트에 간다면 이런 내용의 팝업 광고를 보게 될 가능성이 높다. "당사 서비스를 사용함으로써 귀하는 당사와 당사 제휴회사가 쿠키를 개인화 및 기타 목적을 위해 사용할 수 있다는 데 동의하는 것입니다." 이런 메시지를 처음 보는 경우에는 이 내용을 읽을 수도 있다. 심지어 복잡하고 긴 쿠키 정책을 보여주는 하이퍼링크를 클릭할 수도 있다. 하지만 얼마가 지나고 나면 이런 종류의 팝업 창은 더 이상 의미가 없다.[35]

프라이버시 정책이 쓸모가 없다는 뜻이 아니다. 이것은 기업에게 자신들의 정보 수집물을 감사하고, 위험도를 평가하고, 적절한 보호 대책을 시행하도록 강제하는 효과적인 책임 메커니즘[36]이다. 이들은 의미 있는 투명성과 규제 근거를 제공하며, 이 중 어느 것도 과거에는 존재하지 않았다. 이런 면에서 프라이버시 정책이 더 길수록 실상은 더 낫다. 이들은 단지 이용자에게 고지하는 데 썩 좋지 않을 뿐이다. '거짓말하지 말라'는 윤리의 핵심 가정은 사람들이 다른 기업이나 기관을 상대할 때 자신들이 어떤 상황과 조건에 놓이는지 온전한 지식과 확신을 갖게 해주리라는 것이다. 그러나 프라이버시 법이 디자인의 변수를 심각하게 고려하는 데 실패했기 때문에 사람들은 정보 관계에서 자주 혼동하고, 속고, 조작당한다.

규칙 3: 피해를 끼치지 말라

프라이버시 법은 구체적인concrete 피해를 찾는다. 부주의한 개인정보 수집으로 피해를 입었다고 주장하는 사람들은 해당 회사의 부주의한 정보 규정으로 인해 발생한 일정 형태(보통 재정적인)의 피해를 증명해야만 한다. 연방거래위원회법이 규정한 불공정 행위나 행태는 '소비자에게 상당한 부상을 입히거나 일으킬 것으로 여겨지는 행위'로, 소비자 당사자의 노력만으로는 합리적으로 피하기 어려우며, 그로 인해 미치는 소비자나 경쟁에 대한 혜택도 부상보다 크지 않은[37] 경우다. 스포키오 대 로빈스 소송에 대한 미국 대법원의 의견은 '구체적인' 프라이버시 부상만이 법적으로 인정받을 수 있다는 것이었다(비록 구체적인 부상이 정확히 무엇인지는 여전히 의문이다).[38] 유럽연합의 개인정보보호법은 '위법한 개인정보 처리 운영의 결과 피해를 입은'[39] 사람에게 배상 대책을 제공한다.

문제는 현대의 많은 프라이버시 문제가 특정한 법률적 제재가 필요한 유형의 '피해harm'로 간주될 수 있을 만큼 집중되거나 충격적이지도, 구체적이지도 않다는 점이다. 공개와 침해의 불법행위법은 해당 행위가 '합리적인 사람이 판단할 때 고도로 모욕적이어야offensive 한다'고 요구한다. 개인정보를 해킹 당한 사람들은 보통 그것을 회복하는 데 필요한 재정적 혹은 심지어 물리적 피해의 내용을 증명해야 하지만 그러기는 매우 어렵다. 대다수 정보침해 소송은 피해를 입증하는 데 실패했다는 이유로 기각된다.[40] 감시 피해자들은 종종 그렇게 감시당한 데 따른 일정한 형태의 부작용을 증명해야 한다. 클래퍼 대 앰네스티 인터내셔널Clapper v. Amnestry International 소송에서 미국 대법원은 정부가 자신들을 감시한다는 두려움으로 그런 감시를 회피하기 위한 대책에 돈을 지출했다는 원고의 손을 들어주지 않았다.[41] 대법원은 주장이 유효하기 위해서는 원고에게 자신들이 정부의 감시하에 있다는 단순한 추측 이상의 증거가 요구되며, 부상의 근거를 세우는 데 "가능한 미래의 부상에 관한 혐의만으로는 충분하지 않다."고 판결했다.

자신들의 프라이버시가 침해됐다고 주장하는 사람들에게 피해의 증거를 보이라고 요구하는 데는 여러 타당한 이유가 있다. 정서적 피해는 입증하기 어렵고, 어떤 이들은 과장하거나 아예 날조할지도 모른다고 법원은 의심한다. 사람들은 사소하거나 허위 프라이버시 침해의 경우에는 회복할 수 있을지 모른다. 만약 수문을 지나치게 활짝 열어버리면 법원과 행정 기관은 제기된 불만에 묻혀버릴 것이다. 그래서 법원은 피해의 수위를 11까지 올려 가장 확고하게 실현된 혹은 대니얼 솔로브 교수와 다니엘르 키츠 시트론 교수의 표현을 빌리면 가장 '사무치고 확정적인visceral and vested' 프라이버시 피해만을 인정했다.

이것은 수치스러운 일이다. 개인정보 침해 피해가 종종 막연하고 산만하거나 위험 중심이거나 확신시키기 어려운 것은 사실이다. 하지만 이들은 다 진짜다. 그럼에도 법은 신원도용이나 재정적 피해로 즉각 이어지지 않거나, 바비 던컨의 사례처럼 모두는 아니지만 일부에게 이미 알려진 무분별한 정보 공개 같은 침해의 부정적 효과를 인정하는 데 소극적이다.

프라이버시 상실로 인한 일부 부작용은 타고난 재정적 피해나 극단적인 감정적 피해보다는 오히려 경계를 정하고, 다른 사람들을 신뢰하고, 위험을 평가하는 능력을 잃어버리게 된다는 점이다. 프라이버시를 잃어버리면 우리는 누가 나를 감시할까 뒤를 경계하게 되고, 흔적을 숨기며, 자가 검열을 하게 된다. 집단 차원으로 확대하면 이러한 부담은 심각할 수 있다. 법이 프라이버시의 피해를 인정하지 않는다면 피해자는 스스로를 보호하고, 침해로부터 회복하고, 과거의 침해로 인한 미래의 피해를 막아야 하는 모든 부담을 떠안게 된다. 피해가 더해지면서 피해자가 부담해야 할 피해도 누적된다. 한편 프라이버시 피해를 초래한 이들 입장에서는 법이 프라이버시의 피해를 무시하기 때문에 그간의 행태를 바꾸거나 정보 당사자를 보호하는 데 투자할 만한 인센티브가 거의 없다.[42]

프라이버시 법의 피해 한도는 종종 피해에 관한 모순 이론을 생산한다. 프라이버시가 침해되면, 우리는 문제가 있다는 사실을 필연적으로 감지하지만, 이를 명확하고 인식 가능하며 개인의 맥락에 맞는 부상으로 쉽게 설명할 수 없다. 이처럼 실제 프라이버시 피해와 법으로 채색되는 피해 간의 불화는 우리를 코너로 내몬다. 우리가 겪은 피해를 설명하기 위해 우리는 '으스스하다 creepy' 같은 단어를 쓰는데, 처음에는 강렬하게 들리지만 법의 판단 아래에서 무너진다(왜냐하면 으스스한 느낌에 대한 법적 배상은 없기 때문이다).[43]

피해에 대한 미국 프라이버시 불법행위법의 제한적인 개념화 혹은 피해를 사실상 보장하는 불법 행위는 대부분의 현대 프라이버시 문제에 적용하는 것을 어렵게 만든다. 전용轉用, appropriation의 불법행위법은 개인정보의 매매 행위로부터 보호하도록 디자인되지 않았다. 해당 불법행위는 누군가가 '다른 사람의 이름이나 유사성을 자신만의 용도나 이익을 위해 전용하는' 경우에 발생한다. 다른 프라이버시의 불법행위도 응용 가능성이 거의 없다. 예를 들어 사적인 사실의 공표에 대한 불법행위는 누군가가 '다른 사람의 사생활에 해당하는 사안'을 (a) 합리적인 사람이라면 크게 모욕감을 느낄 수 있는 방식으로 그리고 (b) 일반 대중의 적법한 관심사가 아닌[44] 내용을 광범위하게 공개하는 경우 소송 사유가 된다고 규정한다. 기업의 개인정보 이용은 많은 경우 광범위한 공개를 동반하지 않으며, 설령 공개된다고 해도 크게 모욕적일 수 있는 정보를 포함하지 않기 때문에 이 불법행위법은 거의 유효하지 않다. 그 때문에 프라이버시의 불법행위와 관련된 소송 중 기업 차원의 개인정보 수집 및 이용으로 인해 발생한 문제를 다룬 경우는 거의 없다. 불법행위법은 개인정보 수집으로 발생한 피해와 신탁의무 위반^{breach of trust}을 제한된 맥락에서 인정하기는 하지만, 이런 피해의 이론을 온갖 미디어로 연결된 현대 사회에 맞도록 충분히 발전시키는 데는 놀라울 만큼 소극적이었다.

피해는 프라이버시 법의 주요 관심사이고 이는 정당하다. 다만 우리는 피해의 범위를 더 넓게 잡아야 하며, 피해를 완화하기 위해 다른 접근법도 고려할 필요가 있다. 신체적 피해, 정신적 고통 그리고 금전상의 손실에 초점을 맞춘 전통적 피해의 한계점은 사람들이 프라이버시를 중요시하는 여러 이유를 처음부터 제대로 포착하지 못하고 있다. 그럼에도 피해는 법정 소송을 제기할지 여부의 핵심 변수로 작용한다. 이런 우려 간에 균형을 잡는 한 가지 방법은 프라이버시 피해를 초래하는 여러 채널과 수단에 대한 조사와 검토를 강화하고, 피해가 발생하기 전에 이를 최소화하는 사전 전략을 수립하는 데 초점을 맞춰야 한다. 디자인이 중요한 것은 바로 이 대목이다.

프라이버시 청사진이 중요한 이유

프라이버시 법이 그간 무시해 온 디자인 요소를 고려 대상에 넣도록 하기 위해서는 계획이 필요하다. 무엇보다 먼저 자율규제만으로는 문제를 해결할 수 없다. 기업은 소비자 기술을 우리가 중요하게 여기는 프라이버시 가치와 적대적인 방향으로 디자인할 인센티브가 너무 많다. 더 나아가 디자인 변혁을 꾀할 시기는 지금이다. 기술의 잠금 효과가 이미 적용된 문제 많은 디자인을 바꾸기가 더 어려워지기 전에 말이다. 마지막으로 디자인에 주목하는 것은 기업이나 기관의 정보 수집, 이용 혹은 공개에 초점을 맞추는 것에 비해 뚜렷한 이점이 있다. 예를 들면 정보보호 대책을 디자인하는 것은 정보의 수집과 이용에 과중한 규제를 부과하는 방법보다 온건하고 정치적으로도 수용하기 더 쉽다. 프라이버시 법에 디자인 요소를 더하면, 그 적용을 받는 기업이나 기관은 기술의 예상 효과를 미리 검토하도록 강제하기 때문에 처음부터 피해를 더 효과적으로 예방할 수 있다. 마지막으로 프라이버시 법과 정책에서 디자인의 요소를 중시하면 프라이버시 법이 규제 일변도로 흘러 표현의 자유와 자율성을 위협하게 되는 상황을 피할 수 있다.

자율규제만으로는 충분하지 않다

몇 년 전만 해도 캘리포니아주 먼로파크에 있는 페이스북 본사의 벽에는 "빨리 움직이고 무엇이든 깨트려라Move Fast Break Things'라고 적힌 포스터가 붙어 있었다. 페이스북은 이후 슬로건을 바꿨지만 이 말은 여전히 실리콘밸리의 운영 정신으로 통한다. 어떤 대가를 치르든 혁신하라는 이런 정신 상태는 문제가 많다. 기술은 진공 상태로 존재하지 않기 때문에 기업의 혁신 집착으로 깨지는 것은 사람일 수도 있다. 그리고 어떤 기업은 그런 피해에 대한 내성이 다른 기업보다 더 크다.

프라이버시 법에 디자인 요소를 더해야 한다는 주장에 대한 핵심 반론 중 하나는 기업이 이미 자율규제를 잘하고 있기 때문에 법이 디자인 문제까지 시시콜콜하게 건드려서는 안 된다는 것이다. 많은 이는 '프라이버시 중심 디자인' 운동처럼 강력한 자율규제 노력이 이미 진행되고 있다고 주장한다. 흥미로운 점은 그런 개념을 처음 제안한 앤 커부키언은 오랫동안 강력한 프라이버시 법이 필요하다고 강조해 왔다는 사실이다. 프라이버시와 보안 관련 디자인에 초점을 맞춘 문헌은 많다.[45] 자율규제 옹호론자들은 기술이 어떻게 적용돼야 하는지에 대해 소비자에게 매력적인 기술과 상품을 만드는 데 헌신해 온 기업 당사자보다 정부가 더 더 잘 안다는 생각은 황당하기 짝이 없다고 반박하곤 한다. 업계 노력이 훌륭한 프라이버시 디자인에 필수적이라는 데는 의문의 여지가 없지만 이들만으로는 충분하지 않다.

훌륭한 프라이버시 디자인에 대한 업계 기준과 이를 뒷받침하는 학술 문헌은 정부의 규제 노력이 현실과 동떨어지지 않도록 해주는 데 필수적이다. 커부키언의 프라이버시 중심 디자인 운동, 바티야 프리드먼Batya Friedman의 가치 중시 디자인에 관한 작업, 로리 페이스 크레이너의 효과적인 고지를 위한 연구 그리고 다른 유사한 접근법은 엔지니어, 변호사, 공학자, 기업 경영진, 데이터 과학자, 그래픽 디자이너, 이용자 인터페이스 디자이너, 이용자 편의성을 높여주는 디자이너에게 큰 도움을 주고 영향을 미쳤다. 훌륭한 프라이버시 디자인에 관심이 높다면서도 그에 도움이 될 만한 자료를 찾을 수 없다고 주장하는 기업은 실상은 관심이 없거나 제대로 찾아보지 않은 것이다. 기업은 디자인을 통해 사람들의 프라이버시를 제대로 보호하겠다는 열망과 다짐이 있어야 한다. 그러한 헌신 없이는 프라이버시의 청사진은 기술적으로는 법규에 맞지만 실제로는 허점투성이의 무의미한 작업으로 전락하고 말 것이다.

그러나 업계 자체의 노력만으로는 충분치 않다. 기업은 위험은 최소화하면서 자신들의 이익에 부합하는 방향으로 디자인을 활용해야 할 강력한 (상충될 수도 있는) 인센티브가 있다. 개인정보는 업계의 연료인데, 훌륭한 디자인은 기업이 어떤 정보를 수집하고 그것을 어떻게 사용할 수 있는지를 억제할 수도 있다. 이용자를 기만할 수 있고 허점이 많은 디자인은 기업이 더 많은 정보를 수집하게 만들 수 있다. 여기에 악의적인 디자인은 종종 모호하고 때로는 완전히 숨겨져 있어서 사람들이 알아채기 어렵다는 사실을 더해 보라. 기업 입장에서 이를 악용하지 않기는 현실적으로 매우 어렵다.

나쁜 디자인은 프라이버시 침해를 알아채기 어렵게 만들 수 있다. 크리스 후프네이글은 정보 중개상이 소비자로부터 프라이버시 침해를 숨기기 위해 어떻게 디자인을 이용했는지 꼼꼼하게 기록했다. 그에 따르면 "캘리포니아주가 소매점에 대해 신용카드로 계산할 때 고객 집 주소를 물어보는 것을 금지하자 정보 중개상은 툴을 만들어 소매점이 전화번호를 물어보는 것만으로 주소정보를 얻을 수 있도록 만들었다. 전화번호를 물어보는 것이 금지되자 정보 중개상은 소매점에 우편번호를 물어보도록 부추겼는데, 이 정보 또한 고객의 집 주소를 식별하는 데 사용될 수 있었다."고 한다. 후프네이글은 "기업은 소비자의 실제 행동이 프라이버시에 대한 그들의 의견보다 더 중요하다고 말한다. 그럼에도 심지어 소비자들이 프라이버시를 중시하거나 정보를 공개하지 않겠다고 대답하는 경우에도 기업은 여러 시스템을 활용해 소비자들의 개인정보보호 시도를 무너뜨린다."[46]고 주장한다.

산업계는 기술 설계보다는 이용자 탓으로 문제를 돌리면서 아키텍처에 대한 규제를 회피해 온 오랜 이력이 있다. 미국 연방거래위원회와 프라이버시를 다룬 후프네이글의 책은 1950년대와 1960년대에 진행됐던 자동차 안전 관련 공청회에 초점을 맞추고 있다. 안전을 중시하는 설계 의무가 미칠 영향을 두려워했던 자동차업계는 "자동차 안전에 중점 투자를 하기보다는 '운전대 잡은 미치광이'가 문제이기 때문에 운전자에 관한 공공정책에 초점을 맞추려 했다."고 설명한다. 엄청나게 많은 사람이 자동차 운전대를 잡았지만 안전한 자동차 디자인은 최우선 사항이 아니었다.

오늘날의 상황은 사뭇 다르다. 약 1.6억km 당 교통사고 사망률은 1.1에 불과하다. 1966년의 5.5에 비하면 괄목할 만한 변화다. 어떤 일이 생긴 걸까? 후프네이글은 "안전에 관한 사고에 혁명이 일어났다. 안전벨트, 에어백, 그리고 중요하게는 자동 견인력 제어Automatic traction control[47] 같은 사고 회피 기술이 나왔다."고 설명한다. 더 나아진 교통안전 규제, 음주운전 금지법, 단계적 운전면허 같은 정책 차원의 개선도 한 변수였다. 물론 사람들은 합리적으로 운전해야 한다. 하지만 후프네이글이 썼듯이 "대화는 더 이상 '운전대를 잡은 미치광이'를 탓하는 데서 끝나지 않는다. 공공정책이 개별 운전자를 탓하는 대신 자동차 산업의 구조와 안전성에 초점을 맞췄기 때문에 수십만 명이 목숨을 건진다." 그리고 이런 변화는 적어도 부분적으로는 자동차 제조업체에게 더 안전한 디자인을 채용하도록 유도한 소송, 규제 및 벌금(요약하면 규칙과 법 집행) 등으로 인해 발생한다.

자동차 회사가 운전자를 탓하던 방식은 지금 기술 기업이 관리의 환상을 지렛대로 삼아 기술 이용자를 탓하는 것과 유사하다. 일부 기업은 "결국 '동의합니다'라고 클릭한 사람은 당신이잖아요. 그러면 우리의 정보 수집 규정에 당신이 동의했다고 판단하는 외에 다른 무슨 해석이 가능하죠? 꼼꼼하게 알려드렸잖아요."라고 주장한다.

그러나 소비자는 여러 유형의 유해한 디자인을 찾아내어 해당 기업에 책임을 물을 수 있을 만한 위치에 있지 못하다. 애플의 앱 스토어에서 모바일 앱을 내려받을 때, 당신은 해당 앱이 합리적인 정보보안을 제공하는지 또는 이용자 인터페이스가 필요 이상으로 더 많은 정보를 공개하도록 조작하는 방향으로 디자인됐는지 어떻게 알 수 있는가? 다른 한편 프라이버시를 더 보호해 주는 대안 디자인은 어떤 양상일지 파악할 수 있는가? 어느 한 모바일앱만 문제가 된다면 경계심을 가질 수 있지만 모든 기술에 대해 그럴 능력은 없다. 프라이버시 디자인상의 문제는 대부분 금방 식별할 수 있는 게 아니다. 그런 문제를 발견하는 데는 많은 시간과 노력, 집중력이 요구된다. 우리는 모두 우리의 프라이버시를 보호하는 수준에서 한 발 더 나가야 할 의무가 있다.

나는 이러한 문제를 연구하는 것을 생업으로 (그리고 재미로!) 삼고 있지만, 그럼에도 내가 매일같이 사용하는 기술 디자인 선택에 포함된 문제를 미처 보지 못하고 지나칠 때가 많다. 나는 이런 문제에 신경을 쓰며, 어떤 개인정보를 얼마나 공개할지 늘 의식하려 애쓴다. 그럼에도 얼마 전 내 휴대폰의 운영체제를 업데이트하라는 메시지를 받았을 때, 나는 '약관에 동의합니다'를 그보다 더 빨리 클릭할 수 없었다. 이들 약관은 보통 50페이지가 넘는 게 흔하다![48] 기업이 표준적인 법률 문구로 빼곡한 약관을 내세워 이용자에게 프라이버시 침입적인 규정에 동의하라고 요구할 때, 이들은 우리의 시간, 자원 및 자율성을 모욕하는 것이다. 잘 기능하는 시장 구조에서 어느 누구의 개인정보도 교묘한 속임수를 통해 추출돼서는 안 된다.

비록 많은 기술 기업이 공식적으로는 개인의 프라이버시를 배려하고 보호하는 기술과 규정을 서약했지만, 디지털 생태계는 방대하고 다양하다. 자율규제에 대한 동기도 기업마다 스펙트럼이 매우 넓다. 대기업은 먼 미래를 내다본 계획을 짜며, 장기간의 지속 가능성을 소비자의 선의에 의존한다. 하지만 그보다 작은 신생기업은 디자인을 조작해 가능한 한 많은 정보를 수집해야 할 동기가 크다. 닐 포스트먼의 비유에 내가 조금 덧붙인다면 일종의 디지털판 노천 채굴인 셈이다. 부도덕한 소규모 기업은 단기간 이익을 꾀하기 위해 앱 시장과 인공지능 기술 같은 적법하고 인기 있는 플랫폼을 악용할 수 있다. 예를 들면 2015년 10월 애플은 자사의 정책을 위반하고, 널리 사용되는 광고 네트워크의 꼭두각시로 작동하면서 계정 이름, 이용자 ID, 이메일 주소 같은 개인정보를 빼내는 250개의 앱을 찾아내 앱 스토어에서 퇴출시켰다.[49] 1장에서 언급한 바 있는 구체적인 명분도 없이 단지 그럴 수 있다는 이유로 위치 정보를 수집한 손전등 앱의 경우를 떠올려보자. '앵그리 버드 Angry Birds'와 낱말놀이 게임인 '워즈 위드 프렌즈Words with Friends' 등 인기 앱 조차 프라이버시 감시 기구로부터 감시 기능과 개인정보 수집을 목표로 한 침입적 디자인이라며 낮은 점수를 받았다.[50]

제대로 기반이 잡히고 널리 신뢰받는 기업도 종종 일을 망치고, 정보 수집을 부추기는 쪽으로 설계를 결정하는 실수를 저지른다. 컴퓨터 제조 기업인 레노버Lenovo는 보안 취약점을 만드는 멀웨어와 은폐된 감시 소프트웨어(히든웨어hiddenware라고 부른다)를 미리 탑재한다는 점이 드러나 비판을 받았다.[51] 구글의 악명 높은 버즈Buzz 소프트웨어는 다른 사람들이 해당 이용자가 가장 빈번하게 이메일을 보낸 연락처 정보를 볼 수 있게 했다.[52] 가능한 한 많은 정보를 수집하려는 인센티브는 최소한의 저항으로 개인정보를 뽑아낼 수 있는 디자인을 사용하는 능력과 일치한다.

마지막으로 프라이버시 디자인을 전적으로 자율규제에만 맡기는 것은 개인 이용자와 이들의 정보를 수집하는 기업 간에 신뢰를 쌓는 최선의 방안이 아니다. 3장에서 논의하겠지만 신뢰는 기술과 프라이버시의 핵심이다. 신뢰가 없으면 사람들은 해당 기술을 사용할 수 없고 사용하지 않을 것이다. 자율규제 노력은 신뢰를 쌓기 위한 일부에 지나지 않는다. 이용자는 기업의 약속이 법률적 규칙으로 뒷받침된다는 사실을 알 때 안전하다고 느낄 것이다.

자율규제는 프라이버시 퍼즐의 중요한 조각이지만 산업계가 알아서 하도록 수수방관해서는 안 된다. 물론 어떤 분야에 개입하는 것이 다른 분야보다 더 중요할 수 있지만, 디자인에 대해 아무런 개입도 하지 않을 경우 우리 모두를 위험에 몰아넣을 수 있다. 대신 정책입안자들은 공동 규제 접근법을 쓸 필요가 있다. 해당 업계, 프라이버시 운동가, 학계 등의 전문성과 지식을 활용해 어디에 경계선을 긋고 어떤 목표를 세울지 청사진을 만들되, 적절한 보호 대책이 강구되는 한 프라이버시 디자인을 가능한 한 자유롭게 풀어줘야 할 것이다.

청사진이 시급한 것은 잠금 효과 때문이다

지금 내리는 결정은 앞으로도 오랫동안 우리의 프라이버시에 영향을 미칠 것이기 때문에 프라이버시 중심 디자인의 청사진은 시급하다. 일단 정보 기술의 기본 디자인이 설정되면 우리는 한동안 거기에 묶일 수밖에 없다. 이런 현상은 때때로 잠금 현상 또는 경로 의존성path dependency으로 불린다. 잠금 현상은 기존 기술에서 다른 기술로 옮겨 타는 데 소요되는 비용이 기존 기술에 안주하는 비용보다 큰 경우에 일어난다. 예를 들면 인터넷 통신을 가능하게 해주는 전송 제어 프로토콜/인터넷 프로토콜TCP/IP의 경우처럼, 그에 의존하는 다른 기술 상품이나 서비스가 많은 기술을 바꾸기는 매우 어렵다. 잠금 효과는 어디에나 있다. 나중에 디자이너나 엔지니어와 대화할 기회가 있거든 현재의 쿼티QWERTY 키보드 디자인이나 미국 가정의 표준 전압, 혹은 모두 지상으로 나와 있는 전력선을 바꿔야 한다고 제안해보라. 십중팔구 황당무계하다는 너털웃음을 만나게 될 것이다. 이들 디자인 중 어느 것도 최적화된 것은 아니지만 이미 너무나 익숙해져서 이를 고치기는 거의 불가능할 것이다.

프라이버시 디자인 부문의 잠금 효과가 특히 걱정스러운 것은 두 가지 이유 때문이다. 첫째, 기술이 우리에게 장기간 어떤 영향을 미칠지에 대해 개별 디자이너가 지나치게 많은 권력을 갖고 있다. 재런 러니어Jaron Lanier는 "소수 엔지니어 그룹만으로도 인간 경험의 미래 전체를 놀랄 만한 속도로 바꿀 수 있는 기술을 개발하는 것이 가능하다. 따라서 인간과 기술의 관계에 대한 긴요한 논쟁은 그처럼 직접적인 조작 체계가 디자인되기 전에 일어나야 한다."고 주장한다. 법은 권력 집중에 특히 관심을 갖고 시민권, 소비자 보호, 지적재산권, 반독점 등의 사안이 연계된 분야의 위험을 줄이는 데 노력을 기울인다. 우리는 많은 사람에게 영향을 미칠 수 있는 개별 결정에 주목해야 한다. '정보기술의 운명적이고 심란한 대목은 때때로 특정 디자인 틈새를 메울 목적으로 나왔다가 일단 적용되고 나면 수정 불가능한 것으로 판명된다는 점'이라고 러니어는 덧붙인다.

둘째, 잠금 효과가 우려스러운 것은 특정 디자인 선택이 최선이 아니거나 프라이버시 보호를 위해 개선될 수 있는 경우에도 그 영향은 여전히 남기 때문이다. 현재 우리가 묶여 있는 그리고 프라이버시에 영향을 미치는 모든 디자인 선택을 생각해보자. 인터넷이 아직 초창기이던 시절에 도메인 이름 체계는 기능상 인터넷의 전화번호 구실을 하면서 인터넷 프로토콜의 주소를 대체했다. 이것은 더없이 유용했다. 208.93.170.15 대신 www.WebMD.com 이라는 주소^{URL}는 사람들이 기억하기에 훨씬 더 쉽다. 하지만 도메인 이름과 관련 URL은 우리가 즐겨 찾는 웹사이트 유형, 검색어와 우리가 찾아보고 읽는 웹페이지의 구체적 내용 등을 드러낸다. 모든 스마트폰과 태블릿은 카메라와 GPS 기능을 갖추고 있다. 전자책 단말기 소프트웨어는 고등 감시 장비로 우리의 상세한 독서 습관을 제조회사와 출판사로 보낸다. 표적 광고 네트워크는 그 정확도와 효과를 높이기 위해 개인정보에 의존하는 것은 물론 사람들의 컴퓨터로 멀웨어를 심기까지 하는데, 이제는 인터넷 생태계의 수많은 기업이 표준으로 삼는 비즈니스 모델로 자리잡았다. 이선 주커먼^{Ethan Zuckerman}은 광고를 '인터넷의 원죄'[53]라고 불렀는데, 그는 새로운 매출 모델이 나올 것이라고 낙관하지만 문제의 잠금 효과는 극복하기 어려울 것이다.

잠금 효과는 처음부터 인터넷의 골칫거리였다. 분산 컴퓨팅 분야에서 획기적 업적을 쌓고 여러 인터넷 개발 주역의 멘토 노릇을 해 '인터넷의 할아버지'로 불리는 데이브 파버^{Dave Farber}는 인터넷 디자인이 근본적으로 취약하지만 우리는 대체로 그런 환경에 묶여 있다고 지적했다. 파버는 또한 "네트워크는 보안성을 목적으로 만들어지지 않았다. 인터넷은 일종의 실험이었다는 점을 기억해야 한다. 보안 우려를 빼더라도 인터넷을 구축하는 일은 충분히 어려웠다. 우리는 처음부터 몇몇 심각한 오류가 있음을 알았다. 하지만 그것은 여느 시스템과 같다. 일단 기반 작업을 마치고 나면 그것을 바꿀 수 있는 기회는 거의 없다."[54]고 말했다.

잠금 효과는 기술 공동체의 다양성 부족 때문에 더욱 악화된다. 사람들이 매일 사용하는 기술의 대부분은 백인 남성이 디자인했다.[55] 한 가지 관점만이 디자인에 내장되면 우리는 모두 빈곤해진다. 현재 기술은 오류가 많고 모두에게 통용될 수 있도록 하는 데 애를 먹고 있다. 얼굴 인식 기술이 동양계 사람들의 여권 사진을 눈을 감은 것으로 해석해 기각하는 경우[56]가 그런 사례 중 하나다. 충분히 폭넓고 다양한 관점을 반영해 기술을 개발하고 사용할 수 있기 위해서는 디자이너, 경영진, 정책 입안자들의 구성이 더 다양해져야 한다.

그럼에도 다른 기술에는 희망이 있다. 중요한 프라이버시 보호 대책을 자율주행차에 시행할 기회는 있다. 인형부터 기저귀, 냉장고와 아기 모니터에 이르기까지 온갖 기기를 모조리 인터넷에 연결할 필요는 없다. 지문 감지기와 얼굴 인식 같은 생체 기술은 아직 선택해야 할 인증 방식 중 하나로 자리잡지는 않았다(하지만 빠르게 확산되고 있다). 이용자 인터페이스 같은 기존 기술도 더 향상될 여지가 있다. 우리가 뚜렷한 목적을 갖고 현명하게 행동한다면 오랫동안 우리를 묶어놓을 이런 기술의 디자인을 바람직한 방향으로 이끌 수 있다.

디자인이 제공하는 보호는 미온적일 수 있고 이는 좋은 일이다

먼저 분명히 해둘 점이 있다. 디자인은 만병통치약이 아니다. 구조적 제한은 유해한 행태를 예방하지는 못하고 줄여줄 뿐이다. 예를 들면 스냅챗이 응용 프로그램 인터페이스API를 수정해 다른 앱이 스냅챗을 통해 공유하는 사진을 저장하지 못하게 한다고 해도 사람들이 이미지를 어떤 식으로든 저장하는 행위를 완전히 막지는 못할 것이다. 사람들은 여전히 전화기의 스크린샷 캡처 기능이나 다른 카메라를 써서 이미지를 포착할 수 있다. 하지만 외부 앱의 도움 없이는 스냅챗의 이미지를 대규모로 저장하는 일은 훨씬 더 어려워져 많은 시간과 노력을 요구할 것이다.

이런 방식으로 디자인은 미온적이나마 프라이버시 보호 기능을 수행할 수 있다. 그러한 보호의 가치는 기술적 자유와 프라이버시를 동시에 옹호하는 운동가와 입법자에게 별로 인상적이지 못할 수 있다. 프라이버시 운동가들은 상대적으로 허약하거나 불완전한 프라이버시 보호대책에 대해 '물타기'를 했다고 보는 반면, 프라이버시 규제를 비판하는 이들은 완전한 보호가 불가능한 것을 해당 법이 정당화될 수 없는 증거로 내세운다. 예를 들면 많은 사람이 '온라인 지우개Online Eraser' 법으로 알려진 캘리포니아주의 SB 568을 비판했다. 2015년에 제정된 이 법의 여러 조항 중 하나는 18세 이하의 거주자에 대해서는 사이트와 네트워크의 등록 사용자로 온라인이나 모바일 앱에 올린 본인의 개인정보를 삭제할 수 있는 권리를 제한적으로 보장한다. 이 법의 한 가지 효과는 소셜미디어 기업에 캘리포니아의 청소년들에게 '삭제' 기능이 있음을 명확히 알리도록 한 일[57]이다. 이 법은 온라인 소셜 기술에 대해 최소한의 요구 사항을 설정했다는 점에서 일종의 간접적인 디자인 규제로 작용했다.

SB 568은 과보호라는 일부의 비판을 샀다. 이들은 다른 사람들과 공유할 목적으로 올린 소셜미디어 포스트에 프라이버시 문제가 있다고 보지 않았다. 상업적, 기술적 혁신을 옹호하는 이들은 이 법이 존재 가치를 정당화할 수 있을 만큼 효과적이지 않다고 주장했다. 일부 프라이버시 운동가들은 법이 다른 사람들이 재포스팅한 글은 제외하는 등 예외 조항을 둔 탓에 10대를 제대로 보호하기에는 너무 제한적이라고 비판했다. 삭제 권리를 미성년자에 대한 제3자의 포스팅까지 연장하는 데 실패함으로써, 많은 종류의 유해한 포스트, 이를테면 가십과 희롱 게시물은 법의 범위를 벗어나게 됐다는 것이다. 해도 욕을 먹고 안 해도 욕을 먹는 처지였다.

이와 같은 이중적 비판은 현대의 프라이버시 논의에 자주 등장한다. 그 결과 사회적으로 공유되는 정보에 대한 미온적 프라이버시 보호의 가치는 종종 간과된다. SB 568의 한계는 표현의 자유 원칙을 존중하는 한편, 사용자들에게 아무도 남들과 공유할 만큼 흥미롭다고 보지 않는 문제성 공개 포스트를 지울 수 있는 선택권을 부여하는 문제를 상징한다.

사회적으로 공유된 정보에 '불충분한weak' 보호일 뿐이라는 평가절하는 오해다. 이런 보호에 대한 비판은 다른 사람들과 공유한 정보를 보호하려는 것은 무의미하거나 불필요하다는 오해에 기반한 것이기 십상이다. 하지만 서로 신뢰하는 관계에서 정보를 공유하거나, 아무런 피해의 위험도 없는 정보를 올리는 것은 그것을 의도적으로 모두에게 공개하는 것과는 다르다. 입법자들은 내밀한 비밀과 우리가 스스로를 가장 널리 알리는 내용 사이의 중간지대에 더 초점을 맞춰야 한다.

온건하고 점진적인 프라이버시 보호는 완전히 사적이지도, 그렇다고 완전히 공적이지도 않은 정보를 보호하는 동시에 표현의 자유, 혁신, 투명성 및 보안 같은 경쟁 가치와 균형을 이루는 가장 효과적인 방법인지도 모른다. 만약 우리가 프라이버시를 절대적으로 보호하고자 한다면 그것은 다른 경쟁 가치와 공존할 수 없다. 많은 맥락에서 적당한 보호는 더 큰 법률적 체제 안에서 더 잘 맞을 수 있다. 예를 들면 유럽연합의 이른바 '잊혀질 권리'는 본래 검색엔진에서 특정한 정보를 제외하는 것이었지 콘텐츠의 최초 호스트에서 완전히 정보를 삭제하는 것은 아니었다. 그 때문에 웹사이트는 여전히 접속할 수 있지만 검색은 되지 않는다. 표현의 자유와 프라이버시의 이해 사이에서 상대적 균형을 잡는 셈이다.

온건한 보호의 점진적 효과는 매우 강력할 수 있다. 디지털 시대에는 더 세분되고, 다양하며 맥락에 맞는 프라이버시의 개념화가 절실하다. 온건한 디자인 보호는 전체가 아닌 일부에만 공개된 정보에 대해 다양한 스펙트럼의 구제 대책을 제공함으로써 이런 요구를 충족시킬 수 있다.

디자인은 모두에게 영향을 미친다

디자인이 만병통치약은 아니지만 활동을 제한하는 법이나 약관 혹은 조직의 정책보다 더 효과적일 수 있다. 디자인은 모든 사용자에게 영향을 미친다. 모두가 약관을 읽거나 프라이버시 법을 아는 것은 아니지만 앱을 사용하는 모든 사람이 기술의 제약에 고민해봐야 한다.

프라이버시의 위협은 약관과 프라이버시 법에 묶이지 않거나 그를 무시하는 세력으로부터 나올 수 있다. 예컨대 온라인 괴롭힘을 막기 위해 디자인된 규칙과 합의, 가이드라인이 부적절한 행태를 억제하기에 충분하다면 얼마나 좋겠는가? 하지만 현실은 허망한 바람일 뿐이다. 범법자를 늘 쉽게 단념시키는 것은 아니다. 때로 이런 접근법은 마치 이쑤시개로 탱크에 맞서는 것처럼 무모하다. 해커를 생각해보자. 실질적으로 말해서 포괄적으로 표현된 미국의 컴퓨터 사기 및 남용 방지법Computer Fraud and Abuse Act은 악의적인 해커를 가장 효과적으로 방지할 수 있는 수단은 아닐 것이다. 그보다는 프로세스와 디자인을 통해 건전한 데이터 보안과 개인정보 수집의 최소화를 장려하는 규칙과 상업적 동기가 더 효과적으로 우리를 보호해 준다. 여러 전략 중에서도 건전한 데이터 보안은 외부에서 시도되는 해킹과 내부 엿보기 snooping에 필요한 비용을 높인다. 수집 관리하는 데이터의 양과 이를 처리하는 데 필요한 기술 사양을 최소화하면 해킹이나 엿보기로 유출될 수 있는 데이터 양도 그만큼 줄어든다. 달리 말하면 처음부터 적절한 디자인을 적용하면 규칙의 부재를 보완해 주어진 맥락에서 관련 기관이나 사람이 입을 수 있는 피해를 제한할 수 있다.

디자인은 사람의 행태에 대규모로 영향을 미칠 수 있는 힘이 있기 때문에 프라이버시 보호 체계의 중요한 부분이라고 (혹은 최소한 그래야 한다고) 연구자들은 오랫동안 주장해 왔다. 줄리 코엔은 어떤 행위를 처리하기 위한 대피처로서의 프라이버시는 물리적 공간과 네트워크로 연결된 아키텍처의 구조적 차원에 의존한다고 주장한다.[58] 미레이유 힐데브란트Mireille Hildebrandt는 '법률적 보호 중심의 디자인legal protection by design'은 데이터 중심의 디지털 기술이 우리 삶과 행태의 규칙을 지배한다는 점을 고려해 디자인 과정에 대한 민주적 참여를 포함해야 한다고 주장한다.[59] 1990년대 조엘 라이덴버그Joel R. Reidenberg는 공정한 데이터 보호 규칙은 프라이버시 정책과 공존하는 기술적 디자인 메커니즘을 통해 그 실효를 거둘 수 있다고 주장했다. 그는 "기술적 능력과 시스템 디자인에 관한 선택은 참가자들에게 일정 규칙을 요구한다. 정보 정책의 입안과 시행은 네트워크 디자인과 표준뿐 아니라 시스템 설정에도 내장돼 있다. 심지어 사용자 선호도와 기술적 선택은 전체를 포괄하는 그만의 기준 규칙을 낳는다."고 지적한다.[60] 또한 '기술과 통신 네트워크에 의해 부과된 일련의 규칙은 소위 정보과학법Lex Informatica을 형성하는데 이는 정책입안자들이 이해하고, 의식적으로 인지하고, 장려해야 할 부분'이라고 제안했다.

로렌스 레식Lawrence Lessig 교수는 1990년대 후반 '코드는 법code is law'[61]이라는 개념을 유행시켰는데, 소프트웨어 코드 같은 아키텍처는 법, 규범 및 시장과 비슷하게 사람들에게 규제적 힘을 행사한다고 주장한다. 레식은 "코드는 자유민주적 혹은 자유지상주의적 이상에 최대 희망을 제시하는 동시에 최대 위협으로 작용한다. 우리는 사이버 스페이스를 우리가 가장 근본적이라고 믿는 가치를 보호하도록 건실하거나 실계하거나architect 규칙을 세울 수 있는가 하면, 그런 가치가 말살되도록 건설하거나 설계하거나 규칙을 세울 수도 있다. 중간 지대는 없다. 일정한 형태의 '건설building'이 따르지 않는 선택은 없다."고 지적했다. 학계에 큰 영향을 끼친 저서 『코드:사이버 공간의 법이론Code and Other Laws of Cyberspace』의 프라이버시 관련 장에서 레식은 공정정보 규정에 포함된 모든 개념인 우리의 데이터가 어떻게 사용 및 공유되는지, 정보 수집을 제한하고 데이터를 보호하기 위한 선택권을 제공하는 한 방법으로 기술을 선호한다고 주장했다.

디자인은 사후 반응적인 것이 아니라 선행적인 것이다

훌륭한 디자인은 피해가 발생하기 전에 프라이버시를 보호한다. 이것을 실제 행위와 피해에 초점을 맞춘 현행 프라이버시 법과 비교해보자. 법 정의에 따라 사람들은 피해 보상을 모색하기 전에 실제로 피해를 입을 때까지 기다려야 한다. 만약 선택권이 주어진다면 우리는 피해가 발생하지 않도록 예방하는 방법을 찾아야 할 것이다. 심지어 피해자들에게 보상을 하더라도 그것이 피해를 '총합적으로whole' 회복시켜 주지는 못한다. 법은 금전적 피해와 압류 등의 방법을 통해 가능한 한 정확한 피해 보상을 꾀하지만, 피해를 입은 대다수 사람들은 그런 보상보다 애초에 피해를 입지 않는 쪽을 더 선호할 것이다.

프라이버시 피해는 심지어 법으로 명백히 금지된 경우에도 제대로 해소되지 못할 때가 많다. 이유가 다양하고, 피해로 인정될 수 있는 조건이 까다롭고 가해자를 찾기가 어렵고, 설령 찾았다고 해도 국내법을 적용할 수 없는 지역이라는 등의 대목은 그 일부에 지나지 않는다. 때로 프라이버시의 피해는 심지어 피해 당사자조차 인지하지 못하기도 하지만, 그렇다고 해서 피해가 없다는 뜻은 아니다. 또 신원 도용 같은 피해는 워낙 동떨어져서 침해와 직접 연결 지을 수 없는 경우도 있다. 이 모든 정황이 복합적으로 작용하는 탓에 행위와 피해에 초점을 맞춘 '사후 반응적인reactive' 법은 침해 범죄를 억제하기에 충분할 만큼 잘 작동하지 않는다. 사람이나 기업은 자신들에게 허용된 경계를 넘어 정보를 수집하거나 공유하는 위험을 자주 감수하는데, 그렇게 선을 넘더라도 법적 제재로 이어지는 경우가 거의 없기 때문이다.

디자인 같은 선행적proactive 보호 조항을 프라이버시 법에 더하면 이런 간극을 메우는 데 도움이 될 것이다. 디자인 기반의 보호는 기업에게 합리적으로 예상되는 제3자 피해에 대한 보호 방안을 마련하도록 요구할 수 있다. 기술 사용자들은 애초에 피해자가 될 위험이 줄어들기 때문에 변호사를 고용해야 한다거나 실제 피해에 훨씬 못 미치는 시늉뿐인 보상을 걱정할 필요가 없을 것이다. 디자인이 모든 것을 할 수는 없지만 침해에 요구되는 비용을 높임으로써 범법자의 시도 자체를 억제하는 효과를 낳을 것이다.

디자인은 행위에 근거한 프라이버시 법의 압박을 줄인다

2장 앞부분에서 나는 프라이버시 법이 디자인과 같은 더 구조적인 개념에 눈길을 주는 대신, 행위와 피해에 강박적으로 집착한다고 지적한 바 있다. 프라이버시 법이 디자인을 더 중요하게 고려할 경우 기대되는 이점 하나는 전통적인 행위와 피해의 틀에 맞지 않는 프라이버시 문제를 다루기 위해 억지로 법 조항을 작위적으로 해석하거나 억지로 비틀지 않아도 된다는 점이다. 프라이버시 법의 접근법을 다변화함으로써 정책입안자들은 가장 적절한 구제 대책과 체계를 적용하는 한편, 메울 수 없는 간극 부분은 디자인을 통해 해소하도록 만들 수 있다.

예를 들어 일단 디자인이 프라이버시 법에서 중요하게 취급되면, 우리는 마침내 미국에서 프라이버시의 불법행위tort62를 구성하는 네 가지 형태, 다시 말해 사생활 영역에 대한 침입intrusion, 사적인 사실의 공개disclosure of private facts, 이름이나 초상권의 유용misappropriation of name or likeness 그리고 오해를 낳게 하는 표현이나 행위false light는 지극히 예외적인 상황에서만 유용하다는 점을 인정할 수 있다. 한 발 더 나아가 이것은 바람직한 일이라는 데 우리 모두 동의할 수 있다. 우리가 프라이버시의 불법행위에 그토록 많은 것을 걸었던 이유는 달리 대안이 없었기 때문이다. 가진 것이 망치밖에 없으면 모든 게 못처럼 보이기 마련이다. 아이러니하게도 프라이버시의 불법행위는 기존 법에 그런 프라이버시 문제를 다룰 수 있는 방안이 달리 없었기 때문이다. 그러나 네 가지 프라이버시 불법행위는 처음부터 문제를 안고 있었다. 마음 대로 풀어놓을 경우 해당 불법행위는 표현의 자유와 자율성에 심각한 위협이 될 수 있다. 닐 리처즈, 다이앤 짐머만을 비롯한 다른 학자들이 주장했듯이 네 가지 프라이버시 불법행위는 시민권, 표현의 자유, 상업 행위 및 민주주의의 이익과 경합하는 경우 상당 부분 축소됐고, 이는 타당한 것이었다.[63]

하지만 모든 프라이버시 관련 법이 축소돼서는 안 된다. 맥락과 관계없이 누군가에 관한 특정 사실에 기밀성의 특권을 부여하는 대신 신뢰의 약속과 관계에 주목하는 기밀성 위반breach of confidentiality 같은 불법행위는 아직 충분히 정교화되지 않았다. 그에 견주어 태만의 불법행위는 기술 분야의 일정한 디자인 결함을 다루는 데 인상적일 만큼 유연하고 능란하다. 5장에서 설명하겠지만 디자인은 불법행위법에서 기만적이고 가학적이고 위험한 디자인을 다루는 데 중요한 역할을 수행할 수 있다. 하지만 일반적으로 최선은 프라이버시 관련 불법행위가 방어의 제1선이 되지 않도록 하는 것이다.

프라이버시 침해의 사적인 원인은 일반적인 준수의 규칙에서 예외로 취급돼야 한다. 문제는 물론 현대의 프라이버시 피해는 예외적이지 않고 흔하다는 점이다. 그 피해는 대부분 관음증 환자들의 행태 같은 전형적인 프라이버시 피해보다는 점증적인 경우가 더 많다. 하지만 개인정보의 수집, 사용, 유포에 따른 현대의 프라이버시 피해는 지속적이고 절망스러울 만큼 일상적이다. 매일 우리는 우리의 개인정보와 관련된 수천 가지 행위에 연계된다. 수많은 작은 상처로 사망에 이르듯이, 각각의 경우를 따로 떼어보면 정보를 울려야 할 만큼 심각해 보이지 않는다. 그렇다고 하나하나를 경계하자면 수 많은 프라이버시 정책을 읽고 하루 종일 기업에 소송을 제기해야 할 판이다. 하지만 그 자잘한 내용이 한데 모이면 우리를 쉽사리 압도해 버릴 수 있다.

개인의 프라이버시 보호를 도울 수 있는 디자인 규칙을 모색함으로써, 정책 입안자들은 행위에 근거한 규칙에만 매달렸던 시각을 조정해 더 명확하고 정당한 제약을 사람들의 발언과 행위에 재조준할 수 있다. 새로운 법은 사람들의 일회적 판단 실수와 오류에는 관대하면서, 진정으로 기만적이고 가학적이고 유해한 행위에 초점을 맞출 수 있다. 우리는 잘 디자인되고 보호된 미디어의 제약 안에서 좀 더 안심하고 개인정보를 공개하고, 수집하고, 공유할 수 있을 것이다. 정보 규정과 인간적 상호작용에 이처럼 숨쉴 공간이 필요하다는 인식은 「뉴욕타임스」 대 설리번New York Times v. Sullivan 의 소송으로 시작된 1960년대 표현의 자유 운동을 일으켰고, 인간적 자유와 자율을 꽃피우는 핵심 요소다. 줄리 코엔, 어빙 고프먼Erving Goffman, 닐 리처즈와 많은 학자는 우리가 인간적으로 더 발전하려면 다른 사람들의 간섭 없이 스스로 실험하고 실수를 저지를 수 있는 공간이 필요하다고 지적해왔다. 개개인의 행동보다 구조에 주목하는 것은 개인정보의 수집, 사용, 공유와 연계된 모든 사람에게 이런 공간을 제공하는 한 방법이다.

우리는 프라이버시를 위반한 개인의 행위에 초점을 맞춘 사고 체계에 우리 자신을 묶어 왔다. 당신은 무엇을 '수집'했는가? 이 정보를 어떻게 '사용'했는가? 이 정보를 누구와 '공유'했는가? 이런 접근법으로는 수확 체감의 법칙에 맞닥뜨릴 뿐이었다. 대신 우리는 초점을 바꿔 개별화되고 행위에 기반한 프라이버시 법의 강점과 한계를 수용하면서 나머지 문제는 디자인에 맡길 수 있다.

정책에서 디자인을 고려한 바른 균형 찾기

이쯤에서 "디자인이 그처럼 중요하다면 왜 법은 그것을 무시해 왔는가?"라는 질문이 나올 법하다. 대답은 기술 중립성의 신화에만 있지 않다. 사법부와 입법자들은 과잉 개입을 꺼린다. 설계자는 무엇이 좋은 디자인인지 가장 잘 알며, 법원과 법률이 너무 많은 규제로 절차를 더디게 만들면 기업은 제품을 덜 내놓거나 더 열악한 제품을 만들게 될 것이라고 우려한다. 이런 사고방식에는 일리가 있다. 하지만 지나친 존중은 디자이너가 자신들의 전문성과 내부 지식을 남용해 소비자보다는 산업계의 이익에 봉사하는 쪽으로 치우칠 위험성이 다분하다.

프라이버시 디자인 정책이 직면한 주요 과제는 과소 규제와 과잉 규제 사이에서 최적점을 찾는 일이다. 경계가 지나치게 적으면 기술이 사람들을 기만하고, 배신하고, 악용하는 것을 막지 못한다. 지나치게 경계를 지우면 기술적 진보를 막고, 비즈니스를 질식시키며 개인의 자율성을 축소할 수 있다. 둘 사이에서 적절한 균형을 찾지 못한다면 상황은 더 악화될 것이다. 예컨대 발신자 확인Caller ID과 페이스북의 뉴스피드는 한때 프라이버시 침입적이라는 비판을 받았지만, 이제는 휴대폰과 소셜미디어에서 필수적인 기능으로 여긴다. 부담스러운 디자인 규제는 신규 기업의 시장 진출을 어렵게 만들고, 기존 기술 기업의 도산을 부추길 수 있다.

기술 디자인에 대한 과잉 규제를 조심해야 할 이유는 충분하다. 전자프론티어재단EFF 같은 시민권 옹호 기관은 기술 개발 과정에 대한 자유로운 접근을 주장하면서 기술에 대한 과잉 규제를 반대해 왔다. 혁신 옹호자들은 기술 규제에서 '예방적 원칙precautionary example'을 적용하는 데 반대해 왔다. 이것은 개발자들이 해당 기술이 사람들에게 피해를 입히지 않을 것임을 증명할 때까지 혁신적 기술을 섣불리 시행하거나 채택해서는 안 된다는 원칙이다. 혁신을 옹호하는 사람들은 때로 '허락 없는 혁신permissionless innovation'을 주장한다. 이것은 "일반적으로 신기술과 새로운 비즈니스 모델의 실험은 별도의 승인 과정 없이 기본으로 허락돼야 한다."[64]는 개념이다. 이런 개념에 대한 한 가지 해석은 일반적으로, 우리는 최악의 시나리오를 공공정책의 지침으로 삼아서는 안 된다는 것이다. 진보는 일정 수준의 피해 위험을 감수할 것을 요구한다. 디자이너는 최선의 진로라고 판단되면 그에 대한 실험을 수행할 수 있어야 하고, 실수와 실패로부터 교훈을 얻어야 한다. 만약 법규가 위험을 조금도 감수할 수 없다면 우리는 무엇이든 새로운 시도를 하지 않을 것이다. 하지만 지나치게 자주 산업계는 실험의 자유는 원하면서도 그 결과 초래될 수 있는 피해의 책임은 수용하지 않는다.[65] 따라서 일정 수준의 위험을 감수할 수 있도록 허락하는 것이 디자인 규칙에 중요하지만, 다른 한편 그런 위험과 결과적인 실패의 책임은 디자인 당사자들에게 묻는 것이 타당하다.

디자인을 제대로 고려하지 않은 법은 인간적 가치에 부정적 영향을 미칠 수 있다. 7장에서 우리는 기술 기업과 암호화 디자이너에게 정부가 암호에 접근할 수 있도록 '백도어back door'를 만들어 달라는 미국 정부의 요구에 대해 논의할 것이다. 그것은 실무적으로도 통하지 않을 뿐 아니라 이런 요구의 일부 내용은 사람들이 안전하고 보호된 통신을 위해 의존하는 인프라 자체를 불구로 만들 것이다. 보안과 프라이버시 간의 균형을 잡기는 매우 어렵지만, 막연한 국가 안보를 이유로 핵심적인 보안 체계를 허물지 않고도 우리는 해법을 찾을 수 있다.

어떤 프라이버시 디자인의 어젠다든 기업이 합리적 위험을 감수하고, 실수로부터 교훈을 얻을 수 있는 자유 그리고 사회적 규범과 시장의 힘 같은 다른 규제 압력에 책임을 지도록 충분히 보장해야 한다. 청사진은 프라이버시와 경합하는 나른 가치를 식별하고, 그와 균형을 잡아 함께 공생할 수 있는 구조도 제공해야 한다. 아무도 그것을 사용하려 하지 않거나 사용할 여력이 없는 둔중하고 무용한 기술은 아무리 프라이버시를 제대로 보호한다 하더라도 아무런 가치가 없다. 어떤 기술을 유용하고 안전하면서도 지속 가능하게 만들 수 있는 길이 있다면 우리는 그것을 장려해야 한다. 프라이버시를 보호해주는 기술 역시, 만약 그것이 표현의 자유나 재산권 보호 같은 다른 목표를 심각하게 훼손한다면 적절히 수위를 조절해야 할 것이다. 디자이너는 많은 가치 사이에서 균형을 모색할 자유가 있어야 한다.

디자인 어젠다는 위험 요소와 그 원인이 될 수 있는 악의적 행위자에 대해 폭넓은 시야를 가져야 한다. 명백한 악의적 세력은 프라이버시 법이 대상으로 삼아야 마땅하고 정상적인 표적이다. 이를테면 쌍방의 합의 없이 성행위 사진을 온라인에 올리는 질투심에 사로잡힌 전 남자친구, 드론을 띄워 당신의 집을 훔쳐보는 염탐꾼, 당신의 정보를 누구에게든 팔려는 데이터 장사꾼 혹은 당신의 클라우드 드라이브에서 사적인 사진을 내려받으려는 해커 등이 그런 경우다. 이들이 퍼즐의 중요한 조각인 것은 분명하다. 하지만 악의적인 스파이, 증오심에 사로잡힌 인터넷 트롤 및 비윤리적인 기관에 더해 선의적인 사람과 일반적으로 평판이 좋은 기업도 우발적으로 다른 사람들의 프라이버시를 극적으로 혹은 점증적인 방식으로 위험에 몰아넣기도 한다. 프라이버시 법은 악의적인 프라이버시 위협뿐 아니라 우발적인 사고를 취급하는 적절한 방법을 찾아야 한다. 외설적인 폭로가 모든 헤드라인을 장악하지만 우리의 프라이버시에 가장 흔한 위협은 무해한 것처럼 조금씩 조금씩 일어난다. 그리고 당신 자신보다 당신의 개인정보를 더 많이 공개하는 사람은 없다. 현행 프라이버시 법은 우리가 최선의 상황에서조차 우리 자신의 가장 큰 적인 경우가 많다는 사실에 대해서도 가차없는 법의 잣대를 들이밀 수 있다.

이 중 어느 것도 진공 상태에서 벌어지지 않는다. 일정한 맥락에서 벌어진다. 사람들은 온라인 미디어가 조성한 환경에서 더 많은 개인정보를 추출

144

하고, 사용하고, 공유할 수 있도록 디자인된 기술을 사용해 서로 관계를 맺고 정보를 주고받는다. 때로 이들 기술은 훌륭하다. 그런 경우 입법자와 법원은 디자인보다는 행위에 초점을 맞추고 싶어할 것이다. 예를 들면 우리는 단지 카메라가 사적인 순간을 포착하는 데 사용될 수 있다는 이유로 이를 완전히 금지해서는 안 된다. 그럼에도 비탐지 스파이웨어 같은 일부 기술은 혜택보다는 해악이 더 크다.

프라이버시 청사진이 필요한 가장 큰 이유는 아마도 우리가 이미 목적지의 절반에 이르렀기 때문일 것이다. 설령 정책입안자들이 디자인을 심각하게 받아들이기로 결정한다고 해도, 이들은 처음부터 새로 시작해야 한다거나 자기 자신들의 전문성에 의존할 필요가 없다. 건전한 프라이버시 디자인에 최적화된 강건하고 지속 가능한 원칙이 이미 존재한다. 기술적 디자인을 지렛대로 삼아 우리의 프라이버시를 보호하겠다며 축적해온 노하우를 간과해서는 안 될 것이다. 더욱이 법은 오랫동안 기술 디자인의 다양한 측면을 규제해 왔다. 다른 분야의 디자인 규제로부터 배운 교훈은 이 책에서 제안한 디자인의 청사진에 좋은 참고가 됐다.

디자인 한계

나는 비록 프라이버시 법에 디자인 어젠다를 반영해야 한다고 주장하지만 2부에서 제안하는 청사진은 프라이버시 법의 모든 차원을 포괄하려는 의도는 아니다. 개인이나 기관의 가입, 데이터 및 감시 규정을 둘러싼 기존의 규칙은 지속 가능한 사회를 위해 여전히 육성될 필요가 있다. 훔쳐보기, 공유, 저장, 분류에 따른 벌금과 법적 책임은 과거 그 어느 때만큼이나 중요하다. 유럽의 새로운 프라이버시 법인 일반개인정보보호법 그리고 미국 연방거래위원회와 주 정부의 검찰의 강화된 프라이버시 보호 대책은 내가 이 책에서 제안하는 정책 개혁을 보완하고 강화한다. 이 책에서 지적하는 프라이버시 규칙에 대한 비판은 그것이 대체로 디자인의 간극을 악화하는 부분에 국한된다. 예를 들면 데이터 수집 규정과 감시 기술의 사용을 정당화하는 동의에만 주목하는 법은 디자인이 사실은 그 법의 본래 목표를 도리어 방해할 수 있다는 점을 간과한다. 프라이버시 법의 초점을 확장함으로써 전체 시스템은 더 잘 기능할 수 있다.

또한 내가 이 책에서 제안하는 여러 정책 개혁안은 국가 안보와 언론의 자유 같이 때로는 경쟁적인 이해 관계와 공존해야 한다. 예를 들면 미국의 수정헌법 제1조는 표현의 자유를 보장하는 강건한 전통을 정립했다. 강력한 프라이버시 법을 가진 다른 나라도 표현의 자유를 침해할 수 있다는 한계를 인정한다. 이런 논쟁의 많은 부분은 컴퓨터 코드와 표현의 자유 간의 관계에 대해 그리고 허용 가능한 개입 수준을 둘러싼 오랜 논의에 대해 어려운 질문을 던지지만 그것은 이 책의 범위를 넘어선다. 하지만 나는 복수의 목표 사이에서 균형을 잡아야만 하는 시스템 안에서 프라이버시 법을 개혁하는 데는 적지 않은 비용과 한계가 있다는 점을 인식한다.

전자프론티어 그늘에 숨은 디자인 규제의 한 역사

지금으로부터 20여년 전인 1996년 2월 8일, 전자프론티어재단의 설립자인 존 페리 발로우John Perry Barlow는 '사이버스페이스 독립 선언문'이라는 유명한 편지를 썼다. 더 낫고 더 정의로운 사회를 꿈꾸는 수백만 네티즌들에게 영감을 불어넣고 이들의 상상력을 포착한 선언문은 이처럼 품격 있는 서문으로 시작한다. "산업세계의 정권들, 네 살덩이와 쇳덩이의 지겨운 괴물아. 나는 마음Mind의 새 고향 사이버 스페이스에서 왔노라. 미래의 이름으로 네 과거의 망령에게 명하노니 우리를 건드리지 마라. 너희는 환영받지 못한다. 네게

는 우리 영토를 통치할 권한이 없다."⁶⁶

발로우의 선언문은 1996년 전기통신법의 제정에 대한 반응이었다. 여기에
는 잘못되고 대체로 비헌법적인 통신품위법CDA, Communications Decency Act이 포
함됐는데, 이 법의 의도는 인터넷에서 '음란하고 외설적인 정보(예. 누드 사진
이나 자료)'를 제거하겠다는 것이었다.⁶⁷ 이 법은 과욕이었다는 정도로 해두
자. 수정헌법 제1조와 충돌한 소송에서 미국 대법원은 CDA가 헌법에 위배
된다고 판결하면서도 페이스북과 유튜브 같은 중개자intermediary는 제3자가
중개자의 사이트에 올린 콘텐츠에 대한 책임으로부터 면책된다는 한 가지
결정적인 조항은 수용했다. 레노 대 ACLUReno v. ACLU 소송에 대한 대법원의
의견은 정보 기술 디자인에 대한 방임적 접근을 유도했고, 이는 당연한 듯
굳어졌다.

대법원 및 거의 모든 정부 기관은 인터넷의 혁명적 속성을 인정했다. 타당한
이유로 이들은 인터넷 디자인에 대한 개입을 최소화하면서 그 잠재력이 실
현되도록 도왔다. 이들의 인식은 아직 규제를 가하기에는 초기 단계의 인터
넷이 너무 연약하다는 것이었고, 정부가 자칫 얽혔다가는 인터넷을 파탄 낼
수도 있다는 것이었다. 이런 전략은 제대로 결실을 맺었고, 인터넷은 이제
사회의 필요불가결한 부분이 됐다.

그러나 인터넷과 인터넷을 사용한 대부분의 기술은 더 이상 유아기에 있
지 않다. 진정으로 새로운 기술조차 표면적으로 인식하는 것보다 더 회복력
이 크고 강건하다. 그럼에도 어떤 형태의 정부 개입이든 기술을 파탄 낼 수
있다는 인식은 여전하다. 많은 점에서 법이 정보기술 디자인에 시시콜콜하
게 개입하지 않는 것은 바람직한 일이다. 하지만 우리는 디자인 관련 법이
혁신과 인간적 번영에 저주와도 같다는 인식은 버려야 한다. 디자인은 매우
오랫동안 많은 법률 체계의 핵심적 지위를 차지해 왔다.

1960년대 이후 제조물 책임product liability에 관한 법은 비합리적으로 위험한 제조물의 제작과 디자인을 금지해 왔다. 자동차, 의약품, 담배, 스포츠용품, 산업용 기계 및 석면 같은 위험 물질의 제조사에 얽힌 소송 사례는 많다. 계약, 부주의 그리고 엄격한 책임성의 이론에 따라 기업은 비합리적으로 위험한 디자인, 불충분한 설명이나 경고, 특정 목적에 적합한 묵시적 보증의 위배 및 피해를 초래한 부주의 등에 대해 책임을 져야 한다.[68]

식약청FDA과 연방항공청FAA 같은 규제 기관은 의료 장비와 항공기의 디자인에 대한 지침을 담은 엄격한 체계를 갖추고 있다.[69] 고속도로교통안전청NHTSA은 자동차가 안전하게 디자인되도록 규제를 담당한다.[70] 연방기관은 라우터, 신호 증폭기, 안테나, 전화기, 많은 유형의 통신 장비와 관련된 여러 규칙을 만들었다. 투표 집계기의 디자인도 규제 대상이다. 이 책에서 자주 강조하겠지만 연방거래위원회와 유럽정보보호국EDPA은 고지와 정보 보안, 사용자 인터페이스의 디자인에 경계를 짓는 문제, 감시 기술의 설정 및 개인 정보를 처리하고 저장하는 시스템의 보호 기준 등을 놓고 디자인 요소를 적극 고려하기 시작했다.

구체적이고 특정한 법규도 구조와 사물의 디자인을 규제하고 있다. 여기에는 헌법적 권리와 연계된 요소도 포함된다. 예를 들면 '비탐지 무기 제한법Undetectale Firearms Act'은 금속탐지기에 걸릴 수 있을 만한 양의 금속을 총기류에 추가하도록 규정하고 있다. 각 주에서는 종합적인 건축법을 통해 특정한 디자인 기준과 제한을 두고 있다. 이들 법은 일정한 방식으로 디자인 문제를 취급하는 규제적 시스템의 극히 일부에 지나지 않는다.

학자들은 가치를 높이고 피해를 예방하기 위해 법이 디자인을 포용할 수 있는 방법을 제안했다. 예를 들면 닐 카티얄Neal Katyal은 건축 방식을 범죄 통제의 수단으로 사용할 것을 제안했다. 그는 건물 디자인과 구조 자체를 활용해 범죄를 최소화할 수 있는 여러 방법이 있다면서 건축법과 연방 차원의 화재

예방 기준을 강화해 범죄 예방에 초점을 맞춤으로써 주택 건설 프로젝트가 보안을 장려하고, 공동체 화합을 높이는 구실을 할 수 있다고 주장한다. "범죄 예방 원칙을 적용한 공공주택 건설은 다른 사회적 부작용을 줄이는 노력에 도움을 줄 수 있는데, 그에 소요되는 비용은 기존 프로젝트 비용과 엇비슷하거나 도리어 더 적을 수 있다."[71]고 카티얄은 강조한다. 이 책에 담긴 내 제안은 카티얄의 제안과 동일한 정신을 담고 있다. 바로 법은 개인적, 사회적 이익을 위해 디자인을 활용해야 한다는 것이다.

프라이버시의 청사진이 필요한 이유는 현행 접근법이 정보의 수집과 사용, 사용자 관리라는 그릇된 개념 그리고 유형有形의 피해를 찾으려는 노력 등에 지나치게 의존하고 있기 때문이다. 디자인의 자율규제는 제대로 작동하지 않는다. 정보는 워낙 가치가 높고 적절한 맥락에서 수집하기가 쉬워 프라이버시를 침식하는 디자인을 적용할 동기도 그만큼 높기 때문에 프라이버시가 침해될 위험성도 크다. 프라이버시 법을 완전히 개정할 필요는 없겠지만 좀 더 원칙에 충실한 접근법으로 프라이버시 관련 디자인의 경계를 더 명확히 지울 필요는 충분하다. 입법자들은 풍부하게 축적된 건전한 프라이버시 디자인에 관한 문헌을 지침으로 삼을 수 있을 것이다. 이미 존재하는 사물과 구조의 디자인을 규제하는 체계와 권리를 참고해 일부 아이디어를 빌려올 수도 있다. 우리는 이 모든 것을 한데 모을 필요가 있다. 2부에서 나는 프라이버시 법과 디자인 이론을 통해 정책입안자, 산업계 및 사회에서 응용할 수 있는 청사진을 제시하고자 한다.

2부

프라이버시 법을 위한
디자인 어젠다

3

디자인이 지닌 프라이버시의 가치

나는 지금까지 디자인은 프라이버시에 중요하며, 따라서 법은 디자인 요소를 더 진지하게 받아들여야 한다고 주장해 왔다. 하지만 입법자들과 법원은 계획 없이 프라이버시 관련 디자인에 맞서서는 안 된다. 어정쩡하게 디자인에 접근했다가는 오히려 더 나쁜 상황을 낳을 수 있다. 여기에서 나는 원칙에 입각한 방식으로 프라이버시 법이 디자인에 접근할 수 있도록 프라이버시 청사진을 개발하고자 한다. 이 청사진은 기술에 대한 지나친 의존으로 인한 취약성을 줄이기 위한 것이다.

우리는 모두 취약하다. 스파이웨어는 은밀한 사생활 정보를 몰래 훔쳐낼 수 있다. 사물인터넷은 우리의 민감 정보에 접근하고 가정을 감시할 수 있는 여러 경로와 채널을 악의적인 세력에 제공한다. 웹페이지와 모바일 앱은 우리를 속여 필요한 것보다 더 많은 개인정보를 공개하도록 부추긴다. 검색엔진과 정보 수집 툴은 이전까지 숨어 있던 정보를 우리 몰래 노출할 수 있다. 프라이버시 법은 우리의 취약성과 의존성이 교묘한 기술적 디자인에 의해 남용되지 않도록 도와줘야 한다.

프라이버시 보호도 기술에 의존한다. 암호화, 프라이버시 설정, 인증 방식, 앱과 웹사이트의 디자인과 레이아웃도 다른 사람들과 상호작용할 때 어디쯤에서 경계를 정해야 할지, 특정한 개인정보를 공개하거나 숨길지 혹은 자신을 노출할 수 있는 특정한 행동을 실행할지 등을 결정하는 데 영향을 미친다. 하지만 비즈니스 모델 때문에 기업이 프라이버시 보호에 중점을 둔 디자인을 개발할 동기는 거의 혹은 전혀 없기 십상이다. 이런 흐름에 맞서자면 프라이버시 법은 프라이버시 친화적인 기술 디자인의 목표와 경계를 명확히 하고 지원해야 한다.

내가 제안하는 프라이버시 청사진은 세 단계로 나뉜다. 디자인 영향을 받는 프라이버시 관련 '가치value'를 식별하고, 이 가치를 더 확장할 수 있도록 기본적인 경계boundary를 명확히 설정하며, 그러한 기준을 시행하기 위해 구체적인 법률적 툴을 개발하는 것이다. 3장에서는 입법자들과 법원이 프라이버시 법을 통해 디자인을 설정할 때 초점을 맞춰야 할 가치를 논의한다. 프라이버시 법과 디자인 이론은 그것이 보존하려는 가치와 함께 간다. 그렇지 않다면 우리는 눈을 가리고 총을 난사하는 꼴이 될 것이다. 신호와 제약을 통해 디자인은 신뢰와 다른 사람으로부터 자신의 프라이버시를 유지할 수 있는 능력 간의 관계를 발전시킬 수 있는 능력을 결정한다. 그 때문에 나는 프라이버시 법은 디자인을 통해 신뢰, 모호성, 자율성의 가치를 키워야 한다고 믿는다.

시작하기 전에 기술적 디자인이 미치지 않는 곳이 있다는 사실을 다시 한번 강조해야겠다. 삶이 항상 중재되는 것은 아니다. 의사–환자 간의 비밀이나 개인정보에 근거한 부당한 차별 같은 맥락에서 디자인은 조연에 불과할 수도 있다. 프라이버시의 청사진은 디자인의 영향을 직접 받는 가치에 초점을 맞추고, 그 나머지는 다른 프라이버시 문제를 다루기 위해 존재하는 여러 보호 조치에 맡겨야 한다. 우리는 그 기능에 주목함으로써 디자인에서 가장 중요한 가치를 판별할 수 있다. 신호signal와 눈에 보이지 않는 거래 비용의 적용을 통해 선택과 기능을 파악하는 것이다.

프라이버시는 디자인이 지원할 수 있는 여러 가치와 연계된다. 예를 들면 프라이버시는 우리의 정체성identity을 결정하고, 존엄성을 보존하고, 개인정보에 근거한 부당한 차별을 회피할 수 있도록 도와준다. 기술은 프라이버시의 그런 효과를 반영함으로써 우리가 진정한 자아를 형성하고 차별로부터 스스로를 보호하는 것을 도와줄 수 있도록 디자인될 수 있다. 바티야 프리드먼Batya Friedman과 피터 칸Peter Kahn Jr.은 디자인을 통해 구현할 수 있는 다른 가치로 재산, 편견으로부터의 자유, 평정 및 환경적 지속 가능성 등을 꼽았다.[1]

그러나 초점을 맞출 만한 가치가 있는 디자인에는 신뢰, 모호성, 자율성의 세 가지 프라이버시 가치가 있다. 이들은 프라이버시 법의 디자인 격차를 메워줄 최선의 가치이자 디지털 세계에서 프라이버시 법을 지속 가능하게 만들 핵심 가치다. 또한 이들 세 가치는 프라이버시 청사진이 초점을 잃지 않도록 그리고 너무 광범위해 지침서의 구실을 잊지 않도록 도와줄 것이다. 이세 가치는 한데 모여 프라이버시의 두 가지 큰 실수를 바로잡는 데도 도움을 준다. 그것은 관리와 비밀성secrecy이라는 두 개념에 너무 의존한다는 점이다. 프라이버시 청사진은 규모에 맞게 적절하게 관리를 가능하게 하며, 프라이버시를 비밀성과 동일시하는 오해에서 벗어나도록 도와줄 수 있는 기회다.

관리보다 신뢰, 비밀성보다 모호성, 그 모두에 자율성을 부여하라

프라이버시 법의 첫 번째 치명적 실수는 관리의 개념에 지나치게 많은 비중을 둔 것이었다.[2] 그럼으로써 디자인은 사람들에게 구조화된 선택을 미처 감당할 수 없을 만큼 압도적인 규모로 요구함으로써 실질적인 관리 능력을 박탈해 버렸다. 이론상으로는 사람들에게 관리권한을 주면 저마다 개인정보의 수집, 사용, 공개에 따른 비용과 혜택을 가늠해 스스로 선택할 수 있다. 그러나 실제로 '관리' 체제는 거의 '동의' 취소를 허용하지 않기 때문에 허울만 그럴 듯할 뿐이다. 대니얼 솔로브 교수는 이 같은 프라이버시 규제 방식을 '프라이버시 자가 관리privacy self-management'[3]라고 부른다. 그는 "프라이버시 자가 관리는 동의를 피난처로 삼는다. 그것은 특정 형식의 개인정보 수집, 사용 혹은 공개가 좋든 나쁘든 간에 본질에 대해서는 중립을 유지하려고 시도하면서, 대신 사람들이 다양한 프라이버시 관행에 동의했는지 여부에 초점을 맞춘다. 동의는 거의 모든 형태의 개인정보 수집, 사용 혹은 공개를 합법화한다."고 썼다.

내가 2장에서 주장했듯이 우리는 '모든' 개인정보가 어떻게 수집되고, 사용되고, 공유되는지에 대한 우리의 관리 능력을 과신하지 말아야 한다. 결정을 내리고 그런 결정이 미칠 영향을 측정하는 우리의 능력은 유한하다. 관리 능력은 '자율성'의 가치에 기여할 수 있지만 두 개념은 동의어가 아니다. 다른 사람들의 간섭으로부터 자유로운 상태를 중시한다면 디자인은 사용자들이 미처 감당할 수 없을 규모로 관리를 요구해서는 안 된다. 그보다 훨씬 더 나은 방안은 입법자들이 디자인이 발생시키는 신호와 거래 비용이 어떻게 우리가 다른 사람들을 '신뢰'하도록 도와주는지에 주목하고, 신뢰를 조성한 기업이나 기관이 그들의 약속을 지킴으로써 그런 신뢰를 더욱 강화할 수 있도록 법제화하는 것이다. 최선의 디자인은 사용자에게 부담을 지우지 않으면서 가장 중요하고 유용한 부분에 대한 사용자의 관리권한을 보장하는 것이다.

프라이버시 법의 두 번째 치명적 실수는 정보를 공적인 것과 사적인 것으로 범주화한 이분법적 프라이버시 개념을 수용한 것이었다. 이 개념은 '공/사 이분법public/ private dichotomy[4]으로 묘사돼 왔다. 다른 이들은 이것을 더 직설적으로 '공공장소에서는 프라이버시가 없다'라거나 제3자와 공유한 정보에는 프라이버시가 없다는 식으로 정리했다.[5] 솔로브 교수는 이에 대해 프라이버시를 다른 사람들로부터 내 정보를 완전히 은폐하는 것으로 이해하는 '비밀성의 패러다임secrecy paradigm'[6]이라고 지적한다. 이 개념에 따르면 공개된 정보는 더 이상 은폐되지 않았으므로 더 이상 사적인 정보가 아니다. 비밀성 패러다임의 문제는 그것이 선별적인 정보 공유가 필요하고, 또 중요한 현대 사회의 현실을 제대로 반영하지 못한다는 점이다. 소위 공공 장소에서도 일정 수준의 프라이버시를 기대하는 우리의 본능적 바람을 인식하는 데도 실패하고 있다. 예를 들면 사람들은 요실금이나 우울증으로 고통받는다는 사실을 사적인 문제로 간주할 것이다. 비록 성인용 기저귀나 정신질환 대처법을 다룬 책을 일반에게 공개된 매장에서 구입하는 장면이 목격되더라도 말이다.

사실 프라이버시의 개념은 '모호성'의 스펙트럼과 더불어 존재한다. 상대적인 프라이버시 혹은 모호성을 유지하기 위해 우리는 특정 개인정보는 더 접근하기 어렵도록 설정한 온라인/오프라인 환경의 디자인에 의존한다. 입법자들은 미심쩍은 공/사 구분에 의존하는 대신 우리와 우리의 개인정보가 쉽게 발견되거나 탐지되지 않도록 함으로써 원치 않는 노출로부터 보호할 수 있는 거래 비용에 초점을 맞춰야 한다. 거래 비용은 심지어 우리가 공공 장소에 있거나 개인정보가 다른 사람들과 공유되는 경우에도 우리의 프라이버시를 보호할 수 있다.

신뢰, 자율성 및 모호성의 가치는 우리의 선택과 기대 수준이 신호와 거래 비용에 의해 좌우될 때 정해진다. 기만적이고 인위적인 신호는 우리가 다른 사람을 얼마나 신뢰해야 할지, 어느 수준의 어떤 보호 대책이 우리에게 필요한지 결정힐 수 있는 능력을 방해한다. 우리는 스스로가 모호성의 영역에서 살아갈 수 있도록 거래 비용에 의존한다. 모호성은 우리가 즐기고 실험하고 자유롭게 발언하고 성숙한 인격체로 발전하는 데 필요한 공간을 제공한다.[7] 프라이버시의 이 세 가지 가치는 존엄성, 동질성, 자유, 평등, 표현의 자유 등 다른 가치를 높이는 데도 중요하다. 달리 말하면 신뢰와 모호성은 다른 가치를 활성화하는 가치이기 때문에 프라이버시 법이 디자인 요소를 고려할 때 가장 주목해야 할 부분이다. 자율성도 자아 충족과 자기 실현 같은 다른 가치를 성취하는 데 도움을 줄 뿐 아니라 본질적으로 중요한 가치이기도 하다. 많은 이에게 자율성은 프라이버시와 관련된 모든 우려에 활력을 불어넣는 가치다. 정보기술 디자인을 논의하면서 나는 자율성을 신뢰와 모호성 영역 간의 관계 개발, 또 그런 관계에 대한 의존성과 긴밀하게 연관 지을 것이다. 이들 세 가치는 프라이버시 청사진의 핵심이다.

신뢰

프라이버시 법에 깊숙이 반영된 '프라이버시 자가 관리' 개념은 실상 통하지 않는다. 기본적으로 모든 개인정보 공개의 위험을 사용자에게 부담하도록 요구하기 때문이다. 업계와 사용자, 정부가 공정하고 정의로운 정보 경제를 만들고자 한다면 모두 함께 협력하지 않으면 안 된다. 우리는 서로를 신뢰할 수 있어야 한다. 신뢰는 사회 관계, 상거래, 의사 표현, 거버넌스, 기본적으로 다른 사람들이 연루된 모든 행위의 필수 요소다. 논란의 여지는 있지만 신뢰는 디지털 시대에서 가장 중요한 프라이버시 가치다. 신뢰 없이는 아무것도 불가능하다.

아마존 같은 온라인 상거래 기업을 생각해보자. 아마존은 당신의 웹사이트 방문 취향, 청취 및 시청 습관, 쇼핑 내역, 신용카드 정보, 연락처, 거주지 주소 등을 알고 있다. 당신이 좋아할 법한 제품을 추천하고, 구매 결정을 돕기 위해 다른 사용자들의 사용후기를 보여준다. 아마존이 가장 인기 있고 강력한 기업 중 하나인 것은 사람들이 자신들의 온갖 개인정보를 마음 놓고 제공할 만큼 신뢰한다는 사실 때문이다.

어느 날 아침, 아마존이 최근 개인정보보호에 실패한 사실이 드러났다는 폭로 기사를 접하게 된다고 상상해보자. 해당 기사에 따르면 아마존은 사용자들의 비디오 시청 내역, 신용카드 정보, 쇼핑 습관 등을 암시장에 허락 없이 팔았다. 그뿐 아니라 아마존은 그들이 추정한 개인의 수입 수준을 바탕으로 검색 결과에 순위를 매겼다. 사용자가 부자라고 판단되면 그럴듯하고 값비싼 제품을 보여주고, 경제적 여유가 없다고 생각되면 저렴한 제품을 먼저 노출시켰다. 하지만 사용자에게는 그런 정황을 알려주지 않았으므로 우리는 저마다 사뭇 다른 사용자 경험을 하게 된다는 사실을 알지 못했다. 그러다 우리는 제품 후기를 쓴 사람들 중 상당수가 사실은 아마존 직원이며, 관련 글을 쓴 대가로 보너스와 추가 휴가 시간을 받는다는 사실을 알게 된다. 거기에 더해 아마존은 어리석게도 모든 사용자의 비밀번호를 암호화 기법이나 다른 보호 장치를 사용하는 것이 아니라 평문plain text으로 저장해서 해커들의 손쉬운 접근을 허용했으며, 지금은 다크 웹dark web에서 팔리고 있다.

우리는 아마 심한 배신감을 느낄 것이다. 아마존에 그토록 많은 개인정보를 넘김으로써 우리는 아마존에 대해 취약해졌는데, 아마존은 우리의 신뢰를 보호하는 데 실패했다. 설상가상으로 우리는 아마존의 개인정보 취급 규정을 아무도 읽지 않을 빼곡하고 법률용어로 가득찬 '고지'를 이미 받았으며, 현행 프라이버시 법에서는 아무런 민사소송의 근거도 없다는 사실을 알게 된다고 치자. 좋을 게 하나도 없는 상황이다. 분명히 하건대 이것은 전적으로 아마존을 예로 든 가상 시나리오다. 하지만 내가 가설로 내세운 공개 정황, 데이터 사용 및 개인정보 침해는 비록 아마존은 아니지만 모두 진짜 위협과 실제로 발생한 상황을 모델로 한 것이다.[8] 이깃은 프라이버시 자가 관리의 실패다. 타인을 신뢰했다는 이유로 당신을 처벌하는 상황이다.

닐 리처즈와 나는 현대의 프라이버시 법이 처음 제정될 때 신뢰의 중요성을 반영하지 않았기 때문에 불완전하다고 주장해 왔다.[9] 대신 프라이버시 법과 규범은 피해 회피에만 초점을 맞춘 비관적 절차주의를 포용해 왔다. 정보 관계에서의 신뢰는 디지털 경제가 기능할 뿐만 아니라 번영하기 위해서도 필수적이다. 함께 작동함으로써 프라이버시와 신뢰는 단순히 피해를 회피하는 수준을 넘어 가치를 창출할 수 있다.[10] 신뢰와 그것이 창출하는 가치는 정보 기술 설계를 통해 육성될 수 있다.

앞으로 채택될 어떤 기술에서든 신뢰는 필요하다. 컴퓨터과학 및 전기통신 위원회Computer Science and Telecommunications Board는 정확하고, 안전하고, 믿을 만하며reliable, 생존 능력이 있는 시스템을 묘사하는 용어로 '신뢰'와 '신뢰할 만한trustworthy'[11]을 사용했다. 신뢰할 만한 기술만이 우리가 추구해야 할 길이다. 하지만 프라이버시 청사진과 가장 연관성이 높은 신뢰는 다른 사람과 기업에 대한 신뢰다. 리처즈와 나는 '신뢰'의 정의를 다른 사람의 행동에 취약하게 만들려는 의지로 채택했다. 아리 왈드만Ari Waldman, 데니스 허시Dennis D. Hirsch, 커스텐 마틴Kirsten Martin, 캐서린 스트랜드버그Katherine Strandburg 등도 프라이버시에서 차지하는 신뢰의 결정적 중요성[12]을 탐구해 왔다.

신뢰는 건강한 관계와 건강한 사회의 필수 요소다. 비록 다른 분야와 기준이 다양한 방식으로 신뢰를 규정하더라도 그 밑바닥에는 '신뢰는 소유자에게 자신을 다른 이에 대해 취약한 위치에 기꺼이 놓을 수 있는, 즉 다른 이가 자신에게 해를 끼치는 방향으로 행동할 위험성이 있음을 인식함에도 불구하고 다른 이에게 의존하는 심리 상태'[13]가 자리잡고 있다. 신뢰가 있으면 다른 사람이 우리에게 피해를 입힐 수 있는 상황에 우리 자신을 노출하게 되더라도 기꺼이 협력할 수 있게 해준다. 정보 관계의 맥락에서 신뢰는 다른 사람이나 기관에 개인정보를 공개함으로써 그들에 대해 취약해질 수 있는 의지를 가리킨다.

사람들은 헤아릴 수 없이 많은 상황에서 다른 사람에게 정보를 위탁한다. 이번 주나 며칠 전만 해도 당신은 거래 은행, 타깃Target 같은 소매점, 구글 같은 기술 기업을 믿고 당신의 금융 정보, 구매 정보, 검색 정보 등을 제공했을 것이다. 그러한 정보 제공은 당신을 이들 기관에 대해 취약하게 만든다. 은행 직원들은 당신의 계좌 번호가 담긴 랩톱 컴퓨터를 공항에 잊어버리고 내버려둘 수 있다. 타깃은 대규모 개인정보 침해 사고를 당할지 모른다. 구글은 당신의 검색 내용을 정부에 넘길 수도 있다. 여기에는 개인정보 공개나 이를 이용한 상해나 조작 등 여러 다른 가능성이 존재한다. 당신의 개인정보를 제공하며 이들을 신뢰했지만, 그런 사고로 정보에 대한 통제권을 잃었다. 당신의 정보는 노출됐고, 당신이 신뢰했던 이들의 처분에 휘둘릴 수밖에 없게 됐다.

온라인 환경의 특성상 개인정보가 공개될 때마다 당사자는 점점 더 취약한 상황에 놓이지만, 점진적으로 벌어지기 때문에 본인은 미처 눈치 채지 못할 때가 많다. 결과적으로 모든 정보 관계는 일정 수준의 신뢰나 취약한 상황에 놓일 의지를 시사한다. 설령 해당 신뢰가 의식적이지 않은 경우에도 이것은 사실이다.

기술 디자인은 신뢰에 대한 우리의 기대 수준과 위험 평가의 근거(신호)를 보낸다. 기업은 사람들이 기대할 만하다고 확신할 수 있도록 기술을 디자인한다. 때로 그런 신뢰는 사용자에게 허위 마이크로소프트 윈도우 등록 화면을 보여주는 스파이웨어의 사례에서 보듯이(1장 참조) 오용되기도 한다. 해당 소프트웨어의 모든 부분은 사람들이 개인정보를 공개하도록 부추겼고, 이는 그들을 더욱 취약한 상황으로 몰아갔을 것이다.

그러면 법은 어떻게 디자인을 통해 신뢰를 더 높일 수 있을까? 리처즈와 나는 신뢰의 개념이 경직된 공정정보 규정의 생기를 되찾고, 개념을 더 구체화하며, 더 확장할 수 있다고 주장해 왔다. 공정정보 규정이 기밀성, 투명성,

보안 같은 프라이버시 법의 기반 개념을 제공한다는 점을 상기하기 바란다. 신뢰는 이런 개념을 각각 신중성^{discretion}, 정직성^{honesty} 및 보호^{protection}로 재해석함으로써 거기에 뉘앙스와 힘을 더할 수 있다. 우리는 또한 기존의 공정정보 규정에는 포함돼 있지 않은 충성심^{loyalty}이 프라이버시 법의 기반 개념 중 하나라고 주장했다. 우리의 개인정보를 위탁받은^{entrusted} 주체는 자신들의 이익을 위해 불합리하고 위험한 자기 거래를 해서는 안 될 의무를 지닌다.

신중성, 정직성, 보호, 충성심 네 가지 개념은 신뢰를 높이기 위한 디자인 지침이 될 수 있다. 이들은 새로운 것이 아니라 신뢰를 요구하는 관계에서 가장 확고하게 정립된 법률적 개념 중 하나인 신탁자의 법$^{law\ of\ fiduciaries}$이다. 신탁자 법의 핵심 목표는 신뢰로 인해 발생한 상대의 취약성을 착취하지 않고 보호하는 것이다. 잭 발킨$^{Jack\ Balkin}$ 교수는 대니얼 솔로브와 마찬가지로 신탁자의 개념은 현대의 정보 프라이버시 문제를 해결하는 데 적격이라고 주장해 왔다.[14]

일반적으로 신탁자들은 자신들을 믿고 무엇인가를 맡긴 사람들에게 주의를 기울이고, 충성해야 할 의무$^{duty\ of\ care\ and\ loyalty}$가 있다. 예를 들면 변호사는 당신의 비밀 정보를 보호해야 하고, 의사는 당신을 진료하기 앞서 타당한 진료 능력을 보유하고 필요한 의료 정보를 전달받아야 하며(당신의 의료 기록을 함부로 공개해서는 안 된다), 회계사는 자기 자신의 부를 늘리게 되는 방향으로 당신에게 투자 조언을 해서는 안 된다. 잭 발킨과 조너선 지트레인$^{Jonathan\ Zittrain}$은 정보 신탁자에게 더 큰 법률적 책임을 물어야 한다고 주장하면서, 이들은 "정기적으로 수집하고 그로부터 수익을 올리는 데이터 당사자들의 이익을 보호해야 할 의무가 있다. 최소한 디지털 기업은 개별 이용자의 신뢰를 끌어낸 다음 적극적으로 이들의 이익에 반하는 행동을 하는 사기꾼처럼 굴어서는 안 된다."고 강조한다. 이들은 일례로 "구글 지도는 IHOP[15]이 구글에 20달러를 지불했다는 이유만으로 공항에서 미팅 장소로 가는 당신에게 IHOP 옆을 지나는 길을 '최적의 경로'로 추천해서는 안 된다. 그리고 설령 마크 저커버그가 특정 선거에서 민주당원을 지지한다고 해도, 페이스북은 자체 데이터 분석 기법을 활용해 민주당계 사용자들에게는 선거일임을 알리면서 투표를 독려하는 반면, 공화당 후보자를 지지한다고 여기는 사람들에게는 알리지 않거나 적극적으로 투표 행위를 억누르는 데 자체 데이터 분석 기법을 이용해서는 안 된다."[16]고 주장한다. 이런 유형의 의무는 신뢰를 확보하는 데 결정적이다. 이들 각각의 신뢰 원칙이 어떻게 기술 디자인을 인도하는 기본 가치로 작용할 수 있는지 살펴보자.

신중성

사람들이 개인정보를 공개할 때 품는 가장 기본적인 추정은 수령자가 신중하리라는 것이다. '남을 불쾌하게 하거나 사적인 정보의 노출을 드러내지 않도록 행동하거나 발언하는 특성'으로 정의되는 신중성은 대다수 정보 관계에서 묵시적으로 당연시되는 부분이다.[17] 디자인의 핵심 요소이기도 하다. 무분별한 기술은 신뢰를 갉아먹는다.

그러나 현행 프라이버시 법은 비밀성의 개념에 지나치게 함몰된 나머지 신중성의 중요성을 충분히 반영하지 못하고 있다. 가장 확고하게 정립된 프라이버시 침해 개념의 하나는 누군가가 내 비밀을 폭로하리라는 것이다. 기밀성confidentiality을 다루는 현행법은 이런 침해로부터 보호해준다. 하지만 기밀성은 프라이버시와 정보 공개에 대한 논의를 지나치게 제한할 수 있다. 미국에서 기밀유지법은 그리 광범위하지 않다. 정보 관계에 있는 대부분의 사람들은 믿고 비밀을 털어놓을 수 있을 상대가 아니다. 사람들은 자기가 알게 된 정보를 그게 비즈니스 상대와 중개자든 혹은 친구나 지인이든 누군가와 공유해야 하거나 공유하고 싶어하지만 공개된 정보가 널리 퍼지는 것은 원치 않는 경우가 있다. 소셜미디어를 생각해보자. 페이스북, 인스타그램, 트위터 같은 소셜네트워크 사이트를 통한 대부분의 정보 공개는 전형적인 개념의 '기밀성'과는 다르다. 그럼에도 이용자들의 기대는 완전히 '공개된' 수준보다는 낮아서, 아무나가 아니라 자기 친구들이나 아마도 페이스북의 친구들만 본다는 정도일 것이다.[18]

프라이버시 설정은 우리가 어느 정도의 신중성을 기대하는지에 대한 신호를 다른 이용자들에게 보낸다. '친구들만friends only' 내 글을 볼 수 있도록 프라이버시를 설정한다면 이것은 친구들에게 누가 내 포스트를 볼 수 있는지 제한하고 싶다고 보내는 신호다. 트위터 사용자가 내가 그랬던 것처럼 자기 계정에 보호 설정을 하면 리트윗 버튼이 비활성화돼 다른 사용자가 내 포스트를 퍼뜨리기 위해서는 추가적인 거래 비용이 필요하며, 내 팔로어에게는 내가 일정 수준의 모호성을 중요하게 생각한다는 신호를 보내게 된다. 나는 전체적으로 내 계정을 검색엔진에 걸리지 않도록 하고 자동화된 봇을 회피할 수 있는 동시에, 내 보호 계정을 보는 많은 사람은 신중성을 발휘해 달라는 요청으로 해석한다. 이들은 종종 내 보호 계정의 포스트를 수동으로 리트윗하게 해달라고 허락을 구한다. 프라이버시 설정은 신중을 기하는 데 유용하지만 한계가 있다. 서론에서 소개한 바비 던컨의 동성애 폭로의 사례를 떠올려 보자. 그룹을 위한 페이스북의 프라이버시 설정은 개별 사용자가 요청하거나 희망하는 신중성 수준과 자동으로 일치되도록 디자인돼 있지 않았고, 이것이 문제를 일으켰다.

부적절한 공개로부터 개인을 보호해야 한다는 개념은 공정정보 규정의 여러 원칙에 녹아 있다. 이 개념은 조금 더 유연하며 좀 더 긴밀하게 신중성과 연관된다. 프라이버시 법이 디자인을 더 중요하게 반영할 수 있는 한 가지 방법은 신중성에 대한 이용자 기대를 전달하고, 그런 기대가 관철될 수 있도록 신호와 거래 비용을 전달하는 기술을 찾는 것이다. 나는 이 신호를 '신중성 지표discretion indicator'라고 부른다. 소셜미디어 플랫폼의 '비공개closed' 그룹이나 페이지를 생각해보자. 피에트릴로 대 힐스톤 레스토랑Pietrylo v. Hillstone Restaurant Group 그룹 소송에서 연방 법원은 '비공개' 마이스페이스 페이지에 담긴 정보에 프라이버시 권리가 있는지 검토했다.[19] 뉴저지주의 레스토랑인 휴스턴스Houston's에서 웨이터로 일하는 브라이언 피에트릴로Brian Piertrylo는 자신과 동료 직원들끼리 '아무런 외부 감시의 눈길 없이' 회사에 대한 불만을 토로할 수 있는 토론방을 만들었고, 이 그룹은 전적으로 비공개이며, 초대를 통해서만 가입할 수 있었다.

피에트릴로는 사실상 해당 그룹을 초대장을 가진 사용자로 제한하고, 비밀번호로 보호된 마이스페이스 프로필을 만든 것이었다. 어느 날 밤 한 파티에서 휴스턴스 레스토랑의 한 종업원은 압력에 못 이겨 자신의 비밀번호를 알려줬다. 곧이어 피에트릴로는 토론방을 만든 죄로 해고 당했고, 피에트릴로는 레스토랑 매니저가 그룹의 프라이버시를 침해했다며 소송을 제기했다. 법원은 "원고들은 초대받은 사람들만 참여하는 인터넷 토론 공간을 만들었다. 이 공간에서 이들은 초대받은 이용자들만이 토론 내용을 읽을 수 있다는 기대가 있었다." 궁극적으로 배심원은 휴스턴스 레스토랑의 매니저들이 통신저장법Stored Communications Act과 뉴저지 도청 및 전자감시 방지법New Jersey Wire Tapping and Electronic Surveillance Act을 위반했다고 판단했지만 피에트릴로의 프라이버시 침해 주장은 지지하지 않았다.

해고된 직원들이 비밀번호를 알려준 종업원에게 묵시적 기밀성의 의무를 위반했다고, 혹은 매니저들에게 기밀성 위반을 유도했다며 소송을 제기했다고 가정하자. 신중성 지표는 원고들의 소송 사유를 지지했을까? 그룹 사이트는 그룹 멤버들이 '아무런 외부 감시의 눈길 없이' 불만을 표출할 목적에서 공개하는 깃으로 설계됐음을 보여준다. 해당 그룹은 또 레스토랑의 상표 로고는 "그룹 초대를 받고 그에 응한 사람들의 마이스페이스 프로필에만 나타난다."고 밝혔다. 프라이버시 설정이 해당 그룹에 대한 접근을 제한하는 데 사용됐다는 사실은 신중성 지표의 역할도 했다. 해당 그룹의 목적을 계속 추구하려면 신중성이 필요하리라는 사실은 대다수 참여자들에게 명백했을 것이다. 그런 디자인을 고려하면 참여자들에게 신중을 기할 의무가 있다는 점은 거의 의문의 여지가 없다.

디자인을 일종의 청구나 약속으로 인식하는 일은 프라이버시 법이 신중성을 통해 신뢰를 증진할 수 있는 한 가지 방법일 뿐이다. 다른 방법은 5장에서 논의할 것이다. 여기에는 신중한 기술을 위한 업계 디자인 표준을 개발하는 일, 그리고 기술이 신중성을 반영하고 개별 이용자의 프라이버시 기대 수준을 존중하는 방향으로 개발될 수 있도록 하는 디자인 절차를 의무화하는 내용이 포함된다.

정직성

기만적인 기술은 신뢰를 잠식한다. 프라이버시 법의 기초 개념 중 하나는 기업은 각자의 개인정보 수집과 사용, 공개 방식에 투명함으로써 잠재적으로 우려스러운 행태에 대해서는 정보 당사자들에게 알려 자신의 기대 수준에 맞춰 공개 수준을 스스로 정할 수 있게 해야 한다는 것이다. 투명성은 공정 정보 규정에서 '개방성 원칙openness principle'이라는 이름으로 포함돼, 개인정보 수집자는 자신들의 정보 정책을 이용자에게 알릴 것을 요구한다. 개인정보 관리자의 신원과 연락처에 대해 개인정보의 존재, 성격 및 사용을 입증하는 공식 절차를 갖고 있어야 한다.

하지만 신뢰를 유지하려면 단순히 '공개'하거나 '투명'한 것만으로는 충분치 않다. 정보 관계에서 신뢰를 쌓기 위해서는 잘못된 해석을 바로잡고, 잘못된 신뢰의 개념을 적극 불식하는 능동적 정직성honesty의 의무가 필요하다. 우리는 '고지와 선택'의 자가 관리를 통해 절차상으로만 투명성을 내세우는 현재

체제를 넘어서지 않으면 안 된다.

1장을 시작하면서 논의한 스냅챗의 사용자 인터페이스를 고려해보자. 그 인터페이스는 사람들에게 스냅챗 앱을 믿고 은밀한 사진을 주고받을 수 있다고 암묵적인 메시지를 전한다. 타이머와 유령 디자인은 그처럼 은밀한 사진의 공개가 안전할 것이라는 인상을 주기 위한 장치다. 연방거래위원회에 따르면 이런 디자인은 그것이 사용자들에게 주는 신호가 실제 기능과 일치하지 않는다는 점에서 완전히 정직한 디자인은 아니었다. 연방거래위원회는 스냅챗에 대한 불만사항에서 사용자 인터페이스 및 기타 표현을 통해 "스냅챗은 자신들의 애플리케이션을 통해 메시지를 보내면 사용자가 설정한 시간이 지나면 해당 메시지가 영원히 사라질 것임을 명시적으로나 묵시적으로 표현했다."라고 밝혔다. 연방거래위원회는 이런 표시에 대해 스냅챗을 통해 메시지를 보내도 해당 메시지는 이용자가 정한 시간이 지난 뒤에도 영원히 사라지지 않기[20] 때문에 허위이며 이용자를 오도하고 있음을 발견했다.

하지만 연방거래위원회가 부정직하다고 판단한 디자인은 그것만이 아니었다. 스냅챗은 사용자가 등록하는 절차 도중에 다음과 같은 화면[21]을 띄워 친구들을 찾을 기회를 준다.

연방거래위원회에 따르면 스냅챗은 '사용자 인터페이스를 통해 스냅챗은 모바일 전화번호가 사용자의 친구들을 찾기 위해 수집하는 유일한 정보'임을 시사한다. 연방거래위원회는 "스냅챗이 수집하는 개인정보는 사용자가 입력하는 모바일 전화번호만이 아니었다. 스냅챗은 사용자에게 알리지 않은 채 그들의 모바일 기기에 저장된 주소록의 모든 이름과 전화번호도 수집했기 때문에 이 인터페이스는 기만적이다."라고 판단했다.

연방거래위원회의 공식 불만사항은 어떻게 규제 기관이 프라이버시 법의 디자인 공백을 메울 수 있는지 보여주는 좋은 사례다. 주어진 소프트웨어의 사용자 인터페이스와 마케팅 수단의 디자인이 보내는 신호에 초점을 맞춤으로써, 연방거래위원회의 문제 제기는 더 정직하고 신뢰할 만한 디자인을 개발하도록 독려한다.

기술은 또한 관련 내용에 대한 조사나 검토 요청을 수용할 수 있도록 디자인돼야 한다. 예를 들면 페이스북은 사용자들이 자신들의 데이터를 다운로드받을 수 있도록 소프트웨어와 저장 공간을 디자인했다.[22] 이런 툴은 프라이버시 법을 준수하는 데 사용될 수 있다. 예를 들면 유럽연합의 일반개인정보보호법[23]은 개인에게 본인의 정보가 정확한지 그리고 합법적으로 이용되는지 확인할 수 있도록 '그와 관련된 개인정보에 접근할 수 있는 권리'를 부여한다. 2018년 기존 지침을 대폭 개정해 발효된 개인정보보호규정은 '프라이버시 중심 디자인'을 명시적으로 권장하며, 개인의 프라이버시 권리를 과거보다 더 구체적으로 적시하는 방식으로 '정직성'의 요소를 독려하고 있다. 투명성과 정직성의 의무는 개인정보 수집 기관이 주의 의무와 충실 의무를 이행할 수 있도록 돕는다.

보호

보안성이 결여된 기술은 신뢰를 잠식한다. 우리의 개인정보는 항상 그를 보호해줄 디자인이 필요하다. 개인정보를 보관한 방의 문과 서류 캐비닛에는 잠금 장치가 달렸고, 컴퓨터 데이터베이스에서는 비밀번호가 '디지털 자물쇠' 구실을 했다.[24] 개인정보 수집물은 전통적으로 '비서secretary'가 관리했는데, 중세 시대까지 거슬러 올라가는 이 직종은 '사적이거나 은밀한 문제를 위탁받은 사람, 믿을 만한 사람, 비밀을 맡길 수 있는 사람' 등으로 인식된다.[25] 비서라는 이름 자체에 비밀secret이라는 단어가 들어 있을 정도다. 입법자들은 우리의 개인정보를 보호하고 안전하게 관리할 수 있는 기술을 설계하도록 요구함으로써 신뢰를 쌓을 수 있다.

공정정보 규정은 항상 데이터 보안을 요구해 왔다. 그리고 그런 요구 사항은 대체로 "개인정보는 합리적인 보안 보호 조치로 분실, 혹은 그에 대한 인가되지 않은 접근, 파기, 사용, 변경이나 공개를 막아야 한다."고 표현된다. 데이터 보안은 단순한 기술 설계의 수준을 넘어선다. 정책입안자들은 보안 요구 사항을 데이터 소유자가 공격자로부터 보호하기 위해 취해야 하는 프로세스 측면에서 해석하는 경향이 있다. 이는 주로 수집 프로세스의 '백엔드back end'에 대한 훌륭한 디자인으로 구성되며, 여기서 데이터는 수집기의 속성으로 스토리지에 저장된다. 그를 위해서는 데이터 자산과 위험에 대한 정기 감사, 데이터 수집과 보유의 최소화, 기술적 물리적 행정적 보호 조치 및 데이터 침해에 대한 대응 계획 등이 요구된다. 그에 비해 사용자 시각의 데이터 보안 문제, 예컨대 개인정보가 수집되는 지점과 데이터를 수집하는 하드웨어 및 소프트웨어 등에 대한 법률적 주목도는 미흡하다. 7장과 8장에서 강조하겠지만 프라이버시 법의 디자인 어젠다는 보안을 백엔드뿐 아니라 사용자가 직접 접촉하는 부분도 함께 다뤄야 한다.

보안 기술을 의무화하는 데 더해 프라이버시의 청사진은 사람들의 개인정보를 더 취약하게 만드는 결과를 낳는 디자인 결정을 예방하도록 디자인돼 있다. 그러한 기만적 결정은 우리의 신뢰를 배반한다. 예를 들면 컴퓨터 제조사인 레노버는 비밀리에 멀웨어를 신제품 랩톱에 설치했다. 이 코드는 사용자들의 검색 결과를 조작해 평소대로라면 보지 않았을 광고를 화면에 띄웠다. 멀웨어의 비밀 유포는 레노버 랩톱의 보안 설정을 약화시켜 컴퓨터의 브라우징 내역을 문제의 멀웨어를 악용한 해커에게 노출시켰다. 이것은 부정직하고 불성실한 행태일 뿐 아니라 컴퓨터의 보안 설정을 약화시킨 것은 보호 의무를 위반한 것이었다.

보호는 단순히 방화벽, 사용자 인증 기준, 암호화 같은 기술적 보안 조치를 설정하는 수준을 넘어선다. 정보 기술은 데이터 수집과 저장을 최소화한다는 목표와 더불어 업데이트된 위협 모델에 맞춰 디자인돼야 하고, 절차적 물리적 보호 대책을 갖춰야 하며, 침해가 벌어졌을 경우에 대응하는 계획을 포함해야 한다.

충실성

배신을 가능케 하는 기술은 신뢰를 잠식한다. 정보 공개와 관련해 우리가 가장 우려하는 것은 사람들과 기업이 공개된 정보를 우리에게 불리한 방향으로 사용하는 것이다. 이를 보호할 수 있는 최선은 사용자와 정보 당사자에 대한 '성실 의무duty of loyalty'를 정보 기술 설계에 반영하도록 요구하는 것이다. 수탁자fiduciary의 근본적인 의무 중 하나는 위임자를 희생시켜 자신에게 유리한 거래를 해서는 안 된다는 성실 의무다. 이것은 일반적으로 수탁자는 위임자와의 관계에서 취득한 정보를 위임자에게 해를 끼치거나 이해 상충의 상황을 만들어서는 안 된다는 뜻이다. 예를 들면 펀드를 제3자(수탁자)에게 맡겼을 때, 수탁자는 해당 펀드를 위임자에게 최대 이익이 가도록 관리해야 한다. 수탁자는 위임자의 명시적인 승인 없이는 신탁된 펀드를 자신에게 대출하거나 신탁 재산을 살 수 없다.

성실 의무는 신탁법의 기본 원칙이다. 사적인 거래를 해서는 안 된다는 의무는 사기 범죄로 이어질 수 있는 경로를 차단하기 위함이다. 한 법원 판결문에 따르면 "이 규칙은 궁극의 지혜에 기반을 두고 있다. 인간 본성의 나약함을 인식하고, 이기주의와 탐욕의 작동을 막기 위한 장벽을 설정한다. 범행 동기를 없앰으로써 사기 유혹을 억제한다."고 기록돼 있다.[26] 공식 수탁자는 수혜자의 이익에 봉사할 의무가 있다. 우리가 재산을 수탁자에게 위탁할 수 있는 것과 같은 방식으로 우리는 정보를 수집하고, 보유하고, 사용하는 기관에 우리 정보를 위탁하는 것이다.

그럼에도 우리의 개인정보를 신탁 관계와 유사한 맥락에서 수집하는 기관을 규제하는 프라이버시 법에는 성실 의무의 개념이 빠져 있다. 리처즈와 나는 정보 관계에서의 신뢰는 성실 의무를 프라이버시 법의 기본 개념으로 정립함으로써 증진될 수 있다고 제안해 왔다. 기업이 소비자로부터 공식으로 내세우는 내용보다 훨씬 더 많은 가치를 비밀리에 추출하는 기술을 만든다면, 이들은 성실 의무를 위반하는 것이다. 프라이버시 법은 기업이 각자의 협소하고 단기적인 수익 동기보다 먼저 사용자의 이익에 봉사하는 기술을 만들도록 이끌어야 한다. 기업이 나중에 소비자에게 어떤 불이익으로 작용할지에 대한 적절한 고려 없이 마구잡이로 디지털 정보를 추출하고 수집하는 상품을 만든다면, 이들은 상거래, 친밀성 및 자유로운 의사 표현에 필요한 신뢰를 훼손하는 것이다.

우리의 사회적 상호작용은 일정한 기술이나 제품을 통해 중개되기 때문에 기업은 개인정보를 다른 사람들에게 불이익을 주는 방향으로 이용할 수 있다. 당시에는 그런 사실을 모르지만, 페이스북은 당신이 공개한 정보를 당신 친구들의 선택이나 의견을 조작하는 데 사용했을 수도 있다. 페이스북은 사용자의 정서적 심리 상태에 근거해 뉴스피드를 조절한다. 어떤 사람들에게는 대부분 부정적인 포스트를, 다른 사람들에게는 대부분 긍정적인 포스트를 노출시켜 그것이 사용자 기분에 어떤 영향을 미치는지 측정한다.[27] 하지만 이 연구는 유별난 게 아니다. 소셜미디어는 정기적으로 이용자 포스팅이 표시되는 방식을 조작한다. 우리는 뉴스피드를 표시하는 주체의 처분에 휘둘리는 처지다. 우리는 개인정보를 기업에 위탁하지만 그들로부터 아무런 성실 의무의 보장도 받지 못한다. 우리는 기업이 개인정보를 대가로 취할 수 있는 수익과 거래의 한계를 정할 필요가 있다.

개발 회사에 혜택을 안기는 기술이 모두 성실 의무를 위반하는 것은 아니다. 물론 기업은 자사 이익을 위해, 다른 기업이나 사람들의 혜택을 위해 개인정보를 수집, 이용, 공유하는 기술을 다양한 방식으로 개발할 수 있다. 개인정보는 서비스를 제공하고 향상하기 위해 수집될 수 있고, 공공 연구를 위해 식별 가능한 부분이 제거될 수 있으며, 우리가 신뢰하는 기관과는 고스란히 공유될 수도 있다. 넷플릭스(영화와 TV쇼), 판도라(음악) 같은 온라인 엔터테인먼트 서비스는 가입자에게 새로운 쇼와 음악을 추천하기 위해 개인 취향을 수집할 수 있다. 아마존이 가진 가장 유용한 기능 중 하나인 추천 시스템은 이용자의 개인정보에 의존한다. 웹사이트는 일상적으로 식별 가능한 요소를 제거한 데이터를 다른 기업과 수익성을 위해 혹은 이용자 신뢰는 배반하지 않으면서 서비스를 더 정교하게 다듬기 위해 공유한다. 공중보건 연구와 이니셔티브는 개인정보를 수집하고 처리하는 기관을 비롯한 모두에게 혜택을 줄 수 있다.

문제는 이런 기술이 사용자에게 불합리하게 높은 비용을 요구하는 데서 발생한다. 사기꾼들은 취약자를 표적으로 삼는 데 악용할 수 있을 만한 공개 정보를 찾는다. 이런 종류의 정보는 워낙 가치가 높아서 자메이카 같은 나라에서는 소위 '호구 명단suckers list(사기에 취약한 사람들의 명단)'의 소유권을 놓고 폭력적인 패싸움이 벌어질 정도다.[28] 연방거래위원회는 '값싼 시제품을 이용해 금융 계정 정보를 취득한 다음 소비자를 속여 월 정액요금이 발생하는 프로그램에 가입시키거나, 컴퓨터에 몰래 바이러스가 침투했다고 경고하면서 수리비를 요구'[29]하도록 디자인된 웹사이트나 온라인 기술을 관찰해 왔다. 성실 의무를 위반한 기술이 요구하는 대가는 금융적 성격만이 아니다. 때로 기술은 개인정보를 바탕으로 사용자를 차별해 기회 비용을 초래하기도 한다. 예를 들면 구글의 타깃 광고 전달 시스템은 여자보다 남자로 판단된

사용자에게 고액연봉 취업 광고를 더 자주 노출시킨다.[30]

아마존이 보유한 막대한 규모의 사용자 정보를 고려해보라. 아마존은 해당 정보를 이용해 사용자가 빌리고 싶어하는 새 영화나 이미 소유한 제품의 액세서리를 추천할 수 있다. 이런 종류의 추천은 회사와 고객 양측에 가치를 창출하고, 서로에 대한 성실 의무를 위반하지도 않는다. 프라이버시의 청사진은 그러나 아마존이 개별 고객이 그러한 제품에 대해 지불하고 싶은 최대 금액을 찾아내는 시스템을 개발하는 데 반대하며, 그럴 수도 있는 위험성을 경고한다. 그리고 아마존이 고객 정보를 이용해 해악을 끼칠 수도 있는 사람이나 기관, 가령 정보 브로커, 보험회사, 사용자가 일하는 회사 혹은 다른 곳에 팔아 넘긴다면 이는 성실 의무의 위반이다.

사적인 거래가 성실 의무의 위반인지 명확하게 판단하기는 쉽지 않을 것이다. 대다수 프라이버시 문제와 마찬가지로 이것은 구체적인 맥락에 달려 있다. 하지만 판단할 만한 단서는 있다. 소비자 기대 수준, 서비스를 제공하는 데 필요한 수준을 초과해 수집하는 정보의 양, 공정 거래를 위해 서비스와 처리 및 보안 조치에 별도 수수료가 존재하는지의 여부, 정보의 불공정 사용에 대한 타당한 대안의 존재 여부 등이 그런 사례다. 이것이 어떻게 디자인에 영향을 미치는지에 대해 합의 사항을 도출하기 위해서는 정책입안자, 업계, 운동가 및 사용자가 더 정기적으로 모여 어떻게 정보 기술이 성실 의무의 차원에서 구축되는지 논의하고 프레임을 짜야 한다.

모호성

당신이 마지막으로 레스토랑에서 식사하던 때를 잠시 떠올려 보자. 당신 바로 옆에 앉았던 커플이 어떻게 생겼는지 기억하는가? 아마 기억하지 못할 것이다. 그들도 당신을 기억하지 못하기는 마찬가지일 것이다. 이것은 우리가 일상의 삶을 모호성의 구역에서 영위하기 때문이다. 모호성이 지니는 프라이버시 가치는 우리의 행동이나 정보가 다른 사람의 눈에 띄거나 발견되거나 기억될 가능성이 거의 없고, 따라서 어느 정도까지는 안전하다는 개념에서 나온다. 사람들은 자신들이 얼마나 모호하거나 모호한 존재로 유지될지의 판단을 근거로 매일 위험을 계산한다. 예를 들면 당신은 일반 레스토랑에서 저녁을 먹으며 비교적 민감한 주제 또는 다른 사람에 대한 뒷담화를 하는 데 별다른 부담을 느끼지 않을 것이다. 낯선 사람들로 가득 찬 레스토랑에서 주변 사람들이 당신의 이야기를 의도적으로 엿들을 가능성은 거의 없다. 따라서 레스토랑에서 공개된 내용이 더 널리 유포되거나 나중에 당신에게 해를 끼치는 결과로 돌아올 가능성은 거의 없다.

나는 에반 셀린저, 프레드 스터츠만과 공동으로 모호성 개념을 현대 프라이버시 개념의 필수 요소로서 탐구한 적이 있다. 매일 우리는 자신이 얼마나 모호하다고 생각하는지에 따라 어디로 갈지, 무엇을 하고 어떤 정보를 공유할지 결정을 내린다. 온라인에 있는 우리 정보도 대부분 모호하다. 모호성을 신뢰의 대척점으로 생각하자. 누군가를 확실히 신뢰할 수 있으면 우리가 모호한 상태로 지낼 필요성은 줄어든다. 하지만 누구도 신뢰할 수 없는 상황에서 모호성은 더없이 중요해진다.

신뢰성과 달리 모호성은 법이나 정책에서 널리 정립된 개념이 아니다. 따라서 이것을 프라이버시 청사진의 기본 가치로 세우기 위해서는 어느 정도 설명이 필요하다. '모호하다'는 뜻의 'obscure'는 '쉽게 지각되거나 보이지 않는, 눈에 잘 안 띄는, … 명확히 이해되거나 표현되지 않는, 애매모호한, 막연한'[31] 등으로 정의된다. 모호성은 기본적으로 모르는 상태를 반영한 단순 개념이다. 여기에는 적어도 개인과 관찰자라는 두 관계자가 연루된다. 개인은 관찰자가 해당 개인을 이해하는 데 필요한 필수 정보를 보유하거나 파악하지 않는 한 관찰자에게 모호한 존재다. 예를 들면 관찰자는 당신의 신원, 사회적 관계 혹은 당신이 스스로에 대해 공개한 정보의 맥락을 알고 있는가? 이 정보 없이는 관찰자는 당신의 행동이나 발언을 제한적으로 이해할 수 있을 뿐이다. 이런 정보를 찾아내는 일은 종종 많은 비용과 노력을 요구한다. 프라이버시의 언어를 모호성의 관점에서 볼 때 거래 비용이 든다는 점은 좋은 일이다.

모호성은 흔하고 자연스러운 특성이다. 그 때문에 사람들은 온라인이나 오프라인에서 그것을 당연시한다. 모호성은 가치 있는 것이기도 하다. 우리는 모호한 상태로 있을 때, 관찰자가 우리의 행동을 파악할 수 없다는 사실로 보호받는다. 우리는 일상의 삶에서 모호한 상태로 지내려 시도한다. 우리는 문을 닫고, 낮은 목소리로 속삭이듯 대화를 나누며, 예상되는 부작용이 낮아서 안심이 될 때만 잠깐 우리를 노출하는 위험을 감수한다. 예를 들면 호텔 방에서 투숙객은 속옷 차림으로 열린 창문 앞을 재빨리 오가기도 하는데, 이는 누군가가 밖에서 자신을 관찰할 확률이 낮다고 판단하기 때문이다. 모호성의 개념이 없다면 우리는 우리가 화장실과 침실 밖에서 벌이는 모든 행동을 누군가가 관찰하고, 그런 정보를 저장하거나 이용한다고 가정해야만 할 것이다. 그런 가정에서 막대한 비용과 잦은 실책 없이 항상 일관되게 행동할 방법은 전혀 없다.

모호성이 자연스러운 여러 이유 중 하나는 우리의 두뇌가 제한된 양의 정보만을 저장하고 처리할 수 있기 때문이다. 진화 심리학자인 로빈 던바Robin Dunbar가 발표한 사회적 두뇌 가설에 대한 연구는 인간의 인지적 그룹(공유된 의사소통, 기억 및 대인 관계를 가진 개인의 무리)이 매우 작다는 사실을 입증했다. 한 사람의 유의미하고 적극적인 사교 네트워크는 약 150명 수준에서 포화 상태에 이르렀다.[32] 이처럼 당신이 지속적인 관계를 유지할 수 있는 사람들의 최대 수를 일부는 '던바의 수Dunbar number'라고 부른다. 이런 한계가 모호성의 영역을 만든다.

던바는 사람들을 단순히 인식하는 것과 진정으로 아는 것을 구분하는 데 신중했다. 그러면서 우리는 개인 차원에서 알 수 있는 사람들의 최대치보다 훨씬 더 많은 2천 명 선까지 인지할 수 있다고 지적했다. 기억력의 과부하를 막기 위해서는 우리의 인지적 그룹을 관리 가능한 규모로 제한할 필요가 있다.[33] 그에 따라 우리가 적극적인 관계를 유지하지 않는 사람들과의 상호 작용은 대부분 모호성의 상태에서 벌어진다. 당신이 최근 레스토랑에서 식사할 때 옆자리에 앉았던 사람을 기억할 수 없는 이유도 그 때문이다.

우리가 세상에 노출되고, 심지어 다른 사람들의 눈에 띄더라도 보호될 수 있는 것은 우리가 지닌 인지적 한계 덕택이다. 개별적으로 눈에 띄고 인식될 수 있다는 가능성 때문에 우리는 사회적 규범을 따른다. 일정한 방식으로 행동해야지 그러지 않으면 "누가 너를 지켜볼지도 모른다."라는 말을 들어본 적이 있을 것이다. 그래서 사람들은 자신의 행동이나 발언이 (어떤 경우에) 충분히 이해되거나 (다른 누군가에 의해) 인식될 수 없도록 매일 다양한 방식으로 모호성을 만들어낸다. 프라이버시 설정, 휴대폰 잠금, 문과 커튼 닫기 그리고 더 지속적이고 발각될 수 있는 이메일보다는 전화를 통해 민감한 사안을 논의하기 등이 그런 사례다. 컴퓨터 필터 스크린이 인기인 이유도 그 때문이다. 필터는 옆에서 볼 때 화면 정보를 어둡게 보이게 해 화면 데이터를 흐릿하게 하거나 왜곡하지 않고 모니터 바로 앞에 있는 사람에게만 볼 수 있게 한다. 모호성을 만들어 다른 누군가가 훔쳐보기 어렵게 하는 것이다. 이런 식으로 모호성은 자유를 촉진하며 따라서 자유를 확보하는 데 필수적이다.

어빙 고프만은 우리가 우리를 인식하고 이해하는 방법을 결정하는 다양한 신호를 의도적이든 우연히든 발신한다고 주장해 왔다. 우리의 복장과 처신은 '앞 무대front-stage' 신호로, 우리를 관찰하는 이들에게 우리의 행동을 이해시키기 위한 것이다. 물론 우리는 잠재의식적이거나 우발적인 신호도 발산한다. 사람들에게 자신들이 관찰하는 것을 진정으로 이해할 수 있게 해주는 것은 종종 이 '뒷 무대backstage' 신호다. 예를 들면 나는 미국 남부에서 어린 시절을 보낸 탓에 말할 때 남부 특유의 끄는 말투가 나온다. 최남부 지역Deep South34을 떠나 워싱턴 DC에서 변호사로 일하면서 나는 업무 중에는 더 중립적이고, 표준적인 억양을 구사한다는 사실을 깨달았다. 그러나 내가 일부 단어를 발음하는 방식은 여전히 남부 억양의 흔적을 드러낸다. 그럴 때마다 나는 의도하지 않게 내 배경 정보를 노출하는 셈이다.

고프만에 따르면 장면을 '이해하고read' 자신을 어떻게 내세울지 판단하는 일은 사회적 상호작용의 결정적인 요소다. 우리는 다양한 신호와 물리적 구조를 사용해 자신을 어떻게 표현해야 할지 파악한다. 예를 들면 대화의 비밀성에 대한 우리의 이해는 벽과 문이라는 변수에 따라 달라진다. 이런 구조는 물리적 프라이버시를 제공할 뿐 아니라 전반적인 구조와 개인적 상호작용의 콘텐츠도 시사한다. 우리는 닫힌 문 뒤에서 공공장소에서는 하지 않을 말도 종종 한다.

모호성은 사람들이 어떤 역할identity을 '연기하고perform', 관찰자들의 특성이 보내는 신호로부터 최적화된 모호성의 영역을 구축할 수 있게 해준다. 나는 남편, 아버지, 아들, 교수, 친구 등등 매일 다양한 역할을 연기한다. 만약 내가 친구들과 노래방에서 노래한 일, 자녀들과 상상 게임을 벌인 일, 아내에게 낭만적인 시를 쓰려다 실패한 일 등이 내가 가르치는 학생들에게 모두 노출된다면 일을 제대로 수행하기가 매우 어려울 것이다. 모호성은 따라서 맥락인 동시에 문화적으로나 인지적으로 내장돼 사회적 상호작용을 통해 강화되는 생물학적, 사회적 대응 방식이다. 우리는 온라인에서도 프라이버시 설정 같은 기능을 통해 동일한 조치를 취한다. 공간은 다르지만 거래 비용은 양쪽 매라 모두에서 강력한 힘으로 작용한다.

모호성을 프라이버시의 가치로 보는 핵심 전제를 상기해보자. 우리의 행태와 관련 정보가 취득하기 어려운 경우 그런 정보를 취득할 수 있는 사람은 그에 요구되는 노력과 자원을 투여할 만큼 충분한 동기를 가진 사람들뿐이다. 잘 알려졌다시피 인터넷이 어떤 정보로부터 모호성을 제거한 것은 사실이지만 (경찰의 범인 식별용 얼굴 사진mug shot과 전과 기록을 생각해보라) 웹상의 수많은 정보는 여전히 숨겨진 채로 남아 있다.

초기 웹의 일방향 방송 특성은 무한대에 가까운 비밀스러운 대화, 뒷골목, 비밀 포럼, 담을 두른 정원 등이 짜깁기된 네트워크에 자리를 내줬다. 현재 추산하기로는 월드와이드웹의 80~99%가 일반적인 검색엔진에는 전혀 포착되지 않고, 정확한 검색 용어나 웹 주소URL 혹은 내부자만이 아는 지식을 통해 접근할 수 있다.[35] 온라인 정보의 다른 부분은 가명, 복수의 프로필 및 프라이버시 설정 등을 이용해 모호하게 숨겨진다. 현실적으로 말해 이처럼 기능적으로 모호하게 처리된 정보가 허술한 비밀번호로 보호되는 정보보다 발견될 가능성이 실제로 더 낮을까?

설령 모호해진 정보가 발견된다고 해도 그와 연관된 맥락이 불투명해서 해당 정보를 제대로 이해하기가 어렵다면, 실체를 제대로 파악할 수 있는 사람은 그런 불투명성을 제거해서 실체를 밝혀내고야 말겠다는 동기가 충분한 사람뿐일 것이다. 데이터의 실제 가치를 캐내는 사람들, 이를테면 범죄를 수사하는 법 집행 기관이나 탐사 보도에 열중하는 기자, 참견하기 좋아하는 이웃 등은 겉으로 드러난 모호한 정보를 제대로 파악하기 위한 작업에 깊이 개입하지 않으면 안 된다. 정보를 이해하기가 너무 어려운 경우 사람들은 잘못된 결론에 이를 수 있다. 자존심이 상해 탐사 작업을 포기할지도 모른다. 노력이 요구된다는 점은 해당 정보가 언제라도 쉽게 얻을 수 있는 게 아니라는 점을 깨닫게 한다는 점에서 억지 효과로 작용한다.

인터넷 사용자들은 온라인에서 프라이버시를 유지하기 위해 모호성에 의존한다. 온라인에서 정보를 공개하는 행위만으로 그 사람이 유명세를 꾀한다고 해석할 수는 없다. 설령 공개된 정보가 이론적으로는 인터넷에서 누구나 구할 수 있다고 해도 그렇다. 거리 모퉁이에서 누군가가 내지르는 고함소리는 근처에 있는 몇몇 사람들에게만 들리듯이 (이 사람의 고함소리는 건축, 사회적 상호작용 및 순수한 물리적 법칙의 제한을 받는다) 우리 대부분은 온라인으로 공유되는 콘텐츠에 대해 그와 비슷한 기대를 갖고 있다.[36] 당신의 인스타그램 계정은 제법 인기가 있을지 모르지만 너무 우쭐대지 않기를 바란다. 상대적으로 말하면 지구상에서 거의 아무도 그것을 보지 않은 셈이기 때문이다.

온라인에서 정보를 공개하겠다는 선택은 특정 맥락에 맞춘 위험 분석을 요구한다. 사람들은 공개된 정보를 볼 수 있는 관객의 규모를 제한하는 방식으로, 공개할 포럼을 선정해 공개의 의미를 제한하는 방식으로, 공개를 특정 웹사이트에 맞추는 방식으로[37] 정보를 관리한다. 6장에서 말하겠지만 익명성은 규범을 위반하고, 페이스북 같은 여러 소셜네트워크 사이트로부터 얻을 수 있는 혜택을 제한하기 때문에 개인들은 공개의 피해를 낮추기 위해 모호성을 적절히 사용하는 기법을 쌓는다. 인터넷 사용자들은 가명과 복수 프로필을 사용해 그리고 프라이버시 설정 기능을 활용해서 검색엔진에 걸리지 않도록 자신의 정보를 일상적으로 숨긴다. 단적으로 말하면 기술적 디자인으로 만들어낸 신호와 거래 비용은 사용자들이 온라인에서 모호성에 의존할 수 있도록 도와준다. 따라서 모호성은 프라이버시의 청사진을 규정하는 데 도움을 주는 이상적인 가치다.

나와 셀린저, 스터츠만은 서로 조합돼 모호성을 창출하는 변수를 이해하기 위한 프레임워크를 만들었다. 그에 따르면 정보는 그것을 발견하거나 이해하는 데 필수적인 히니니 그 이상의 핵심 변수가 빠진 맥락 속에서 존재하면 온라인에서 모호성이 유지된다. 우리는 이들 변수 중 검색 가시성search visibility, 보호되지 않은 접근, 식별identification 및 명확성clarity 네 가지를 식별했다. 이들은 모두 거래 비용의 함수다. 이들 변수가 가세하면 모호성이 감소하고, 빠지면 증가한다. 이들 변수는 모두 디자인에 따라 조정되며 프라이버시 청사진의 핵심 부분이 될 수 있다.

우리의 공개된 정보와 장소는 모호성의 스펙트럼 위에 다양하게 놓일 수 있고, 그에 따라 규제자와 디자이너, 기관 관계자들은 디자인을 통해 온라인 정보를 보호하기 위한 지도 원칙을 채택할 수 있을 것이다. 그 스펙트럼은 완전히 모호한 수준부터 완전히 명확한 수준까지 포괄한다. 이 모호성 모델의 목표는 디자인을 선택할 때 고려해야 할 모호성의 위험 요소를 식별하는 것이다.

검색 가시성

검색 가시성search visibility은 개인과 이들이 생산하는 콘텐츠를 온라인 검색을 통해 얼마나 쉽게 찾고 접근할 수 있는지의 정도를 나타낸다. 검색 숨김invisibility은 온라인에서 정보를 검색하는 주요 방법이기 때문에 온라인 모호성에서 가장 중요한 변수 중 하나다. 온라인에서 정보를 찾아내는 주된 방법이 바로 검색이기 때문이다. 검색이 되지 않으면 정보는 다른 웹사이트, 메시지 혹은 일일이 웹 주소URL를 입력해 일련의 링크를 따라가는 것처럼 덜 효율적인 방법으로만 검색할 수 있다.

웹의 대다수 정보는 실상 검색엔진으로는 찾아볼 수 없다.[38] 검색 숨김은 robots.txt 파일을 쓰거나 프라이버시 설정을 사용하거나 비밀번호 같은 접근 제한 수단을 사용해 의도적으로 웹사이트가 검색 엔진에 걸리지 않게 함으로써 가능한데, 이것은 온라인 모호성의 또 다른 변수다. 검색은 개별 콘텐츠를 찾기 위한 중요하고 기본적이고 공통적인 벡터이기 때문에 디자이너는 사용자에게 자신들의 정보를 내부 및 외부의 검색 서비스에 포함할지 여부에 대한 결정권 제시를 고려해야 한다. 어떤 사람은 자신의 페이스북 프로필이 구글 검색 결과에 나타나기를 원하는 반면, 다른 이들은 페이스북 내부에서도 친구의 친구만 검색 가능하도록 제한하고 싶어할 수도 있다. 디자이너는 또한 프로필의 특정한 측면만 검색에 나오게 하거나 검색 결과 순위를 조작해 위나 아래에 놓이게 하는 식으로 다양한 수준의 검색 엔진 난독화 obfuscation 제공을 고려할 수도 있다.

보호되지 않은 접근

접근 보호는 콘텐츠에 대한 접근을 관리하기 위해 사용되는 다양한 기술과 방식을 포괄한다. 접근 관리의 일반적인 사례는 비밀번호다. 접근 관리는 단순히 기술적으로 누가 정보를 볼 수 있는지 제한하는 데 그치지 않고 정보의 사적인 특성을 가리키는 규범적 신호의 구실도 한다. 그와 반대로 아무런 제한이 없는 정보 접근unprotected access은 특히 프라이버시 설정 같은 기술이 있는데도 사용하지 않은 경우는 모호성의 반대 효과를 초래해 정보를 노출시킴으로써 누구든 마음대로 퍼가고, 인덱싱하고, 수집하도록 허용한다.

접근 관리에는 생체인식, 암호화, 프라이버시 설정, 비밀번호 등 다양한 종류가 있다. 이들은 가령 누구와 콘텐츠를 공유할지, 어떤 잠재 관객을 염두에 두는지 혹은 두 변수 모두를 고려할지 등에 대해 사용자가 관리권한을 행사할 수 있게 해준다. 접근 관리는 검색 가시성과 더불어 온라인에서 모호성을 창출하는 데 가장 중요한 변수 중 하나다. 결과적으로 이들은 모호성의 원칙을 포용하는 디자이너들이 반드시 고려해야 할 기반 툴이다.

식별

식별identification은 온라인 환경에서 개인적인 공개와 대인 관계를 통한 공개에서 개인이 식별될 수 있는 정도를 가리킨다. 온라인 콘텐츠를 특정 개인과 연결하는 모든 정보를 통해 식별 가능하다. 한 개인과 연결될 수 없는 정보는 일정 수준의 익명성을 제공해 당사자 프라이버시에 대한 위협을 줄여준다. 가명과 변종 ID를 이용해 신원을 모호하게 만들 수도 있다. 비밀번호처럼 이름의 첫 글자만 딴 변종 ID와 가명은 콘텐츠와 신원의 연결 고리를 끊어 프라이버시를 어느 정도 보호할 수 있다. 예를 들면 WH는 더 많은 맥락이 제공되지 않는 한 우드로 하초그부터 휘트니 휴스턴까지 W와 H가 들어가는 누구든 가리킬 수 있다. 변종 ID나 가명임이 확실하다는 사실은 해당 정보의 수신자에게 정보 제공자 신원이 민감하거나 사적인 것이라는 신호로 작용할 수 있다.

소셜미디어는 신원 관리에 복합적인 문제를 제기한다. 예를 들면 소셜미디어에서는 당신이 어떤 사람이나 기관과 연결됐는지를 통해 본인의 신원을 비롯해 많은 개인정보를 노출할 수 있다. 허위 프로필을 관리하는 사용자들은 그와 연결된 다른 사람들이나 친구가 그의 담벼락에 남긴 글을 바탕으로 신원이 밝혀질 수 있다. 따라서 설계자는 자신의 신원을 보호하고 싶어하는 개인의 의도를 직접적인 자체 공개를 넘어 개별적이고 선별적인 온라인 페르소나 공개를 관리하는 수준까지 포함해야 한다.

명확성

마지막으로 명확성clarity은 외부 관찰자가 한 개인이 공유하는 콘텐츠를 통해 그를 얼마나 정확히 이해할 수 있는가의 정도다. 온라인 정보는 종종 쉽사리 발견할 수 있지만, 그런 정보의 중요한 측면은 독자나 뷰어에게 선뜻 드러나지 않는다. 온라인에 떠도는 밈meme[39]을 봤지만 그게 무슨 뜻인지 전혀 몰랐던 적이 있는가? 한 사람이 무엇인가를 소셜미디어에서 공유할 때 가까운 친구들만 이해하고 막연한 지인들은 알 수 없는 방식으로 내용을 꾸미는 경우처럼, 불분명한 정보는 때로 의도적으로 모호하거나 불완전하다.

명확성이 충분하지 않은 정보는 찾기 어려운 정보 못지 않게 프라이버시를 보호하는 효과가 있다.

식별은 신원과 정보 간의 연결에 의존하는 데 비해 명확성은 콘텐츠와 다른 일정한 맥락 요소 간의 연결에 주목한다. 정보에서 맥락을 제거하면 명확성은 감소하는 대신, 공개된 내용의 의미를 이해할 수 있는 사람의 숫자를 줄여 정보의 모호성을 높인다. 이 기법은 우리의 일상적인 사교에서 흔히 사용된다. 서로에게 익숙한 그룹은 대화에서 일정한 맥락을 서로에게 굳이 명시적으로 제공하는 대신 '추정하거나 전제presuppose'할 수 있다. 명확성은 추정이나 전제를 가능케 하는 다양한 범위의 공유된 지식과 사회적, 문화적, 언어적 요소로 생각할 수 있다.

예컨대 내가 당신에게 지금 "그날이 오늘이에요! 어떻게 됐는지 알려줄게요."라고 말한다면 당신은 내가 무슨 말을 하는지 전혀 이해하지 못할 것이다. 하지만 만약 당신이 내가 만든 작은 페이스북 그룹인 '하초그 집안의 아기를 기다리며'의 멤버이고 내가 올린 글을 읽었다면 아내의 출산이 임박했다는 사실을 알아챌 것이다. 이것은 당신이 이미 내가 올린 메시지를 명확히 이해하는 데 필요한 전제를 알고 있기 때문이다.

디자이너와 입법자들은 외부인이 메타데이터, 데이터 저장 및 데이터 재조합 등을 사용해 명확성을 획득할 수 있는 수준을 고려함으로써, 사람들이 명확성을 관리하는 데 사용한 개별적인 전략의 가치를 인정, 즉 정책과 기술 양면에서 규범적인 관행을 존중할 수 있다. 우발적인 공개로 사람들에게 초래될 수 있는 위험을 감안하면 그러한 고려는 특히 중요하다. 예를 들어 당신이 찍는 대부분의 디지털 사진에 내장된 정보를 생각해보자. 케이트 머피Kate Murphy는 프라이버시와 사진에 대한 이야기에서 인기 과학 프로그램인 「미스버스터즈MythBusters」[40]의 진행자인 애덤 새비지Adam Savage가 집 앞에 주차된 자신의 승용차 사진을 트위터에 올렸을 때 자기 집의 GPS 위치도 노출된 사실을 지적했다. "사진에 내장된 지리 정보인 '지오태그geotag'는 사진이 찍힌 장소의 위도와 경도 데이터를 담고 있다. 그 때문에 새비지는 자신이 어디에 사는지 정확하게 드러내고 만 것이다. 그리고 '이제 일하러 가야지.'라는 사진 설명 때문에 잠재적인 범죄자들은 그가 집에 없다는 사실을 알게 될 것이다." 새비지는 카메라와 디지털 사진의 숨겨진 디자인 때문에 우발적으로 자기 집 주소의 모호성을 침해하고 만 것이다.[41]

검색 가시성, 무제한 접근, 식별 및 명확성이라는 요소를 종합하면 당신이나 당신의 정보가 어느 수준으로 모호한지 파악할 수 있다. 이런 요소가 존재하면 모호성은 그만큼 줄고 빠지면 높아진다. 따라서 정보가 온라인에서 모호한지 결정할 때 법원과 입법자들은 이들 요소를 개별적으로 이어 종합적으로 고려해야 한다.

초대된 사용자들만 볼 수 있고, 구글 같은 여느 검색엔진으로는 찾기 어려운 가족 블로그를 생각해보자. 이 경우는 정보를 찾고 이해하는 데 가장 중요한 두 가지 요소인 검색 가시성과 보호되지 않은 접근이 빠져 있다는 점에서 완전히 모호한 상태에 가깝다. 이 가족 블로그를 보호되지 않고 '테일러Taylor'라는 이름만 사용하고, 글쓴이를 식별할 수 있는 것은 흐릿한 사진뿐인 트위터 계정과 비교해보자. 이 계정은 누구나 찾을 수 있고 접근할 수 있다는 점에서 가족 블로그보다는 더 쉽게 노출되지만, 특정한 인터넷 사용자들만이 글쓴이를 식별하거나 그가 올린 기이한 글을 완전히 이해할 수 있을 것이다. 전통적인 프라이버시 법에 따른다면 가족 블로그는 '사적인private' 것으로 여기고, 문제의 트위터 계정은 '공개된' 정보로 간주될 것이다. 그러나 사안은 그렇게 단순하지 않다.

모호성은 그보다 더 폭넓은 프라이버시의 개념보다 정교화하고 시행하기가 더 쉬울 수 있다. 디자인에 '프라이버시'를 반영하는 일은 종종 완벽에 가까운 보호를 추구하는 것처럼 들리지만, 모호성을 보장하는 디자인 목표는 대부분의 맥락에 혹은 이용자의 구체적인 요구에 부응할 수 있을 만한 내용으로 비친다. 이 경우의 보호는 모호성을 통해 달성되는데, 이것은 '갑옷'의 강도를 보장하기보다는 정보가 남들에게 발견되고 이해될 가능성을 현저히 줄이는 방식으로 진행된다. 이것은 찾고 이해하는 데 소요되는 비용이 높아 어떤 사람이나 기관이 그런 정보를 찾으려 하지 않기 때문이다. 거래 비용을 높이기 위한 디자인은 더 많은 모호성을 생산할 것이다. 모호성은 그보다 더 폭넓고, 파악하기 힘든 프라이버시의 개념보다 소셜 기술에 대한 사용자들의 기대 수준을 더 미묘하고 정확하게 반영한다고 볼 수 있다.

다시 한번 신뢰성과 모호성이라는 두 가치를 돌아보고 서로 어떻게 관련되는지 정리해보자. 신뢰성은 관계의 문제다. 모호성은 위험과 연계된다. 둘을 조합하면 이 둘은 프라이버시 청사진의 기반을 형성한다. 이들은 가장 직접적으로 디자인 신호와 거래 비용의 영향을 받는다. 이들은 둘 다 대체로 서술적이며, 다른 것을 가능케 해주는 가치다. 모호성과 신뢰성은 타인의 시선으로부터 자유로운 안전 지대를 만듦으로써 우리가 자유롭게 우리의 다른 신원(아이덴티티)을 탐사하고 만들고 서로 친밀한 관계를 맺을 수 있게 해준다. 이들은 서로 통합돼 우리에게 총체적인 보호막을 제공한다. 신뢰성은 다른 사람들을 상대할 때 우리를 보호해 준다. 모호성은 신뢰할 사람이 아무도 없을 때 우리를 보호해 준다. 가장 중요한 것은 둘 다 자율성이라는 더 큰 윤리적 가치와 연관된다는 점이다. 만약 프라이버시의 청사진이 명시적으로 자율성을 포용한다면 사람들이 누구를 신뢰할지 그리고 어느 수준으로 모호성을 유지할지에 대해 자유롭게 의사 결정을 내리도록 도와줄 수 있을 것이다.

자율성

사람은 선천적으로 자율성^{autonomy}의 욕구를 지니고 있다. 우리가 번창하기 위해서는 외부 통제나 영향으로부터 일정 수준의 자유가 확보돼야 한다. 1890년 새뮤얼 워렌과 루이스 브랜다이스가 주장한 '홀로 남겨질 권리^{right to be let alone}'의 핵심 개념도 여기에 있다. 가장 유명한 프라이버시 이론가 중 한 사람인 앨런 웨스틴^{Alan Westin}은 개인의 자율성에 대한 가장 중대한 위협은 "누군가가 물리적이거나 심리적인 수단을 통해 개인의 내부 영역에 침투해 그의 궁극적 비밀을 알게 될 가능성이다. 개인의 보호막, 그의 심리적 갑옷에 대한 이 같은 의도적 침투는 피해자가 조롱과 모욕을 당할 위험을 초래하며, 그의 비밀을 아는 사람에게 취약해지게 만든다."[42]라고 썼다.

자율성은 여러 프라이버시 이론의 핵심이다. 줄리 코엔이 주장하듯이 "정보적 자율성을 위한 보호 영역은, 단적으로 말해 우리가 계량할 수 없는 것을 상기해 준다는 바로 그 이유 때문에 매우 중요하다."[43] 헬렌 니센바움은 프라이버시와 자율성 간의 관계는 세 가지 다른 방식으로 생각될 수 있다고 지적한다. (1) 자율성 혹은 정보 자체에 대한 관리권한으로서의 프라이버시, (2) 개인의 자율성이 제대로 보장된 환경을 돕는 역할로서의 프라이버시, (3) 확실히 자율적인 결정을 내릴 수 있도록 보장하는 공간을 창출하는 역할로서의 프라이버시[44]

하지만 자율성을 프라이버시의 가장 중요한 원칙으로 보는 데는 한 가지 문제가 있다. 바로 자율성은 거의 무한한 개념이라는 점이다. 젭 루벤펠드^{Jeb Rubenfeld}의 비평을 살펴보자.

> 그렇다면 프라이버시의 권리란 무엇인가? 그것이 보호하는 것은 무엇인가? 수많은 논평가들은 프라이버시 어휘에 '자율성'을 더할 때 제대로 된 답을 찾았다고 생각하는 것 같다. 그러나 개인을 '자율적'

이라고 부르는 것은 그가 윤리적으로 자유롭다는 말의 다른 표현일 뿐이며, 프라이버시 권리가 자유를 보호한다고 말하는 것은 그런 권리를 이해하는 데 별다른 도움을 주지 못한다. 프라이버시 원칙은 '선택하고 결정할 수 있는 권리'를 포함하며, 자율성의 '핵심 kernel'을 구성한다는 점은 분명하다. 하지만 문제는 어떤 선택과 결정이 보호를 받는가 하는 것이다.[45]

그런 목적을 달성하기 위해 디자인의 기능은 프라이버시의 청사진에서 자율성의 의미를 구체화하는 것을 도울 수 있다. 자율성은 프라이버시 법이 신호와 거래 비용을 이용해 신뢰성과 모호성을 강화하는 기술을 유도하는 경우 더욱 강화된다. 달리 말하면 기술적 디자인은 개인이 자유롭게 그리고 안정적으로 신뢰 관계를 형성하면서 적절히 모호성을 창출하고 유지할 수 있도록 허용할 때, 자율성을 높이는 데 기여하는 셈이다. 그에 반해 관계에서 신뢰를 그릇되게 조작하거나 왜곡하고 모호성의 영역을 교란할 때 디자인은 자율성에 가장 치명적이다.

신뢰성은 그것이 자유롭게 주어질 때 시장 경제 내에서 가장 가치가 높다. 우리는 신뢰를 지키겠다는 약속이 법으로 보장된다는 사실을 알 때 다른 사람들을 신뢰하기로 선택할 가능성이 더 높다. 일단 안정적인 신뢰 관계에 놓이면 우리는 개인정보를 더 유용한 방식으로 더 자유롭게 공개한다. 우리는 개인정보를 받은 쪽에서 신뢰를 지킬 것이라고 믿을 수 있다.

모호성은 그것이 우리에게 정확하고 안정적인 위험성 계산을 근거로 자유롭게 선택을 내릴 수 있게 해줄 때 가장 가치가 높다. 나는 정보 공개가 모호한 상태로 남아 있으리라는 점을 예상할 수 있을 때 소셜미디어에 내가 원하는 내용을 더 자유롭게 게시한다. 그러므로 자율적인 선택과 공간은 신뢰성과 모호성의 영역 안에서 일어난다. 신뢰성과 모호성은 프라이버시 청사진의 핵심 개념이고, 자율성은 그 청사진에 윤리적 정당성을 부여한다.

관리권한 거부에 대해

내가 법과 디자인에서 사용자의 '관리권한'에 지나치게 의존하는 것을 비판한 뒤에 자율성을 프라이버시 청사진의 핵심 가치로 옹호하는 것은 모순으로 비칠지도 모른다. 그러나 자율성은 단지 관리권한의 문제만이 아니다. 디자인의 제한이나 제약은 자유롭고 자율적인 선택을 가능케 하는 모호성을 창출할 수 있다. 사람들은 확실히 신뢰할 만한 관계일 때 더 자유롭게 정보를 공개한다. 그렇게 하는 것이 덜 위험하기 때문이다. 사람들의 이익에 반하거나 부정적으로 개입하지 않는 기술은 자율적 가치를 구현한 셈이다.

심지어 자율성이 자신의 개인정보가 수집, 사용, 공유되는 데 대한 당사자의 관리권한과 동일시되는 경우에도 '고지와 선택'에만 의존하기에는 (더욱이 고지나 선택 어느 쪽도 실질적인 효과가 적은 상황에서) 너무나 중요하다. 자신의 개인정보에 대한 관리권한을 갖고자 하는 우리의 열망은 대체로 자율성을 중시하는 데서 비롯한다. 디자인이 외부의 통제로부터 자유를 진정으로 보장하는 한 그것은 자율성을 제공하므로 장려돼야 한다.

그러나 디자인이 개인의 관리권한에 지나치게 의존하는 경우 프라이버시 상실의 위험성을 기술 사용자 쪽으로 전가시킨다. 개인정보의 수집, 사용, 공개에 대한 시늉뿐인 '동의'로 사람들을 압도할 때, 디자이너는 그와 동시에 사용자에게 그들이 원하는 '관리권한'을 줬다고 주장하며, 유해한 디자인에 대한 책임을 회피할 수 있다. 프라이버시 법은 이처럼 자율성을 갉아먹는 디자인을 아마도 법률적 효과를 인정하지 않음으로써 억제해야 한다. 사람들은 디지털 환경에서 자신을 보호하는 문제에 대해 실질적이고 유의미한 선택을 원한다. 프라이버시의 청사진은 정보 접근과 저장 기술에 대한 기본적 선택을 우선시하고 도와주는 한편, 사용자가 선택의 쓰나미에 휘말리지 않도록 해야 한다. 이것은 진정한 자율성보다는 대규모 정보 처리의 기반에 관한 문제다.

기업은 무엇을 성취하려는지 결정을 내릴 때 신뢰성, 모호성 및 자율성의 가치에 눈길을 줘야 한다. 훌륭한 프라이버시 디자인은 이러한 가치를 반영하는 신호와 거래 비용을 담게 된다. 입법자는 기대의 높낮이에 영향을 미치고, 직무를 더 쉽거나 어렵게 만들고, 사용자 선택을 전달하는 디자인의 기능에 가장 근접해 있기 때문에, 디자인을 통해 신뢰성, 모호성 및 자율성을 육성하겠다는 결의가 필요하다. 신뢰성은 관계 안에서 정보를 안전하게 공유할 수 있게 해주는 열쇠다. 신뢰 관계의 바깥에서는 모호성이 정보 수집과 사용, 공개에 따른 위험성을 평가하고 대응할 수 있게 해주는 열쇠다. 신뢰성과 모호성은 모두 스스로 공개하고, 관계를 형성하고, 위험에 대응하는 데 필요한 자율성을 요구한다. 이 세 가치는 다른 가치를 가능케 한다. 프라이버시와 연계된 다른 가치인 관리권, 친밀성, 존엄성, 공정성, 자기실현은 대부분 신뢰와 모호성 및 자율성을 통해 육성될 수 있다. 이것이 프라이버시 청사진의 첫 부분이다. 4장에서는 이들 가치가 정보 기술 속에서 번창할 수 있도록 독려하는 표준을 입법자와 법원이 어떻게 설정할지 제안하고자 한다.

4

디자인 경계 설정

기술 디자인을 규제하는 법을 만드는 일은 어렵다. 이런 법의 목적이 모호하기로 악명 높은 프라이버시의 개념을 고취하는 경우라면 그 어려움은 더욱 커질 수밖에 없다. 이들 법은 구체적이어야 할까? 예를 들면 콘센트는 다른 콘센트와 "바닥 선을 따라 수평으로 측정해 약 2미터 이상 거리를 둬야 한다."[1]는 국가 전기규격은 디자이너에게 무엇을 어떻게 해야 할지 정확하게 알려준다. 아니면 유연하고 기술 중립적이어야 할까? 불법행위법은 종종 단순하게 '불합리하게 위험한 제품'[2]을 금지하는 경우가 많고, 이를 통해 광범위한 유형의 위험한 디자인을 잡아낸다. 공정정보 규정은 디자인 표준의 모델이 돼야 할까? 따지고 보면 거의 모든 개인정보보호법은 이 규정을 바탕으로 하고 있다. 아니면 그 법의 다른 분야가 더 유용하고 적절할 수도 있을까?

만약 입법자들이 기업에 충분한 지침을 제공하지 않는다면, 이들은 비효율적이고 혼란스러운 법을 제정하게 될 위험을 안게 된다. 하지만 규칙이 지나치게 구체적이면 입법자들은 신기술에 시시콜콜하게 간섭해 발목을 잡을 위험이 있다. 그렇게 되면 규칙은 동시에 지나치게 포괄적이면서도 정작 포함해야 할 내용은 빠뜨려 맥락에 따라 혹은 서로 경합하는 요구 사항에 따라 적절히 적용할 만한 여지가 거의 없게 된다. 기업은 기술을 개발할 때 다양한 고려 사항을 적절히 안배해야 한다. 디자이너와 엔지니어는 비즈니스와 마케팅의 요구는 물론 법무팀과 엔지니어의 우려를 염두에 두고 여러 위험성을 관리해야 한다. 디자이너는 법규 준수, 보안, 시장의 미온적 반응, 언론의 부정적 보도, 경쟁 제품 등 여러 위험 요소를 적절히 다루지 않으면 안 된다. 최선의 제품 디자인은 유용하고 바람직하면서도 위험을 최소화한다.[3]

프라이버시를 위한 어떤 법률적 청사진이든, 디자이너가 이 모든 위험을 관리하면서도 시장성이 있는 제품을 만들 수 있을 만큼 유연해야 한다. 그렇게 하기 위해서는 목표를 명백히 하고, 그런 목표를 달성하는 데 필요한 경계선을 정해 그에 배치되는 유해한 디자인 유형을 금지하는 방식으로 큰 테두리를 정해 지도해야 한다. 이러한 규칙은 경직된 요구 사항보다는 유연한 표준의 형태를 취해야 할 것이다.

4장에서 나는 프라이버시 법을 위한 디자인 경계를 제안하고자 한다. 먼저 법률 프레임워크를 제시할 텐데, 이 프레임워크의 원칙은 제조물 안전과 소비자 보호법의 기준과 내용을 적극 활용하는 것이다. 공정정보 규정은 프라이버시 디자인 목표를 설정하는 데 유용할 수 있지만, 디자인 경계를 세우는 데 주도적인 모델이 돼서는 안 된다고 나는 생각한다. 제조물 안전과 소비자 보호 분야의 교훈을 따라 불합리하게 기만적이고, 가학적이고, 위험한 디자인은 금지해야 한다. 4장 후반부는 이런 교훈을 토대로 불량한 프라이버시 디자인의 유형을 제시한다. 이 세 가지 유형의 적대적 디자인은 신뢰를 악용하고, 모호성을 침식하며, 자율적인 의사 결정을 방해한다.

프라이버시 디자인을 위한 표준 기반의 프레임워크

일반적으로 입법자들은 기업에 대해 유연한 표준의 형태로 디자인 경계를 명시함으로써 프라이버시의 디자인 공백을 가장 효과적으로 채울 수 있다. 기업은 특정 한계선 안에 머무르면서 보안성과 정확성 같은 일정한 기본 요구 사항에 부응하고, 기만적이거나 가학적이거나 위험한 디자인 결정에 책임을 지는 한 기술을 자유롭게 디자인할 수 있어야 한다.

프라이버시 법은 유연하면서도 맥락을 적절히 고려함으로써 디자인의 가드레일 구실을 할 수 있다. 프라이버시 법은 구체적인 규칙을 정하기보다 공통된 표준을 세워 사안을 명확하게 표시해야 한다. 일반적으로 표준은 규칙보다 유연하다. 규칙을 준수하는 데는 거의 선택의 여지가 없다. 규칙은 운전자에게 시속 90km를 초과하는 것을 금지한다면 표준은 운전자에게 '상황에 맞춰 합리적으로 운전하시오'라고 말한다. 그럼에도 표준이 지나치게 많은 여지를 남겨 비효율적이 되거나 준수하기에 너무 어려워지는 경우, 디자인 법은 규칙과 비슷하게 더 구체적일 필요가 있다. 규칙이냐 표준이냐의 논의는 기본적으로 법률적 문제지만 디자인의 문제이기도 하다.

결정론적 접근법과 비결정론적 접근법은 모두 일정 수준의 비용을 동반한다. 규칙은 구체적이기 때문에 따르기 쉽다. 하지만 경직돼 있고 바로잡기가 어렵다. 때로는 도로 상태나 교통 상황 때문에 시속 90km가 비현실적일 수 있다. 그런가 하면 도로에 자동차 한 대 없는 상황에서는 지나치게 비효율적이다. 차량은 안전하면서도 더 빠르게 이동할 수 있다.

그에 비해 표준은 신축적이고, 신기술이 나와도 금방 시의성이 떨어지지 않는다. 이론상 표준은 어떤 맥락에서든 항상 우리를 바른 결과로 이끌 수 있다.[4] 그러나 표준은 만들기는 쉬운 반면, 이를 실제로 강제하고 확인하기는 어렵다. '적정한 속도reasonable speed'란 정확히 무슨 뜻인가? 누가, 어떤 기준으로 적정 여부를 결정하는가? 운전자들은 교통 상황과 기상 조건에만 초점을 맞춰야 하는가, 아니면 다른 변수도 이 공식에 영향을 미치는가?

표준은 대체로 디자인의 지침으로 적절하다. 이는 기술의 빠른 변화 속도, 모든 프라이버시 문제는 맥락에 따라 다르게 평가된다는 점, 그리고 건전한 프라이버시 디자인은 어떠해야 하는지에 대해 기업은 풍부한 지식을 보유하고 있기 때문에 그렇다.[5] 이런 접근법은 기업과 디자이너에게 업계의 공학적 지식과 그에 경합하는 이익 간에 균형을 꾀하도록 유도할 것이다. 잘 선택된 요구 사항은 공학자와 연구자 그리고 컴퓨터 과학, 공학, 심리학, 사회학, 정보과학, 매스컴과 미디어 효과, 기타 유사 분야의 관련 학자들이 생산한 관련 지혜를 통합할 수 있을 것이다. 프라이버시 최고책임자와 변호사 같은 프라이버시 전문가들이 특정 기업의 목표, 능력 및 한계를 잘 반영한 디자인을 유도할 수 있게 해줄 것이다. 기업이 프라이버시 친화적인 기술을 디자인하려 할 때 참고할 수 있는 원칙과 가이드, 접근법, 규율, 표준이 얼마나 많은지 보여준 2장을 떠올려보기 바란다. 프라이버시 법의 디자인 어젠다는 기만, 결함이 있는 디자인, 경고 등과 같이 정착되고 잘 개발된 원칙을 반영할 수도 있다.

경계선을 설정하는 데 표준이 더 낫다고 주장한다고 해서 프라이버시 법이 전적으로 기술 중립적인 방식으로 디자인을 다뤄야 한다고 말하려는 것은 아니다. 많은 경우 기술적으로 구체적인 디자인이 더 선호될 것이다. 폴 옴 교수는 그렇게 기술적으로 구체적인 프라이버시 법의 여러 혜택을 강조한 바 있다. 이 중에는 변화된 기술과 동떨어지게 되면 효력을 없애는 일몰 조항이 포함된다.[6] 새로운 기술이 새로운 문제를 낳는다는 것이 사실이라면, 이 일몰 조항은 입법자들이 프라이버시 법을 지속적으로 재검토해 기술 변화에 맞도록 개정하는 데 도움이 된다. 마이클 번해크Michael Birnhack는 아무런 기술적 편향성이 없는 법조차 당대에는 최첨단이었던 일정한 유형의 기술적 사고 방식에 근거를 두기 때문에 진정한 기술적 중립성은 어쨌든 불가능할 것이라고 주장했다.[7]

그러므로 프라이버시 디자인의 경계는 기술적으로 구체적인 규칙의 형태로 명시돼야 할 경우가 있다. 예를 들면 스파이웨어 같은 악성 코드에 대해서는 구체적인 규칙을 정할 필요가 있다. 스파이웨어를 금지하는 규칙은 특별한 시효가 없고, 관련 기술도 비교적 규정하기 쉽기 때문에 그리고 스파이웨어가 정당화되는 경우는 거의 없기 때문에 그 위험성이 적다. 사용자 인터페이스처럼 다른 맥락에서는 더 폭넓고 유연한 법이 최상일 것이다. 사용자 인터페이스는 소비자가 사용하는 기술에서 보편적이고 기본적인 요소다. 거기에 대해 구체적인 규칙을 정한다면 그 범위가 너무 넓어지거나 너무 좁아지는 결과로 이어질 수밖에 없다. 따라서 회피해야 할 피해가 동일하게 남아있는 이상 표준이 더 적절할 것이다.[8] 그리고 당연히 기술적 중립성은 규모가 커져도 문제가 없다. 법은 완전히 중립적이어서 어느 기술에든 적용될 수도 있고, 전적으로 특정 기술만을 대상으로 삼을 수도 있다. 그 사이의 중립 지대도 존재한다. 이를테면 지리정보나 데이터 진단 및 '그와 비슷한 기능' 같은 특정 기능을 가진 앱에 적용되는 법이다. 기업이 단순히 기술적으로만 디자인 규칙을 따르는 척하면서 자신들에게 주어진 융통성의 여지를 악용하려는 의도에 맞설 수 있도록 적절한 경계를 설정하는 것은 입법자들의 몫이다.

경계의 기준은 소비자 보호, 목표는 공정정보 규정

바람직한 디자인 모델을 찾을 때 입법자들이 거의 본능적으로 보게 되는 것은 공정정보 규정[9]이다. 앤 커부키언의 '프라이버시 중심 디자인' 운동은 공정정보 규정의 기반에서 설계됐다. 이를 찾기는 쉽다. 공정정보 규정은 전 세계에 공통된 프라이버시의 언어다. 구조와 법규는 이미 공정정보 규정을 시행할 기반이 돼 있다. 공정정보 규정에 기반한 커부키언의 프라이버시 중심 디자인 개념은 프라이버시를 일상적인 데이터 수집 비즈니스에 반영하고, 조직 구조와 데이터 수집, 사용과 책임에 관한 더 나은 규칙을 세우려는 기업에 훌륭한 출발점이다. 언뜻 생각해보면 공정정보 규정은 소비자 기술이 프라이버시를 보호하도록 디자인 어젠다를 설정하기에 이상적인 기반이 될 것처럼 보인다. 하지만 반드시 그렇지는 않다.

공정정보 규정은 투명성과 데이터 수집 최소화 같은 데이터 관련 디자인 목표를 정리하는 데는 유용하지만 정보기술을 위한 디자인 경계를 설정하는 데는 다음 두 가지 이유에서 적합하지 못하다. 이것은 주로 데이터를 제어하고 처리하는 방식과 관련이 있는데, 데이터 관리자에서 데이터 제공자(정보당사자)에게 손실 위험을 잘못 전달하는 방식으로 의미 있는 프라이버시 보호에 대한 '선택' 및 '통제'라는 형식적 개념을 높이는 데 종종 사용된다.

공정정보 규정은 개방성, 보안, 데이터 품질, 책임성 같은 바람직한 목표점을 명시한다. 하지만 이것은 주로 데이터 수집, 처리, 저장에 주안점을 두지 그러한 행위를 원활하게 해주는 디자인에는 초점을 맞추지 않는다. 공정정보 규정은 디자인이 신뢰성, 모호성, 자율성에 대해 보내는 신호와 거기에 부과하는 거래 비용의 효과를 늘 직접 다루지는 않는다. 중요한 프라이버시 관련 규정이나 기능에 대해 사람들에게 어떻게 효과적으로 부인하거나 경고할지 같은 구체적인 디자인 선택에 관해 입법자나 기업에게 의미 있고 실질적인 지침을 주지도 못한다.[10] 공정정보 규정이 처음으로 주목을 받기 시작한 1980년, 제임스 룰James Rule과 그의 동료들은 공정정보 규정이 감시 시스템의 작동을 실질적으로 제한하는 데 실패했다고 비판했다. 이들은 공정정보 규정을 '효율성efficiency' 원칙으로 분류했다. 데이터 관리자의 이익에 반해 데이터 수집을 상당 부분 제한하는 대신, 정보 시스템이 데이터 관리자와 데이터 당사자 양쪽에 더 효율적으로 작동하도록 노력한 데 불과하다는 비판이었다.[11]

룰과 그의 동료들은 공정정보 규정의 효율성 임무에 대해서도 그것이 형식적 준수를 통한 '프라이버시 보호'의 인상을 무기 삼아 대규모로 기만적 데이터 수집에 나선 기업이나 기관의 행태를 기회주의적으로 허용한다며 비판했다. 이들은 공정정보 규정의 이름 아래 "기관은 자신들이 거래하는 사람들에게 더욱 더 많은 개인정보를 요구하고, 그들의 삶에 대해 더욱 큰 지배력을 축적하면서도 그들의 프라이버시를 보호한다고 주장할 수 있다."라고 썼다. 그레이엄 그린리프Graham Greenleaf는 공정정보 규정에서 이 기본적 긴장 상태는 가령 "데이터 프라이버시의 원칙과 법률이 어느 수준까지 개인정보 시스템의 '효율성'을 담보하는 수준을 넘어 감시 시스템의 확장을 제한하고 관리할 수 있는 수단을 제공해야 하느냐" 같은 질문은 여전히 거의 제기되지 않은 채 지금도 남아 있다고 지적했다. 2장에서 논의했듯이 기업은 종종 법규를 준수하는 인상을 계속 주면서 공정정보 규정의 목표를 우회하기 위해 디자인을 사용한다.

제임스 그리멜만James Grimmelmann, 디어드리 멀리건Deirdre Mulligan과 제니퍼 킹Jennifer King은 공정정보 규정이 소셜미디어 같은 정보의 사회적 교환에 내재된 프라이버시 문제를 무시하기 때문에 정보기술의 디자인을 안내하는 데 비효율적[12]이라고 비판했다. 공정정보 규정은 영향력 큰 기관이나 기업이 축적된 개인정보를 다루는 방법에만 관심을 둔다. 하지만 그리멜만이 지적하듯이 설령 소셜미디어 기업이 완벽하게 공정정보 규정을 준수한다고 해도 "사용자들은 여전히 허위 프로필을 만들고, 서로서로를 엿보고, 사적인 정보의 한계를 정하는 데 어려움을 겪는다. 이런 이유로 프라이버시와 다른 플랫폼을 다룬 보고서는 종종 데이터 수집과 이전에 강력한 제한을 둬야 한다고 제안하는 반면, 소셜네트워크 사이트의 프라이버시에 대한 보고서의 초점은 마땅히 다른 곳에 놓여 있다."[13] 프라이버시 디자인의 경계는 정보기술로 인한 위험성의 모든 스펙트럼을 충분히 다룰 때만 효과적일 것이다.

새라 스피커만Sarah Spiekermann과 로리 페이스 크레이너는 공정정보 규정과 정보 기술을 위한 프라이버시 디자인을 명확히 구분한다. 이들은 공정정보 규정에 기반한 '고지와 선택' 전략을 '정책 기반의 프라이버시privacy-by-policy'로 그리고 프라이버시 친화적인 기술적 메커니즘과 제한을 '아키텍처 기반의 프라이버시privacy-by-architecture'14로 구분 짓는다. 다시 말하건대 공정정보 규정은 대체로 데이터 처리 지침이지, 데이터를 수집하고 사용하는 기술을 어떻게 구축할지 알려주는 규칙은 아니다. 공정정보 규정과 프라이버시의 기술적 솔루션 간의 이런 차이는 어쩌면 놀랍게 들릴지도 모르지만, 입법자들은 소비자 기술이 프라이버시를 보호하도록 디자인하는 데 공정정보 규정을 기반으로 삼는 것은 적절하지 못하다는 점을 기억할 필요가 있다.

공정정보 규정을 기반으로 구축된 체제 대신 (그중에서 데이터 최소화의 원칙을 법제화하는 것은 빼고) 나는 법에서 유연하면서도 표준에 기반한 체제로 발전된 두 분야를 프라이버시 디자인의 경계를 설정하는 모델로 채용하자고 제안한다. 바로 제조물 안전product safety('제조물 책임'으로도 불린다)과 소비자 보호consumer protection다. 이 두 분야는 여러 해 동안 다양한 방식으로 디자인을 중요하게 취급해 왔고, 따라서 여러 다른 분야에서도 프라이버시 디자인을 안내할 수 있다. 프라이버시 법의 디자인 어젠다가 불법행위법과 행정 규제로 국한돼야 한다는 뜻은 아니다. 그보다는 디자인을 중요하게 취급하려는 입법자와 업계는 제조물 안전과 소비자 보호법에서 그 특성과 정립된 개념을 빌려와 신뢰성, 모호성 및 자율성의 가치를 육성하는 디자인 프레임워크를 구축해야 한다는 뜻이다.

여러 규정 중에서도 제조물 안전법은 결함이 있는 디자인과 잘못된 경고문을 금지하고, 그에 따른 피해를 배상하도록 구성돼 있다. 부당하게 위험한 제조물의 생산과 판매를 억제하고, 제조물 용도에 대한 사람들의 기대를 적절히 설정할 수 있도록 효과적이며 정직한 소통을 권장하는 데 초점을 맞춘다. 소비자 보호법은 사람들을 시장 참여자로서 보호하도록 돼 있다. 소비자 피해를 막고 시장에서 소비자 의사 결정 과정에 부당한 개입이 일어나지 않도록 억제한다. 미국에서 가장 두드러진 소비자 보호 기관, 예컨대 연방거래위원회, 소비자금융보호국CFPB 및 주 정부 검찰은 기만적이고, 가학적이고, 불공정한 기술에 초점을 맞춘다. 종합하면 이들 체제는 프라이버시의 청사진이 기만적이고, 위험하며, 가학적인 디자인을 예방하기 위해 경계선을 설정하는 데 좋은 참고 자료가 된다.

이것은 우리를 속이거나 우리에게 거짓말하거나 우리의 약점을 악용하거나, 혹은 위험하게 약화시키거나 개인정보를 숨기기 위한 실질적인 은폐지를 파괴하는 디자인을 입법자들이 억제해야 한다는 뜻이다. 그러한 기술은 우리의 신뢰를 배신하고, 우리가 자율적인 선택을 내리는 데 필요한 모호성을 위협한다.

기만, 가해 및 위험에 초점을 맞춘다는 것은 기술 전체보다 구체적인 디자인 결정과 기능을 면밀히 따진다는 뜻이다. 이것은 겉보기에 유사해 보이는 기술 간의 차이를 분별하는 데도 도움을 줄 것이다. 예를 들면 카메라 기능을 갖춘 휴대폰은 스파이웨어나 주요 정보를 숨기거나 생략한 사용자 인터페이스의 특정 기능만큼 심각하게 신뢰성, 모호성, 자율성의 가치를 위협하지는 않는다. 이것은 휴대폰이 일반적으로 거짓 신호를 발산하지 않으며, 항상 켜져 있지 않은 기능을 쓰자면 상당한 노력이 요구되고, 사용할 때는 보통 사용 중이라는 신호를 보여준다.

제조물 안전법의 교훈

제조물 안전법에서 이끌어낼 수 있는 가장 기본적인 교훈은 위험한 물건을 제조하고 디자인하는 기업은 그것이 일으키는 피해에 대해 책임을 져야 한다는 점이다.[15] 이것은 소비자가 해당 제품을 예측할 수 있는 방식으로 잘못 사용하거나 과실이 있더라도 마찬가지다.[16] 제조물 안전은 사법private law 을 통해 소비자 권리를 보장한다. 입법부와 행정 기관의 대응을 기다리는 대신, 디자인의 피해를 입은 사람들은 이론적으로 법정에서 배상을 요청할 수 있다. 5장에서 논의하는 제조물 안전법은 프라이버시 법 디자인 어젠다의 일부로 직접 활용돼야 한다. 하지만 그 내용은 기업이 더 나은 프라이버시 디자인을 적용하도록 유도하는 것은 물론, 정책 입안자들이 경계를 설정하는 데 더 폭넓은 지침을 제공할 수 있다.

제조물 안전법을 통해 기술은 덜 위험하면서 더 예측 가능해질 수 있다. 사람들의 심리 모델이 기술의 작동 방식을 정확히 예측할 수 있을 때 사람들은 해당 기술에 대한 기대 수준을 더 잘 조정하고, 기술도 더 잘 사용할 수 있다. 예컨대 노골적인 스냅 사진을 스냅챗으로 보내는 데 따른 위험이 더 명백하다면, 사람들은 자신들이 공유하는 내용을 더 조심할 것이다. 요약하면 제조물 안전법을 활용해 사람들이 기술을 사용할 때 심리적으로 짐작하는 취약성과 실제 취약성 간의 간극을 좁히도록 도와주자는 것이다.[17]

프라이버시 법은 다양한 이론과 출처를 폭넓게 반영한 제조물 안전법을 본받아야 한다. 제조물 안전법은 '예측 가능한 사용'과 '타당한 대안 디자인' 같은 법률적 개념의 뷔페다. 보통법과 성문법, 불법행위와 계약, 과실 기반의 체제와 무과실 책임의 혼합이다. 어느 한 접근법도 만능은 아니다. 그보다는 입법자들이 특정 문제를 다루기 위해 특정 툴을 뽑는 것이 바람직하다.

여러 학자는[18] 제조물 안전법이 프라이버시 법의 유력한 본보기가 될 수 있다고 주장해 왔다. 그리멜만은 사용자 인터페이스 같은 소비자 기술의 전면은 공정정보 규정의 적용을 받는 후면의 데이터 처리 기법과 비교해 '제조물'이나 '제품'과 더 유사하다고 지적한다. 디지털 기술에 관한 사용자 기대는 비교적 예측 가능하다. 기술이 그런 기대에 부응하지 못할 때 사람들이 느끼는 불만과 짜증도 마찬가지다. 그리멜만은 웹사이트와 앱이 더 나은 디자인과 더 신중한 프로그래밍으로 예방 가능했음에도 프라이버시 피해를 초래했을 때, 기업에 책임이 있는지 그리고 어떻게 피해의 책임을 물을지 질문하는 것은 공정하다고 주장한다.[19]

프라이버시 법이 제조물 안전법에서 빌려올 수 있는 가장 중요한 교훈은 거기에 담긴 위험-실용 균형risk-utility balancing 요구 조항과 제조물 위험성에 관한 정보를 사용자에게 전달하는 방식에 중점을 두고 있다는 것이다. 위험-실용 균형 테스트는 기업에 제조물의 특정한 디자인이 주는 혜택이, 그런 디자인이 제조물 사용자에게 초래할 위험을 감수할 만큼 큰지 검토하도록 강제한다. 예를 들면 자동차 연료 탱크를 충돌 시 해당 충격으로 폭발할 수 있는 위치에 설치하는 것은 그런 디자인으로 어느 정도 효율성이 높아지든 그렇게 할 만한 가치가 없다. 제조물 안전법은 해당 제조물을 사용할 때 사람들이 어떤 심리적 모델을 염두에 둘지 고려한다. 특정 위험이 명백하더라도 분명한 경고로 위험이 최소화될 수 있다면 그 디자인은 수용될 수 있다. 예를 들면 칼은 위험하지만, 날카로운 칼날과 뾰족한 모서리는 누구나 경험했듯이 잘못 사용될 경우 위험하다는 점을 명확하게 전달한다.

물론 일반적으로 제조물 안전법의 적용을 받는 제품인 의약품, 산업 및 의료 기계, 어린이용 장난감, 자동차 등은 정보기술과는 여러 면에서 다르다. 현대 정보기술은 보통 그 디자이너와의 연결 고리를 유지한다. 사물인터넷은 원격 업데이트를 통해 지속적으로 자잘한 보안 오류를 정정해야 한다. 소셜 미디어 디자인과 경고 메시지는 끊임없이 변형되고 업데이트된다. 제조물의 리콜 규모는 방대하고 비용도 막대한 작업이지만, 인터넷과 연결된 기기의 소프트웨어 업데이트는 흔하며 종종 자동으로 진행된다. 원격으로 디자인을 바꿀 수 있으므로 기업으로서는 그러한 변화를 꾀하는 데 대한 부담이 낮다. 제조물 안전법에서 이것은 결함이 있는 제품을 만든 기업의 책임 범위에 변화를 가져올 수 있다.

제조물 안전법은 제조물이 불합리한 위험을 초래하지 않도록 하는 데 주안점을 둔다. 보통법을 가장 종합적으로 정리한 『미국 불법행위론Restatement of Torts』의 표현에 따르면 "제조물의 결함은 위험하다는 이유 때문만은 아니다. 제조물 관련 사고에 따른 비용은 많은 경우 해당 제품의 유용하고 바람직한 기능까지 과도하게 희생할 때만 제거할 수 있다. 이러한 양면성은 사고 피해자에 배상하는 경우와 법원이 제조물 판매자에게 부과하는 책임 비용을 더 높아진 소비자 가격으로 전가하는 경우 중 어느 쪽이 더 공정하고 효과적으로 사고 비용을 반영하는지 결정할 때 반드시 고려해야 한다. 예를 들면 전기톱chainsaw은 사람들에게 무해하게 디자인할 수 있지만, 그 때문에 정작 나무를 자르는 성능은 형편없어질 수도 있다.

제조물 안전법에 따라 법원은 기술의 디자인을 놓고 위험-실용 혹은 위험-편익 분석 작업을 벌여야 한다. 위험-실용 시험은 제조사가 예상되는 위험 수위에 상응하는 예방 조치를 취했는지 여부를 따진다. 그에 따르면 해당 제조물에서 예상되는 피해 위험을 '합리적인 대안 디자인'의 적용으로 줄이거나 피할 수 있었다고 판단될 때, 그리고 대안적 디자인을 누락함으로써 제조물이 합리적으로 안전하지 않게 된 경우 디자인에 결함이 있다고 평가된다.

달리 말하면 법원은 더 안전한 대안적 디자인의 부담이, 기업이 용인한 위험에 따른 피해 심각성과 그런 피해가 일어날 가능성보다 더 낮은지 평가한다. 만약 그런데도 타당한 대안적 디자인이 적용되지 않았다면 해당 제조물의 디자인은 결함이 있다고 판단된다. 법원은 책임 소재를 따질 때 타당한 대안적 디자인도 고려하기 때문에, 기업으로서는 새로운 기술을 만들 때 더 낫고 안전한 선택을 내려야 할 동기가 있다.

제조물 안전법과 책임법에 중점을 두는 주요 이점 중 하나는 사람들이 실제로 기술을 사용하는 방식에 주목한다는 점이다. 해당 디자인이 충분한지 판단할 때 제조물의 기능만이 아니라 그에 대한 사람들의 기대도 고려한다는 점이다. 이것은 디자이너가 사용자 실수를 예상하고, 그들이 머릿속에 정확한 심리적 모델을 세울 수 있도록 도와줘야 한다는 돈 노먼의 요구와 일치한다.

그리멜만은 "만약 소비자들이 해당 기기가 모든 경우에 어떻게 작동하는지 정확히 안내받는다면 아무런 사고도 일어나지 않을 것이다. 다리가 흔들거리는 트램폴린을 사지 않았을 것이고, 그 위에서 물구나무 서기를 하지도 않았을 것이며, 트램폴린에서 점프하기를 좀 더 일찍 멈췄을 수도 있다. 모든 사고는 소비자 기대가 어긋난 결과다."라고 언급한다.

제조물 안전법이 사람들의 기대에 부응하는 방법 중 하나는 설명서, 경고문, 권리 포기 각서를 제공하는 것이다. 『미국 불법행위론』에서는 "합리적인 설명서나 경고문으로 제품의 예측 가능한 피해 위험이 감소되거나 회피될 수 있다고 판단되는 경우 (중략) 그리고 설명서나 경고문의 누락이 해당 제조물을 부당한 수준으로 위험하게 만드는 경우, 설명서나 경고문이 불충분하다면 그 제조물은 결함이 있는 것으로 평가된다."고 설명한다. 여기에서 핵심은 경고문의 품질과 분량이다.

제조물 안전법은 아무도 찾을 수 없는 곳에 비효과적이고 혼동스러운 문구로 땜질하는 식이 아니라 합리적인 경고문을 요구한다. 프라이버시 법의 비효과적인 '고지와 선택' 시스템과 극명하게 대비되는 대목이다. 바람직한 경고문과 공개는 소비자들이 바른 결정을 내리는 데 필수적이다. 제조물 안전법은 경고문의 효율성을 중요시한다. 고지와 선택 시스템 및 계약법 같은 다른 프라이버시 관련 분야는 그보다 더 높은 관심을 쏟을 수 있다. 유럽연합의 일반개인정보보호법 같은 프라이버시 법은 실질적이고 의미 있는 동의가 실현되도록 하는 데 주력하지만, 경고문과 동의 절차는 궁극적으로 두 가지 다른 목표를 지향한다. 경고문은 제조물을 위험한 용도로 사용하지 말도록 설득하는 데 주력한다면, 동의를 얻는다는 것은 그 사람들의 개인정보로 위험할 수도 있는 활동을 벌이도록 승인을 받는다는 뜻이다.

입법자들과 법원은 이론적으로 사람들이 이해할 수 없는 문구를 보고 읽을 수 있는 한 아무리 구태의연하고 절차적이고 무의미한 형태의 '고지'조차도 유효하다고 일상적으로 평가해 왔다. 만약 이 고지 뒤에 사람들이 해당 제품이나 서비스를 이용한다면 이들은 '동의'를 제공한[20] 것으로 간주된다. 다행히 많은 입법자가 고지와 동의가 지닌 한계를 지적하고 나왔다. 캐나다의 연방 프라이버시 위원회는 프라이버시 보호의 발판인 동의에 비판적인 보고서를 발표했다. 보고서에 따르면 현대의 디지털 경제는 공정정보 규정에 기반한 '개인정보보호 및 전자문서법PIPEDA'이 발효된 이후 워낙 크게 변해서 그 법에 따른 실질적 동의는 더 이상 가능하지 않다. 보도 자료에서 위원회는 "인터넷 사용자가 연간 방문하게 되는 웹사이트의 평균 숫자에 근거해 이들이 모든 프라이버시 정책과 관련 규정을 읽는다고 가정하면 244시간, 근무일로 치면 약 33일이 걸린다. 놀라울 것도 없이 많은 사람은 해당 사이트와 관련된 약관을 읽기보다는 단순히 '동의' 버튼을 클릭해버린다."라고 지적했다. 요컨대 프라이버시 법은 무의미하고 형식적인 동의에서 탈피해 실질적이고, 증가하는 규모에 적합한 경고 체제로 가야 한다는 얘기다.

물론 경고문의 이점을 판단하기는 쉽지 않다. 사용자들이 워낙 다양하기 때문에 어떤 경고 방식이 합리적인지 결정하는 일은 매우 복잡하다. 용의주도하고 경험 많은 사용자는 잠재 위험에 대해 더 상세하고 종합적인 정보를 선호할 것이다. 경험이 적고 아직 미숙한 사용자들은 더 간략한 경고 방식을 필요로 할 것이다. 만약 기업이 모든 위험을 열거한다면 정말로 중요한 내용은 발생 가능성이 낮은 위험 속에 묻혀 버릴 수 있다. 어린이들은 어른들보다 더 생생하고 구체적인 경고가 필요하다. 기업은 경고 내용을 계산할 때 예측 가능한 오용을 감안해야 한다. 뻔한 위험은 굳이 표나게 경고할 필요가 없다.[21] 다른 위험은 워낙 심각해서 아무리 효과적인 경고문도 이를 해결하지 못할 것이다.[22] 법정은 경고문이 충분했는지 판단할 때 이 모든 변수 간에 균형을 맞춰야 하며, 기업도 마찬가지다. 프라이버시 법규는 형식적인 고지, 선택 및 동의 모델을 넘어 제조물 안전법의 경우처럼 구체적인 조사와 검토를 요구함으로써 기술의 위험한 사용을 막고 위험의 부담과 책임을 사용자에게 전가하지 말아야 한다.

소비자 보호법의 교훈

소비자 보호관련 법의 의도는 넓게 보면 정확한 시장 정보를 장려하고, 사기를 억제하며, 시장 참여자들의 취약성을 보호하자는 것이다. 제조물 안전법과 마찬가지로 소비자 보호법은 연방 법, 주정부 법, 행정 규제, 보통법의 원칙이 적절히 조합된 형태이며, 일부 국가에서는 헌법적 권리도 가미된다. 소비자 보호법은 권력의 불균형과 기술을 사용하는 사람들의 취약성에 주목하고, 제3자에 의한 직접적 피해를 부추기는 제조물을 만든 이들의 책임을 묻는 수단과 기구를 개발했기 때문에, 프라이버시 법의 디자인 어젠다에 도움을 줄 수 있는 이상적인 프레임워크이다.

소비자 보호법의 가장 중요한 특징은 사람들의 취약성과 이를 악용하는 사람들에게 주목한다는 점이다.[23] 미국에서 아동 온라인 프라이버시 보호법 같은 소비자 보호 체계는 총체적으로 사람들이 가장 취약한 상태일 때 이들을 보호하기 위한 것이다. 우리는 모든 내용을 아는 것도 아니고 항상 완벽하게 경계심을 유지할 수 없기 때문에 소비자로서 취약할 수밖에 없다. 어린이나 고령자처럼 나이나 판단력 때문에 일부 인구는 특히 더 취약하다. 소비자 보호법은 또한 경제적 상황이나 질병 때문에 스스로를 충분히 보호할 수 없는 사람이나 단순히 시간, 노력 혹은 금진직 무자로 상업적 관세가 어려워진 탓에 취약해진 사람들에 대한 보호를 목표[24]로 삼고 있다. 달리 말하면 소비자 보호법의 여러 목표 중 하나는 기업이 소비자의 취약점을 부당하게 이용하는 것을 막는 데 있다. 이 법은 사람들이 기업이나 기관을 신뢰해 스스로를 취약하거나 불확실한 상황에 놓이게 하는 상황에 매우 민감하다.

경고와 공개가 충분한지를 따질 때 소비자 보호법은 보통 기계적인 형식주의를 거부한다. 미국에서 연방거래위원회의 표준은 '명확하고 뚜렷한clear and conspicuous' 공개에 주목한다. 무엇이 명확하고 뚜렷한지를 결정할 때 연방거래위원회는 소위 '4P'를 기준으로 삼는데, 4P는 눈에 잘 띌 것prominence, 표시 방식presentation, 경고문 위치placement 및 근접성proximity을 가리킨다.[25] 다시 말하면 경고문은 소비자가 보고, 이해하고, 그 중요성을 인지할 수 있도록 제시돼야 한다.

이런 접근법은 인간의 본성을 고려하며, 효과를 고려하지 않은 공허한 경고로부터 소비자를 보호하기 위해서는 인지적, 실제적 제한 조치가 필요하다는 사실을 인식한다. 입법자들은 관련 학계의 연구를 들여다봄으로써 이 접근법을 더 향상시킬 수 있을 것이다. 예를 들면 플로리안 샤웁Florian Shaub, 레베카 발레바코Rebecca Balebako, 애덤 L. 듀리티Adam L. Durity, 로리 페이스 크레이너는 효과적인 프라이버시 고지를 위한 유용한 디자인 공간을 개발했다. 웹사이트, 앱 또는 사물인터넷 기기의 온라인 고지 형식에 맞는 공간은 물론, 공공장소의 폐쇄회로 TV 카메라 같은 감시 관련 오프라인 공지도 고려했다. 샤웁과 동료들에 따르면 프라이버시 고지를 띄울 때 타이밍timing(언제 고지를 띄울 것인가), 채널channel(어떻게 메시지를 전달할 것인가), 양식modality(어떤 상호작용 모드를 사용할 것인가), 제어control(사용자 선택을 어떻게 이행할 것인가)[26]라는 네 가지 기본적인 차원을 고려해야 한다.

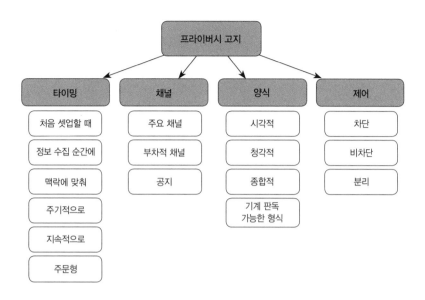

소비자 보호법은 맥락에 따른 공개의 실제 효과에 주목하기 때문에 이 네 가지 차원에 민감하다. 이 맥락적 민감성은 프라이버시 법의 디자인 어젠다에서 핵심 요소가 돼야 한다. 디자인이 일종의 신호로 작동하기 때문이다.

연방거래위원회는 또한 소비자에게 해를 끼치고 기만할 수 있는 '수단과 방편'을 제공하는 주체를 겨냥한다. 이것은 소비자에게 간접적으로 피해를 입힐 수 있는 디자인을 선택한 데 대한 책임을 져야 한다는 말이다. 가짜 윈도우10 등록 페이지를 만든 '디자이너웨어'라는 회사를 떠올려보자(1장). 연방거래위원회는 이 회사에 대한 공식 항의서한에서 디자이너웨어가 다른 이들이 불공정한 행위와 행태를 자행할 수 있는 수단과 방편을 제공했다고 주장했다. 이 '수단과 방편' 이론은 다른 분야에 대한 연방거래위원회의 법 해석에도 적용됐다. 사람들에게 피해를 끼친 다단계 피라미드 방식을 더 쉽게 해준 기술 제공사와 지불처리자에 대한 반사기 불만 소송에서도 연방거래위원회는 같은 접근법을 보였다.[27]

수단과 방편 이론은 간접 책임의 전통에서 유래한다. 예를 들면 불법행위법은 위험 요소를 만들어 '제3자의 행위에 의해 일어나는 피해'로 이어지는 상황에 대해 부주의한 행위의 책임을 인정한다.[28] 따라서 눈에 띄게 술에 취한 사람에게 그의 자동차 열쇠를 건넸는데 그가 해당 차량으로 누군가를 다치게 했다면 열쇠를 건넨 사람은 부주의 책임을 질 수 있다.[29] 법원은 피해를 일으키게 한 조력자enabler의 배상을 정당화하는데, 이것은 비슷한 상황의 재발을 막는 데 도움이 될 수 있다. 그렇게 방조자 행위를 악용해 타인에게 직접 피해를 입히는 이들을 발견하고 처벌하기는 어려울 수 있다.[30] 때로 그런 피해는 한 단계 너머의 행위를 억제하는 것으로 예방할 수도 있다. 주점 규제법은 명백히 술에 취한 사람에게 알코올을 제공한 사람들에게 책임을 묻는다. 술에 취해 제대로 판단할 수 없는 사람들에 더해 그런 결과에 이르게 한 수단도 규제하려는 의도다. 수단과 방편 이론은 잠재적인 범법자에게 피해의 '수단과 방편'을 제공하는 것을 막음으로써 해로운 활동을 억제하는 효과를 기대할 수 있다. 이것은 위험을 줄이는 데 하나 이상의 경로를 제공한다.

피해를 악화하는 요소로 디자인에 주목하는 접근법은 눈앞의 직접적인 피해 원인에만 머물지 않고 그 이상의 사안까지 고려하는 연방거래위원회의 일관된 전략이다. 위원회 관계자들은 다른 이들이 소비자를 사취하고 기만할 수 있는 상황을 수단과 방편을 제공하는 문지기와 조력자에 주목하는 것이라고 말한 바 있다. 연방거래위원회는 특히 '사기꾼들이 대규모 시장에 피해를 쉽게 입힐 수 있도록 도와주는 지불 처리자, 홍보중개인, 제휴 마케터, 텔레마케터, 로봇콜 업자, 비용청구 통합자 등'을 주시한다.

제조물 안전법과 소비자 보호법의 교훈은 사람들의 취약성으로 인해 발생하는 위험에 초점을 맞춘다는 점, 어떻게 사람들이 실제로 사물을 인식하고 반응하는지에 주목한다는 점 그리고 위험과 유용성 간의 합리적 균형을 반영하는 규칙 세 가지로 요약할 수 있다.

프라이버시 디자인을 위한 세 가지 경계

만약 우리가 소비자가 대면하는 기술의 디자인을 제조물 안전과 소비자 보호의 문제로 이해한다면, 디자인의 경계는 더 쉽게 식별할 수 있다. 어떻게 기술이 작동하는지에 대한 사람들의 기대와 심리적 모델은 결정적 중요성을 갖는다. 입법자와 법원, 업계와 시민사회는 디자인을 대면할 때 제조물 안전법과 소비자 보호법에서 하는 것과 비슷한 방식으로 우리가 가진 기대를 고려하는 것으로 먼저 시작해야 한다. 이것은 경고문과 프로토콜, 디자인 선택의 조합이 사용자 안전을 지키고, 해당 제조물이 가진 위험성을 적절히 인지할 수 있도록 하는 데 주안점을 둬야 한다는 뜻이다.

기술에 대한 우리의 기대는 무수한 내부적 변수와 맥락에 따라 달라지지만, 가장 중요한 변수는 1장에서 다룬 것처럼 기업이 디자인을 통해 소비자들에게 전달하는 신호다. 기술이 특정한 책무의 거래 비용에 어느 정도까지 영향을 미치는지 전달하는 신호 말이다. 이런 변수가 소비자에게 부정적으로 작동한다면 이들은 세 가지 다른 유형의 유해한 디자인에 기여하는 셈이 된다. 그것은 우리를 실질적으로 기만하는 디자인, 우리를 부당하게 괴롭히는 디자인 및 우리를 불합리하게 위험에 몰아넣는 디자인이다.

달리 말하면 프라이버시 법의 디자인 어젠다를 위한 주요 경계는 기만, 학대, 위험 세 가지에 초점을 맞춰야 한다는 뜻이다. 그러한 경계는 입법자와 법원이 왜 특정 디자인은 유해한지, 왜 디자인 프로세스에서 어떤 프로토콜은 누락되는지, 어떤 법률적 대응이나 인정이 적절할 수 있는지 파악하는 데 도움을 줄 것이다. 예를 들면 사람들이 온라인에서 실제로는 안전하지 않은데 안전하다고 오해하고 개인정보를 공개하도록 유혹된다면 문제다. 법원과 입법자들은 프라이버시 정책에 적힌 글귀에만 얽매이지 말고, 가령 불합리하게 취약하고 위험한 서비스에 어울리지 않는 자물쇠 아이콘과 다른 상징처럼 사용자 인터페이스에 내장된 오해와 기만의 의도를 찾아내는 데 집중해야 한다. 규제 기관과 법원은 이런 디자인에 의해 전달하는 신호가 사람들의 상식적인 추정과 관련 맥락에서 어떻게 해석되는지에 주목해야 한다. 법원과 입법자들은 가학적인 디자인을 심사할 때 시스템이 어떻게 사람들의 예측 가능한 편견을 악용해 그들 의사 결정 과정에 개입함으로써 본인들에게 불리한 방향으로 결정을 내리도록 유도하는지 검토해야 한다. 기업이 불합리하게 우리 결정을 조작한다면 이들은 우리를 학대하는 것이다. 법원과 입법자들은 위험한 디자인을 검토할 때 어떤 제조물이 불합리하게 사람들과 그들의 정보를 타인에게 노출함으로써 피해와 불안감의 위험에 빠뜨리거나 그들의 행태를 바람직하지 못한 방향으로 억압하는지 면밀히 살펴야 한다.

기만적인 디자인

사람들이 기술이 작동하는 방식을 파악하기 위해서는 신호가 필요하다. 브라우저의 홈 버튼이 집 모양의 실루엣으로 표현되듯이 무엇을 클릭하거나 눌러야 할지 알기 위해서 신호에 의존한다. 사람들은 어떻게 반응해야 할지 선택할 때 스스로 인식하는 내용에 의존하기 때문에 디자인 신호는 적법하고 정확해야 한다. 정보 기술이 우리의 신뢰, 모호성 또는 자율성에 영향을 미칠 수 있는 사실을 왜곡하거나 누락한다면, 그것은 기만적이라고 할 수 있다. 프라이버시 법은 기만적인 디자인을 더 적극 억제해야 한다.

기만은 프라이버시 법의 디자인 어젠다에서 유용한 기준이다. 입법자와 법원은 기만 예방에 대한 잘 정립되고 개발된 이론을 참조할 수 있기 때문이다. 예를 들면 사기는 법에서 잘 정리된 불법행위다. 『미국 불법행위론』에서는 "다른 이의 행동이나 비행동을 유도할 목적으로 사실, 의견, 의도 또는 법을 의도적으로 왜곡한 자는 다른 이가 왜곡된 정보로 인해 받게 된 경제적 손실에 대한 책임이 있다."고 언급한다.

기만은 소비자 보호법의 초석이다. 기만은 소비자들이 시장에 완전히 그리고 자유롭게 참여할 수 없게 만든다. 연방거래위원회의 가장 효과적이고 자주 사용되는 규제 수단은 기만적 거래로부터 소비자를 보호할 수 있는 권한을 명시한 연방거래위원회법 제5조다. 기만적인 거래 행위는 정황상 합리적으로 행동할 소비자를 호도해 본인에게 손해를 끼치는 결과로 이어지게 만드는 모든 실질적인 표시나 표현, 누락 또는 관행이다.[31] 연방거래위원회는 수많은 기만적 행태를 적발했는데, 여기에는 '잘못된 구두 또는 문서 표현, 오도된 가격 주장, 유해 제조물이나 구조적 결함을 가진 제품을 적절한 경고문 없이 판매하는 행위, 피라미드 판매에 관한 정보의 미공개, 싼 것처럼 소비자를 유혹해 비싸게 파는 유인 상술, 약속한 서비스를 제공하지 않는 경우, 보증 의무를 어기는 경우' 등이 포함됐다. 위원회의 다음 단계는 정직한 디자인을 위한 프레임워크를 만드는 것이다.

기만적 디자인을 금지하는 것은 프라이버시 법의 디자인 허점을 메우는 일에서 아마도 가장 논쟁의 여지가 적은 경우일 것이다. 연방거래위원회는 이미 기만적 디자인에 대한 여러 중요한 불만 사항을 발표한 바 있다. 기술이 기만을 목적으로 디자인됐다면 다른 사람들에 대한 우리의 신뢰는 깨지고, 그 때문에 위험 수준에 대한 평가는 부정확해지므로 모호성을 유지하기 위한 의사 결정도 어려워진다. 우리가 실상보다 더 안전하다고 추정할 때, 우리는 지나치게 많은 정보를 공개할 위험성을 안게 된다. 기만적 디자인을 억제하려면 프라이버시 법의 경계는 사기, 기만적 표현, 표시와 상징이나 사용자가 의존하는 다른 정보 신호에서 중요한 정보를 누락하는 행위 등에 초점을 맞춰야 하다.

사기

기만적 디자인은 정도의 차이는 있지만 어디에나 널렸다. 어떤 디자인은 노골적 사기다. 예를 들면 소프트웨어 봇은 틴더Tinder 같은 데이트 앱에 침투해 사용자에게 링크를 누르거나 신용카드 번호 같은 개인정보를 공개하도록 유인한다. 보안 회사인 시만텍Symantec은 사기 봇이 사용자에게 메신저 프로그램을 내려받아 외설적인 웹캠 대화방에 참여하도록 유혹하는 시도를 발견했다.[32]

이런 유형의 사기 기술은 흔하며[33] 사람들이 피해를 당하는 경우 사기 및 소비자 보호법에 저촉된다. 하지만 이처럼 기만적인 기술을 디자인하고 사용하는 기업의 많은 경우는 찾아내 처벌하기가 어렵다. 이런 문제가 지속된다면 입법자들은

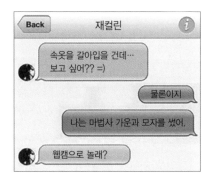

데이터 보안 및 데이터 보호법의 일부로 틴더 같은 플랫폼에 그처럼 기만적인 디자인을 최소화하기 위한 경고문, 정책, 절차를 의무적으로 갖추도록 요구할 수 있을 것이다.

수단과 방편 이론도 사기를 부추기는 기술을 폐쇄하는 데 사용될 수 있다. 랜섬웨어 기술을 생각해보자. 이 기술의 악의적인 코드는 해커들이 당신의 모든 데이터를 암호화한 뒤 추적하기 어려운 디지털 통화인 비트코인으로 당신이 해커에게 돈을 지불할 때까지 데이터를 볼모로 잡아두도록 디자인됐다. 일단 돈을 지불하면 이들은 당신에게 암호화된 데이터를 풀 수 있는 암호 키를 제공한다. 랜섬웨어가 늘어나는 이유 중 하나는 손쉽게 쓸 수 있는 '플러그-앤-플레이plug-and-play' 소프트웨어가 나와 있어서 거의 누구나

마음만 먹으면 범죄를 저지를 수 있는 여건 때문이다. 랜섬웨어에 걸린 피해자는 돈을 지불할 것이다.

보안 연구자들은 이런 유형의 소프트웨어가 온라인 암시장에서 거래되는 것을 발견했다. 그러니 사기도 놀라울 정도로 쉬워진다.[34] 사기꾼들이 할 일이란 피해자가 돈을 낼 수밖에 없도록 몇몇 정보만 넣으면 끝이다!

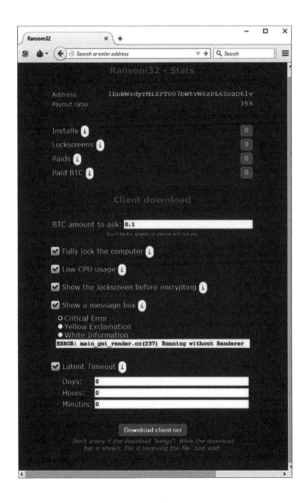

프라이버시 법은 이런 사기 기술은 아무 문제없이 규제할 수 있다(접근하기 가장 어려운 기술이라 하더라도). 이들은 정당화할 수 없는 기술이며 이미 사용이 금지돼 있다. 하지만 사기와 절도 기술은 항상 진화하기 때문에 입법자, 법원 및 규제기관은 경계심을 늦추지 말아야 한다. 좋은 사례 하나는 웹에서 개인정보를 낱낱이 긁어모아 한 개인에 대한 부정적인 프로필이나 웹페이지를 만든 다음 돈을 내면 '없앨' 수 있다고 요구하는 최근의 경향이다. 이들 회사는 사람들을 속이는 데 기술 디자인을 사용한다.

예를 들면 연방거래위원회는 페이스북으로부터 개인정보를 수집해 사람들에게 '얼간이 Jerk' 또는 '얼간이 아님 not a Jerk'이라는 딱지를 붙인 프로필을 만든 웹사이트 저크닷컴 Jerk.com에 불만을 제기했다. 이 회사는 기만적인 웹사이트를 만들어 소비자에게 30달러를 지불하면 온라인 프로필을 수정할 수 있다고 속였다는 것이다. 연방거래위원회에 따르면[35] 저크닷컴은 어린이를 포함해 7천 3백만 명 이상의 프로필을 만들었다.

저크닷컴의 디자인은 사람들에게 다른 저크닷컴 이용자들이 해당 프로필을 만들었다고 믿게 만들었다는 점에서 기만적이었다. 실상은 만들어진 프로필 대부분은 페이스북에서 수집한 정보였다. 이들의 디자인은 '프리미엄' 회원이 되면 자신들의 '얼간이' 프로필을 바꿀 수 있다고 사람들을 속여 추가 비용을 내게 했다. 6장에서 합의되지 않은 포르노 이미지를 담은 기만적 디자인이 어떻게 악용되고 사람들(대부분 여성)에게 해를 끼치는지 논의한다.

사기는 온라인에만 있는 것은 아니다. 때로 기술은 오프라인에서 사기를 치기 위해 디자인되기도 한다. 사이버보안 전문가인 매트 블레이즈 Matt Blaze는 어느 날 길을 걷다가 펜실베이니아주 경찰의 플래카드를 달고 자동차 번호판 인식기를 장착한 SUV가 구글 스트릿 뷰 마크가 전사된 스티커를 달고 있는 것을 목격했다.[36] 그러나 해당 차량은 펜실베이니아주 경찰이나 구글 어디에도 소속된 것이 아니었다. 정부 관련 차량으로 보이기는 하지만 어디 소속인지는 불분명했다.[37] 이것은 구글과 경찰을 사칭하려는 시도였을까? 모호성을 제거하는 번호판 인식기의 사용을 정당화하기 위해 디자인된 '합법한' 감시의 공식 허가증이었을까?

기만적 표현으로서의 디자인

디자인이 보내는 신호의 많은 부분은 기업이 사용자에게 전달하는 표현으로 또는 사용자 간의 약속으로 해석될 수 있다. 인간-컴퓨터 상호작용 분야의 연구는 점점 더 '프라이버시 지표privacy indicators'[38] 즉 개인정보의 수집과 사용에 관한 웹사이트 정책을 직관적으로 전달하는 데 사용되는 로고, 아이콘, 설정, 문장紋章 같은 디자인에 주목해 왔다. 내가 1장에서 언급한 일반 자물쇠 아이콘은 프라이버시 지표의 대표적 사례다.

프라이버시 지표는 흔하다. 수많은 웹사이트가 TRUSTe 같은 기업이 발급한 '프라이버시 문장privacy seal'을 표시해 사용자에게 자기네 웹사이트가 책임 있는 프라이버시 보호 조치를 취하고 있다고 안심시킨다. 아마존은 사용자들이 공개 프로필과 '사적인 희망사항 목록'을 만들 수 있게 해주며, 친구들이 볼 수 있는 목록을 따로 만들라고 부추김으로써 사적인 목록의 기밀 특성을 더욱 강조한다. 트위터가 '보호된' 계정 옵션을 선택한 사용자에게 자물쇠 아이콘을 덧붙인다는 점을 기억하자. 이것은 트위터가 보호 계정의 트윗 내용을 다른 누구에게도 공개하지 않는다는 뜻일까? 따지고 보면 트위터가 미국 의회도서관에 기록 보관을 위해 모든 공개 트윗을 보낼 때 '보호된 트윗protected tweets'[39]은 포함하지 않았다.

이런 지표는 소비자들의 확신감을 높이고 해당 웹사이트의 프라이버시 규정에 신뢰를 갖게 해준다. 그런 신뢰가 깨지면 프라이버시를 보호하겠다는 명시적 약속만큼이나 큰 피해를 초래할 수 있다. 연방거래위원회의 프라이버시 법리는 주로 소비자와의 약속을 어기고 기만했다는 이론에 바탕을 둔다. 프라이버시 보호와 관련해 일반적으로 지키지 않는 약속은 다음과 같다.

- 개인정보의 기밀성을 유지한다거나 제3자에게 공개하지 않겠다는 약속
- 기업의 프라이버시 정책과 부합하는 데이터만 수집한다는 약속
- 개인정보보호에 충분한 보안 대책을 제공한다는 약속
- 익명성을 유지한다는 약속
- 파산 수속 과정에서 제3자에게 개인정보를 팔지 않는다는 약속

대부분의 경우 그렇게 깨어진 프라이버시 약속은 기업의 프라이버시 정책 안에서 벌어졌지만, 디자인은 그에 못지않게 기업이 내놓는 '표현representation'을 구성하는 신호를 보낼 능력이 있다. 소비자 보호 기관은 디자인이 가진 소통의 힘을 인식하기 시작했다. 이것은 프라이버시의 청사진에서 더없이 긴요한 단계다. 예를 들면 미국에서 연방거래위원회는 '차단된' 계정과 자기 계정의 공개 범위 등 사용자가 이전에 정해놓은 프라이버시 설정을 기업이 존중하지 않는다면 이는 그러한 설정을 존중하겠다는 묵시적 약속을 어긴 셈이므로 기만적인 행위로 간주한다.[40] 연방거래위원회는 프라이버시 문장도 그런 문장을 발행한 기업이 문장을 표시한 기업이나 웹사이트의 프라이버시 행태를 검토하지 않았다면 기만적인 디자인으로 간주된다고 지적했다.[41]

위원회는 기만적 디자인의 이론을 소셜미디어 회사인 패스Path에 적용했다. 연방거래위원회 기소장에 따르면 "패스가 명시적으로나 묵시적으로 사용자의 모바일 기기에 담긴 주소록에서 얻은 개인정보는 사용자가 '친구 추가' 기능을 클릭하고, '주소록에서 친구 찾기' 옵션을 선택한 경우에만 수집된다고 밝혔다. 실상은 … (패스는) 사용자가 패스 앱을 열 때마다 사용자 모바일 기

기에 들어 있는 주소록에서 자동으로 개인정보를 수집해 저장했는데, 만약 사용자가 로그아웃한 경우는 그가 다시 로그인할 때마다 그렇게 개인정보를 수집했다. 이것은 심지어 사용자가 '주소록에서 친구 찾기' 옵션을 전혀 선택한 적이 없는 경우에도 일어났다."[42]

기만적 디자인을 규제하는 핵심은 전통적인 표현의 범위를 넓히는 데 있다. 무언가가 만들어지는 방식은 어떻게 작동하는지에 대한 정보를 사용자에게 전달한다. 올바른 위치에 놓인 버튼은 누르라는 메시지다. 자물쇠와 문장 같은 상징 및 프라이버시 설정 같은 표시는 사람들의 인식과 행태에 놀라울 정도로 큰 영향[43]을 미친다. 사용자 인터페이스가 거짓이면 정보 유출이 일어날 수 있다.

중요한 요소를 의도적으로 누락시킨 기만적 디자인

때로 디자인은 빠트린 요소 때문에 기만적인 것으로 평가된다. 앱 기능과 전혀 관계가 없는데도 사용자 위치 정보를 수집한 손전등 앱을 생각해보자(1장 참조). 연방거래위원회는 "제조물의 속성, 외양 혹은 용도는 소비자의 마음 속에 일정한 인상을 심고 … 만약 그 인상이 틀리면, 판매자가 그것을 바로 잡는 데 충분한 노력을 기울이지 않는다면 판매자는 불법적인 기만의 책임 이 있다."[44]라고 언급했다. 기술을 통해 소비자들이 오도되는 것을 막을 수 있는 실질적 정보가 누락된 디자인은 기만적이라고 할 수 있다.

기술에서 기만적 누락은 모바일 앱의 제한된 공간과 우리의 주의 지속 시간 의 한계를 고려하면 특히 중요하다. 모바일 공개에 관한 직원 보고서에서 연방거래위원회는 공개 방식으로 아이콘 사용, 프라이버시 설정 수준을 한 눈에 파악할 수 있게 해주는 대시보드와 적시適時, just-in-time 공개 등을 권고 했다. 위원회는 또한 "소비자에게 중요한 시점, 즉 앱을 통해 당사자 정보를 수집하기 직전에 그런 공개를 제공함으로써 소비자/사용자는 관련 정보의 수집을 허락할지 여부를 놓고 숙지된 선택을 할 수 있다."고 밝혔다.[45] 적시 공개는 기만적 디자인의 누락을 보완할 수 있는 좋은 방법이지만, 필요한 경 우에만 사용해야 한다. 가용성이 훼손되지는 않는지, 주어진 앱의 전체적인 용도는 무엇인지, 대다수 사용자들이 존재하는 정보 생태계는 어떤 양상인 지 따져서 균형을 맞춰야 한다.

프라이버시 법은 무차별적인 정보 수집이 기업 쪽에 더 부담으로 작용하도 록 적절한 경고문을 의무화함으로써 기만적인 디자인 누락을 못하도록 경계 선을 분명히 그어야 한다. 달리 말해 만약 기업이 개인정보를 직관에 어긋나 게 혹은 은폐된 방식으로 수집하는 시스템을 구축한다면, 이들은 그런 사실 을 공개만 하는 것이 아니라 효과적으로 경고하도록 의무화해야 한다는 말 이다. 이런 접근법은 기업이 정보의 수집과 저장을 최소화하거나 적어도 은 밀한 정보 수집 사실을 명시적으로 경고해 사람들이 놀라지 않을 수 있는 기 술 디자인을 권장할 수 있다.

소비자 보호법에서 '불충분한 고지insufficient notice'의 개념은 기만적인 누락을 규제하는 수단으로 작동한다. 연방거래위원회는 페이스북이 웹사이트의 프라이버시 관련 변경사항을 사용자들에게 적절히 고지하지 않은 것이 잘못이라고 비판했다. 페이스북은 '프라이버시 마법사Privacy Wizard'라고 불리는 여러 페이지로 구성된 고지 시스템을 사용해 사용자에게 변경 내용을 알렸다. 프라이버시 마법사는 "프라이버시 업데이트 페이지에서 사용자들은 10가지 유형의 프로필 정보에 대해 페이스북이 '권장하는' 설정과 사용자의 '기존 설정' 사이에서 라디오 버튼을 이용해 프라이버시 수준을 선택할 수 있다."고 말하는 소개 페이지와 '사용자의 업데이트된 프라이버시 설정을 요약해 보여주고 확인을 요구하는 페이지'[46]로 구성된다. 연방거래위원회에 따르면 페이스북의 프라이버시 마법사는 사용자들이 자기 프로필의 일정 부분은 더 이상 완전히 숨길 수 없다는 사실을 제대로 공개하지 않았다. 연방거래위원회는 이것을 기만적인 거래 관행으로 간주했다.

사용자들은 지금 사용하는 기술의 작동 방식을 이전 경험으로부터 유추한다. 예를 들면 대다수 컴퓨터 사용자들은 각기 다른 폴더에 들어있는 디지털 파일은 저마다 별개이고, 따라서 분명한 지시가 없는 한 자신들이 사용하는 소프트웨어는 하드웨어 밖으로는 노출하지 않을 것이라고 추측한다. 하지만 프로스트와이어Frostwire가 만든 P2P 파일 공유 소프트웨어는 그런 추측을 배반했다. 연방거래위원회는 프로스트와이어가 사용자 인터페이스에서 자신들의 프라이버시 규정을 왜곡 표현했다고 지적했다. 별도의 성명에서 연방거래위원회는 프로스트와이어가 자신들의 파일 공유 소프트웨어가 어떻게 작동하는지를 소비자들에게 충분히 알리지 않았다고 판단했다. 그에 따르면 다운로드된 파일은 공개적으로 공유되도록 기본 설정되며, 프로스트와이어 측은 소비자들이 이전에 그누텔라Gnutella 네트워크로부터 다운로드 받은 파일은 물론, 심지어 소비자가 옵션-공유 선택 박스에서 '다운로드가 끝난 파일 공유' 설정을 해제하고 '공유되지 않은 unshared' 폴더에 저장한 파일까지 공개 공유[47]했다.

소비자 보호법은 사람들을 기만할 수 있는 여러 디자인 신호를 인식하기 시작했다. 하지만 3부에서 살펴보듯이 프라이버시 법의 여러 분야는 사용자 기만을 막고, 그들의 신뢰를 존중하기 위해 디자인 분야에서 개선하고 통합할 수 있는 여지가 많다.

가학적인 디자인

온라인 공유를 후회하는 사람들은 부지기수다. 이들은 개인적인 내용을 공개했다가 그러지 말았어야 한다고 후회한다. 우리는 그런 계기가 생길 때마다 마음에 들지 않았던 데이트 상대를 험담하고, 비열한 상사를 욕하고, 신의 없는 친구를 헐뜯고, 형편없는 고객 서비스를 비난한다. 하지만 그렇게 저지르고 난 다음 생각이 바뀌곤 한다. 페이스북에 망쳐버린 인터뷰에 대한 불만을 터뜨렸던 한 연구 대상자는 "글을 써서 '공유' 버튼을 누르자마자 후회했다."라고 말했다.[48] 이것은 공통된 시각이다. 사람들은 거짓말하지 않더라도 자신의 이익에 반하는 방식으로 온라인에서 정기적으로 정보를 공개한다. 우리는 또 찾으려는 정보를 찾은 후에도 오랫동안 스마트폰과 태블릿을 붙들고 클릭하며 시간을 허비한다. 그렇게 클릭해 화면을 내려가며 정보를 소비하는 가운데, 우리는 의식적으로 바라는 수준보다 더 자신을 노출한다. 때로는 그렇게 노출되는 데 대해 명시적으로 동의까지 한다! 사람들은 왜 이렇게 할까? 우리가 바보라서 그런 것은 아니다. 비록 온라인에서 하는 많은 행위가 현명하지 못하다고 해도 말이다. 그보다는 우리의 온라인과 컴퓨터 환경이 우리의 심리적 약점을 파고들도록 설계됐기 때문이다. 우리 인간은 중독적 경향과 예측 가능한 편견을 가졌기 때문에 외부 조작에 매우 취약하다는 점이 밝혀졌다. 이것은 우리 환경을 제어하는 것은 우리의 중독과 편견을 최대한 활용해 그들의 이익에 부합하는 방향으로 우리가 행동하도록 유도할 수 있다.

사람들을 설득하고 행태를 바꾸는 데 기술이 이용될 수 있다는 개념은 허황한 이론이 아니다. 기술 산업이야말로 인간의 취약성에 대한 확고한 연구를 바탕으로 구축된 것이다. 이를테면 스탠포드대학교에 있는 '설득적 기술 연구소Persuasive Tech Lab'는 웹사이트부터 모바일 소프트웨어에 이르는 온갖 컴퓨터 제품이 어떻게 사람들의 신념과 행태를 바꾸도록 디자인될 수 있는지에 대한 통찰을 발견하는[49] 것이 목표다. 『훅Hooked』[50] 같은 제목의 책은 어떻게 하면 값비싼 광고나 공격적인 메시지에 의존하지 않더라도 사용자들이 계속해서 그 제품을 찾도록 만드는 소위 '후크 사이클hook cycle'을 만들 수 있는지 시연한다. 나타샤 다우 슐Natasha Dow Schüll은 자신의 저서 『Addiction by Design』에서 라스베가스의 도박 기계를 예로 들면서 카지노와 슬롯머신의 의도적 디자인이 어떻게 사람들을 '기계의 영향권the machine zone'[51]에 두고 도박 행위에 몰두하도록 하면서 주위 상황을 잊어버리게 만드는지 설명한다. 알렉시스 마드리갈은 페이스북 사진을 스마트폰으로 계속 스크롤해보면서 중간에 멈추지 못하는 느낌이 '기계의 영향권'에 놓인 상황과 비슷하다고 묘사한다.[52]

우리가 자꾸만 돌아와 매번 우리 자신을 더 많이 노출하는 것은 따라서 우연이 아니다.[53] 바닥 없는 우물, '핑!' 하는 공지 사운드, 좋아요, 배지, 끝없는 순환 등은 온라인에서 사회적 승인과 즉각적 만족을 얻고 싶어하는 우리의 심리적 욕구를 채우고, 상호작용의 마찰을 줄이기 위해 디자인된 결과물이다. 이들 중 많은 부분은 일상적인 비즈니스다. 우리가 어떤 제품이나 서비스를 이용하도록 설득하기 위한 커뮤니케이션에 쓰는 단어가 있는데 바로 '광고'다. 하지만 때때로 정보기술의 디자인은 그 선을 넘어 가학적 수준으로 높아진다. 그것은 우리의 자율적 의사 결정 능력을 방해하고, 우리를 더 큰 피해의 위험 속으로 몰거나 경솔한 결정을 후회하게 만든다. 나는 이것을 가학적 디자인이라 부른다.

가학적 디자인과 기만적 디자인은 서로 겹칠 수도 있지만 대개는 분명하게 구별된다. 기만적 디자인은 현실을 왜곡하고 합리적 기대를 배반함으로써 다른 기업이나 제품에 대한 신뢰를 무너뜨리고 우리의 개인정보를 노출한다. 하지만 그런 문제를 유발하기 위해 디자인이 허위일 필요는 없다. 때로 디자인은 우리가 인식하는 것에 대한 이해를 방해하거나 공유와 데이터 추출에 저항하는 우리의 의지력을 의도적으로 악용한다. 우리가 때로 위험의 내용이나 가능성을 오해하거나 오판하는 것은 예측 가능하다. 기만적 디자인은 우리에게 거짓말을 하는 데 비해 가학적 디자인은 우리 자신의 내부적 한계를 우리에게 불리한 방향으로 사용한다.

인간의 제한된 인지 능력을 악용하는 경우를 다시 떠올려보자. 위험과 혜택의 수준을 평가하는 우리 두뇌의 제한된 능력을 우리는 '제한된 합리성 bounded rationality'[54]이라고 부른다. 사용자가 모든 가용한 정보의 경중을 따져서 자신의 개인정보 공개가 미칠 위험성을 정확하게 파악하기는 한마디로 불가능하다는 뜻이다. 그렇게 하자면 웹사이트 하나만 평가한다고 해도 몇 시간이나 심지어 며칠이 걸릴 수 있다. 실상은 무엇을, 어떻게, 누구에게 공개할지 불과 몇 초 안에 결정을 내려야 한다.

이를 보완하기 위해 우리는 심리적 지름길 혹은 경험적 추정에 기댄 추단법 推斷法, heuristics[55]을 일관되게 사용한다. 예를 들면 사람들은 어떤 브랜드의 신뢰 여부를 결정할 때 인기도에 의존한다는 점을 연구자들은 밝혀냈다. "만약 어떤 웹사이트가 프라이버시 정책을 투명하게 공개한다면 내 정보는 안전하다." 같이 기업이 정보 수집과 사용에 있어 투명해 보인다는 사실만으로도 신뢰를 얻었다. 또 사용자들은 정보 공개 여부를 결정할 때 "만약 정보가 저장되지 않고 사라진다면 공유해도 안전하다."[56]처럼 정보의 단기적 속성을 고려한다. 사람들은 메시지가 길수록 더 믿을 만하다고 생각하는 경향이 있다. 이것은 '길이는 곧 힘'이라는 체험론으로 불리기도 한다.[57] 기업은 위험과 혜택에 대한 우리의 예측 가능한 오해를 악용해 시스템을 디자인할 동기가 충분하다.

가학적 디자인의 개념은 소비자 선택권을 보호하는 데 목표를 둔 소비자 보호법에서 찾을 수 있다. 미국에서 가학적 행태를 금지한 가장 두드러진 규정은 비교적 근래에 설립된 소비자금융보호국CFPB, Consumer Financial Protection Bureau에서 나온다. 도드—프랭크 월스트리트 개혁 및 소비자 보호법The Dodd-Frank Wall Street Reform and Consumer Protection Act에 의해 설립된 소비자금융보호국은 다음과 같은 '가학적인' 행위나 행태를 금지한다.

 (1) 소비자가 소비자 금융 상품이나 서비스 약관을 이해하는 데 현저하게 개입하는materially interfere 행위

 (2) 다음과 같은 점을 부당하게 이용하는 행위

 (A) 상품이나 서비스의 실질적 위험, 비용 또는 상태에 대한 소비자의 이해 부족a lack of understanding

 (B) 소비자 금융 상품이나 서비스를 선택하거나 사용하는 경우 소비자가 스스로의 이익을 보호할 능력의 부재inability of the consumer to protect

 (C) 서비스 제공자가 소비자의 이익에 봉사할 것이라는 판단에 따른 소비자의 서비스 제공자에 대한 의존reliance

내가 여기에 가학적 행위에 대한 개념을 인용한 것은 프라이버시 법도 가학적 디자인을 인식하고 제한할 방도를 찾아야 한다고 생각하기 때문이다. 입

법자와 법원은 우리의 인지적 한계, 편견 및 예견되는 실수를 부당하게 착취해 자율적인 의사 결정 능력을 방해하는 디자인을 금지하는 기준을 세워야 한다.

가학성에 주목함으로써 거짓 신호나 가짜 약속에 초점을 맞춘 기만적 디자인 규제의 한계를 어느 정도 보완할 수 있다. 가학적 디자인은 기만적 디자인 및 위험한 디자인과 어느 정도 겹치지만 그만의 특성이 있다. 기만은 사용자 기대를 형성한 제품의 신호가 실제와 맞지 않는 경우처럼 대체로 허위 정보나 불완전한 정보의 문제를 다룬다. 기만적 디자인의 초점은 가짜 윈도우10 등록 페이지에 그려진 자물쇠 아이콘처럼 밖으로 드러난 신호다.

가학적 디자인의 초점은 다르다. 그것은 사람들이 심지어 정확하고 진실한 정보를 갖고도 위험과 혜택의 수준을 제대로 평가할 수 없는 문제에 주목한다. 그것은 우리가 정보를 어떻게 처리하는지에 대한 내부적 조사로 시작된다.[58] 헷갈리는 허가 양식은 가학적 디자인의 좋은 사례다. 이들은 모호한 용어, 전문용어와 이중부정 표현을 써서 사람들을 헷갈리게 만들어 기술적으로는 정확하지만 실질적으로는 소비자에게 불리한 사실을 숨기고 동의를 유도한다. 자녀의 디렉터리 정보에 관한 다음 질문을 살펴보자. 이것은 학교에서 가정으로 발송돼 부모의 동의를 구하는 일반적인 양식이다.

---

4. 디렉터리 정보 공개 거부(주: 대부분의 부모님은 이 옵션을 선택하지 않습니다)

디렉터리 정보 공개 거부	
나는 학교 교구가 '디렉터리 정보'(사례는 첨부 파일 참조)를 공식 학부모−교사 기관, 대학 채용인, 오클랜드 교육 펀드 혹은 고용주 등 자격이 있는 개인이나 그룹에 공개하는 것을 원치 않습니다.	
학생 이름	
부모/보호자 서명	

이 질문의 디자인에서 여러 요소를 전체적으로 모아 보면 질문의 내용에 대한 학부모의 이해 능력을 방해할 수도 있다. 예를 들면 부제는 이중 부정을 담고 있다. 대부분의 다른 부모들은 디렉터리 정보의 공개 '거부'를 선택하지 '않는다'라는 내용이다. 이것은 또한 합의 내용에 민감한 사람들, 즉 전반적인 경향을 의사 결정의 기준으로 삼는 사람들에게 동의하라는 부추김이다. 이어 본문은 학부형들은 '자격이 있는 그룹'에 대한 정보 공개를 거부하게 될 것이라고 강조한다. 자격이 있는 그룹 사례가 제시되지만, 해당 용어는 제대로 정의되거나 유의미하게 제한되지 않아서 그들이 실제보다 더 적법한 것처럼 보이게 만든다.

그리고 이것은 사람들이 매일 자신의 개인정보에 대한 통제권을 행사하기 위해 겪어야 하는 극단적인 것이 아닌 일반적인 유형의 양식이다. 이들 질문 내용을 개별적으로 따져보면 아무런 문제가 없어 보이지만, 매일 우리가 내려야 하는 프라이버시 관련 결정이 하나둘이 아니라는 점에서 보면 이들은 헷갈리고 짜증을 일으키며, 우리의 자연스러운 프라이버시 경향에 맞추기가 어렵다.

따라서 어떤 디자인이 가학적인지의 여부는 주어진 정보가 정확한지의 문제가 아니다. 오히려 프라이버시 법은 누구를 신뢰하고 어떻게 본인의 모호성을 유지할지에 대한 사람들의 능력을 방해하거나 관계와 거래 비용에 대한 사람들의 이해 부족, 제한된 능력 혹은 의존도를 부당하게 악용하는 디자인에 주목해야 한다. 다시 말하면 프라이버시 법은 특정 디자인이 위험에 대한 이해를 방해하거나 개인정보와 관련된 우리의 취약성을 부당한 방식으로 착취하는지 질문해야 한다.

때로 가학적인 디자인은 개인정보가 우리 자신에게 불리하게 작용하도록 만든다. 기업은 특정 개인의 취향과 관심사에 맞춘 광고가 일반적인 광고보다 더 설득력이 높다는 사실을 알았다. 우리는 누구나 저마다 약점이 있고, 내 약점은 아마도 다른 사람들의 약점과 다를 것이다. 물론 '공짜' 물건이나 서비스라든지, 성적 호기심이라든지, 귀여운 개나 고양이 그림 같은 것처럼 거의 모든 사람이 공통적으로 약점을 보이는 범주도 있을 것이다. 그러나 우리는 저마다 다른 열정과 충동이 있고, 외부 자극에 다르게 반응한다. 디지털 광고주들은 구매와 검색 내역, 위치, 연령 정보 등 우리의 개인정보를 수집하고 분석해 더 설득력 높은 메시지를 보낼 수 있도록 우리가 무엇에 끌리는지 파악한다. 웹페이지에서 개인의 취향에 맞춤화되지 않은 담배의 배너 광고와 담배를 끊으려 시도하는 정기 흡연자를 식별한 뒤 이들을 대상으로 예를 들어 술집에서 막 나올 때처럼 금연 의지가 가장 약해진 순간에 담뱃값을 할인해 주는 디지털 쿠폰을 스마트폰에 보내는 시스템을 비교해보자. 라이언 케일로[Ryan Calo]의 '디지털 시장 조작' 이론은 여기에서 유익하다. 그는 "특정 세트의 신기술과 새로운 기법은 기업의 능력을 높여 개별 소비자가 가진 이익 추구 능력의 한계를 파악하고, 이를 착취할 수 있게 해줄 것이다. 기업은 점점 더 소비자의 비합리성이나 취약성을 유발할 수 있으며, 소비자 보호법의 한계를 시험하겠지만 규제 당국이 이를 무시하기 어려운 실제 피해로 이어질 것이다."라고 썼다.[59]

케일로는 소비자들이 기업의 설득 전략에 다르게 반응한다고 지적한다. 어떤 소비자들은 합의된 정보에 쉽게 설득되고, 쉽게 무리를 따라간다. 다른 소비자들은 가치의 희소성을 중시한다. 따라서 쉽게 예상하듯이 독점권의 느낌이나 빨리 행동하지 않으면 놓친다는 절박감에 설득된다. 케일로는 기업이 어떻게 소비자의 구매 유발 동기를 파악하고, 그에 맞춰 역동적으로 광고를 바꾸는지 보여주는 연구를 인용한다. "그러므로 본성적으로 주변 동향을 따르는 사람들을 위한 치약 광고는 이를 '베스트셀링' 아이템으로 지칭할 것이다. 그에 비해 희소성을 따지는 소비자의 경우 동일한 제품임에도 광고

226

는 '공급이 소진될 때까지'라는 불길한 문구를 달고 있을 것이다." 이 기법은 '설득 프로파일링persuasion profiling'[60]으로 불린다.

모든 형태의 설득이 가학적인 것은 아니지만, 어떤 지점에서 개인화된 설득은 불합리한 수준으로 악화된다. 행동경제학과 가격 차별, 즉 동일한 상품이나 서비스에 대해 일정 그룹이나 사람들에게 다른 가격을 매기는 것을 둘러싼 연구 문헌은 언제 가학적 디자인이 도를 넘었는지 정확히 짚는 데 도움을 줄 수 있을 것이다. 이것은 사람들이 그런 현실을 모르고 차별적 비용을 모르는 상황일 때[61] 특히 유효하다. 예를 들면 제프 라클린스키Jeff Rachlinski는 하위 소비자 그룹의 인지적 취약성을 착취하는 것은 일반적인 가격 차별 행태와는 다르다고 주장해 왔다. 가격 차별은 일정한 제품을 일반 사람들보다 더 가치있게 생각하는 사람들을 식별하는 행위를 포함한다. 그에 비해 사람들의 인지적 취약성을 식별하는 일은 '거래에 참여해서는 안 되고 그렇게 유도해서도 안 되지만, 이들의 그런 인지적 약점을 이용할 수 있는 사람들'[62]을 찾아내는 행위와 연계된다. 사람들의 인지적 취약성을 부당하게 활용하는 방식으로 설득하는 디자인은 가학적이라고 볼 수 있다.

물론 '거래에 참여해서는 안 된다고 여겨지는' 사람들을 식별하는 행위는 온갖 위험 요소를 안고 있다. 법으로 그런 사람들을 거래에 참여할 위험에서 보호하려는 시도는 지나치게 가부장적이라는 비판을 들을 수 있다. 하지만 그렇다고 해서 법이 이런 유형의 가학적 디자인을 무시해야 한다는 뜻은 아니다. 중요한 것은 용납할 만한 설득과 비판받아 마땅한 조작을 분리하는 일이다. 그를 위한 한 가지 방법은 유감스럽거나 상당히 높아진 위험 요소를 찾는 것이다.[63] 또 한 가지 방법은 제품의 작동 방식에 대한 사람들의 혼란이 명백하게 악용되는 경우를 찾는 것이다. 가학적 디자인에 대한 법률적 대응은 그 심각성이나 책임성에 따라 다양하다. 5장에서 다루겠지만 법은 개인정보를 이용해 사람들의 인지적 실수를 그에게 불리한 방식으로 착취하는 가학적 디자인을 거의 금지에 가깝게 규제하는 여러 부드럽고^{soft} 온건한 moderate 방법이 있다.

디자인이 개인정보를 우리에게 불리한 방향으로 활용해야만 가학적인 것은 아니다. 때로 기술은 자신의 목표와 반대되는 방향으로 디자인되기도 한다. 이들 디자인은 평소라면 공유하지 않았을 개인정보를 추출^{extract}하거나, 우리의 이익에 반대되는 정보 공개를 조장^{encourage}하는 데 목적을 두고 있다. 온라인에서 개인정보의 수집, 사용, 공개에 대한 동의를 추출하는 여러 방식은 1장에서 논의한 바 있다. 프라이버시의 청사진은 가학적 디자인의 모든 변종을 표적으로 한다.

온라인 세계는 '디자이너의 목표에 부응하면서 사용자 이익으로부터는 도리어 멀어지도록 사용자를 공격적으로 부추기는'[64] 온갖 기술로 가득 차 있다. 이런 형태의 컴퓨터 악용 사례를 연구하는 그레고리 콘티^{Gregory Conti}와 에드워드 소비에스크^{Edward Sobiesk}는 악의적인 인터페이스를 '사용자를 조작하거나 착취하거나, 공격하기 위해 정립된 모범 디자인 행태를 의도적으로 위반하는'[65] 것으로 간단히 규정한다. 이들은 사용자를 속여 클릭하도록 유도하는 전형적인 팝업 광고부터 프리미엄 등급의 휘발유를 선택할 가능성을 극대화하기 위한 주유기의 레이아웃과 디자인에 이르기까지 수천 개의 적대적 인터페이스 사례를 수집했다.

악의적인 인터페이스의 일반 사례에는 '비활성화된 되돌아가기 버튼, 스폰서의 북마크를 기본으로 포함한 브라우저, 불필요하고 예상하지 못한 입력 양식, 깜빡거리며 주의를 끄는 광고, 핵심 콘텐츠를 가린 팝업 광고' 등이 포함된다. 이들 악의적 인터페이스는 사용자에게 사적인 정보를 공개하도록 강요한다.[66] 콘티와 소비에스크는 악의적 인터페이스의 유형을 다음 11가지로 정리했다.

- **강요**coercion – 사용자 준수를 위협하거나 의무화하는 행위
- **혼란**confusion – 사용자에게 그가 이해하지 못하는 질문을 하거나 정보를 제공하는 행위
- **주의 산만**distraction – 특히 전주의 처리 단계[67]에서 지각에 영향을 미침으로써 사용자의 주의를 현재의 업무로부터 흐트러뜨리거나 빼앗는 행위
- **실수 악용**exploitting errors – 인터페이스 디자이너의 목표 달성을 돕기 위해 사용자의 실수에 편승하는 행위
- **강요된 작업**forced work – 사용자의 작업량을 의도적으로 늘리는 행위
- **중단**interruption – 사용자의 워크플로를 중단시키는 행위
- **내비게이션 조작**manipulating navigation – 사용자가 인터페이스 디자이너의 의도대로 행동하도록 정보 아키텍처와 내비게이션 메커니즘을 조작하는 행위
- **난독화**obfuscation – 사용자가 원하는 정보와 바람직한 인터페이스 요소를 숨기는 행위
- **기능 제한**restricting functionality – 사용자의 업무 성취를 도와줄 수 있는 기능을 제한하거나 누락하는 행위
- **충격**shock – 사용자에게 충격적인 콘텐츠를 제시하는 행위
- **속임수**trick – 사용자를 호도하는 행위나 다른 기만적인 시도

이들 디자인 기법은 일반적이다. 이들은 설령 알아챘다고 해도 약간 짜증스러운 수준일 뿐이다. 하지만 주변 맥락이나 다른 변수와 결합해서 보면 많은 경우는 부당하게 가학적이라고 평가할 수밖에 없다. 구체적 맥락에 민감하면서도 따르기 쉽도록 충분히 명확해야 하기 때문에 가학적 디자인의 경계를 정하기는 매우 어려울 것이다. 연구자들은 비교적 근래에 와서야 악의적 디자인을 실증적으로 연구하기 시작했다. 이 연구는 지속적으로 기금과 지

원을 받아서 다른 무엇보다도 입법자들과 판사들이 가학적 디자인의 한계를 결정하는 데 도움을 줄 수 있어야 한다. 반복적인 프로세스와 새롭게 발표되는 연구 결과를 통해 입법부, 법원 및 관련업계는 언제 기업이 도를 넘어 우리 자신의 인지적 한계를 우리에게 불리한 방향으로 활용하는지 더 잘 이해할 수 있을 것이다.

위험한 디자인

유해한 프라이버시 디자인의 마지막 유형은 우리를 다른 이들에게 취약하게 만듦으로써 위험한 위치에 놓이게 하는 디자인이다. 그것은 모호성의 현격한 감소, 은밀한 감시, 엉성한 데이터 보안 등을 통해 우리를 위험에 노출시킨다. 예를 들면 불륜 조장 웹사이트인 애슐리 매디슨은 해당 사이트에 호기심을 품은 사람들이 엿보는 행위를 막는 시스템을 구축하는 데 실패했다. 한 보안연구자는 이 웹사이트가 회원과 비회원에 대해 약간 다른 '암호 찾기' 메시지를 노출한다는 점을 발견했다.[68] 이 기능을 통해 자기 애인과 친구들이 애슐리 매디슨에 가입했는지 궁금한 사람들은 웹사이트를 속여 어떤 이메일 주소가 사용자 계정과 연결돼 있는지 여부를 파악할 수 있다. 실제로 계정을 가진 사람들과 갖지 않은 사람들에 대한 인터페이스가 다르기 때문에 사람들은 해당 디자인을 이용해 어떤 사람이 실제로 애슐리 매디슨에 계정을 가졌는지 알 수 있다.

때로 위험한 디자인은 '전면'이 아닌 경우가 있는데, 기술 사용자가 디자인과 상호작용하지 않는다. 사람들의 눈에 띄지 않는 백그라운드에서 작동하면서 부정적인 영향을 끼친다. 예를 들어 감시와 집적 기술은 종종 다른 사람과의 상호작용이나 인터페이스 밖에 있는 사람들에게 피해를 입힌다. 얼굴 인식 기술과 드론은 평소라면 눈에 띄지 않았을 사람들을 추적하고 식별하는 데 사용될 수 있다. 하지만 이런 방식은 노골적으로 기만적이지도 않고, 특정한 공개의 결과에 대한 사람들의 이해 능력을 크게 훼손하는 것은 아니다.

다르게 표현하면 정직하고 관대한 기술도 사람들의 정보를 위험한 방식으로 노출함으로써 그들의 신뢰와 모호성 및 자율성을 훼손할 수 있다. 사물인터넷의 일부를 구성하는 사물은 달갑잖고 유해한 감시 기능을 지원하도록 디자인될 수도 있고, 해커들이 굳이 속임수를 쓰거나 우리의 인지적 편견을 활용할 필요도 없을 정도로 우리를 취약한 상황에 몰아넣을 수 있다. 이런 이유 때문에 프라이버시 법은 위험한 디자인을 억제할 수 있는 더 광범위하고 포괄적인 기준이 필요하다.

위험한 디자인을 줄이기 위한 법률적 접근은 불법행위법의 '결함이 있는 디자인defective design' 개념과 소비자 보호법의 '불공정한 행동이나 관행unfair acts or practices' 개념을 결합해야 한다. 제조물의 디자인이 불합리할 정도로 위험하다면 그것은 결함이 있는 것이다. 무엇이 불합리할 정도로 위험한지 결정하기 위해 기업, 법원, 입법자들은 4장 앞부분에서 언급했듯이 합리적인 대체 디자인에 관한 위험성/유용성 분석을 수행해야 한다. 합리적인 대체 디자인은 더 안전하고, 사용자가 지불해야 할 비용은 비슷하며, 제조물의 기본 목적은 여전히 성취할 수 있을 만큼 실용적인 디자인을 가리킨다.

결함이 있는 디자인을 규제하는 법은 사람들의 안전을 지키기 위해 구조 결함과 정보 결함의 두 가지 변수를 사용한다는 데 주목할 필요가 있다. 이 둘은 서로 짝을 이룬다. 구조 결함structure defect은 제조물의 실제 디자인을 지칭하는 데 비해, 정보 결함information defect은 해당 제조물의 위험성에 대한 경고물을 가리킨다. 만약 제조물의 구조, 레이아웃, 기능 혹은 구성으로 인한 위험성이 제조물 사용자에게 그런 위험성에 대한 경고문을 제공함으로써 합리적으로 보완될 수 있다면 해당 제조물 디자인은 결함을 가진 것이 아니다. 충분한 경고는 명확하고, 눈에 잘 띄고, 모든 층위의 예상 사용자들이 접근할 수 있어야 한다. 하지만 만약 디자인 위험이 심각하다면 어떤 합리적 경고도 그 결함을 치유하지 못할 것이다. 가령 석면은 암을 유발할 수 있기 때문에 건축 자재로 안전하게 사용될 수 없으며, 자동차 충돌이나 추돌 시 쉽게 파열될 수 있는 위치에 설치된 연료 탱크는 명백히 위험하다.[69]

위험성/유용성 균형, 합리적 회피 및 구조-정보 결함의 이원성 같은 개념도 '불공정한 디자인'이라는 소비자 보호의 개념 속에 통합된다. 미국에서 '불공정한' 거래 행태는 '소비자 자신의 능력으로는 합리적으로 피할 수 없고, 소비자나 경쟁에 안기는 반대급부로도 정당화되지 않는 상당한 피해를 소비자에게 입히거나 유발할 가능성이 높은' 행태를 가리킨다. 불공정한 거래 행태인지를 가리는 테스트는 연방거래위원회법으로 성문화됐으며 '3부 테스트 three-part test'[70]로도 불린다.

불공정 기준은 새로운 기술이 나오면 거기에 맞춰 유연하게 적응하고 변화하기 때문에 유용하다. 연방거래위원회에 따르면 "불공정 기준에 대한 현재의 이해는 진화적 과정의 산물이다. 위원회법의 일반적인 용어와 조건은 의도적인 것이다. 그것은 의회가 불공정한 거래 행태의 완전한 목록을 만드는 것은 불가능하며, 설령 그런 경우에도 금방 유효성을 잃거나 쉽게 모면할 수 있는 허점을 남기게 될 것이라고 인식했기 때문이다."라고 언급한다. 주목할 것은 법적으로 허용되는 경우에도 연방거래위원회가 해당 행태를 불공정하다고 판정할 수 있다는 점이다.

입법자들이 억제해야 할 위험한 디자인에는 모호성을 훼손하는 기술, 은밀한 감시 기술 및 보안성이 취약한 디자인의 세 가지 구체적인 유형이 있다.

모호성 훼손

프라이버시 침해의 흔한 은유 표현은 열쇠 구멍으로 들여다보는 눈동자다. 그것은 사방에 널렸다. 작은 구멍으로 들여다보는 눈동자 사진만 모아놓은 웹사이트가 있다고 해도 나는 놀라지 않을 것이다. 이것은 현대의 수많은 프라이버시 문제에 별로 적절하지 못한 은유다. 열쇠 구멍과 벽은 사실상 거래 비용을 대표한다. 누군가가 정보를 찾거나 이해할 가능성을 낮추는 구조적 제약이다. 벽과 자물쇠는 실질적으로 말해 거의 모든 엿보는 눈을 차단한다. 구식 열쇠 구멍을 통한 엿보기는 기술적으로는 가능하지만 어렵다. 밖이나 복도의 누군가에게 들키지 않고 열쇠 구멍으로 훔쳐보기는 매우 어려우므로 우리는 보통 그런 일을 걱정하지 않는다. 이런 구조적 제약은 워낙 흔해서 우리는 그것을 당연시한다. 다른 형태의 모호성도 마찬가지다.

우리는 제한된 검색 가능성, 접근성, 식별 및 정보의 제한된 명료성 등에 의존해 온라인에서 모호성을 유지한다. 우리는 공공장소를 다닐 때 어디선가 우리 사진이 찍히거나, 매장 안 감시 카메라에 얼굴이 잡힐지도 모른다고 가정한다. 하지만 누군가가 우리를 장소마다 따라다니며 지속적으로 추적해 모은 정보 조각으로 우리의 모자이크를 만들어 '7번 통로에서 쇼핑하는 사람' 수준을 넘는 상세한 정보를 축적할 것이라고 생각하는 사람은 없다.

기술이 정보를 찾거나 이해하는 데 드는 비용을 극적으로 줄이면 이런 비용에 대한 사람들의 의존성은 해로운 것이 된다. 우리 발 밑의 깔개가 돌연 제거되고, 우리는 새로운 현실에 미처 적응할 시간이 없다. 이미 공개돼 버린 정보는 우리가 직접 선택해서 공개하는 경우보다 덜 안전하다. 감시망이 넓어지면 우리는 그 동안 익숙했던 모호성에 더 이상 기댈 수 없게 되므로 우리의 일상 행동은 훨씬 더 위험해진다.

벽 틈새로 훔쳐보는 눈보다 더 나은 은유는 벽이 갑자기 사라져버리는 경우다. 구조적 디자인 제약이 빠르게 혹은 극적으로 제거되면 우리는 속절없이 노출되고, 우리 정보와 활동은 다른 사람들에게 더 쉽게 드러나고 읽힐 가능성이 크다. 해리 서든Harry Surden은 개인의 프라이버시를 보호하는 방법의 하나로 구조적 제약에 의존할 권리를 법이 인정해야 한다고 주장했다. "사회는 개인들이 일정한 기기와 규범, 시장, '구조'로 총괄되는 실제 세계의 물리적 기술적 제한을 사용하는 방식을 규정한다. 이 다양한 메커니즘은 특정 활동에 요구되는 비용을 규제함으로써 행태를 제약한다는 공통점을 갖는다.[71] 이것은 어떻게 거래 비용이 우리가 매일 의존하는 모호성의 영역을 만드는지를 잘 설명하고 있기도 하다.

공공 기록물에 대한 접근성을 생각해보자. 정부가 얼마나 많은 개인정보를 공개하는지 안다면 당신은 충격을 받을지도 모른다. 주 정부는 출생, 결혼, 이혼, 전문직 면허, 투표자 정보, 산재보상, 직원 데이터, 양도증서, 체포, 경찰의 용의자 식별사진, 범죄 피해자 이름, 형사 및 민사 소송의 재판 기록 등 온갖 기록을 보유하고 있다. 공공 기록은 개인의 신체적 외형, 인종, 국적, 성별에 관한 정보를 포함하며, 가족 사항, 거주지 및 연락 정보, 정치적 성향, 금융 정보, 직업, 건강 상태, 범죄 기록, 어머니의 결혼 전 이름(성), 사회보장번호 등도 들어 있다.[72] 이런 목록은 계속 유지됐고 표면적으로는 모든 것이 공개됐다.

이것은 현기증이 날 정도로 큰 데이터다. 이런 기록 중 '공개'로 지정된 것은 누구나 볼 수 있다. 만약 이런 내용이 놀랍다면 그것은 대부분의 공공 기록이 다양한 정부 부처로 분산돼 있고, 찾거나 이해하기가 어렵기 때문일 것이다. 이 기록 중 무엇이든 열람하자면 담당 부처의 사무실에서 몇 시간을 허비하거나 정보 공개를 청구한 뒤 며칠을 기다려야 한다. 이들은 모호한 상태에 있다.

그런 사정을 감안하면 캘리포니아 공무원들의 퇴직관리시스템^CalPERS이 모든 공무원의 이름, 연금, 매달 수령하게 될 퇴직수당 및 다른 개인정보를 온라인으로 검색하고 접근할 수 있게 할 계획이라고 발표[73]했을 때 많은 캘리포니아 주민이 경악한 것은 놀라운 일이 아니다. 이 기록은 항상 공개로 분류돼 있었지만 이런 공개 계획으로 모호성이 돌연 깨질 때까지 그런 분류 사실을 깨닫거나 신경 쓴 사람은 거의 없었다. 그러나 뉴스가 퍼지자 사람들은 이것이 노년층을 노리는 사기꾼이나 호기심 많은 사람들의 표적이 될 것이라고 우려했다.

5장에서 설명하는 프라이버시 법의 디자인 어젠다는 모호성을 훼손하는 행위를 일절 금지하는 법을 요구하지는 않는다. 그보다는 거래비용이 안전한 방식으로 감소되는지 물어보자는 것이다. 법원, 입법자, 행정기관은 프라이버시의 개념에서 모호성이 얼마나 중요한 역할을 하는지 더 정확히 인식할 필요가 있다. 모호성의 훼손 현상이 빅데이터의 시대에 없어질 수는 없겠지만 어느 정도 감소될 수는 있다. 어떤 부분에서는 거래 비용을 줄이는 대신 다른 부분에서는 그대로 유지할 수 있다. 사람들이 모호성에 어느 정도나 의존하는지 고려해봐야 한다는 요구 사항은 갑작스러운 모호성 훼손의 문제를 줄이는 데 도움이 될 것이다. 예를 들면 5장에서 나는 프라이버시 영향평가가 디자인 절차의 필수 요소가 돼야 한다고 주장한다. 이런 위험 평가는 어떤 디자인이 어느 정도까지 모호성을 잠식할지 판단하는 부분을 포함해야 한다. 페이스북이 모든 사용자의 포스트 업데이트와 프로필 수정 사실을 페이스북 친구들에게 알리도록 뉴스피드를 하룻밤 사이에 바꾼 경우[74]를 생각해보자. 일종의 '모호성 영향 평가obscurity impact assessment'는 거래 비용의 급속한 잠식 위험을 감지하게 해 사용자들에게 좀 더 공정한 경고를 보내면서 더 완만한 시행을 권고할 수 있을 것이다. 그렇게 하면 사람들은 이전까지는 보는 사람이 거의 없어 안전하다고 믿었던 프로필 정보의 상당 부분을 삭제할 기회가 생길 것이다. 이것은 또한 삭제 요구권이 정보 관리권에서 얼마나 중요한 부분인지를 잘 보여주는 대목이다. 개인정보에 부정적 영향을 미칠 것으로 생각되는 활동에 대해 영향 평가 의무는 전례가 있다. 유럽연합은 이미 고위험 데이터 처리 같은 활동에 영향 평가[75]를 의무화했다.

때로 모호성은 우리를 감시로부터, 때로는 타인의 괴롭힘으로부터 보호해준다. 자유로운 사고와 자율적인 의사 결정을 장려할 수 있다. 기관은 정보가 그에 적절한 사람에게만 접근 가능하도록 조절할 수 있지만, 프라이버시법 자체도 모호성이 보장되는 수준의 거래 비용을 유지할 수 있는 좀 더 창의적인 방안을 찾아야 한다. 캘리포니아의 공무원 퇴직관리시스템 데이터베이스의 경우 검색 횟수나 검색 분야를 제한함으로써 검색 기능을 조절할 수 있었을 것이다. 온라인보다는 현장 컴퓨터를 통해서만 접속할 수 있도록 제한할 수 있었을 것이다. 공공 기록은 대중의 접근을 허용하면서도 적절한 경우 가명처리를 통해 사람들의 프라이버시를 보호할 수 있었을 것이다. 그렇게 부과된 거래 비용은 단순한 호기심 차원의 엿보기나 달갑지 않은 탐문을 막으면서도 공공 기록으로 대표되는 책임성은 잘 유지할 수 있었을 것이다. 입법자들은 다양한 접근법을 통해 캘리포니아의 공무원 퇴직관리 시스템의 온라인 데이터베이스처럼 모호성을 갑작스레 훼손하는 기술 디자인을 견제하는 방안을 모색해야 한다.

숨겨진 그리고 예기치 않은 감시

감시는 우리가 감시되고 있음을 아는 경우에도 위험하지만 모를 때는 더욱 위험하다. 적어도 감시된다는 사실을 알 때는 그런 상황에 맞춰 위험 수위를 조절할 수 있다. 하지만 감시된다는 사실을 모르면 우리는 감시되지 않는다는 전제로 자유롭게 행동함으로써 위험에 노출된다. 다른 사람에게는 보여주고 싶어하지 않는 우리 모습을 보일 수 있다. 옷을 벗거나 뒷담화를 나거나, 정부 기관이나 경찰의 심문을 받을 수도 있거나 맥락이 빠지면 오해될 수 있는 방식으로 행동하기도 한다.

지금 숨겨진 그리고 예기치 않은 감시의 기회는 과거 그 어느 때보다도 더 많다. 이는 문틈으로 훔쳐보는 은유가 보편적이지는 않더라도 여전히 놀라울 정도로 유효하다는 뜻이다. 숨겨진 혹은 예기치 않은 감시를 포함하도록 설계된 기술은 위험하다. 프라이버시 법은 은밀한 감시 행위뿐 아니라 그것을 조장하는 기술도 제한해야 한다.

은밀한 감시를 조장하는 가장 흔하고 위험한 기술 중 하나는 스파이웨어 spyware다. 그것은 감지되지 않도록 디자인됐다. 스토커와 가정폭력범이 피해자를 겁주고 신체적으로 괴롭히는 것을 허용한다. 안타깝게도 스파이웨어를 악용한 폭력은 점점 더 흔해지는 추세다.[76] 스파이웨어는 지적 프라이버시와 자유로운 표현에 심각한 위협으로 작용한다.

스파이웨어를 통해 수집된 데이터가 유출됐을 때 일어나는 피해는 두말할 것도 없다. 남편이 불륜 아내를 잡아내는 데 이상적인 기술을 제공한다고 광고하는 스파이웨어 앱 제조사인 엠스파이mSpy[77]의 해킹 사례를 살펴보자. 이 회사는 데이터를 안전하게 보관하는 데 실패했다. 해커들은 이 회사의 보안망을 뚫었고, 엠스파이가 해커들의 갈취 요구에 불응하자 수백 기가바이트에 이르는 데이터를 다크웹dark web에 유출했다. 보안 전문 저널리스트인 브라이언 크렙스Brian Krebs에 따르면 "유출된 막대한 분량의 데이터 중 13기가 분량의 압축 디렉터리는 엠스파이의 소프트웨어를 돌리는 기기로부터 추출한 헤아릴 수 없이 많은 스크린샷을 담고 있었으며, 여기에는 친구나 파트너의 기기에 해당 소프트웨어를 설치한 사용자들이 몰래 캡처한 스크린샷도 들어 있었다." 이 보안 침해는 엉성한 데이터 보호 관행 때문에 피해가 더 커졌고, 감시되는 기기로부터 잡아낸 수백만 개의 스크린샷은 '엠스파이의 웹사이트를 통해 인터넷에 속수무책으로 공개되고 노출'됐다.[78]

스파이웨어의 데이터 유출 사고는 우리가 걱정해야 할 것이 우리의 신용카드와 사회보장번호, 보험 정보를 암시장에 파는 주체가 신원 도용꾼만이 아니라는 점을 보여준다. 엠스파이의 보안 침해는 사용자의 정확한 지리적 위치, 비밀번호, 브라우징 내역, 이메일, 문자정보, 전화번호부, 캘린더, 의료 내역 등등 사람들의 휴대폰에 담긴 모든 내용을 드러내는 정보를 노출했다. 누군가가 언제 집을 비우는지 알아서 그때 집을 털고 싶은가? 유출된 스파이웨어 정보는 그때를 당신에게 알려준다! 누군가가 정신과 의사를 찾는지 알아서 갈취하고 싶은가? 스파이웨어 회사는 그런 바람을 이루게 해준다. 스파이웨어 앱은 다른 사람들의 휴대폰 데이터에 은밀히 접근할 수 있게 해주는 정당화할 수 없는 비즈니스를 벌이고 있다. 이들은 또한 온라인 도둑들이 군침을 삼킬 만한 데이터를 대량으로 생산한다.

연방거래위원회는 스파이웨어의 판매는 물론, 스파이웨어를 설치해 소비자의 개인정보에 접근할 수 있게 하는 수단과 도구를 제공하는 일은 불공정하고 기만적인 거래 행태[79]라고 주장해 왔다. 위원회는 또한 고지하지 않은 채 스파이웨어를 설치하고 데이터를 수집하는 행위는 불공정 행위라고 결론지었다. 위원회는 그처럼 침입적인 감시가 소비자에게 심각한 피해를 입힌다며 "소비자들은 감시가 그들 몰래 벌어지기 때문에 이러한 피해를 합리적으로 회피할 수가 없다."고 지적했다. 재차 정보기술의 디자인이 도를 넘었는지 평가할 때는 구조와 정보를 함께 고려해야 한다.

스파이웨어는 프라이버시 법이 그 디자인 간극을 이미 메우기 시작한 또 다른 분야다. 미국에서 연방법과 일부 주의 법규는 그 주된 용도가 도청이나 감청인 기술의 제조, 판매 혹은 광고를 금지한다. 도청법^{Wiretap Act}는 실상 그러한 행위를 범죄로 규정하고 있다. 그러나 프라이버시 법은 그런 기술로부터 개인을 더 잘 보호할 수 있어야 한다. 다니엘르 키츠 시트론은 그런 법은 위치 정보의 비밀 수집이 주목적인 툴을 제한하지 않는다는 점을 지적했다. 그리고 이런 법규에 의거한 기소는 여전히 드물다. 소비자 보호단체의 역량은 제한적이며, 주 검찰총장은 해당 주 차원의 소비자 보호규정에 맞춰 스파이웨어를 규제할 뿐이다. 7장에서 설명하는 프라이버시 법은 악성 감시 디자인을 더 효과적으로 제한하도록 수정될 수 있다.

238

취약한 디자인

요즘 추세에 따른다면 해킹을 막기는 역부족인 것처럼 보인다. 프라이버시 권리 정보센터는 2017년 9월 기준, 2005년 이후 7,674건의 데이터 유출 사고로 인해 1,070,186,516건의 기록이 시중에 공개됐다고 보고했다.[80] 가공할 수치다. 이 수치도 우리가 아는 데이터 침해 사고만 따진 것이다. 그럼에도 우리는 계속 데이터를 디지털화하며, 모든 상상할 수 있는 사물에 칩을 심고 있다. 여기에는 앞에서 본 것처럼 칫솔과 냉장고도 포함된다. 그렇게 하는 데 따른 혜택도 많지만 해커가 공격할 수 있는 공격 벡터attack vector도 빠르게 증가한다. 보안성 높은 디자인은 과거 그 어느 때보다도 더 중요하다.

사기 디자인과 마찬가지로 취약한insecure 디자인에 관한 법은 프라이버시의 청사진에서 가장 중요하고 정립된 부분이다. 취약한 디자인을 규제하는 법은 보통 데이터 보안법으로 불리며 기업에 개인정보의 인가되지 않은 접근, 사용, 공개로부터 사용자를 보호하고 원상 복구할 수 있는 절차와 시스템을 마련하라고 요구한다. 데릭 뱀바우어Derek Bambauer는 데이터 보안의 개념을 "접근과 제어 요구를 중재하는 일련의 기술적 메커니즘(때로 물리적 메커니즘도 포함)이다."라고 정리한다.[81]

일정한 유형의 데이터 보안은 대체로 미국의 주와 연방 차원에서 의무로 돼 있다. 법은 전형적으로 기준처럼 '합리적인 데이터 보안reasonable data security'을 요구하며, 이는 프라이버시의 청사진은 유연해야 한다는 내 제안과 부합한다. 연방거래위원회는 일반적으로 보유한 소비자 정보의 민감도와 분량, 비즈니스 규모와 복잡도, 보안을 높이고 취약성을 줄이기 위한 가용 툴의 비용 등을 감안해[82] 부당한 데이터 보안 관행을 금지한다. 무엇이 합리적인 데이터 보안인지는 거의 전적으로 업계의 표준 관행에 의해 결정된다.[83]

데이터 보안법은 기술적 디자인은 여러 변수 중에서도 맥락과 위협에 대응해 적절히 적용돼야 한다고 인지한다. 하지만 데이터 보안에 대한 합리적 접근법에는 자산과 위험의 식별, 데이터 최소화, 관리적 기술적 물리적 보호 장치 및 데이터 침해 대응 계획의 네 가지 일반 요소가 있다. 이들을 신용카드 회사나 은행 같은 일정한 맥락과 환경에서 적절히 운용하기 위한 더 상세한 내용을 제공하는 다양한 프레임워크가 존재한다.[84] 이 모든 규칙은 어떻게 법이 정보기술의 디자인을 더 진지하게 고려할 수 있는지 보여준다. 프라이버시의 청사진은 단지 상의하달식으로 기업에 요구되는 디자인이 아니다. 5장에서 우리는 기술의 디자인을 온건하지만 중요한 방식으로 알려주는 고지 의무, 절차 의무, 데이터 아키텍처 등을 살펴볼 것이다.

현재 사용되는 데이터 보안법은 취약한 디자인에 더 나은 보호 대책을 제공하도록 더욱 개선될 수 있다. 8장에서 우리는 사물인터넷의 취약한 디자인 문제를 어떻게 완화할지 살펴볼 것이다. 데이터 보안법은 오용과 기만에 더 탄력적으로 대응할 수 있는 시스템을 논의하는 수준으로 확대될 수도 있을 것이다.

4장에서 논의한 내용을 되짚어보면 법과 정책 입안자들은 프라이버시에 민감한 디자인의 경계를 정할 때 그 시각을 공정정보 규정 이상으로 넓혀야 한다는 점을 강조했다. 입안자들은 사람들의 취약성과 기술 작동법에 대한 기대[85]에 주목한 제조물 안전법과 소비자 보호법이 채용한 개념을 적극 수용해야 한다고 주장했다. 유해한 디자인을 억제하고 입법자들이 신뢰성, 모호성 및 자율성을 배양하도록 돕기 위해 기만적인 디자인, 가학적인 디자인, 위험한 디자인이라는 세 가지 경계를 제안했다. 이들 세 가지 경계는 법에서 정립된 개념에서 끌어온 것으로, 법원과 입법자들에게 유연하고 자립적인 시금석이 될 수 있다. 5장에서 이들 경계를 규제하고 바람직한 디자인 목표를 시행하는 데 사용될 수 있는 법률적 툴을 발전시키고자 한다.

5

프라이버시 디자인 툴킷

법은 디자인을 더 진지하게 고려해야 한다고 말하면 사람들은 법이 곧장 기술을 금지하거나 모든 디자이너나 제조사를 상대로 모든 제조물에 엄격한 책임을 부과해야 한다는 뜻으로 해석하곤 한다. 성난 공무원이 책상을 내리치며 "닫아 버려! 모두 닫아버려!"라고 소리지르는 장면을 떠올릴 것 같기도 하다. 하지만 그게 내 의도가 아니라는 점은 독자 여러분도 지금까지 논의하면서 이해했기를 바란다.

내 주장의 절반은 현행 프라이버시 법은 사람들의 기대와 선택에 영향을 미치는 디자인의 역할을 더 잘 반영해야 한다는 내용이다. 디자인의 효과는 계약, 소비자 보호 규정, 감시법, 프라이버시 관련 불법행위 같은 기존 체제가 개입된 분쟁에 더 중요한 요소로 포함돼야 한다는 내용이다. 업계와 대중을 비롯한 법원과 규제 기관은 더 많은 질문을 던져야 하고 더 비판적이어야 한다. 예컨대 인터넷 브라우저에서 '위치 추적 금지DNT, Do Not Track' 설정의 법률적 비중을 둘러싼 논쟁을 고려해보자. 기본적으로 DNT는 소비자에게 자신의 브라우징 내역이 추적되는 것을 원치 않는다는 의사를 표시할 수 있게 해주는 브라우저 프로토콜이다. 그럼에도 법원은 데이터 이용을 둘러싼 합의문을 판단할 때 이런 의사를 무시한다.[1] 소비자의 온라인 관리권한을 높여야 한다는 선언만 요란했지, 입법자와 법원은 그것을 실제로 가능케 하고 존중할 수 있는 방안을 찾는 점에서는 그리 창의적이지 못했다. 이런 사용자의 바람과 약속을 가능케 해주는 디자인 변수를 진지하게 고려함으로써 계약서와 다른 법적 제도는 기술 사용의 현실화에 더 가까이 다가갈 수 있다. 법 집행 기관에서 기만적이거나 가학적인 디자인에 주목한 또 다른 사례는 구글이 사파리 브라우저의 프라이버시 설정을 우회하기 위해 쿠키를 기만적으로 디자인했다고 제기된 소송에서 37개 주의 검찰총장들과 구글이 합의한 일이다. 이 소송에서 구글은 사파리 브라우저가 구글을 '제3자^{third party}'가 아닌 '당사자^{first party}' 다시 말해 소비자가 명시적으로 표적으로 삼고 상호작용하는 상대로 인식하도록 속였다는 비판을 받았다.[2]

내 주장의 나머지 절반은 프라이버시 법이 기술 디자인을 더 적극 지도해야 한다는 것이다. 이것은 구체적인 기술 제한과 특정한 맥락에 따른 디자이너의 법적 책임을 포함할 수 있지만, 법원과 입법자들이 디자인에 영향을 미치기 위해 적극 사용할 수 있는 법률적, 정책적 툴은 많다. 이들 중 어떤 것은 금융 자원과 교육 이니셔티브를 제공하는 당근이 될 수 있다. 다른 것은 고지와 보안 절차를 개선하라고 요구하는 채찍으로 작용할 수 있다.

5장에서 나는 법원, 입법자 및 규제 기관이 프라이버시 법에 디자인 어젠다를 이식하는 데 참고할 수 있는 툴킷을 모색한다. 각 접근법의 장단점을 강조해 입법자들이 경합하는 이익 사이에서 적절한 균형을 찾고, 감시 및 데이터 처리 규정과 조화를 모색하며, 주어진 문제를 해소하기에 적절한 툴을 선택할 수 있도록 도와줄 것이다. 때로 많은 툴은 동일한 문제를 다루는 데 사용될 수 있다. 웹사이트가 방문자의 웹 브라우저로 보내 저장하는 작은 데이터인 인터넷 쿠키에 대한 법의 대응을 고려해보자. 쿠키는 웹사이트가 사용자의 개인정보를 수집하는 주요 방법 중 하나다.

쿠키는 해당 웹사이트에 접속한 컴퓨터를 식별하고 사용자의 인터넷 활동을 추적하는 데 사용될 수 있다. 진짜 프라이버시 문제는 쿠키가 다양한 웹사이트에 걸쳐 인터넷 사용자를 추적하는 데 활용될 때 나타난다. 이 데이터는 사용자 프로필로 축적될 수 있고, 광고주들은 이를 사용자의 관심사를 유추하는 데 사용한다. 인터넷 사용자라면 누구나 상상할 수 있듯이 이 데이터는 의료정보, 정치적 신념, 성적 욕망 등 숱한 정보를 드러낼 수 있다. 비록 쿠키가 사람들의 이름을 수집하지는 않지만 가명 쿠키 데이터를 실제 사람들의 신원과 연결하는 방법은 많이 있다.[3] 그리고 그것은 데스크톱에 국한된 이야기다. 모바일 기기는 이를테면 상세한 위치 정보를 수집하는 앱을 통하는 방식으로 사람들을 추적하고 식별하는 데 훨씬 더 많은 방법을 제공한다.

쿠키에 관한 법규는 많은 변화를 겪었고, 소비자 보호법과 불법행위법의 책임에 따른 의무적 공개, 정직성 요구, 동의 없는 쿠키 설치를 금지한 명시적 규제 등 다양한 법률적 툴을 끌어들였다. 쿠키 사용은 처음에는 전자감시와 컴퓨터 안티해킹법에 저촉된다는 주장이 나왔지만 결국에는 문제가 없다는 판결로 종결됐다.[4] 쿠키를 깔기 위해 다양한 차단 장치를 불법적으로 우회했다는 불만[5]이 여러 기업에 제기됐다. 유럽연합의 'E-프라이버시 지침E-Privacy Directive'은 웹사이트에 쿠키를 깔기 전에 사용자에게 '명확하고 종합적인 정보'[6]를 제공하고 동의를 받으라고 요구한다. 연방거래위원회는 쿠키를 사용하는 기업이 사용자에게 정직한 정보를 제공할 수 있도록 유도해 왔다. 2011년 위원회는 브라우저가 차단할 수 없는 플래시Flash 쿠키를 사용한 스캔스카우트Scanscout라는 회사가 쿠키를 이용한 표적 광고로부터 사용자가 쉽게 탈퇴(옵트아웃)할 수 있는 것처럼 오도했다고 판정했다. 이런 전략은 모두 동일한 기술의 디자인과 적용을 다른 방식으로 간접적으로 규제하려는 시도다.

입법자들이 선택할 수 있는 툴은 온건한 수준부터 강력한 수준까지 다양한 스펙트럼을 보여준다. 벌금과 금지보다 교육과 인센티브를 통해 디자인을 개선하려는 온건한 대응은 초기에 그리고 자주 벌어져야 한다. 이런 대응이 미흡하면 규제 기관과 법원은 중간 수준의 대응을 고려해야 한다. 이것은 디자이너에게 의무를 부과하되 노골적인 금지나 디자인 결정에 대한 위협적 상의하달식 통제, 다른 강력한 법적 대응까지는 가지 않는 수준이다.

공개 의무 같은 일부 중도적 대응은 허약하거나 비효과적이라는 비판을 받아 왔다. 5장에서 나는 프라이버시 법에서 공개 수단을 다시 복원해야 하는 근거를 제시할 것이다. 공개는 프라이버시 법의 디자인 어젠다에서 핵심 요소가 돼야 한다. 일종의 경고 개념과 안전한 디자인 사이에서 균형을 이룰 때, 사람들에게 정직하게 알리지 않았을 때 공개는 의심으로 이어지고 거래 비용을 높인다. 그러므로 공개가 만병통치약이기는 어렵지만 다른 디자인 견제 수단과 더불어 소비자를 안전하게 보호하고 기업으로서는 비용을 절감하는 데 기여할 수 있다. 중요한 것은 프라이버시 법이 정보 공개 제도를 필요하지만 충분하지는 않은 것으로 취급해야 한다는 점이다. 기업은 안전한 제조물과 합리적인 디자인 절차에 일정한 책임을 져야 하는 것은 물론이다.

마지막으로 중도적 대응은 일부 기술에는 충분하지 않을 것이다. 불법행위 법에 의거한 디자인 책임이나 범주 차원의 명시적 금지 같은 강력 대응이 필요한 경우도 있을 것이다. 강력 대응은 신중하게, 선별적으로 시행돼야 하지만 프라이버시 법은 그런 대응을 너무 자주 무시해 왔다. 강력 대응을 위해서는 프라이버시의 피해, 기술의 진부화 및 정부 권력에 대한 필수적 견제 등과 같은 어려운 질문과 맞닥뜨려야 한다.

나는 입법자만이 프라이버시 관련 디자인을 다룰 수 있는 툴을 가진 게 아니라는 점을 상기하면서 5장을 마무리한다. 우리 모두 기술을 사용하거나 우리를 이용하는 기술의 영향력 안에 있기 때문에 모두 각자 수행할 역할이 있다. 그를 위해 나는 디지털 기술이 안전하고 지속 가능한 방식으로 개발되고 사용되도록 일반 대중이 어떤 역할을 할 수 있는지에 대해 일종의 가이드를 제공할 것이다.

쉽거나 어려운 방식 또는 중간 단계 사용 가능

법이 프라이버시 관련 디자인을 더 잘 이해하고 구체화할 수 있는 방법에 대한 정책 입안자와 다른 이해 관계자 간의 논의는 대부분 근시안적이다. 정책 입안자들은 대개 디자이너가 무엇을 할 수 있고 할 수 없는지 일일이 지시하는 규정을 만드는 데 집착한다. 사람들은 위험한 소프트웨어에 대한 불법행위의 책임, 특정 기술의 개발 금지, 안전한 장치임을 확인하는 인증 제도에 관해 이야기한다. 물론 이런 주제도 중요하다. 하지만 프라이버시 법이 디자인을 더 진지하게 수용하는 데는 수많은 방법이 있다. 표준 설정을 도와줄 수 있고, 최종 제조물을 규제하는 대신 일정한 디자인 절차를 의무화할 수 있으며, 표시와 상징과 의인화의 힘을 활용함으로써(사람들은 의인화한 표시나 메시지에 더 잘 반응한다[7]) 고지의 효과를 높일 수 있다. 입법자들과 법원은 프라이버시 침해의 피해자들에게 각자의 특성과 맥락에 부합한 해결 방안을 만들거나 인식할 수 있다. 심지어 디자인을 직접 배우거나 일정한 맥락에서 제약을 부과할 수도 있다. 이런 툴 중 많은 부분이 잘 정립돼 있고 심지어 명백하지만 이를 그룹으로 고려하면 법이 디자인을 활용해 사람들이 번영할 수 있게 해주는 큰 잠재력을 보여준다.

프라이버시 법은 이 모든 툴을 디자인 어젠다에 포함시켜 적절한 균형을 도모해야 할 것이다. 모든 대응이 신뢰성, 모호성 혹은 자율성의 가치를 높이지 않겠지만, 마찬가지로 모든 대응이 기만적, 가학적이거나 위험한 디자인을 같은 수준으로 억제하지는 않을 것이다. 부가적으로 입법자들은 디자인 개입의 목표를 개념적으로 생각해야 한다. 건물 건축에서와 마찬가지로 툴은 대상과 일치해야 한다. 건설업자는 작은 못에 큰 망치를 사용하지는 않을 것이다. 입법자들은 온건한 방식으로 가능한 분야에 부담스럽고 구속적인 법을 부과해서는 안 된다. 반대로 더 적극적인 대응이 요구되는 경우에 비효율적인 처방에 만족해서는 안 된다. 프라이버시 디자인의 개입 수준은 해당 디자인이 제기하는 위협에 비례해야 한다. 5장에서 논의하는 툴은 IT 기업에 대한 영향력과 통제력의 정도 및 부정적인 디자인에 대한 처벌의 심각성에 비례한 스펙트럼을 따라 소개할 것이다. 프라이버시 디자인의 문제에 직면했을 때 입법자, 법원과 규제 기관은 온건한 대응, 중도적 대응, 강력 대응 등으로 다른 처방을 내릴 수 있다.

온건한 대응

디자인을 진지하게 받아들인다고 해서 반드시 실제로나 상징적으로 의회의 행동이 필요한 것은 아니다. 프라이버시 정책은 법률적 금지만이 아닌 훨씬 더 많은 내용을 포함한다. 프라이버시 법이 디자인 어젠다를 시행할 수 있는 가장 효과적인 방법 중 일부는 온건한 내용이다. 프라이버시 디자인의 경계를 넘어선 기업에 벌금을 부과하지 않는다는 뜻이다. 그보다는 해당 기업과 사용자에게 디자인의 중요성을 교육하고 지원하는 이니셔티브다.

온건한 대응은 또한 업계와 함께 작업하면서 프라이버시 디자인에서 공통의 표준과 혁신을 꾀한다. 온건한 대응은 디자인 절차에 대한 직접 개입을 최소화하기 때문에 기업에게 매력적이다. 이런 방식은 심각한 비판에 직면할 수 있는 디자인을 회피하게 만드는 대신 좀 더 미묘하고 모호한 방식으로 사람들의 프라이버시에 부정적 영향을 미칠 수 있는 디자인을 낳을 수도 있다. 예를 들면 입법자들은 기업에게 무심하고 경솔하게 개인정보를 공개하도록 교묘하게 조작하는 방식이 아니라 더 안전하고 더 지속 가능한 사용자 인터페이스를 디자인하도록 유도하는 온건하거나 중도적인 방식을 모색할 수 있을 것이다.

많은 디자인은 신뢰성, 모호성이나 자율성을 조금씩 잠식한다. 해리 브리그널Harry Brignull은 이런 디자인을 '검은 패턴dark pattern'이라 부른다. 정교하게 디자인돼 사용자들이 제품을 살 때 워런티도 구매하게 만들거나 매달 비용을 내게 돼 있는 청구서에 등록하도록 속이는[8] 인터페이스라는 뜻이다. 디자인 윤리학자인 트리스탄 해리스Tristan Harris는 기술이 우리를 종종 부정적인 방식으로 조작하는 데 사용되는 미묘하지만 중요한 방식을 연구해 왔다.[9] 그는 사용자 인터페이스의 메뉴 선택 방식이 해당 메뉴에 포함되지 않은 중요한 선택사항을 가림으로써 우리에게 일종의 근시안적 선택을 강요한다고 주장했다. 우리가 무비판적으로 메뉴를 수용하면 '우리의 의지가 반영된 선택'과 '수많은 선택' 간의 변별점을 잃어버리기 쉽다. "나는 누구와 상호작용하고 싶은가?" 같은 개방형 질문은 다양한 이유로 친구나 지인으로 추가한 사람들을 열거한 드롭다운 메뉴가 되기 쉽다. 소셜미디어는 우리의 중독 성향과 사회적 승인의 욕구를 악용하도록 디자인됐다. 우리가 휴대하는 기기는 마치 도박장의 슬롯머신처럼 즉각적인 만족을 안겨주는 버튼을 포함하고 있다. 자동재생과 무한 '다음 포스트 혹은 다음 비디오' 기능은 우리의 유한한 주의력을 한 장소에서 더 오래 소비하도록 부추긴다. 그리고 우리가 해당 기업이나 서비스에 부정적으로 작용할 수 있는 결정, 가령 구독 해지를 실행하기 어렵도록 높은 거래 비용을 설정해 시도하다 포기하고, 결국 해당 기업의 이익에 부합하는 내용을 수용하도록 만든다.

일부 다크 패턴과 또 다른 유형의 가학적 디자인은 이제 강력 대응 같은 노골적인 금지가 필요한 상황인지도 모른다. 종합적으로 볼 때 그 동안 레이더망에 걸리지 않았던 이들 다크 패턴은 우리의 신뢰성, 모호성 및 자율성에 심각한 영향을 끼친다.[10] 프라이버시 법은 온건한 대응과 중도적 대응으로 이런 종류의 디자인 덫을 정기적으로, 적극적으로 억제해야 한다. 온건한 대응은 정부 기관과 일반 대중을 교육하는 한편 기업에는 채찍이 아닌 윤리적 디자인을 독려하는 당근으로 작용할 수 있다.

교육

입법자, 법원, 규제 기관 및 프라이버시 정책과 연관된 모든 사람에게 디자인을 더 진지하게 취급하도록 유도하는 가장 간단하고, 쉽고, 기본적인 방법은 디자인에 대해 스스로와 다른 사람들을 교육하는 것이다. 첫째, 정부 기관은 스스로를 먼저 교육해야 한다. 이것은 기술뿐 아니라 사용자들이 기술에 어떻게 반응하는지를 이해하는 전문 인력을 더 고용해야 한다는 뜻이다. 기술을 다루는 모든 행정 기관에는 이를 잘 이해하는 공학기술 인력이 있어야 한다. 법원은 우리 일상에서 기술이 수행하는 역할을 더 잘 이해하기 위해 공학자, 사회학자와 다른 관련 전문 인력의 풀을 확보해야 한다.

정부가 교육을 활성화해야 한다는 것은 입법자와 정책 입안자들에게 교육과 출장비, 관련 업계와 시민사회, 대학 공동체와 공조할 수 있는 공간을 확보해 어떻게 디자인이 프라이버시에 영향을 미치는지 제대로 파악하고 이해할 수 있도록 해야 한다는 뜻이다. 연방거래위원회는 정보 공개, 얼굴 인식 기술, 프라이버시 및 디자인 관련 주제로 일련의 공개 워크숍[11]을 개최해왔다. 이런 기회는 많아질수록 더 좋다.

정부 기관은 일반 대중에게도 지속적으로 디자인과 프라이버시를 교육해야 한다. 디지털 툴은 사람들의 삶에 결정적 영향을 미칠 수 있으므로 사람들이 그런 툴을 안전하고 지속 가능한 방식으로 이용할 수 있도록 도와줘야 한다. 모두가 프라이버시와 디자인의 전문가가 될 것이라 기대할 수는 없지만, 피해를 최소화할 뿐만 아니라 기업이 소비자 기술을 만들 때 어느 수준에서 소비자 기대치를 맞춰야 할지 알려주기 위해서도 일정 수준의 기본 관점과 규칙이 필요하다. 이것은 경제적 취약 인구 및 부유층과 동일한 수준의 자원과 교육 여건을 갖지 못한 공동체에서 특히 더 중요하다. 엘리트 계층은 개인의 취향을 우선시한 (따라서 위험 책임을 기업에 부과하지 않는) 시스템을 옹호하기는 쉽다. 잠재적 위험을 평가하고 그로부터 스스로를 보호할 여건이 더 낫기 때문이다. 필요한 자원과 지원을 갖지 못한 사람들이 기술의 실체를 명확히 파악하기는 훨씬 더 어렵다.

교육이나 지원 같은 온건한 대응의 핵심은 프라이버시의 디자인 어젠다를 약화하는 데 이용되지 않도록 유념하는 것이다. 교육 하나만으로는 해답이 될 수 없다. 교육은 대체하는 것이 아니라 더 강력한 대응을 지원하는 역할이어야 한다. 예를 들면 사용자와 업계 임직원, 입법자를 위한 교육은 매우 중요하지만, 정보 과부하는 오히려 비생산적일 수 있다. 최근 실험에 따르면 현대의 데이터 관리 현실을 더 잘 알수록 개인정보보호에 무력감을 느끼고 포기하는 빈도도 더 높아졌다.[12]

기금

프라이버시를 더 잘 보호하는 데 정말로 필요한 것은 현금이다. 정부가 연구에 기금을 지원할 때 얻을 수 있는 성과는 생각보다 훨씬 더 크다. 따지고 보면 우리가 오늘날의 인터넷을 갖게 된 것도 정부의 기금 지원 덕택이었다. 프라이버시 정책은 디자인 연구와 새로운 프라이버시 보호 기술에 지원 기금을 제공함으로써 디자인을 더 진지하게 수용할 수 있다. 온라인 프라이버시의 보호 방안을 연구하고 툴을 개발할 목적으로 미 국방부 산하 방위고등연구계획국DARPA이 기금을 지원하는 브랜다이스Brandeis 같은 이니셔티브가 더 많이 나와야 한다. 계획국의 기금은 "사진을 인가된 가족이나 친구들과만 공유한다."는 표현처럼 목적과 수용 가능한 위협 및 의도한 혜택을 반영하는 간단한 의도 표현을 통해, 사용자들이 그들의 시스템과 사이버 공간에서 어떻게 데이터를 이해하고, 그와 상호작용하고 또 관리하는지 파악하는[13] 작업을 지원하기 위한 것이다. 익명화 툴인 토르[Tor, The Onion Router]는 유명하고 널리 알려진 정부 지원 프라이버시 프로젝트의 모범 사례로, 프로젝트 연간 예산의 대부분인 수백만 달러를 미국 정부로부터 지원받았다.[14]

유럽연합 산하 기관도 프라이버시 디자인에 대한 기금 지원을 장려해 왔다. 유럽연합 네트워크 정보 보호원[ENISA]은 '프라이버시와 데이터 보호 중심 디자인: 정책부터 엔지니어링까지[Privacy and Data Protection by Design—From Policy to Engineering]'라는 제목의 백서를 통해 프라이버시 공학 연구에 대한 학제간 접근을 지원해야 한다고 권고했다. ENISA의 전체 보고서는 프라이버시 디자인에 대한 이해와 적용을 높이는 방법으로 온건하고 협력적인 대응을 옹호한다.

더 나은 프라이버시 디자인을 위한 또 다른 기금 전략은 '버그 포상금[bug bounty]' 모델이다. 페이스북, 구글, 야후를 비롯한 다양한 기술 기업은 자사의 소프트웨어에서 결정적인 보안 취약성이나 다른 '버그'를 찾아내는 사람들에게 상금을 제안한다.[15] 정책 입안자들은 업계와 정부의 버그 포상금 노력을 지원할 수 있는 창의적 방법을 모색해야 한다. 아마 버그 찾기는 보안 오류는 물론 불량한 프라이버시 디자인을 찾는 것으로 확대할 수 있을 것이다. 불량한 프라이버시 디자인의 식별을 도와주는 포상금 프로그램에 적극 참가할 만한 사회학자와 사용자 인터페이스 및 사용자 경험 전문가는 수천 명에 이른다.

표준 개발 장려

훌륭한 프라이버시 디자인은 궁극적으로 일부 구체적인 기술적 세부사항을 요구하며, 기술적 표준 없이는 일관되게 적용할 수 없다. 기술적 표준은 상호 운용성을 위해 혹은 무엇인가를 성취하는 데 가장 효율적인 공학적 접근 법을 장려하기 위해 일정하게 규정된 방식을 제공할 수 있다. 만약 확장성 이 있는 훌륭한 프라이버시 디자인을 원한다면 업계의 대다수가 동의할 수 있는 효과적이고 지속 가능한 표준 세트가 필요할 것이다. 얼굴 인식 기술 과 위치 추적 금지를 위한 표준을 정하려는 시도에서 본 것처럼, 그런 절차 를 설정하는 표준은 업계의 어젠다만을 밀어부치는 식으로 진행해서는 안 된다.[16]

표준은 프라이버시와 보안을 규제하고 시행하는 데 결정적인 역할을 한다. 기업이나 기관이 규제 담당자에게 책임 있는 데이터와 디자인 관행을 사용 한다는 점을 입증하고자 할 때, 이들은 클라우드 보안 협회[CSA, Cloud Security Alliance], 국립표준기술연구소[NIST] 같은 곳에서 개발한 엄격하고 철저한 업계 표준을 준수한다는 점을 강조한다. 이들 표준은 기업의 준수를 종용하며 '합 리적으로 행동'하고 '업계 표준을 따르라'[17]는 규제상의 요구에 의미를 부여 한다.

표준은 높은 수준의 목표부터 기술적으로 구체적인 요구 사항에 이르기까지 여러 다양한 형태로 나타난다. 예를 들면 사양 표준은 주어진 표준을 준수하 기 위해 어떻게 시행해야 하는지에 대해 구체적 세목을 제시한다. 흔한 사례 는 C와 루비[Ruby] 같은 컴퓨터 프로그래밍 언어다. 표준화된 테스트 방법은 디자인의 세부 사항에 대해서는 해석의 여지를 열어두며 테스트를 통해 표 준을 달성한다. 테스트에 실패하는 디자인은 표준이 아니다. 가이드라인과 절차는 때로 엔지니어링 절차 과정에 적용될 높은 수준의 목표를 제공하기 위해 개발된다. 예를 들어 표현상태 이전[REST, Representational State Transfer18]은 애플리케이션의 프로그래밍 인터페이스를 예측하고, 상호 운용하고, 안정된 상태로 유지하는 데 사용되는 공통 가이드라인이나. 그리고 웹페이지를 위 한 HTML의 경우처럼 표준은 때로 진화한다.

표준은 폭넓은 응용성과 진화의 잠재성 때문에 유용한 규제 툴이다. 진화하는 표준은 항상 변화하는 기술 디자인에 특히 중요하다. 표준을 정하는 관리이사회는 정기적으로 만나 표준이 최신 동향을 반영하도록 관리할 수 있다. 표준은 또한 규제와 달리 사법적 관할 지역을 넘어설 수 있다. 전 세계 기업은 정보보안 관리의 표준으로 국제표준화기구가 설정한 ISO 27001[19]을 따른다. 표준은 기술적으로 매우 구체적일 수 있어서 업계에 일정 정도의 확실성을 부여한다. 그리고 업계의 제언은 표준의 실효성을 높이는 데 도움을 준다.

기술적 표준은 프라이버시 정책에 디자인을 더 적극 반영할 수 있는 유망한 방법 중 하나다. 입법자들과 규제 기관은 관계자를 한데 모아 새로운 표준을 개발하기 위한 추동력을 제공할 수 있다. 표준은 그 자체로는 다루기 힘든 정책 이니셔티브를 보완하는 데 사용될 수 있다. 더 중요한 점은 이 표준은 이상적으로 누구나 볼 수 있고 활용할 수 있어야 한다는 점이다. 높은 인기를 누리던 와이파이 보안 프로토콜인 WPA2의 심각한 오류가 발견된 직후, 컴퓨터 과학자들은 관련 프로토콜을 규정하는 IEEE 표준이 값비쌀 뿐 아니라 일반적인 검색엔진으로는 찾아지지 않는다는 점을 인식했다. 이것은 해당 표준이 오류를 찾고 바로잡는 데 별로 유용하지 않다는 뜻이었다.[20]

디자인 표준은 특정한 법규나 정책의 시행을 개선하는 한 방법이기도 하다. 검색엔진에 대해 개인의 요청이 있을 경우 '불충분하거나 무관하거나 더 이상 관련성이 없어진' 데이터를 검색 결과에서 빼도록delist 요구한 유럽연합의 '잊힐 권리'[21]를 생각해보자. 이 권리를 시행하는 데는 여러 문제가 있지만 현재까지 가장 큰 과제는 의사 결정과 문제의 링크를 실제로 삭제하는 데 연계된 불확실성이다. 구글 같은 검색엔진은 수많은 의무 사항을 요구받았는데, 이는 구글과 사용자, 삭제를 요구하는 사람들에게 공정성, 정당한 법적 절차, 투명성 문제 등을 제기한다.

국제 표준 기구인 월드와이드웹^{WWW} 컨소시엄의 법률 고문인 리고 웨닝^{Rigo} Wenning은 robots.txt로 알려진 웹 프로토콜의 표준화[22]가 도움이 될 수 있을 것이라고 제안했다. robots.txt 파일은 간단한 텍스트 파일로, 웹사이트의 파일 구조에 삽입되면 검색엔진에 색인화하거나 검색되는 것을 피하고 싶다는 의사를 전달한다. 빙, 덕덕고, 구글 같은 모든 주요 검색엔진은 robots.txt 프로토콜을 존중한다. 웨닝은 그 프로토콜에 태그 기능을 포함하는 것으로 표준화해, 이를테면 누군가의 이름처럼 일정한 태그 검색에 대해 웹사이트에서 무시하도록 만들자고 주장한다. 다시 말하면 당신이 사람 이름과 별칭(가령 '윌리엄'이라면 '빌'과 '윌')처럼 구체적으로 태그된 용어를 찾지 않는 한 웹페이지는 검색 결과에 포함된다. 그를 위해서는 연관성을 결정하기 위한 관리 및 판결 구조가 필요할 것이고, 관련 콘텐츠를 관리하는 웹사이트는 계층 구조에 적절한 텍스트 파일을 삽입해야 할 것이다. 이런 종류의 표준화는 구글 같은 검색엔진이 robots.txt 프로토콜을 존중하는 한 의사 결정 과정에 개입하지 않게 할 것이다. 이런 솔루션은 물론 그 나름의 문제를 안고 있다. robots.txt로 가려진 폴더 목록은 각 웹사이트에서 쉽게 찾을 수 있다. 기본적인 해킹 기법은 robots.txt를 뽑아낸 뒤, 이를테면 '배척된^{disallowed}' 폴더를 검토하기 시작하는 것이다. 그러므로 프로토콜을 강화하기 위해서는 이리저리 손을 보고 개선하는 일이 필요하다. 하지만 이 솔루션은 어떻게 기술적 표준화가 기존의 프라이버시 갈등 관계에서 더 장려될 수 있는지 보여준다. 조너선 지트레인도 '코드로 지원되는 규범^{code-backed norm}'[23]을 만들 수 있는 robots.txt와 다른 표준이 프라이버시 보호에 어떻게 유망한지 설명한 바 있다.

표준의 단점은 습관처럼 깊이 뿌리박혀 시의성을 잃고 애초에 의도한 가치를 제대로 반영하지 못하게 될 수 있다는 점이다. 예를 들어 NIST 800 53 같은 데이터 보안의 산업 표준은 'NIST 사이버보안 프레임워크'[24]에 표현된 데이터 침해로부터 복구하는 데 관련된 새 정보를 포섭할 정도로 아직 진화하지 못했다. 기술적 표준의 또 다른 한계는 표적 광고를 받는 데 따른 사람들의 불편한 심리처럼 근본적으로 비기술적인 문제를 다루는 데는 맞지 않다는 점이다. 따라서 기술 표준은 프라이버시 디자인의 중요한 부분이지만 유일한 혹은 심지어 주된 접근법일 수는 없다. 이들은 기술적으로 상세한 솔루션을 요구하는 프라이버시 문제에 일반적 접근법을 보조하는 차원에서 사용해야 한다.

긍정적이고 자발적인 제한

때로 프라이버시 디자인이 제대로 진행되도록 보장하는 최선의 방법은 정부가 그 과정에 개입하지 않는 것이다. 디자인 개입은 일부 맥락에서는 필요하지만 항상 그렇지는 않으며, 때에 따라 문제를 키우고 프라이버시를 위험에 빠뜨릴 수 있다. 수사 기관을 돕기 위해 암호화 기술에 이들이 접근할 수 있는 백도어 설치 여부를 둘러싼 소위 '암호화 전쟁Crypto War'을 생각해보자. 이 전쟁에서 가장 최근에 벌어진 논쟁은 미 연방수사국FBI가 애플에 iOS 운영 체제의 약화된 버전을 만들라고 요청했을 때 벌어졌다. FBI는 캘리포니아주 샌버나디노에서 대량 살상극을 자행한 남성이 소유했던 아이폰의 보안 프로토콜을 우회할 수 있는 'FBiOS' 혹은 'GovOS'가 필요했다.

궁극적으로 백악관은 프라이버시를 침해할 수 있는 암호화 백도어 설치를 강제하려는 법제화 계획을 유보했지만, 의회가 그런 내용의 입법을 시도할 가능성은 항상 남아 있다.[25] 컴퓨터 과학자들의 중론은 오직 '선한 사람들'의 사용만 보장한 백도어를 설치할 방법은 존재하지 않는다는 것이다.[26] 보안 시스템에 제3자 접근을 허용하도록 강제하는 것은 정의 그대로 보안 기술을 약화시킨다. 정치적으로 그와 같은 경로는 실패할 가능성이 크다. 암호화는 미국 인프라와 시민들의 프라이버시에 대한 필수 보호대책이다. 이를 약화시키려는 제안은 거센 반발에 직면할 것이다.

따라서 버락 오바마 행정부가 프라이버시 보호 기술을 약화시키는 행위를 제한한 점은 프라이버시의 청사진을 위한 툴킷에서 매우 중요한 전략으로 비칠 수 있다. 오바마 대통령은 여러 해에 걸쳐 선택 사항의 실행 가능성, 비용과 혜택을 연구한 끝에 이런 결정을 내렸다.[27] 이는 정보 기술의 디자인에 어떤 식으로든 영향을 미치고자 할 때 입법자와 규제기관이 취할 수 있는 좋은 전략이다. 물론 이런 결정에는 비용도 따른다. 암호화는 법 집행공무원의 업무를 더 어렵게 만든다. 이런 비용은 심각한 부분이고 따라서 입법자들이 충분히 검토하고 고려할 만한 내용이다. 특히 암호화가 국가안보에 중요한 정보를 보호하는 중요한 자원이라는 점에서 '안전'이라는 가치는 프라이버시와 보안에 어색하게 공존한다. 하지만 적어도 프라이버시 법의 디자인 어젠다에서 제한restraint이 갖는 가치를 인식함으로써 암호화에 관해 더 내실 있는 논의를 할 수 있다. 법원과 입법자들은 행동과 비행동 간의 타협과 결과를 더 제대로 판단할 수 있다.

또 다른 주요 제한 전략은 기술 디자인을 놓고 이리저리 시험하는 독립된 보안 및 프라이버시 연구자들을 보호하는 것이어야 한다. 소비자 기술을 위한 바람직한 디자인을 원한다면 우리는 부정적인 기술 디자인을 판별하고 수정을 도와줄 수 있는 전문가 작업을 지원해야 한다. 현재 '컴퓨터 사기 및 남용 방지법CFAA'과 '디지털 밀레니엄 저작권법DMCA'의 우회방지조항[28] 같은 법률은 합법적인 보안 연구에 책임[29]을 묻겠다고 위협한다. 미국 의회도서관은 성실하게 수행된 보안 연구에 대해서는 디지털 밀레니엄 저작권법의 적용으로부터 면제되도록 임시 조처를 제공했다. 이것은 바람직한 시작이지만 면제는 강화돼 영구적인 것이 돼야 한다. 디지털 저작권 관리 기술은 저작권법의 지나친 보호를 받는 탓에 사람들은 이런 기술이 프라이버시와 보안의 관점에서 어떤 결함이 있는지 알 수가 없다.[30] 한편 모호하기로 악명 높은

CFAA는 이론적 범위가 놀라울 정도로 넓으며, 밀레니엄 디지털 저작권의 경우 같은 면제 조항도 없다.[31] 더 나은 프라이버시와 보안의 디자인을 모색하는 입법자들이 가장 먼저 해야 할 일은 그것을 바꾸는 일이다. 불충분하지만 최소한 검찰 재량권은 보안 개선을 위해 기술의 취약점을 찾으려고 선의의 노력을 기울이는 사람들에게 훨씬 더 현명하게 행사돼야 한다. 정부는 연구 목적이 부당한 프라이버시와 보안 디자인을 찾고 고치려면 연구자들에게 숨실 공간을 줘야 한다.

중도적 대응

온건한 대응은 입법자와 규제 기관, 법원이 선호하지만, 때로는 기술 디자인에 좀 더 뚜렷한 압박이나 비판적 시각이 필요하다. 디자인 정책 툴킷에는 더 중도적이거나 '중간 지점'의 대응 방안이 몇 가지 있다. 중도적 대응은 디자인 경계를 초과한 데 따른 일종의 벌금이나 비용이 부과되더라도 기술 디자인 자체에는 중도적 수준으로 개입하는 경우다. 중도적 대응은 더 명백하고, 더 심각한 프라이버시 디자인 문제에 적용하되, 디자인에 직접적 간섭과 제어는 하지 않는다.

약속의 성격을 띤 디자인

이 책의 모든 다른 권고 사항보다 입법자와 규제 기관, 법원은 단순히 디자인을 통해 표현되고 내재된 (때로는 명시적인) 약속을 더 잘 인식해야 한다. 기업은 말이나 글을 사용한 약속에 대해서는 사용자에게 책임을 진다. 기업이 디자인을 통해 사용자에게 전달된 약속promissory design에 책임을 덜 지는 이유는 무엇인가?

정보기술의 사용자 인터페이스는 어디에나 존재함에도 불구하고, 법원과 입법자들은 자주 그 중요성을 간과해 왔다. 인터페이스는 강력하다. 어떻게 해당 기술이 사용될 수 있는지에 대한 사용자의 선택사항을 전적으로 지시하기 때문이다. 사용자는 인터페이스를 통해 기업과 계약 조건을 협상할 수 없다. 소셜미디어 플랫폼의 유일한 선택 사항이 '비공개private'와 '공개'로 표시된 버튼뿐이라면 사용자는 자신의 포스팅 공개 수준을 그 사이에서 설정하고 싶어도 그럴 수가 없다. 소셜미디어에 올린 글은 '삭제'나 '만료' 버튼이 사용자에게 제공되지 않는 한 존속한다. 사용자의 주의력과 이용 가능한 시각적 공간이 부족하기 때문에 사용자 인터페이스를 통해 기업의 특정 관행이나 어떤 결정이 사용자에게 미칠 영향을 알리기는 매우 어렵다.

온라인에서 사실상 모든 계약은 빼곡하고 작은 글씨로 나열된 약관으로, 때로는 협상 불가의 표준 문구로 제시된다. 이 계약서는 웹사이트와 사용자 간의 관계에 관한 권리와 의무를 설정한다. 이들은 아무에게도 읽히지 않지만 그럼에도 균일하게 시행된다. 그것은 '합의meeting of the minds'를 구현한 형태로 요약되는 전통적 의미의 계약서와도 동떨어져 있다. 그럼에도 기업은 이런 합의서를 사용해 위험을 관리한다. 사용자가 거의 읽지 않는 합의서에는 사용자가 서비스를 사용하는 대가로 웹사이트에 제공하도록 요구하는 다양한 승인 내용이 들어 있고, 기업은 이를 통해 사용자에게 적절히 고지inform 한다고 주장한다. 이런 계약서의 가장 중요한 부분 중 하나는 사용자 프라이버시와 개인정보의 수집 및 사용에 관한 내용이다.

웹사이트 사용자의 프라이버시 기대치와 해당 사용자에 대한 웹사이트의 약속을 결정하려고 할 때 법원은 약관이나 프라이버시 정책을 고려한다. 법원이 사용자가 프라이버시 수준을 지정하는 웹사이트의 프라이버시 설정이나 다른 요소를 검토하는 경우는 거의 없다(소비자 계약서에서 법적 구속력을 갖는 중재 조항이 늘고 있음에도 법원은 계약서상의 소비자 분쟁을 더 이상 거의 고려하지 않는다). 인터페이스 설정과 요소는 일반적으로 사용자에 대한 계약이나 약속을 일부로 간주되지 않는다. 하지만 물론 자신이 동의한다고 대답하는 약관이나 프라이버시 정책을 거의 아무도 읽지 않으며,[32] 읽으려 시도하는 자체가 무의미하다. 그와 대조적으로 사용자는 프라이버시 설정 같은 디자인 기능을 정기적으로 이용한다.[33]

페이스북을 살펴보자. 이곳의 약관은 '프라이버시'라는 제목의 섹션을 담고 있다. 해당 섹션은 페이스북의 프라이버시 정책이라는 별도의 문서[34]와 연결돼 있다. 이 문서를 실제로 읽는 사람은 거의 없다.[35] 하지만 사용자는 페이스북 프로필을 작성할 때 일련의 프라이버시 설정을 통해 얼마나 널리 자신의 프로필을 공개할지 결정할 수 있다. 명시적으로 초대된 사람이나 친구

만 볼 수 있도록 제한할 수도 있고, 친구의 친구로 설정해 사용자 친구와 연결된 사람은 누구든 볼 수 있도록 확대할 수도 있다. 자신의 개인정보를 모든 페이스북 사용자에게 노출하고자 한다면 프로필은 '공개'로 설정할 수 있다. 개별 포스팅의 공개 수준도 프라이버시 설정에 따라 바뀔 수 있다. 사용자는 자신의 프로필이 인터넷 검색 결과에 나타나게 할지 여부도 결정할 수 있다.

사람들은 이런 설정을 사용하며, 시간이 지나면서 지속적으로 설정 내용을 바꾼다. 그리고 주목할 것은 그런 설정 장치로 정보 공개의 수준이 효과적으로 제어되기를 기대한다는 점이다.[36] 이런 설정은 혼란스러워서 당연히 무시되는 약관과 프라이버시 정책보다 페이스북에 대한 개별 사용자의 프라이버시 기대 수준을 판단하는 데 더 도움이 된다. 어떤 사람은 프로필의 공개 수준을 친구로 제한할 수 없다면 페이스북에 아예 가입조차 하지 않거나 온라인 프로필에 사적인 정보를 훨씬 더 적게 올릴 것이다. 왜 프라이버시 설정은 사용자와 페이스북 간 계약의 일부로 간주되지 않는가? 웹사이트의 쌍방향성이 많은 사이트의 특징이 된 시대에 법원은 온라인 계약의 범위를 재고하고, 디자이너는 디자인이 사용자에게 메시지를 전달한다는 사실을 지속적으로 존중해야 한다. 디자인은 또한 사용자에게 기업에 메시지를 전달할 수 있는 능력을 부여할 수 있다. 디자인은 약속이자 동의의 표현일 수 있다.[37]

약속은 법적 구속력을 갖기 위해 말로만 할 필요는 없다. '약속의 상대자 promisee가 서약commitment이 있었다고 이해할 만한 특정 방식의 행동이나 행동을 제한하려는 의도를 나타내는 것'이면 어떤 형태든 약속으로 간주될 수 있다. 유효한 약속은 계약의 일부이거나 자칫 해를 끼칠 수 있는 경우 법적으로 규제될 수 있다.

법원이 온라인 계약을 분석할 때 거의 전적으로 약관과 프라이버시 정책의 문구에만 초점을 맞추는 것은 이해하기 어렵다. 대부분의 소비자 계약에서 계약 당사자들의 실적과 거래, 거래 이용도 같은 외부 증거가 일반적으로 고려되는 현실을 생각하면 더더욱 그렇다. 프라이버시 정책의 조건은 웹사이트에서 타당하게 인식되는 유일한 약속은 아니다. 어떤 맥락에서는 웹페이지 디자인, 아이콘 혹은 기능 같은 웹사이트의 코드도 해당 웹사이트가 특정 정보를 보호하겠다는 제안이나 약속으로 타당하게 판단될 수 있다.

근래의 웹사이트는 사용자에게 본인의 개인정보를 삭제하고, 식별 태그를 제거하고, 프라이버시 설정을 활용할 수 있게 함으로써 (이런 행위는 개인정보의 흐름을 스스로 관리하겠다는 사용자의 바람을 명확하게 보여준다) 과거보다 더 폭넓은 프라이버시 보호 권리를 제시해 왔다. 그럼에도 법원은 이 같은 코드 기반의 약속을 진지하게 검토하기보다는 웹사이트가 제공하는 고급 기능 정도로 취급할 때가 많다.

프라이버시 설정은 기밀성에 관한 코드 기반의 협상으로 간주될 수 있고, 이것은 사실상의 묵시적 계약이 될 수 있다. 웹사이트 디자인의 프라이버시 설정과 다른 특징도 약속의 성격을 띤 금반언禁反言[38]의 역할을 할 수 있다. 법적 구속력을 가진 계약서가 없더라도 심각한 피해를 입힐 수 있는 약속에 대해서는 사법적 처벌이 허용된다는 뜻이다.

의사, 변호사, 재무 전문가, 신부, 친밀한 관계인 배우자나 파트너는 그들의 밀접한 관계를 바탕으로 상대의 프라이버시를 존중하겠다는 묵시적 약속을 한다. 그럼에도 웹에서는 계약상의 합의를 분석할 때 표준 문구의 약관만 인정한다. 표준 형식의 조건에만 의존해 온라인 합의문을 분석함으로써 법원은 양자 간 합의의 총체적 맥락을 무시하는 위험에 빠진다. 이런 접근법은 개인정보의 흐름을 보호하는 데 약속과 계약을 사용할 수 없게 만든다. 앱과 쌍방향 웹이 점점 더 널리 일상적으로 사용되는 현실을 고려하면 웹사이트와 사용자 간의 계약 관계를 재검토할 필요가 다분하다.

6장에서 검토하겠지만 사용자 인터페이스 디자인을 중요하게 취급하고 심리하도록 법을 바꿀 수 있는 몇 가지 방법이 있다. 웹사이트 디자인이 해당 웹사이트의 약관에 통합된 정도나 약관의 내용과 일치하는 정도 또는 웹사이트 디자인이 의존성을 유도하는 정도에 따라 법원은 이런 디자인 특징이 규제 가능한 약속인지 판단해야 한다. 또한 법원은 약관의 일정 조항을 규제할 수 없도록 하는 데 사용하는 개념인 비양심성의 원칙에 대한 분석을 확대해, 약관 내용을 넘어 웹사이트의 여러 부문에서 사용자를 조작, 착취하거나 공격하는 악의적 인터페이스에 대한 분석과 고려도 포함해야 한다. 온라인 계약서는 개인의 프라이버시를 위협할 수 있지만, 계약서 원칙을 웹사이트 디자인으로까지 확대한다면 사용자가 개인정보의 흐름에 적어도 일정 수준의 자율성을 회복할 기회가 주어질 것이다.

사용자는 코드의 제약을 받기 때문에 (이들은 일반적으로 글을 통해서는 웹사이트와 효과적으로 협상할 수가 없다) 온라인 상호작용은 추가적 중요성을 갖는다. 단순히 "나는 이 정보를 삭제하고 싶다."라는 뜻이 아니라 사용자의 행동은 "나는 이 정보를 보호하고 싶기 때문에 해당 정보를 삭제해 안전하게 보호하겠다는 당신의 제안을 수락한다."는 뜻일 수 있다.

코드에 기반한 약속을 인정하지 않음으로써 법원은 다양한 형태의 디지털 계약 관계를 간과하는 위험에 빠진다. 프라이버시 설정 같은 코드 기반의 약속을 인정할 경우, '약간의 상호성modicum of bilaterality' 혹은 상호 참여의 목표를 이룰 수 있다. 이처럼 뉘앙스를 감안한 계약 관계 분석은 프라이버시 정책이나 약관을 합의 관계의 한 계층으로, 코드 기반의 약속을 추가 계층으로 인식할 수 있다.

웹사이트 디자인의 의도에 대한 객관적 표현을 계약의 일부로 삼는 일은 웹사이트의 약관과 프라이버시 정책에서 가끔 발견된다. 이 경우 프라이버시 정책은 사용자가 해당 웹사이트의 개인정보 수집과 사용에 어떤 영향을 미칠 수 있는지 명시적으로 알려준다. 예를 들면 페이스북 약관은 사용자 프라이버시와 앱 설정에 따라 웹사이트에 부여된 라이선스의 범위를 제한한다.[39]

개인정보 변경에 대한 정보를 온라인 약관에 통합함으로써 이들 웹사이트는 사용자에게 허용된 재량권을 수락하라고 요청한다. 삭제됐거나 보호된 정보를 기밀로 유지하겠다는 제안은, 그런 의도의 표시가 다른 방식으로 전달되는 한 계약서 일부로 포함될 정도로 명시적일 필요는 없다.

한때 「뉴욕타임스」가 제공한 것 같은 많은 프라이버시 정책은 웹사이트 약관에 통합돼 계약적 효력을 부여받았다. 웹사이트 약관의 일부로 포함됐던 「뉴욕타임스」의 프라이버시 정책은 "당신의 동의 없이는 개인정보를 제3자에 공유하지 않겠습니다."라는 약속이다. 해당 조항에 이어 '당신의 프라이버시 선택'이라는 제목 아래 사용자에게 "개인정보를 보고 편집하려면 웹사이트의 해당 부분을 방문하시기 바랍니다."라고 알린다. '프라이버시 선택'을 제공하면서 사용자가 동의한 정보만을 공개하겠다고 약속함으로써 「뉴욕타임스」는 사실상 사용자가 비공개로 설정한 정보는 그렇게 보호하겠다고 약속한 셈이다.

웹사이트에서 약속은 여러 다양한 형태로 표현될 수 있지만, 프라이버시 정책과 프라이버시 설정에 대한 인식 간에는 실질적인 차이가 있다. 프라이버시 정책을 읽거나 심지어 대충 훑어보는 사람은 정보 공개에 더 신중한 반면, 프라이버시 설정을 이용하는 사람들은 그렇지 않은 사람들보다 '더 많은' 정보를 공개하는 경향이 있다. 프레드 스터츠만, 로버트 카프라, 자밀라 톰슨Jamila Thompson의 공동 연구에 따르면 프라이버시 정책을 읽거나 읽지 않는 것, 프라이버시 설정 기능을 이용하는 것 같은 프라이버시 행위는 소셜미디어 사이트에서 정보 공개의 수준에 영향을 미치는 주요 변수다.[40] 프라이버시 정책과 프라이버시 설정 같은 코드 기반 기능은 워낙 긴밀히 연계돼 있기 때문에 법원은 계약 관계를 분석할 때 이들 코드 기반의 기능을 무시해서는 안 된다.

어떤 약관은 삭제됐거나 보호된 정보를 보호하겠다고 명시적으로 제안한다. 한때 대표적인 소셜네트워크 사이트로 군림했던 마이스페이스는 약관에서 프라이버시 보호 기능을 활용하는 사용자를 보호하겠다면서, "마이스페이스 서비스에서 귀하의 콘텐츠를 제거한 뒤에는 가능한 한 신속하게 해당 정보의 배포를 중지하며, 배포가 중단되는 시점에 라이선스도 종료됩니다. 당사가 귀하의 콘텐츠를 마이스페이스 서비스 외부에 배포한 이후에 귀하가 콘텐츠의 프라이버시 설정을 '비공개'로 바꾸는 경우, 당사는 이후 '비공개' 콘텐츠를 마이스페이스 서비스의 외부로 배포하는 행위를 최대한 빨리 중단할 것입니다.[41]" 페이스북도 권리와 책임에 관한 정책에서 사용자의 프라이버시 설정에 계약상의 권위를 부여해 왔다. 약관에 "회원님이 페이스북에 게시하는 모든 콘텐츠와 정보의 소유권은 회원님에게 있으며, 공개 범위 설정 및 앱 설정을 통해 정보가 공개되는 방식을 선택하실 수 있습니다.[42]"라고 나와 있다. 이런 표현은 사용자와 웹사이트 간의 계약에서 중요한 부분이 되기 때문에, 사용자의 프라이버시 선택을 존중해야 할 계약 의무를 낳는 것으로 해석될 수 있다.

나는 간단한 제안으로 도출할 수 있는 해법을 제시하고자 한다. 만약 한 웹사이트가 사용자의 개인정보와 프라이버시 선택을 존중한다고 약속한다면, 프라이버시 설정 같은 웹사이트 기능을 통한 사용자의 프라이버시 선택은 해당 웹사이트의 약속을 구속력 있게 만드는 데 도움이 될 것이다. 아니면 더 간단한 해법은 이렇다. 만약 한 웹사이트가 프라이버시 설정 기능을 제공한다면 그 기능은 제대로 작동해야 한다. 만약 그렇지 못하다면 서비스 제공사는 사용자에 대한 약속을 위반한 것이다.

이런 제안이 통하자면 적절한 지원이 필요하다. 사용자가 웹사이트와 맺은 계약이 위배됐다는 사실을 알기 위해서는 웹사이트의 투명성이 높아져야 한다. 이런 종류의 프라이버시 피해로 인한 손해를 회복하기는 매우 어렵다. 이런 약관을 위배한 웹사이트는 연방거래위원회가 자체 프라이버시 정책을 위반한 기업에 부과하는 것과 비슷한 방식으로 처벌할 수 있다. 더 나아가 민사소송의 위협만으로도 웹사이트의 사용자 정보 공개 관행을 억제하는 효과를 얻을 수 있다.

의무 공개와 투명성

입법자와 규제기관이 디자인을 더 진지하게 수용하기 위해 사용할 수 있는 툴 중 하나는 의무 공개와 투명성 메커니즘이다. 기만적이고 가학적이며 위험한 디자인은 정보 불균형 상태를 악용한다. 진실을 모를 때 자신들이 조작당한다는 사실을 깨닫지 못할 때 혹은 자신들이 위험에 처했다는 사실을 모를 때, 사람들은 매우 취약한 상황에 놓인다.

사람들이 위험을 회피하고 기술을 안전하게 사용할 수 있도록 보장하는 한 가지 방법은 공개를 의무화하는 것이다. 이것은 정보 관계에서 유리한 입장에 놓인 쪽(공개자)에 대해 피공개자disclosee에게 의사 결정에 필요한 정보를 공개하도록 의무화함으로써 공개자의 정보 오용을 막자는 취지다.

모든 의무 공개 제도가 효과적인 것은 아니지만, 사람들은 어디에서나 그런 제도를 통해 정보를 얻는다. 데이터 위반 고지 법규는 개인정보 침해를 당한 기업에게 침해 사실을 당사자들에게 알리는 것을 의무화했다. 공정대부법Truth-in-Lending Act은 대부 기관에 정확한 신용 조건을 대출자에게 명확히 알리도록 규정했다. 고지告知에 입각한 동의informed consent 법규는 의사들에게 수술 같은 권고 요법의 위험과 혜택을 충분히 상세하게 알리도록 의무화함으로써 환자들이 말 그대로 고지에 입각한 동의를 제공할 수 있도록 보장한다. 계약법은 제조사에게 보증 같은 조건을 명확히 알리도록 요구한다. 그리고 누군가를 체포할 때 경찰관은 당사자에게 묵비권을 비롯한 정당한 법적 권리를 알려줄 의무가 있으며, 이것이 바로 그 유명한 미란다 원칙Miranda warning[43]이다.

이론상 의무 공개 제도는 사람들이 필요한 정보를 충분히 전달받아 자신들의 의료, 대인 관계, 자기 표현, 개인정보 및 구매와 관련해 영리한 결정을 내릴 수 있도록 하기 위한 것이다. 우리 인생에서 결정을 내려야 할 때 보통은 필요한 정보를 충분히 갖지 못한 경우가 많은데, 더 많은 정보를 갖는 것이 그렇지 않은 경우보다 항상 더 낫다. 그렇지 않은가? 의무 공개는 의사 결정 절차에 우리의 참여를 높이고 더 많은 통제권을 줌으로써 우리의 자율성을 강화하자는 취지다.

하지만 실상은 그보다 미흡하다. 의무 공개 제도는 근래 면밀한 검토의 대상이 됐다. 어떤 경우는 효과적이지 못하다. 다른 경우는 더 실질적인 규제에 못 미치는 허술한 대안으로 작용한다. 또 다른 경우는 그런 경우보다도 훨씬 더 못하다. 옴리 벤-샤Omri Ben-Shahar와 칼 E. 슈나이더Carl E. Schneider는 의무 공개 제도가 고질적인 실패를 거듭하고 있다고 표나게 주장했다. 공개 제도는 종종 목표 달성에 실패하며, 심지어 성공하는 경우에도 "거기에 들인 비용과 노력, 시간에 비해 혜택은 미미하다."고 주장한다. 이들은 의무 공개 제도가 어떻게 사람들이 살고 생각하며 결정을 내리는지에 대해 너무나 자주 잘못된 가정을 내리며, 이들이 개선하려는 결정에 대해서도 잘못된 추정을 내리고, 입법자와 징보 공개사, 공개 대상자에게 너무 많은 것을 기대한다고 주장한다. 다시 말해 "성공적인 의무 공개의 선결 요건이 너무 많고 부담스러워서 해당 요건을 맞추는 경우가 거의 없다."[44]고 언급한다.

타당한 지적이다. 우리는 누구나 정보 공개에 귀찮아하거나 압도되거나 지겹다고 느껴왔다. 예컨대 Q팁스(면봉綿棒) 박스에 면봉을 귀에 넣으면 안 된다는 경고가 크게 씌어 있는 사실을 아시는가?

이 경고 문구를 지금 처음 봤다고 인정하라. 타깃Target이나 미국 인사국으로부터 받은 데이터 침해 고지문이 어떤 내용이었는지 기억하는가? 나는 내 대출 계약서에 적힌 중요한 공개 내용조차 다 읽지 않았다. 내 대출금!

그러니 맞다. 우리는 의무 공개 제도가 중요한 한계를 가졌음을 인정해야 한다. 이것은 일정한 상황에서만 그리고 적절한 방식으로 시행될 때만 제대로 작동한다. 그럼에도 나는 여전히 의무 공개를, 프라이버시의 디자인 어젠다를 시행하는 여러 유용한 툴 중 하나로 고집할 것이다. 어떤 경고와 지시는 확실히 통한다. 예를 들면 사람들은 정지 신호에 대부분 순응하며, 조리용 기름의 안전한 온도에 대한 경고문을 따른다. 의무 공개가 프라이버시 디자인에서 중요한 두 가지 이유가 있다. 첫째, 공개는 설령 대다수가 눈치

채지 못해도 효과적일 수 있다. 그것은 규제 기관에 사법적 명분을 준다. 의무 공개는 사실에 충실해야 한다. 만약 그렇지 않다면 기업은 사기와 기만을 처벌하는 법규에 따라 책임을 져야 한다. 더 나아가 의무 공개는 기업에게 조직을 잘 꾸려 어떤 데이터를 수집하고, 해당 데이터를 어떻게 사용하는지에 대해 더 나은 내부 결정을 내릴 수 있도록 유도한다.

둘째, 프라이버시 관련 결정을 내릴 때 중요한 것은 모든 정보를 확보하는 것이 아니다. 필요한 것은 회의를 품는 일이다. 경고문은 사람들을 대체로 의심하도록 만드는 데 유용하다.[45] 목표가 정보 전달이 아니라 어떤 행태를 억제하거나 단순히 일정한 사고방식을 북돋우는 것이라면 규제 기관은 얼마든지 많은 종류의 고지 방식을 보유하고 있다. 여기에는 상징물, 인터페이스의 미적 디자인, 피드백 메커니즘, 소리, 촉각 등 실질적인 정보는 전달하지 못할지 모르지만, 직감 차원에서 영향을 미칠 수 있는 수많은 고지 방식이 포함된다. 이것은 여러 경고문이 제조물 책임법에서 요구되는 타당한 안전 디자인의 요건에 부응하는 방식이다. 사용자 인터페이스에서 직감적인 경고의 좋은 사례는 모바일 전화기의 화면 상단에서 반짝이는 파란색 띠로, 이는 해당 앱이 위치 정보를 사용하고 있다는 표시다.[46] 어떤 종류의 정보가 수집될지에 대해 빼곡한 문자의 블록 대신 사이렌, 경광등, 보편적인 금지 표지판, 일련의 진동 신호 혹은 자극적인 냄새가 제공된다고 상상해보라. 라이언 케일로는 이런 방식을 '직관적 고지visceral notice'[47]라고 불렀다.

공개 제도가 실패하는 큰 이유는 사람들에게 구체적이고 다른 유형의 정보를 인지하고 내면화하려고 시도하기 때문이다. 미란다 수칙이 성공적인 이유는 체포되는 사람에게 질문에 대답할 필요가 없다는 단순한 사실 하나만을 주지하기 때문이다. 한편 데이터 침해 고지의 성공 여부는 당신의 개인정보가 얼마나 유출됐는지, 당신이 얼마나 위험한 상황에 놓였는지, 적절한 해결 방안은 무엇인지 등을 제대로 이해하는지에 좌우된다. 의무 공개 제도를 이해하기 위해서는 워낙 많은 정신적 압박과 이해가 요구되기 때문에 우리가 그에 부응하지 못하면 제대로 작동하지 않는 것은 놀라운 일이 아니다.

사람들에게 일정한 관행이나 위험에 관해 충분히 '알려주기informing' 위해서는 넘어야 할 장애물이 헤아릴 수 없이 많다.[48] 관련 정보는 때로 너무 방대하거나 복잡해서 제대로 전달할 수가 없고, 정보를 받는 쪽은 기술적 지식이나 전달되는 정보에 대한 이해 수준이 천차만별이다. 사람들에게 알리기 위한 의무 공개 제도는 종종 잘못된 목표를 잡는다.

대신 우리는 프라이버시 고지를 경고로 생각해야 한다. 프라이버시 법의 디자인 어젠다와 관련해서 우리는 의무 공개 제도를 정보 수집 기관의 신뢰성과 우리 개인정보의 모호성에 대해 '회의skepticism'를 불러일으키는 수단으로 이용해야 한다. 달리 말하면 고지는 우리가 위기를 평가하고, 지속 가능한 신뢰 관계와 모호성의 영역을 개발하기 위해 필요한 비판적 사고를 배양하는 데 중요한 역할을 할 수 있다. '경고로서의 고지' 모델은 단순히 어떤 정보가 수집되는지 혹은 해당 웹사이트에 사용되는 암호화는 얼마나 강력한지 같은 '진실'에 초점을 맞추기보다 사람들의 심리적 모델과 경험을 반영해 위기 변수를 부각시키는 데 주력한다.

적절한 지표를 가지면 프라이버시 법은 우리가 누구를 어떻게 신뢰할지 파악하는 데 도움을 줄 수 있으며, 신뢰와 모호성에 대한 잘못되거나 오도된 기대에 위험하게 의존하지 않도록 해줄 수 있다. 강력한 암호화 기법을 사용하지 않는 전 세계의 절반 가까운 웹사이트를 공개하고 망신을 주는 구글의 새로운 이니셔티브를 고려해보자. 구글은 암호화된 HTTPS 대신 암호화되지 않은 HTTP 연결망을 사용하는 수천 개의 인기 온라인 사이트에 '안전하지 않음Not secure'이라는 명확한 표지를 붙여 사용자에게 경고한다.[49] 그런 경고는 사용자에게 구체적인 암호화 수준과 다른 보안 조치에 대한 정보를 주는 대신, 자신들의 개인정보와 관련해서 특정 웹사이트나 기술을 얼마나 신뢰할 수 있는지에 대해 빠르고 손쉬운 단서를 제공한다.

사람들에게 정보를 제공하는 데 가장 큰 장벽은 주의력 결핍이다. 사람들이 읽고 내면화할 수 있는 정보의 양은 한정돼 있다. 경고로서의 고지는 회의를 앞세워야 한다. 회의에 따른 망설임은 고지를 위한 순서 원칙을 제공하고, 사용자가 신뢰나 모호성의 가정에 위험하게 의존하지 않도록 도와준다. 정보 공개에 회의를 품게 되면 정보 제공자는 자신의 행동을 조심하며, 정보 수집 기관에 위험하게 의존하지 않는다. 이것은 계약과 소비자 보호법의 핵심이기도 하다.

신뢰와 회의에 초점을 맞추면 소비자를 위한 툴로서 프라이버시 정책이 가진 문제점을 일부 완화할 수 있다. 기업이 자사의 개인정보 수집과 공유 방식을 작은 글씨로 나열하도록 의무화하는 것과 기업이 디자인을 통해 자신들은 신뢰할 만하지 않다고 인정하도록 만드는 것은 전혀 별개다. 다시 말하면 기업은 사용자 신뢰를 유지하거나 아니면 공개의 위험과 아무런 보호 조치도 없을 것이라는 점에 대해 직설적이어야 한다. 신뢰할 만하다는 표시는 어떤 유형의 정보가 수집될지, 수집된 정보는 오직 '제3자 가맹사'에게만 공개될 것이라는 모호한 장담보다 소비자에게 더 직관적이고 유용하다.

의무 공개에 대한 내 변호에는 몇 가지 강한 단서가 따른다. 다른 보호 대책 없이 공개를 유일한 법적 대응으로 삼아서는 안 된다는 점이다. 적절한 후속 지원과 보호 노력이 따르지 않는다면 공개는 일종의 면피 수단으로, 더 어렵지만 궁극적으로는 더 효과적인 규칙의 손쉬운 대안으로 전락할 수 있다. 기업이 고지를 제공하는 한 제멋대로 유해하거나 가학적이거나 침해적인 기술을 개발할 수 있는 상황이 돼서는 안 된다. 공개가 유용한 것은 분명하지만, 그것이 다른 접근법을 배제하는 결과로 이어진다면 혜택보다 해악을 끼칠 가능성이 더 크다. 의무 공개 제도가 의도하시 않은 결과를 초래하며 비생산적일 수 있다는 증거도 많다. 예를 들면 대니얼 호[Daniel E. Ho]는 뉴욕과 샌디에이고에서 시행된 레스토랑의 위생 등급 제도는 심각한 결함이 있다고 주장했다. 이론상 간단한 알파벳으로 매기는 등급(A, B 혹은 C)은 소비자들의 선택을 북돋우고, 레스토랑에 식품매개 질병의 위험을 줄이도록 유도하는 것이었다. 그러나 호에 따르면 등급 인플레가 기승을 부렸고(샌디에이고의 거의 모든 레스토랑이 A 등급을 받았다), 식품매개 질병은 실제로 거의 줄지 않았으며, 아까운 자원은 등급 분쟁을 조정하는 데 소모됐다.[50]

설상가상으로 심지어 회의주의에 기반한 제도조차 사람들의 제한된 정보 처리 능력 안으로 들어가려 분투해야 한다. 회의를 품게 만드는 제도는 사안의 규모에 유연하게 부응하지 못하기 때문에 이 제도 역시 사람들에게 손실 위험의 두려움으로 과부하를 걸어 다른 처방을 생각할 여지를 막는지도 모른다. 일반 사람이 매일 직면하는 의사 결정의 숫자는 엄청나게 높다. 최선의 접근법은 전적으로 '고지와 선택'에 의존하기보다는 일종의 보조 수단으로 경고 제도를 함께 시행해 사용자를 보호하는 것이다.

의무 절차

디자인에 대한 또 다른 유망한 중도적 대응은 절차process를 의무화하는 것이다. 이 접근법은 구체적인 디자인 요소를 요구하거나 특정한 안전 수위를 강요하는 대신 프라이버시 친화적 디자인을 만들도록 일정 절차를 의무화한다. 예를 들면 프라이버시 법은 기업에 대해 보안 위협 모델링threat modeling을 수행하거나 프라이버시와 보안 관리자를 지명하거나, 프라이버시 위험을 평가하기 위해 그들의 기술을 시험하라고 요구한다.

기업이 잠재적 피해를 완화하고, 논쟁의 여지가 있는 디자인 결정이 정당화되도록 올바른 조치를 취하는 한 위험하게 여기는 디자인도 용인될 수 있기 때문에 의무 절차는 중도적 대응이다. 다시 말하면 절차에 근거한 디자인 규칙은 위험에 대처할 수 있는 내성이 있다. 이들은 대부분의 기술은 대부분의 경우 프라이버시 친화적이어야 한다는 목표로 디자인된다.

기업과 입법자들이 프라이버시 중심 디자인을 말할 때 이들은 종종 조직 구조, 조직의 의사 결정 그리고 기술 디자인에서 프라이버시를 최우선 순위에 두는 절차를 지칭한다. 예를 들면 앤 커부키언의 영향력 큰 프라이버시 중심 디자인PbD 운동은 프라이버시 보호 개념을 기술의 디자인 사양에, 비즈니스 관행에 그리고 물리적 인프라 안에 내장하자는 접근법이다. 이는 프라이버시 보호를 맨 앞에, 디자인 사양과 새로운 시스템의 아키텍처에 그리고 절차에 통합한다는 뜻이다.[51]

커부키언은 프라이버시를 기업의 구조와 운영 속에, 그들이 만들고 사용하는 기술 속에 녹여넣을 수 있는 방법을 고민하는 부문에서 선두주자였다. 프라이버시 중심 디자인은 의무 절차의 관점에서 어떤 양상일까 고민한 커부키언은 기업에 임직원 대상 프라이버시와 보안 교육을 실시하고, 어떤 정보가 수집돼 어떻게 저장되고 사용되는지 추적할 수 있는 시스템을 사용하며, 개인정보를 취급하는 부서는 그들의 제품이 프라이버시에 어떤 영향을 미치는지 정기적으로 보고하고, 정기 감사를 실시하도록 요구하는 법적 체제의 구축을 주창했다.

대부분의 규제 기관은 이미 프라이버시 중심 디자인을 이런 유형의 의무 절차와 동일시하고 있다. 제32회 국제 개인정보보호 감독기구협의체ICDPPC, International Conference of Data Protection and Privacy Commissioners 회의에서 커부키언의 프라이버시 중심 디자인 개념을 국제 표준으로 삼자는 결의안을 포함시켰다.[52] 의무 절차로서의 프라이버시 중심 디자인은 스마트 전력망 법제화, 상업용 프라이버시 권리장전 법안, 캐나다의 개인정보보호 및 전자문서법PIPEDA을 시행하는 최선의 방안에 대한 아이디어에 나타나 있다.[53] 프라이버시 중심 설계는 아시아 태평양 경제협력기구APEC의 국가 간 프라이버시 규칙Cross-Border Privacy Rules을 위한 기본 프레임워크[54]를 구성한다.

연방거래위원회도 프라이버시 중심 디자인을 의무 절차로 표나게 포용했다. 이것은 위원회의 2012년 보고서에 소개된 프라이버시 접근법의 세 가지 주요 원칙 중 하나다.[55] 연방거래위원회의 이디스 라미레즈^{Edith Ramirez} 위원장은 "연방거래위원회는 조직적이나 절차적인 요소를 옹호합니다. 실질적인 프라이버시 중심 디자인의 원칙이 제조물과 서비스를 디자인하고 개발하는 모든 단계에서 존중될 수 있도록 우리는 기업이 정보관리 담당자와 절차, 관리 제도를 갖출 것을 요구합니다. 기업은 프라이버시 책임자를 임명해야 합니다. 기업은 제품을 출시하기 전에 프라이버시 위험을 평가하고 줄여야 하며, 그 이후에도 프라이버시 위험을 적절히 관리해야 합니다. 프라이버시 프로그램의 규모는 기업의 규모와 기업이 사용하는 소비자 정보의 양에 달려 있습니다."라고 말한다.

연방거래위원회는 불공정하거나 기만적인 거래 행위를 저지른 기업에 대해서도 프라이버시 중심 디자인을 의무 절차로 부과했다. 예를 들면 사용자 정보를 본인의 허락 없이 공유해 물의를 빚었던 구글의 버즈^{Buzz} 소프트웨어의 불공정 디자인에 관한 구글과 연방거래위원회 간의 동의 명령에서 위원회는 구글에 '종합적인 프라이버시 프로그램'을 수립하고 관리할 것을 명령했다. 이 프로그램에 따라 구글은 프라이버시 담당자를 임명하고, 정보 자산과 위험을 식별하며, 프라이버시 관리 시스템을 시행하고, 제3자를 고용해 프라이버시 프로그램을 감사하며, 회사의 프라이버시 프로토콜을 정기적으로 재평가해야 한다.

유럽연합은 새로 제정한 일반개인정보보호법 속에 '프라이버시 중심 기본 설정^{privacy by default}'이라는 선진적 절차 개념을 포함시켰다. 구체적으로는 일반개인정보보호법 제25조에 데이터 컨트롤러는 "각각의 구체적인 정보 처리 목적에 필요한 개인정보만 처리될 수 있도록 적절한 기술적, 조직적 대책을 기본적으로^{by default} 마련해야 한다."고 밝히고 있다. 이어 "그런 의무는 수집되는 개인정보의 양, 정보 처리의 정도, 정보 보유와 그에 대한 접근 기간에도 적용된다. 특히 그러한 대책을 통해 본인의 동의 없이는 개인정보에 인가되지 않은 접근이 불가능하도록 해야 한다."라고 규정한다. 이 의무가 실제 비즈니스 상황에서 뜻하는 바는 무엇일까? 전적으로 명확하지는 않다. 디자인 절차에 대한 의무적 점검을 요구한 것처럼 보이기도 한다. 가장 높은 수준의 프라이버시 보호 수준이 기본(디폴트) 설정이어야 한다는 디자인 규정으로 이해될 수도 있고, 둘 다일 수도 있다.[56]

가장 유명한 의무 절차의 형태 중 하나는 '프라이버시 영향 평가[PIA, Privacy Impact Assessment57]'로, 기관 내에서 어떻게 식별 가능한 개인정보가 수집, 사용, 공유, 보유되는지 파악해 프라이버시 보호를 고려한 디자인을 개발하는 데 목표를 둔다.[58] 예를 들면 미국의 예산관리국[OMB, Office of Management and Budget]은 정부 기관에 프라이버시 영향 평가를 의무화하며, 거기에 구체적으로 개인의 프라이버시에 대한 잠재적 위협을 식별하고 평가하며, 대안을 논의하고, 적절한 위기 감소 대책을 판별하며, 최종 디자인 선택의 근거를 설명하는 위험 평가를 포함토록 하고 있다.[59]

마이클 프룸킨[Michael Froomkin]은 바람직한 프라이버시 디자인을 독려하는 한 방안으로, 프라이버시 영향 평가에 근거한 일종의 프라이버시 영향 고지[PIN, Privacy Impact Notice]를 의무화하는 규제안을 지지했다. 기업에 데이터 수집 행위에 대해 공개적으로 책임을 인정하며, 공개 고지가 불충분한 경우 개인정보 당사자가 소송을 제기할 수 있게 함으로써 프라이버시 영향 고지 의무는 기업에게 잠재적으로 위험한 기술에 대한 프라이버시 보호 전략을 세우거나 대체 디자인이나 전략을 수립하도록 유도하는 인센티브로 작용할 수 있다는 것이다. 프룸킨은 프라이버시 영향 고지의 프레임워크에 실질적인 힘을 싣기 위해서는 정보 당사자에게 소송 제기의 권리를 허용하는 것이 필요하다고 주장한다.[60] 프룸킨의 프레임워크는 의무 절차와 의무 고지 요소를 둘 다 포함한다는 점에 주목하자. 두 가지 요구 사항을 조합함으로써 공식적인 법규 준수가 실질적인 보호 수준 이상으로 나가지 않도록 조절할 수 있을 것이다.

그러나 의무 절차와 고지만으로는 불충분할 가능성이 높다. 케네스 뱀버거 Kenneth A. Bamberger와 디어드리 멀리건이 지적한 것처럼 프라이버시 영향 평가 제도의 효율성은 해당 기관의 임직원과 프라이버시를 우선시하겠다는 정치적 약속을 필요로 한다.[61] 프라이버시에 대한 기관 차원의 보호 약속은 최고프라이버시책임자, 최고정보책임자 같은 간부들만의 사안이 아니다. 프라이버시 보호의 목표를 강철이나 실리콘, 코드로 인스턴스화하는 디자이너는 작업을 수행하기 위해 헌신하고 구조적으로 지원해야 한다.[62] 이것은 의무 절차가 프라이버시 디자인에 효과적인 툴이 될 수 있도록 하자면 기관의 행정적 구조가 필수적이라는 뜻이다. 의무 절차와 관련된 또 한 가지 문제는 모든 맥락에 걸쳐 일관되게 사용할 수 있는 방법론을 세우면서도 공정정보규정 기반의 체제를 삼켜버린 기계적 형식주의의 덫을 조심하는 균형감각이 요구된다는 점이다. 시다 거시즈Seda Gurses, 카멜라 트론코소Carmela Troncoso, 클라우디아 디아즈Claudia Diaz 세 사람은 그런 방법론이 '프라이버시 중심 디자인의 체크리스트'[63]로 전락해 손쉽게 확인하는 형식으로는 요건을 준수하는 것 같지만 실제로는 의도했던 프라이버시 위험의 감소는 달성하지 못할 수도 있다고 경고했다.

의무 절차는 유망하지만 프라이버시 법이 디자인을 더 진지하게 받아들이는 유일한 방법은 아니다. 그보다는 프라이버시 친화적 디자인을 위한 다양한 방법 중 하나여야 한다.

디자인은 규제의 에어백

디자인 문제에 대한 또 다른 중도적 대응은 프라이버시 법이 건전한 프라이버시 디자인을 위험한 활동이나 프로그램을 용인할 수 있는 완화 요소나 안전판으로 인식하는 일이다. 예를 들면 어떤 나라나 주의 기업은 암호화를 사용하는 보상으로 데이터 침해에 따른 고지 의무를 따르지 않아도 된다.[64] 적절한 고지와 행정적, 기술적, 물리적 안전 대책을 마련하는 기업은 고객들의 개인정보를 합리적으로 보호한다는 평가를 받을 수 있다. 다시 말하면 입법자들은 디자인을 일종의 에어백으로 사용할 수 있다는 얘기다. 훌륭한 디자인은 평소대로라면 위험하고 유해하다고 평가돼 금지된 행위에 대해서도 법적 규제를 완화할 수 있게 해준다.

입법자들은 지금까지는 온당한 디자인의 상상력을 발휘하는 데 실패했다. 현행 프라이버시 법은 두 가지 방면에서 난조를 보인다. 첫째, 수많은 프라이버시 침해 행위를 일정 수준까지는 완전히 묵인하다가 해당 지점(때로는 이 지점도 임의적이다)을 넘어서는 모든 행위를 금지하며, 동일한 처벌을 적용한다는 점에서 거칠다[bumpty]. 그와 대조를 이루는 '부드러운[smooth]' 법은 애덤 콜버[Adam J. Kolber]에 따르면 처벌 가능한 행위의 죄질에 비례해 서서히 더 가혹하거나 강력한 대응을 보인다.[65] 다시 말하면 프라이버시 법은 부정 행위와 그에 따른 처벌이 서로 비례하도록 만들어야 한다.

둘째, 프라이버시 법은 또한 경직됐다.[66] 윌리엄 프로서 교수[William Prosser]가 『미국 불법행위론』에서 프라이버시의 네 가지 불법행위를 공식화한 이후 거의 변하지 않았다. 그리고 꾸준한 진화가 보통법의 전형적인 특징임에도 불구하고, 과실과 사기의 불법행위는 프라이버시 관련 맥락에서는 놀라울 정도로 고리타분하다. 심지어 규제 제도조차 상투성을 면치 못하고 있다. 유럽 연합과 미국 정부는 거의 10년 전에 프라이버시 중심 디자인의 개념을 거창하게 내세우기 시작했지만, 그런 디자인을 규제 대상에 반영하는 면에서는

"공정정보 규정의 개념을 나중보다는 좀 더 일찍 강조하자."는 개념으로 후퇴한 듯하다. 공정정보 규정은 분명히 중요하지만, 계속해서 규제 기관의 상상력을 옥죄고 프라이버시 법에 디자인의 요소를 반영하는 데 제약 요소로 작용하는 것도 사실이다.

디자인은 상황의 심각성에 비례한 법규를 제정하는 데, 법규 준수의 부담을 이전하거나 심지어 안전판으로 사용하는 데 중요한 역할을 할 수 있다. 예를 들면 사용자의 회의를 불러일으키는 효과적 고지나 데이터 수집 최소화, 암호화 같은 프라이버시 친화적 디자인 그리고 개인정보를 클라우드 대신 더 보안성이 높은 로컬 데이터센터에 보유하는 등 명백하게 더 공고한 프라이버시 프로그램을 시행하는 기업에 대해서는 데이터 침해에 따른 처벌 수준을 낮춰줄 수 있을 것이다. 미국의 기업이나 기관이 개인 신상 데이터를 제대로 보호한다고 보증해 주는 '세이프하버safe harbor' 협정은 저작권법과 의료 프라이버시 법에서는 대체로 잘 작동해 왔다.[67] 디지털 밀레니엄 저작권법의 제512조를 살펴보자. 이것은 온라인 플랫폼이 저작권법의 적용을 받는 콘텐츠를 올린 경우, 적절한 프로토콜에 맞춰 침해 콘텐츠에 대해 고지하는 한 2차 책임을 묻지 않는다는 내용이다. 제512조는 웹사이트에 저작권 소유자의 요구를 중시하게 만들었다. 그러한 태도는 소비자와 그들의 개인정보에도 동일하게 적용될 수 있을 것이다. 사이트 제공사에 세이프하버 지위를 제공하는 '고지 뒤 삭제notice-and-takedown' 제도는 프라이버시 권리에 대한 소비자와 기업 간의 진지한 대화를 이끌 수 있을지 모른다.

강력 대응

마지막으로 입법자와 규제기관, 법정의 강력 대응을 요구하는 프라이버시와 디자인 문제가 있다. 강력 대응은 잘못된 디자인을 직접적으로 위중하게 처벌하거나 디자인의 세부 사양을 지시하는 형태다. 예를 들면 불법행위법은 부당하게 위험한 디자인에 법적 책임을 부과한다. 형법은 현재 전자, 유선 혹은 구두 통신의 은밀한 도청을 주용도로 디자인된 기기의 제조, 판매 또는 광고를 금지하고 있다.[68] 강력 대응은 직접적이고 뉘앙스가 포함된 통제나 강력한 인센티브를 제공할 수 있기 때문에 매우 효과적일 수 있다. 입법자들은 디자인상의 구체적인 실패 부분을 처벌하고 피해자를 보상하며, 앞으로 부정적인 디자인을 하지 못하게 막을 수 있다. 심박조율기 등 인터넷과 연결된 의료기기처럼 해킹될 경우 인명 피해가 우려될 때는 강력한 대응을 통해 구체적인 기술 요구 사항이 충족되도록 함으로써 추측이나 실수의 여지를 없애야 할 것이다.

하지만 강력 대응의 장점은 단점이기도 하다. 왜냐하면 모든 디자인과 소프트웨어 코드, 심지어 최선의 엔지니어링 계획조차 버그와 오류로 가득 차 있기 때문이다.[69] 디자이너가 모든 것을 항상 정확하고 완벽하게 설계하리라고 기대하는 것이 어리석다. 게다가 디자인 목표는 시간이 지나면서 변하며, 바람직한 디자인을 위한 절차는 끊임없는 시행착오를 요구한다. 예를 들면 2016년 애플은 사용자 데이터를 분석할 때 '차등 프라이버시differential privacy' 라는 프라이버시 보호 기법을 사용할 것이라고 발표했다. 이 기법은 기본적으로 데이터에 '잡음noise'을 섞어 특정한 개인정보가 사용됐는지 여부를 알 수 없도록 하면서도 애플에 개인정보가 포함된 데이터로부터 통찰을 이끌어 낼 수 있게 해준다는 것이다.[70] 이것은 제대로 작동할까? 아마도 그럴 것이다. 정확한 답을 얻기 위해서는 애플로부터 더 많은 정보를 얻어야 한다. 하지만 거의 분명히 그것이 처음 사용될 때는 이상적인 보호 방안이 되지 않을 것이다. 한 기술을 격리시킨 채 테스트를 수행하는 데는 한계가 있다. 바람직한 디자인을 원한다면 합리적 수준의 실패를 견뎌낼 수 있는 시스템을 구축해야 한다.

부실한 디자인을 직접 처벌하면 공학자를 움츠러들게 만들고, 이는 신규 디자인에 대한 실험을 억제해 사용에 따른 위험을 찾아내고 개선할 수 있는 여지를 좁힌다. 시시콜콜히 간섭하며 제한하는 관리 방식은 실험과 실패를 통한 진화 방식을 억누른다. 주로 온건하거나 중도적인 대응으로는 불충분할 때, 프라이버시 법은 강력한 디자인 솔루션을 충실히 포용해야 한다. 강력 대응은 수용 가능한 디자인의 맨 바깥 경계로 간주하는 것이 바람직하다.

하지만 강력 대응의 궁극적인 목표는 안전의 책임을 사용자가 아닌 디자이너와 해당 기업에 부과하는 것이다. 기업은 부당하게 위험한 기술을 개발한 대가를 거의 치르지 않는 반면, 사용자들은 정보 불균형의 취약한 위치에서 가장 큰 비용을 치른다. '사용자'라는 용어는 마치 기술이 우리의 의지에 복종이라도 하는 것처럼 그에 대한 일정 형태의 지배를 암시한다. 하지만 그것은 전적으로 정확한 것은 아니다. 기술을 통제하는 것은 그것을 사용하는 사람들이 아니라 그 기술을 만든 이들이다. 기업이 부당하게 위험한 제조물을 만든다면 그로 인한 피해의 위험은 기업이 져야 한다.

결함이 있거나 위험한 디자인에 대한 법적 책임

강력 대응을 정당화하는 가장 기본적인 원칙은 기업이 결함을 가진 기술을 디자인한 경우, 해당 결함으로 일어난 피해에 법적 책임을 져야 한다는 것이다. 『미국 불법행위론』은 그와 비슷한 표현을 담고 있다. "결함을 가진 제조물을 판매하거나 유통하는 비즈니스에 관여한 자는 해당 결함으로 사람이나 재산에 일어난 피해에 법적 책임이 있다." 위험하고 결함을 가진 디자인에 대해 기업의 책임을 묻는 가장 명백한 방법은 불법행위법, 그중에서도 부주의와 무과실 책임에 관한 불법행위를 다룬 제조물 책임법이다.

불법행위법은 민사상의 권리 침해를 다룬다. 그것은 사회에서 손실의 위험을 할당하는 한 방식이다. 누군가가 부당하게 피해를 입었을 때 불법행위법은 피해를 입은 당사자에게 과실이 있는 측에 대한 소송 제기의 명분을 줌으로써 피해를 입힌 당사자에게 손실의 위험을 전가하는 역할을 한다. 가장 일반적인 불법행위 중 하나는 부주의 혹은 태만으로, 부당한 상해의 위험을 일으킨 측에 피해자가 소송을 제기할 명분을 제공한다. 소송 제기의 명분으로 작용하는 또 다른 불법행위는 무과실 책임 또는 결과 책임으로, 과실 여부와 상관없이 법률상 손해배상 책임을 부과한다. 무과실 책임strict liability은 본질적으로 위험하며 극도로 위험한 활동에 관여하고, 그 과정에서 다른 이들에게 상해를 입히는 사람들에게 가장 일반적으로 부과된다.

제조물 책임법의 적어도 일부 측면을 프라이버시 법에 통합한다면 상당한 이점으로 작용할 것이다. 디자인은 제조물 책임법의 핵심이다. 법원은 결함이 있다는 혐의를 받는 제품이 과연 불가피한 것이었는지 판단하기 위해 대체 디자인의 비용과 혜택을 검토한다. 바람직한 제조물 디자인은 해당 제조물의 위험성을 최소화하거나 처음부터 예방한다. 바람직하게 디자인된 제조물은 그 작동 방식에 대한 심리 모델을 사람들에게 제공하고, 해당 모델과 부합되게 작동함으로써 어떤 잠재적 위험성이 있는지 예측할 수 있게 해준다. 제조물 안전법은 거의 전적으로 디자인과 해당 제조물에 대한 사람들의 기대가 어떻게 연관되는지를 다룬다. 이런 기대는 제조물 자체의 디자인, 사람들의 과거 경험과 지식, 해당 제조물에 딸린 경고문에 의해 좌우된다. 불법행위법은 사람들이 굳이 한 기술이 제기하는 모든 잠재적 위험을 일일이 경고 받을 필요는 없으며, 중대하고도 명확하지 않은 위험에 국한돼도 무방하다고 인정한다.

여러 학자는 디지털 환경에서 사람들이 스스로를 제대로 보호하기는 어렵다는 점을 들어 프라이버시와 정보 보안에 불법행위에 근거한 제조물 책임 방식을 적용하자고 제안해 왔다.[71] 다니엘르 키츠 시트론은 개인정보를 안전하게 처리, 저장하지 못하고, 기밀성을 위배한 기업에 무과실 책임의 법리를 묻자고 주장했다.[72] 시트론 교수는 대규모 데이터 세트를 커다란 저수지에 비유하면서 물이 빠져나간다면 엄청난 피해를 초래할 수 있다고 지적한다.

그럼에도 제임스 그리멜만이 주장한 것처럼 제조물 책임법의 논리를 온라인에 단순 이식해서는 제대로 통하지 않을 것이다. 제조물의 불법행위에 따른 법적 책임은 프라이버시 침해에서 흔히 제기되는 것 같은 경제적 손실과 다른 비신체적 상해는 대체로 보상하지 않는다. 또 이 책에서 초점을 맞춘 것과 같은 유형의 디자인이 제조물 책임법이 불법행위로 다루는 '제조물' 속에 구현될 수 있는지도 논란거리다. 이런 제한은 제조물 책임법이 구체적이고 효과적일 수 있는 주요 특징이기도 하다.[73]

그러나 불법행위법은 새로운 도전에 적절히 대응할 수 있도록 구축됐다. 불법행위법에 내장된 균형 평가는 법이 발효되고 특정한 기술 표준이 만들어질 때 발생할 수 있는 정체 현상을 회피할 수 있게 해준다. 디자인이나 기업이 합리적으로 예측할 수 있는 결과에 의해 초래된 프라이버시 피해에 대해 해당 기업에 책임을 물을 수 있는 근거가 있다. 불법행위법에서 제조사에 제조물의 안전성을 평가하고, 사고나 충돌로 인한 상해를 막거나 그 심각성을 경감하는 합리적 조처를 취하도록 요구한 '내충격성耐衝擊性, crashworthiness' 원칙을 고려해보자. 우리 인간은 경솔한 집단이다. 기업도 기술의 내충격성을 평가하도록 해야 할까? 다시 말해 법원은 기업에 예측 가능한 프라이버시 사고와 침해로부터 사용자를 미리 보호하는 기술을 개발하도록 요구하는 것을 고려할 수도 있을 것이다.

불법행위법은 이전까지는 지나치게 분산되거나 누적적이어서 인정되지 않았던 프라이버시와 데이터 침해의 피해를 인정하도록 진화할 수도 있다. 대니얼 솔로브와 다니엘르 키츠 시트론은 부주의로 데이터 침해를 일으킨 기업에 대해서는 "높아진 위험과 불안감에 근거한 피해를 일관되게 인정할 수 있는 법적 기반이 있다.[74]"고 주장해 왔다. 모든 위험의 증가가 소송의 근거가 되는 것은 아니지만, 소송의 이유가 될 만큼 심각한 위험으로 인정되는 것은 분명히 존재한다. 사람들은 그런 피해의 위험에 반응해 구속되거나 피해를 감수하는 방식으로 행태를 바꾸지 않을 수 없다. 이들의 자율성은 침해되고, 시간과 기회는 낭비되고 소진되며, 불법행위법이 보호하려는 사람들의 복지는 위협을 받는다. 법원은 위험으로부터 자유로울 일반적 권리를 만들지 않도록 신중해야 하지만(따지고 보면 삶 자체가 위험한 것이다), 초래되는 위험이 부당하고 유해한지 일관되게 판단해 주는 프레임워크는 제공할 수 있을 것이다. 만약 데이터 침해로 인해 위험이 커졌다고 주장하는 폭주적인 불법 행위 청구를 우려한다면, 법원은 단순히 부주의한 행위가 아니라 진정으로 무모한 행위만이 불법행위자에게 배상 책임이 있다고 선언하거나, 배상의 유형을 제한할 수도 있을 것이다. 하지만 이런 문제를 다룰 수 있는 관습법의 유연성을 거부하는 것은 보상과 억제를 위한 불법행위법의 핵심 기능을 무시하는 것이다.

다른 대안으로 불법행위법은 기업에 대해 프라이버시와 보안 피해를 막을 수 있는 값싼 예방 솔루션을 시행하지 않은 책임을 물을 수 있다. 구체적으로 규제기관은 어떻게 디자인이 프라이버시와 보안의 피해를 초래하거나 기밀성의 침해를 유도하는 '수단과 방편'으로 이용될 수 있는지 고려해야 한다.

디자인은 프라이버시 침해의 수단과 방편으로 작용할 수 있다

제조물 책임과 소비자 보호 이론은 입법자에게 유해한 디자인을 시행한 기업에 직접 책임을 물을 수 있게 해준다. 예컨대 연방거래위원회는 소비자에게 해를 입히는 디자인 선택에 대해 법적 책임을 묻는 '수단과 방편means and instrumentalities'의 이론을 개발했다. 예컨대 디자이너웨어DesignerWare의 경우(가짜 윈도우10 등록 화면으로 인한 연방거래위원회의 공식 불만, 1장 참조)가 제공한 스파이웨어는 워낙 적대적이어서 디자인웨어 사는 사실상 "연방거래위원회가 불공정 행위와 관행을 가능케 하는 수단과 방편을 제공해 심각한 상해를 소비자들에게 일으키며, 정상적으로는 이를 회피하기 어렵고, 그런 피해는 소비자나 경쟁에 기대되는 혜택보다 더 크다."는 혐의를 받았다.

큐첵스^{Qchex} 분쟁으로 알려진 연방거래위원회 대 네오비^{Neovi} 소송에서 위원회는 사람들의 은행 계좌에서 사기성 수표를 발행하도록 도와주는 수표 제작 및 배달 웹사이트를 만든 회사에 고의성을 지적하며 간접 책임을 주장했다. 연방거래위원회는 또한 스파이웨어를 설치해 소비자의 개인정보에 접근할 수 있는 수단과 방편을 제공한 것은 불공정 거래 행위에 해당한다고 주장했다.

수단과 방편의 이론은 대부분 적법한 용도를 가진 일반 용도의 기술이 불공정하게 처벌되지 않도록 신중하게 적용돼야 한다. 예를 들면 아이폰은 비밀 녹음에 사용될 수 있지만 그렇다고 애플에게 비밀 감시의 수단과 방편을 제공했다고 처벌하는 것은 극단적이라고 볼 수 있다. 어떤 목적에든 이를 테면 앱을 운영할 수 있는 로봇[75]에 적용될 수 있는 '개방형' 플랫폼은 그러한 디자인 선택이 치명적이라 할 수준이 아니기 때문에 수단과 방편의 이론에 의거한 과실 책임은 더 적다. 대신 규제 기관은 이 이론에 의거해 사람들에게 정당화할 수 없는 행위를 부추기는 특정한 디자인 결정에 더 주목해야 한다.

(디자인을 통해) 기밀성 침해를 유도한 데 대한 불법행위

부주의와 무과실 책임법은 주로 신체적 피해와 정서적 피해에 대한 보호를 다루지만, 불법행위와 계약법의 다른 부분은 기만적이거나 가학적이거나 위험한 디자인의 직접 책임을 기업에 물을 수 있게 해줄지 모른다. 특히 기밀유지법은 커다란 가능성을 보여준다.[76] 기밀성은 신뢰의 가치에 직접적으로 봉사한다. 프라이버시가 뚜렷한 개념을 갖지 못한 데 비해 기밀성은 비교적 명확하다. 『블랙의 법학사전Black's Law Dictionary』은 기밀성을 '일정 정보의 유포를 제한한 상태'[77]로 정의한다. 윤리학자인 시셀라 보크Sissela Bok는 기밀성을 "공유된 비밀을 둘러싼 경계 … 이런 경계를 보호하는 과정, 기밀성은 실상 비밀이 아닌 것을 많이 보호하지만, 기밀성의 핵심은 개인적 비밀이다."[78]라고 표현한다.

법은 쌍방이 해당 정보를 제3자와 공유하지 않기로 합의하거나 기밀 관계의 맥락에서 정보를 수신한 경우, 기밀성의 의무를 정보의 수신자에게 부과한다.[79] 기밀성의 의무나 특권은 기밀성을 위한 명시적이거나 묵시적인 계약, 아직 발전 단계인 기밀성 침해의 불법행위, 기밀성에 관한 증거상의 면책 특권, 민망한 개인정보를 법정 기록으로 남기는 것을 막기 위한 보호 명령 같은 절차상의 보호 대책[80] 그리고 기밀 관계를 명시적으로 성립시키는 법규[81] 등 미국법의 여러 분야에서 발견된다.

전형적으로 기밀성의 의무는 지정된 정보에 대해 자발적인 약속이나 합의를 통해 성립된다. 그것은 서로 합의한 기밀 관계뿐 아니라 고용주-피고용인의 관계처럼 권력과 정보의 비대칭으로 특징되는 협력 관계를 통해서도 성립된다. 기밀성 합의는 정보의 공개를 금지하는 데 흔히 사용되며 법적 효력을 지닌다.[82] 그런 계약은 익명성, 중재 절차[83], 청산 협의[84], 거래 비밀 등을 보호하는 데 사용된다. 추가로 이런 계약은 의료정보, 성적 지향sexual orientation, 친밀한 감정, 그와 유사한 개인정보 등 민감한 정보[85]도 보호한다. 심지어 기밀성에 대한 준계약성quasi-contractual 약속도 해당 정보의 공개로 상당한 피해가 초래된 경우 법적 규제를 받을 수 있다.[86]

기밀 유지 계약 외에도 기밀 또는 신탁 관계를 맺음으로써 기밀성의 의무가 발생힐 수 있다. 형평의 법은 전통적으로 본인/대리인, 신탁 관리자/수혜자 같은 특정 관계를 신탁 관계로 지정한다. 이런 기밀 관계의 위반은 경우에 따라 비밀 침해의 불법행위에 의거해 법적 책임으로 이어질 수도 있다. 이 불법행위는 영국에서는 잘 발달된 반면, 미국에서는 아직 제한적이다.[87] 이 불법행위는 "법원은 한 개인이 비밀로 받은 정보를 공개한 경우 그에게 법적 책임을 부과한다."로 표현할 수 있는데, 놀랄 만큼 간단하다. 이 불법행위는 전문적인 관계에서 가장 성공적이었지만 법적 책임은 '정보를 제공받는 당사자가 명시적으로나 묵시적으로 해당 정보를 기밀로 유지하겠다고 합의한 경우 비공식적인 환경'[88]에서도 나타날 수 있다.

원칙의 관점에서 기밀유지법은 관습법의 프라이버시 불법행위와 현재의 프라이버시 법규에 많은 혜택을 제공한다. 기밀유지법에 의하면 법원은 정보가 사적인지, 뉴스 가치가 있는지 혹은 누군가에게 모욕적인지 여부 같은 어려운 질문을 회피하면서, 대신 신뢰가 위배됐는지에 초점을 맞출 수 있다.[89] 정보는 대체로 남들에게 공개된 정도에 대한 고려의 필요 없이 기밀성의 의무를 통해 보호될 수 있다.[90] 더 나아가 기밀유지법은 표현의 자유를 보장한 수정헌법 제1조에 의해 결정적 제한을 받을 수 있는[91] 공개의 불법행위에 비교해 헌법적으로 논란의 여지가 적다. 코엔 대 카울즈 미디어 소송에서 대법원은 기밀성의 약속을 위반한 데 따른 법정 소송을 수정헌법 제1조는 막지 않는다고 판결했다.

기밀유지법에서 간과된 주요 특징 중 하나는 기밀 관계의 직접 당사자가 아니라고 해도 비밀 위반을 유도하는 자는 법적 책임을 진다는 점이다. 예를 들면 영미법에서 일부 상황에서 기밀 보유자에게 기밀 의무를 위배하도록 유도한 제3자 수령인은 정보의 최초 공개자 혹은 정보 주체에 대해 불법행위법의 책임을 지게 될 수 있다.[92] 기밀유지 위반에 관한 미국과 영국의 일부 이론에 따르면 기밀유지 위반을 유도했다는 주장은 성공적으로 수용될 수 있다.

기밀유지법이 글로 국한될 필요는 없다. 지금까지 본 것처럼 디자인 또한 사람들의 기대를 형성하고 행동을 유도하는 데 매우 효과적이다. 흔히 '복수 포르노revenge porn'으로 불리는 상대방의 동의 없는 포르노물만을 유도하도록 설계된 기술을 생각해보자. 친밀한 파트너는 기밀 관계의 제한과 이해에 바탕해 은밀하거나 성적인 영상물을 서로 공유한다. 이것은 비록 다양한 목적으로 사용되기도 했지만 스냅챗의 초창기 기본 개념을 둘러싼 화제이기도 했다.[93]

믿고 맡긴 노골적 이미지를 제3자와 공유하는 것은 뻔뻔하고, 소송의 빌미가 될 수 있는 기밀유지 위반이다. 그럼에도 '마이엑스My Ex' 같은 기업은 사람들에게 신뢰 관계의 위반을 부추기도록 특정하게 설계된 웹사이트를 만들었다. 이들은 "당하기 전에 먼저 상대의 약점을 공개하세요. 전 여친이나 절친의 이미지를 올리세요."라는 문구로 홍보했다. 마이엑스의 접수 페이지는 이름, 별명, 국적, 거주하는 주 등의 정보를 수집하도록 설계됐는데 이는 모두 피해자의 프라이버시를 침해하는 것이 목적이었다. 심지어 "상세한 내용이나 당신의 사연을 알려주세요."라며 배신자가 사연을 전할 수 있는 텍스트 상자까지 설치돼 있었다.

해당 웹사이트는 전 여친이나 절친의 누드 사진을 올리기 너무 쉽게 디자인됐다. 노골적으로 친밀하거나 비밀스런 관계에서 얻은 사진을 올리라고 홍보했다. 이 웹사이트는 기밀유지 위반을 유도하도록 설계됐음에 의문의 여지가 없었다. 불법행위법은 그런 기업이 끼친 피해에 대해 책임을 지도록 진화할 수 있고 그렇게 진화해야 한다.

인증과 허가 제도

기업에 그들의 기술이 끼친 피해에 대해 책임을 묻는 것은 피해를 보상하고, 더 나은 디자인과 경고 시스템을 만들도록 독려하는 데 효과적이겠지만 디자인 사양의 대부분은 여전히 기업에 달려 있다. 불법행위법이 보장하는 디자인의 자유는 대체로 미덕에 해당하지만, 때로는 그 위험성이 너무 높아서 디자인은 정교하고 전적으로 계획에 따라야 하는 경우도 있다. 이와 같은 상황에서 입법자들은 인증과 허가 제도를 도입할 수 있다. 이런 제도는 기업에 해당 기술을 홍보하거나 팔기 전에 규제 기관의 사전 허가를 받도록 규정해야 한다. 규제 기관의 허가는 디자인 과정과 관행, 해당 기기에 투여된 연구와 개발 규모, 효능의 입증과 출력 한계 혹은 상세하게 설정된 디자인 사양의 준수 여부 등을 검토할 것이다.

이것은 미국 식품의약국FDA이 의료기기를 규제하는 방식이다. 미국에서 의료기기를 판매하려는 기업은 자사 제품을 식품의약국에 등록해야 한다.[94] 기업에 요구되는 예방 조치의 수준은 해당 기기가 가진 위험과 복잡성에 비례한다. 사물인터넷IoT이 점점 더 주요 인프라에 가까워지고, 우리의 가장 친밀하고 기본적인 특성을 보여주는 민감 정보를 점점 더 일상적으로 수집한다는 점을 고려하면, 입법자들은 새로운 사물인터넷 기기에 일정한 형태의 등록과 인증을 요구하는 방안을 검토해야 할 것이다. 그렇게 하면 기본적인 프라이버시와 보안 디자인을 보장받을 수 있다. 기만적인 디자인이나 가학적 디자인을 일반적으로 금지하는 대신, 규제 제도는 처음부터 일반개인정보보호법의 '프라이버시 중심 기본 설정' 의무 조항처럼 "모든 선택 사항의 기본(디폴트)은 프라이버시 친화적이어야 한다."거나 "모든 사물인터넷 기기는 국제 데이터 보안 표준인 ISO 27001의 인증을 받아야 한다."라고 요구할 수 있다.

인증 시스템은 잃게 될 기회와 요구되는 자원 양쪽에서 많은 비용이 들 수 있다. 이 시스템은 허가가 날 때까지 해당 기술의 사용 금지를 기본으로 삼는다.[95] 주어진 맥락에서 바람직한 디자인이 무엇인지 이해하기 위해서는 어느 정도 수준의 그리고 지속 가능한 규모의 실험과 위험 감수가 요구되지만 이 시스템에서는 그조차 억제될 수 있다. 그러나 이 시스템은 잘 정립되고 합리적인 기업이 쌓은 소비자의 신뢰를 갉아먹는 파괴적이고 무모한 많은 기업을 잘 단속할 수 있다.

입법자들은 승인과 인증 시스템을 신중하게 사용해 효율성을 떨어뜨리거나 심지어 반생산적인 결과로 이어지지 않도록 주의해야 할 것이다. 프라이버시 중심 기본 설정 같은 선의로 제정한 시스템조차 소비자를 혼란시키거나 자신들의 편견을 반영한 다른 디자인에 의해 좌절될 수 있음을 보여준 로렌 윌리스Lauren Willis의 작업을 생각해보자. 기업은 사람들의 활동을 추적하는 데 그들의 동의를 받아야 할 강력한 동기가 있고, '프라이버시 중심 기본 설정'은 입법자에게 기업에 대해 사람들을 감시하는지의 여부 같은 어려운 질문을 던질 필요가 없게 해준다. 프라이버시 중심 기본 설정은 추적을 허용할지에 대한 사람들의 결정을 이미 반영하고 있기 때문에 입법자들이 비교할 수 없는 가치와 실질적인 판단 사이에서 균형을 맞추느라 세간의 비판을 부를 필요가 없다. 윌리스는 "모든 정책입안자가 정치적 비판을 피하기 위해 정보 프라이버시의 기본인 고지와 선택을 목표로 삼는다면 이들은 성공할지도 모른다. 하지만 만약 이들이 사용자의 활동 추적을 규범으로 정하고, 소비자들을 개인적으로나 사회적으로 바람직한 위치로 이끈다면 또는 소비자들에게 옵트아웃 결정 절차를 알려준다면, 이들은 실패할 가능성이 크다."[96]라고 주장한다.

윌리스는 간접적으로 특정한 행동을 부추기는 '넛지'도 사람들이 정보 프라이버시에 관해 더 나은 선택을 내리도록 돕는 데 효과적인 방법이 아닐 수 있다고 경고한다. "넛지는 아무도 반발하지 않을 때 큰 효과를 발휘할 수 있다. 하지만 반발은 쉽사리 넛지를 압도할 수 있다. 넛지를 지지하는 기존 연구는 기업이 개입할 기회가 없는 인위적 조건에서 수행된 것이다."라고 설명한다. 이 책에서 내가 가장 우려하는 대목을 하나 꼽으라면, 그것은 기업이 넛지 기법을 자사의 이익에 유리한 쪽으로 쉽게 활용할 수 있다는 점이다. 디자인은 강력한 영향력을 발휘하며, 현재 동의에 기반한 프레임워크를 비웃듯이 심하게 오용되고 있다. 윌리스는 디자인에 진정으로 접근할 수 있는 유일한 길은 디자인 요구 사항에 대해 기업이 어떻게 대응할지 예상하고, 그에 적절한 책임을 묻는 것이라고 주장한다.

그뿐 아니라 소비자의 선호도에 대해서도 그것이 나타나는 환경을 고려하면 의심해 볼 만하다는 지적이 나온다. 사람들의 과도한 가치 절하, 나중의 더 큰 보상 대신 당장의 작은 보상을 선택하는 경향은 데이터를 생성하는 기업에 의해 쉽게 이용될 수 있다. 사람들은 노출 위험을 평가하거나 자기 개인정보의 가치를 정확히 매기는 데 어려움을 겪는다. 개인정보의 노출을 권장하는 내부와 외부 양쪽의 힘에 맞서 싸우기란 누구에게나 힘겨울 수밖에 없다.[97]

인증이나 노골적인 금지는 계획대로 설계를 밀어붙이는 방법일 수 있지만, 입법자는 그런 규칙을 예외적인 상황으로 국한해야 한다. 대신 입법자, 규제 기관과 법원은 함께 힘을 합쳐 다양한 접근법을 가능한 한 일관성 있게 추진해 신뢰, 모호성, 자율성의 가치를 높이는 한편, 기만적이고 가학적이며 위험한 설계를 억제해야 한다.

그를 위해 우리는 프라이버시 법과 정책을 위한 디자인 어젠다라고 할 수 있는 프라이버시의 청사진에 주목할 필요가 있다. 어젠다는 가치, 경계, 툴의 세 가지 요소를 기준으로 사안을 검토한다. 프라이버시 법은 관계 내에서 신뢰의 가치를 높이고, 아무도 신뢰할 수 없을 때 의존할 수 있는 모호성, 신뢰 관계와 모호성의 영역 사이에서 적절한 균형을 잡게 해주는 자율성에 초점을 맞춰야 한다. 프라이버시 법을 위한 표준의 프레임워크는 기존의 공정정보 규정을 넘어 소비자 보호와 제조물 안전법을 참고할 필요가 있다. 입법자, 규제자, 법원은 기만적이고 가학적이며 위험한 디자인에 대해 온건하거나 중도적이거나 강력한 대응 수단을 적절히 규제해야 한다. 규제 기관은 일선 기업과 지속적인 대화를 통해 바람직한 규칙을 개발하고 적용하는 공동 규제 접근법co-regulatory approach[98]을 모색해야 한다. 그러나 기업이 지속적으로 디자인 규칙을 위반한다면, 민사소송, 벌금 및 사안에 걸맞은 처리 방안을 통해 피해자에게 보상하고 차후에 부정적인 디자인을 억제할 수 있을 것이다.

이 어젠다는 완벽하지 않고, 완전하지도 않다. 혹자는 존엄성이나 친밀감 같은 다른 더 광범위한 가치가 디자인의 우선순위가 돼야 한다고 주장할 수도 있다. 법 집행, 표현의 자유, 중개인의 법적 책임 등 중요한 사안도 해결돼야 한다. 일각에서는 내가 공정정보 규정에 대해 지나치게 가혹하다거나 명시적이고 더 전통적인 데이터 보호 시스템을 선호하는 이들은 소비자 보호와 제조물 안전법에 근거한 내 프라이버시 디자인 접근법에 의혹의 눈길을 보낼 수도 있다. 나는 소비자 대상의 기술에 초점을 맞추기 때문에 그보다 더 기반이 되는 인프라 기술에 대한 디자인 어젠다는 네트워크 보안과 데이터 아키텍처 같은 개념을 요구하겠지만, 이 책에서는 다루지 않는다. 조직 구조와 절차도 바람직한 디자인에 필수적인 요소다. 정보 수집과 사용을 둘러싼 윤리 의식과 규칙 역시 디자인이 얼마나 더 향상되든 매우 긴요한 부분이다. 바람직한 디자인이 정착된다고 해서 프라이버시 보호를 고려한 감시법이 불필요해지는 것은 아니다. 그리고 5장에서 식별된 여러 법률적 대응을 적절히 섞고 배합할 방법은 많다.

하지만 프라이버시의 청사진은 출발점이다. 나는 이것을 날로 더 경직돼가는 데이터에 초점을 맞춘 프라이버시 접근법을 넘어서는 한 방법으로 삼자고 제안한다. 이것은 디자인이 가진 논리와 영향력을 프라이버시 법과 정책에 반영시킬 수 있다. 우리는 이 어젠다의 세목에 대해서는 의견의 대립을 빚을 수도 있지만, 법에서 디자인의 요소가 더 이상 하찮게 취급되거나 엉성한 방식으로 반영될 수 없다는 점은 분명하다. 디자인 어젠다는 언제든 변할 수 있지만, 프라이버시 보호를 다음 단계로 업그레이드하는 데 반드시 필요한 부분이다.

3부

프라이버시의 청사진 – 응용

6

소셜미디어

소셜미디어에 게시물을 올리기는 너무나 쉽다. 페이스북, 스냅챗, 트위터 같은 서비스를 사용하고 싶은 사람은 누구든 계정을 만들 수 있고, 몇 초 안에 사진 공유를 시작할 수 있다. 소셜미디어 기술의 거의 모든 디자인 요소는 우리가 가능한 한 더 많이 공유하도록 유도하는 것, 한 가지 목표만을 염두에 둔다. 이유는 간단하다. 우리가 그렇게 하지 않으면 해당 서비스가 실패할 것이기 때문이다. 프렌드스터Friendster 나 마이스페이스에서 일했던 사람들에게 물어보라. 디자이너는 '마찰friction'[1]'의 근원을 줄이는 것이 임무다. 여기에서 마찰은 소셜 기술에서 정보를 찾고 공유하는 데 요구되는 거래 비용을 가리킨다. 무엇인가를 할 때마다 요구되는 자잘한 불편과 노력은 사용자와 '올리기' 혹은 '공유' 버튼 사이에 놓은 장벽으로 인식된다. 예컨대 페이스북 모바일 앱의 메뉴 바를 스크린 바닥으로 옮긴 것은 단순히 심미적인 이유 때문이 아니다. 그 버튼을 엄지손가락으로 더 쉽게 누를 수 있도록 유도한 설계였다.[2]

2015년 무렵 페이스북은 상태 업데이트, 사진, 비디오 같은 개인정보를 지칭하는 '오리지널 콘텐츠'를 공유하는 사람의 숫자가 격감한 데 대해 우려하기 시작했다.[3] 페이스북 같은 기업에 이 사실은 존재론적 위협으로 비칠 수도 있었다. 이를 벗어나자면 디자인의 변혁이 필요했다. '오늘의 추억 On This Day' 같은 새 코너는 사용자에게 이전에 올린 사진과 업데이트를 다시 올리도록 부추겼다. 어버이날처럼 특별한 날을 상기시키는 것은 다른 사용자들과 연락하도록 독려하기 위한 것이다. 페이스북 앱은 심지어 사용자에게 새로운 사진과 다른 콘텐츠를 보여주면서 해당 내용을 게시하고 싶은지 묻기 시작했다.

다른 사람과의 소통을 중개하는 기술은 거의 항상 개인적인 노출을 요구하고, 그 내용을 포착하고 유지한다. 스위프트키 Swiftkey 와 비트모지 Bitmoji 같은 앱은 스마트폰의 키보드에 '완전 접근'을 요청하고, 이를 승인하면 해당 앱은 사용자가 타이핑하는 모든 내용을 포착해 전송한다.[4] 전문직 중심의 소셜네트워킹 사이트인 링크드인 LinkedIn 은 연결 요청을 받은 메일함에 접속해 사용자 자신만의 초대장을 만들어 보내도록 부추김으로써 영구적인 연결 시스템을 만들었다.[5]

또한 소셜미디어는 다른 사용자에 의해 제기되는 예측 가능한 프라이버시 위협을 디자인을 활용해 보호할 수 있음에도 그렇게 하지 않는다. 스냅챗 같은 소셜미디어는 일정 시간이 지나면 자동으로 사라지는 콘텐츠를 내세워 사용자를 끌어들였지만, 처음에는 외부 서비스나 앱으로 그런 이미지를 포집하는 것을 제대로 막지 못해 문제를 일으켰다.[6] 온라인 괴롭힘이나 희롱이 흔한 트위터 같은 소셜미디어 서비스는 증오 발언과 가학성 코멘트를 억제하고 사용자의 프라이버시를 보호할 수 있는 툴을 개발하는 데 애를 먹었다.

6장에서는 어떻게 소셜미디어 디자인이 프라이버시를 보호하는 데 실패했는지 따져보고자 한다. 첫째, 어떻게 소셜미디어 디자인이 플랫폼과 사람이라는 뚜렷이 구별되면서도 서로 연계된 두 가지 프라이버시 문제를 야기하는지 보여줄 것이다. 페이스북 같은 대표 플랫폼은 빅데이터와 얼굴 인식 기술 같은 프라이버시 이슈 때문에 자주 전면에 부각된다. 하지만 우리는 그에 못지않게 소셜미디어의 다른 사용자에게 취약하다. 그리고 소셜미디어 디자인은 플랫폼과 사람 양쪽에서 우리를 더 취약하게 만들 수 있다.

이어 소셜미디어 디자인을 공개 유도, 동의 추출, 과다 노출, 신의 없는 '친구들' 그리고 온라인 학대라는 다섯 가지 다른 맥락에서 검토할 것이다. 이들 맥락상의 위험은 플랫폼 자체와 서비스를 사용하는 다른 사람으로부터 발생한다. 바람직한 디자인은 모호성을 만들거나 보존하는 방식으로, 플랫폼이 알려주는 충실도로, 사용자 간의 신뢰를 장려하는 방식으로 그런 위험으로부터 우리를 보호할 수 있다. 무엇보다도 좋은 소셜미디어 디자인은 특정 기술의 작동방식, 정보 공유대상, 정보 공개의 규칙과 위험 신호는 무엇인지, 따라서 안전하고 지속 가능한 사용 방법은 무엇인지에 대해 적절한 신호와 제약, 행동유도성을 통해 사용자에게 알려줘야 한다.

소셜미디어의 쌍둥이 위험: 플랫폼과 사람

바람직한 소셜미디어 디자인과 그렇지 못한 디자인이 무엇인지 따져보기 전에 우리는 먼저 그 개념을 정의할 필요가 있다. 소셜미디어의 명백한 사례는 페이스북, 인스타그램, 스냅챗, 트위터 같은 인기 소셜네트워킹 사이트와 앱이다.[7] 하지만 여기에서 나는 그보다 훨씬 더 전체론적인 시각에서 인터넷을 이용해 사람들의 사회적 교류를 가능케 해주는 디지털 통신 기술을 가리키는 것으로 광범위하게 정의한다. 여기에는 문자와 메시지 앱, 블로그용 소프트웨어, 소셜네트워크 기능을 가진 유틸리티, 심지어 이메일도 포함된다.

반복하자면 여기에서 '디자인'의 개념은 소비자 대상 기술의 실제 기능, 구조, 외형을 뜻한다. 소셜미디어의 경우 이것은 대체로 사용자 인터페이스가 어떻게 작동하는지, 이들이 겉으로 어떤 모습을 보이는지를 의미한다. 데이터 아키텍처와 데이터 비식별화data de-identification 기법 같은 시스템 배후의 데이터 중심 개념은 고려하지 않는다. 어떤 백엔드 디자인을 선택하느냐는 매우 중요하지만 6장에서는 그것이 소비자 대상 기술에 직접 반영되는 경우에만 언급한다.

소셜미디어는 디지털 기술 중에서도 독특하기 때문에 소셜미디어 디자인은 특히 더 중요하다. 이를테면 뱅킹 앱과 달리 소셜미디어는 사용자의 개인정보에 대한 플랫폼과 사람이라는 뚜렷한 두 종류의 청중이 있다. 이들 두 청중은 서로 겹치지만 각자 차별되는 프라이버시 문제를 제기한다. 해당 소셜미디어 소프트웨어를 제공하는 기업을 지칭하는 플랫폼은 집중된 전자정보의 방대한 데이터베이스를 보유한다. 이것은 위험하다. 사용자로부터 수집한 데이터의 방대한 규모와 이들이 사용자 경험을 자신들의 조건에 맞춰 제어할 수 있다는 점 때문이다. 따지고 보면 해당 소프트웨어를 디자인하는 것은 바로 기업이다.

소셜미디어의 사람들은 위험하다. 워낙 수가 많은 데다 관계망이 너무나 많아 적절한 경계를 유지하기가 어렵기 때문이다. 달리 말하면 플랫폼으로부터 발생하는 피해는 보통 단일 기관이 지나치게 많은 데이터를 보유하는 데서 발생한다. 하지만 사람으로부터 생기는 피해는 일정한 정보가 엉뚱한 사람에게 노출되는 데서 발생한다. 플랫폼이 위험한 것은 플랫폼이 사용자보다 압도적으로 더 큰 권력을 행사할 수 있기 때문이다. 사람들이 위험한 것은 소셜미디어상의 소통 양상이 복잡다단하고, 맥락에 따라 사뭇 달라질 수 있기 때문이다. 따라서 소셜미디어에서 프라이버시를 잘 보호할 수 있는 디자인을 만들기 위해서는 이 두 관객이 제기하는 문제를 이해하지 않으면 안 된다.

플랫폼은 인터페이스를 데이터 통로로 사용한다

소셜미디어 기업은 당신에 관한 모든 것을 알고 싶어한다. 정보를 더 많이 확보할수록 당신은 기업에 더 수익을 내고 유용해진다. 이들 플랫폼은 물론 처음부터 대놓고 그렇게 말하지는 않지만 그럴 필요도 없다. 소프트웨어의 실제 디자인이 이들 소셜미디어의 동기를 드러낼 것이기 때문이다. 예를 들면 페이스북은 사용자가 무엇을 클릭하며, 주어진 페이지의 특정 링크 위로 얼마나 오랫동안 커서를 가져가는지 파악할 수 있는 '커서 추적^{cursor tracking}' 기술[8] 도입을 검토해 왔다. 플랫폼은 사용자가 대놓고 표현하는 욕망만을 알고 싶어하지 않는다. 이제는 사용자의 머뭇거림과 마음속의 의사 결정 과정까지 알고 싶어 한다.

디자인이 플랫폼의 핵심인 이유는 소셜미디어의 사용자 인터페이스가 기본적으로 데이터의 통로 구실을 하기 때문이다. 이들 인터페이스는 페이스북 같은 소셜미디어 플랫폼이 더 다양하고 풍부한 개인정보를 수집할 수 있도록 도와준다. 프라이버시와 보안 분야의 전문가인 브루스 슈나이어^{Bruce Schneier}는 다음과 같이 소셜네트워킹 데이터에 대한 매우 유용한 분류법을 개발했다.

- **서비스 데이터**^{service data}: 사용자가 특정한 소셜네트워킹 사이트를 사용하기 위해 해당 사이트에 제공하는 데이터. 그런 데이터는 사용자 이름, 나이, 신용카드 번호 등이 있다.
- **공개된 데이터**^{disclosed data}: 사용자가 자신의 페이지에 올린 내용이다. 블로그 포스트, 사진, 메시지, 댓글 등이 해당한다.
- **위탁 데이터**^{entrusted data}: 다른 사람들의 페이지에 올린 내용이다. 이것은 기본적으로 공개된 데이터와 같지만 일단 올리고 나면 그에 대한 통제권이 없다는 점이 다르다. 통제권은 해당 페이지의 소유자에게 있다.

- **부수적인 데이터**^{incidental data}: 다른 사람들이 당신에 대해 올린 데이터다. 다른 누군가가 당신에 관해 쓴 문장, 다른 누군가가 찍은 당신의 사진 등을 가리킨다. 이것도 기본적으로 공개된 데이터와 같지만 그와 다른 점은 당신은 그에 대한 통제권이 없고, 애초부터 당신이 작성하지 않았다.

- **행태 데이터**^{behavioral data}: 사용자가 사이트에서 무엇을 하고 누구와 그런 행동을 하는지 기록하고 수집한 사용자의 습관 데이터다. 여기에는 사용자가 한 게임, 작성한 글의 화제, 접근한 뉴스 기사, 그것이 시사하는 사용자의 정치적 성향 등이 포함된다.

- **파생 데이터**^{derived data}: 모든 다른 데이터로부터 파생된 사용자 관련 데이터다. 예컨대 만약 당신 친구의 80%가 게이라면 당신 자신도 게이일 가능성이 높다.[9]

이 데이터는 소셜미디어 기업에 엄청난 가치를 지니며 다양한 용도로 사용한다. 예를 들면 페이스북에 올린 사진은 아마도 세계에서 가장 크고 강력한 상용 얼굴인식 데이터베이스의 일부를 구성할 것이다. 페이스북은 사용자가 올린 정보를 사용해 광고주를 위한 프로필을 만든다. 비록 페이스북이 광고주에게 제공하는 인터페이스는 한때 어느 정도 프라이버시 보호 기능을 갖고 있었고, 곧 논의할 것이다. 페이스북은 또한 사용자의 포스트와 브라우징 습관으로부터 수집한 데이터를 사용해 소프트웨어와 알고리즘을 지속적으로, 때로는 논쟁적인 방식으로 가다듬고 정교화한다. 예를 들면 페이스북은 부정적인 포스트를 더 많이 노출할 경우 사용자들이 다르게 행동하는지 연구하기 위해 뉴스피드를 수정해 사용자들의 공분을 불러일으켰다.[10]

단적으로 말해 소셜미디어상의 프라이버시에 대한 우려의 대부분은 모든 형태의 기업적 감시와 '빅데이터'에 관한 우려와 동일하다.[11] 즉 기업은 우리의 개인정보를 우리에게 불리한 방식이나 미처 예상하지 못한 방식으로 수집하고, 판매하고, 사용할 수 있다는 우려다. 이런 점에서 소셜미디어는 예외적이지 않다. 이들은 핏빗^{Fitbit} 같은 착용 기기와 의료 앱, 온라인 뱅킹 서비스, 아마존 같은 상거래 사이트, 데이터 브로커가 제기하는 우려와 많은 부분에서 겹친다. 다만 소셜미디어는 더 효과적인 데이터 통로로 작동하면서 우리가 개인정보를 더 자주, 많이 내놓도록 부추긴다. 우리는 다른 어떤 온라인 서비스보다도 더 많은 시간을 소셜미디어에서 보내며, 네트워크 효과 때문에 쉽사리 탈퇴하지 못한다. 페이스북을 끊는 것은 은행을 바꾸기보다 어렵다. 페이스북을 사용하는 중요한 이유는 내가 아는 모든 사람이 거기에 있기 때문이다. 그 때문에 소셜미디어의 사용자 인터페이스 디자인은 광고주와 사용자 양쪽에 매우 중요하다.

앞으로 소셜미디어 디자인의 몇 가지 문제를 논의하겠지만, 한때 프라이버시를 보호하기 위한 디자인이 페이스북에서 시행된 적이 있다는 점은 언급할 가치가 있다. 소셜미디어와 프라이버시에 관해 사람들에게 말할 때 돌아오는 가장 흔한 반응은 "페이스북은 내 정보를 모두와 공유하잖아. 지금 누가 내 개인정보를 가졌는지 누가 알지?"라고 말한다. 하지만 페이스북이 보유한 모든 개인정보를 공유할 것이라는 두려움은 근거가 없다. 페이스북이 보유한 사용자 정보는 내부적으로 워낙 가치가 높기 때문에 다른 외부 기관에 팔 가능성은 거의 없기 때문이다.

대신 페이스북은 사용자와 광고주 사이에서 중개인, 일종의 필터로 행동한다. 이런 방식에서 페이스북의 초기 광고 인터페이스는 어느 정도 프라이버시를 보호하는 기능이 있었다. 페이스북은 이전 버전의 데이터 정책에서 당시 광고 인터페이스를 이렇게 설명했다.

> 광고주가 페이스북에 올릴 광고를 만들 때 이들은 대상 관객을 위치,
> 인구 통계, 취향^{likes}, 키워드, 우리가 당신과 다른 사용자에 관해 수집

했거나 말해줄 수 있는 다른 정보에 따라 선택할 기회가 있습니다···
우리는 해당 광고를 광고주가 선택한 기준에 맞춰 광고를 게재하지만,
이들이 구체적으로 누구인지는 광고주에게 알려주지 않습니다. 따라
서 예컨대 만약 어떤 사람이 해당 광고를 클릭한다면 광고주는 그 사
람이 미국에 살고 농구를 좋아하는 18~35세의 여성이라고 추론할
수 있습니다. 하지만 저희는 그 사람이 누구인지 광고주에게 알려주지
않습니다.[12]

물론 심지어 익명화된 표적 광고라도 유해하고 차별적일 수 있다.[13] 2017년
'가짜뉴스'[14]를 체계적으로 양산하는 시스템이 폭로되면서 일어난 논란에서
보듯이, 정밀한 광고는 사람들의 편견을 악용해 허위를 매우 부패한 방식으
로 영속화하는 데 사용될 수 있다. 하지만 플랫폼과 디자인이 제기하는 여러
프라이버시의 도전에도 불구하고, 더 나은 프라이버시의 여과 장치를 만드
는 일은 매우 중요하다.

소셜미디어의 지옥은 타인들

우리가 곧 후회할 내용을 소셜미디어에서 공유하는 바람에 피해가 발생하
는 경우, 대개는 우리 자신밖에 탓할 길이 없다는 쪽으로 결론이 난다. 소셜
미디어가 약속하는 것은 우리가 우리의 관객을 직접 고를 수 있을 뿐 아니라
무엇을 온라인에 공개할지도 선택할 수 있다는 점이다. 우리가 원치 않는다
면 우리는 어떤 내용도 억지로 공유하지 않아도 된다. 따라서 소셜미디어는
결국 관객과 메시지만 제대로 컨트롤하면 된다. 하지만 정말 그럴까?

사실 이것은 속단이다. 사용자 개인의 탓으로 돌리는 논리의 잘못된 가정은
우리가 공유하는 정보는 더 이상 비밀이 아니라거나, 우리가 소셜미디어로
무엇인가를 공개할 때 우리는 지속적으로 잠재 위험을 평가하고 적절한 경

계를 규정할 능력이 있다는 것이다. 신뢰와 모호성의 가치는 먼저 첫 번째 가정이 왜 터무니없이 잘못된 것인지 보여준다. 남들에게 위탁한 정보는 많은 경우 여전히 비밀로 간주된다. 설령 거기에 신뢰가 없더라도 사람들은 일상의 소통과 사회 관계에서 당연한듯이 모호성에 의존한다. 공공 건물의 복도에서 당신이 누군가와 대화를 나누는데 낯선 사람이 노골적으로 이를 엿듣는다면 당신은 무척 불쾌할 것이다. 당신은 낯선 이에게 "이것은 우리끼리만 나누는 대화이니 자리를 비켜주세요."라고 말할 수도 있을 것이다. 몇몇 사람에 대한 공개는 거의 대부분 '모든' 사람에 대한 공개와 같을 수 없다고 직관적으로 인식되지만, 소셜미디어상의 프라이버시를 경시하는 사람들은 이를 끈질기게 인정하지 않는다.

두 번째 그릇된 가정인 우리가 소셜미디어를 통한 공개의 위험성을 평가할 능력이 충분하다는 전제는 사용자의 인지적 한계를 사람들이 제대로 인식하지 못할 때 발생하며, 많은 사람이 그런 식으로 단정해 버린다. 소셜미디어에서 다른 사람에게 공개하는 행위와 관련된 프라이버시 디자인의 문제는 두 가지 주요 범주로 나눌 수 있다. 바로 '강요된 실수'와 '맥락 붕괴'다. 강요된 실수는 디자인이 사용자가 의도하지 않았거나 예상하지 못한 방식으로 정보 공유를 돕거나 부추길 때 발생한다. 적절한 사례는 페이스북에서 전혀 의도하지 않게 자신이 레즈비언이라는 사실이 아버지에게 폭로된 바비 던컨의 사례로, 이 책의 서문에서 상세히 다룬 바 있다. 혹은 도대체 누가 200리터가 넘는 성[性] 윤활제 통을 필요로 하겠느냐는 닉 버거스의 우스개 포스트가 페이스북의 '제휴 콘텐츠sponsored

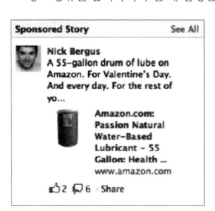

stories'로 잘못 분류되는 바람에 그의 모든 친구에게 해당 제품의 사용자이자 광고맨으로 전달된 사례도 이런 경우에 해당된다.[15]

'맥락 붕괴'는 비밀 사용자들이 민망하고 위험한 방식으로 피해를 볼 때 발생한다.[16] 이런 유형의 노출로부터 발생하는 피해는 거의 일상적으로 벌어진다. 고용주들이 해당 직원의 소셜미디어에 접근하는 바람에 많은 직원이 일자리를 잃었다.[17] 때로 소셜미디어에 올린 글은 맥락이 빠졌거나 잘못 해석된 소셜 정보 탓에 다른 사람의 판단 착오를 불러일으킨다. 예를 들면 나탈리 블란샤드Natalie Blanchard의 보험회사는 주점이나 해변 같은 장소에서 행복한 표정을 짓고 있는 그녀의 사진을 페이스북에서 보고, 그녀의 우울증 치료에 대한 보험료 지불을 거부했다. 그녀가 행복해 보인다는 이유였다. 블란샤드는 자신이 페이스북에 올린 여러 사진을 근거로 자신이 더 이상 우울증에 시달리지 않는다고 보험사가 판단했다는 말을 보험 설계사로부터 들었다. "그런 순간에는 물론 행복하지만 그 전이나 후에 나는 여전히 우울증에 시달려요."라고 그녀는 말했다.[18] 우리가 온라인에 올리는 모든 것이 그렇듯이, 우리가 공개하는 순간은 맥락이 빠진 우리 삶의 아주 작은 부분에 지나지 않는다.

맥락 붕괴의 위험은 사용상의 실수뿐 아니라 공개의 필연성 때문이기도 하다. 다시 말하면 소셜미디어에 무엇인가를 공개하는 일은 위험하다. 온라인에서 검색될 수 있고 계속 남아 있으며, 나와 친구 관계인 사람이 누구인지 일일이 추적하고 기억하기 어렵고, 공유의 위험을 오판할 수 있다. 디자이너가 당신의 개인정보 공유를 더 자주 부추길수록 당신이 별 생각 없이 공개한 개인정보가 나중에 부메랑으로 돌아올 수 있다. 나중에 다루게 되겠지만 믿을 수 없는 '친구들'은 소셜미디어에 널렸다.

정확히 어떤 종류의 관객이 소셜미디어 사용자에게 위험한가?[19] 마리차 존슨Maritza Johnson, 서지 에겔만Serge Egelman, 스티븐 벨로빈Steven M. Bellovin은 소셜미디어의 가장 원치 않는 관객으로 '미래의 고용주, 상사, 가족 구성원, 동료 및 부하'를 꼽고, 소셜네트워크 사이트에서 데이터를 수집하고 사용하는 데 따른 '조직 차원의 위험'에 더해 일반적인 '사회적 위협'을 식별했다.[20] 따라서 기본적으로 당신이 아는 모든 사람과 실제로 만난 적이 없고 모르는 많은 사람이 언제 어느 순간에는 소셜미디어에서 원치 않는 관객이 될 수 있다는 뜻이다.

하지만 이런 관계는 사용자와 플랫폼 간의 관계와 몇 가지 차원에서 사뭇 다르다. 소셜미디어 사용자와 플랫폼 간의 관계는 표면상 다른 여러 가지 중에서도 해당 플랫폼의 프라이버시 정책과 소비자 보호 규칙에 의해 관리된다.[21] 하지만 사용자와 다른 사용자 간의 관계는 훨씬 더 복잡하고 불안정한 규범, 공유된 전제, 비공식적인 용어, 다양한 신호와 문화적 맥락에 의해 규정되며, 이 모든 것은 가변적이고 디자인에 따라 다른 양상으로 바뀔 수 있다. 소셜미디어 사용자의 프라이버시와 연관된 두 가지 주요 집단인 내부자insider와 외부자outsider를 살펴보자.

플랫폼 자체를 제외하고 소셜미디어 사용자에 가장 근접한 위험은 내부자로부터 발생한다. 온라인에서 사용자가 정보 공개의 대상으로 선택했거나 최소한 자신의 정보에 접근할 수 있도록 승인한 사람들이다. 정보가 공개되는 순간 우리의 친구, 팔로어 그리고 다른 네트워크 연결은 모두 소셜데이터를 즉각 오용할 수 있는 위치에 있다. 소셜미디어 디자인은 내부자에게 사용자 개인정보를 더 적극 공개하도록 다양한 방식으로 부추기는 쪽으로 사용돼 왔다.[22] 한 사례에서 페이스북은 사용자에게 친구들의 실명 사용 여부를 신고하라고 권유했다. 실명 사용은 페이스북의 약관에 따르면 의무 사항이다.[23]

우리가 네트워크에서 접근을 승인했지만 어떤 사람들은 일정한 내용의 정보 공개에 부적절할 수 있다. 사용자는 잊어버리거나 특정 게시물이 자신의 독자에게 어떻게 받아들여질지 미처 깨닫지 못할 때가 많다.[24] 유사한 우려는 우발적인 자동 포스팅이나 소위 '마찰 없는 공유frictionless sharing'를 통해 브라우징과 독서 습관을 강제적으로 공유함으로써 제기된다.[25] 디자인이 우리의 담론을 유출되기 쉽게 하거나 사용자의 경솔한 공유를 유도한다면 이것은 프라이버시 문제다.

외부자는 사람들의 소셜미디어 정보에 대한 접근이 명시적으로 승인되지 않은 사람들이다. 대표적인 사례는 당신과 페이스북 친구 사이가 아닌 당신의 직장 상사다. 외부자는 당신의 프로필에 접근하려 시도함으로써, 당신에 대한 정보를 소셜미디어의 다른 곳에서 공유함으로써 당신에게 위협으로 작용한다. 고용주가 직원들의 소셜미디어 비밀번호를 묻거나 이들의 프로필에 접근하려 시도한 사례는 무수히 많다.[26] 학교의 행정 담당자들은 학생들의 소셜미디어 사용 실태를 감시하려는 유혹에 빠지기 쉽다.[27] 경찰관이나 법집행요원, 국가안보 담당자 등도 소셜데이터에 접근하고 싶어한다.[28] 단적으로 소셜미디어 사용자들은 각자의 프로필과 포스팅에 조심해야 할 분명한 이유가 있는 셈이다. 디자인은 사용자의 이런 이익을 존중해야 한다.

6장에서 나는 프라이버시 디자인이 소셜미디어에서 문제가 되는 다섯 가지 다른 맥락을 검토하고자 한다. 다섯 가지 맥락은 (1) 공개를 조장하는 manufacture 디자인 (2) 동의를 이끌어내 사람들을 플랫폼에 취약해지도록 만드는 디자인 (3) 우리를 과다 노출시켜 다른 사용자들과 플랫폼 모두에 취약해지게 만드는 디자인 (4) 신뢰할 수 없는 친구들을 도와주는 디자인 (5) 온라인 학대를 방조하거나 이를 줄이는 데 실패한 디자인이다. 프라이버시 법은 이 모든 맥락을 더 진지하게 고려해야 한다.

공개를 조장하다

소셜미디어가 비즈니스를 유지할 수 있는 유일한 길은 사용자들이 개인정보를 계속해서 공유하는 것이다. 개인정보(셀카 사진과 '좋아요' 같은 '오리지널 콘텐츠')는 당신이 뉴스로 올리는 외부 링크보다 회사 쪽에 훨씬 더 가치 있고 중요하다(공유하는 링크조차 당신에 관한 정보를 공개하는 셈이지만). 페이스북은 심지어 뉴스피드에 뜨는 유명 언론사의 뉴스를 아래로 내리고, 당신의 친구와 가족이 올리는 콘텐츠를 위로 올려 당신 자신의 개인적 공유를 더 중요하게 취급한다.[29] 그리고 더 공유하라는 전방위적 압박이 진행된다. 이 단순한 동기야말로 소셜미디어가 그토록 자주 디자인을 수정해 새롭게 선보이는 이유다. 페이스북의 스트리밍 서비스인 '라이브Live', 인스타그램의 '스토리' 기능, 스냅챗의 새로운 필터 그리고 이제는 중단된 트위터의 비디오 서비스 '바인Vine' 등은 모두 당신이 새로운 방식으로 개인정보를 공유하게 만들려는 시도다.

그렇게 공개할 때마다 우리는 조금씩 더 우리 자신의 개인정보를 내놓는다. 그 효과는 사람들에 대한 밀착 관찰을 통한 폭로라는 감시의 전통적 개념과 유사하다. 하지만 이 현대의 감시는 사람들을 관찰해 그들에 대해 무엇인가를 알아낸다기보다는 사람들에게 당신이 알고 싶어하는 내용을 스스로 '털어놓도록' 만든다.[30] 감시이론가인 게리 막스Gay Marx는 이 새롭고 부드러운 형태의 감시를 '개인이나 일정 맥락에서 개인이나 그룹 데이터를 추출하거나 만들기 위해 기술적 수단을 이용해 수행하는 조사scrutiny'로 요약한다.[31]

이들 디자인 업그레이드 중 몇몇은 일거양득의 효과를 노린다. 사람들에게 더 많은 정보를 공유하도록 하는 한편, 더 상세한 데이터를 플랫폼에 제공하도록 유도하는 것이다. 예를 들면 2016년 초, 페이스북은 단순히 '좋아요' 버튼을 누르는 수준을 넘어 다른 사람의 포스트와 상호작용할 수 있는 새로운 방식을 선보였다.[32] 이제 사용자들은 좋아요 버튼만이 아니라, 사랑해요, 하하, 와우, 슬퍼요, 화나요 버튼으로 포스팅에 반응할 수 있다. 페이스북이 이런 변화를 꾀한 것은 부분적으로 사용자의 요구 때문이었다. 이를테면 불행한 뉴스를 보고 마음 편히 '좋아요'를 누를 사람은 없었다. 하지만 이 새 디자인은 페이스북에게 사용자와 관련한 더 많은 뉘앙스와 상세한 정보를 얻을 수 있게 해주는 방법이기도 하다. 이 데이터는 개별 사용자의 바람에 맞춰 광고, 콘텐츠, 기능을 추가함으로써 사용자가 지루해하지 않도록 만들 수 있다. 지루함을 느낀 사람들은 다른 앱으로 가거나 로그아웃할 수도 있다. 흥미를 가진 사람은 떠나지 않고 계속해서 데이터를 생산하고, 이 데이터는 다시 그 사람이 계속 흥미를 느끼도록 만드는 데 활용된다.

조장된 공개에 프라이버시의 청사진 적용하기

대부분의 소셜미디어 인터페이스는 사람들이 정보를 공유하고, 해당 플랫폼 및 다른 사용자와 상호작용을 장려하도록 설계됐다. 어려운 대목은 어느 선에서 허용 가능한 넛지와 부당한 강요를 구분할 것인지 파악하는 것이다. 이런 설계 중 최악은 불륜 조장 서비스인 애슐리 매디슨이 가짜 프로필을 만들어 사용자들에게 추파를 던지며 추가 기능을 사용하도록 부추기는 경우처럼 노골적으로 기만적일 수 있다.[33] 하지만 이런 것은 쉬운 경우다.

공유를 조장하지만 그 징후가 덜 명확하게 드러나는 사례는 사방에 널렸다.[34] 예를 들면 페이스북은 십대 사용자들의 기본 공유 설정을 '공개'로 결정했다.[35] 페이스북은 또 사진 속 인물들의 사진 태깅을 돕는다며 얼굴 인식 기술을 사용한다. '캔디 크러시 사가' 같은 모바일 앱은 이해하기 어렵고, 이미 체크가 된 체크박스를 내세워 사용자들이 페이스북 친구들에게 무차별 초대장을 보내는 실수를 조장한다.[36] 링크드인은 사회 관계의 상호주의 심리를 활용해 친구를 추가하고, 그들의 전문 기술을 보증하도록 교묘하게 자극한다. 예컨대 내가 "고맙습니다."라고 누군가에게 말하면, 그 쪽도 "별 말씀을요."라고 응대하게 만드는 심리다. 링크드인은 이런 경향을 이용해 이런저런 사람의 초대장이 6일째 '당신을 기다리고 있다'라거나, 누군가가 당신의 전문 기술을 추천한 데 따른 답례를 하라고 추천한다. 사람들에게 정보 공개를 부추기기 위해 디자인을 활용하는 일은 사람과 플랫폼 사이의 신뢰를 저해할 수 있다.

공개를 조장하는 디자인은 사용자 신뢰를 훼손하면서 기업의 일방적 이익에만 봉사한다면 사용자를 배신하는 셈이다. 이런 유형의 디자인은 가학적일 수 있다. 만약 해당 디자인이 사용자에게 개인적 이익에 반하는 방향으로 정보 공개를 강요하고, 그 때문에 사용자가 실질적으로 피해를 입는 상황에 놓인다면 적대적 디자인의 형태라고 볼 수 있다.

적대적 디자인에 강경한 법적 대응으로 나서기는 어렵다. 정확히 언제 디자인이 '지나치게' 설득적인지, 아니면 사람들이 소셜미디어 공개를 통해 얻는 혜택인지 파악하기 어렵기 때문이다. 이런 경우는 윤리적인 사용자 인터페이스와 사용자 경험UX 표준을 따르라고 독려하는 식의 온건한 대응이 효과적일 수 있다. 기만적이고 불공정한 행태를 규제할 수 있는 연방거래위원회와 가학적 행태를 처벌할 권한을 가진 소비자금융보호국CFPB이 나서서 소셜미디어 디자인을 상세 검토하는 중도적 대응을 고려할 수도 있다. 설득적 기술이 부당하게 위험하고 사람들에게 피해를 입힐 수 있다고 생각되는 경우는 불법행위법에 따른 책임을 물을 수 있다. 그뿐 아니라 의무 절차 같은 중도적 대응도 아주 유용할 수 있다. 예를 들면 잠재적으로 지나치게 설득적인 기능을 더한 디자인은 이를 시행하기 전과 후에 정보 공개에 대한 사용자들의 후회와 불안의 수준이 얼마나 달라졌는지 측정함으로써 새로운 인터페이스의 '내충격성crash-worthiness'을 의무적으로 평가하도록 요구하는 것이다.[37] 공개를 조장하려는 소셜미디어의 시도가 지나쳤는지 판단하는 유일한 방법은 아니지만 한 변수가 될 수 있다. 가능한 한 더 많은 정보 공개를 부추기는 일 외에도 소셜미디어가 사용자들로부터 원하는 정보가 하나 더 있는데, 바로 '동의^{consent}'다.

동의 추출

프라이버시와 소셜미디어를 둘러싼 "다 네 잘못이야."라는 고정 관념은 모든 소셜미디어 사용자가 처음 등록하고 설정하는 과정에서 거치게 되는 '동의합니다'라는 작은 버튼이나 체크박스 같은 동의 개념에서 잘 드러난다. 우리는 글씨가 빼곡한 사실상 읽을 수 없는 '사용 약관'이라는 이름의 계약서에 적힌 참으로 많은 프라이버시 침해성 활동에 합의한다. 또 새로 내려받은 앱이 내 휴대폰의 카메라, 위치정보, 주소록에 접근하게 해달라는 요청에 승낙 버튼을 클릭함으로써 또 다른 유형의 데이터 수집에 수시로 동의한다. 그리고 그런 결정이 나중에 부메랑으로 돌아오면 우리는 불평할 수 없다. 왜냐하면 거기에 '동의'했으니까. 그렇지 않은가?

많은 사람은 이 같은 표준 양식의 약관을 우리 앞에 슬그머니 들이댈 때, 무엇인가 부당한 일이 벌어진다는 느낌을 갖게 된다. 막스는 이를 '의무적 자발주의^{mandatory volunteerism}'로 부르면서, "실제로는 그렇지 않은데 상대가 자발적으로 그렇게 한 것 같은 인상을 주기 위해 꾸며낸, 솔직하지 못한 의사소통이다."라고 규정한다. 사람들은 온라인 서비스를 사용하는 교환 조건으로 프라이버시 권리를 비롯해 여러 권리를 포기하는 것처럼 느낀다. 그렇다고 빼곡히 적힌 표준적인 합의문이 진실로 의미 있는 동의를 대규모로 뒷받침한다고 보기도 어렵다.[38]

개인정보에 대한 수천 건의 접근, 허락, 동의에 우리는 압도될 수밖에 없고 미처 확인할 엄두도 내지 못한 채 승낙하고 만다. 다른 경우 디자인은 우리가 무엇을 하는지도 미처 깨닫지 못한 채 동의 버튼을 클릭하게 만든다. 버튼, 신호와 디자인은 우리가 미처 제대로 못 보고 지나가게 만들거나, 우발적으로 클릭하게 유도하거나 중요성을 과소평가하도록 조작할 수 있다.

예를 들면 애플의 iOS 6은 광고주 식별자IDFA, Identifier for Advertisers라고 불리는 기능을 더했다. 이 기능은 각 기기에 고유한 식별번호를 지정해 해당 사용자의 브라우징 활동을 추적하며, 정보는 광고주가 표적 광고를 보내는 데 사용된다. IDFA는 재식별을 매우 어렵게 만들어 놓았지만, 그럼에도 프라이버시를 염려하는 많은 사람은 또 다른 데이터 수집원을 피하고 가능한 한 위험 요소를(설령 위험성이 낮다고 해도) 줄이기 위해 해당 기능을 끄고 싶어할 것이다. 좋은 소식은 애플이 IDFA 기능을 끌 수 있게 허용했다는 점이고, 나쁜 소식은 그 기능을 '일반General', '정보About', 그보다 다소 도움이 되기는 하지만 여전히 어려운 '광고Advertising' 메뉴 안에 숨겨놓았다는 점이다. 처음 쓰는 사람이 이런 메뉴 선택이 어떤 결과를 낳는지 혹은 어떤 기능을 하는지 제대로 이해할 가능성은 거의 없다. 설령 운 좋게 IDFA 광고 추적 기능을 끄는 옵션을 찾아냈다고 해도, '광고 추적 제한Limit Ad Tracking'이라는 표지가 붙은 버튼은 기본값으로 '끄기Off'에 가 있을 것이다. 단순하다. 혹은 그렇게 보인다. 그러나 UX 디자이너이자 '다크 패턴즈Dark Patterns' 웹사이트 설립자인 해리 브리그널Harry Brignull에 따르면 이 버튼은 보기보다 간단하지 않다. "이 버튼은 '광고 추적 – 끄기'라고 돼 있지 않아요. '광고 추적 제한 – 끄기'로 돼 있죠. 이중 부정이죠. 제한하는 게 아니어서 이 스위치가 꺼져 있다면 광고 추적은 사실상 켜집니다. 꺼짐은 '켜짐'을 의미해요!"[39]

헷갈리는 표현, 숨은 메뉴와 사람들을 혼란스럽게 하거나 이해하기 어렵게 난독화obfuscate한 트릭은 동의 메커니즘에서 흔한 현상이다. 동의를 받아내려는 디자인에 대한 최선의 법적 대응을 따져보기 전에, 왜 약관에 대한 동의가 소셜미디어에서 사람들의 프라이버시에 그토록 중요한지 먼저 알아보자.

동의와 약관의 횡포

표준 양식^{boilerplate} 즉 표준 형식의 온라인 합의문을 사실상 아무도 읽지 않는다는 말은 기정 사실이 됐다. 근래의 한 연구에 따르면 전자상거래 웹사이트의 이용자 중에 약관을 읽는 사람은 1천 명에 채 한 명 꼴도 안 된다.[40] 미국 연방대법원의 존 로버츠^{John Roberts} 대법관조차 웹사이트의 작은 활자로 된 약관을 읽지 않는다고 인정했을 정도다.[41] 그럼에도 이 합의문은 일상적으로 법적 효력을 인정받는다.

온라인 계약서에 관한 법은 대체로 직관에 어긋나며, 어느 면에서 역사적 우연의 산물이다. 온라인의 표준 형식 계약서는 전형적으로 '클릭랩^{clickwrap}'이나 '브라우즈랩^{browsewrap}' 계약으로 분류된다. 둘은 서로 다르지만 종종 구분이 모호해진다. 이들 개념은 아직 소프트웨어가 박스에 압축 포장돼 팔리던 시절에서 나온 것이다. 압축된 포장을 뜯으면 그 안에 약관이 있었다. 추문에 '게이트'라는 말을 붙이게 된 계기가 워터게이트 스캔들에서 나왔듯이, '랩'이라는 꼬리표가 소프트웨어 서비스용 계약을 뜻하게 된 것도 그 때문이다.

클릭랩 계약은 주어진 웹사이트에 접근하기 전에 마우스로 버튼을 눌러 해당 사이트의 약관에 동의한다는 의식적 행동을 요구한다. 브라우즈랩 계약은 홈페이지를 넘어 다른 페이지를 추가로 브라우징하면 해당 사이트의 계약 조건에 동의한 것으로 간주된다.

흔히 프라이버시 정책을 포함하는 약관은 클릭랩과 브라우즈랩 계약의 유형이다. 이들 약관은 중재 조항, 배상 책임 제한, 보증 면책 같은 여러 표준 조건을 담고 있다. 약관은 점점 더 스파이웨어, 모호한 행위 규제, 해당 웹사이트의 콘텐츠에 대한 엄격한 사용 제한 등에 동의하는 내용을 포함하는 추세다.

당신은 읽어보지도 않은 계약에 묶이는 것은 말이 안 된다고 믿고 싶을지 모르지만, 사실은 그렇지 않다. 계약을 하자는 청약^{offer}을 승낙^{accept}하는 것은 계약법에서 '합의^{assent}'로 불리며, 합의된 조건을 준수하겠다는 외부적 표시로 입증된다. 주어진 계약의 조건을 따르겠다는 의도의 증거 중 하나는 해당 계약서를 읽을 의무를 전제로 한다. 이 의무의 실질적인 결과는 이들이 해당 조건을 읽었든 이해했든 상관없이, 계약 조건에 객관적으로 합의한 개인들이 서면 문서에 담긴 모든 조건에 합의한 것으로 간주한다는 것이다. 다시 말하면 약관을 읽지 않고 '동의' 버튼을 클릭할 때 당신이 품은 의도는 중요하지 않다. 합리적인 제3자가 당신의 행위를 어떻게 판단하느냐가 중요할 뿐이고, 그것은 당신이 주어진 약관에 동의했다는 사실이다.

이런 합의가 성립될 당시 양측의 마음 상태는 상관이 없다. 그보다는 법원은 양측이 객관적으로 서로에게 전달한 내용(이는 계약의 객관적 이론으로 알려져 있다)을 고려한다. 주관적인 내면의 의도가 아니라 밖으로 드러난 행동과 표시만이 계약에 대한 상호 합의를 판단한다. 예를 들면 어떤 웹사이트가 "우리는 당신의 프라이버시를 존중합니다."라는 문구를 담고 있다면 그 사이트가 의도한 바는 중요하지 않다. 문제는 합리적 시각으로 볼 때 사용자 입장에서 해당 메시지를 어떻게 이해할 것인가다. 따라서 원칙상 법원이 평균적인 사용자를 충분히 이해하기 위해서는 사용자의 온라인 경험을 총체적으로 고려해야 한다. 안타깝게도 실제 사정은 그렇게 작동하지 않았다.

법원은 온라인 계약에 표준 양식의 원칙을 적용하겠다고 느슨하게 합의한 것으로 보인다. 법원은 사용자 측의 행동을 요구하는 클릭랩 계약에 대해서는 비교적 적극적으로 규제하는 반면, 겉으로 아무런 합의의 표시도 요구하지 않는 브라우즈랩 계약에 대해서는 소극적이다. 법원은 사용자에게 약관으로 연결된 링크를 제공하는 '브라우즈랩의 고지 문단'은 요구하면서도 사용자가 약관을 봤음을 인정하는 장치는 요구하지 않는 식으로 오락가락하는 태도를 보인다.

그러므로 웹에서 표준 양식의 계약 원칙은 논란의 여지는 있지만 비교적 안정적이다. 이 원칙에 의존하는 법원은 약관의 구체적 표현에 큰 비중을 두지만, 사용자와 웹사이트 관계에서 나타나는 다른 이해와 대표성에는 거의 주목하지 않는다. 이 약관은 사용자 프라이버시에 결정적 영향을 미치지만, 기술의 디자인에 의해 영향 받는 당사자 간의 관계를 제대로 반영하는 것은 아니다.

페이스북은 흔히 통용되는 '프라이버시 정책'대신 그보다 더 정확한 표현이라고 할 수 있는 '데이터 사용 정책'이라는 말을 쓰는데, 여기에는 페이스북이 수집하는 정보 목록[42]이 열거돼 있다.

- 회원님의 활동과 회원님이 제공한 정보
- 다른 사람의 활동과 다른 사람이 제공한 정보
- 네트워크 및 연결
- 결제 관련 정보
- 기기 정보
- 운영 체제, 하드웨어 버전, 기기 설정, 파일 및 소프트웨어 이름과 유형, 배터리 및 신호 강도, 기기 식별자 같은 속성
- GPS, 블루투스 또는 와이 파이 신호를 통한 구체적인 지리적 위치를 포함한 기기 위치
- 이동통신사 이름 또는 ISP, 브라우저 유형, 언어 및 시간대, 휴대폰 번호와 IP 주소 등의 연결 정보
- 서비스를 이용하는 웹사이트와 앱 정보
- 타사 파트너의 정보
- 페이스북 계열사

어떤 사람들은 이 목록을 보고 놀랄 수도 있다. 왜냐하면 이 정책은 약관 속에 통합돼 있어서 사용자는 페이스북에 자신의 개인정보를 수집하고, 사용하고, 공유할 수 있는 광범위한 허가를 내주는 셈이다. 그럼에도 가장 충격적인 대목은 페이스북의 약관이 유별나지 않다는 점이다. 온라인 계약서에 흥미로운 부분은 거의 없는 반면, 가장 지루한 대목은 이들이 서로 거의 대동소이하다는 점이다. 이들 계약서는 집합적으로 사용자 프라이버시에 중대한 위협으로 작용한다. 그에 대한 '동의'가 대체로 사용자에게 무의미하기 때문이다. 그럼에도 법원은 태도를 바꾸지 않고 있다.

표준 양식의 계약서는 지적재산권, 분쟁 조정 대안, 책임 한도 분야에서 모두 엇비슷하다. 법에서 이 분야는 계약서에 해당 조항이 없는 경우 표준적인 '기본' 입장을 따른다. 지적 재산권의 경우 만약 어떤 웹사이트의 약관이 적절한 허가를 표시하지 않은 경우, 지적 재산권의 사용을 다루는 묵시적 허가가 존재하는 것으로 본다. 만약 계약서에 중재 조항이 들어 있지 않다면, 법원이 분쟁의 기본 결정권자가 된다. 그와 비슷하게 구체적 조건이 존재하지 않는 경우는 보편적인 상용 규약Uniform Commercial Code을 따른다. 그럼에도 온라인에서 스스로 공개한 정보의 기본 지위에 관한 법은 불규칙하고 예측 불가다. 따라서 좋든 나쁘든, 프라이버시 문제를 다루는 계약서는 일정 수준의 명확성을 제공한다.

하지만 프라이버시 정책은 실상 '반프라이버시antiprivacy' 정책으로 귀결되기 십상이다. 실질적으로 이들은 정책을 읽지 않고 동의를 제공한 사용자를 잘못 이끄는 기업의 법적 책임을 막아주는 방패 구실을 한다. 이 정책은 기업이 사용자 정보를 추적, 악용해 팔고 혹은 공유할 수 있는 근거로 작용한다. 이들 정책은 기업을 보호할 목적으로 작성됐지 사용자를 위한 것이 아니다. 온라인 계약을 둘러싼 대부분의 프라이버시 분쟁은 해당 계약의 '합의consensual' 측면에 주목한다. 재판관들은 감시, 개인정보의 수집과 사용에 동의를 표명한 사람들에게 법적 보상을 제공하는 데 소극적이다.

프라이버시 청사진을 동의 추출 문제에 적용하기

표준적 약관에 대한 동의를 이끌어내는 디자인은 사람들의 자율성을 경시하고 좀먹을 수 있다. 계약서는 신뢰의 수단이지만, 사람들의 동의를 강요하는 디자인은 신뢰를 훼손한다. 위치 정보의 수집처럼 특정한 사안에 구체적이고 명료하게 동의를 요청하는 것은 바람직한 일이다. 비록 이런 요청이 워낙 많아 사람들을 압도하고 혼란스럽게 만들어 결국은 마찬가지로 무의미해져 버릴 수도 있지만 말이다.

공개를 조장하는 경우처럼 동의를 조장하는 일은 설득 전술을 남용하는 양상이 될 수 있다. 바람직한 접근법은 법원이 5장에서 제안한 약속의 성격을 띤 디자인에 대해 좀 더 전체론적인 시각을 포용하는 것이다. 계약법은 관습법의 산물 중 하나로서 끊임없이 진화해야 맞다. 법원은 사용자 인터페이스와 사용자 경험이 지닌 계약상의 중요성을 무시해서는 안 된다. 따로 떼어서 보면 사용자 인터페이스의 쌍방향 기능은 그저 눈길을 끌기 위한 겉치레처럼 여겨질 수도 있다. 그럼에도 많은 웹사이트와 앱 그리고 플랫폼은 사용자 프라이버시와 그 연장으로서 사용자 프라이버시의 설정을, 사용자 경험의 중심 기능이자 약관의 주요 부분으로 표시한다. 이런 기능을 채택한 기업은 사용자와 계약 관계에 있기 때문에 사용자 인터페이스 디자인은 약관 속에 통합되거나 약관의 내용과 부합할 때는 온라인 계약의 일부로 간주돼야 한다.

디지털 시대 이전의 계약은 사회적 교류와 미디어 소비의 맥락이 아니라 대체로 상업적이거나 거래의 맥락에서 성립됐다. 따지고 보면 텔레비전을 켜거나 라디오를 듣거나 신문을 읽을 때는 계약 관계가 형성되지 않는다. 누군가가 전화기를 집어 들거나 편지를 쓰거나, 복도에서 누군가에 대해 뒷담화를 나눌 때는 다행히 그런 소통을 지배하는 길고 헷갈리는 약관의 목록이 제시되지는 않는다. 그럼에도 웹사이트나 앱 또는 플랫폼에 접근할 때는 거의 언제나 모종의 약관에 동의하라는 요구를 받는데, 그에 응하지 않는 방법이란 단순히 스크린을 닫아버리거나 다른 서비스로 갈아타는 것이다.

우리의 온라인 경험이 점점 더 풍부해지면서 기술 회사나 다른 기술 사용자와의 관계도 점점 더 섬세하고 미묘해진다. 계약법의 구성 요소는 사용자의 경험 전체를 통해 스스로 드러난다. "당신의 프라이버시를 존중합니다." 같은 약속은 스플래시 페이지Splash page43로 표시된다. 자물쇠 아이콘은 사용자에게 자신의 계정이 '보호'되고 있음을 알려준다. 체크박스는 특정 앱이 당신 휴대폰 주소록에 접근하는 것을 허용할지 여부를 결정하게 해준다. 이런 요소, 즉 코드 기반의 약속과 계약 정보의 진실성을 훼손하는 악의적 인터페이스를 인식한다면 약관은 온라인 프라이버시 문제의 원인이 아니라 해법이 될 수도 있을 것이다. 다시 말하면 법원은 온라인으로 중재된 환경에서 사람들이 실제로 겪는 경험과 디자인을 더 적극 반영해 표준형식의 계약 관계를 개선해야 한다.

법원은 또한 부당하게 동의를 강요하는 적대적이고 악의적인 디자인은 시행할 수 없도록 만들 수 있다. 정보를 모호하게 만들거나 내비게이션을 조작하는 인터페이스는 심각하거나, 심지어 일부 소송에서 전자 계약을 무효화하는 결정적 변수로 간주됐다. 가장 대표적인 브라우즈랩 소송 중 하나인 스펙트 대 넷스케이프 커뮤니케이션스Specht v. Netscape Communications Corp.의 소송에서 제2 순회재판소는 "약관에 대한 유일한 언급은 다음 스크린으로 스크롤 다운하는 경우에만 고소인이 볼 수 있는 텍스트 안에 위치해 있었다."라는 이유를 들어 약관 시행을 거부했다. 그러므로 만약 약관으로 연결된 링크가 스크린 하단에 묻혀 있거나 쉽게 눈에 띄지 않는다면, 법원은 해당 약관의 고지가 계약서로 성립한다고 인정하지 않는다는 뜻이다. 이 소송의 판결은 악의적 인터페이스를 사법적으로 인정한 더없이 좋은 사례지만, 이것은 어떻게 사용자 인터페이스가 계약서 정보에 영향을 미칠 수 있는지 검토하는 시발점이어야 한다.

숨겨진 링크는 약관 고지를 무효화하는 악의적 인터페이스의 유일한 유형은 아니다. 주의를 분산시키거나 방해하는 기법도 계약서 정보에 요구되는 고지를 무효화할 수 있다. 주의를 분산시키는 비디오, 애니메이션, 깜빡임, 색깔, 움직임 등은 사람들의 지각, 특히 전주의적preattentive 처리와 잠재 의식subliminal 정보[44]에 대한 우리의 민감성을 악용함으로써 사용자 주의를 눈에 잘 띄지 않는 약관에서 분산시킨다. 지나치게 큰 광고와 마우스를 갖다 대면 모양이 바뀌는 다른 롤오버 디자인 요소는 계약서 정보의 처리 과정을 방해하거나 제시된 조건의 이해를 가로막을 수 있다.

악의적 인터페이스는 연관된 계약 정보의 중요성에 따라 다르게 고려돼야 한다. 악의적 인터페이스라고 해서 자동으로 계약이 무효화돼서는 안 된다. 그보다는 계약서 정보의 다른 증거와 균형을 맞춰야 한다. 명확하고 비악의적인 인터페이스는 분명히 표시하고 고지했음을 입증함으로써 동의의 유효성을 주장할 자격이 있다. 그러나 다수의 악의적 인터페이스, 혹은 단일하지만 매우 악의적인 인터페이스는 논란이 되는 조건과 관련해 무효로 판정될 수 있는 여지가 많다.

과다노출

"빨리 움직이고 무엇이든 깨트려라."라는 실리콘밸리의 기업 철학은 "사람들에게 공유할 힘을 줌으로써 세상을 더 개방되고 연결된 곳으로 만들자."라는 전도와 더불어 사용자들이 의도했던 것보다 훨씬 더 많은 정보를 노출하도록 부추기는 강요성 인터페이스를 필연적으로 낳을 수밖에 없다. 소셜미디어 기업은 종종 의도적으로 사용자의 과다 노출을 유도한다.

소셜미디어는 끊임없이 새로운 기능을 선보이며 우리 정보가 더 눈에 띄도록, 더 쉽게 검색되도록 그리고 다른 이에게 더 종합적으로 드러나도록 밀어붙인다. 예를 들면 페이스북은 커다란 디자인 변화를 잇따라 내놓으면서 서비스 사용자의 모호성 수준을 극적으로 낮췄다. 페이스북이 뉴스피드를 선보였을 때, 사용자는 자신의 정보가 한 장소에 집적돼 다른 사용자가 포스트와 프로필 변화를 더 쉽게 알아챌 수 있게 된 데 놀랐다.[45] 사용자가 매우 구체적이고 미묘한 방식으로 다른 사용자의 프로필과 포스트를 검색할 수 있게 해주는 그래프Graph 기능을 페이스북이 선보였을 때, 정보를 찾는 데 추가로 요구되는 거래 비용은 사라져 버렸다.[46]

프라이버시 설정과 보호된 계정으로 제한되지 않은 정보는 플랫폼에 의해 쉽게 수집되고 색인화되며, 다른 사람들도 쉽게 검색할 수 있다. '공개된publicly available'이라는 표현은 종종 훔쳐보는 것이 허용되는 표식으로 사용된다. 정부와 법 집행기관으로서는 '공개된' 정보보다 프라이버시 설정으로 보호된 계정의 정보에 접근하기가 더 어렵다. 그런 정보에 접근하려면 누구의 도움도 없이 인터넷을 통하기보다 해당 플랫폼이나 사용자 본인에게 접근 청구를 해야 한다. 예를 들면 2016년 미국의 관세국경보호청U.S. Customs and Border Protection은 방문자에게 본인의 소셜미디어 계정 정보를 요구할 수 있는 권한을 요청했다.[47] 해당 제안에 따르면 정부는 공개된 소셜미디어 정보만 검토할 뿐, 사적인 메시지와 포스트를 보기 위해 방문자 비밀번호를 묻지는 않을 것이라고 했다. 2010년 트위터는 모든 공개 포스트를 미국 의회 도서관에 기록 보관 목적으로 제공하지만 보호된 계정의 트윗은 제외된다고 밝혔다.[48] 이런 결정과 행위는 '접근성accessibility'을 '공개' 혹은 '비공개' 정보와 동일시하는 오해가 증가하고 있음을 더 반영했다.

접근 제어 기능이 약해지면 더 많은 정보 접근을 허용함으로써 소셜미디어 사용자의 모호성도 약화된다. 페이스북은 여러 해에 걸쳐 서서히 기본 설정을 미묘하게 바꾸는 방식으로 사용자 프로필의 모호성을 떨어뜨려 왔다. '친구의 친구'를 제외한 모두로부터 본인의 계정을 숨길 수 있는 옵션을 제거한 결정이 그런 사례 중 하나다. 2013년 페이스북은 십대들의 공개 포스트에 대한 제한을 번복했다. 이전 정책은 어린 사용자들은 본인 네트워크 안에서만 소통할 수 있도록 규정했었다. 이들을 둘러싼 가장 큰 프라이버시 우려는 이들의 친구의 친구 중 누군가가 의도하지 않은 사람들에게 정보를 노출할 수 있다는 위험성이었다.

기본 설정을 미묘하게 바꿔 사용자의 개인정보 공개 수준을 점점 더 넓히는 페이스북의 음험한 행태는 이 회사가 처음 서비스를 시작할 당시의 프라이버시 보호 수준과 5년 뒤의 상황을 비교하면 더욱 더 충격적이다. 단적으로 당신의 개인정보는 과거보다 훨씬 더 쉽게 노출될 수 있고, 모호성도 그만큼 더 낮아졌다.[49]

이런 종류의 과다노출은 프라이버시 설정과 계정 보호 같은 기능을 통해 외부 접근을 관리하는 사람에게 피해를 안길 수 있다. 소셜미디어 디자인이 사람의 노출 위험성을 높이면, 위험성 평가를 위한 규칙과 현실도 바꾼다. 우리가 위험성을 정확히 판단할 수 없다면 신뢰 관계를 맺고, 모호성의 영역을 관리할 우리의 능력도 그만큼 위축될 수밖에 없다.

과다노출에 프라이버시의 청사진을 적용하기

사용자의 개인정보를 과다노출하는 소셜미디어 디자인은 무분별하며 신뢰할 수 없다. 그것은 사용자가 무엇을 어떻게 공개할지 결정할 때 고려하는 모호성을 잠식한다. 정보 보호에 소홀하고 모호성을 훼손하는 디자인은 위험하다. 그럼에도 무엇이 부당한 공개인지 판단하기는 난감할 수 있다. 한 가지 가능한 접근법은 사용자의 기대 수준에 주목하는 것이다. 왜냐하면 대부분의 피해는 정보를 찾는 데 드는 비용(거래 비용)이 달라진 것을 미처 감안하지 못한 사람들의 부정확하거나 왜곡된 위험 평가에서 비롯하기 때문이다. 그런 점에 주목한다면 법원은 사람들에게 제대로 알리지 않은 채 모호성을 훼손하고 정보 공개의 수준을 급격히 바꾼 기업에 대해 소비자 보호법이나 제조물 안전법을 통한 강력 대응을 고려할 수 있을 것이다. 앞에서 논의했다시피 두 법은 공통적으로 제조물의 기능에 대한 사람들의 기대 수준을 고려 대상으로 삼는다. 스냅챗에 대한 연방거래위원회의 공식 불만은 사람들의 기대가 어긋난 경우를 보여주는 좋은 사례다. 스냅챗의 약속을 믿었던 사람들은 은밀하게 보낸 사진이 자동으로 '사라질' 것이라는 기대가 무너지면서 과다노출됐다는 배신감에 빠졌다. 실상 해당 사진은 단지 은폐됐을 뿐 여전히 접근 가능하거나 은폐된 상태로 존재했다.[50]

때로 소셜미디어 디자인은 사람들을 과다노출시켜 악의적인 제3자에 취약하게 만든다. 예를 들면 보안 연구자들은 페이스북의 메신저 소프트웨어에서 누구든 약간의 컴퓨터 지식이 있는 사람이라면 다른 사람들이 비밀 메시지를 통해 공유하는 웹 링크를 볼 수 있게 하는 버그를 발견했다.[51] 이런 경우 영향 평가를 통해 그런 피해를 줄일 수 있을 것이다. 정부는 기업에게 의무 절차의 한 형태로서 소셜미디어용 사용자 인터페이스를 만들게 할 수 있다. 어떤 데이터 보안법은 기업에 그들이 수집하는 데이터와 데이터를 저장하고 사용하는 데 예상되는 위험을 평가하도록 요구한다. 이들은 데이터 저장을 최소화한 시스템을 디자인하고, 저장된 데이터에 기술적, 물리적, 행정적 안전 조치를 시행해야 한다. 그 법은 사용자 인터페이스의 디자인에 대해서도 개인정보의 수집과 처리와 비슷한 요구 사항을 물어야 한다. 정기적인 '모호성 영향 평가'를 통해 기업에 과다노출을 제한하도록 요구해야 한다.

믿을 수 없는 친구들

때로 '친구들'은 우리가 소셜미디어에서 소통하는 사람들을 묘사하기에 적절하지 않은 단어다. 2005년 10월 3일 신시아 모레노^{Cynthia Moreno}는 온라인에서 불만을 토로했다. 자칭 '너드'이자 캘리포니아 버클리대학교 학생이었던 모레노는 머리에 침 묻은 휴지뭉치를 던지고, 자신을 뚱보라고 놀리며 앉으려는 의자를 빼 넘어뜨려 자신을 못살게 굴었던 캘리포니아주 코알링가의 고등학교 동급생으로부터 자유롭게 된 것이 더 없이 행복했다.[52] 2005년 가을 모교의 미식축구 경기를 보러 돌아왔던 모레노는 지난 날의 불운한 경험과 고향에 대한 반감을 떠올렸다.

자신의 불만을 가까운 친구들에게 털어놓기 위해 모레노는 고향에 대해 가진 생각을 '코알링가에 대한 송가'라는 제목으로 소셜네트워크 사이트인 마이스페이스의 개인 프로필 '저널' 섹션에 올렸다. 코알링가 고등학교의 교장은 해당 글이 삭제되기 전에 읽고, 지역 신문인 「코알링가 레코드^{Coalinga Record}」에 보냈고, 해당 글은 '편집자에게 보내는 편지' 섹션에 게재됐다. 코알링가 지역 주민들은 해당 글에 강하게 반발하며 모레노와 가족을 위협했고, 결국 모레노 가족은 24년간 꾸려온 사업마저 접어야 했다. 예상할 수 있다시피 모레노는 학교 교장이 자신의 프라이버시를 침해했고, 의도적으로 자신에게 심리적 고통을 초래했다며 제기한 소송에서 패소했다. 왜냐하면 현대의 프라이버시 법은 사적인 내용을 다른 사람들과 공유하면 비밀성을 잃어버린다는 경직된 개념을 여전히, 일관되게 고집해 왔기 때문이다.

믿을 수 없는 '친구들'의 사례는 소셜미디어에 매우 흔하지만, 신뢰를 배반당한 사람들에게 법이 유용한 보상책을 제공한 경우는 거의 없다. 동료 직원들끼리 '우리를 훔쳐보는 아무런 외부의 시선 없이' 고용주에 대한 불만을 토로하는 마이스페이스의 '비밀' 대화방을 만들었던 브라이언 피에트릴로[53]의 사례를 떠올려보자(3장 참조). 대화방은 비밀이었고, 각 멤버는 각자의 비밀번호로 보호된 프로필을 통해 접속했지만, 피에트릴로의 동료 중 한 사람이 매니저의 압력에 못 이겨 자신의 비밀번호를 알려주고 말았다.

실상은 신뢰할 수 없는 소셜미디어 사용자 사례는 워낙 흔해서 어떻게 전개될지 훤히 예상될 정도다. 스냅챗은 사용자가 다른 사람의 스냅Snaps54을 저장한다는 사실을 알고 있었다고 명시적으로 시인했다. 스냅챗의 애초 약속에 따르면 스냅은 일정 시간이 지난 뒤 접근할 수 없어야 했다. 해커들이 13기가바이트 분량의 스냅을 온라인에 올리자 스냅챗은 이렇게 반응했다. "스냅챗 사용자들은 외부의 앱을 이용해 스냅을 주고받은 탓에 피해를 입게 됐습니다. 제3자 앱을 사용하는 일은 이번 사건에서 보듯 보안 침해의 위험 때문에 스냅챗의 약관에서 밝혔듯이 명시적으로 금지하고 있습니다."55 그러나 스냅챗은 스냅을 불법 저장해 주는 소프트웨어를 쓸 수 없도록 API를 강화함으로써 사용자를 안전하게 보호했어야 마땅하다. 대신 스냅챗은 제3자 앱 사용을 금지한 조항을 빼곡하고 난해해서 아무도 읽지 않을 약관 어딘가에 깊숙이 박아놓았을 뿐이다. 예견 가능성foreseeability은 이런 종류의 배신이 미치는 영향을 고려할 때, 해당 기업에 법률적으로 매우 중대한 변수다. 기업은 예견할 수 있는 오용으로부터 사용자를 합리적으로 보호할 수 있도록 서비스나 제품을 디자인해야 한다. 여기에는 신뢰할 수 없는 친구들이 초래하는 위험성도 포함된다.

이쯤에서 당신은 "믿을 수 없는 친구들이 그렇게나 흔하고 예견 가능하다면, 온라인에서 그처럼 어리석게 개인정보를 공유한 소셜미디어 사용자들도 잘못 아닌가?"라고 생각할지 모른다. 만약 소셜미디어상에서 공개하도록 플랫폼이 부추기지 않았고, 아무런 신뢰나 모호성의 표지도 주어지지 않았다면 온라인에서 개인정부를 공유한 사용자들에게 책임을 묻는 것이 징당화될지 모른다. 하지만 소셜미디어에서 그런 경우는 거의 없다.

소셜미디어와 서비스 사용자는 신뢰와 모호성의 보호를 약속하며 사람들의 정보 공개를 부추긴다. 4장에서 설명한 다양한 계층의 신뢰 지표를 생각해 보자. 스냅챗의 저절로 사라지는 사진과 동영상과 페이스북의 프라이버시 설정 기능은 이런 약속을 디자인에 반영하고 있다. 다양한 플랫폼은 마케팅 의 일환으로 프라이버시 보호를 내세운다. 비밀을 공유하는 소셜 앱 '위스퍼 Whisper'의 설립자이자 최고경영자는 자신의 앱이 은밀한 정보를 공유하기에 '인터넷에서 가장 안전한 장소'[56]라고 말했다. 플랫폼은 온라인에서의 프라이버시 규칙을 디자인과 언어, 거래 비용과 신호, 아키텍처와 계약서를 통해 정한다.

온라인에서의 사교 활동이 효과적이려면 신뢰성과 모호성이 존재해야 한다. 이것은 대다수 소셜미디어에 공통적으로 해당되지만, 특히 알코올 중독을 극복하려는 사람들이나 심리적 외상 후 스트레스 장애PTSD를 앓는 사람들의 경우처럼 특정 지원그룹이 이용하는 소셜미디어 플랫폼에서 특히 더 중요한 요구사항이다.[57] 이런 경우 플랫폼은 소셜미디어상의 믿을 수 없는 친구들 을 단순히 사용자의 문제로 떠넘길 수 없다. 이들은 이런 기술을 사용함으로 써 발생하는 예견 가능한 위험이다. 배신의 위험은 디자인에 따라 증가할 수 도 있고 감소할 수도 있다. 플랫폼은 적절한 디자인을 통해 신뢰성 없는 친 구들의 위험을 줄일 수 있으며, 프라이버시 법은 기업의 이런 능력에 주목해 야 한다.

신뢰성 없는 친구에 프라이버시의 청사진을 적용하기

소셜미디어상의 신뢰성 없는 친구들은 종종 불충실하고 무분별한 방식으로 행동한다. 이것은 디자인과 맥락의 차원에서 대체로 명확하다. 한 소셜미디 어 사용자가 비밀을 지키겠다고 다른 사용자에게 약속한 뒤 이를 어긴다면, 그는 신뢰를 저버리고 불충실하게 행동하는 것이다. 이것은 유의미한 공유

행위와 건전한 온라인 생태계, 인간 관계의 기반인 신뢰를 위협한다.

소셜미디어의 신뢰성 없는 친구들이 일으키는 예견 가능한 위험을 제대로 막지 못하는 이유 중 하나는 위험한 디자인 때문이다. 입법자들은 사람들이 온라인에서 좀 더 신중하게 행동하도록 독려하는 방안을 마련해야 하며, 플랫폼은 신뢰성 없는 친구들의 위험을 더 진지하게 고려해야 한다.

프라이버시 상자

디자인을 활용해 신뢰성 없는 친구들이 미치는 피해를 줄이기 위해 입법자들은 여러 온건한 대응책을 사용할 수 있다. 정책 입안자들은 소셜미디어에서 사용자끼리 신뢰를 보전하는 계약을 맺을 수 있도록 해주는 기술에 기금을 지원할 수 있다. 예를 들면 소셜미디어용 '프라이버시 상자privacy box'를 생각할 수 있다. 이는 특정한 정보를 공개하기 전에 이를 보려는 소셜미디어 사용자에게 기밀 유지를 명시적으로 약속하도록 요구하는 인터페이스다.[58] 이 인터페이스는 사람들이 법적 효력을 갖는 비밀유지 계약 안에서 민감 정보를 공개할 수 있게 도와준다. 어떤 정보를 비밀리에 공유하고 싶은 사람들은 해당 정보, 가령 자신만의 비밀로 유지하고 싶은 심각한 의료 진단 정보를 텍스트 상자 속에 넣는다. 이어 고지문이 소셜미디어의 커넥션(친구들)으로 전달된다.

해당 정보를 보게 될 잠재 계약자는 이를테면 "이 상자 속에 담긴 정보는 사적인 내용입니다. 이를 보려면 비밀유지 약속을 해야 한다고 정보 제공자가 요청했습니다."라고 적힌 박스를 받는다. 수신자는 '계속proceed' 링크를 클릭하면 미리 작성된 비밀유지 서약이나 다른 형태의 보호 요청을 승낙하도록 요구받는다. 그런 약속의 표현은 "동의를 클릭함으로써 사용자는 이 안에 담긴 사적인 정보를 비밀로 유지하겠다고 약속합니다. 프라이버시 상사의 사용자 ○○○는 비밀 유지의 약속이 공개 조건임을 확인합니다."라는 식으로 돼 있을 것이다. 아마도 정보 공개자가 바라는 것은 수신자가 해당 정보를 온라인의 다른 곳에 검색 가능한 형식으로 올리지 않는 일이다. 모호성은 일종의 스펙트럼으로 다양한 수준이 가능하며, 이 계약서는 맥락에 맞춰 조정될 수 있다. 성사된 계약서의 기록은 약속한 사람과 약속받은 사람에게 증거로 제공된다.

사람들은 이 기술을 통해 소셜미디어에서 공유하는 정보에 대한 서로의 기대를 명확히 하고, 그에 따른 의무 사항을 부여할 수 있다. 비밀 유지의 가치를 강조하고 신뢰의 윤리를 기본 행태로 정하는 것만으로도 프라이버시의 규범을 서서히 강화하는 효과를 기대할 수 있을 것이다. 설령 법적 효력을 가진 계약서가 없더라도, 그와 같은 비밀 유지의 고지는 사람들의 마음속에 중요성을 각인하는 한편, 민감 정보에 접근하는 데 일정 수준의 거래 비용을 부과한다. 물론 사소한 정보에 이런 기술을 사용하는 것은 격에 맞지 않을 것이고, 지극히 민감한 개인정보에는 불충분해서 이보다 더 보안성이 높은 채널을 통하거나 공개의 민감성을 강조하기 위해 대면 접촉을 이용하는 것이 더 나을 것이다.

이 기술을 남용하면 프라이버시에도 도움이 되지 않는다. 만약 사람들이 비밀 유지 요청을 존중하지 않는다면 우리는 표준 형식의 프라이버시 정책이 초래한 것 같은 피로와 체념론에 빠지고 말 수도 있다. 비밀 유지 요청은 꼭 필요한 경우에만 사용하고, 그런 경우 엄격한 후속 조치도 취해야 한다. 프라이버시 상자의 디자인은 추가 클릭을 요구하기 때문에 일반 사용자들에게는 부담이 될 수 있지만, 바로 그런 점 때문에 남용을 억제해주는 기본 기능 역할을 할 수도 있을 것이다. 대다수 일반적인 공개에 사용하기는 번거롭고 비실용적인 서비스지만, 제한된 맥락에서는 유용한 프라이버시 강화 서비스가 될 수 있다.

계약과 비밀 유지의 지표

재판관과 규제기관은 온라인 환경의 맥락과 신뢰의 지표에 더 주의를 기울여야 한다. 묵시적인 비밀 유지의 법은 특히 사람들의 기대 수준에 영향을 미치는 디자인 문제를 다룰 수 있도록 변화해야 한다. 온라인상의 관계에서는 당사자 간의 무언의 신뢰를 반영할 수 있는 수많은 묵시적 신호, 문화적 관행, 권력 불균형, 공유된 가정을 포함한다. 그럼에도 디지털 환경의 묵시적 비밀 유지가 깨졌을 때 프라이버시 법은 배신당한 사람에게 놀라울 정도로 아무런 도움도 주지 않는다.

묵시적 비밀 유지의 개념은 현대의 프라이버시 논란을 둘러싼 여러 교리와 이론에서 기껏해야 미미한 역할을 수행할 뿐이다.[59] 20년이 넘는 소셜미디어의 역사에도 불구하고, 인터넷을 통해 성립되는 묵시적 비밀 유지의 개념을 직접 다룬 견해는 많지 않다.[60] 그렇다면 디지털 시대에 묵시적 비밀 유지가 사라지게 된 연유는 무엇일까? 온라인 관계에서 쌍방 간의 비밀 유지 계약은 오직 명시적일 때만 유효하다는 주장은 경험적 증거와 논리에 맞지 않는다.[61] 그보다는 묵시적 비밀 유지법이 온라인 관계를 비롯한 여러 유형의 일반적인 사회적 상호작용에서 실행 가능한 개념이 될 만큼 충분히 정립되지 않았다고 보는 편이 타당할 것이다. 어떻게 디자인이 사람들의 기대에 영향을 미치는지 고려하는 수준에도 이르지 못했다.

이런 개발 실패는 온라인상의 묵시적 비밀 유지의 실효성을 사실상 죽여버렸다. 오프라인에서의 비밀 유지는 누구나 감지할 수 있는 맥락상의 이점이 있다. 서로 얼굴을 맞댄 관계에서 비밀 정보를 공유하려는 사람들은 문을 닫거나 낮은 톤으로 속삭이거나, 듣는 사람이 명시적으로 표현하지는 않았어도 묵시적으로 전달되는 다른 신호에 의존한다. 그럼에도 법원은 얼굴을 맞댄 관계에서 나타나는 비밀 유지의 묵시직 신호가 온라인 관계에서는 결여돼 있다고 자주 판단한다.

적절한 디자인은 이런 오해를 바로잡을 수 있다. 묵시적 비밀 유지를 둘러싼 논쟁의 전례는 법원이 묵시적 비밀 유지의 약속이 존재했는지 판단할 때 맥락과 비밀 유지의 지표에 의존했음을 보여준다. 맥락과 비밀 유지의 지표는 모두 소셜미디어에도 충분하다. 하지만 이들을 제대로 드러내기 위해서는 면밀한 조사가 필요하다.

가능한 묵시적 비밀 유지 의무의 맥락 안에서 신시아 모레노, 브라이언 피에트릴로 그리고 이들의 신뢰할 수 없는 친구들의 사례로 돌아가 보자. 이들의 경우에 공개의 맥락은 무엇이었나? 프라이버시 설정은 따로 떼어놓고 보면 물론 결정적인 변수는 아니다. 하지만 그렇다고 전혀 무관한 것도 아니다. 브라이언 피에트릴로가 만든 온라인 그룹은 명시적으로 "이 그룹은 전적으로 비밀이며, 회원의 초대를 받아야만 가입할 수 있다."라고 밝혔다. 해당 웹사이트는 레스토랑의 등록상표를 그룹 로고로 썼는데, 이것도 그룹의 초대를 받고 이를 수락한 사람들의 마이스페이스 프로필에만 나타났다. 이것은 모두 비밀을 나타내는 표시다. 일정한 정황에서 특히 친밀한 소규모 그룹이 민감 정보를 주고받는 경우, 법원은 소셜미디어라도 비밀 유지의 묵시적 의무가 있음을 인정하는 것이 타당할 것이다.

보호 장치를 갖춘 디자인

법원과 입법자들은 소셜미디어 기업이 서비스 사용자를 신뢰성 없는 친구로부터 합리적으로 보호할 책임이 있음을 인식해야 한다. 기업이 모든 무분별한 언행에 책임을 져야 한다는 뜻은 아니다. 가십거리gossip는 삶의 한 방식이고, 중재자가 그런 정보를 수신하는 사람의 행동을 제한하는 데는 한계가 있다. 그보다는 기업에 대해 신뢰성 없는 친구들의 위협을 부당하게 악화하지 못하도록 규제하고, 예견되는 비상한 위협으로부터 사용자를 보호할 수 있는 기술을 디자인하도록 독려해야 한다. 거의 모든 제조물 안전 문제가 그렇듯이 그를 위해서는 경고와 디자인이 병행돼야 한다.

보안성을 갖춘 디자인 시스템은 공유 기능에 대한 구체적 처방보다는 절차를 기반으로 삼아야 한다. 기업은 프라이버시 영향 평가와 위험 분석을 수행하고, 그에 따라 적절한 보호 조치를 시행하고 업데이트해야 한다. 여기에서 기업이 감당해야 할 책임은 신뢰성 없는 친구들을 막는 것이 아니라, 그런 이들이 초래할 수 있는 위험성을 타당한 방식으로 예방하는 일이다. 예를 들면 어떤 예견 가능한 위험을 막기 위해서는 더 강력한 인증 프로토콜을 시행하거나 사용자가 눈에 띄거나 검색되는 용이성의 수준을 제한하거나 저장 기능을 억제하는 식의 디자인 변화가 필요할 것이다. 다른 유형의 위험에 대해서는 삭제 버튼이나 접근 수준 설정, 태그 삭제, 가명 허용, 위험 사용자 신고 버튼 같은 기능으로 대응할 수 있다.

법은 또한 신뢰성 없는 친구들이 제기하는 선뜻 드러나지 않지만 매우 심각할 수 있는 위험은 명백하게, 뚜렷하게, 정기적으로 표시하도록 의무화할 수 있다. 이렇게 하면 기업은 소셜미디어 사용자에게 익숙하고 뻔히 보이는 형태의 배신이나 위반의 위험에 대해 일일이 경고하고 보호 조치를 시행해야 하는 부담으로부터 벗어날 수 있다. 예를 들면 당신은 회계팀의 짐이 당신이 인스타그램에 올린 술 취한 셀카 사진을 주변 동료들에게 폭로하리라는 사실을 뻔히 안다고 치자. 하지만 짐도 인스타그램도 별다른 약속을 하지 않았다. 그렇다면 데이트 앱, 알코올 중독자 지원 그룹 앱이나 다른 온갖 미디어 서비스의 경우는 어떨까? 정신 건강 문제로 힘겨워하는 사람들을 연결해 주는 소셜네트워크와 '워즈 위드 프렌즈Words with Friends' 같은 게임 앱 사용자들의 소셜네트워크는 그 맥락이 사뭇 다르다. 전자의 경우 해당 디자인과 목적의 차원에서 사용자들이 기대하는 신뢰 수준은 더 높을 수밖에 없고, 신뢰성 없는 친구들이 제기하는 위험도 훨씬 더 심각할 것이다. 이 맥락에서 바람직한 고지는 신뢰성 없는 친구들을 향한 경고문과 기업 측 책임을 자잘하고 이해하기 힘든 약관 속에 묻어두지 않는 것이다. 표준 약관은 사용자들 사이에서 아무런 의심을 불러일으키지 않는다. 이들은 그것을 읽지도 않을 것이다.

이것을 소위 '스내프닝Snappening'으로부터 사용자를 보호하지 못한 스냅챗의 경우를 살펴보자. 스냅과 해프닝의 합성어인 스내프닝은 일정 시간이 지나면 사라지게 돼 있는 스냅챗 콘텐츠를 외부의 앱으로 캡처해 모으는 행위를 가리킨다. 1장에서 살펴본 것처럼 스냅챗은 명시적인 약속과 디자인을 통해 안전하고, 공개된 이미지나 영상이 저절로 '사라지는' 기능을 암시적으로 제시했다. 이런 확약으로 비롯되는 일반적인 공개 유형은 누드 사진이었다. 하지만 스냅챗은 그런 사진을 보고 싶어하는 사람들의 불가피한 욕구에 제대로 저항할 수 있을 만한 보안 기술을 적용하는 데 실패했다.

모든 소프트웨어 앱이 API의 보안을 위해 비상한 대책을 강구하길 기대하는 것은 무리일 것이다. 하지만 스냅챗의 경우처럼 일정 시간이 지난 다음에 콘텐츠가 사라지게 만드는 기업은 예외다. 이들은 민감한 정보의 공유를 유도하고, 따라서 예외적 수준의 신뢰를 요구하며, 신뢰성 없는 친구들과 해커의 잠재 위험도 그만큼 더 심각하다. 이들 기업은 사용자들의 신뢰를 보호하기 위해 더 많은 보안 조치를 취할 수 있고, 취해야 한다. 어려운 작업이지만 표준적인 사용자 인증에 더해 강력한 클라이언트 인증 체제를 더하는 식으로, 인가된 소프트웨어만 해당 API와 호환되도록 관리할 여러 방법이 있다. 수백 명의 사용자들이 동일한 IP 주소로부터 해당 API에 접근한다면 경고 신호로 받아들여야 한다. 이것은 위험하고 보안상 취약한 디자인이었다.

때로 기업은 위험한 제조물에 대해 가령 구글의 크롬 브라우저를 사용자가 '익명incognito' 모드로 띄울 때마다 팝업으로 표시되는 형식처럼, 경고문을 통해 그 위험을 줄일 수 있다. 크롬 브라우저의 경고문은 "시크릿 탭에서 당신이 보는 내용은 시크릿 탭을 닫은 후에도 브라우저의 사용 내역, 쿠키 저장소 또는 검색 기록에 남아 있지 않습니다. 다운로드한 파일이나 새로 생성한 북마크는 보존됩니다. 하지만 당신은 보이지 않습니다. 시크릿 모드가 된다고 해서 고용주, 인터넷 서비스 제공사 또는 당신이 방문하는 웹사이트로부터 사용자가 탐색한 기록을 숨겨주지는 않습니다."는 내용을 담고 있다.[62] 구체적이고 효율적이며 지속적인 메시지다.

대부분의 사람들은 아마도 스냅챗의 제3자 앱이 제기하는 보안 위험을 몰랐을 것이다. 소셜미디어의 제3자 앱은 아주 흔하다. 애플과 구글의 앱 스토어는 정기적으로 페이스북, 트위터 그리고 심지어 스냅챗을 위한 제3자 앱을 피처링한다. 스냅챗은 이런 외부 앱을 부지런히 모니터했다고 주장하지만, 평균 사용자는 그렇게 인기 있는 기술이 그토록 위험한지, 그리고 스냅챗이 사용을 금지했는지 전혀 몰랐을 가능성이 크다. 아무도 읽을 것이라고 예상되지 않는 계약서를 통해 위험을 사용자에게 전가하는 것은 기업이 프라이버시의 위험에 대응하는 적절한 방식일 수 없다.

위험한 디자인은 우리 대다수에게 불분명하다. 어느 기업이 합리적인 데이터 보안 관행을 가졌는지 분별하기는 거의 불가능하다. 기업은 자신들의 기술이 가진 위험에 대해 이용자들보다 훨씬 더 많은 정보를 갖고 있다. 정보의 불균형은 디지털 기술을 만드는 기업과 우리 사이의 관계를 규정하는 가장 큰 특징 중 하나다. 사람들은 그들이 사용하는 각각의 기술이 초래하는 복잡하고 급변하는 위협을 제대로 감시할 역량이 안 된다. 제3자 앱을 사용하는 것 같은 일반 관행이 금지돼 있다면, 그런 내용을 알리는 고지는 훨씬 더 명확해야 한다. 기업은 최소한 자잘한 약관의 일부로서가 아니라 사용자 인터페이스를 통해 이를 알려야 한다. 그리고 만약 효과적인 고지를 실행하기 어렵거나 가용성의 우려 때문에 바람직하지 않다면, 기업은 그들의 제품을 더 안전하게 만들 다른 방법을 찾거나 보안성이 취약한 디자인으로 일어난 피해에 대해 법적으로 책임을 져야 한다.

온라인 가해

인격 침해와 성희롱은 인터넷의 재앙이다. 소셜미디어는 옹졸한 증오 패거리와 포악하고, 냉혹하고, 보통 실명을 숨긴 개인으로 가득하며, 어떤 이유로든 이들의 비위를 건드린 불운한 사람은 누구라도 이들의 끔찍한 공격의 대상이 된다. 이런 유린 행위는 반복된 모욕과 괴롭힘, 폭력 위협, 스토킹, 피해자의 사적인 정보나 식별 정보의 악의적 온라인 공개, 상대방에 앙갚음하기 위해 일방적으로 올리는 포르노(흔히 '복수 포르노'로 불린다) 같은 형태로 나타난다. 온라인 유린 행위의 피해자들은 압도적으로 여성이 많고, 특히 유색인종 그리고 LGBTQ 공동체의 일원이 많다.[63]

소셜미디어상의 유린 행위는 치명적일 수 있다. 피해자는 일자리를 잃거나 평판을 훼손당하거나, 끔찍한 정신적 고통을 받을 수 있다. 가해자들은 종종 다른 사람들의 신뢰를 배신한다. 비밀을 지킨다는 약속으로 찍은 친밀한 사진이나 비디오를 제3자와 공유하는 연인 관계의 한쪽 당사자가 그런 사례다. 이것은 피해자의 자율성을 훼손하고, 그로 인해 더 이상 자신을 표현하거나 다른 사람을 신뢰하는 데 소극적이 된다. 온라인 가해의 냉각 효과는 뚜렷하다. 신상털기doxing 같은 가해 행위는 사람들의 귀중한 모호성을 제거해 이들의 신원과 연락처를 패거리와 스토커들이 악용할 무기로 바꿔버린다.

인터넷과 소셜미디어 기술의 구조와 디자인 자체가 이런 가해 행위를 돕는 데 결정적 역할을 수행한다. 다니엘르 키츠 시트론 교수는 저서 『Hate Crimes in Cyberspace』에서 어떻게 인터넷이, 특히 소셜미디어 같은 소통 기술이 가학적 행위의 존재와 그로 인한 피해를 극적으로 악화시켰는지 광범위한 사례로 보여준다. "인터넷은 파괴적인 포스트의 수명을 연장한다."라고 시트론 교수는 말한다. "가학적인 편지는 내버릴 수 있고, 시간이 지나면 기억도 희미해진다. 하지만 웹은 악의적 포스트에 대해 잊는 것을 불가능하게 만든다. 검색엔진은 웹상의 콘텐츠를 색인화해 검색 요청에 즉각 반응한다. 색인화된 포스트는 만료 기간이 없고, 해당 포스트가 당사자에게 초래하는 고통도 마찬가지다. 검색엔진은 여러 해 전에 작성된 파괴적 포스트에 대한 링크 결과를 보여준다. 전혀 낯선 이들도 게재된 지 5일 된 것이든 5년이 지난 것이든 손쉽게 악용할 수 있다. 지금은 물론 오랜 시간이 지난 뒤에도 피해자의 사회보장번호는 그의 신원과 집 주소를 훔쳐내어 스토킹하는 수단으로 쓰일 수 있다." 요약하면 사람들의 모호성을 급격히 잠식하는 소셜 기술의 위력은 거래 비용을 낮춰 가해 행위의 피해를 악화시킨다는 얘기다.

거래 비용은 패거리 행태를 악화시키는 결정적 변수이기도 하다. 지리적 거리와 상관없이 자유자재로 소통할 수 있게 되면서 사람들의 움직임의 괴리감은 높아지고 도덕적 민감성은 둔해진다. 사람들을 괴롭히기가 쉬워지면 그런 일은 더 자주 벌어진다. 시트론은 저서에서 이렇게 썼다.

> 네트워크 기술은 사이버 유린 행위의 관객을 폭발적으로 늘린다. 가해자 입장에서는 온라인 관객이 무한하고 공짜인 상황에서 굳이 온라인 포스트를 놔두고 시간과 돈을 들여가며 편지를 보낼 이유가 없다. 바이러스처럼 널리 퍼진viral 포스트는 수십만 독자를 끌어들인다. 복잡다단한 연결망을 구축하는 인터넷의 특성은 대리인proxy을 통한 스토킹을 가능하게 만든다. 네트워크를 통해 낯선 이들을 고용해 그룹으로 사이버 스토킹을 자행한다. 한 사람 이상이 온라인 가해 행위에 가담하는 것이다. 온라인 유린 행위는 금방 단체 스포츠처럼 변질돼 서로 경쟁하는 지경에까지 이른다. 누가 더 악질적이고 가학적인 포스트를 올리는지 경쟁하는 것이다.

요약하면 가해 행위는 새로울 게 없지만 그런 행위는 쉬운 일이 돼 버렸다. 이것은 대체로 거래 비용의 함수다. 몇 가지 예외적인 사례를 빼면 가해 행위를 쉽게 만드는 디자인 선택은 악의적이거나, 심지어 비판을 받을 만한 대목이 아니다. 인터넷과 소셜미디어는 유해한 소통뿐 아니라 '모든' 소통을 더 쉽게 만든다. 그리고 사람들이 익명으로 활동할 수 있게 하는 기술은 정치적 반체제 인사들을 보호하는 경우처럼 여러 긍정적 용도도 있다. 하지만 이들은 동시에 가해자들의 책임을 막아주는 방패 구실도 한다.

소셜 기술의 구조와 디자인은 가해 행위를 더욱 악화할 수 있기 때문에, 가해를 어렵게 (경제학 용어에 따르면 값비싸게) 만드는 온라인 공간의 디자인은 그런 행위를 줄일 수 있을 것이다. 한 가지 열쇠는 디자인을 통해 신호와 거래 비용을 조절하는 것이다. 디자인이 거래 비용을 조절함으로써 가해 행위를 줄일 수 있는 주요 분야는 발언^{speech}, 접근^{access}, 자기 방어$^{self-defense}$의 세 가지 분야다.

발언의 비용

온라인 유린은 보통 소통을 필요로 하기 때문에 가장 직접적으로 유린 행위를 제한할 수 있는 방법은 유해한 발언을 할 경우 높은 대가를 치르도록 하는 것이다. 예를 들면 소셜미디어의 메시징 시스템을 지정 사용자로만 제한할 수 있다. 트위터 사용자들은 자신들의 '팔로어'에게만 비밀 메시지를 보낼 수 있고, 페이스북 사용자들은 자기 '친구들'에게만 그렇게 할 수 있다. 더 나아가 거의 모든 소셜미디어 플랫폼은 사용자에게 '차단' 기능을 제공한다. 차단 기능은 차단당한 사람들에게 주어진 규칙을 따르도록 만들거나, 제한 기능을 무력화하기 위해 상대를 기만하거나 해킹하는 추가 노력을 기울이게 만드는 영향을 미친다.

좀 더 중도적인 개입도 예의를 지키라는 넛지 효과를 낳을 수 있다. 익명의 소셜미디어 앱인 이크야크$^{Yik Yak}$는 2017년 문을 닫기 전까지, 콘텐츠 필터를 통해 사용자들이 누군가의 전체 실명을 올리는 것을 막았다. 이크야크에서 나누는 '존'에 대한 뒷담화는 '존 스미스'에 대한 뒷담화보다 더 모호성을 잘 유지할 터였다. 물론 완벽할 수는 없었지만 이런 개입은 가해자들이 잠재적 피해자를 찾아내고, 그에 대한 정보를 수집하는 일을 줄여주는 효과는 어느 정도 있었다.

이크야크는 잠재적으로 문제가 될 법한 콘텐츠에 대해서는 사용자에게 "브레이크를 밟아요, 이 야크(수다)는 위협적인 언어를 담고 있을지 모릅니다. 지금은 아무런 문제도 아니고, 당신은 훌륭한 분이겠지만 이크야크와 법 집행기관은 위협을 심각하게 취급합니다. 당신의 생각을 저희에게 알려주세요, 이 야크는 올려도 무방한 내용입니까?"[64]라는 경고문을 보낸다. 이 경고문은 가해자들이 그 메시지를 파악하고 반응하는 데 가외의 시간과 노력을 기울이도록 유도함으로써 발언의 비용을 늘렸다. 고지문은 또한 사용자들에게 그들의 행태가 유해할 수 있으며 그러한 위협을 제재하겠다는 신호를 보냈다. 그것은 누구라도 쉽게 이해할 수 있는 계획이었을까? 물론 아니었다. 하지만 어떤 경우에는 그런 장치가 감정에 치우친 반응을 억누르고 마음을 진정시킬 수 있었는지도 모른다.

많은 소셜미디어 기업은 사람들이 직접 얼굴을 맞댄 대화나 실제 관객을 대상으로 한 연설 같은 상황에서 사람들이 느낄 수 있는 사교적 자제의 감각을 흉내 낸 기술과 디자인 전략에 투자하고 있다. '시빌 코멘츠Civil Comments'는 매우 단순한 개념에 바탕을 둔 신생 벤처기업이다. 그 개념은 "포럼이나 기사 하단에 글을 올리기 전에 사용자들은 먼저 무작위로 선정된 다른 사람들의 댓글에 대해 주장의 수준과 예의(개인적 공격이나 비하가 없어야 함)를 기준으로 등급을 매겨야 한다. 등급은 어느 주어진 사이트의 사용자들이 어느 수준까지 용인하는지 대체적인 그림을 만들고, 이는 잠재적으로 비방이나 가해성 글을 경고하는 데 유용한 근거가 된다."[65]라는 것이다. 기업은 디자인을 통해 사용자에게 다른 사람들의 발언을 금지할 수 있는 권한을 줄 때 균형을 잘 잡는 것도 중요하지만, 기술 기업과 정부는 유해한 발언의 대가를 높여 이를 억제할 수 있는 좀 더 창의적인 방법을 생각할 여지도 남겨야 한다.

접근 비용

차단 기능은 가해자들이 표적으로 삼은 피해자의 정보에 접근하는 것을 더 어렵게 만들 수 있다. 공유, 태그, 다른 이들의 포스트에 점수를 더하는 기능을 차단하는 것부터 다른 사용자의 프로필과 연계된 콘텐츠의 어떤 부분에도 접근할 수 없게 하는 것까지 사용자에 대한 차단 수준은 다양할 수 있다.

차단 기능에 대한 강력한 통제의 효율성과 욕구는 2013년 트위터가 잠깐 차단 정책을 변경했을 때 명백하게 드러났다. 제한된 시간 동안 차단된 사용자는 자신을 차단한 공개 사용자를 팔로우하고, 리트윗하고, '즐겨찾기'를 할 수 있었으며, 사용자가 자신들을 차단했을 때 알림을 받지 않았다.[66] 온라인 희롱의 피해자들은 이런 차단 기능은 실효가 적다고 판단했기 때문에 신속하고 강력하게 반발했다. 그 결과 트위터는 결정을 번복했다. 가해 행위는 거래 비용을 높이고 정보가 검색되지 않도록 하는 방법으로도 억제될 수 있다. 이는 정보를 모호한 상태로 유지하는 핵심 변수다. 온라인 유린 행위의 피해자들은 페이스북이 사용자의 프라이버시 설정과 관계없이 모든 프로필이 검색될 수 있게 했을 때 우려를 표명했다.[67] 모호성은 사람들을 찾아내고 그들과 상호작용하는 데 요구되는 비용이다. 학대와 괴롭힘으로부터 보호하려는 사람들에게는 악의적인 사람들의 접근을 어렵게 하거나 막기 위해 거래 비용을 높여주는 더 나은 툴을 제공해야 한다.

방어의 비용

거래 비용은 유린 행위로부터 스스로를 방어하는 데도 중요하다. 하지만 이전의 두 사례와 달리 여기에서 목표는 대응 행위를 도와주는 거래 비용을 줄이는 것이다. 예를 들면 가해 행위를 소셜미디어의 관리자에게 신고하기가 쉬워야 한다. 이런 점을 인식해 인기 소셜미디어 사이트는 신고 버튼을 사용자 포스트 가까이에 배치했다. 이크야크는 심지어 다섯 개의 '싫어요downvote'를 받은 포스트는 즉각 제거하는 투표 시스템을 시행했다. 결정적으로 모든 사용자는 관료적인 절차, 이를테면 등록상의 의무 항목을 거칠 필요 없이 쉽게 좋거나 나쁘다고 투표할 수 있었다.

그와 대조적으로 가해 행위를 신고하기 어렵게 디자인된 시스템은 사용자를 존중하지 않는 것이다. 메리 앤 프랭크스Mary Anne Franks는 트위터의 과거 피해 신고 시스템에 대해 "폭력 피해자가 결코 이길 수 없는 게임을 만들었다."[68]고 비판했다. 트위터의 이전 정책에 따르면 피해를 입은 사람은 불만 신고 양식을 제출해야 하는데, 이것은 화면에 표시된 버튼을 클릭하기만 하면 되는 스팸 신고보다 훨씬 더 많은 시간과 노력이 들었다.

프랭크스 교수는 피해 신고를 위해 양식을 열면 "어떤 유형의 유린 행위인지 또 해당 유린 행위와 연계된 일련의 질문과 맞닥뜨리는데, 그에 대답하면 다시 '당신만의 모험을 고르세요' 같은 책과 비슷한 추가 선택사항이 나타나고, 앞에 언급한 의무 링크, 문제의 서술, 이어 수상하게 밝은 톤의 질문 '당신에 대해 알려주세요' 그리고 전자 서명이 뒤따른다."라고 설명한다.

프랭크스 교수에 따르면 당시 존재하던 피해 신고 시스템과 비교해 "트위터는 이상하게도 잘못되거나 인가되지 않은 스팸 신고를 걱정하지 않는다. 주장된 스팸에 대한 사용자의 관여 여부에 대해 아무런 질문도 없고, 링크를 제공하라는 요구도 없고, 어떻게 해당 콘텐츠가 스팸인지 설명하라거나 서명을 요구하지도 않고, 신고된 스팸꾼의 보복을 걱정할 필요도 없다."고 말한다. 그런 점에서 피해 신고 디자인은 피해자 측에 지나치게 높은 거래 비용을 요구함으로써 그들을 보호하거나 배려하는 데 실패했다. 그것은 공개와 사용의 용이성을 사용자 복지보다 우선시한 디자인이었다. 트위터는 피해 신고 절차를 간소화함으로써 이 디자인 실패 지적에 대응했다. 시장의 압력과 기업과의 열린 대화가 프라이버시 법의 디자인 어젠다에서 중요한 역할을 한다는 점을 보여주는 대목이다.

물론 발언, 접근, 자기 방어의 범주는 유동적이고 부정확하다. 그리고 디자인 전략은 마법 같은 기술적 치유도 아니다. 예를 들면 온라인 소통에 요구되는 거래 비용을 높이면 인기 없는 의견은 검열되고, 자극적인 표현이 들어간 주장은 그 수준이 완화된다.[69] 자동화된 삭제 필터는 여전히 투박하고 제대로 작동하지 않는다. 하지만 기업은 소셜 기술을 개발할 때 부정적 공격과 관련된 거래 비용을 무시해서는 안 된다.

온라인 가해 행위에 프라이버시 청사진 적용하기

온라인 가해 행위는 신뢰와 모호성, 자율성의 가치를 훼손한다. 헤어진 친구나 애인은 과거 친구나 애인을 욕보이기 위해 신뢰를 배신한다. 신상털기는 일부만 아는 어떤 것, 가령 집 주소나 이메일 주소 같은 정보의 모호성을 파괴해 누구나 광범위하게 접근할 수 있게 만든다. 학대와 괴롭힘의 위협은 특히 집단으로 벌어지는 경우, 사람들이 의미 있는 평판을 만들고 삶의 여러 기회를 이용할 수 있는 자율성을 앗아간다.

가해 행위는 어떤 특별히 악의적인 유형의 디자인보다도 더 효율적인 기술에 의해 자행된다. 예를 들면 페이스북과 트위터 같은 일반 소셜미디어 플랫폼은 대체로 가해 행위와 관련해 특별히 기만적이거나 가학적이지 않다. 그러나 예견 가능한 가해 행위에 적절히 대응할 준비가 되지 않은 소셜미디어는 해당 서비스의 툴과 제약에 의존할 수밖에 없는 사용자에게 위험하다.

따라서 온라인 가해 행위의 문제에 제대로 대응하기 위해서는 보호 대책을 갖춘 디자인을 권장하는 일은 부정적 디자인을 억제하는 일만큼이나 중요하다. 신뢰성 없는 친구에 대한 디자인 기반의 대응 중 많은 부분은 온라인 위해 행위를 줄이는 데도 효과적이다. 예를 들어 신뢰성 없는 친구들은 상대방의 허락 없이 공개된 포르노물의 잦은 출처가 된다. 신뢰 기반의 맥락 외에도 디자인을 향상하는 데 사용될 수 있는 여러 대응법이 존재한다.

정책 입안자들은 업계와 협력해 온라인 가해 행위를 줄일 수 있는 일정한 기본 디자인 원칙에 합의할 수 있다. 공정정보 규정은 개인정보보호를 포함한다. 국제표준기구의 ISO-270001과 미국 국립표준기술연구원의 NIST 800-53 같은 표준은 정보 보안을 담당하지만, 디자인 표준과 기능을 정교하게 짚거나 가해 행위로부터 사람들을 보호할 수 있는 기술적 요구 사항을 다룬 중대하고, 성공적이며, 지속 가능한 공동규제 시도는 일찍이 없었다. 우리는 공통된 주제가 느슨하게나마 부상하는 것을 보고 있다. 6장에서 나는 소셜미디어가 가해 행위에 대응하는 데 사용할 수 있는 피드백 기법, 접근 제한, 간소화된 제거 시스템을 설명했다. 표준화 시도는 새로운 기법을 고안하게 만들고, 유망한 접근법을 정교화하며, 무엇이 통하고 무엇이 통하지 않는지에 대한 집단적 지혜를 얻는 데 도움을 줄 것이다.

6장에서 신뢰성 없는 친구들의 문제를 줄이기 위한 방안으로 소개한 여러 대응처럼, 입법자와 규제 기관은 사용자가 서비스를 이용하는 도중 맞닥뜨릴 수 있는 위험을 평가하고, 디자인을 통해 그런 위험을 줄일 수 있는 적정 수준의 거래 비용과 신호는 무엇인지 결정할 수 있는 절차를 의무화할 수 있다. 온라인 유린 행위에 맞서기 위한 거래 비용 프레임워크를 구축하고 평가하는 것은 어려운 작업이다. 하지만 그 결과물은 기업과 정책 입안자들이 디자인 노력을 효과적이고 현명한 선택에 집중하도록 도와주는 데 유용한 툴이 될 것이다. 이것이 성숙되면 우리는 어떻게 기업이 온라인 유린 행위를 예방하고, 시민성을 높일 수 있는지 좀 더 명확히 확인할 수 있을 것이다.

그리고 물론 이 책에서 제안하는 전체 디자인 어젠다가 그러하듯이, 이런 접근법은 퍼즐의 한 조각에 지나지 않는다. 이 책의 기본 주제는 프라이버시법이 디자인을 더 심각하게 받아들여야 한다는 것이지만, 그 뒤에는 "디자인이 할 수 있는 역할은 한계가 있다."는 단서가 따라야 할 것이다. 다른 법, 정책, 교육과 자율규제의 노력이 병행돼야 이 문제를 해결할 수 있다. 'Cyber Civil Rights Initiative'와 'Without My Consent' 같은 시민 단체, 소비자 보호 기관, 주정부 검찰 기구, 마이크로소프트와 구글 같은 기업(7장에서 논의하겠지만 이들은 당사자의 동의 없이 공개된 포르노물을 제거하기로 동의했다)도 소셜 미디어상의 가해 행위를 줄이는 데 필수적이다.

7

숨바꼭질 기술

2016년 4월 9일, 러시아의 이미지보드인 디바크^{Dvach}(2chan) 사용자들은 악의적으로 개인정보를 찾아내 공개하는 '신상털기'의 수준을 한층 더 심각하게 만드는 캠페인을 시작했다. 사용자들은 무작위 사진을 소셜미디어 프로필과 일치시키는 얼굴 인식 기술인 '파인드페이스^{FindFace}'를 이용해 러시아 포르노 여배우를 식별하고 익명성을 제거한 것이다. 이들은 사진을 이용해 여배우와 친구, 가족들을 희롱했다.[1]

얼굴 인식 기술은 군중 속에 섞여 들어갈 수 있는 우리의 능력을 박탈한다. 공공 장소에서 마주치는 사람들 중 누군가가 이따금씩 우리를 알아보리라고 예상하지만, 대부분의 경우는 상대적 모호성 속에서 일상을 이어간다. 얼굴 인식 기술은 누군가를 찾아내고 인식하는 데 드는 비용을 극적으로 낮춤으로써 그런 규범을 무너뜨린다. 이름과 연결된 적절한 안문^{顔紋, faceprint}[2] 데이터베이스를 갖추면, 스마트폰과 감시 카메라, 드론을 가진 누구든 당신을 쉽사리 식별할 수 있다. 검색엔진도 우리가 숨기 더 어렵게 만들었다. 검색엔진을 통한 모든 정보 요청은 온라인상의 누구든 빠르고 쉽게 전 세계 수십억 개의 성보원을 탐색해 당신과 관련된 정보를 정확히 찾아낼 수 있는 기회다.

나는 사람들의 활동 내용을 찾거나 인식하거나, 감시하거나 숨길 목적으로 디자인된 발명품을 '숨바꼭질 기술hide and seek technology'로 부르고자 한다. 이 범주의 몇 가지 사례는 카메라, 인터넷 브라우저, 얼굴 인식 기술, 자동차 번호판 판독기, 드론, 추적용 비컨, 스파이웨어 등이다. 이들 기술 중 몇몇은 현대 사회에서 필수적이다. 검색엔진과 감시 카메라는 교육, 상거래, 보안, 인사와 기본적으로 지식과 책임을 요구하는 모든 활동에서 필수 도구다.

하지만 이들은 또한 믿기 힘들 만큼 위험하다.[3] 숨바꼭질 기술은 누드 사진, 성적 선호, 건강 문제, 정치적 활동 등 지극히 민감한 비밀 정보를 본인의 의사와는 상관없이 노출함으로써 프라이버시를 침해하고 정서적 피해를 초래한다. 가학적인 배우자는 스마트폰의 감시 기능을 이용해 피해자의 위치를 파악하고, 통제하고, 해를 끼친다.[4]

숨바꼭질 기술은 좀처럼 잘 감지되지 않는다. 이들은 우리가 소중하게 여기는 모호성을 오랜 시간에 걸쳐 천천히 허물어 그런 변화를 미처 눈치채지 못하게 한다.[5] 대부분의 사람들은 거의 어디를 가든 수백 개의 감시 장비가 항상 켜진 상태로 혹은 언제라도 즉각 녹음/녹화할 준비가 돼 있다는 사실을 깨닫지 못한다. 감시는 워낙 일반화돼 감시 카메라가 거의 모든 공공 빌딩의 구석구석마다 설치돼 있어도 이를 문제 삼는 경우는 거의 없다. 얼굴 인식 기술은 상대적으로 드물지만, 이제는 우리의 스마트폰에 인증 용도로 탑재됐다. 우리가 어떻게 이처럼 끊임없이 계속되는 감시 상태에 이르렀는지 묻기 전에, 언제 감시 기술이 상식 수준을 넘었는지 판단하는 기준이나 규칙을 만들어야 한다.

물론 감시를 규제하는 규칙은 많다. 정부는 '언제' 그리고 '어떻게' 숨바꼭질 기술이 사용될 수 있는지 일정 수준에서 규제한다. 미국의 경우 전자감시, 정부의 압수 수색, 얼굴 인식 기술을 막기 위한 마스크 같은 난독화 기술, 사생활 침해intrusion upon seclusion 등을 규제하는 여러 법이 있다. 하지만 몇 가지 주목할 만한 예외를 제외하면 전 세계의 프라이버시 법은 숨바꼭질 기술의 디자인에 대체로 무관심하다. 입법자와 법관은 디자인을 무시함으로써 '기술 중립성'의 신화를 묵시적으로 지지하는 셈이다.

디자인에 관한 법의 맹점은 종종 합리화된다. 인터넷 검색엔진과 스마트폰 기술은 대부분 적법하지만, 일부 디자인 결정은 그 속내를 면밀히 조사해볼 필요가 있다. 사람들의 신원과 활동을 찾아내고 알아내는 데 필요한 거래 비용을 극적으로 낮춘 소위 '탐색seeking' 기술은 어떤 맥락에서는 혜택보다 피해가 더 크다. 정책 입안자들은 이런 기술의 디자인에 대해 비용 대비 혜택을 따지거나, 최소한 중대한 합법적 용도가 있다는 증거를 찾아야 한다.

정책 입안자들은 자주 암호화와 프라이버시 설정 같은 '숨김' 기술을 적절히 채용하지 않거나, 너무 자주 이를 막는다. 이런 프라이버시 보호 및 보안 기술은 규제 구조 안에서 일반적으로 지원돼야 한다. 입법자들은 디자인 선택에 따른 구체적 문제뿐 아니라 이런 디자인이 누적적으로 개인에게, 사회 전반에 미치는 영향을 고려해야 한다. 숨바꼭질 기술로 인해 발생하는 많은 문제는 사용 규칙으로 어느 정도 완화할 수 있지만, 디자인 어젠다는 여전히 중요하다. 디자인 규칙은 규제 프레임워크의 여러 허점을 메우고, 기술에 대한 소비자들의 신뢰를 높이며, 피해가 발생하기 전에 문제를 예방할 수 있게 해준다.

중요한 것은 숨바꼭질 기술에 영향을 미치는 디자인 결정이 가져올 여러 가치와 이런 디자인이 초래할 구체적 문제를 충분히 식별하는 일일 것이다. 6장에서는 소셜미디어가 대체로 신뢰와 관계의 문제임을 드러냈다면, 7장에서는 감시가 대체로 모호성과 거래 비용의 문제임을 주장한다. 첫째, 나는 기술적 감시가 제기하는 여러 문제는 '모호성 상실'로 요약될 수 있음을 보여줄 것이다. 이런 프레임은 감시와 정보 수집으로 인해 발생하는 다양한 위험성을 누구나 이해할 수 있는 공통의 언어로 바꿔줄 것이다. 이어 나는 탐색하고, 인식하고, 감시하고, 숨기기 위해 설계된 기술의 중요한 디자인 기능을 검토한다. 숨바꼭질 기술의 어떤 디자인 기능이 도를 넘었는지, 혜택보다는 피해를 초래하는지 판단하기 어려울 때가 많다. 하지만 이런 기술의 용도에만 오롯이 초점을 맞추다 보면 그런 기술의 디자인이 어떻게, 어느 수준까지 기능에 영향을 미치는지를 놓칠 수 있다. 디자인에 주목함으로써 생체인식 기술, 드론, 암호화 같은 기술을 둘러싼 현대의 논의 수준도 한 단계 더 높일 수 있다.

나는 7장을 입법자와 정책 입안자들에게 행동을 촉구하는 것으로 마무리한다. 프라이버시 법의 디자인 허점을 메우려면 입법자들은 사람들을 찾고, 인식하고, 감시하는 데 요구되는 비용을 극적으로 낮추는 디자인을 더 면밀히 검토해야 한다. 이런 디자인은 합리적인 수준에서 안전해야 한다. 감시 기술의 디자인은 적어도 그것이 사회에 압도적 혜택을 안겨준다는 정당성을 증명하는 한편, 감시에 취약해지는 계층을 특별히 배려해야 한다. 반대로 입법자와 정책 입안자들은 사람들에게 개인정보와 데이터를 찾거나 이해하는 데 요구되는 거래 비용을 보존하거나 높일 수 있게 도와주는 '숨김' 기술을 권장해야 한다. 이는 암호화 기법, 감시를 막는 마스크, 광고 차단 소프트웨어, 다른 모호성 보존 기술을 포용해야(약화하는 것이 아니라) 한다는 뜻이다.

모호성을 없애는 감시

감시 행태는 날로 정교해지고 흔해져 우려를 자아낸다. 2013년 에드워드 스노든Edward Snowden이 국가안보국NSA의 기밀 문서를 유출해 폭로한 사실은 전 세계에 걸친 광범위한 감시 프로그램과 감시 기술이 자국민에게도 널리 사용되고 있다는 점이었다. 이들 기술의 몇 가지 사례는 드론, 스팅레이Stingray 휴대폰 추적기, 무선 기지국을 가장해 전화 통화 내역을 가로채는 기술,[6] 얼굴 인식 기술,[7] 경찰은 물론 일반인도 승용차의 위치를 추적할 수 있게 해주는 자동차 번호판 인식기[8] 등이다. 이들 기술은 과거 그 어느 때보다도 더 집요하고 교묘한 공공 및 민간 부문의 감시 활동을 가능케 한다.[9] 이런 기술의 오용 사례는 우리가 감시 국가로 가고 있다는 불안감을 안겨준다.

이런 숨바꼭질 기술의 주요 문제점 중 하나는 그 용도에 있는 것 같지만, 그럼에도 언제, 왜 그것이 문제인지, 그에 대해 어떤 대책이 마련돼야 하는지에 대해서는 합의점을 찾기 어렵다. 예를 들면 언제 드론을 이용한 공공 감시는 정당화할 수 없는가? 광범위한 메타데이터 수집은 프라이버시 우려를 낳는가? 암호화된 기기는 법 집행 기관의 접근을 위해 백도어가 마련돼야 하는가? 감시에 대한 관심이 높아졌음에도 불구하고 이를 둘러싼 공론, 법적 해석, 이론 등은 여전히 일관성을 위해 고군분투하고 있다.

감시 형태가 다른 경우는 종종 동일한 문제의 일부로 묶이지 않고 서로 다르게 취급된다. 사람들이 얼굴 인식 기술을 걱정하는 까닭은 공공 장소에서 얼굴을 숨기거나 변장하는 것이 현실적으로 불가능하기 때문이다. 지문과 안문을 비롯한 생체인식 데이터베이스는 새로운 형태의 '검색 가능한' 정보를 만든다. 자동차 번호판 인식기는 방대한 정보 집적의 우려를 낳는다. 여기에 드론이 문제를 더한다. 집요한 감시에 더해 드론은 '관음증peeping tom'의 문제를 제기한다.[10] 작은 드론은 맨눈으로는 보기 어려운 것을 힘 하나 들이지 않고 볼 수 있게 한다. 공공 장소에서 찍은 여성의 가슴, '여성 치마속upskirt', '변태creeper' 사진은 그런 문제의 한 단면이다.

따라서 감시 도구와 방법에 따라 피해는 비밀 공개, 은밀한 신체 부위의 순간 노출, 이전에는 찾기 어려웠던 정보의 집적, 회피할 수 없는 생물학적 식별, 통신과 저장된 정보의 탈취나 절도 등과 같은 피해로 나타날 수 있다. 학자들은 감시 이론을 익명성, 맥락상의 전체성, 구조적 제약, 정보의 비대칭, 경계선 규제, 존엄성 등 다양한 개념과 연결 지어 왔다.[11]

그러니 현대 감시 문제를 이해하고 처리하는 데 필요한 공통분모를 찾기가 어렵다는 것은 놀라운 일이 아니다. 이런 공통분모가 없다 보니 일관성 없고 혼란스러운 정책뿐만 아니라 불연속적이고 다양한 개혁이 시도되는 결과를 낳았다. 제안된 해법은 누가 감시자이고, 무엇이 감시 대상이며, 그런 감시에 사용될 툴이 무엇이냐에 따라 다양하다. 현대의 감시 논의에서 공통분모를 찾는 일은 중요하다. 하지만 먼저 프라이버시 논의를 위한 다른 언어, 지나친 감시에 따른 우려를 한데 아우를 언어를 찾아내야 한다. 한 가지는 분명하다. 감시와 정보 수집이 너무 쉬워지면 사람들은 걱정하기 시작한다. "과거 어느 때보다도 더 많은 데이터가 존재하며, 정부가 이런 정보에 접근하고 그것이 무엇을 뜻하는지 파악하는 일은 점점 더 쉬워진다."라는 지적은 그런 맥락이다.

이것은 매우 훌륭한 출발점이다. 감시나 정보 수집이 어려우면 우리의 모호성은 강화된다. 쉬우면 모호성은 위험에 처한다. 모호성은 숨바꼭질 기술에 관한 현대의 논의를 이해하고 한데 아우를 수 있는 열쇠다. 3장에서 논의했듯이 이것은 프라이버시 청사진의 열쇠이기도 하다. 모호성의 개념은 기술 디자인을 규제로 대응할 때 진지하게 고려돼야 할 변수다. 이렇게 하는 최선의 방법은 마찰과 비효율성을 유도하는 디자인을 이용해 감시에 요구되는 거래 비용을 조절하는 것이다.

나는 모호성을 신뢰성, 자율성과 더불어 프라이버시 청사진의 세 가지 핵심 가치 중 하나로 확인했다. 여기에서 모호성은 정보 또는 사람이 찾기 어렵거나 발견, 이해될 가능성이 낮은 상태를 가리킨다.[12] 이것은 숨바꼭질 기술의 디자인이 제기하는 문제점에 대한 공통 기반 겸 규제상의 중심점으로 사용될 수 있다.

미국 법은 오랫동안 정보 수집과 집적의 문제를 암묵적으로 모호성의 문제로 취급해 왔다. 때로 법은 모호성을 하나의 개념으로 명시적으로 포용한다. 예를 들면 '실질적 모호성practical obscurity'은 1989년 미 법무부 대 언론자유를 위한 기자위원회의 소송 판결[13]을 통해 처음으로 미국 사법 체제에서 이슈로 떠올랐다. 여기에서 미국 대법원은 설령 공개된 기록이더라도 전과 기록에 대해서는 그것을 다른 사람들이 입수하기 어렵도록 하는 프라이버시의 이익과 관심이 당사자들에게 있음을 인정했다.

구체적으로 대법원은 미국의 정보공개법FOIA은 공개 청구자가 더 적은 노력과 비용으로 범죄 기록 데이터베이스에 신속하게 접근할 수 있도록 연방 정부에 특별한 조치를 요구하고 있지 않다고 판결했다. 설령 청구자가 해당 정보를 법원의 파일처럼 찾기 불편한 장소에서 찾아야 한다고 해도 정의가 위배된 것은 아니라는 것이다. 법원의 판단을 전달하면서 존 폴 스티븐스John Paul Stevens 판사는 "요컨대 '어떤 사건이 전적으로 '비공개'가 아니었다고 해서 거기에 연루된 개인이 해당 정보의 공개나 유포를 제한하는 데 아무런 관심도 없다는 뜻은 아니다. (중략) 그런 관심이 사뭇 커진 배경에는 예전 같으면 FBI 전과 기록이 파기되는 연령 80세가 되기 훨씬 전에 잊혀졌을 정보를, 지금은 컴퓨터가 고스란히 모아서 보관할 수 있다는 사실이 작용한다."고 표현했다. 다시 말하면 개인정보의 모호성을 보호하기 위해 우리는 그런 정보를 찾거나 이해하는 데 요구되는 노력과 비용을 보존하는 데 초점을 맞춰야 한다는 뜻이다. 우리는 어떻게 거래 비용이 모호성을 만들고 보존하는지 주목해야 한다. 불행하게도 현재까지는 기자위원회의 이 소송이 모호성을 옹호하는 사법적 정점[14]으로 판명됐다. 그 뒤로는 그런 결정을 뒷받침하는 논리가 유효하고 더 광범위한 적용 가능성이 있음을 인정하는 판례가 거의 나오지 않았다.

열쇠는 거래 비용이다. 사람들은 필요한 동기와 자원이 없으면 목표를 추구할 의욕을 잃는다. 이것은 어떤 정보를 찾거나 이해하기 어려우면 그에 필요한 자원을 투자할 용의가 있는 사람만이 그에 매달릴 뿐, 일반 사람들은 지레 포기하게 마련이라는 뜻이다.[15]

물론 모호성을 보호한다고 해서 안전이 보장되는 것은 아니다. 확률상 더 나아진다는 뜻이다. 거래 비용을 더해 제약을 가한다고 해서 암호화 기법 같은 더욱 강력한 안전 조치만큼 마음의 평화를 얻을 수는 없다. 강력한 암호화는 호사가, 적대 세력, 커뮤니티에 불만을 품은 구성원, 해커, 정부 기관을 포함해 유능하고 결연한 당사자조차 정보를 파악할 수 없게 해준다. 하지만 절대적으로 안전한 대책이 존재하는지는 의문이다. 폴 옴 교수는 "어떤 기술도 완벽하지 않으며, 기술 환경의 프라이버시 권리를 주장하는 운동가들도 실상은 완벽한 프라이버시를 옹호하는 것이 아니다."[16]라고 지적한다.

모호성은 숨바꼭질 기술에 관한 논의의 핵심 가치다. 모호성은 현대의 산만한 감시 이론과 정책을 통합하는 열쇠가 될 수 있다. 모호성은 기본적으로 거래 비용과 확률에 의존하기 때문에 적용할 수 있는 폭이 넓다. 감시의 위험성과 최선의 감시 규제 방법에 관한 거의 모든 이론은 감시 비용을 둘러싼 가치와 유용성으로 수렴될 수 있다. 모호성은 다른 가치를 가능케 한다. 자율성을 높이려면 기술적 감시를 더 어렵게 만들고 외부 세력의 간섭을 줄여라. 존엄성을 보호하려면 감시를 더 어렵게 만들고 감시 대상에 대한 개인적 침해 횟수를 줄여라. 지적 프라이버시intellectual privacy, 친밀성, 유희의 공간을 보호하려면 감시를 더 어렵게 만들고, 남들에게 노출하고 싶어하지 않는 지적, 사교적, 성찰적 탐구 활동을 벌일 때 안전하다고 느끼도록 보장하라.[17] 이 모든 것을 성취하려면 정보를 찾는 데 요구되는 거래 비용을 높여라.

숨바꼭질 기술

숨바꼭질 기술의 디자인을 위한 프라이버시 규칙을 모색하기 전에, 우리는 그러한 기술이 어느 수준까지 우리 삶 속에 들어와 있는지 이해할 필요가 있다. 감시 카메라와 암호화만이 아니다. 규제 기관, 기업, 일반인은 우리의 개인정보를 적절히 숨겨야 함에도 불구하고 그에 실패한 기술인 유출 성향을 가진 기술에 주의해야 한다. 찾는 일을 '더 쉽게' 만드는 기술도 살펴볼 필요가 있다. 숨기고, 찾고, 유출하는 여러 기술의 디자인은 저마다 독특한 방식으로 우리의 프라이버시에 영향을 미친다. 그리고 앞으로 살펴보겠지만 그것은 결코 바람직한 방향이 아니다.

숨길 목적으로 디자인된 기술

인터넷 초창기에는 개인정보를 숨기는 데 사용할 수 있는 툴이 많지 않았다. 정보를 숨기는 가장 흔한 방법은 비밀번호를 쓰거나 암호화 기법을 이용해 정보를 잠그는 것인데, 사정은 지금도 마찬가지다. 암호화는 당시 최선의 방책이었고, 지금도 그렇다. 하지만 암호화와 다른 강력한 은닉 기술은 일반 대중이 쉽사리 사용하기 어렵다. 일반인들에게 최선의 정보 보호 대책은 쉽게 찾기 어렵다는 현실적 모호성이었다. 이것은 구글 이전 검색엔진의 성능과 정확성이 제한적이고, 기업이나 사람들도 더 깊이 파고들 시간과 자원이 없을 때 타당한 대책이었다. 정보 보안의 영역에서 이것은 '모호성을 통한 보안security through obscurity'[18]으로 불린다. 비록 모호성을 통한 보안이 취약한 1차 보안 전략으로 여겨지기는 하지만, 데이터를 보호하는 여러 방법 중 하나로 유용하다.

시대가 달라졌다. 지금은 '숨은 것 같지만 쉽게 찾을 수 있는' 수준부터 '사실상 찾기가 불가능한' 수준까지 다양한 스펙트럼의 모호성을 구현하는 온갖 기술이 존재한다. 이것은 흔히 '프라이버시 강화 기술PET, privacy-enhancing technology이라고 불린다. 아이라 루빈스타인Ira. S. Rubinstein은 실제로 두 가지 다른 유형의 PET, 즉 대체형 PET와 보완형 PET가 있다고 주장해 왔다. 대체형 PET는 개인정보를 전혀 수집하지 않을 수 있게 해준다. 성공적인 경우 이 기술은 프라이버시 보호를 법률로 정해야 할 필요성을 줄일 수 있다. 혹은 그런 법률적 보호 요구를 불필요한 것으로 만들 수도 있다. 그에 비해 보완형 PET는 프라이버시 친화적이라거나 프라이버시 보존이라는 조금 다른 목표를 가진다. 루빈스타인은 프라이버시 친화적 PET를 '주로 강화된 고지, 선택, 접근의 절차를 통해 개인정보에 대한 개인 당사자의 통제를 도와주는 기술'[19]로 정의한다. 한편 프라이버시 보존형 PET는 '주로 암호화 프로토콜이나 다른 정교한 수단을 통해 입증 가능한 프라이버시 보장을 제공하는 기술'이다.

이런 점에서 모든 PET가 모호성에 직접 기여하고 감시를 막아주는 '은닉 기술'은 아니다. 어떤 프라이버시 친화적 PET는 투명성이나 고지 같은 공정정보 규정의 요구 사항을 강화해준다. 모호성을 높여주는 '숨기기' 기술과 정책 입안자들이 권장할 수 있는 용도의 몇 가지 사례를 살펴보자.

스마트 하이퍼링크와 접근을 막아주는 벽

때로 사람들은 비밀번호나 소셜미디어 플랫폼을 사용하지 않고 제한된 방식으로 정보를 공유하고 싶어한다. 디자이너는 쿠키나 다른 배후의 인증 기술을 사용해 '유료화의 벽paywall'을 만들 수 있다. 신뢰하는 출처에서 나온 개인정보가 접근을 청구하는 경우에만 이를 인식해 허용하는 기술이다.[20] 예를 들면 사용자가 보호된 온라인 커뮤니티 안에 있지 않거나, 컴퓨터에 공개를 인증하는 쿠키가 존재하지 않는다면 링크를 눌러도 정확한 페이지로 접근할 수가 없다.[21] 누구든 캠퍼스 밖에서 대학의 디지털 보관소에 접근하려고 시도해 본 사람이라면 이 기술이 어떻게 작동하는지 잘 알 것이다. 다른 방식으로는 주어진 링크가 특정한 웹페이지에 내장된 것이라고 해당 웹 서버가 확인할 수 있는 경우에만 작동하도록 설정할 수 있다.

이런 '스마트 하이퍼링크'는 보호된 커뮤니티의 회원이나 인증된 사용자만 해당 정보에 접근할 수 있도록 보장한다. 더 나아가 이런 링크는 정보의 온라인 유포를 어렵게 함으로써 해당 정보의 모호성이 유지되도록 돕는다. 대부분의 링크는 이메일, 텍스팅 또는 소셜미디어 포스팅을 통해 쉽게 공유할 수 있다. 스마트 링크는 단순한 하이퍼링크를 통하기보다 추가적인 수작업을 거치도록 만들어 정보 유포를 어렵게 만든다. 그런 기법은 민감 정보나 비밀 정보를 보호하는 데는 불충분할지 모르지만, 해당 정보를 유포할 수 있는 사람들의 숫자를 줄임으로써 정보의 모호성을 높일 것이다.[22] 완벽하지는 않지만 이 유연한 접근법은 선택적 공개를 가능케 해준다.

프라이버시 설정

6장에서 논의했듯이 사용자들이 모호성을 획득할 수 있도록 도와주는 가장 일반적인 툴은 프라이버시 설정이다.[23] 인터넷 사용자들이 웹사이트에서 자신의 개인정보를 누구와 어느 수준까지 공유할지 결정할 수 있게 해주는 이런 설정은 실상 프라이버시를 제대로 보호해 주지 못한다는 비판을 받는다. 수천까지는 아니어도 수백 명이 소위 '보호된protected' 정보에 여전히 접근할 수 있기 때문이다.[24] 이 비판은 디자인을 안내하는 비밀로서 프라이버시 개념화에 의존하는 문제를 강조한다.

이런 기술은 '모호성 설정obscurity setting'이라는 용어로 더 쉽게 이해된다. 이 기술은 사용자에게 검색엔진에 걸리지 않고 자신의 개인정보를 누구에게 허용할지 조절할 수 있도록 도와준다. 이것은 온라인 모호성을 개념화할 때 가장 중요한 두 가지 변수다. 저자가 프레드 스터츠만과 공동 수행한 실증적

연구는 인터넷 사용자가 독점성, 관객 관리, 모호성 등 수많은 이유로 프라이버시 설정을 활용한다는 주장을 뒷받침한다.[25] 이런 설정은 소셜 기술을 위한 '모호성 중심의 디자인'을 가능케 하는 기반 기술로 작동할 수 있다.

검색 차단 프로그램

검색엔진을 피하는 것은 모호성을 확보하는 주된 방법이다. 웹사이트가 검색엔진의 데이터베이스에 색인화되는 것을 막는 기술은 모호성을 확보하기 위한 매우 효과적인 수단이다. 비밀번호 시스템, 프라이버시 설정, 유료화의 벽 같은 기술은 접근을 제한하는 동시에 특정 정보가 검색엔진에 의해 색인화되는 것을 막는 두 가지 목적에 적합하다.

하지만 다른 기술도 이런 기능을 제공할 수 있다. robot.txt 파일은 웹사이트가 검색엔진에 색인화되지 않겠다고 표시하는 간단하고 효과적인 방법이다.[26] 검색엔진에 검색되지 않는 방법은 소셜 기술의 디자인에 내장돼 있다. 예를 들면 인기 블로그 플랫폼인 텀블러Tumblr는 사용자들이 자신의 블로그를 검색엔진으로부터 감출 수 있도록 허용한다. 어느 특정 블로그든 해당 설정 페이지에서 사용자들은 "검색엔진이 당신의 블로그를 색인화하는 것을 허용합니다."[27]라는 글 옆에 놓인 박스를 체크하면 그런 선택을 번복할 수 있다.

어떤 소프트웨어 디자인은 프로필이나 웹사이트의 특정 요소만 제한적으로 검색되도록 조절해 주는 다양한 수준의 난독화 기능을 제공한다. 이들 디자인은 정보가 사이트 수준에서만 검색되고, 그 안의 정보는 검색되지 않도록 할 수 있다. 검색엔진 최적화 기법을 사용해 특정한 결과를 맨 위가 아닌 아래로 낮춰 눈에 덜 띄도록 하는 것도 검색엔진으로부터 숨는 한 방법이다. 특정한 검색 결과를 열 번째나 열한 번째 페이지로 밀려나도록 할 수 있다면 대부분의 목적상 눈에 띄지 않는 것이나 마찬가지일 것이다.[28]

비식별화(非識別化) 툴

기술 수단을 통해 우리가 식별될 가능성은 매일 더 높아진다. 얼굴 인식 기술은 빠르게 진화하고 있다.[29] 조지타운대학교 산하 프라이버시와 기술에 관한 법률센터에 따르면 미국 성인 두 명당 한 명 꼴로 법 집행 기관의 얼굴 인식 네트워크에 등록돼 있다. 온라인 사진이나 비디오 속의 개인이 자동으로 식별될 날도 시간 문제다. 소리, 비디오, 그래픽, GPS 데이터 같은 감지 정보가 컴퓨터로 생성돼 실시간으로 실제 물리적 환경에 대한 이해를 직간접으로 높여주는 상황인 '증강 현실augmented reality'[30]은 점점 더 소셜 기술 속으로 파고들 것이다.

온라인 사진과 비디오에서 사람들의 신원은 흔히 불분명하다. 예를 들면 유튜브 비디오 속의 사람들은 이름이 태그돼 있지 않거나 비디오의 홈페이지나 비디오 자체에서 이름이 빠져 있으면 모호하다. 이들 개인의 신원을 이후에 식별하게 되면 이들이 해당 비디오와 이미지에서 누렸던 모호성은 파괴되고 말 것이다. 따라서 얼굴 인식과 다른 식별 도구의 작동을 막는 기술은 무엇이든 '모호성 중심 디자인'을 기반으로 삼아야 한다.

예를 들어 구글은 사용자들이 유튜브에 비디오를 올리기 전에 거기에 출연하는 사람들의 얼굴을 모자이크 처리할 수 있게 해주는 기술을 개발했다. 이 툴은 다른 사용자의 비디오에 나온 사람들이 프라이버시를 침해 당했다는 불만을 제기하는 경우 이를 처리할 수 있는 또 다른 옵션으로 제시됐다. 프라이버시 불만 때문에 비디오를 삭제하는 대신, 비디오 제작자는 불만을 제기한 사람의 얼굴을 모자이크 처리함으로써 비디오를 유튜브에 계속 제공할 수 있다.[31]

얼굴을 가려도 일정한 맥락에서는 개인의 신원이 드러날 수도 있지만, 이 기법은 노호성 면에서 두 가지 긍정적인 효과가 있다. 얼굴을 모자이크 처리한 사람의 신원은 그를 매우 잘 아는 사람들만이 파악할 수 있어서, 사실상 당사자의 신원을 대부분의 낯선 사람들로부터 보호해줄 수 있다는 점이 그 하나이고, 모자이크 처리한 얼굴은 얼굴 인식 기술에 무용지물이라는 점이 다른 하나의 이유다.

은닉 기술에 프라이버시의 청사진 적용하기

은닉 기술에 관한 프라이버시의 청사진은 단순하다. 입법자들은 그런 기술을 지원하거나 최선을 다해 기술을 그대로 내버려 둬야 한다. 정책 입안자들은 기금과 교육 지원 같은 온건한 대응으로 프라이버시 강화 기술이 더 향상되고 더 적절히 사용되도록 해야 한다. 규제 기관은 은닉 및 접근 제어 기술에 대해 '각자 자기 방식대로 살게 두라'는 식의 접근법을 취함으로써 바람직한 프라이버시 및 데이터 보안 연구를 가로막는 규제를 완화할 필요가 있다. 5장에서 언급한 대로 입법자들은 독립된 보안 연구자들이 부정적인 프라이버시 디자인을 발견한 데 대해 책임을 묻는 것 같은 부당한 규제에 발목이 잡히지 않도록 배려해야 한다. 예를 들어 디지털 밀레니엄 저작권법DMCA에서 디지털저작권 관리 기술을 위한 보호 조항은 저작권이 있는 작품에 대한 접근을 제어하는 기술적 보호막을 우회하는 것을 금지한다. 이런 규칙은 어떤 기술이 무단 접근을 너무 쉽게 허용하는지 파악하기 위해 이리저리 확인해보고 보안 취약점을 찾는 연구를 어렵게 만든다.[32] 이런 반우회anticirumvention 규정은 소비자 기술에 대한 외부 기관의 보안 및 프라이버시 감사를 권장하도록 개정돼야 한다. 이는 미국의 폭넓은 반해킹 법규인 '컴퓨터 사기 및 남용 방지법Computer Fraud and Abuse Act'도 선의의 보안 연구를 보호하는 방향으로 개정돼야 한다는 뜻이다. 그렇게 함으로써 입법자는 소비자 기술의 위험하고 취약한 디자인으로부터 소비자를 보호할 수 있다.

은닉 기술을 약화하지 말라

은닉 기술 옹호자들과 정부 간의 오랜 싸움에서 암호화를 둘러싼 갈등보다 더 뚜렷하고 중요한 것도 없다. 전문 지식이 없는 이들에게 암호 기법을 통한 암호화는 '코드, 암호, 기타 방법으로 메시지를 숨겨 특정한 사람들만 실제 메시지를 볼 수 있도록 하는 여러 기법의 개발 및 사용과 관련된 연구 분야'[33]로 이해된다. 고등 수학 덕택에 암호화된 메시지는 이를 풀어 이해할 수 있게 해줄 해독 키가 없다면 읽을 수 없는 까다로운 글자와 기호로 나타난다. 암호화는 비밀 유지를 가능케 하며, 이것은 결코 가볍게 볼 수 없는 힘이다.[34]

암호화는 정부가 사람들로부터 정보를 취득하는 것을 어렵게, 때로는 불가능하게 만들 수 있다. 이것은 법 집행기관에 문제가 된다. 암호화는 심지어 정부가 해당 정보를 찾을 합법적 근거와 적법한 필요가 있는 경우에도 볼 수 없게 만들 수 있다.[35] 암호화를 옹호하는 그룹의 시각으로 볼 때, 감시 기술과 기법의 효율성이 날로 더 높아지는 상황에서 비밀의 안전성을 보장하는 기술은 프라이버시를 보호하기 위한 중요한 툴이다.

이런 긴장 관계는 1990년대의 소위 '암호전쟁Crypto Wars'[36]을 통해 절정에 달했다. 정부는 필요한 경우 해독 가능한 암호화 기법을 만들도록 기업에 요구하는 법규를 제정하려 시도했다. 이런 제안은 종종 정부에 해독 키를 '위탁'하거나 정부가 접근할 수 있는 '백도어' 설치 조항을 담고 있었다. 그런 제안은 오직 정부만 예외로 인정함으로써 보안의 가치는 유지할 수 있으리라는 주장이었다.

그러나 문제는 악의적인 세력만 막아주는 시스템을 만들기는 불가능하다는 점이다. 컴퓨터 과학자와 보안 전문가는 '위탁escrow' 체제가 새로운 표적을 만들며, 제3자가 암호화 기법에 안전하게 접근할 수 있는 시스템을 디자인할 수 있는 방법은 없다고 입을 모은다.[37] 다시 말하면 설령 백도어와 키위탁을 적절히 구축하고 싶어도 그럴 수 없었다는 뜻이다. 암호화의 중요성과 그것을 훼손하는 어떤 시도도 부적절하다는 비판은 잘 알려져 있다.[38] 우리의 주요 정보 인프라와 프라이버시는 거기에 달려 있다. 하지만 다른 한편 견고한 암호화 기법이 법 집행기관과 첩보 기관에 요구하는 비용도 가볍게 무시할 수 없는 대목이다. 따지고 보면 우리의 안전은 효과적인 법 집행에 달려 있기 때문이다. 양쪽의 균형을 잡아야겠지만 청사진의 목적을 감안하면 입법자들은 암호화를 약화하거나 금지하려는 유혹에 저항해야 할 것이다. 적절한 감시 절차의 전통에 부응한 다른 정보 접근 방식은 '어렵지만 가능'하고, 이를 면밀히 검토한다면 효과적인 타협이라는 점이 밝혀질 것이다. 하지만 안전하고 보안성이 보장되는 소통의 중요성을 고려하면 입법자들은 암호화 기술의 완전성integrity을 최우선으로 삼아야 할 것이다.

단명 기술도 과신하지 말라

은닉 기술을 약화하려는 시도는 사라지지 않을 것이며 정부의 관여는 암호화 기술에 그치지 않을 것이다. 암호전쟁에는 주목할 만한 에피소드가 많고, 그중 최근 사례는 캘리포니아주 샌버나디노에서 사망한 테러 용의자 소유의 아이폰 비밀 해제를 둘러싼 미국 법무부와 애플 간의 몇 달에 걸친 대치상황이었다. 2016년 초 정부 요청에 따라 "연방 법원은 애플에 정부가 휴대폰의 비밀번호를 무차별 대입 공격으로 비밀번호를 찾아낼 수 있도록 애플의 소프트웨어에서 보안 메커니즘을 우회할 수 있게 해주는 소프트웨어를 만들라."[39]고 명령했다. 법무부는 휴대폰 정보에 접근할 수 있는 대체 방식을 찾아낸 뒤 결국 애플에 대한 소송을 취하했지만, 해당 사안은 암호화와 법 집행기관의 정보 접근을 둘러싸고 커다란 논란과 공개 담론을 일으켰다.

이 논의에서 '영장이 무용한 휴대폰warrant-prone phone'라는 용어가 불길한 조짐처럼 유포됐다. 제임스 코미^{James Comey} FBI 국장은 2016년 3월 1일 하원법사위원회 증언에서 "우리는 영장이 통하지 않는 상황으로 옮겨가고 있습니다. (중략) 그것은 미국에서 우리가 한 번도 살아본 적이 없는 세계입니다."라고 말했다.[40] 애플이 캘리포니아주 법원에 제기한 소송에 대한 대응 성명에서 정부는 FBI의 요청에 부응하기 위해 애플이 직면한 '최소한의 부담^{modest burden}'은 거의 영장이 무색한 휴대폰을 디자인하고 판매하기로 한 애플 자체의 결정 탓이라고 주장했다.

이것은 기이한 주장이다. 인류의 역사에서 우리 소통의 대부분은 구두 통신이었고 이것은 단순히 사라져버린다는 점에서 영장이 무용한 형태였다. 이들은 발설하는 순간 사라져버리는 대화였다. 심지어 도청도 전화 통화를 가로채는 것으로 국한됐지 과거의 대화를 회수하는 것은 아니었다. 법 집행 목적상 암호화된 휴대폰도 마찬가지로 접근 불능이다. 아무도 거기에서 정보를 회수할 수 없다. 하지만 영장이 무색한 기술에 대한 코미 국장의 묘사는 다양한 분야에 적용할 수 있을 만큼 모호하다. 우리가 일정한 방식의 소통이 가진 단명성과 모호성을 보존하고자 한다면 다른 용어를 사용해야 한다. 입법자들은 모호성을 보장해 주는 기술, 특히 정보를 삭제하거나 다른 방식으로 접근을 막도록 디자인된 기술을 훼손하지 않도록 유념해야 한다. 그렇지 않으면 우리는 모든 것을 저장하도록 요구받는 상황에 빠질 수도 있다.

지금 현재 법 집행 차원에서 중요하게 취급되는 정보 기술은 기본적으로 다음 세 가지 범주로 요약된다.

1. 법원의 영장이나 다른 형태의 합법적 요구에 따라 정부가 정보에 접근할 수 있게 해주는 기술
2. 정부와 제조사 모두 데이터에 접근하지 못하게 만드는 기술. 이것은 봉쇄^{lockout} 기술을 상상하면 된다.

3. 정보를 데이터로 저장하지 않거나 일정 기간이 지나면 체계적으로, 완전히 데이터를 삭제하는 기술. 이것은 데이터를 일정 기간만 보유한 뒤 자동으로 삭제해 버리는 기술이다.

대부분의 현대 정보기술은 1번 범주에 해당한다. 피터 스와이어^{Peter Swire}와 케네사 아마드^{Kenesa Ahmad}는 우리가 실상은 '감시의 황금시대^{golden age of surveillance}'⁴¹에 살고 있으며, 따라서 정보에 접근할 수 없는 '암흑시대'로 향하고 있다고 불평하는 정부의 태도는 현실을 왜곡하는 것이라고 비판한 이유도 그 때문이다. 사물인터넷은 우리 일상에 대한 감시 활동에 새로운 감시층을 더한다. 현대 기술로부터 초래되는 피해의 위험은 과거 그 어느 때보다도 더 심각하다. 파괴적 기술에 대한 분산 접근 및 익명으로 값싸게 지리적 거리와 상관없이 자유롭게 소통할 수 있는 능력이 가능했던 상황은 과거에 존재하지 않았다. 하지만 감시의 경계는 어딘가에 설정돼야 하며, 그렇지 않을 경우 무차별적 감시가 안전의 이름으로 정당화될 수 있다. 경계 설정의 한 가지 좋은 출발점은 정보를 저장하거나 접근을 허용하는 기술에 일정한 한계를 두는 일이다.

아이폰은 애플이 암호화 기법으로 보안성을 높인 2014년 전까지는 1번 범주였다. 이제 애플은 아이폰을 2번 범주인 봉쇄 기술로 바꾸려 하고 있다. 애플은 정부를 도와 샌버나디노의 테러 용의자 사예드 파루크^{Syed Farook}의 아이폰을 해제할 수 있었다. 하지만 과연 애플이 자기들이 원해도 깰 수 없는 휴대폰을 설계하는 것이 허용될까? 입법자들은 데이터에 대해 하드 드라이브에 영원히 가둬놓기에는 그 가치가 너무나 크다고 판단하게 될까?

만약 그렇게 된다면 봉쇄와 단명 기술이 '영장이 무색한' 상황을 초래할 것이기 때문에 새로운 문제에 봉착할 것이다. 입법부에서 명확한 기준을 마련하지 않는다면 준법을 보장할 수 있는 유일한 방법은 모든 것을 기록하고 저장하는 기술을 디자인하는 것이다. 아마존 에코처럼 '항상 켜진' 상태로 '헬로 알렉사'라는 시동 명령을 기다리지만, 그런 키워드를 들을 때까지는 들은 데이터를 처리하거나, 저장하고 전달하지 않는 디지털 비서 기술을 생각해보라.[42] 법 집행의 관점에서 해당 기기가 듣는 정보의 대부분은 기능상 회수하는 것이 불가능하다. 이것은 법 집행 기관에서 에코를 영장이 통하지 않는 기술로 간주해야 한다는 뜻일까? 사물인터넷이 확산되면서 인터넷과 연결되지 않은 '데이터 처리능력이 없는[dumb]' 사물의 숫자는 하루가 다르게 줄어들고 있다. 정부 기관은 데이터의 의무 보유 기간을 10년 이상으로 늘리는 법을 요청해 왔다.[43] 모든 기술은 그것이 듣는 내용을 보유해서 법 집행기관의 조사가 있을 경우 그에 부응해야만 할까?

영장이 통하지 않는 기술은 본질적으로 나쁜 것은 아니다. 얼마 안 있어 데이터가 사라지거나 삭제되는 단명 기술과 접근이 불가능한 기술은 우리가 자유롭게 탐구하고, 조사하고, 유희할 수 있게 해준다. 이것은 인간의 계발 과정에서 항상 필요한 대목이었다. 영장이 통하지 않는 환경이 우리에게 주는 자유를 중요하게 여긴다면, 우리는 법 집행기관의 정보 접근을 돕는 방안을 논의할 때 더 신중해야 한다. 그렇지 않다면 우리는 어떻게 영구 데이터 보유라는 개념에 묶이게 됐을까 한탄하는 상황에 내몰릴 수도 있다.

우리는 또한 가능한 한 다른 가치와 유용성에 대한 부담을 최소화하도록 일정한 유형의 디자인을 의무화하는 노력을 더욱 적극 경주해야 한다. 예를 들면 웹 트래픽에 대한 암호화 표준으로 기존 HTTP에 보안성을 더한 HTTPS를 모든 곳에 적용해야 한다.[44] 만약 어떤 프로토콜이 강경한 형태든 온건한 형태든 의무로 정당화돼야 한다면 그것은 HTTPS여야 할 터이다. 비교적 낮은 실행 비용에 비해 HTTP의 보안성을 높이는 데 따른 혜택은 월등히 높기 때문이다. 사실 우리는 이미 HTTPS가 웹에서 사실상의 의무 사항으로 지리 잡아가는 양상을 목격하고 있다. 백악관은 HTTPS를 연방 정부 기관의 웹사이트에 의무화했다.[45] 애플은 iOS 앱에 HTTPS를 요구하는 내용을 공개 토론했다.[46] 만약 이런 유형의 온건한 또는 부분적인 의무화가 인터넷 생태계에 여전히 허점을 남긴다면, 이런 프로토콜을 직접 권고하는 법을 만들 때가됐다는 뜻인지도 모른다.

검색 기술

어떤 기술은 정보의 발견과 수집을 도울 목적으로 설계됐다. 이것은 탐색 seeking 기술로 어디에나 존재한다. 이런 유형 중 인터넷 브라우저 같은 기술은 워낙 흔해서 사람들은 이것을 프라이버시의 관점에서 생각하지 않는다. 얼굴 인식 기술과 자동차 번호판 인식기 같은 다른 기술은 새로운 기술이어서 우리는 이들이 제기하는 문제를 적절히 표현할 수 있는 용어를 찾는 중이다. 하지만 이 부문에서 가장 흔하고 우리 일상과 긴밀히 결합된 탐색 기술은 스마트폰 같은 소비자용 기기다. 우리의 프라이버시에 영향을 미치는 다른 유형의 탐색 기술을 잠시 살펴보자.

소비자용 기기와 데이터 수집

우리의 일상은 감시 기기로 가득 차 있다. 가정은 때로 보모용 몰래 카메라, 테디 베어에 숨긴 몰래 카메라, 집안에 들인 온갖 유형의 감시 기기로 넘친다. 개인용 컴퓨터도 엄청난 양의 데이터를 집어삼키는 기계다. 컴퓨터 제조회사인 레노버Lenovo는 적어도 한 번 이상 자사의 PC 제품 속에 데이터 수집용 소프트웨어를 몰래 삽입해 비난을 샀다.[47] 컴퓨터에 장착된 비디오 카메라와 마이크는 사용자의 허가나 인지 없이 원격으로 작동될 수 있다.[48] 심지어 페이스북 설립자이자 CEO인 마크 저커버그조차 인가되지 않은 감시와 데이터 수집을 막으려고 자신의 카메라와 랩톱의 마이크를 테이프로 가렸다.[49] 그리고 스마트폰은 사용자가 어디에 있었고, 누구와 통화했는지를 보고하는 추가 기능을 가진 소형 컴퓨터다.

모바일 전화기는 이제 법 집행기관과 산업계 감시의 최우선 표적이다. 2015년 연방거래위원회는 소매 추적 회사인 노미Nomi에 "고객 매장의 안과 밖에서 미디어 접근 제어MAC 주소, 기기 유형, 해당 기기가 추적된 날짜와 시간, 소비자 기기의 신호 강도 등을 추적한다."는 점에 대해 충분한 고지를 제공하지 않았다고 공식 불만을 제기했다. 고객 매장을 위한 보고서에서 노미는 얼마나 많은 소비자가 매장에 들어가지 않고 지나가는지, 매장 안에서 얼마동안 머무는지, 소비자들이 어떤 종류의 기기를 사용하는지, 소비자들이 주어진 기간 동안 얼마나 자주 해당 매장에 들르는지, 얼마나 많은 고객이 특정한 매장 체인점의 다른 지점에 다녀갔는지 등과 같은 항목을 집계한 정보로 제공했다.[50]

소비자 기기에서 작동하는 해당 소프트웨어는 또한 방대한 양의 개인정보를 빼내도록 디자인돼 있다. 슈퍼쿠키supercookie는 삭제해도 다시 살아난다.[51] 페이스북의 '좋아요' 버튼은 기본적으로 당신의 취향과 브라우징 습관을 어디에서나 쫓는 추적기다.[52] 개인정보의 온라인 추적 상황을 세밀하게 취재한 「월스트리트저널」의 "그들이 아는 것What They Know" 시리즈는 개인정보를 뽑아내기 위한 디지털 기술의 다양한 방식을 폭로했다.[53] 가장 치명적이고 흔한 유형의 '탐색' 기술은 앞에서 언급한 바 있는 스파이웨어로, 누군가의 컴퓨터나 모바일 기기에 은밀히 설치돼 해당 사용자의 활동 데이터를 소프트웨어 설치자에게 몰래 전송하는 종류다. 스파이웨어는 현대 디지털 지형의 골칫거리로 이를 없애기는 쉽지 않다.[54] 그것은 마치 데이터가 무르익어 누구든 갖는 사람이 임자인 것처럼 생각되면 사람이나 기관이나 그 유혹을 이기기 어려운 것 같다. 그것은 감시 인프라를 건설하면 벌어지게 되는 상황을 고스란히 보여준다.

생체인식 툴

생체인식 감시는 서서히 그러나 분명하게 우리의 일상 속으로 스며들고 있다. 우리는 이 기술이 개발되고 사용되는 방식에 훨씬 더 비판적인 시각을 가져야 한다. 생체인식은 우리의 신원이나 개인정보를 하나나 그 이상의 생물학적 특성에 대한 평가를 통해 판독하는 방법이다. 가장 흔한 사례는 지문과 얼굴 인식 기술이다. 하지만 눈, 손, 필적, 목소리, 정맥, 심지어 우리가 걷는 자세까지, 얼마나 더 많은 생물학적 특성이 개인으로부터 추출될 수 있는지 알면 누구든 놀라지 않을 수 없을 것이다.[55] 이런 기술은 어디에서나 사용된다. 법 집행기관은 형사 사법 커뮤니티를 위한 '세계에서 가장 크고 가장 효율적인 생체인식 및 범죄 내역 정보에 대한 전자 저장소'[56]로 주장하는 '차세대 식별' 시스템을 구축하는 과정에서 얼굴 인식 기술에 총력을 기울이는 것처럼 보인다. 페이스북 같은 소셜미디어도 마찬가지다. 얼굴 인식뿐아니라 걸음걸이나 자세, 사물 인식 등의 방식으로 얼굴이 가려진 경우에도 누구인지 인식할 수 있도록 다양한 생체인식 기술을 실험한다.[57]

자동차 번호판 판독기

자동차 번호판 판독기LPRs, License plate readers도 법 집행기관, 채권자, 심지어 호사가들 사이에서 점점 더 인기를 얻고 있다.[58] 이들 카메라는 보통 자동차나 간판에 설치돼 지나가는 모든 자동차의 움직임을 추적하도록 디자인됐다. 자동차 번호판 판독기의 사용 실태를 조사한 미국자유인권협회ACLU는 "판독기에 잡히는 자동차 번호판, 날짜, 시간, 모든 판독 장소 같은 정보는 지역 공유 시스템으로 수집되고, 때로는 취합된다. 그 결과 무고한 운전자들의 위치 정보까지 포함한 방대한 데이터베이스는 빠르게 증가하고 있다. 이런 정보는 프라이버시 권리를 보호하기 위한 거의 아무런 제약도 없이 몇 년간, 심지어 무기한 보유된다."라고 설명한다.[59] 수많은 형태의 감

시가 그렇듯이 이 감시로부터 가장 큰 영향을 받는 사람들은 가난하고 소외된 계층이다.[60]

설상가상으로 이들 판독기는 보안성이 취약한 상태로 시행된다. 자동차 번호판 판독기를 밀착 취재해 보도한 「아르스 테크니카Ars Technica」의 2015년 기사에 따르면 시민단체인 전자프런티어재단EFF는 "1백 개 이상의 자동 번호판 등록ALPR 카메라가 온라인에 노출됐고, 그중 많은 경우는 아무런 보안 장치도 없는 웹페이지로 누구나 접근할 수 있었다. 이 중 다섯 개는 세인트 타마니St. Tammany 교구 보안관 사무실, 제퍼슨Jefferson 교구 보안관 사무실, 루이지애나의 케너Kenner 경찰, 플로다주 하이알리Hialea 경찰부, 남부 캘리포니아의 치안부 등으로 구체적인 카메라의 출처까지 추적할 수 있었다. 이들 경우는 매우 유사하지만 서로 연관성은 없었으며 (중략) 디그 보스턴DigBoston과 '보스턴 비영리 저널리즘 연구원Boston Institute for Nonprofit Journalism'은 보스턴의 ALPR 네트워크에서 중대한 보안 취약점을 발견했다."고 주장한다.[61] 요약하면 번호판 판독기는 점점 더 늘고 있고, 특히 지방자치 단체가 그에 호의적이다. 정치와 마찬가지로 모든 디자인은 지역적이다.

드론

드론만큼 사람들을 불안하게 만드는 현대 기술도 드물다. 이 새로운 '하늘의 눈' 로봇은 점점 더 소형화하고, 더 강력해지며, 더 오래 하늘에 머무를 수 있다. 이들은 당신이 어디를 가든 따라다니도록 디자인되고 있다.[62] 아마존은 이미 목소리로 작동되고 경찰의 어깨 너머로 따라다니는 백업 초소형 드론에 대한 특허를 등록했다.[63] 이들은 감시반대 조치의 일환으로 공중 요격되기도 한다.[64] 사람들에게 드론을 화제로 꺼내면 필연적으로 듣게 되는 첫 번째 두려움은 이들이 기본적으로 자동화된 로봇 염탐꾼이라는 점이다.

이것이 드론에 대한 여러 우려 중 하나라는 점은 분명하다. 하지만 다른 우려 사항도 많다.[65] 마고 카민스키Margot Kaminski 교수는 관음증 환자의 시각이 드론과 프라이버시에 관한 논의를 주도해서는 안 된다고 주장한다. 카민스키 교수에 따르면 사람들이 드론을 걱정하는 이유는 뒤뜰에서 일광욕을 즐기는 미성년자를 몰래 훔쳐보는 데 이용될 수 있기 때문인데, 이것은 "드론이 제기하는 프라이버시 우려에 대한 설명으로는 턱없이 부족하다."고 주장한다. 카민스키 교수는 드론이 다른 기기와 또는 드론끼리 어떤 종류의 데이터를 공유할 수 있는지에 대해서는 아무런 규제도 없다고 지적한다. 소매 기업과 보험사는 드론을 이용해 사람들의 성향을 더 정확히 파악하고 싶은 유혹을 느낄 수밖에 없다. 또 "데이터 브로커는 이미 우리에 대한 온라인 프로필을 만들고 있다. 기업은 이 프로필을 물리적 공간으로 확대할 동기가 뚜렷하다. 그리고 그런 시도를 놓고 우리의 허락을 구하고 싶은 용의는 없다."고 설명한다.

나는 드론을 관음증의 시각으로만 보는 것은 턱없이 부족한 설명이라는 카민스키 교수의 견해에 동의한다. 예를 들어 얼굴 인식 기술을 적용된 드론이 우리의 실질적 모호성을 제거하는 방법을 다루지 않는다. 만약 드론이 항상 우리 얼굴을 인식한다면 우리는 군중 속으로 숨을 수가 없다. 드론 소유자는 손쉽게 사람들을 쫓고 그에 대한 프로필을 만들 수 있다. 소위 '공개된' 감시조차 프라이버시의 문제를 초래한다. 관음증 시각은 드론이 우리에 대한 정보를 수집하지 않는다고 생각하는 경우에도 열 이미지 처리 기술 등을 이용해 정보를 수집할 수 있으며, 따라서 완전히 숨을 수 없게 된다는 사실을 고려하지 못한다. 마지막으로 개인정보를 수집하는 드론은 또 다른 데이터 보안 문제에 지나지 않는다. 카민스키 교수가 지적했듯이 "드론이 지금 우리의 일상에 파괴적 변화를 몰고 온다고 생각한다면, 그것이 해킹됐을 경우를 상상해보라."

마이크 기능이 딸린 기기에 의한 은밀 감시

가장 빠르게 증가하는 감시 유형 중 하나는 음성 명령에 반응할 준비가 돼 있는 아마존 에코 같은 디지털 비서의 '항상 켜져 있는always on' 기술을 통해 사용자도 모르는 사이에 진행되는 감시다. 아이폰에 내장된 애플의 시리Siri 에코에 내장된 아마존의 알렉사Alexa 같은 기술은 항상 켜진 상태로 대기하면서 '오케이 구글'이나 '알렉사' 같은 호출 명령을 기다린다. 물론 '프라이버시 정책'의 자잘한 문장 속에 묻혀 있지만, 삼성의 스마트 TV는 이런 경고문을 담고 있다. "발설하시는 내용에 개인적이거나 다른 민감한 정보가 포함되지 않도록 유의하시기 바랍니다. 그런 정보는 TV의 음성 인식 기술을 통해 수집돼 제3자에게 전송되는 데이터에 포함될 수 있습니다."[66] 이렇게 센서로 작동되는 기기는 어디에나 존재하며 항상 듣고 있다.

사실 이런 기기는 우리가 생각하는 것보다 더 많은 정보를 수집하는지 모른다. 아칸소주의 한 검사는 피살자 집에 설치된 에코 기기 중 하나가 수집한 정보를 넘기라고 아마존에 요구했다. 해당 기기가 범죄 수사에 도움을 줄 만한 주변 데이터를 제공할지 모른다는 생각에서였다.[67] 에코가 살해 수사에 단서를 줄 수도 있다고 판단한 이유는 피살자가 죽은 날 밤에 해당 기기를 통해 흘러나오는 음악을 들었다고 누군가가 증언했기 때문이다. 아마존은 해당 요청에 저항했지만 만약 그런 정보가 존재하고 사건과 연관이 있다면, 그것이 범죄 해결을 돕는 쪽으로 활용될 가능성이 높다.

하지만 '프라이버시 미래 포럼Future of Privacy Forum'의 스테이시 그레이Stacey Gray는 마이크 기능을 갖춘 기기에 대해 '항상 켜져 있는'이라는 용어는 틀렸다면서, 대신 이런 유형의 기술로부터 제기되는 감시 문제는 다음 세 가지 주요 범주로 정리해야 한다고 주장한다.

(1) 수동으로 작동되는 유형: 버튼을 누르거나 스위치를 올리거나, 다른 의도된 물리적 행위를 요구하는 유형

(2) 구두로 작동되는 유형: '오케이 구글' 같은 '호출 명령'을 요구한다

(3) 항상 켜져 있는 기기: 가정의 보안용 감시 카메라 같은 기기는 항상 데이터를 전송하도록 설계돼 있으며, 여기에는 사용자가 가장 최근 기간의 내용만 수집할 수 있도록 '데이터 전송'하는 기기도 포함된다.

디자인이 중요해지는 것은 이 대목에서다. 그레이는 이렇게 강조한다.

> "각 범주는 다른 프라이버시 이슈를 제기하는데, 그중 한 변수는 데이터가 해당 기기에 국지적으로 저장되는지(점점 더 드물어지는 경향), 아니면 해당 기기에서 제3자나 외부의 클라우드 저장 공간으로 전송되는지의 여부다. 국지적으로 저장하면 데이터는 기기 소유자의 권한 안에 놓인다. 클라우드 저장은 법 집행기관이 데이터를 취득하기 쉽고, 해커에게도 더 많은 기회로 작용하기 때문에 더 위험하다. 또 다른 핵심 사안은 해당 기기가 사용자의 생체 식별 정보 중 하나인 음성 인식을 사용하는가 아니면 단지 목소리를 텍스트로 변환해주는 언어 인식인가의 여부다."[68]

센서로 작동하는 기기는 수집되는 데이터를 최소화하는 프라이버시 친화적 기본 설정과 구조적 보호의 중요성을 잘 보여준다. 편의성 같은 다른 가치를 높여주는 디자인은 종종 위험하거나 짜증스러운 프라이버시 부작용을 불러일으킨다.[69] 예를 들어 아이폰의 최신 모델은 카메라 앱이 사용 중인 경우에는 사용자가 셔터 버튼을 누르지 않아도, 심지어 카메라가 비디오를 찍도록 설정돼 있지 않아도, 언제나 지속적인 사운드와 비디오의 스트림을 자동으로 녹음/녹화하도록 기본값으로 설정된다.[70] 우리는 사소하지만 점점 더 문제가 되는 방식으로 더욱 더 많은 데이터를 수집하도록 강요받고 있다.

바디캠

경찰의 책임감을 높이려는 노력의 하나로, 일부 관할 지역에서는 경찰들의 바디캠 사용을 의무화하고 있다.[71] 이들 카메라는 투명성을 제공할 수 있지만, 집요한 감시와 데이터 수집 기기로 작동할 수도 있다. 카메라는 증인, 용의자, 구경꾼의 모습을 그들이 가장 취약하고 스트레스를 받을 때 비디오로 잡을 뿐 아니라, 엄청난 규모의 데이터를 생산한다.[72]

카메라에 의해 제기되는 프라이버시 관련 문제의 근본 원인은 바디캠Body Camera 시스템을 구성하는 기술 디자인과 연관된다. 예컨대 이 카메라는 '항상 켜진' 상태로 있도록 설계됐는가 아니면 on/off 버튼이 있는가? 해당 버튼은 리모컨으로 작동되거나 카메라에 부착돼 바디캠을 입은 경관이 언제 켜거나 끌지 결정할 수 있는가? 여기에는 두 가지 상반되는 가치가 작용한다. 예를 들어 경관은 성폭행 피해자를 보호하기 위해 카메라를 끄고 싶어 할 수 있다. 하지만 그런 배려는 카메라를 통해 의도한 책임감의 기능을 훼손할 수 있다. 카메라는 녹화할 때 붉은 빛을 내는 식으로 녹화 사실을 알려주는가? 그렇게 녹화된 데이터는 어떻게, 어디에 그리고 얼마 동안 보유되는가? 데이터는 이 기술을 정부에 제공하는 기업과 공유할 것인가?[73] 이런 기술은 얼굴 인식 기술과 통합될 것인가? 바람직한 프라이버시 디자인은 바디캠 기술이 가진 책임성의 가치를 보존하면서, 동시에 카메라에 포착되는 사람들의 모호성과 프라이버시를 보호할 수 있는 방안을 모색할 것이다.

탐색 기술에 프라이버시 청사진 적용하기

책임감 있는 감시와 적절한 데이터 활용은 합리적 갈등, 신중한 데이터 보유, 자유로운 삭제 등에 달려 있다. 단적으로 말해 과속 방지턱과 짧은 데이디 보유 조건을 확보해야 한다는 뜻이나. 보호성을 보상해 수는 탐색 기술을 만들려면 입법자들은 데이터 수집을 최소화하고, 어느 선까지는 탐색 기술 자체를 덜 효율적으로 만들어 모호성의 급진적 제거에 따른 피해를 막아야 한다.

데이터 최소화 원칙을 포용하라

이 대목에서 나는 앞에 했던 공정정보 규정에 대한 비판을 어느 정도 제쳐두고, 그것이 지닌 가장 중요한 미덕 중 하나를 칭찬하지 않을 수 없다. 바로 '데이터 수집 최소화data minimization'의 원칙이다. 비록 공정정보 규정의 내용 자체는 디자인에 대해 별다른 지침을 주지 못하지만, 데이터 수집 최소화는 디자인의 핵심이다. 데이터 수집 최소화는 '수집 제한collection limitation' 원칙의 변주로, 기술은 특정한 목적을 달성하는 데 직접 연관되고 필요한 개인정보만을 수집하고 보유하도록 디자인돼야 한다는 내용이다. 일단 그런 목적이 성취되면 수집된 개인정보는 더 이상 필요치 않고 따라서 삭제돼야 한다고 데이터 수집 최소화의 원칙은 명시한다.

이것은 디지털 시대의 핵심 보호책이다. 빅데이터 옹호자들은 흔히 데이터 수집 최소화의 원칙은 시대에 뒤떨어진 공정정보 규정이라고 주장하지만, 이런 입장은 데이터의 사용과 공유 방식을 제한한 규칙의 실질적 효과를 과신한 것일 수 있다. '동의'의 허약함 그리고 수많은 종류의 감시가 가진 정보 관계의 부재를 고려하면, 데이터 수집 최소화의 원칙은 프라이버시의 청사진을 세우는 매우 유용한 툴 중 하나가 될 수 있다. 데이터 최소화의 원칙을 디자인에 구현하는 한 가지 쉬운 방법은 '삭제delete' 버튼의 디자인을 향상하는 것이다. 앞에서 저자는 정보에 대한 '제어'의 권리가 법과 정책에서 남발되고 있다고 지적했지만, 그럼에도 '삭제' 버튼은 엄청난 효력을 발휘할 수 있다. 그것은 단순하고 직접적이다. 사람들은 직관적으로 그게 무엇을 뜻하는지 안다. 그것을 찾고 사용하기가 쉬워진다면 사용자 정보에 대한 제어 능력을 실질적으로 높이는 최선의 방법 중 하나가 될 수 있다. 어떤 정보가 사라지기를 원한다면 삭제 버튼을 눌러라. 삭제 버튼은 물론 모든 정보에 통하지는 않을 것이다. 때로 어떤 정보는 다른 데이터와 분리할 수 없고, 심지어 익명화돼 아예 찾지 못할 수도 있다. 너무 많으면 사람들은 그에 압도돼 삭제 옵션이 무의미한 동의보다 별반 낫지 않은 상황도 가능하다. 하지만 '온라인 지우개Online Eraser 법'으로 알려진 캘리포니아주의 SB 568과 유럽연합의 일반개인정보보호법에 포함된 삭제의 권리는 '삭제' 버튼 의무화에 규제의 초점을 맞출 필요가 있음을 시사한다. 중요한 것은 사람들이 압도되지 않도록 그리고 삭제에 대한 기대가 현실과 부합하도록 유의함으로써 원하는 정보만 삭제되고, 기업은 기업대로 적절한 서비스에 필요한 정보만을 수집할 수 있도록 균형을 잡는 일이다. 데이터나 계정의 삭제 옵션이 데이터 수집과 관련된 모든 위험을 사용자에게 부당 전가하게 되는 상황이 돼서는 안 된다.

모호성 훼손을 부추기는 기술에 마찰을 더하라

모호성을 훼손하는 일부 기술의 문제는 법적 규제를 가하기에는 무해한 것처럼 보이지만, 대규모로 집적되면 우려되는 상황으로 발전한다는 점이다. 따로 떼어놓고 보면 별로 문제가 없어 보이는 입술의 움직임을 읽는 독순술讀脣術, lip-reading을 생각해보자. 옥스포드대학교 연구원들이 인공지능을 활용해 개발한 독순 기술은 구조화된 조건에서 대화 내용의 93.4%를 정확하게 판별할 수 있었다. 한편 동일한 작업을 요청받은 인간 독순술 참가자들의 판독 수준은 52.3%였다. 어떤 독순 기술은 사람들의 입술 움직임을 읽기가 더 어려운 무작위 비디오 클립에 대해서도 말하는 내용의 거의 절반 정도를 정확히 판독할 수 있었다.[74]

언뜻 보기에 입술의 움직임을 읽는 기술과 관련된 프라이버시 문제는 별로 심각해 보이지 않는다. 발언은 그 본성상 무엇인가를 드러내는 행위다. 내가 레스토랑 같은 사교적 공간에서 발언할 때, 내 말을 엿듣는 사람이 누구든 내가 무슨 말을 하는지 들을 수 있다. 그렇다면 독순술은 발설되는 내용을 직접 듣는 것과 무엇이 얼마나 다르다는 말인가? 그에 대한 대답은 독순 기술은 엿듣는 행위와는 다른 차원의 모호성 훼손을 가져올 수 있다는 것이다. 사람들이 무슨 말을 하는지 알기 위해서는 보통 가까이에 있거나 전자적 도청 행위를 해야 한다. 가까운 주변의 사람들이 엿듣지 못하게 하고 싶을 때는 목소리를 낮추면 된다. 그리고 법규는 도청 행위를 규제한다. 그와 동일하게 법은 독순 기술을 심지어 그것이 공공 장소에서 사용되는 경우도 규제해야 한다. 실제로 이것은 심각한 문제다.

모호성을 훼손하는 기술이 미치는 피해는 미국 수정헌법 제4조에서 명시한 것 같은 전통적 제약으로 어느 정도 줄일 수 있다. 하지만 미디어와 비디오 레코딩 플랫폼도 이런 기술이 적절하게 사용되도록 배려할 수 있다. 구글은 안경을 흉내 낸 감시장비 구글 글래스를 선보였을 때 얼굴 인식 기술의 사용을 배제했는데, 이는 현명한 선택이었다. 애플 같은 스마트폰 제조사는 앱 스토어를 감독하거나 휴대폰 자체에서 그런 기능의 사용을 금지함으로써 독순 기술을 규제할 수 있다. 2016년 트위터는 소셜미디어를 감사나 자사의 약관에 위배되는 행위에 사용하는 사람들이 트위터의 응용프로그램인터페이스API에 접근하는 것을 차단하겠다고 발표했다.[75] 자사의 플랫폼을 기반으로 한 제3자 디자인과 활동을 적절히 규제하는 일은 신기술의 안전성을 보장하는 중요한 열쇠다.

머그샷mug shot만 모아놓은 웹사이트는 모호성의 급격한 훼손을 보여주는 한 사례다. 경찰이 용의자를 체포한 직후, 아직 유죄 여부가 결정되기 전에 찍는 얼굴 사진을 가리키는 머그샷이 대체로 공공 기록이라는 사실에 놀라는 사람도 적지 않을 것이다. 놀랍게 생각하는 이유는 과거에는 머그샷을 일부러 찾아보는 사람이 드물었기 때문에 사실상 모호한 상태였기 때문이다. 누군가가 적극적으로 그런 사진을 검색하지 않는 한 이들은 보통 보이지 않게 숨어 있었다. 이런 모호성은 특히 과거의 잘못을 뉘우치고 새 출발을 하려는 사람들에게 결정적으로 중요하다. 머그샷은 법을 어겼다는 혐의를 받았음을 보여주는 수치스럽고 자극적인 상징이다. 일반 사람들이 보는 머그샷 사진의 대부분은 수배 포스터의 중형 범죄자나 불량하게 행동한 유명인이다. 따라서 이런 사진은 실제 범죄가 무엇이었든 혹은 당사자가 궁극적으로 유죄 선고를 받거나 받지 않았든 상관없이, 놀라울 만큼 부정적인 이미지를 동반한다. 잠재적 고용 기업이나 친구, 파트너가 당사자를 제대로 알기 전에 당사자의 머그샷을 먼저 본다면 아예 취직이나 친구 관계가 될 기회조차 갖지 못할 수도 있다. 머그샷은 부당하게 표적이 되고, 동일한 범죄에 대해 백인보다 훨씬 더 가혹한 처벌을 받기 십상인 아프리카계 미국인들에게 특히 부정적인 영향을 미친다.[76]

불행하게도 돈을 받고 머그샷을 모자이크 처리해주는 사업도 있다.[77] 머그샷Mugshots, 저스트머그샷JustMugshots, 버스티드머그샷BustedMugshots 같은 이름의 웹사이트는 공공 기록 검색으로 머그샷을 모은 다음, 각 머그샷에 해당 인물의 이름을 태그해 구글 같은 검색엔진을 통해 쉽게 찾을 수 있는 데이터베이스를 만들었다. 누군가가 그런 머그샷을 검색해 얼굴이 노출된 경우, 당사자가 본인의 모호성을 회복할 수 있는 옵션은 하나밖에 없다. 해당 웹사이트에 돈을 내고 사진을 내리는 것이다. 그것은 슬프게도 일부 웹사이트가 매우 쉽게 만들어낸 비즈니스였다. 공공 기록과 열린 정부는 민주주의와 공동체 복지에 더없이 중요하지만, 이런 소규모 비즈니스는 사실상 갈취 행위였다. 지나치게 많은 것을 범죄화하는 지금 시대에 모든 범죄 혐의를 디지털 주홍글씨로 만들어버리는 것은 잘못이다.

이어 '마찰'의 대응이 나왔다. 거래 비용을 조절해 특정한 정보의 접근성을 당사자 취향에 맞춰 높이거나 줄일 수 있다는 아이디어였다.[78] 구글이 먼저 알고리즘을 수정해 검색 결과에서 머그샷 웹사이트의 가시성을 낮춤으로써 머그샷 사업에 타격을 입혔다. 마스터카드, 페이팔, 다른 지불 시스템이 이들 웹사이트에 대한 지불 처리를 정지시켜 주요 매출 흐름을 끊었다. 이런 노력이 머그샷 수집과 태깅을 완전히 차단한 것은 아니지만 모호성을 높임으로써 이들의 부작용을 완화했다. 노골적인 갈취를 금지하는 규칙과 더불어 이런 '마찰' 대응은 사람들이 중시하는 모호성과 대중에게 공개되는 수준 사이에서 더 적절한 균형을 꾀할 수 있다.

일부 판사들은 거래 비용을 낮추는 데 기여하는 설계의 역할을 인정하기 시작했다. 비록 '모호성'이라는 단어는 2008년 뉴욕주 대법원의 버삭 대 수오지Bursac v. Suozzi 판결에 등장하지 않지만, 기자위원회Reporters Committee 판결[79]에서 인정됐던 '프라이버시에 대한 관심privacy interests'을 인용하고 있다. 여기에서 법원은 비록 음주운전으로 체포된 사실은 공공 기록의 사안이지만, 뉴욕주 나소 카운티Nassau County에서 음주운전으로 체포된 사람들의 머그샷과 이름을 담은 '수치의 벽Wall of Shame' 페이지를 온라인에 개설한 토마스 수오지Thomas Suozzi 카운티 행정국장의 처사는 지나쳤다고 판결했다. 윌리엄 R. 라마르카William R. LaMarca 판사는 "정부 기관에 의한 인터넷 공개의 범위와 영구성은 나소 카운티의 '수치의 벽'이 인쇄 매체 같은 전통적이고 정기적인 형태의 보도나 출판과 뚜렷하게 차별되는 부분이다. 음주운전 단속을 홍보하는 카운티 행정국장의 캠페인은 적법한 목적에 부합하지만, 인터넷에 구체적인 개인 식별 정보를 올리는 행위는 그에 따른 수많은 잠재적 부작용 때문에 법원은 우려를 표명하지 않을 수 없다."라고 판시했다. 법원은 음주운전으로 인한 체포 기록을 온라인에 공개하면 "영원한 오명을 뒤집어쓰게 되며 이를 제어할 아무런 장치도 없다."면서 문제의 페이지에 등재된 사람들이 받게 될 피해를 줄이라고 명령했다. 해당 음주운전 체포자 명단에 누구나 쉽게 접근할 수 있게 됨으로써 온당한 절차에도 부정적 영향이 미친다는 점을 지적했다. 그뿐 아니라 수치의 벽은 너무나 쉽게 고용주나 임대인에 그릇된 편견을 안겨줄 수 있고, 더 나아가 그런 정보를 오용할 수 있다는 우려가 제기됐다.

정책 입안자, 판사, 관련 업계는 사람들의 모호성을 급격히 훼손할 수 있는 기술을 적절히 제어할 수 있는 방안을 지속적으로 모색해야 한다. 이것은 디자인에 대한 규제에서 일종의 '과속 방지턱' 이론으로 보면 된다. 위험한 과속 운전이 가능하게끔 도로가 디자인된 경우 도시공학자들은 구조적 보호의 일환으로 과속 방지턱을 설치한다. 방지턱은 운전자에게 물리적으로 자동차 속도를 낮추게 할 뿐 아니라, 본인들의 자동차가 손상되지 않도록 하려면 더 느리게 달려야 한다고 권장함으로써 일종의 '마찰'을 제공한다. 과속 방지턱은 속도를 늦추기는 하지만 자동차가 목적지에 도달하지 못하게 막지는 않는다. 기술적 마찰도 그와 비슷하게 작동한다. 정보 검색의 난이도를 높인다는 것은 해당 정보를 찾겠다는 동기가 더 높은 사람들만 찾아낼 수 있을 것이라는 뜻이다. 마찰의 수준이 적절하다면 대다수 사람들은 불필요한 관음증, 뒷담화나 차별로부터 현실적인 보호를 받을 수 있을 것이다. 한편 특정 인물에 대해 더 자세하고 종합적인 정보가 필요한 사람들은 추가 노력과 시간을 투자함으로써 원하는 목표를 이룰 수 있을 것이다.

마지막으로 정책 입안자들은 생체인식 기술에 대해 마찰과 데이터 최소화의 관점으로 적극 개입해야 한다. 얼굴 인식 같은 기술은 급진적인 모호성 훼손을 초래하도록 디자인돼 있다. 이 기술은 과거에는 몇 시간, 몇 주, 심지어 몇 년이 걸렸던 일을 불과 몇 초 안에 완료한다. 얼굴 인식 기술의 적법한 용도는 분명히 존재하지만 그 위력은 자칫 오용되기 쉽다. 사람들을 괴롭히고, 그들의 자유로운 의사 표현과 움직임을 제한하며, 차별하고, 그들의 행동으로 드러난 비밀을 폭로하는 데 사용될 수 있다. 이런 기술이 개발되고 일상화되면 그로 인한 효과를 되돌리기는 어려울 것이다.

얼굴 인식과 다른 생체 인식 기술이 모바일 전화기 같은 기기의 인증 도구로 사용되는 것을 내가 우려하는 이유도 그 때문이다. 그것은 강력한 기능의 광범위한 사용을 일상화하면서 모호성을 파괴하는 감시 시스템을 위한 인프라의 기반을 놓는다. 생체인식 법규는 동의를 얻도록 요구함으로써 얼굴 인식 기술의 위험한 특성을 인식하고 있음을 보여주지만, 우리는 이미 동의 체제가 얼마나 제한적이고 비현실적인지 이미 확인한 바 있다. 그보다 더 효과적인 대안은 아마도 얼굴 인식 기술의 불법 사용 사례를 설정하고, 어떤 맥락에서 어떤 방식으로 얼굴 인식 기술이 사용될 수 있는지 규칙을 정하고, 생체인식 데이터의 저장, 사용, 공개, 삭제에 관한 수탁 의무는 제3자에 양도될 수 없다고 강조함으로써 얼굴 인식 기술을 적용하는 데 요구되는 거래 비용을 높이는 것인지 모른다. 일단 얼굴 인식 기술이 예외적이라는 인식이 사라지면 우리가 잃어버린 모호성을 회복하기도 그만큼 더 어려워질 것이다.

유출성 기술

어떤 기술은 개인정보를 유출함으로써 사람들에 대한 감시와 정보 수집을 너무나 쉽게 만들어버린다. 나는 '누설하기 쉬운' 혹은 '유출성leaky'이라는 용어를 불필요하게 위험한 방식으로 사람들의 개인정보를 노출하도록 설계된 기술에 쓰고자 한다. 유출성 기술은 흔히 제3자의 인가되지 않은 정보 접근을 가리키는 '정보 침해data breach'의 개념과 연관되지만 그와 구별된다. 유출성 기술은 제3자보다 해당 기업의 자발적인 실수unforced error 쪽에 더 가깝다.

예를 들어 정기적으로 온라인 포르노를 보는 3천만여 명 미국인의 대부분은 스스로가 어느 정도의 프라이버시를 보장받는다고 생각한다. 한 사람의 성적 취향은 매우 사적이어서 관련 내용이 공개됐을 때는 본인에게 심각한 피해를 입히고, 다른 이들의 편견을 불러일으킬 수 있다. 그러나 온라인 포르노 웹사이트는 은밀하게 정보를 흘린다. "당신이 보는 포르노가 당신을 지켜본다Your porn is watching you"라는 제목의 기사에서 브라이언 머천트Brian Merchant는 "대부분의 인기 포르노 사이트는 방영하는 필름의 정확한 성격을 노골적으로 인터넷 주소URL에 드러낸다. XVideos, XHamster, XXNX는 모두 주소 구성을 '민망한 형태의 이국적인 포르노는 여기에서'라는 뜻의 'http://www.pornsite.com/view/embarrassing-form-of-exotic-pornography-here.htm' 식으로 표시한다. (중략) 폰허브Pornhub와 레드튜브Redtube 사이트 정도만 방영되는 비디오 성격을 'www.pornsite.com/watch_viewkey=9212' 같이 숫자로 표시해 가린다.[80] 성인용 웹사이트의 프라이버시에 대한 최근 한 연구에 따르면, 비록 제3자의 추적이 여느 인기 사이트에 견줄 수 있을 만큼 극심하지는 않지만 구글 추적기(구글 애널리틱스Google Analytics 그리고/또는 더블클릭DoubleClick)은 거의 모든 사이트에서 발견됐으며, 검색 단어는 제3자 기업에 평문 형태로 종종 유출됐고, 때로 쿠키 속에 코딩됐다.[81]

이 같은 정보 유출은 흔하며 때로는 우발적이다. 노래를 판별해주는 샤잠Shazam 앱의 초기 버전은 맥 컴퓨터를 켜면 심지어 사용자가 마이크를 끈 경우에도 계속해서 켜진 상태로 유지됐다.[82] 이것은 나쁜 것처럼 들리지만 중요한 것은 어떤 일이 벌어지는가다. 사용자가 능동적으로 마이크를 켜지 않으면 오디오가 앱에 포착되더라도 처리되지 않았다. 이런 디자인 선택은 비록 오용의 위험성이 없지 않지만, 앱의 기능을 향상시키기 위한 것이었다. 이런 내용이 알려지자 앱은 문제를 수정했다. 이것은 디자이너에게 흔한 일이다. 입법자와 정책 입안자들은 버그가 없는 소프트웨어를 만들기 위해 최선을 다한 경우라도 버그는 여전히 존재할 수밖에 없다는 사실을 명심해야 한다. 따라서 유출성 기술로부터 발생하는 피해 위험을 납득할 만한 수준까지 낮추기 위해 온건하거나 중도적인 대응책을 사용해야 한다. 강력 대응은 그런 목표가 성취되지 않은 경우로 국한해야 한다.

유출성 기술에 프라이버시의 청사진 적용하기

데이터 수집 최소화는 탐색 기술의 경우만큼이나 유출성 기술에 중요하다. 하지만 또 다른 핵심 변수는 코드의 버그를 최소화해 예기치 못한 충격을 막아야 한다는 점이다.

데이터 저수지를 만드는 디자인에 저항하라

정보 유출을 막는 최선의 방법 중 하나는 유출될 정보가 없도록 하는 것이다. 다니엘르 키츠 시트론은 개인정보로 가득 찬 대규모 데이터베이스의 유용성과 위험성을 잘 가두고 있을 때는 매우 유용하지만, 그렇지 못할 때는 재난적인 피해를 일으키는 대형 저수지에 비유했다. 시트론 교수는 "당대의 불법행위 이론은 급변하는 기술을 미처 따라잡지 못하는 부주의나 태만의 잘못 대신 개인정보의 사이버 저수지를 무너뜨린 데 대한 무과실 책임을 지지한다."라고 주장한다. 기업의 과실 여부와 상관없이 관리하는 정보의 유출로 발생하는 모든 피해에 책임을 묻는 무과실 책임 제도는 필요한 정보만을 저장하도록 설계된 기술 개발을 유도한다. 정보의 보유 자체가 상당한 법적 책임의 위험을 동반하기 때문이다.[83]

설령 입법자와 법원이 데이터 손실에 따른 무과실 책임을 기업에 묻지는 않는다고 하더라도, 정보를 삭제하거나 비식별 정보로 바꾸고, 혹은 아예 정보를 저장하거나 감시하지 않는 기술적 디자인을 개발하도록 권장해야 한다. 폴 옴 교수는 소위 '폐허의 데이터베이스database of ruin'를 만드는 시도에 반복해서 경고하고 반대해 왔다. 그는 지금과 같은 추세라면 "데이터베이스는 모든 개인을 적어도 하나씩의 깊이 숨겨온 비밀과 연결할 수 있게 될 것이다.

이런 정보는 수치심을 느끼는 의료 비밀이거나 가족사 혹은 개인의 내밀한 성적 비밀일 수도 있다. 이것은 깊숙이 숨겨온 비밀이어서 만약 공개되는 경우 민망함이나 수치심보다 더 큰 심각하고, 구체적이며, 치명적인 피해를 초래할 수 있다. 그리고 이런 기업은 서로 다른 저장 매체를 통합해 하나의 거대한 데이터베이스를 만들 것이다. (중략) 일단 이런 데이터베이스가 만들어지면 우리가 그것을 예전처럼 분리할 가능성은 거의 없다."[84]

앞에서 언급한 대로 데이터 수집을 최소화한 디자인은 데이터 저수지와 '폐허의 데이터베이스'로부터 발생하는 피해를 줄이는 열쇠다. 판사들은 정보 수집과 관리 과정에서 기업의 태만 여부를 분석할 때 디자인 역할에 특히 주목해야 한다. 데이터는 유용한 동시에 위험을 안고 있기 때문에 취급도 그런 이중성을 반영해야 한다. 하지만 정보 수집으로 인한 피해를 줄이는 데 가장 중요한 법적 대응은 데이터 보유 법규를 경계하는 일이다.

데이터 보유 법규는 인터넷 서비스 제공자와 다른 데이터 보유 기관에 그들 고객의 인터넷 활동을 추적한 데이터를 수집하고 저장하도록 요구한 규정이다.[85] 데이터 보유 요구 조건을 둘러싼 싸움은 수십 년간 진행돼 왔다. 2014년 유럽재판소는 유럽연합의 데이터보유지침Data Retention Directive에 대해 기본적인 프라이버시 권리를 위반한 것이라고 판결했다. 법원은 해당 지침이 "사생활 존중의 기본 권리와 개인정보보호에 대해 반드시 필요한 내용에 국한하지 않은 채 광범위하고 심각하게 개입하고 있다."[86]라고 지적했다.

데이터 보유는 프라이버시 친화적 디자인의 반대다. 더 이상 관련이 없는 정보를 삭제하도록 디자인되지 않은 기술은 광범위하고 조밀한 정부 감시 체제가 초래하는 것과 동일한 위험을 불러일으킨다. 조엘 라이덴버그는 데이터 보유 의무 조항에 대해 정부가 개별적인 원인이나 합리적 의심의 근거 없이 접근할 수 있도록 기업에 데이터를 장기간 보유하도록 요구하는 것은 유럽연합과 미국의 헌법 철학이 바탕을 둔 무죄 추정과 상반된다고 비판했다.

또한 그는 "만약 법이 일반적으로 수집과 보유를 요구한다면 근거는 해당 데이터에 포함된 모든 개인이 의심된다는 것이다. 마찬가지로 만약 상업적 목적으로 생성된 데이터 세트에 광범위한 접근이 허용되는 경우 그를 뒷받침하는 핵심 철학은 해당 데이터 세트에 포함된 모든 개인이 의심된다는 의미다. 이런 관행은 헌법 철학의 핵심인 무죄 추정의 원칙에 반하는 유죄 추정으로 바꾼다."라고 썼다.[87]

소비자 기술을 통해 수집되는 데이터를 정부가 보존하고 싶어하는 데는 분명히 그럴듯한 이유가 있지만, 그런 근거는 사람들의 프라이버시 권리와 충돌한다. 라이덴버그는 엄격한 보유 제한과 명확하고 견고한 접근 제어가 필요하다고 주장한다. "넘지 말아야 할 경계선은 (1) 보유 기한은 명확하고 정당한 근거가 없는 한 재무 활동에 요구되는 기한을 넘지 않아야 하고, (2) 독립되고 공익에 봉사하는 감독 장치 없는 접근은 금지하며, (3) 정보 기관과 법 집행 기관 혹은 법 집행 기관과 경제적 권리를 감독하는 기관이 정보를 교차 공유해서는 안 된다."는 것이다. 데이터 보유의 근거를 따지고 가능한 한 보유를 자제하라는 요구는 프라이버시 법의 어젠다에 포함돼야 한다.

유출 점검

프라이버시 법 강좌 외에 저자는 불법행위법을 가르친다. 나는 종종 특정한 문제에 대해 타인에게 피해를 입힐 위험성과 합리적 예방의 수준을 비교하는 관점에서 바라본다. 이것은 위법적 과실tort of negligence의 핵심이다. 입법자와 정책입안자는 소비자 기술과 데이터 수집 시스템을 만드는 기업에 상시적인 유출 점검을 요구함으로써 유출성 기술의 위험을 효과적으로 줄일 수 있다. '데이터 유출data leakage'은 데이터 보안 프로토콜과 프라이버시 영향 평가에서 중요하게 다루는 부문이기도 하다.[88] 그러한 시스템에서 문제는 유출 자체보다 적절한 검사와 수리를 하지 않은 것이다. 데이터 침해 사실을 알리도록 요구한 법규도 설령 '고지'의 특성상 사전 안전점검보다는 사후의 대응 조치의 성격이 짙다고 해도 기업에 특정 기술을 시행하기 전에 유출 점검을 함으로써, 유출이 발견된 다음에 뒤늦게 보고해 입게 될 평판 훼손과 금융상의 피해를 막을 수 있다.[89]

숨은 정보 흐름을 사람들에게 경고하라

이 책에서 거듭 강조하는 내용 중 하나는 소비자 기술의 실제 작동 방식은 소비자가 머릿속에 그리는 작동 모델과 일치해야 한다는 것이다. 이것은 어떤 기술이 언제, 어떻게 정보를 수집하는지에 대한 추정도 포함한다. 업계와 입법자들은 기술이 사용자와 그런 기술의 영향을 받는 다른 사람들에게 보내는 표준적인 신호에 면밀한 주의를 기울여야 한다. 이런 신호는 심리 모델, 행동유도성, 제약 등과 관련된 사용자 기대에 영향을 미치기 때문에 법률적으로 중요한 의미를 띨 수 있다. 하지만 입법자들은 이런 신호를 감시행위 전반에 대해 포괄적 동의를 제공하는 메커니즘으로 보고 집착하지 않도록 주의해야 한다.

더 중요한 것은 사용자인 우리가 명확하며 별다른 노력이 요구되지 않는 기술적 감시 신호를 더 잘 인지할 수 있어야 한다는 점이다. 예를 들어 많은 사람은 웹캠 등이 켜진 사실을 눈치채지 못하거나 그런 불빛이 웹캠이 녹화 중임을 알려준다는 점을 모른다.[90] 이것은 기본적이고 쉬운 신호다. 만약 불빛이나 다른 단순한 감시 경고 신호가 더 널리 인지되고 이해되려면, 사람들에게 숨은 정보 흐름을 더 효과적으로 경고할 수 있어야 한다. 이런 디자인은 소비자 기술의 공개 제도에 통합될 수 있을 것이다. 하지만 기업은 더 적극 교육과 계몽 노력을 기울여 소비자가 일정한 신호와 그것이 뜻하는 내용 간의 간극을 좁혀야 한다. 그리고 특정한 경고는 더 중요하게 취급되도록 하고, 비교적 덜 중요한 내용은 자제해 소비자들이 피로를 느끼지 않도록 하는 규칙이 필요할 것이다.

궁극적으로 숨바꼭질 기술에 대응한 프라이버시 법의 디자인 어젠다는 간단하다. 정보를 보호하고, 삭제하고, 정보 검색에 필요한 거래 비용을 높이는 디자인을 지원하라는 것이다. 기업은 모호성을 급격히 훼손하거나 데이터 유출을 부추기는 기술을 경계해야 한다. 사용자들이 특정 기술의 작동 방식에 정확한 기대를 가질 수 있도록, 그 기대가 법규에 의해 존중되도록 해야 한다. 숨바꼭질 기술은 선한 목적에 사용될 때 굉장한 위력을 발휘할 수 있지만, 그것이 사람들의 신뢰와 모호성, 자율성을 훼손하지 않을 경우에만 가능하다.

8

사물인터넷

만약 우리가 입는 속옷을 디지털 망과 연결하면 어떨지 궁금했던 적이 있다면 좋은 소식이 있다. 바이브런디스Vibrundies라는 이름에서 느껴지는 그대로 인터넷에 연결돼 진동하는vibrating 속옷이라는 신제품이다.[1] 이 착용형 기술 제품을 만든 회사 웹사이트에서는 이렇게 소개한다. "바이브런디스는 트위터를 모니터하다가 해당 브랜드가 언급되거나 관련 트윗이 게시될 때마다 속옷에 내장된 특별 배터리로 진동을 일으켜 귀하에게 매번 아주 특별한 쾌감을 선사합니다. (중략) 휴대폰을 들여다볼 수 없을 때 바이브런디스는 귀하의 소셜 활동을 직접 느낄 수 있게 해줍니다." 이런 상황이라면 이제는 당신의 속옷조차 디지털 혁명으로부터 안전할 수가 없다고 봐야 할 것이다.[2]

이것은 흔히 '사물인터넷IOT, Internet of Things'으로 부르는, 급격히 확장되는 움직임의 수많은 유형 중 하나에 지나지 않는다. 자동차, 주택, 의복, 피트니스 모니터, 임신 테스트 키트, 심박조절기 같은 의료 보조 기기, 냉장고, 와인 병처럼 냉장고에 든 사물과 우리의 일상 생활에서 유용한 온갖 물건이 인터넷과 연결될 표적이다.

칩chip 중심의 사고 방식이 세상을 지배하고 있다. 이것은 "인터넷과 연결되면 좋은 사물을 더 좋게 만든다."라는 지나치게 단순화된 원칙에 기반을 둔다. 이런 업그레이드 사고 방식에 휘둘려 우리는 모든 것을 인터넷과 연결하기에 급급한 것처럼 보인다. 한편 기업이 인공물과 기기의 '제조사'에서 '서비스 제공자'로 바뀐 변화가 얼마나 중요한 의미를 지니는지 충분히 이해하는 사람은 정책 입안자와 규제 담당자를 비롯해 아무도 없는 것 같다.

사물은 인터넷에 연결됐다는 이유로 반드시 좋아지는 것은 아니다. 자주 인터넷은 사물의 쓸모를 악화시키고, 사용자들의 만족도를 오히려 떨어뜨린다. 사물인터넷은 하드웨어와 소프트웨어에 의존하기 때문에 버그가 많기로 악명 높다. 기기에 동작하는 부분이 더 많을수록 그것이 잘못될 가능성도 더 커진다. 예를 들어 영국의 한 화장장에 있는 인터넷과 연결된 스마트 TV가 오작동을 일으켜 아버지와 어린 아들에 대한 장례식 중에 하드코어 포르노를 방영했다.[3]

소프트웨어는 오늘 잘 작동하더라도 내일 다운돼 작동 불능이거나 오작동하는 사물로 바뀔 수 있다.[4] 소프트웨어는 문제를 바로잡고 취약점을 고치기 위해 정기적인 업그레이드가 필요하다. 인터넷 연결은 업그레이드를 가능하게 해준다. 하지만 그것은 동시에 해커에게 공격 벡터를 제공하며, 기업에 언제든 해당 사물인터넷 기기가 작동하지 못하도록 조종할 수 있게 해준다. 구글 네스트Nest가 어떻게 조명, 알람, 현관문을 제어하도록 디자인된 리볼브Revolv 허브[5]를 정지시킬 계획인지 고려해보라. 비록 보안 책임의 문제가 더 커지기 전에 중단하는 편이 보안성이 취약한 상태로 사물인터넷 기기를 운영하는 것보다 더 낫다고 볼 수도 있지만, 여전히 적지 않은 논란거리를 낳기는 마찬가지다.

사물인터넷 기기는 네트워크 안정성과 신뢰성에 피해를 줄 수 있을 뿐 아니라 인터넷 연결로 인해 그 효과가 배가된다. 우리 집에, 아파트에 혹은 기숙사에 널린 온갖 디지털 기기를 생각해보라. 랩톱, 휴대폰, 아마도 태블릿이나 게임기를 상상할 수 있을 것이다. 우리와 동거하는 다른 이들도 비슷한 기기를 가졌을 것이다. 2013년 경제협력개발기구^{OECD}는 회원국에서 4인 가족 기준으로 인터넷에 연결된 기기를 평균 10대 정도 갖고 있다고 추산했다.[6] 또한 2020년에는 적어도 개인당 50대의 사물인터넷 기기를 갖게 될 것으로 예측했는데, 이미 그 수치는 넘어섰다. 여기에는 자동차, 에너지 소비량을 보여주는 디스플레이, 스마트 체중계, 가정의 자동화 센서, 스마트 플러그 등이 포함된다. 평균이 그렇다는 추산이다! 기술에 열광하는 이들, 부자들, 얼리어답터가 얼마나 많은 사물인터넷 기기를 갖게 될지 상상해보라. 이런 증가세는 더 많은 디자인 오류를 낳을 것이고, 점점 더 복잡해지면서 이를 관리하기도 그만큼 더 어려워질 것이다. 이런 기기는 서로 소통하며 문제를 일으킬 뿐 아니라 데이터 유출, 은밀한 감시와 치명적인 보안 취약점을 찾아내기가 건초 더미에서 바늘 찾기처럼 어렵게 만들 것이다.

8장에서 나는 사물인터넷 기기의 디자인이 무엇보다 먼저 인터넷과 연결하기로 한 결정은, 프라이버시와 보안 관련 법에서 핵심적인 우려사항이 돼야 한다고 주장한다. 구체적으로 인터넷 연결성을 사물에 더하기로 한 결정 자체는 법적 책임과 직결돼야 할 것이다. 이것은 연결성을 위한 전제 조건과 규칙을 정하거나 연결성에 따른 의무사항을 요구하는 방식으로 가능하다. 사물인터넷 기술은 위험할 수 있고, 이는 엉성하게 디자인되는 경우 보안상 취약할 뿐 아니라 예기치 못한 억압적 감시를 가능케 할 수 있다는 뜻이다. 소셜미디어와 숨바꼭질 기술이 그렇듯이 사물인터넷 디자인에 대해 소비자 보호와 제조물 안전의 시각에서 접근해야 하며, 해당 기기의 작동 방식이 소비자들이 짐작하는 심리적 모델과 부합하는지, 기기가 어떤 행동유도성을 갖는지, 디자인에 의해 부과되는 제약은 무엇인지에 초점을 맞춰야 한다. 주어진 사물인터넷 기기의 용도를 이해하는 것은 어떤 문제가 예견되는지, 어떤 문제가 사물인터넷의 제한된 경고 방식으로 완화될 수 있는지 그리고 어떤 디자인이 구조적으로 위험한지 파악할 수 있는 열쇠다.

물론 사물인터넷 문제 중 많은 경우는 기초적인 컴퓨터와 데이터베이스를 사용하는 데 따른 문제와 구별되지 않는다. 만약 그것이 데이터를 수집하고 사용하고 공유하는 기술이라면 언제든 해킹될 수 있고, 해킹될 것이다. 폐쇄회로 TV 카메라와 드론처럼 사물인터넷 기기는 센서를 부착하고 있고 그에 접근할 수 있다. 사물인터넷은 여러 차원에서 데이터 수집, 사용, 공유를 위한 또 다른 채널에 지나지 않는다. 다시 말하면 사물인터넷은 랩톱, 태블릿 혹은 스마트폰이 제기하는 것과 비슷한 데이터 보안과 데이터 보호 문제를 낳는다는 뜻이다.

그러나 일반적인 컴퓨터 문제와 사물인터넷 간의 차이는 눈에 띄지 않고, 광범위하게 분산되며, 컴퓨터와 다른 용도를 지니고, 인터넷에 연결해 얻는 혜택은 그에 따른 골칫거리를 정당화할 정도로 크지 않다는 점이다. 인터넷을 일상의 온갖 사물 속으로 확장하는 행위는 미미한 혜택을 명분으로 사람들의 자율성을 서서히 훼손하며, 그에 따른 위험성은 종종 정식 컴퓨터를 연결한 경우만큼이나 심각하다. 마리아 퍼렐Maria Farrell은 "보안성이 취약한 사물인터넷 기기는 다중 데이터 접근점을 통해 우리의 센서 데이터, 활동 로그, 개인 연락처 같은 정보를 수시로 유출하지만, 본인 정보에 대한 제어 권한을 확보하는 일은 시지푸스Sisyphean의 오르막길만큼이나 힘겨운 싸움이다. 사물인터넷은 사이버 공격의 표적이 될 수 있는 표면만 늘리는 것이 아니다. 보안 취약점으로 전이되는 부분이 워낙 많아서, 사용자들은 그것이 버그가 아니라 의도된 기능이라는 사실을 감지하기 시작한다. 점점 더 '스마트'해지는 도심을 돌아다니면서 우리는 곳곳에서 데이터를 흘린다. 하지만 그로부터 주된 혜택을 누리는 것은 우리가 아니다."라고 설명한다.[7] 업계는 연결성의 혜택을 홍보하지만 그 혜택이 주로 사용자를 위한 것인지 아니면 업계를 위한 것인지는 분명하지 않다.

더 큰 문제는 사물인터넷이 항상 연결돼 있기 때문에 오프라인의 삶을 선택할 수 있는 여지가 거의 없어진다는 데 있다. 업계의 저돌적인 사물인터넷 지원으로 기업은 인터넷에 연결되지 않은 '멍텅구리^{dumb}' 제품을 소위 '스마트한' 제품으로 빠르게 대체한다. 소비자에게 화려하고 그럴듯해 보이는 이면으로 기업은 더 많은 데이터를 수집한다. 주의하지 않으면 우리는 별다른 업그레이드도 없는 온갖 '사물^{things}'을 사용하기 위해 연결성에 의존하게 될 것이다. 그것이 모든 사물인터넷 기기에 동일한 것은 물론 아니다. 인터넷에 연결된 자동차는 스스로 운전하는 자동차에 뚜렷하고 강력한 우위를 안겨준다. 하지만 헤어드라이어와 칫솔은 어떤가? 정부 기관은 전력 소비 행태를 알려주는 스마트 미터, 아마존 에코 같은 스마트 스피커 등 우리 가정의 사물인터넷 기기로부터 정보를 얻어낼 수 있다. 더 많은 데이터를 원하는 학교도 학생들에게 기기를 사용하도록 만들어 이들의 진도를 더 세밀한 방식으로 추적하는 데 관심이 있을 것이다. 그런 기기를 만들면 누군가 데이터를 얻기 위해 올 것이다.

이제는 이 문제를 원천에서부터 따져야 할 때다. 바로 사물인터넷 기기의 디자인이다. 8장에서 이 기기가 가진 데이터 보호와 보안 문제를 검토하겠지만, 내가 정말로 관심을 갖는 대목은 사물인터넷만의 독특한 특성 때문에 이 분야를 다루는 프라이버시 법은 인터넷에 연결되는 사물이 무엇인지, 그것이 사용되는 방식은 어떤지 같은 디자인을 최우선 관심사로 삼아야 한다는 것이다.

프라이버시, 보안 그리고 사물인터넷

'헬로 바비Hello Barbie'는 상징적인 사물인터넷 기기다. 유명한 바비 인형의 새로운 버전으로 와이파이 성능을 갖추고 음성 명령에 반응하도록 프로그램돼 있다. 헬로 바비는 버튼을 누르면 어린이의 목소리를 녹음한다. 인형이 '듣는' 동안 해당 오디오 데이터는 서버로 전송되고, 거기에서 말이 인식되고 처리된다. 해당 데이터는 이어 바비 인형이 아이에게 더 잘 응답할 수 있도록 돕는다.[8] 헬로 바비는 사물인터넷에 관한 가장 거센 공포를 불러 일으켰다. 인형은 어린이로부터 민감한 정보를 수집할 수 있는 위치에 있고, 더욱이 인형은 다른 전자제품과 달리 기술이 구식이 되더라도 버리지 않고 오랫동안 보관하는 경향이 높기 때문에, 홈 네트워크에 대한 추가적인 사이버 공격 벡터를 제공할 수 있다. 어린이들이 헬로 바비를 갖고 노는 데 와이파이는 필요치 않다. 인형 제작회사인 마텔Mattel이 어느 시점에서 헬로 바비에 대한 보안 패치의 업데이트를 중단하면 인형이 집안의 네트워크에서 사이버 공격에 취약한 링크가 되지만, 부모와 어린이들은 그런 사실을 알 리가 없다. 디자인이 중요한 것은 이 지점이다. 우리는 프라이버시와 보안에 관한 사물인터넷의 디자인에 특히 더 회의를 품어야 한다.[9]

스코트 피페트Scott Peppet는 프라이버시에 관한 한, 센서 데이터가 특히 비식별화하기 어렵다고 주장한다. 더욱이 사물인터넷 기기는 당신이 무엇을 먹고, 언제 먹는지, 언제 집에 있는지, 집안 온도를 몇 도에 설정하는지, 언제 침실에 있는지, 심지어 언제 섹스를 하는지 같이 믿기 어려울 만큼 구체적인 개인정보를 수집할 수 있다.[10] 그뿐 아니라 어떤 사물인터넷 기기는 비밀을 지키겠다는 약속도 없이 우리의 정보 공개를 부추긴다. 헬로 바비가 그런 경우다. 메그 레타 존스Meg Leta (Ambrose) Jones와 케빈 뮈러Kevin Meurer는 어린이들이 흔히 인형을 믿고 털어놓는 비밀을 유지할 능력이 있는지 파악하기 위해 인형의 아키텍처와 작동 방식을 검토했다. 두 사람은 헬로 바비 기술이 비밀을 유지할 수 있는지 여부를 사용자에게 알려줄 수 있을 만큼 진보된 수준이었다고 결론을 내렸다. 하지만 인형은 "어린이의 비밀 대화를 부모, 제3자, 잠재적으로 트위터 팔로어의 전체 네트워크와 공유하는 경향이 있다. 이처럼 광범위한 데이터 공유 경향은 어린이가 다른 사람들을 신뢰하는 데 부정적인 영향을 끼칠 수 있고, 그와 동시에 자녀의 데이터를 관리할 수 있는 부모의 권위를 훼손한다."고 지적한다.[11] 정보 수집과 사용에 대한 동의도 사물인터넷의 경우 헤어나기 힘든 수렁 같아서, 고지와 관리를 중심으로 설정된 동의 절차가 실패할 수밖에 없는 또 다른 이유를 보여준다. 사물인터넷 속옷과 변기의 경우 정확히 어디에 프라이버시 정책을 붙여야 하는가? 사물인터넷 기기는 컴퓨터나 스마트폰보다 우리의 은밀한 순간에 대한 접근이 더 정기적으로 허용됐지만, 이들의 프라이버시 동의 메커니즘은 형편없이 망가져 있다.

그리고 사물인터넷의 완성판이 막 워밍업에 들어갔다. 실리콘밸리의 '무슨 수를 써서라도 혁신'이라는 주문은 지난 20년간 수많은 프라이버시 법을 무효화하고 인터넷의 감시 경제를 살찌웠다. 미국에서 기본 가정은 그럴 수 없다는 명시적 거절 때까지 어떤 정보든 수집할 수 있다는 것이다. 유럽연합과 일부 아시아 국가의 기본 가정은 그 반대로 적법한 근거 없이는 개인정보의 처리를 금지한다는 것이다.

예컨대 기기 간의 교차 추적을 고려해보자.[12] 실버푸시SilverPush는 인도의 벤처 기업으로 당신의 모든 컴퓨팅 기기를 식별한다. 실버푸시는 웹페이지와 텔레비전 광고에 내장된 귀에 들리지 않는 소리와 쿠키를 사용해 개인정보를 실버푸시로 전송한다.[13] 이 기법은 해당 기업에 당신이 사용하는 여러 기기를 모두 추적할 수 있게 해준다. 브루스 슈나이어에 따르면 실버푸시는 당신이 시청하는 텔레비전 광고와 웹 검색을 연계할 수 있다. 당신이 태블릿 사용 행태를 당신의 컴퓨터 사용 패턴과 연결지을 수 있다. 슈나이어의 표현에 따르면 "당신의 컴퓨터 기기는 당신의 등 뒤에서 당신에 대해 대화하며, 대부분의 경우 당신은 이들이 무슨 내용을 주고받는지 모르며, 그런 작동을 막을 수도 없다."고 설명한다. 연방거래위원회는 소비자들이 그런 기술과 행태에 관한 정보를 명확히 고지를 받아야 한다고 언급했다.

사물인터넷은 앞서 언급했듯이 또 다른 치명적 문제점인 데이터 보안 문제를 안고 있다. 사물인터넷에서 성공한 해킹 사례는 매우 다양하며, 브이테크VTech와 피셔-프라이스Fisher-Price도 해킹을 당했다.[14] 연구자들은 사물인터넷 초인종이 사용자들의 와이파이 비밀번호를 공개한다는 사실을 발견했다.[15] 사물인터넷 인형, 삼성 냉장고, 지프 체로키, 와이파이 기능이 장착된 트래킹포인트TrackingPoint 저격용 라이플(해킹되면 해커들이 원격으로 자신들의 표적을 고를 수 있다) 등에서 보안상 오류가 입증됐다.[16] GPS 어린이 추적기는 해커들이 부모 행세를 할 수 있게 허용하는 오류가 있었다.[17]

앤디 그린버그Andy Greenberg와 킴 제커Kim Zetter는 2015년을 '보안이 취약한 사물인터넷의 해'로 불렀다. 시스코에 따르면 이미 2008년에 사람보다 더 많은 수의 사물이 인터넷에 연결됐다.[18] 새로운 사물인터넷 기기가 추가될 때마다 그만큼 해커들의 공격 표면도 늘어난다.[19] HP는 얼마 전 사물인터넷 기기의 70%가 심각한 보안 취약점을 안고 있다고 추산했다. 간단히 말해 우리는 사물인터넷 제품에 대한 수요에 부응하는 속도로 사물인터넷의 보안을 확보하지 못했다.

정부의 정보 및 법 집행 기관의 관계자들은 사물인터넷이 감시의 또 다른 채널을 제공하기 때문에 반기는 분위기다. 그리고 이들은 당신의 속옷이나 인형에 달린 센서를 적극 활용하겠다는 의도를 숨기지 않는다. 예를 들어 전직 국가정보국 국장인 제임스 클래퍼James Clapper는 미국에 대한 연례 '위협 평가' 결과를 상원에 보고하는 자리에서 "미래에 첩보 서비스는 사물인터넷을 이용해 식별, 감시, 모니터링, 위치 추적, 채용을 위한 표적화 혹은 네트워크나 사용자의 접근 정보 확보 활동을 수행할 수 있다."고 말했다. 영국의 일간지 「가디언^{Guardian}」의 칼럼니스트이자 언론자유재단 이사장인 트레버 팀^{Trevor Timm}은 클래퍼의 증언이 사실상 암호화 기술 때문에 '암흑시대로 돌아간다'거나 용의자 감시 능력을 읽어버린다는 FBI의 최근 주장이 타당하지 않음을 드러낸다고 지적한다. 과거 어느 때보다도 더 많은 감시 방법이 존재하기 때문이다.

가보와 일회용품이 뒤섞인 인터넷

규제 기관과 업계는 사물을 인터넷과 연결할지 결정하는 일에 충분히 진지하지 못하다. 일부 사물인터넷 기업은 사물을 인터넷과 연결하는 작업의 용이성과 매력에 너무 경솔하게 처신한다. 하지만 사물인터넷을 만들기가 쉬운 만큼 그에 대한 배려도 소홀하고, 따라서 어떤 위험을 초래할지 제대로 고려하지 않는다. 브이테크 같은 사물인터넷 회사는 해킹 사고에 대한 책임을 외면했다. 이 회사의 사물인터넷 장난감이 해킹돼 막대한 규모의 데이터가 쇼단^{Shodan}(사물인터넷 전문 검색엔진)에 유출됐다. 브이테크의 망신스러운 데이터 침해는 6백만 어린이들의 개인정보를 노출했다.[20]

소프트웨어의 약관에 브이테크는 **"당신은 해당 사이트를 사용하는 동안 주고 받는 어떤 정보도 안전하지 않으며, 인가되지 않은 사람이나 기관이 가로채거나 후에 취득할 수 있다는 점을 인정하고 동의합니다."**라는 불길한 문구를 굵은 글씨로 삽입했다. 이것은 합리적인 사용 계약조건이라기보다 코미디 프로그램인 '새터데이 나이트 라이브^{Saturday Night Live}'의 풍자용 소재에 더 가까워 보인다.

심지어 기업은 자사 제품이 사용되는 동안 안전성을 보장하고 싶어도 그런 약속이 끝까지 이행되는 것을 보지 못할 수도 있다.[21] "오늘은 있지만 내일은 사라질 수도 있다."는 말은 지속 가능성의 정신보다는 혼돈의 정신이 혁신을 주도하는 실리콘밸리의 경구라고 할 만하다.

수많은 선의의 기업이 사물인터넷 제품을 출시했다가 저조한 판매로 수익을 올리지 못해 제품을 내놓은 지 얼마 안 돼 폐업하게 되는 사태를 막을 방법은 거의 없다. 그런 일이 생기면 해당 제품에 대한 사후서비스나 보안 패치는 불가능해질 것이다. 그럼에도 해당 제품이 보증 기간 뒤에도 계속 작동하면 소비자들은 사용을 멈추거나, 그렇지 않다면 적절한 '소비자 경계심'을 갖고 그로부터 발생하는 보안 사고에 개인적으로 책임을 질 수밖에 없다. 이런 상황 때문에 사물인터넷 기기는 인터넷에 연결되지 않은 '멍텅구리' 제품에 비해 더 많은 비용이 들며 더 위험하다.

사물인터넷 기기는 컴퓨터와 다르다

사물인터넷이 제기하는 프라이버시와 보안 문제는 심각하다.[22] 하지만 지금까지 우리의 논의는 '사물'보다는 '인터넷' 부분에 더 치중했다. 우리의 법과 미사여구는 사물인터넷의 모든 '사물'이 마치 컴퓨터와 표준 정보기술과 동일한 위험을 내포하고 있는 것처럼 단정하고 이들이 지닌 차별적 성격을 제대로 검토하지 못했다. '사물'의 위험은 다 같지 않다. 이들은 컴퓨터와 다르고, 사물끼리도 서로 다르다. 특정한 사물의 본질과 해당 디자인은 우리가 그것을 어떻게 이용하는지, 그것을 어디에 설치하는지, 거기에 얼마나 많은 주의를 기울이는지, 그것을 어떻게 관리하는지, 얼마나 오래 보유하는지 등 폭넓은 내용에 영향을 미친다. 그리고 이런 변수는 어떤 취약점을 초래하게 될지도 좌우한다.

컴퓨터를 인터넷에 연결하는 것은 인형이나 냉장고처럼 처리하지 않는 용도로 사용하는 사물을 인터넷에 연결하는 것과 같지 않다. 인터넷 접속 기능이 없는 컴퓨터는 클라우드 컴퓨팅의 시대에 가치가 제한적이다. 인터넷 접속이 해당 사물의 핵심 기능에 반드시 필요치 않은 사물인터넷에 대해서는 그렇게 말할 수 없다. 인형은 와이파이 없이도 갖고 노는 데 지장이 없고, 의복과 기저귀를 입고 차는 데도 아무런 문제가 없으며, 커피메이커는 여전히 커피를 내릴 수 있고, 냉장고는 음식을 차게 보관할 수 있다. 적어도 이상적으로 말이다.

이들 사물 중 어떤 것은 가령 헬로 바비처럼 제조회사가 중요한 보안 업데이트(패치) 지원을 중단한 뒤에도 오랫동안 사용될 가능성이 높다. 그와 대조적으로 사물인터넷 기저귀와 샴푸병 같은 제품은 금세 사용되고 버려질 용도이다. 이런 경우처럼 작은 일회성 사물은 제한된 대역폭과 저장 용량 때문에 보안 서비스가 어렵다.[23] 이들 일회성 사물에 보안 기능을 투자하기는 비용이 너무 많이 든다. 투자수익률[ROI]이 충분히 높지 않은 것이다. 그럼에도 이들 기기는 우리 집안에 남아서 홈 네트워크에 지속적인 보안 위협으로 작용한다.[24] 보안 연구자인 브라이언 크렙스[Brian Krebs]는 엉성하게 설정된 사물인터넷의 기본 설정은 보안 차원에서 악몽에 가깝다고 지적한다.[25] 이것은 일회성이나 값싼 사물인터넷 제품처럼 판매돼 사용되거나 설치된 다음에 업그레이드하는 데 비용이 너무 많이 드는 기기에서 특히 그렇다.

일부 기업은 심지어 어떤 사물이든 사물인터넷으로 바꿔주는 얇은 접착성 필름을 개발하고 있다.[26] 이것은 아마도 우리 집안의 사물인터넷 숫자를 가장 빠르게 늘리는 방법일 것이다. 하지만 새로운 사물인터넷이 하나씩 늘어 인터넷에 연결될 때마다 새로운 보안 위험이 추가된다. 이를테면 사람들이 일상적으로 사용하는 온갖 물건에 대해 컴퓨터에 들이는 만큼의 주의를 기울이기까지는 시간이 걸릴 것이다. 그렇게 사고방식을 바꿀 때까지 우리 일상에 커피메이커의 운영체제를 업데이트해야 한다는 생각은 선뜻 들어오지 않을 것이다.

크렙스는 "사물인터넷을 구입하기 전에 (중략) 또 다른 사물인터넷 기기에 요구되는 보안 조치와 주의를 현실적으로 감당할 수 있을지 생각해 봐야 한다."라고 강조한다. "당신이 새로 구입한 사물인터넷 장난감은 당신 집안의 네트워크 보안에 구멍을 내고, 새로운 보안 취약점을 노출할 것이다. 사물인터넷 제조사는 그런 취약점을 고치는 데 늦거나 패치하기가 현실적으로 어려워 아예 고치지 않을 가능성도 크다."고 덧붙인다. 크렙스는 시스코의 보안교육 매니저인 크레이그 윌리엄스Craig Williams의 말을 인용해 "보안이 취약한 사물인터넷 기기는 해당 네트워크에 접속된 다른 기기에도 무제한 접근을 허용한다. (중략) 설상가상으로 거의 아무도 사물인터넷의 운영체제에 접근해 그것이 해킹당했음을 파악할 수 없다. 아침에 일어나 '집안의 온도계 펌웨어를 업데이트할 시간이야'라고 생각해낼 사람은 거의 없다."고 설명한다. 이것은 사물인터넷의 '사물'이 집안의 소중한 가보든 아니면 일회용품이든 해킹을 당해 해커들이 네트워크에 연결된 다른 기기에도 자유롭게 접근할 수 있는 상황일 수 있다는 뜻이다. 취약한 상태로 방치된 사물인터넷은 인터넷에도 재난을 불러일으킨다. 크렙스 자신도 해킹돼 좀비 기기가 된 사물인터넷 기기가 일으킨 분산형 서비스 거부 공격DDoS을 당했다.[27] 주요 인프라에 대한 위협뿐 아니라 사물인터넷이 해커의 손에 들어가 웹사이트를 검열하는 데 사용되면 표현의 자유까지 위협받을 수 있다.

사물인터넷 기기의 허술한 기본 설정은 흔하고, 사용자가 이를 바꾸는 일은 복잡한 절차가 필요하다. 더 큰 문제는 해당 사물인터넷의 소프트웨어 업데이트 절차가 유연하지 못하다는 점이다. 소프트웨어의 일반적인 수명, 즉 소프트웨어 제조사가 버그와 문제를 적극 바로잡고 업데이트하는 기간은 2년 정도다. 하지만 지금 인터넷에 연결된 일부 '사물'의 예상 수명은 10년 정도다. 커피메이커와 냉장고가 얼마나 오래 가는지 생각해보라. 우리가 오랫동안 보유하는 사물인터넷은 보안의 악몽이다. 어떤 경우에는 물리적, 경제적 위협이 될 수도 있다. 심박조절기와 콘택트렌즈 같은 이식 기술과 신용카드 같은 지불시스템이 와이파이와 연결됨에 따라, 업계와 입법자들은 이들 기기에서 방치된 코드(이들은 모두 결국 모두 방치될 것이다)가 아무런 피해도 초래하지 않도록 보장해야 한다.[28]

해커들은 기업이 사물인터넷 기기에 대한 보안 및 업데이트 서비스를 중단하기를 기다린다는 증거가 있다. 보안 전문가인 제임스 모드James Maude는 "더 이상의 기술 지원이 중단된 소프트웨어의 위험성은 종종 사람들이 예상하는 것보다 더 광범위하다. (중략) 더 이상 보안 업데이트가 제공되지 않는 소프트웨어를 사용하는 데 따른 분명한 위험은 해킹이 내일 벌어진다고 해도 이를 막을 방법이 없다는 점이다."라고 말한다.[29] 모드는 해커들이 소프트웨어의 취약점을 알아도 더 효과적으로 이를 악용하기 위해 제조사가 해당 제품에 대한 더 이상의 지원을 중단할 때까지 기다린다고 설명한다.

그럼에도 극소수 중요한 예외를 빼면,[30] 법은 사물을 인터넷에 연결하는 문제에 대체로 불간섭주의였다. 대다수 프라이버시 법은 데이터에 대한 규칙이다. 이것은 중요한 물리적 기능, 실재하며 따라서 직접 감지할 수 있는 유형물의 특징을 지나치게 추상화한다.[31] 기업은 일반적으로 그들이 수집하는 정보에 대해 합리적인 프라이버시와 데이터 보안 대책을 제공하도록 돼있다. 하지만 단순히 사물을 인터넷에 연결하는 데 대한 규제 준수 비용은 거의 없다. 그 비용을 높일 필요가 있다.

사물인터넷에 대한 더 치밀한 접근은 더 안전한 기술을 개발하고 판매하는 데 도움이 될 것이다. 사물인터넷 사용자들이 맞닥뜨릴 수 있는 위험을 줄여줄 것이다. 보통 사용자들은 가보와 일회용품의 인터넷이 초래하는 위험성을 이해하고 적절히 대처할 만한 위치에 있지 않다.

사물인터넷에 프라이버시의 청사진 적용하기

프라이버시 법의 디자인 어젠다에서 첫 단계는 입법자, 규제자, 법원이 사물인터넷의 '사물'이 가진 특성을 더 잘 인식하는 것이다. 좋은 소식은 법이 프라이버시와 데이터 보안이 맥락에 따라 달라질 수 있음을 인식한다는 점이다.[32] 대부분의 데이터 보안 규칙은 폭넓고 '합리적인reasonable' 접근법을 요구한다.[33] 그럼으로써 대부분의 데이터 보안법은 사물인터넷이 제기하는 문제를 기민하고 유연하게 다룰 수 있다. 법원과 입법자들은 거기에서 시작해 더 깊이 들어갈 수 있다.

재앙이 되기 전에 사물인터넷상의 동의를 중단하라

처음부터 이 부문을 들어내자. 지금과 같은 동의 방식은 사물인터넷에서 통하지 않는다. 첫째, 많은 사물인터넷 기기는 스크린이 작거나 아예 없고, 사용자의 피드백 메커니즘도 사용하기에 너무 불편하다. 기기를 제어하는 데 앱을 사용하는 것은 모바일 공간에서 겪은 동의의 실패로 우리를 되돌리는 효과밖에 없다. 통근할 때 당신의 자동차를 사용하기 위해 최근에 다운로드 받은 소프트웨어 약관을 읽고 동의해야 한다고 자동차가 당신에게 묻는다면 그것은 바람직한 일이 아니다. 만약 운전 중에 동의 여부를 묻는다면 더더욱 그렇다.

피페트는 현재의 사물인터넷 기기는 사용자들에게 제조사의 프라이버시 정책을 제대로 알려주지 못한다고 주장해 왔다. 설령 그런 정책이 있다고 해도 혼란스럽고, 불완전하며, 실상을 호도하는 내용이다. 사물인터넷의 여러 프라이버시 정책을 검토한 피페트는 이들이 "누가 센서 데이터를 소유하는지, 기기가 정확히 어떤 생체인식이나 다른 센서 데이터를 수집하는지, 어떻게 그런 데이터가 보호되는지, 어떻게 그런 정보가 팔리거나 사용되는지에 대해 불분명하다. 주와 연방 차원의 소비자 보호법규는 이런 문제와 더불어, 사물인터넷이 소비자의 동의와 관련해 어떤 문제를 낳는지 아직 제대로 짚지 않고 있다"고 지적했다.[34]

사물인터넷 기기를 통해 동의를 받는 일은 사용자들에게 낯선 게임 같다. 여기에서 이기는 유일한 수는 거기에 응하지 않는 것이다. 입법자들이 고려할 수 있는 한 가지 가능한 해법은 사물인터넷의 동의 방식을 무효로 취급하는 것이다. 다시 말하면 계약과 정보보호 같은 동의 기반 제도에서 입법자와 판사들은 미니 화면과 다목적 버튼으로 주어진 동의의 유효성을 기각해야 한다. 이런 비정상적 방식은 '생각의 만남meeting of the minds'이라는 계약 정신을 사실상 무효화하는 것이다. 대신 프라이버시 법은 제조사에 기본 수준의 보호 대책을 요구하는 한편, 사용자에 대한 보호 책임을 경감하되 면제하지는 않는 경고 메시지를 사용자에게 전달하도록 의무화해야 한다.

사물인터넷 보안을 표준화하라

사물인터넷의 디자인과 개발 절차를 표준화하는 것도 유용할 수 있다. 5장에서 언급한 것처럼 디자인을 표준화하면 수많은 혜택이 따르며, 그런 표준이 널리 이용되도록 하는 정부의 역할은 상의하달식 통제 대신 '온건한' 대응이 선호된다. 국제표준기구와 미국 국립표준기술연구소 등과 같이 이미 정착된 표준 개발 기구에 더해 정책입안자들은 '나는 기사다I Am The Cavalry'[35] 같은 풀뿌리 기구의 하의상달식 노력을 활용해 사물인터넷 기기의 프라이버시와 보안 수준을 해당 제조사가 사용자들에게 충실히 알리고, 적절한 보호 대책을 수립하도록 요구해야 한다. '나는 기사다'는 주요 인프라의 안전성에 초점을 맞춘 보안 연구자 그룹으로, 소비자용 사물인터넷 기기에 다섯 개 별점 평가 시스템을 적용해 소비자들이 해당 기기의 보안 수준을 쉽게 판단할 수 있도록 돕는다.[36] '나는 기사다'는 사물인터넷 제품에 대한 평가 기준을 임시로 개발했는데, 여기에는 '기본 보안', '보안 중심 디자인', '보안 기능 내장', '프라이버시' 같은 범주가 포함돼 있다.

사물인터넷 연구를 가로막지 말고 지원하라

입법자와 정책 입안자들은 보안 취약점과 버그를 찾아내 보고하는 작업을 지원하고 활성화해야 한다. 여기에는 사물인터넷의 보안 문제를 악화하는 디지털저작권관리 시스템DRM 37 관련 법규를 완화하는 일도 포함된다. DRM 자체가 보안상 취약할 수 있으며, DRM을 보호하는 법규는 건전한 보안 연구를 방해한다. DRM은 기기 사용자가 자신의 기기를 보호할 수 능력을 제한한다.[38] 웹의 핵심 표준을 관리하고 보안 위험을 최소화할 수 있는 규칙을 적용하는 비영리 기관인 월드와이드웹 컨소시엄이 DRM으로 보호된 소프트웨어의 버그를 보고하는 연구자를 보호하도록 하자는 전자프런티어재단의 제안은 경청할 만하다.[39]

사물인터넷에 대한 합리적 수준의 데이터 보안을 의무화하라

입법자들이 사물인터넷의 디자인을 향상시키는 가장 상식적이고 근본적인 방법은 타당한 수준의 보안을 의무화하는 것이다. 이들은 이미 그런 방향으로 움직이기 시작했다. 미국의 국토안보부DHS는 『사물인터넷 보안을 위한 전략적 원리Strategic Principles for Securing the Internet of Things』라는 문서에 여러 권고 사항을 담았고, 그중 하나는 '디자인 단계에서 보안을 통합할 것'이라는 내용이다. 이 보고서는 "너무나 많은 경우 경제적인 동기로, 혹은 위험에 대한 무지로 기업은 보안 요소를 거의 고려하지 않은 채 기기를 시장에 내놓는다. 디자인 단계에서 보안 대책을 적용하면 잠재적 위험을 줄일 뿐 아니라, 제품이 출시된 다음에 뒤늦게 보안 조치를 취하려 할 때 요구되는 비용과 어려움을 모면할 수 있다."[40]고 설명한다. 국토안보부의 권고 사항 중에는 제품의 기본 사용자 이름과 비밀번호를 독특하고 깨기 어려운 내용으로 정하고,[41] 기기에 기술적으로나 경제적으로 유효한 최신 운영체제를 사용하며,[42] 보안 기능을 내장한 하드웨어를 사용해 보호책과 기기의 완전성을 강화하고,[43] 보안 사고를 염두에 두고 기기를 디자인하라는[44] 내용이 들어 있다. 다른 해법은 원격이나 클라우드가 아니라 기기 차원의 로컬 처리 옵션을 더 적극 활용하고, 동형 암호화homomorphic encryption 같은 최근 보안 기술을 도입하는 것이다.[45]

사물인터넷의 보안을 염두에 두고 디자인하는 일은 확고한 법률적 의무여야 한다. 입법자들은 인터넷에 연결되는 사물의 본질에 부응해 법적 책임의 수준을 정해야 한다. 인터넷 접속 기능을 갖춘 인형은 기저귀나 자동차와 다르고, 그 용도와 생명주기에 대한 기대도 다르다. 경직된 획일적 체크리스트로 사물인터넷 기기의 데이터 보안을 재단하는 대신, 입법자들은 맥락에 맞춰 보호 의무의 수준과 범위를 유연하게 적용해야 한다.

이런 요구 조건은 원칙적으로 이미 설정돼 있다. 일반적으로 말해 대부분의 미국 보안 법규는 '합리적인 데이터 보안reasonable data security'을 요구한다. 예를 들어 연방거래위원회는 '해당 기업이 보유한 소비자 정보의 민감도와 양, 비즈니스의 규모와 복잡성 및 보안을 향상하고 취약점을 줄이는 데 가용한 툴의 비용 등을 고려해' 일반적으로 부당한 데이터 보안 행태를 금지한다.[46] 많은 주와 연방 법률은 구체적인 금지나 의무 사항을 제시하기보다 합리적인 데이터 보안 행태를 요구한다.[47]

합리성이라는 기준은 완벽하지는 않지만 유연하고, 사물인터넷으로 인해 초래되는 새로운 문제점을 적절히 고려할 수 있다. 입법자와 법원은 '합리적인 보안'을 사물인터넷 기기에 대한 최소한의 기대 수준과 일회성 아이템인 경우에도 데이터 보안의 하한선을 포함하는 것으로 해석할 수 있을 것이다.

기업 측에서 사용자에게 해당 사물인터넷 기기의 예상 수명이 얼마이고, 그에 대한 보안 패치를 얼마 동안 제공할지 알려주는 시스템을 생각해보자. 회사가 약속한 기간보다 앞서 파산한다면 회사는 사용자에게 신속하게 그 사실을 고지하거나 남은 기간의 보안 패치 책임을 제3자에게 위임해야 할 것이다. 그렇게 하면 사물인터넷 기기의 좀비 현상을 줄일 수 있을 것이다.

일정 사물인터넷 기기에는 '킬 스위치'를 달자

많은 사물인터넷 기기는 시간이 지남에 따라 위험해진다. 해커들이 네트워크 접속에 활용할 수 있는 허점과 오류가 방치되기 때문이다. 이에 대한 한 가지 보호 대책은 해당 기기의 접속을 쉽게 '죽이는kill' 제어 장치나 스위치를 기기에 설치하는 것이다. 폴 옴 교수는 그런 제어장치를 '두뇌 제거 스위치lobotomy switch'라고 부른다. 네트워크 연결을 끊으면 기기는 '멍텅구리'가 되지만 기술적으로는 여전히 사용 가능하기 때문이다. 예컨대 헬로 바비는 와이파이에 연결하지 않고도 제대로 작동하며, 커피메이커는 '비연결' 모드에서도 커피를 내릴 수 있다.

국토안보부는 사물인터넷의 보안 가이드라인에서 연결 스위치를 검토하라고 권고하면서 업계는 "제조사, 서비스 제공사, 소비자들이 필요한 경우 네트워크 연결이나 특정 포트를 차단하거나, 선택적인 연결이 가능하도록 제어 장치를 설치해야 한다. 사물인터넷 기기의 목적에 따라 해당 기기의 사용 시한에 대한 지침과 통제권을 소비자에게 제공하는 일은 바람직한 비즈니스 관행이 될 수 있다."고 말한다.[48]

입법자들은 한 기업의 '합리적인 데이터 보안' 노력을 평가할 때 이런 킬 스위치를 변수 중 하나로 고려할 수 있다. 소프트웨어에 대한 더 이상의 업데이트 서비스가 제공되지 않아 연결을 완전히 끊는 것이 더 바람직하다고 생각하는 기기에 대해서는 이를 의무화하는 것도 한 방법이다. 인터넷 연결이 없으면 제대로 작동하지 않는 기기도 보안을 위해 킬 스위치를 설치하는 방법이 필요할지 모른다. 그러나 그런 선택사항은 사용자들과 명시적으로 소통돼야 하며, 소비자들은 그런 기술을 사는 것이 아니라 단지 임대하는 것이라는 점을 고지받을 필요가 있다. 이것은 규제 기관이 소프트웨어 기반의 서비스와 제품에서 흔한 "지금 구입하세요"라는 주장을 더 면밀히 검토해야 한다는 뜻이다. 애런 퍼자노스키Aaron Perzanowski와 크리스 제이 후프네이글은 디지털 시대의 "지금 구입하세요" 방식은 소비자가 실제로 사는 것은 제한적인 권리만을 가진 라이선스라는 점을 제대로 알리지 않는다고 주장한다.[49]

하지만 문제가 있다. 킬 스위치는 일부 제한된 범주의 폐쇄형 시스템의 사물인터넷 기술에는 잘 작동하지만, 기능하는 데 복수 인터페이스와 계층에 의존하는 개방형 기술에 적용하기는 훨씬 더 어렵다. 브루스 슈나이어는 복잡한 시스템에서 킬 스위치를 사용하려면 "거의 완벽한 계층형 승인 시스템을 구축해야 한다. 그것은 단순한 형태에서조차 난감한 보안 문제다. 해당 시스템을 펌웨어와 제조 회사가 다양한 이종異種 기기인 컴퓨터, 휴대폰, 개인용 디지털 어시스턴트, 카메라, 녹음기 등에 설치하는 일은 더욱 어렵다. 다양한 기관, 기업, 업계, 개인들에게 다른 수준의 권한을 위임하고, 그에 대해 적절한 보호 대책을 시행하는 일의 어려움은 두말할 필요도 없다."[50]

따라서 어떤 기기, 특히 다른 기기에 대한 제어권을 가진 기기에 킬 스위치를 설치하면 여러 문제를 일으킬 수 있다. 슈나이어는 "내 기기의 기능을 제한할 권한이 누구에게 있는가? 그리고 어떻게 그들은 그런 권한을 갖게 됐는가? 이들의 권한 남용을 막을 방법은 무엇인가? 나는 그런 제한사항을 무효화할 힘이 있는가? (중략) 경찰은 무제한의 권한을 가진 '슈퍼유저' 기기를 갖고, 다른 무엇이든 제한할 수 있는 '슈퍼컨트롤러' 기기를 갖는가? 오직 경찰만이 그런 기기를 가질 것이라고 어떻게 확신하며, 그런 기기가 불가피하게 나쁜 세력의 수중에 들어가면 어떻게 해야 하는가?"라고 묻는다. 그러므로 앱의 원격 터치스크린 킬 스위치가 아니라 지역 수준의 하드웨어에 내장된 연결 스위치는 일부 기기에 작동할지 모르지만, 킬 스위치를 전반에 걸쳐 설치하는 데는 신중해야 한다. 그렇게 했다가 해법보다 더 큰 문제를 낳을 수도 있다.

마지막으로 플러그를 뽑고 사물인터넷의 예외성을 진지하게 바라보자는 청원

만약 입법자들이 다른 아무 일도 하지 않는다면, 사물인터넷이 컴퓨터와 모바일 기기, 태블릿에 독특한 문제를 제기한다는 점을 인식해야 한다. 그런 만큼 인터넷 연결은 매우 신중하게 결정해야 한다. 국토안보부는 이런 문제를 인식하고 업계에 신중하고 계획적으로 연결하라고 주문한다. 사물인터넷 가이드라인에서 국토안보부는 이렇게 지적한다.

> 사물인터넷의 소비자들은 특히 산업적 맥락에서 사물인터넷의 사용과 그를 통해 발생할 수 있는 위험성을 감안해 지속적인 인터넷 연결이 꼭 필요한지 신중하게 고려해봐야 한다. 사물인터넷 소비자들은 신중하고 계획적으로 연결함으로써, 사물인터넷 기기의 잠재적 데이터 침해나 실패의 위험을 인터넷에 대한 연결을 제한하는 데 따른 비용과 비교 평가함으로써 네트워크 연결로 인해 초래되는 잠재 위협을 차단하는 데 도움을 줄 수 있다. 현재의 네트워크 환경에서 어떤 사물인터넷 기기든 그것이 사용되는 동안 작동이 중단되거나 해킹을 당할 수 있다. 사물인터넷 개발자, 제조사, 소비자들은 그런 사태가 해당 사물인터넷 기기의 주요 기능에 어떤 영향을 미칠지, 이어 비즈니스 운영에 어떤 파장이 미칠지 고려해야 한다.[51]

나는 사물인터넷에 관한 주의의 개념을 한 단계 더 진전시키자고 권고한다. 프라이버시 법은 사물인터넷을 법률적 관점에서 예외적인 것으로 취급해야 한다. 다시 말하면 사물인터넷 기기를 또 다른 컴퓨터나 모바일 휴대폰처럼 취급하지 말아야 한다는 뜻이다. 오히려 사물인터넷은 더 널리 분산돼 있으면서도 문제점은 소비자 눈에 잘 띄지 않기 때문에 오남용의 위험도 더 크고, 따라서 업계는 사물인터넷 기기를 개발하고 출시할 때 훨씬 더 큰 주의를 기울여야 한다. 이는 기업에 더 많은 자원과 계획을 요구해 '합리적인' 보안 대책, 최소한의 패치 기간, 기기의 유지 보수에 대한 재정적 약속, 사용자에 대한 더 효과적인 경고와 투명성이 확보되도록 하거나 앞에서 논의했듯이 일종의 킬 스위치를 통한 문제 완화 대책이 나와야 한다는 뜻이다. 만약 이것이 통하지 않는다면 입법자들은 사물인터넷 기기가 안전한 기기임을 보증하고, 네트워크에 부담과 위험을 초래하지 않는다는 모종의 인증 제도를 고려할 수 있다. 이들은 모두 유지 보수에 필요한 자원을 법적으로 요구함으로써 기기의 인터넷 접속 비용을 높이기 위한 전략이다. 그리고 사회적으로 연결성의 의미를 재검토할 수 있다. 지금 현재 연결성은 우월한 기능으로 비친다. 말을 알아듣고 대답하는 헬로 바비가 있는데 왜 평범한 바비 인형을 사는가? 하지만 네트워크 연결을 끊는 데 따른 혜택은 우리의 일상 대화에서 더 두드러져야 할 주제 중 하나다. 농구공을 인터넷에 연결하는 데 따른 집단적 위험이 혜택보다 훨씬 더 크다는 점을 더 이상 어떻게 더 설명해야 좋을지 모르겠다. 하지만 그런 점을 강조할 가치는 충분하다.

무엇인가를 단지 인터넷에 연결한다고 그것이 자동으로 더 좋은 제품이 되지는 않는다. 어떤 사물을 인터넷에 연결하는 것이 좋은 생각인지 아닌지 판단하는 일은 훨씬 더 복잡하다. 때로 인터넷 연결은 미미한 혜택을 대가로 우리를 취약하게 만든다. 입법자와 업계는 인터넷에 연결하려는 사물의 특성과 네트워크로 연결된 사물을 만들기가 얼마나 쉬운지에 대해 좀 더 의식적으로 고려해야 한다. 사물인터넷은 혁명적일 수 있지만 그것을 안전하고 지속 가능하게 이용하기 위해서는 뉘앙스를 고려한 경계선을 설정할 필요가 있다. 인터넷에 연결되지 않은 평범한 속옷의 가치를 깨닫게 한다면 그것으로 충분하다.

이 책을 마무리할 무렵인 2017년, 프라이버시 세계는 상전벽해의 변화를 겪고 있었다. 전 세계적으로 감시에 대한 정부의 관심이 높아졌다.[1] 구글과 마이크로소프트 같은 컴퓨터 및 소프트웨어 대기업은 데이터 분석, 자율주행 자동차, 로봇공학 기업으로 진화하고 있었다. 사람들은 인터넷에 연결된 센서에 의해 사상 유례 없는 규모로 추적을 당하고 있다. 인터넷은 더 이상 유아기에 머물러 있지 않고, 디지털 기술에 대한 십대 수준의 로맨스도 종말을 고했다. 디지털 세계가 성숙해짐에 따라 적절한 디자인을 확보하는 일은 과거 그 어느 때보다도 더 긴요해졌다.

프라이버시 법은 언론의 사생활 침해, 정부 감시, 소비자 보호법 이상을 넘어서게 됐다. 개인정보를 수집하고 사용하는 기술은 이제 기본적으로 데이터 보안, 표현의 자유, 공정한 경쟁, 공중 보건, 노동자 권리, 사회적 정의, 주요 인프라 등 다양한 문제와 밀접한 연계성을 갖는다. 2016년 해커들이 사물인터넷 기기를 좀비 군대로 동원한 대규모 분산 서비스 거부 공격으로 인터넷의 핵심 인프라 중 일부를 다운시키고 보안 연구자들의 발언을 억압했다.[2] 얼굴 인식 기술과 예측 치안유지 알고리즘은 인종적, 종교적 소수 그룹과 가난한 사람들에게 불균형적으로 유해한 방식으로 사용된다.[3] 플랫폼은 맞춤화된 넛지를 적절한 타이밍에 작동시켜 사회 문제와 정치 후보자에 대한 여론을 소삭하노톡 디자인된 불과 대량 수집한 개인정보를 활용해 민주주의를 훼손할 수 있다.[4]

그리고 이 모든 문제는 개인정보를 수집하거나 표시하는 기기나 소프트웨어와 함께 시작된다. 인터넷이 아직 유아기였을 때 만들어진 개인정보보호 규칙인 공정정보 규정은 여전히 필요하지만, 더 이상 이것만으로는 충분하지 않다. 디자인 어젠다가 필요한 것은 우리의 삶이 점점 더 소비자 기술에 의해 노출되고 영향을 받기 때문이지만, 이런 기술의 디자인은 현재 거의 아무런 검토나 평가도 받지 않고 있다. 이 책이 출간을 앞둔 시점까지도 소셜미디어 인터페이스, 생체인식 기술을 이용한 감시 기술 혹은 사물인터넷 기기에 대한 구체적 규칙은 거의 나오지 않았다.

디자인이 항상 해답은 아니지만 온당한 출발점이다. 이것은 내가 '디자인이 전부'라고 말할 때 의도한 바이기도 하다. 기술은 현대의 정보 수집, 사용, 공개와 관련된 거의 모든 활동에 연계되기 때문에 그런 기술 아키텍처는 정보 프라이버시의 모든 측면과 연관된다. 소비자들은 그들이 사용하는 기술을 신뢰할 수 있어야 한다. 소비자 기술에 대해 건전하고 지속 가능한 디자인을 담보할 수 없다면, 기술을 사용하는 모든 시스템은 위험해지고 신뢰할 수 없게 될 것이다. 규제 기관은 기술을 개발하고 디자인하는 주체보다 정보를 수집, 사용, 공개하는 하위 주체에게 너무 큰 위험 부담을 안긴다. 정보 수집자와 처리자만이 우리의 프라이버시에 영향을 미치는 주체가 아니다. 입법자와 법관은 디자인이 법의 의도를 회피하고 우리의 약점을 악용하도록 허용해서는 안 된다. 모든 합리적 수단을 동원해 건전한 디자인을 지원해야 한다.

나는 이 책에서 제안한 어젠다가 우리가 직면한 디자인 문제를 모두 해결할 것으로 생각하지 않는다. 대신 프라이버시의 청사진을 우리에게 필요한 공통 목표와 경계선, 툴을 식별하는 한 방식으로 제시한다. 내가 가장 중요하다고 식별한 가치와 경계선에 모두가 동의하지는 않을 것이다. 입법자들은 사람들의 기술 사용 실태, 소비자 안전과 적법한 감시 방안 등에 초점을 맞춰 다른 공공 가치와 경계선을 대체하는 데 내가 제시한 프레임워크를 사용할 수 있다.

지금까지 논의한 내용을 종합해보자. 나는 이 책에서 프라이버시 법은 소비자 기술 디자인을 더 진지하게 참고해야 한다고 주장했다. 가치, 심리 모델과 비례성proportionality의 개념에 기반을 두고 프라이버시 법을 위한 디자인 어젠다를 짜자고 제안했다. 당신이 이 책을 통해 별다른 통찰을 얻지 못했다고 하더라도 (1) 디자인 어젠다는 인간의 가치를 반영하고 지원해야 하고, (2) 신호와 거래 비용에 초점을 맞추며, (3) 온건, 중도, 강력 세 가지 수준의 대응으로 건전한 기술 디자인을 유도해야 한다는 세 가지 논점을 기억해주길 바란다.

디자인 어젠다는 인간적 가치를 반영하고 지원해야 한다

비록 이 책은 소비자 보호와 감시에서 신뢰, 모호성, 자율성에 주로 초점을 맞췄지만, 나는 더 커다란 범주의 다양하고 보편적인 문제를 이해하고 그에 대한 대응을 돕는 한 방법으로 프라이버시의 청사진을 제시한다. 신뢰와 모호성, 자율성은 다른 가치를 가능하게 한다. 이들은 친밀한 행위, 탐색 행위, 유희 행위 등에 안전한 영역을 제공함으로써 다른 목표와 가치를 높이는 데 활용할 수 있다. 모호한 상태를 유지함으로써 사람들은 불평등한 대우를 모면할 수 있다. 여러 관계에서 신뢰는 사람들이 서로를 대하는 방식을 더 돈독하게 한다. 자율성은 사람들이 저마다 진로를 결정하고 자신들의 계발 공간을 만들 자유를 보장한다. 하지만 자율성은 지나치게 이용되는 경우 도리어 반생산적이 될 수 있는 제어와 동의보다 우선시돼야 한다. 우리는 제어를 프라이버시의 우주로 취급하는 일을 멈추고, 소중한 유한 자원인 것처럼 취급하기 시작해야 한다.

디자인 어젠다는 신호와 거래 비용을 중심으로 해야 한다

현대의 프라이버시 법과 정책에서 가장 근본적으로 결핍된 대목은 아마도 어떻게 사람들이 실제로 소비자 기술을 사용하는지에 충분히 주목하지 않는다는 점일 것이다. 훌륭한 디자인은 기술의 행동유도성과 제약이 적절히 설정되고, 그런 내용이 사용자에게 잘 전달되도록 한다. 훌륭한 디자인은 주어진 기술이 어떻게 작동하는지에 대한 사용자의 심리 모델과 실제가 일치한다는 뜻이다. 디자인이 적절하도록 하기 위해 입법자들은 기술이 발산하는 신호와 기술이 부과하거나 줄이는 거래 비용에 주목해야 한다. 기만적이거나 가학적으로 사람들의 한계를 그들에게 불리하게 이용하는 신호는 줄이거나 금지해야 한다. 입법자들은 또한 다른 사람들이 개인정보를 찾거나 알아내는 데 요구되는 비용을 위험하게 낮추는 행위를 억제하거나 금지해야 한다. 입법자들이 신호와 거래 비용을 감안하지 않으면, 형식을 기능보다 앞세우게 된다. 그렇게 되면 변칙과 남용이 초래된다.

디자인 어젠다는 온건, 중도, 강력 세 가지 수준의 대응을 적절히 시행해야 한다

입법자와 정책 입안자들은 직접적인 디자인 제한을 넘어 디자인 기준을 지원하고, 업계와 소비자들에게 자원을 제공하며, 건전한 개발 절차와 안전한 사용자 경험을 요구하고, 훌륭한 프라이버시 디자인을 약화하는 정책은 명시적으로 피하며, 프라이버시 법의 모든 분야에서 디자인의 역할을 더 면밀히 검토해야 한다. 훌륭한 디자인은 아무런 규제가 없는 경우는 물론, 시시콜콜히 간섭하는 서투른 규제에도 망가질 수 있다. 비례적이고 다양하며 협력적인 접근법만이 훌륭한 디자인을 위한 적절한 인센티브와 디자이너들이 맥락에 따라 디자인을 맞출 수 있는 유연성을 제공할 것이다.

프라이버시의 청사진을 따르기는 쉽지 않을 것이다. 해당 규칙을 따르고 싶어하는 기업에 완전하고 명확한 체크리스트를 제공할 방법은 없다. 재정적 투자가 필요하므로, 기업은 원하는 모든 것을 할 수는 없을 것이다. 하지만 대안은 그보다 더 부정적이다. 자동차, 인프라, 의료 장비, 제약, 장난감 산업에서 확인한 것처럼 디자인을 진지하게 고려하면 서로에게 굉장한 혜택을 안겨주는 길을 닦을 수 있다.

나는 미래를 낙관적으로 본다. 부모님께서 집에 코모도어 128$^{Commodore 128}$[5]을 집에 갖고 오셨을 때부터, 거기에서 깜빡이는 녹색 커서를 만난 이후 늘 그랬다. 깜빡이는 녹색의 플레이스홀더^{placeholder}[6]를 보여주는 까만 화면의 빈 공간은 무한한 가능성의 세계를 내게 일러주는 것 같았다. 지금도 그렇다. 인터넷은 더 이상 유아기가 아니지만 그렇다고 완전한 성년기에 이른 것도 아니다. 우리는 인터넷과 디지털 기술이 애초의 가능성과 약속을 충족할 수 있도록 노력해야 한다. 하지만 정보 기술이 개발되는 경향은 그것이 사용되는 양상과 불가분의 관계에 있음을 인식하지 않으면 안 된다.

디자인은 어디에나 존재한다. 디자인은 권력이다. 디자인은 정치적이다. 우리의 취약점을 보호할 수도 있고, 악용할 수도 있다. 우리는 기술이 모두에게 안전하고 지속 가능할 수 있도록 규칙과 지침, 자원을 제공하고, 바른 사용 행태를 갖도록 노력해야 한다. 내일의 프라이버시는 지금 우리가 개발하는 기술에 달려 있다.

| 참고 문헌 |

들어가며

1   Geoffrey A. Fowler, "When the Most Personal Secrets Get Outed on Facebook", 「월스트리트저널」, 2012년 10월 13일

2   Jonathan Keane, "Hacked in 2014: The Year of the Data Breach", 「Paste」, 2014년 12월 18일(https://www.pastemagazine.com/articles/2014/12/hacked-in-2014-the-year-of-the-data-breach.html) / Tara Seals, "2014 So Far: The Year of the Data Breach", 「Infosecurity」, 2014년 8월 12일(https://www.infosecurity-magazine.com/news/2014-the-year-of-the-data-breach)

3   Karl Bode, "Ding-Dong-Your Easily Hacked 'Smart' Doorbell Just Gave Up Your WiFi Credentials", 「Techdirt」, 2016년 1월 12일(https://www.techdirt.com/articles/20160112/11405333312/ding-dong-your-easily-hacked-smart-doorbell-just-gave-up-your-wifi-credentials.shtml)

4   J. M. Porup, "'Internet of Things' Security Is Hilariously Broken and Getting Worse", 「Ars Technica」, 2016년 1월 23일(https://arstechnica.com/information-technology/2016/01/how-to-search-the-internet-of-things-for-photos-of-sleeping-babies)

5   Internet of Shit(www.twitter.com/internetofshit) / Moikit Team, "Seed: A Smart Bottle that Never Forgets You", 「Indiegogo」(https://www.indiegogo.com/projects/seed-a-smart-vacuum-bottle-that-never-forgets-you-fitness-health) / Cory Doctorow, "The Internet of Things in Your Butt: Smart Rectal Thermometer", 「Boing Boing」, 2016년 1월 14일(https://boingboing.net/2016/01/14/the-internet-of-things-in-

your.html) / Arielle Duhaime-Ross, "This Headband Analyzes Your Sweat to Improve Your Workout", 「The Verge」(https://www.theverge.com/2016/1/27/10840680/sweat-wearable-analysis-real-time-berkeley)

6   Jasper Hamill, "Hackers Take Control of a TOILET Using Bog-Standard Computer Skills", 「Mirror」, 2016년 2월 10일(https://www.mirror.co.uk/tech/hackers-take-control-toilet-using-7342662) / Giles Crouch, "The Toilet and Its Role in the Internet of Things", 「Wired」, 2012년 4월(https://www.wired.com/insights/2014/04/toilet-role-internet-things/)

7   Abby Phillip, "Why the Wife of a Pastor Exposed in Ashley Madison Hack Spoke Out after His Suicide", 「워싱턴포스트」, 2015년 9월 9일(https://www.washingtonpost.com/news/acts-of-faith/wp/2015/09/09/why-the-wife-of-a-pastor-exposed-in-ashley-madison-leak-spoke-out-after-his-suicide/)

8   "Microsoft Stores Windows 10 Encryption Keys in the Cloud", 「Security Week」, 2015년 12월 30일(https://www.securityweek.com/microsoft-stores-windows-10-encryption-keys-cloud)

9   Kenneth A. Bamberger, Deirdre K. Mulligan, 「Privacy on the Ground: Driving Corporate Behavior in the United States and Europe」, MIT 출판부, 2015

10 Ross Andersen, Tyler Moore, "The Economics of Information Security", 「Science」, Vol. 314, 2006

11 하지만 매클루언의 이 주장이 어디에서 나왔는지는 논란거리다. '매클루언 갤럭시(McLuhan Galaxy)' 블로그가 지적하듯이, "저 인용문은 실상 매클루언의 친구이자 포덤 대학교의 커뮤니케이션학 교수이자 예수회 신부인 존 컬킨(John Culkin)이 쓴 것이다. 하지만 컬킨의 인용문임에도 불구하고, 그것이 컬킨이 매클루언에 대해 쓴 글에서 나왔기 때문에 나는 그 아이디어가 매클루언의 것이라고 생각한다.", 「McLuhan Galaxy」, 2013년 4월 1일(https://mcluhangalaxy.wordpress.com/2013/04/01/we-shape-our-tools-and-thereafter-our-tools-shape-us/)

12 닐 리처즈(Neil M. Richards), "Four Privacy Myths", 『A World without Privacy: What Law Can and Should Do?』, Cambridge University Press, 2015

13 '디자인(design)'에 대한 메리엄-웹스터 사전 정의(https://www.merriam-webster.com/dictionary/design)

14 가치 중심 디자인 연구실 참조(https://vsdesign.org/). 1990년대 바트야 프리드만(Batya Friedman), 피터 칸(Peter Kahn) 등이 제창한 '가치 중심 디자인'은 디자인 과정 전체를 통해 인간의 가치를 원칙적이고 종합적인 방식으로 고려해 정보와 컴퓨터 시스템을 만들어내는 방법에 초점을 맞춘다. 헬렌 니센바움은 디자인 이론과 방법에 가치 개념을 더하는 일에 대해 "인간의 생명을 고려하는 한 방법으로 사회적 가치가 기술 디자인에 어떻게 표현되는지, 그리고 이런 디자인이 반대로 우리의 사회적 가치에 어떤 영향을 미치는지 탐구하는 한 방법이다."라고 논평한다(https://nissenbaum.tech.cornell.edu/). 나는 건축 디자인상의 가치라는 더 큰 개념도 고려한다. 이것은 모든 건축가와 설계자들에게 영향을 미치는 가치를 총체적으로 바라보는 일이다. 이바르 홀름(Ivar Holm)의 『Ideas and Beliefs in Architecture and Industrial Design: How Attitudes, Orientations, and Underlying Assumptions Shape the Built Environment』(Oslo School of Architecture and Design, 2006) 참조

15 우리 생활에서 알고리즘과 데이터가 수행하는 긴요한 역할에 대해서는 프랭크 파스쿠알레 교수의 『블랙박스 사회: 당신의 모든 것이 수집되고 있다』(안티고네, 2016)를 참조하자.

1장

1 미국의 연방거래위원회(FTC)는 스냅챗이 불공정하고 기만적인 비즈니스를 벌이고 있다는 혐의를 수사하는 과정에서 이 특정한 인터페이스도 검토했다(https://www.ftc.gov/system/files/documents/cases/140508snapchatcmpt.pdf).

2 존 메이(Jon May), "Law Student Jailed for Snapchat Blackmail", 『National Student』, 2015년 10월22일(https://www.thenationalstudent.com/Student/2015-10-22/Law_student_jailed_for_Snapchat_blackmail.

408

html) / 제임스 던(James Dunn), "Law Student, 19, Convinced Teenage Girl to Send Him an X-Rated Picture Then Used it to Blackmail Her for More Photos and Money", 「Daily Mail」, 2015년 10월 17일(https://www.dailymail.co.uk/news/article-3277297/Law-student-19-convinced-teenage-girl-send-X-rated-picture-used-blackmail-photos-money.html

3   신호는 거래 비용 자체를 조절하기도 한다. 약한 신호는 이용자에게 더 많은 정보를 찾아내야 하는 비용을 더 요구한다. 강력한 신호는 이용자의 정보 추출 부담을 줄여준다. 예를 들면 기능을 표시한 레이블이 붙은 버튼은 이용자들이 언제 해당 버튼을 누를지 더 쉽게 결정할 수 있게 해준다.

4   오메르 테네(Omer Tene)와 줄스 폴로네츠키(Jules Polonetsky)의 "Big Data for All: Privacy and User Control in the Age of Analytics", 「Northwestern Journal of Technology and Intellectual Property」, 2013 참조

5   셸던 길버트(Sheldon Gilbert), "FTC, Stop Punishing Hacking Victims", 「Free Enterprise」, 2012년 10월 5일(https://archive.freeenterprise.com/regulations/ftc-stop-punishing-hacking-victims)

6   다니엘르 키츠 시트론(Danielle Keats Citron), 『Hate Crimes in Cyberspace』 (Harvard Univ Press, 2014) / "The Importance of Section 230 Immunity for Most", 2013(https://www.eff.org/issues/cda230) / 제프 로버츠(Jeff Roberts), "Don't Shoot the Messenger over User Content, Courts Confirm", 「GigaOM Media」, 2012년 2월 21일(https://gigaom.com/2012/02/21/419-dont-shoot-the-messenger-over-user-content-courts-confirm/)

7   샌 페르난도 밸리 공정주거위원회와 룸메이츠닷컴 간의 소송(Fair Housing Council of San Fernando Valley v. Roommates.com)에서 "불법이나 위법한 검색을 수행하는 데 중립적인 툴을 제공하는 것은 면책 예외의 목적상 '개발'에 해당하지 않으며 (중략) 웹사이트 서핑에 필요한 중립적 툴을 제공하는 것은 불법적인 목적에 그러한 툴의 사용을 권장하는 웹사이트 운영자 행위에 상당한 불법적 의도가 있음을 보여주는 증거가 결여되는 한 통신품위법(CDA)의 면책 조항의 보호를 받는다."고 한 사례 참조 / 에릭 슈미드(Eric Schmidt)와 재러드 코언(Jared Cohen)이 공저한 『에릭 슈미트 새로운 디지털 시대: 구글 회장 에

릭 슈미트의 압도적인 통찰과 예측(New Digital Age: Reshaping the Future of People, Nations, and Business)』(알키, 2014)도 참조

8   데이비드 라이언(David Lyon), 『The Electronic Eye: The Rise of Surveillance Society』, University of Minnesota Press, 1994

9   미셸 푸코, 『감시와 처벌: 감옥의 탄생(Discipline and Punish)』, 나남출판사, 2016

10 미국 연방거래위원회, "Android Flashlight App Developer Settles FTC Charges It Deceived Consumers", 2013년 12월 5일 보도자료(https://www.ftc.gov/news-events/press-releases/2013/12/android-flashlight-app-developer-settles-ftc-charges-it-deceived)

11 애널리 뉴위츠, "And This Is Why Gizmodo Doesn't Collect IP Address Data", 「Gizmodo」, 2015년 6월 10일(https://gizmodo.com/and-this-is-why-gizmodo-doesnt-collect-ip-address-data-1710446008)

12 물론 해당 아이폰 이용자가 자신의 데이터를 클라우드에 백업하는 경우는 애플이 해당 데이터를 공개할 수 있다. 알렉스 헌(Alex Hern), "Apple's Encryption Means It Can't Comply with US Court Order," 「Guardian」 2015년 9월 8일(https://www.theguardian.com/technology/2015/sep/08/apple-encryption-comply-us-court-order-iphone-imessage-justice. 스튜어트 드레지 (Stuart Dredge)의 "Apple Boss Tim Cook Clashes with US Government over Encryption", 「Guardian」, 2016년 1월 13일(http://www.theguardian.com/technology/2016/jan/13/apple-tim-cook-us-government-encryption)

13 구체적으로 애플은 판사의 승인을 받은 FBI 협조 요청에 거부의사를 밝혔다. 해당 요청은 애플에 "미국 수사 당국에 '타당한 수준의 기술적 지원'을 제공하라."는 것이었는데, 그러자면 애플로서는 틀린 암호를 10번 이상 넣을 경우 전화기를 쓸 수 없게 만드는 기존의 시스템 설정을 변경해야 했다. 일단 이런 기능이 시작되면 전화기에 저장된 모든 데이터에 접근할 수 없게 된다." 아준 카르팔(Arjun Kharpal), "Apple v. FBI: All You Need to Know", 「CNBC」, 2016년 3월 29일(https://www.cnbc.com/2016/03/29/apple-vs-fbi-all-you-need-to-know.html)

14 연방거래위원회에 제출된 '디자이너웨어' 관련 불만 신고 내용에서 인용했다 (https://www.ftc.gov/sites/default/files/documents/cases/2013/04/1304 15designerwarecmpt.pdf).

15 폴 포드(Paul Ford), "It's Kind of Cheesy Being Green", 「The Message」, 2015년 2월 11일(https://medium.com/message/its-kind-of-cheesy-being-green-2c72cc9e5eda)

16 "Introduction to HTTPS, The HTTPS -Only Standard", https://https.cio. gov/faq/ / "HTTPS Everywhere", Electronic Frontier Foundation(https:// www.eff.org/https-everywhere)

17 해커나 악의적인 공격자가 네트워크에 침입해 데이터 스트림을 수정하거나 거짓 생성하는 컴퓨터 보안 침해 형태 - 옮긴이

18 에두아르도 곤잘레즈 피달고(Eduardo González Fidalgo)의 'Transaction Cost Economics'(http://intobusiness.weebly.com/transaction-cost-economics.html), 더글러스 앨런(Douglas Allen)의 "What Are Transaction Costs?"(Research in Law and Economics, 1991), 피터 G. 클라인(Peter G. Klein)과 마이클 E. 시쿠타(Michael E. Sykuta)의 『The Elgar Companion to Transaction Cost Economics』, Edward Elgar Publishing, 2010(https:// www.e-elgar.com/shop/the-elgar-companion-to-transaction-cost-economics) 참조

19 "This 'Mutant Font' Is Designed to Protect Your Internet Privacy", 「Creativity Online」, 2015년 4월 2일(https://adage.com/creativity/work/mutant-font/40368) / 메건 헤인즈(Megan Haynes), "Amnesty International's 'Mutant Font' Promises to Protect Your Privacy Online", 「Fast Company」, 2015년 4월 1일(https://www.fastcompany.com/3044569/amnesty-internationals-mutant-font-promises-to-protect-your-privacy-online)

20 모히트 아로라(Mohit Arora), "How Secure Is AES against Brute Force Attacks", 「EE Times」, 2012년 5월 7일(https://www.eetimes.com/how-secure-is-aes-against-brute-force-attacks/)

21 제임스 그리멜만(James Grimmelmann), "Privacy as Product Safety", 「Widener Law Journal」, Vol. 19, 2010

22 도널드 노먼, 명저 『도널드 노먼의 디자인과 인간 심리(The Design of Everything)』, 학지사, 2016(개정 증보판)

23 제임스 깁슨, "The Theory of Affordances", 『Perceiving, Acting, and Knowing: Toward an Ecological Psychology』, John Wiley & Sons Inc., 1977

24 벤 맥그래스(Ben McGrath), "Oops", 『New Yorker』, 2003년 6월 30일 (https://www.newyorker.com/magazine/2003/06/30/oops-4)

25 미셸 마데이스키(Michelle Madejski), 마리차 존슨(Maritza Johnson), 스티븐 M. 벨로빈(Steven M. Bellovin), "A Study of Privacy Settings Errors in an Online Social Network", 보안과 소셜 네트워킹에 관한 제4회 IEEE 국제 워크숍, 부다페스트, 2012(http://maritzajohnson.com/publications/2012-sesoc.pdf)

26 알레산드로 아퀴스티(Alessandro Acquisti), 로라 브랜디마르테(Laura Brandimarte), 조지 로웬스타인(George Loewenstein)의 "Privacy and Human Behavior in the Age of Information)," 『Science』, Vol. 347, 2015 (https://science.sciencemag.org/content/347/6221/509)

27 "Power", 『Oxford Living Dictionaries』(https://www.lexico.com/definition/power)

28 메릿 R. 스미스(Merritt R. Smith), 레오 막스(Leo Marx), 『Technology Drive History? The Dilemma of Technological Determinis』, MIT Press, 1994 / 랭던 위너(Langdon Winner), 『Autonomous Technology: Technics-out-of-Control as a Theme in Political Thought』, MIT Press, 1978 / 랭던 위너, 『길을 묻는 테크놀로지: 첨단 기술 시대의 한계를 찾아서』, 씨아이알, 2010 / 랭던 위너, "Technology as Forms of Life", 『Readings in the Philosophy of Technology』, Rowman and Littlefield, 2004

29 대니얼 J. 솔로브, 『The Digital Person: Technology and Privacy in the Information Age』(New York Univ Press, 2006)에서 인용

30 예를 들면 베스 콜먼(Beth Coleman)의 『Hello Avatar: Rise of the Networked Generation MIT Press, 2011 / 제니퍼 스트로머-갤리(Jennifer Stromer-Galley)와 로자 미케얼 마티(Rosa Mikeal Marty)의 "Visual Spaces,

Norm Governed Placed: The Influence of Spatial Context Online", 「New Media and Society」, Vol. 11, 2009(https://journals.sagepub.com/doi/10.1177/1461444809336555)

31 크리스토퍼 버글랜드(Christopher Bergland), "Exposure to Natural Light Improves Workplace Performance", 「Psychology Today」, 2013년 6월 5일 (https://www.psychologytoday.com/ca/blog/the-athletes-way/201306/exposure-natural-light-improves-workplace-performance)

32 알렉스 스톤(Alex Stone), "Why Waiting Is Torture", 「New York Times」, 2012년 8월 18일(https://www.nytimes.com/2012/08/19/opinion/sunday/why-waiting-in-line-is-torture.html)

33 크리스토퍼 밀리(Christopher Mele), "Pushing That Crosswalk Button May Make You Feel Better, But …", 「New York Times」, 2016년 10월 27일 (https://www.nytimes.com/2016/10/28/us/placebo-buttons-elevators-crosswalks.html) / 캐런 리비(Karen levy), 팀 황(Tim Hwang), "Backstage at the Machine Theater", 「Re:form」, 2015년 4월 10일(https://medium.com/re-form/back-stage-at-the-machine-theater-530f973db8d2)

34 리처드 탈러, 캐스 선스타인, 『넛지: 똑똑한 선택을 이끄는 힘』, 리더스북, 2018(개정판)

35 『생각에 관한 생각: 우리의 행동을 지배하는 생각의 반란』, 김영사, 2018

36 댄 애리얼리(Dan Ariely), 『상식 밖의 경제학(Predictably Irrational): 이제 상식에 기초한 경제학은 버려라!』, 청림출판, 2018 / 대니얼 길버트(Daniel Gilbert), 『행복에 걸려 비틀거리다(Stumbling on Happiness)』, 김영사, 2006

37 제레미 스미스(Jeremy Smith), "Six Advantages of Hyperbolic Discounting … And What The Heck Is It Anyway?", 「Kissmetrics Blog」(https://neilpatel.com/blog/hyperbolic-discounting

38 레이먼드 S. 니커슨(Raymond S. Nickerson), "Confirmation Bias: A Ubiquitous Phenomenon in Many Guises", 「Review of General Psychology」, Vol. 2, 1998 / 대니얼 카너먼, 『생각에 관한 생각: 우리의 행동을 지배하는 생각의 반란』, 김영사, 2018

39 알레산드로 아퀴스티, 로라 브랜디마르테, 조지 로웬스타인의 "Privacy and Human Behavior in the Age of Information," 「Science」, Vol. 347, 2015

40 어빙 고프먼(Erving Goffman), 『Frame Analysis: An Essay on the Organization of Experience』, Harvard University Press, 1974 / 로버트 D. 벤포드(Robert D. Benford), 데이비드 A. 스노우(David A. Snow), "Framing Processes and Social Movements: An Overview and Assessment", 「Annual Review of Sociology 」, Vol. 26, 2000 / 데니스 청(Dennis Chong), 제임스 N. 드러크먼(James N. Druckman), "프레이밍 이론(Framing Theory)", 「Annual Review of Political Science」, Vol. 10, 2007 / 로라 E. 드레이크(Laura E. Drake), 윌리엄 A. 도나휴(William A. Donohue), "Communicative Framing Theory in Conflict Resolution", 「Communication Research」, Vol. 23, 1996 / 대니얼 카너먼, 아모스 트버스키, "선택, 가치 및 프레임(Choices, Values, and Frames)", 「American Psychologist」, Vol. 39, 1984, 아모스 트버스키, 대니얼 카너먼, "The Framing of Decisions and the Psychology of Choice", 「Science」, Vol. 211, 1981 참조

41 예를 들면 토마스 E. 넬슨(Thomas E. Nelson), 조이 M. 옥슬리(Zoe M. Oxley), 로잘리 A. 클로슨(Rosalee A. Clawson), "Toward a Psychology of Framing Effects", 「Political Behavior」, Vol. 19, 1997, 여기에서 클로슨은 "프레임은 여론의 유의미하고 중요한 결정 요인일 수 있다."라고 강조한다.

42 조셉 터로우, 로렌 펠드만(Lauren Fedlman), 킴벌리 멜처 (Kimberley Meltzer), "Open to Exploitation: American Shoppers Online and Offline", 「Annenberg Public Policy Center」, 2005(https://repository.upenn.edu/cgi/viewcontent.cgi?article=1035&context=asc_papers)

43 주디스 D. 피셔(Judith D. Fischer), "Got Issues? An Empirical Study about Framing Them", 「Journal of the Association of Legal Writing Directors」, Vol. 6, 2009년, 여기에서 피셔는 "연구자들은 프레임이 사람들이 문제들을 바라보는 데 어떤 영향을 미치는지 입증하기 위해 프레임 이론을 적용해 왔다. 이 연구는 정치인들이 어떻게 특정한 아이디어를 적절한 프레임으로 전달해 여론을 움직이는지 보여준다. 마찬가지로 용의주도하게 프레임을 짠 이슈 진술문은 항소 사안에 대한 법원의 인식에 영향을 미친다"라고 지적한다. / 크리스 거

스리(Chris Guthrie)는 "Prospect Theory, Risk Preference, and the Law", 「Northwestern University Law Review」(Vol. 97, 2003)에서 "프레이밍은 합의 논의에서 사법적 개입에 부정적 영향을 미친다."라고 지적한다. / 조너선 레미 내시(Jonathan Remy Nash)와 스테파니 M. 스턴(Stephanie M. Stern), "Property Frames", 「Washington University Law Review」, Vol. 87, 2010 / 캐스 선스타인, "Moral Heuristics and Moral Framing", 「Minnesota Law Review」, Vol. 88, 2004 / 대니얼 M. 아이작스(Daniel M. Isaacs), "Baseline Framing in Sentencing", 「Yale Law Journal」, VOL. 121, 2011

44 로버트 엔트먼, "Framing: Toward Clarification of a Fractured Paradigm", 「Journal of Communication」, Vol. 43, 1993

45 엔트먼은 "프레이밍의 개념은 특정 프레임이 수신 위치에 있는 청중의 많은 부분에 공통된 효과를 준다는 점을 시사하지만 모두에게 보편적인 효과로 작용할 가능성은 높지 않다."라고 지적한다.

46 카너먼과 트버스키, "Choices, Values, and Frames", 그와 반대로 응답자의 78%는 D 프로그램을 선택했다. 이는 D 프로그램의 클론이라 할 수 있는 B 프로그램을 선택했던 응답자는 28%에 불과했다는 점과 대조된다. 카너먼과 트버스키는 두 실험에서 각기 두 가지 옵션만을 제시했다.

47 머레이 에델만(Murray Edelman)은 "Contestable Categories and Public Opinion", 「Political Communication」(Vol. 10, 1993)에서 "어떤 현상이든 그 특징, 원인 및 결과는 무엇을 표나게 내세우느냐, 무엇을 억제하느냐에 따라 사뭇 달라질 수 있다. 사람들의 복잡한 관계로 얽힌 세계는 잠재적 현실의 만화경으로, 관찰 내용을 어떤 프레임이나 범주로 제시하느냐에 따라 언제든지 다른 양상으로 바뀔 수 있다."고 강조한다.

48 레슬리 K. 존, 알레산드로 아퀴스티, 조지 로웬스타인, "Strangers on a Plane: Context-Dependent Willingness to Divulge Sensitive Information", 「Journal of Consumer Research」, Vol. 37, 2011

49 레슬리 K. 존, 알레산드로 아퀴스티, 조지 로웬스타인, "The Best of Strangers: Context Dependent Willingness to Divulge Personal Information", 2009년 /월(https://papers.ssrn.com/sol3/Papers.cfm?abstract_id=1430482)

50 이드리스 애저리드, 알레산드로 아퀴스티, 조지 로웬스타인, "Framing and the Malleability of Privacy Choices", 2014년 펜실베이니아 주립대에서 열린 정보 보안의 경제학에 관한 워크숍에서 발표된 논문(http://infosecon. net/workshop/downloads/2014/pdf/Framing_and_the_Malleability_of_ Privacy_Choices.pdf)

51 아퀴스티, 브랜디마르테, 로웬스타인, "Privacy and Human Behavior in the Age of Information"

52 위대한 커트 보네거트(Kurt Vonnegut)에게 사과를 구한다. 이 표현은 보네거트의 소설 『마더 나이트(Mother Night)』(Delta, 1966)에 나온 "우리는 우리가 그러는 척 가장하는 대로 실현되기 때문에, 무엇으로 가장할지 매우 신중해야 한다(We are what we pretend to be, so we must be careful about what we pretend to be)"를 참조

53 학계의 문헌은 이용자가 우회적인 방법을 채택하거나 고안하는 경우에도 테크놀로지는 그 이용자들의 가치를 구현하게 된다는 점을 인정한다. 비베 E. 바이커(Wiebe E. Bijker), 『Of Bicycles, Bakelites, and Bulbs, Toward a Theory of Sociotechnical Change』(MIT Press, 1995) 참조. 참고로 베이클라이트(bakelite)는 예전에 전기용품 등에 쓰던 플라스틱의 일종이다.

54 랭던 위너, 『길을 묻는 테크놀로지(The Whale and The Reactor)』, 씨아이알, 2010

55 모제스와 고가 도로에 관한 이야기는 여러 학자들의 반박을 받기도 했지만 설령 전거가 불확실하다고 해도 어떻게 디자인이 인간의 가치를 높이거나 억누를 수 있는지 잘 보여준다.

56 글래스와 경멸적인 단어인 'asshole'을 합성한 단어로, 구글 글래스 마니아를 비꼬는 용어로 사용됐다. ─ 옮긴이

57 레베카 그린필드(Rebecca Greenfield), "The Rise of the Term 'Glasshole,' Explained by Linguists", 「Atlantic」, 2013년 4월 22일(https://www. theatlantic.com/technology/archive/2013/04/rise-term-glasshole- explained-linguists/316015/)

58 댄 파버(Dan Farber), "Hey Google Glass, Are You Recording Me?",

「CNET」, 2013년 5월 1일(https://www.cnet.com/news/hey-google-glass-are-you-recording-me/) / 찰스 아서(Charles Arthur), "Google 'Bans' Facial Recognition on Google Glass-But Developers Persist", 「Guardian」, 2013년 6월 3일(https://www.theguardian.com/technology/2013/jun/03/google-glass-facial-recognition-ban)

59 미국 소니 대 유니버설 시티 스튜디오 소송(1984), MGM 스튜디오 대 그록스터(Grokster) 소송(2005)

60 클리포드 D. 메이(Clifford D. May), "Guns Don't Kill People", 「National Review」, 2011년 5월 19일(https://www.cliffordmay.org/9630/guns-dont-kill-people)

61 에반 셀린저(Evan Selinger), "The Philosophy of the Technology of the Gun", 「Atlantic」, 2012년 7월 23일(https://www.theatlantic.com/technology/archive/2012/07/the-philosophy-of-the-technology-of-the-gun/260220/)

62 "Pinhole Spy Toothbrush Hidden Camera DVR 8GB", Omejo(https://www.omejo.com/hidden-spy-camera/toothbrush-spy-camera/1280x960-motion-detection-spy-toothbrush-hidden-bathroom-spy-camera-dvr-8gb.html)

63 랭던 위너, 『길을 묻는 테크놀로지(The Whale and The Reactor)』, 씨아이알, 2010

64 사회적 관계와 결속에서 기술적 사물이 차지하는 역할에 대한 또 다른 이론은 '행위자-네트워크 이론(actor-network theory)'이다. 브루노 라투어(Bruno Latour), "Reassembling the Social—An Introduction to Actor-Network-Theory", Oxford University Press, 2005

65 줄리 벡(Julie Beck), "Study: People Who Overshare on Facebook Just Want to Belong", 「Atlantic」, 2014년 6월 16일(https://www.theatlantic.com/health/archive/2014/06/study-people-who-overshare-on-facebook-just-want-to-belong/372834/)

66 제시카 마이즈너(Jessica Misener), "The 30 Absolute Worst Facebook Overshares', 「BuzzFeed」, 2013년 5월 27일(Atlantichttps://www.buzzfeed.

com/jessicamisener/the-30-absolute-worst-facebook-overshares) / 브리트니 피츠제럴드(Britney Fitzgerald), "Facebook Overshare: 7 Things You Might Not Realize You're Telling the World", 「Huffington Post」, 2012년 8월 17일(https://www.huffingtonpost.ca/entry/facebook-overshare_n_1844606)

67 양왕(Yang Wang), 그레고리 노시(Gregory Norcie), 사랑가 코만두리 (Saranga Komanduri), 알레산드로 아퀴스티, 페드로 지오바니 레온(Pedro Giovanni Leon), 로리 페이스 크레이너, "'Regretted the Minute I Pressed Share': A Qualitative Study of Regrets on Facebook", Proceedings of the Seventh Symposium on Usable Privacy and Security, Association for Computing Machinery, 2011(https://cups.cs.cmu.edu/soups/2011/proceedings/a10_Wang.pdf)

68 파하드 만주, "It's Not All Facebook's Fault", 「Slate」, 2011년 11월 30일 (https://slate.com/technology/2011/11/facebook-privacy-you-re-as-much-to-blame-for-the-site-s-privacy-woes-as-mark-zuckerberg.html) "이 간단한 규칙을 따른다면 예기치 못한 충격을 피할 수 있을 것이다… 페이스북은 강력한 툴이며, 수많은 사람이 페이스북에 빠지는 이유도 그 진정한 위력을 제대로 깨닫지 못하기 때문이다. 이제 모든 것을 좀 더 심각하게 받아들여야 할 때다. 공유는 재미있다. 하지만 모든 사람과 공유할 게 아니라면 페이스북에 올리지 말아야 한다."

69 파하드 만주, "How to Stay Private on Facebook in One Easy Step", 「Slate」, 2013년 2월 7일(https://slate.com/technology/2013/02/how-to-stay-private-on-facebook-in-one-easy-step.html)

70 마이클 스코트(Michael Scott), "Tort Liability for Vendors of Insecure Software: Has the Time Finally Come?", 「Maryland Law Review」, Vol. 62호, 2008년(https://core.ac.uk/download/pdf/56357561.pdf)

71 1999년 11월 미국 의회가 제정한 법으로 공식 명칭은 '금융서비스현대화 법 (The Financial Services Modernization Act of 1999)'이다. 법을 입안한 세 명의 국회의원 이름을 따서 붙인 이름이다. - 옮긴이

72 심지어 비밀번호 기준을 만든 기관도 기준이 제대로 통하지 않아 개정하는 중이다. 로버트 맥밀란(Robert McMillan), "The Man Who Wrote Those Password Rules Has a New Tip: N3v$r M1^d!", 「Wall Street Journal」, 2017년 8월 7일(https://www.wsj.com/articles/the-man-who-wrote-those-password-rules-has-a-new-tip-n3v-r-m1-d-1502124118)

73 다니엘르 키츠 시트론, 프랭크 파스쿠알레, "The Scored Society: Due Process For Automated Predictions", 「Washington Law Review」, 2014

74 『길을 묻는 테크놀로지(The Whale and The Reactor)』, 씨아이알, 2010, 어떻게 디자인이 가령 도박 중독자처럼 취약한 사람들을 착취하는 데 사용되는지 생각해보라. / 존 로젠그렌(John Rosengren), "How Casinos Enable Gambling Addicts", 「Atlantic」, 2016년 12월(https://www.theatlantic.com/magazine/archive/2016/12/losing-it-all/505814/) / 나타샤 다우 쉴(Natasha Dow Schüll), 「Addiction by Design: Machine Gambling in Las Vegas」, Princeton University Press, 2012(https://press.princeton.edu/books/paperback/9780691160887/addiction-by-design)

75 캐스 R. 선스타인, "The Ethics of Nudging", 「Yale Journal on Regulation」, Vol. 32호, 2015

76 앤디 쿠시(Andy Cush), "Here's the Number One Reason to Set Your Venmo Account to Private", 「Gawker」, 2015년 2월 23일(http://internet.gawker.com/heres-the-number-one-reason-to-set-your-venmo-account-t-1687461730)

77 아란 카나(Aran Khana), "Your Venmo Transactions Leave a Publicly Accessible Money Trail", 「Huffington Post」, 2016년 10월 30일(https://www.huffpost.com/entry/venmo-money_b_8418130)

78 케이트 코체트코바(Kate Kochetkova), "Users Are Still Too Careless in Social Networks", 「Kaspersky」, 2016년 2월 3일(https://www.kaspersky.com/blog/social-networks-behaviour/11203/) / 에반 셀린저(Evan Selinger)와 우드로 하초그, "Why Is Facebook Putting Teens at Risk?", 「Bloomberg」, 2013년 10월 24일(https://www.bloomberg.com/opinion/articles/2013-10-24/why-is-facebook-putting-teens-at-risk-html)

79 리 A. 바이그레이브(Lee A. Bygrave), "Data Protection by Design and by Default: Deciphering the EU's Legislative Requirements", 「Oslo Law Review」, Vol. 4, 2017년(https://papers.ssrn.com/sol3/papers.cfm?abstract_id=3035164)

80 캐스 R. 선스타인, "The Ethics of Nudging", 「Yale Journal on Regulation」

81 moral는 '도덕적'으로, ethical은 '윤리적'으로 번역했다. – 옮긴이

82 피터-폴 베르비크, 「Moralizing Technology」, University of Chicago Press, 2011

2장

1 엉성하고 투박하지만 비교적 효과적인 해법을 뜻한다. 보통은 컴퓨터 문제에 대한 솔루션을 묘사할 때 주로 쓰인다. – 옮긴이

2 새뮤얼 D. 워렌, 루이스 브랜다이스, "The Right to Privacy", 「Harvard Law Review」, Vol. 4, 1890

3 로버트 겔만(Robert Gellman), "Fair Information Practice: A Basic History", 2016년 6월 17일(https://bobgellman.com/rg-docs/rg-FIPshistory.pdf)

4 폴라 브루닝, "Rethink Privacy 2.0 and Fair Information Practice Principles: A Common Language for Privacy", 인텔의 정책 블로그(Policy@Intel), 2014년 10월 19일(https://blogs.intel.com/policy/2014/10/19/rethink-privacy-2-0-fair-information-practice-principles-common-language-privacy/)

5 유럽의 일반개인정보보호법(GDPR) 2016/679 / 캐나다의 개인정보보호 및 전자문서법(PIPEDA) S.C. 2000, c. 5, 공정정보 규정의 관련 버전은 아시아 태평양 경제 협력체(APEC)의 '프라이버시 프레임워크'에 반영됐다. / 그레이엄 그린리프(Graham Greenleaf)의 「Asian Data Privacy Laws: Trade and Human Rights Perspectives」, Oxford University Press, 2014 참고

6 데이터(data)를 맥락에 따라 개인정보, 정보, 개인 데이터, 데이터 등으로 번역한다. – 옮긴이

7 도널드 노먼, 『도널드 노먼의 디자인과 인간 심리(The Design of Everything)』, 학지사, 2016(개정 증보판)

8 백악관, Consumer Data Privacy in a Networked World(https://www. hsdl.org/?view&did=700959)

9 Protecting Consumer Privacy in an Era of Rapid Change: Recommendations For Businesses and Policymakers(https://www.ftc.gov/reports/protecting-consumer-privacy-era-rapid-change-recommendations-businesses-policymakers)

10 유럽연합의 일반개인정보보호법 2016/67은 이렇게 지적한다. "정보 처리가 합법적이려면 개인정보는 정보 당사자의 동의나 다른 적법한 근거를 바탕으로 처리돼야 한다."(https://gdpr.eu/gdpr-consent-requirements/)

11 앨런 웨스틴, 『Privacy and Freedom』, Atheneum, 1967

12 대니얼 솔로브, 『Understanding Privacy』, Harvard University Press, 2010

13 예를 들면 조 키셀(Joe Kissell), 『Take Control of Your Online Privacy』, Take Control Books, 2015 / Privacy Rights Clearinghouse, "Privacy Survival Guide: Take Control of Your Personal Information"(https://asistdl.onlinelibrary.wiley.com/doi/full/10.1002/bult.49) / 아닉 제스다넌 (Anick Jesdanun), "5 Ways to Control your Privacy on Google", 『USA Today』, 2012년 3월 16일 / 에릭 그리피스(Erick Griffith), "Take Control of Your Google Privacy" , 『PC Magazine』, 2015년 6월 25일(https://www. pcmag.com/how-to/how-to-manage-your-google-privacy-settings)

14 캐시 챈(Kathy Chan), "On Facebook, People Own and Control Their Information", 페이스북, 2009년 2월 16일 포스트(https://www.facebook. com/notes/facebook/on-facebook-people-own-and-control-their-information/54434097130/)

15 마이클 지머(Michael Zimmer), "Mark Zuckerberg's Theory of Privacy", 『Washington Post』, 2014년 2월 3일

16 "Data Privacy Day 2015—Putting People in Control", 마이크로소프트 블로그, 1015년 1월 28일(https://blogs.microsoft.com/on-the-issues/2015/

01/28/data−privacy−day−2015−putting−people−control/)

17 구에미 킴(Guemmy Kim), "Keeping Your Personal Information Private and Safe and Putting You in Control", 구글 공식 블로그, 2015년 6월 1일 (https://googleblog.blogspot.com/2015/06/privacy−security−tools−improvements.html)

18 닐 리처즈, 우드로 하초그, "Taking Trust Seriously in Privacy Law", 「Stanford Technology Law Review」, Vol. 9, 2016

19 알렉스 C. 마드리갈(Alex C. Madrigal), "Reading the Privacy Policies You Encounter in a Year Would Take 76 Work Days", 「Atlantic」, 2012년 3월 1일(https://www.theatlantic.com/technology/archive/2012/03/reading−the−privacy−policies−you−encounter−in−a−year−would−take−76−work−days/253851/) / 알리시아 M. 맥도날드, 로리 페이스 크레이너, "The Cost of Reading Privacy Policies", 「A Journal of Law and Policy for the Information Society」, Vol. 4, 2008~2009

20 줄리아 앵귄, 「Dragnet Nation」, Times Books, 2014

21 백악관 산하 프라이버시와 시민권 감독 위원회(White House Civil Liberties and Oversight Board), Report on the Telephone Records Program Conducted under Section 215 of the USA PATRIOT Act and on the Operations of the Foreign Intelligence Surveillance Court, 2014년 1월 23일(https://fas.org/irp/offdocs/pclob−215.pdf)

22 대통령 직속 과학기술자문위원회의 보고서(President's Council of Advisors on Science and Technology Report to the President), "Big Data and Privacy: A Technological Perspective", 2014년 5월(https://bigdatawg.nist.gov/pdf/pcast_big_data_and_privacy_−_may_2014.pdf)

23 줄리아 브릴(Julia Brill), 줄리아 브릴 미 연방거래위원회 위원의 기조 연설, 프로스카우어(Proskauer)의 프라이버시 행사, 2010년 10월 19일(https://www.ftc.gov/sites/default/files/documents/public_statements/remarks−commissioner−julie−brill/101019proskauerspeech.pdf), 이 연설에서 브릴 위원은 "오늘날 흔히 시행되는 알림과 선택 모델은 지나치게 큰 부담을 소비자

들에게 전가합니다"라고 지적한다. / 존 라이보위츠(Jon Leibowitz), 미 연방거래위원회 위원장 존 라이보위츠의 연방거래위원회 프라이버시 원탁회의 모두발언, 2009년 12월 7일(https://www.ftc.gov/public-statements/2009/12/introductory-remarks-ftc-privacy-roundtable), 라이보위츠 위원장은 "우리가 지금까지 시도한 접근법인 알림과 선택 시스템과 그에 뒤이은 피해에 근거한 접근법(harm-based approach)은 우리가 기대한 만큼 제대로 작동하지 않았습니다."라고 인정한다.

24 메리 매든(Mary Madden), 리 레이니(Lee Rainie), "Americans' Attitudes about Privacy, Security and Surveillance", Pew Research Center, 2015년 5월 20일(https://www.pewresearch.org/internet/2015/05/20/americans-attitudes-about-privacy-security-and-surveillance/)

25 배리 슈워츠, 『선택의 패러독스(The Paradox of Choice)』, 웅진닷컴, 2004년

26 모리스 고델리어, 『The Mental and the Material』, Verso, 2012

27 이드리스 애저리드, 알레산드로 아퀴스티, 조지 로웬스타인, "Framing and the Malleability of Privacy Choices", Workshop on the Economics of Information Security, 2014년 7월(https://www.semanticscholar.org/paper/Framing-and-the-Malleability-of-Privacy-Choices-Adjerid-Acquisti/a2281d180b64763dd03d871e324ea4bcda1ee390)

28 케네스 옴스테드(Kenneth Olmstead)와 미셸 앳킨슨(Michelle Atkinson), "Apps Permissions in Google Play Store", Pew Research Center, 2015년 11월 10일(https://www.pewresearch.org/internet/wp-content/uploads/sites/9/2015/11/PI_2015-11-10_apps-permissions_FINAL.pdf)

29 연방거래위원회, "Retail Tracking Firm Settles FTC Charges it Misled Consumers About Opt Out Choices", 2015년 4월 23일(https://www.ftc.gov/news-events/press-releases/2015/04/retail-tracking-firm-settles-ftc-charges-it-misled-consumers)

30 "FTC Statement on Deception", 연방거래위원회 의장인 제임스 C. 밀러 3세(James C. Miller III)가 미국 하원의 에너지 및 상무위원회 의장인 존 D. 딩겔(John D. Dingell)에게 보낸 편지, 1983년 10월 14일(https://www.ftc.gov/

system/files/documents/public_statements/410531/831014deceptionst
mt.pdf)

31 폴라 J. 브루닝(Paula J. Bruening), 메리 J. 컬넌(Mary J. Culnan), "Through
    a Glass Darkly: From Privacy Notices to Effective Transparency", 「North
    Carolina Journal of Law and Technology」, Vol. 17, 2016

32 M. 라이언 케일로(M. Ryan Calo), "Against Notice Skepticism in Privacy
    (and Elsewhere)", 「Notre Dame Law Review」, Vol. 87, 2012

33 누구나 알고 있지만 짐짓 무시하면서 언급하지 않는 심각한 문제를 빗대어 하
    는 말 - 옮긴이

34 G. 수잔 바(G. Susanne Bahr), 리처드 A. 포드(Richard A. Ford), How and
    Why Pop-Ups Don't Work: Pop-Up Prompted Eye Movements, User
    Affect and Decision Making", 「Computers in Human Behavior」, Vol. 27,
    2011 / 폴 버널(Paul Bernal), "Annoyed by Those Cookie Warnings?", 폴
    버널 블로그, 2012년 7월 2일(https://paulbernal.wordpress.com/2012/
    07/02/annoyed-by-those-cookie-warnings/) / 로널드 리네스(Ronald
    Leenes), 엘레니 코스타(Eleni Kosta), "Taming the Cookie Monster with
    Dutch Law—A Tale of Regulatory Failure", 「Computer Law and Security
    Review」, Vol. 31, 2015

35 피터 P. 스와이어(Peter P. Swire), "The Surprising Virtues of the New
    Financial Privacy Law", 「Minnesota Law Review」, Vol. 86, 2002

36 마이크 하인츠(Mike Hintze), "In Defense of the Long Privacy Statement",
    「Maryland Law Review」, Vol. 76, 2017, 프라이버시 정책을 훨씬 더 짧고 간
    단하게 쓰는 노력은 기업이 설명하는 프라이버시 정책과 행태를 감독하기에 가
    장 좋은 위치에 있는 청중보다는 그것을 읽을 가능성이 가장 적은 청중(소비자)
    에게 최적화된 접근법이라고 지적한다.

37 연방거래위원회법(Federal Trade Commission Act), 2016

38 Spokeo v. Robins, 136 S. Ct. 1540, 2016

39 일반개인정보보호법 제82조(https://gdpr-info.eu/art-82-gdpr/)

40 예를 들면 Forbes v. Wells Fargo Bank의 2008년 판결 / Guin v. Higher

Educ. Serv. Corp., Inc.의 2006년 판결 / Barnes & Noble Pin Pad 2013년 소송 / Hammer v. Sam's East, Inc.의 2013년 판결 등은 "어느 법원도 신원 도용이나 신원사기를 당해 위험성이 증가했다는 주장만으로, 개인정보 도난이 나 보안 침해의 구체적 증거 없이 부상을 인정한 적이 없다."라고 설명한다. / Reilly v. Ceridian Corp의 2011년 판결 / Hammond v. Bank of New York 의 2010년 판결 / Bell v. Acxiom Corp의 2006년 판결 참조

41   대니얼 J. 솔로브, 다니엘르 키츠 시트, "Risk and Anxiety: A Theory of Data Breach Harms", 「Texas Law Review」, Vol. 96, 2017(https://texaslawreview.org/wp-content/uploads/2018/03/Solove.pdf)

42   오메르 테네(Omer Tene), 줄스 폴로네츠키(Jules Polonetsky), "A Theory of Creepy: Technology, Privacy, and Shifting Social Norms", 「Yale Journal of Law and Technology」, Vol. 16, 2013

43   Restatement (Second) of Torts

44   닐 리처즈, 「Intellectual Privacy: Rethinking Civil Liberties in the Digital Age」, Oxford University Press, 2015

45   '프라이버시와 빅데이터 연구원(the Privacy and Big Data Institute)' 원장이 자 캐나다 온타리오주의 전직 정보프라이버시위원인 앤 커부키언은 '프라이버 시 중심 디자인'을 실제 환경에 적용할 수 있도록 도와주는 여러 기법과 자료를 개발했다. 캐나다 라이어슨대학(Ryerson University) 웹사이트 참조(https://www.ryerson.ca/pbdce/) / 영국의 정보위원회 사이트도 프라이버시 중심 디자인과 관련된 정보를 소개한다(https://ico.org.uk/for-organisations/guide-to-data-protection/guide-to-the-general-data-protection-regulation-gdpr/accountability-and-governance/data-protection-by-design-and-default/). / 조너선 폭스(Jonathan Fox)와 미셸 퍼너런 데 너디(Michelle Finneran Dennedy)의 「The Privacy Engineer's Manifesto: Getting from Policy to Code to QA to Value」, Apress, 2014 / 코트니 보 우먼(Courtney Bowman), 아리 게셔(Ari Gesher), 존 K. 그랜트(John K. Grant), 대니얼 슬레이트(Daniel Slate), 「The Architecture of Privacy: On Engineering Technologies That Can Deliver Trustworthy Safeguards」, O'Reilly Media, 2015 참조

46　크리스 제이 후프네이글(Chris Jay Hoofnagle), 「Federal Trade Commission Privacy Law and Policy」, Cambridge University Press, 2016

47　차가 커브를 튼다거나 눈이나 비로 인해 미끄러운 상황에서 미끄러지지 않고 원하는 진행 방향으로 나아가게 하는 제어 능력 – 옮긴이

48　유미카 피다시(Umika Pidarthy), "What You Should Know about iTunes' 56-Page Legal Terms", CNN, 2011년 5월 6일(http://www.cnn.com/2011/TECH/web/05/06/itunes.terms/index.html)

49　알렉스 혼(Alex Horn), "Apple Pulls 250 Privacy-Infringing Apps from Store", 「Guardian」, 2015년 10월 20일

50　킴 코만도(Kim Komando), "These 7 Apps Are among the Worst at Protecting Privacy", 「USA Today」, 2015년 9월 23일 / PrivacyGrade(http://privacygrade.org)

51　피터 브라이트(Peter Bright), "How to Remove the Superfish Malware: What Lenovo Doesn't Tell You", 「Ars Technica」, 2015년 2월 19일 (https://arstechnica.com/information-technology/2015/02/how-to-remove-the-superfish-malware-what-lenovo-doesnt-tell-you/?comments=1&post=28519293) / 마이클 호로위츠(Michael Horowitz), "Lenovo Collects Usage Data on ThinkPad, ThinkCentre and ThinkStation PCs", 「Computerworld」, 2015년 9월 22일(https://www.computerworld.com/article/2984889/lenovo-collects-usage-data-on-thinkpad-thinkcentre-and-thinkstation-pcs.html) / 마이클 호로위츠, "Trusting Lenovo", 「Computerworld」, 2015년 10월 20일(https://www.computerworld.com/article/2995012/trusting-lenovo.html) / 토머스 폭스-브루스(Thomas Fox-Brewster), "How Lenovo's Superfish 'Malware' Works and What You Can Do to Kill It", 「Forbes」, 2015년 2월 19일(https://www.forbes.com/sites/thomasbrewster/2015/02/19/superfish-need-to-know/#4773e4e03877)

52　매튜 린리(Mathew Lynley), "Google to Pay Out One Thousandth of its Quarterly Revenue for Its Biggest Privacy Snafu", 「VentureBeat」, 2010년 9월 2일(https://venturebeat.com/2010/11/02/google-buzz-payou/) / 폴

부틴(Paul Boutin), "Google Admits Buzz Mistakes, Tries Again at SXSW", 「VentureBeat」, 2010년 3월 14일(https://venturebeat.com/2010/03/14/google-admits-buzz-mistakes-tries-again-at-sxsw/)

53 이선 주커먼, "The Internet's Original Sin", 「Atlantic」, 2004년 8월 14일(https://www.theatlantic.com/technology/archive/2014/08/advertising-is-the-internets-original-sin/376041/)

54 존 호건(John Horgan), " Dave Farber, Internet's 'Grandfather,' Seeks to Cut Through Fog of Cyberwar", 「Scientific American」, 2013년 6월 6일(https://blogs.scientificamerican.com/cross-check/dave-farber-internets-grandfather-seeks-to-cut-through-fog-of-cyberwar/)

55 클레어 케인 밀러(Claire Cain Miller), "Technology's Man Problem", 「New York Times」, 2014년 4월 5일 / 케이트 크로포드(Kate Crawford), "Artificial Intelligence's White Guy Problem", 「New York Times」, 2016년 6월 5일 / 그레이스 도부시(Grace Dobush), "White Men Dominate Silicon Valley

55 Not by Accident, but by Design", 「Quartz」, 2016년 3월 16일(https://qz.com/641070/white-men-dominate-silicon-valley-not-by-accident-but-by-design/

56 "New Zealand Passport Robot Tells Applicant of Asian Descent to Open His Eyes", 「South China Morning Post」, 2016년 12월 7일

57 캐슬린 마일즈(Kathleen Miles), "Teens Get Online 'Eraser Button' with New California Law", 「Huffington Post」, 2013년 9월 24일(https://www.huffingtonpost.ca/entry/teens-online-eraser-button-california_n_3976808?ri18n=true) / 소미니 센굽타(Somini Sengupta), "Sharing, with a Safety Net", 「New York Times」, 2013년 9월 19일(https://www.nytimes.com/2013/09/20/technology/bill-provides-reset-button-for-youngsters-online-posts.html)

58 줄리 코엔, "Configuring the Networked Self: Law, Code, and the Play of Everyday Practice", Yale University Press, 2012년 / 줄리 코엔, "What Privacy Is For", 「Harvard Law Review 」, Vol. 26, 2013 / 줄리 코엔,

"Privacy, Visibility, Transparency, and Exposure", 「University of Chicago Law Review」, Vol. 75, 2008

59 미레이유 힐데브란트, 「Smart Technologies and the End(s) of Law: Novel Engagements of Law and Technology」, Edward Elgar, 2016년

60 조엘 R. 라이덴버그, "Lex Informatica: The Formulation of Information Policy Rules through Technology", 「Texas Law Review」, Vol. 76, 1998 / 조엘 R. 라이덴버그, "Rules of the Road for Global Electronic Highways: Merging the Trade and Technical Paradigms", 「Harvard Journal of Law and Technology」, Vol. 6, 1993, 기사에서 라이덴버그는 기술적 고려가 규범적 기준을 설정하고, 이것은 시스템이 사용되는 방식에 영향을 미친다고 강조한다. / 조엘 R. 라이덴버그, "Setting Standards for Fair Information Practice in the U.S. Private Sector", 「Iowa Law Review」, Vol. 80, 1995, 기고에서 라이덴버그는 법률적 규칙은 비즈니스 관행뿐 아니라 기술적 고려에 따라 보완된다고 주장한다.

61 로렌스 레식, 「코드:사이버 공간의 법이론」, 나남출판사, 2002(절판) / 로렌스 레식, "Reading the Constitution in Cyberspace", 「Emory Law Journal」, Vol. 45, 1996 / 로렌스 레식, "Law of the Horse: What Cyberlaw Might Teach", 「Harvard Law Review」, Vol. 113, 1999

62 민사소송이 허용되는 불법행위를 북미에서는 'tort'라고 부른다. - 옮긴이

63 닐 리처즈, "The Limits of Tort Privacy", 「Journal of Telecommunications and High Technology Law」, Vol. 9, 2011 / 다이앤 짐머만, "Requiem for a Heavyweight: A Farewell to Warren and Brandeis's Privacy Tort", 「Cornell Law Review」, Vol. 68, 1983

64 애덤 티어러(Adam Thierer), 「Permissionless Innovation: The Continuing Case for Comprehensive Technological Freedom」, Mercatus Center at George Mason University, 2016

65 데이비드 골럼비아(David Golumbia), "'Permissionless Innovation': Using Technology to Dismantle the Republic," 「Uncomputing」, 2014년 6월 11일 (https://www.uncomputing.org/?p=1383), 여기에서 골럼비아는 "허락없는

혁신은 가해 면허다. 이들은 정부의 존재 이유가 되는 바로 그 분야, 시민들의 복지를 보호하는 분야에서 정부가 손을 떼야 한다고 주장한다."라고 주장한다.

66 존 페리 발로우, "Declaration of the Independence of Cyberspace", EFF, 1996년 2월 8일(https://www.eff.org/cyberspace-independence) 한글 번역은 위키백과 내용을 참조(https://ko.wikipedia.org/wiki/사이버스페이스_독립선언문) - 옮긴이

67 1996년 전기통신법(Telecommunications Act of 1996)

68 Restatement (Third) of the Law

69 미국 식약청, 의료장비 지침(https://www.fda.gov/Medical-Devices) / 미국 연방항공청, FAA 규정(https://www.faa.gov/regulations_policies/faa_regulations/)

70 미국 고속도로교통안전청, 연방 자동차 안전 기준과 규정(https://www.nhtsa.gov/laws-regulations/fmvss)

71 닐 카티얄, "Architecture as Crime Control", 「Yale Law Journal」, Vol. 111, 2002

3장

1 바티야 프리드만, 피터 칸 주니어, "Human Values, Ethics, and Design", 「The Human-Computer Interaction Handbook 2판」, CRC, 2008

2 프레드 H. 케이트(Fred H. Cate), "The Failure of Fair Information Practice Principles", 「Consumer Protection in the Age of the "Information Economy」, Routledge, 2006 / 오메르 테네(Omer Tene), "Privacy Law's Midlife Crisis: A Critical Assessment of the Second Wave of Global Privacy Laws", 「Ohio State Law Journal」, Vol. 74, 2013 / 대니얼 J. 와이츠너(Daniel J. Weitzner), 해럴드 아벨슨(Harold Abelson), 팀 버너스-리(Tim Berners-Lee), 조운 파이겐바움(Joan Feigenbaum), 제임스 헨들러(James Hendler), 제럴드 제이 서스만(Gerald Jay Sussman), "Information Accountability", Computer Science and Artificial Intelligence Laboratory Technical Report

MIT-CSAIL-TR-2007034, MIT, 2007 / 리사 M. 오스틴(Lisa M. Austin), "Enough about Me: Why Privacy Is about Power, Not Consent (or Harm)", 「A World without Privacy: What Law Can and Should Do?」, Cambridge University Press, 2015

3 대니얼 J. 솔로브, "Introduction: Privacy Self-Management and the Consent Dilemma", 「Harvard Law Review」, Vol. 126, 2013

4 헬렌 니센바움(Helen Nissenbaum), 「Privacy in Context: Technology, Policy, and the Integrity of Social Life」, Stanford Law Books, 2009

5 Gill v. Hearst Pub. Co.(1953년), Moreno v. Hanford Sentinel, Inc.(2009년), Guest v. Leis(2001년) / 브라이언 레스닉(Brian Resnick), "Researchers Just Released Profile Data on 70,000 OkCupid Users without Permission", 「Vox」, 2016년 5월 12일(https://www.vox.com/2016/5/12/11666116/70000-okcupid-users-data-release) / 조셉 콕스(Joseph Cox), "70,000 OkCupid Users Just Had Their Data Published", 「Motherboard」, 2016년 5월 12일 (https://www.vice.com/en_us/article/8q88nx/70000-okcupid-users-just-had-their-data-published) 이 기사는 해당 사이트에 수집된 개인정보를 분석한 한 연구자의 말을 인용한다. "다른 사람들이 당신의 정보를 보는 것을 원치 않는다면 인터넷에 공개적으로 올리지 말아야죠...공적인 장소에 올린 것은 공개된 거죠."

6 대니얼 J. 솔로브, 「Understanding Privacy」, Harvard University Press, 2010

7 나는 여기에서 프라이버시의 가치에 대한 줄리 코엔과 닐 리처즈의 이론을 끌어온다. 줄리 코엔의 "What Privacy Is For", 「Harvard Law Review」, Vol. 126, 2012 / 줄리 코엔, 「Configuring the Networked Self: Law, Code, and the Play of Everyday Practice」, Yale University Press, 2012 / 닐 리처즈, 「Intellectual Privacy: Rethinking Civil Liberties in the Digital Age」, Oxford University Press, 2015

8 안드레아 피터슨(Andrea Peterson), "These Data Brokers Cost Consumers Millions by Illegally Selling Off Their Financial Information", 「Washington Post」, 2015년 8월 12일 / 댄 구딘(Dan Goodin), "Hack of Cupid Media

Dating Website Exposes 42 Million Plaintext Passwords", 「Ars Technica」, 2013년 11월 20일(https://arstechnica.com/information-technology /2013/11/hack-of-cupid-media-dating-website-exposes-42- million-plaintext-passwords/)

9   닐 리처즈, 우드로 하초그, "Taking Trust Seriously in Privacy Law", 「Stanford Technology Law Review」, Vol. 19, 2016(https://law.stanford. edu/publications/taking-trust-seriously-in-privacy-law/)

10   조슈아 A. T. 페어필드(Joshua A. T. Fairfield), 크리스토프 엥겔(Christoph Engel), "Privacy as a Public Good", 「Duke Law Journal」, Vol. 65, 2015 (https://dlj.law.duke.edu/article/privacy-as-a-public-good-fairfield- vol65-iss3/)

11   컴퓨터 과학 및 전기통신 위원회, 『Trust in Cyberspace』, National Academies Press, 1999

12   아리 왈드만, 『Privacy as Trust: Information Privacy for an Information Age』, Cambridge University Press, 2018년 / 아리 왈드만, "Privacy as Trust: Sharing Personal Information in a Networked World", 「University of Miami Law Review」, Vol. 69, 2015 / 데니스 D. 허시, "Privacy, Public Goods, and the Tragedy of the Trust Commons: A Response to Professors Fairfield and Engel", 「Duke Law Journal Online」, Vol. 65, 2016(https:// dlj.law.duke.edu/2016/02/privacy-public-goods-and-the-tragedy- of-the-trust-commons/) / 커스텐 마틴, "Transaction Costs, Privacy, and Trust: The Laudable Goals and Ultimate Failure of Notice and Choice to Respect Privacy Online", 「First Monday」, Vol. 18, 2013(https:// firstmonday.org/ojs/index.php/fm/article/view/4838/3802) / 캐서린 J. 스트랜드버그, "Freedom of Association in a Networked World: First Amendment Regulation of Relational Surveillance", 「Boston College Law Review」, Vol. 49, 2008(https://lawdigitalcommons.bc.edu/bclr/vol49/ iss3/3/)

13   클레어 A. 힐(Claire A. Hill), 에린 앤 오하라(Erin Ann O'Hara), "A Cognitive Theory of Trust", 「Washington University Law Review」, Vol. 84, 2006,

여기에서 저자는 드니즈 M. 루소(Denise M. Rousseau)와 심 B. 시트킨(Sim B. Sitkin)을 인용한다. / 로널드 S. 버트(Ronald S. Burt), 콜린 캐머러(Colin Camerer), "Not So Different After All: A Cross-Discipline View of Trust", 「Academy of Management Review」, Vol. 23, 1998(https://journals.aom.org/doi/10.5465/amr.1998.926617)

14 M. 발킨, "Information Fiduciaries and the First Amendment", 「UC Davis Law Review」, Vol. 49, 2016

15 미국의 다국적 팬케이크 레스토랑 체인 – 옮긴이

16 잭 M. 발킨, 조너선 지트레인, "A Grand Bargain to Make Tech Companies Trustworthy", 「Atlantic」, 2016년 10월 3일(https://www.theatlantic.com/technology/archive/2016/10/information-fiduciary/502346/)

17 신중성의 정의, 옥스포드 사전(https://www.lexico.com/definition/discretion) / 리 레이니 (Lee Rainie), 새라 키슬러(Sarah Kiesler), 루오구 강(Ruogu Kang), 메리 매든, "Anonymity, Privacy, and Security Online", Pew Research Center, 2013년 9월 5일(https://www.pewresearch.org/internet/2013/09/05/anonymity-privacy-and-security-online/) 여기에서 저자들은 정보에 대한 관리권한의 중요성과 정보 수신자의 승인이 갖는 중요성을 상세히 논의하고 있다. / 수잔나 폭스(Susannah Fox), "Trust and Privacy Online", Pew Research Center, 2000년 8월 20일(https://www.pewresearch.org/internet/2000/08/20/trust-and-privacy-online/)

18 로렌 겔만(Lauren Gellman), "Privacy, Free Speech, and 'Blurry-Edged' Social Networks", 「Boston College Law Review」, Vol. 50, 2009 / 리오르 제이콥 스트라힐레비츠(Lior Jacob Strahilevitz), "A Social Networks Theory of Privacy", 「University of Chicago Law Review」, Vol. 72, 2005

19 피에트릴로 대 힐스톤 레스토랑 그룹, 2008년 7월 25일

20 연방거래위원회 대 스냅챗, 2014년 12월 23일 접수한 영구적 중지 명령과 다른 공평한 경감 대책을 위한 불만사항

21 https://www.ftc.gov/system/files/documents/cases/140508snapchatcmpt.pdf

22 페이스북, "사용자 개인정보를 다운로드받는 방법", https://www.facebook.
com/help/131112897028467

23 원문은 '개인정보보호지침(General Data Protection Directive 95/46/EC)'
으로 돼 있지만, 2018년 이 지침을 대체한 법규가 개인정보보호규정(General
Data Protection Regulation)여서 규정으로 번역했다. – 옮긴이

24 로버트 맥밀란(Robert McMillan), "The World's First Computer Password?
It Was Useless Too", 「Wired」, 2012년 1월 27일(https://arstechnica.com/
tech-policy/2012/01/the-worlds-first-computer-password-it-was-
useless-too/)

25 케이트 힐펀(Kate Hilpern), "Why "Secret" Is Part of Secretary", 「Guardian」,
2003년 11월 24일(https://www.theguardian.com/money/2003/nov/24/
careers.jobsadvice)

26 라이언의 유언(Ryan's Will), 1943년 뉴욕, 여기에 실린 인용문은 베르겐 대 베
넷(Bergen v. Bennett)의 소송에서 나온 켄트 법관(Justice Kent)의 판결문
이다. / 찰스 브라이언 배런(Charles Bryan Baron), "Self-Dealing Trustees
and the Exoneration Clause: Can Trustees Ever Profit from Transactions
Involving Trust Property?", 「St. John's Law Review」, Vol. 72, 2012

27 로빈슨 마이어(Robinson Meyer), "Everything We Know about Facebook's
Secret Mood Manipulation Experiment", 「Atlantic」, 2014년 9월 8일(https://
www.theatlantic.com/technology/archive/2014/06/everything-we-
know-about-facebooks-secret-mood-manipulation-experiment/
373648/)

28 E.S. 브라우닝(E. S. Browning), "Financial Scammers Increasingly Target
Elderly Americans", 「Wall Street Journal」, 2013년 12월 23일(https://
www.wsj.com/articles/financial-scammers-increasingly-target-
elderly-americans-1387828135)

29 연방거래위원회, 미국 하원의 에너지 및 무역 위원회 산하 무역, 제조, 거
래 소위원회의 청문회에서 연방거래위원회가 노인 사기와 소비자 보호 문제
에 대해 증언한 내용. 2013년 5월 16일(https://www.ftc.gov/system/files/

documents/public_statements/836211/151023fraudagainstelderlyhouse. pdf)

30 클레어 케인 밀러(Claire Cain Miller), "When Algorithms Discriminate", 「New York Times」, 2015년 7월 9일 / 아미트 다타(Amit Datta), 마이클 칼 샨츠(Michael Carl Tschantz), 아누팜 다타(Anupam Datta), "Automated Experiments on Ad Privacy Settings", Proceedings on Privacy Enhancing Technologie, 2015년(https://www.andrew.cmu.edu/user/danupam/ dtd-pets15.pdf)

31 아메리칸 헤리티지 영어사전(https://www.ahdictionary.com/word/search. html?q=obscure)

32 로빈 I. M. 던바, "Coevolution of Neocortical Size, Group Size and Language in Humans, 「Behavior and Brain Science), Vol. 16, 1993 / 로빈 던바, M. 스푸어스(M. Spoors), "Social Networks, Support Cliques, and Kinship", 「Human Nature」, Vol. 6, 1995 / 로빈 던바, "The Social Brain Hypothesis", 「Evolutionary Anthropology」, Vol. 6, 1998

33 빅토르 마이어-쇤베르거(Viktor Mayer-Schönberger)는 이 논리를 연장해 망각은 인지적 이점이 있다는 점을 입증하는 책을 썼다. 우리의 기억력은 인지적 과부하를 막기 위해 의도적으로 선택적이다. 이것은 현실적으로 말해 우리가 스쳐가듯 만나거나 통근 버스 같은 공동 공간을 잠시 공유한 사람들의 대부분은 우리에게 그리고 우리는 그들에게 모호한 존재, 이방인들이다. 왜 기억하기는 잊기보다 더 많은 자원을 요구하는지 설명하는 마이어-쇤베르거의 「잊혀질 권리: 디지털 시대의 원형감옥 당신은 자유로운가(Delete: The Virtue of Forgetting in the Digital Age)」(지식의 날개, 2011) 참조하라.

34 '딥 사우스'는 미국의 최남동부 지역을 지칭하며 조지아, 앨라배마, 미시시피, 루이지애나, 사우스캐롤라이나 주를 포괄한다. - 옮긴이

35 네트워크 워킹 그룹, 'Uniform Resource Locators(URL)', 제안서, 1994년 12월 (https://www.ietf.org/rfc/rfc1738.txt), 이 제안서는 URL이 ' 인터넷을 통해 접근할 수 있는 위치와 자원에 관한 정보의 문법과 의미'를 묘사한다고 밝히고 있다. 예를 들면 http://yahoo.com이라는 웹 주소는 인터넷 사용자를 야후 웹사이트로 접속하게 해주는 URL이다.

36 예를 들면 수많은 논문은 복수의 정보 제작자들이 사람들의 제한된 주의를 끌기 위해 치열하게 경쟁하는 온라인 '주목 경제(attention economy)'의 여러 여러 특성을 탐구했다. 대규모 주의를 끌기 위해서는 상당한 규모의 자원이 필요하다. 유명세를 추구하지 않는, 또는 제한된 수준의 유명세를 바라는 개인들은 자신들이 모호한 존재로 남아 있을 것이라고 기대하는 것이 타당하다. 마크 뉴먼(Mark Newman), 알버트-라즐로 바라바시(Albert-László Barabási), 던컨 J. 왓츠(Duncan J. Watts), 『The Structure and Dynamics of Networks』, Princeton University Press, 2006) / 존 M. 클라인버그(Jon M. Kleinberg), "Authoritative Sources in a Hyperlinked Environment", 「Journal of the Association for Computing Machinery」, Vol. 46, 1999

37 예를 들면 다음과 같은 문헌이 있다. 아만다 렌하트(Amanda Lenhard), "Adults and Social Network Websites", Pew Research Center , 2009년 1월 14일(https://www.pewresearch.org/internet/2009/01/14/adults-and-social-network-websites/) / 아만다 렌하트, 메리 매든, "Teens, Privacy and Online Social Networks", Pew Research Center, 2007년 4월 18일(https://www.pewresearch.org/internet/2013/05/21/teens-social-media-and-privacy/) / 아만데 렌하트, 크리스텐 퍼셀(Kristen Purcell), 애런 스미스(Aaron Smith), 캐스린 지커(Kathryn Zickuhr), 「Social Media and Young Adults」, Pew Research Center, 2010년 2월 3일(https://www.pewresearch.org/internet/2010/02/03/social-media-and-young-adults/) / 프레데릭 스투츠만(Frederic Stutzman), 우드로 하초그, "The case for online obscurity", 「California Law Review」, Vol. 101, 2013 / 마틴 태니스(Martin Tanis), 톰 포스트메스(Tom Postmes), "Social Cues and Impression Formation in CMC," 「Journal of Communication」, Vol. 53, 2003

38 마이클 K. 버그먼(Michael K. Bergman), "White Paper: The Deep Web: Surfacing Hidden Value", 「Journal of Electric Publishing」, Vol. 7, 2001(https://quod.lib.umich.edu/j/jep/3336451.0007.104/--white-paper-the-deep-web-surfacing-hidden-value), 저자는 "검색엔진은 딥 웹을 놓치기 때문에 인터넷 검색자는 실제 정보의 0.03% 혹은 3,000페이지 중 1페이지만을 찾는 셈이다."라고 지적한다. / 노엄 메데이로스(Norm

Medeiros), "Reap What You Sow: Harvesting the Deep Web", 「OCLC Systems and Services」, Vol. 8, 2002 / 얀보 루(Yanbo Ru), 엘리스 호로위츠 (Ellis Horowitz), "Indexing the Invisible Web: A Survey", 「Online Information Review」, Vol. 29, 2005 / 러셀 케이(Russel Kay), "Quickstudy: Deep Web", 「Computerworld」, 2005년 12월 19일, "전형적인 검색엔진으로 찾아낼 수 있는 것보다 500배 이상 많은 정보가 딥 웹에 존재한다."라고 밝힌다. / 폴 페들리(Paul Pedley), 『The Invisible Web: Searching the Hidden Parts of the Internet』, Taylor and Francis, 2004

39 비유전적 문화 요소, 유전자가 아니라 모방 등에 의해 다음 세대로 전달됨 – 옮긴이

40 MythBusters(호기심 해결사), Discovery Channel에서 2003년부터 방영된 TV쇼. 구전되는 신화나 소문이 정말 일어났을지 과학적으로 실험해보는 프로그램이다. – 옮긴이

41 케이트 머피, "Web Photos That Reveal Secrets Like Where You Live", 「New York Times」, 2010년 8월 11일(https://www.nytimes.com/2010/08/12/technology/personaltech/12basics.html?_r=2)

42 앨런 웨스틴, 『Privacy and Freedom』, Atheneum, 1967

43 줄리 E. 코엔, "Examined Lives: Informational Privacy and the Subject as Object", 「Stanford Law Review」, Vol. 52, 2000 / 하이먼 그로스(Hyman Gross), "Privacy and Autonomy", 「Nomos XIII: Privacy」), Atherton, 1971

44 헬렌 니센바움, "Privacy in Context: Technology, Policy, and the Integrity of Social Life", 「Stanford University Press, 2009

45 제드 루벤펠드, "The Right of Privacy", 「Harvard Law Review」, Vol. 102, 1989

4장

1 마이크 홀트(Mike Holt), "Stumped by the Code? NEC Requirements for Identifying Circuit Conductors and More", EC&M, 2013년 6월 11일(https://

www.ecmweb.com/national-electrical-code/qa/article/20897657/
stumped-by-the-code-nec-requirements-for-identifying-circuit-
conductors-and-more) / 전국화재예방협회(NFPA) 70: 국가 전기규격
(https://www.nfpa.org/codes-and-standards/all-codes-and-standards/
list-of-codes-and-standards/detail?code=70)

2   Restatement (Third) of Torts: 제조물 책임(A.L.I. 1998), 과실(negligence)처
럼 잘못에 기반한 시스템과 달리 엄격한 책임 시스템은 이를테면 활동 수준의
유형과 분량에 대해 디자인 변화를 유도할 수 있다. 만약 앱 디자이너가 유해한
데이터 침해 비용을 앱 자체에 반영하도록 강제한다면, 이들은 처음부터 위치
정보 같은 민감한 개인정보를 수집하지 않기로 앱을 디자인하게 될 수도 있다.
다니엘르 키츠 시트론의 "Reservoirs of Danger: The Evolution of Public
and Private Law at the Dawn of the Information Age"참조, 「Southern
California Law Review」, Vol. 80, 2007

3   아이라 S. 루빈스타인(Ira S. Rubinstein), 너새니얼 굿(Nathaniel Good),
"Privacy by Design: A Counterfactual Analysis of Google and Facebook
Privacy Incidents", 「Berkeley Technology Law Journal」, Vol. 28, 2013

4   크리스티나 멀리건(Christina Mulligan), "What's the Best Way to Fix the
Patent System's Problems?", 「Cato Unbound」, 2014년 9월 15일(https://
www.cato-unbound.org/2014/09/15/christina-mulligan/whats-best-
way-fix-patent-systems-problems)

5   폴 N. 오토(Paul N. Otto), "Reasonableness Meets Requirements: Regulating
Security and Privacy in Software", 「Duke Law Journal」, Vol. 59, 2009, 여
기에서 저자는 "법규 준수 여부를 감시하는 일은 소프트웨어 엔지니어들이 직
면한 일반적인 문제로, 이는 법규가 요구하는 수준을 훨씬 능가한다."고 지적
한다.

6   폴 옴, "The Argument against Technology-Neutral Surveillance Laws",
「Texas Law Review」, Vol. 88, 2010

7   마이클 번해크, "Reverse Engineering Informational Privacy Law, 「Yale
Journal of Law and Technology」, Vol. 15, 2012, 여기에서 번해크는 "거듭

해서 우리는 기술 중립적인 것처럼 보이는 법이 한 때는 (대개는 입법 당시) 비록 일반적인 방식일지언정, 특정 기술에 기반을 뒀다는 사실을 깨닫는다. 우리는 새로운 기술적 패러다임이 이전 패러다임을 대체하는 경우에만 법에 내재된 기술적 사고 방식을 깨닫곤 한다."라고 썼다. 따라서 번해크는 기술을 규제하는 법을 '역설계(reverse engineer)'해서 "해당 법에 내재된 규제 대상 기술에 대한 추정, 다시 말해 해당 법의 기술적 사고 방식을 노출해야 한다."고 주장한다. 기술의 작동 방식에 대한 숨겨진 추정을 발견하게 되면, 우리는 그러한 한계 안에서 유연성, 혁신 및 조화성을 성취할 수 있는 법을 제정할 수 있을 것이다. / 베르트-야프 쿠프스(Bert-Jaap Koops), "Should ICT Regulation Be Technology-Neutral?", 「Starting Points for ICT Regulation: Deconstructing Prevalent Policy One-Liners」, Vol. 9, 2006

8 폴 N. 오토, "Reasonableness Meets Requirements: Regulating Security and Privacy in Software", 「Duke Law Journal」, Vol. 59, 2009, 여기에서 저자는 "보안과 프라이버시에 관한 법적 요구 사항은 구체적 규칙보다는 폭넓은 표준의 형태여야 한다. 그래야만 관련 법은 움직이는 표적을 포착할 수 있다."라고 강조한다.

9 디어드리 K. 멀리건(Deirdre K. Mulligan), 제니퍼 킹(Jennifer King), "Bridging the Gap between Privacy and Design", 「University of Pennsylvania Journal of Constitutional Law」, Vol. 14, 2012, 여기에서 저자들은 "전 세계의 프라이버시 규제기관은 점점 더 공정정보 규정이 기술 시스템의 디자인을 인도하는 지침이 돼야 한다고 요구한다. 과거에 공정정보 규정은 대체로 기업 내에서 정책과 절차를 채택하는 형태로 진행됐다. 프라이버시는 변호사들의 전문 분야였다. 이제는 '프라이버시 중심 디자인'이라는 이름으로 정책 입안자들은 민간 부문에 대해 프라이버시 보호를 강화하는 분명한 대책을 적용하라고 요구한다."고 지적한다.

10 플로리안 샤웁, 레베카 발레바코, 애덤 L. 듀리티, 로리 페이스 크레이너는 2015년 7월 22~24일 캐나다 오타와에서 열린 '사용 가능한 프라이버시와 보안 심포지엄(Symposium on Usable Privacy and Security)'에 '효과적인 프라이버시 고지를 위한 디자인 공간'을 발표하면서 '프라이버시 중심 디자인이나 프라이버시 영향평가 같은 프라이버시 친화적인 시스템을 만들기 위한 기존 프

레임워크와 절차는 시스템의 데이터 관행을 분석하는 데 초점을 맞추며 고지 방식의 디자인에는 주목하지 않는다. '프라이버시 고지를 단순하게' 만들기 위한 OECD의 보고서조차 단순화된 고지 형식을 디자인하고, 유용성(usability)을 시험한 뒤 시행하라고 했을 뿐, 단순화된 고지를 어떻게 디자인해야 할지는 다루지 않았다."고 지적했다. / "Making Privacy Notices Simple: An OECD Report and Recommendations", OECD Digital Economy Papers, Vol. 120, 2006

11 그레이엄 그린리프, 『Asian Data privacy Laws: Trade and Human Rights Perspectives』, Oxford University Press, 2014, 이 책은 제임스 룰, 더글러스 맥아담스(Douglas McAdams), 린다 스턴스(Linda Stearns), 데이비드 어글로(David Uglow)의 저서 『The Politics of Privacy: Planning for Personal Data Systems as Powerful Technologies』(Praeger, 1980)를 인용하고 있다.

12 제임스 그리멜만, "Privacy as Product Safety", 『Widener Law Journal』, Vol. 19, 2010 / 디어드리 멀리건, 제니퍼 킹, "Bridging the Gap between Privacy and Design"

13 제임스 그리멜만, "Saving Facebook", 『Iowa Law Review』, Vol. 94, 2009

14 새라 스피커만, 로리 F. 크레이너, "Engineering Privacy", IEEE Transactions on Software Engineering, Vol. 35, 2009 / 새라 스피커만, 『Ethical IT Innovation: A Value-Based System Design Approach』, CRC, 2015

15 Restatement (Third) of Torts: Products Liability, 1998, 결함이 있는 제품을 판매하거나 유통하는 비즈니스에 관여한 자는 그 결함으로 초래된 대인 혹은 대물 피해에 대해 과실 유무에 관계없이 책임이 있다.

16 과실을 비교하는 현대의 개념은 과실의 규모에 따라 배상 분배를 달리한다.

17 제임스 그리멜만, "Privacy as Product Safety"

18 다니엘르 키츠 시트론, "Mainstreaming Privacy Torts,", 『California Law Review』, Vol. 98, 2010 / 제임스 그리멜만, "Privacy as Product Safety"에서 "프라이버시 법과 제조물 책임법은 그 역사적 기원과 20세기 발전 방향의 차이에도 불구하고 현대 불법행위법의 지적, 교리적 시스템 안에서 정확히 서로 호응한다."라고 지적한다. / 에릭 조스타드(Eric Jorstad), "The Privacy

Paradox", 「William Mitchell Law Review」, Vol. 27, 2001 / 벤저민 R. 삭스 (Benjamin R. Sachs), "'Consumerism and Information Privacy: How Upton Sinclair Can Again Save Us from Ourselves", 「Virginia Law Review」, Vol. 95, 2009 / 새라 러딩턴(Sarah Ludington), "Reining in the Data Traders: A Tort for the Misuse of Personal Information", 「Maryland Law Review」, Vol. 66, 2006 / 다니엘르 키츠 시트론, "Reservoirs of Danger"

19 그리멜만은 "Privacy as Product Safety"에서 '개인정보를 안전하게 다룰 의무는 그 정보가 어떻게 얻었는가와는 상대적으로 관계가 거의 없다. 그것이 온라인 퀴즈에 의식적으로 응모함으로써 나온 것이든, 혹은 식료품점의 스캐너를 통해 얻은 것이든 개인정보보호에 대한 우려는 동일하다. 제조물 안전에 비유할 수 있는 가장 크고 현재까지 거의 고려되지 않은 잠재적 분야는 소비자 기술의 전면(front end)에 있다.'고 설명했다.

20 캐나다의 연방 프라이버시 위원회는 '동의'의 개념에 비판적인 보고서를 발행하면서 그 대안을 요청했다. 캐나다 프라이버시 위원회, 「Consent and Privacy」, 2016년 5월(https://www.priv.gc.ca/en/opc-actions-and-decisions/research/explore-privacy- research/2016/consent_201605/)

21 Restatement (Third) of Torts: Products Liability, 제2조, 1998, "일반적으로 제조물 판매자는 잠재적 제조물 사용자들에게 위험과 이를 회피하는 방법이 명백하거나 잘 알만한 내용인 경우에는 그에 대한 경고나 지침을 표시하지 않아도 책임을 지지 않는다."

22 글리튼버그(Glittenberg) 대 도우보이 레크리에이션 인더스트리(Doughboy Recreational Industry), 1992년, "경고문은 크게 벌어진 상처를 가리기 위한 임시 반창고가 아니며, 단순히 경고문을 달았다고 해서 제조물이 안전한 것은 아니다."

23 제시카 리치(Jessica Rich)는 "Working Together to Protect Consumers" (2014년 열린 전미 검찰협회의 소비자 보호 콘퍼런스)이라는 제목의 발표에서 미국 연방거래위원회는 "영어가 모국어가 아닌 사람, 노인, 경제적으로 취약한 소비자, 군 요원과 퇴역 군인, 어린이 등 특정한 소비자 그룹을 표적으로 한 사기적이고 기만적인 비즈니스 행태에 주안점을 두고 있습니다. 점점 더 많은 사기꾼과 마케터들은 고도로 개인화된 정보와 프로필을 확보하고, 시장의

다른 소비자층을 겨냥하고 있기 때문에 우리는 이들 대상에게 가능한 한 효과적으로 접근해 정보를 전달해야 할 필요가 있습니다."라고 강조했다(https://www.ftc.gov/public-statements/2014/05/working-together-protect-consumers).

24 연방거래위원회, "소비자들의 모바일 재무 서비스 이용과 경제적으로 취약한 소비자들의 재무 상황 향상을 위한 잠재력에 관한 정보 청구", 2014년 9월(https://www.federalregister.gov/documents/2014/06/12/2014-13552/request-for-information-regarding-the-use-of-mobile-financial-services-by-consumers-and-its) / 연방거래위원회의 판단, "치과위생사들의 서비스를 제한하자는 조지아주 치과위원회의 제안은 주의 취약 계층 소비자들에게 해를 끼칠 것", 2011년 1월(https://www.ftc.gov/policy/advocacy/advocacy-filings/2010/12/ftc-staff-comment-georgia-board-dentistry-concerning) / 연방거래위원회, "연방거래위원회법, 취약계층의 소비자들을 표적으로 한 의료계획 사기를 규제하기로", 2012년 10월(https://www.ftc.gov/news-events/press-releases/2012/10/ftc-acts-halt-medical-plan-scheme-targeted-vulnerable-consumers)

25 레슬리 페어(Lesley Fair), "Full Disclosure", FTC, 2014년 9월 23일(https://www.ftc.gov/news-events/blogs/business-blog/2010/09/full-disclosure)

26 샤웁 외, "A Design Space for Effective Privacy Notices"

27 연방거래위원회 대 네오비(FTC v. Neovi), 2006년 9월 19일

28 로버트 L. 라빈(Robert L. Rabin), "Enabling Torts", 「DePaul Law Review」, Vol. 49, 1999

29 피어스 대 스탠다우(Pierce v. Standow) 1958 / 슈나이어 대 미드타운 모터 컴퍼니(Schneider v. Midtown Motor Co.), 1992 / 알렉산더 대 알터만 수송라인(Alexander v. Alterman Transportation Lines Inc.) 1980 / V. L. 니콜슨 건설 대 레인 (V. L. Nicholson Construction Co. v. Lane), 1941

30 다니엘르 키츠 시트론, "Mainstreaming Privacy Torts", 「California Law Review」, Vol. 98, 2010

31 기만에 대한 연방거래위원회의 성명, 1984년 당시 연방거래위원회의 의장인 제임스 C. 밀러 3세(James C. Miller III)가 하원 에너지 및 통상 위원회 의장인 존 D. 딩겔(John D. Dingell)에게 보낸 편지 중(https://www.ftc.gov/system/files/documents/public_statements/410531/831014deceptionstmt.pdf)

32 사트남 나랑(Satnam Narang), "Tinder Spam: A Year Later, Spammers Still Flirting with Mobile Dating App", 시만텍, 2014년 7월 15일(https://www.symantec.com/connect/blogs/tinder-spam-year-later-spammers-still-flirting-mobile-dating-app) / 사트남 나랑, "Tinder Safe Dating Spam Uses Safety to Scam Users out of Money", 2016년 7월 21일(https://www.symantec.com/connect/blogs/tinder-safe-dating-spam-uses-scam-users-out-money)

33 스티브 멜렌데즈(Steve Melendez), "Tinder Bots Have Evolved to Mimic the Girl Next Door", 「Motherboard」, 2015년 2월 10일(https://www.vice.com/en/article/nze9zm/tinder-bots-next-door)

34 파비안(Fabian), "Meet Ransom32: The first JavaScript ransomware", Emsisoft 블로그, 2016년 1월 1일(https://blog.emsisoft.com/en/21002/meet-ransom32-the-first-javascript-ransomware-2/)

35 연방거래위원회, "FTC Charges Operators of 'Jerk.com' Website with Deceiving Consumers", 2014년 4월 7일(https://www.ftc.gov/news-events/press-releases/2014/04/ftc-charges-operators-jerkcom-website-deceiving-consumers)

36 매트 블레이즈(@mattblaze), "WTF? Pennsylvania State Police license plate reader SUV camouflaged as Google Street View vehicle"(https://twitter.com/mattblaze/status/730413475231617028) / 펜실베이니아주 경찰(@PAStatePolice), "Matt, this is not a PSP vehicle. If this is LPR technology, other agencies and companies might make use of it"(https://twitter.com/PAStatePolice/status/730437661807284224)

37 더스틴 슬로터(Dustin Slaughter), "This Isn't a Google Streetview Car, It's a Government Spy Truck", 「Motherboard」, 2016년 5월 12일(https://www.

vice.com/en/article/bmvjwm/this-isnt-a-google-streetview-car-its-a-government-spy-truck)

38 재니스 차이(Janice Tsai), 서지 에겔만(Serge Egelman), 로리 페이스 크레이너, 알레산드로 아퀴스티, "The Effect of Online Privacy Information on Purchasing Behavior: An Experimental Study", 「Information Systems Research」, Vol. 22, 2011 / "Studying the Impact of Privacy Information on Online Purchase Decisions", Workshop on Privacy and HCI: Methodologies for Studying Privacy Issues에서 발표된 논문, CHI, 2006년, 몬트리올(https://www.guanotronic.com/~serge/papers/chi06.pdf) / "Timing Is Everything? The Effects of Timing and Placement of Online Privacy Indicators", CHI 2009에 발표된 논문, 그에 따르면 소비자들은 웹사이트에서 무엇인가를 구매할 때 프라이버시 지표를 고려한다. / 줄리아 기드온(Julia Gideon), 로리 페이스 크레이너, 에겔만, 아퀴스티, "Power Strips, Prophylactics, and Privacy, Oh My!", 2006년 피츠버그에서 열린 'Symposium On Usable Privacy and Security 2006'에 발표된 논문, 그에 따르면 프라이버시 정책을 비교한 정보는 프라이버시 사안이 민감한 제품을 구매할 때 그렇지 않은 경우보다 더 많은 영향을 미쳤다. / 로리 페이스 크레이너, "What Do They 'Indicate?' Evaluating Security and Privacy Indicators, Interactions", 「Interactions」, Vol. 13, 2006, 여기에서 저자는 쉽게 속는 사람들의 특성 때문에 프라이버시 지표의 효과가 실망스럽다고 지적한다.

39 베니 에반젤리스타(Benny Evangelista), "Tweets Preserved for All Time Under Library of Congress Deal", 「San Francisco Gate」, 2010년 4월 16일, "여기에서 예외는 미미한 분량의 '보호된 트윗'이다."

40 구글과 관련된 연방거래위원회의 공식 불만, 2011년 10월 13일(https://www.ftc.gov/enforcement/cases-proceedings/102-3136/google-inc-matter)

41 'TRUSTe사에 대한 연방거래위원회의 공식 불만(https://www.ftc.gov/enforcement/cases-proceedings/132-3219/true-ultimate-standards-everywhere-inc-truste-matter

42 패스(Path Inc.)에 대한 연방거래위원회의 공식 불만, 2013년 2월 1일(https://www.ftc.gov/enforcement/cases-proceedings/122-3158/path-inc)

43 어떻게 미묘한 신호가 우리의 생각과 행동에 영향을 미칠 수 있는지에 대한 더 많은 정보는 애덤 알터(Adam Alter)가 쓴 『만들어진 생각 만들어진 행동(Drunk Tank Pink)』(알키, 2014)을 참조하기 바란다.

44 기만에 대한 연방거래위원회의 성명(https://www.ftc.gov/public-statements /1983/10/ftc-policy-statement-deception), "호도(misrepresentation)는 사실과 대조되는 명시적이거나 묵시적인 진술이다. 기만적 누락은 어떤 관행, 클레임, 표현 또는 합리적 기대나 믿음이 오도되는 것을 막는 데 필요한 정보가 제공되지 않을 때 발생한다. 설령 어떤 정보를 제공하는 것이 소비자에게 혜택을 준다고 해도 그런 정보의 누락이 모두 기만적인 것은 아니다."

45 연방거래위원회, Mobile Privacy Disclosures Building Trust through Transparency (https://www.ftc.gov/reports/mobile-privacy-disclosures -building-trust-through-transparency-federal-trade-commission), 2013

46 페이스북에 대한 연방거래위원회의 공식 불만, 2012년 7월 27일(https:// www.ftc.gov/enforcement/cases-proceedings/092-3184/facebook- inc)

47 연방거래위원회 대 프로스트와이어 소송, 연방거래위원회는 프로스트와이어의 비즈니스 관행의 영구 정지를 요구했다(https://www.ftc.gov/sites/default/ files/documents/cases/2011/10/111011frostwirecmpt.pdf)

48 양왕, 그레고리 노시(Gregory Norcie), 사랑가 코만두리(Saranga Komanduri), 알레산드로 아퀴스티, 페드로 조바니 레온(Pedro Giovanni Leon), 로리 페이스 크레이너, " 'I Regretted the Minute I Pressed Share': A Qualitative Study of Regrets on Facebook", Proceedings of the Seventh Symposium on Usable Privacy and Security, 2011년, 미국컴퓨터학회(https://cups. cs.cmu.edu/soups/2011/proceedings/a10_Wang.pdf) / 켈리 무어(Kelly Moore), 제임스 매켈로이(James McElroy), "The Influence of Personality on Facebook Usage, Wall Postings, and Regret", 「Computers in Human Behavior」, Vol. 28, 2012(https://www.researchgate.net/ publication/220495735_The_Influence_of_Personality_on_Facebook_ Usage_Wall_Postings_and_Regret)

49 스탠포드대학교 설득적 기술 연구소, Overview(https://captology.stanford. edu/)

50 『훅(Hooked): 습관을 만드는 신상품 개발 모델』, 니르 이얄 , 라이언 후버 지음, 리더스북, 2014 – 옮긴이

51 나타샤 다우 슐 (Natasha Dow Schüll), 『Addiction by Design: Machine Gambling in Las Vegas』, Princeton University Press, 2002

52 알렉시스 마드리갈(Alexis C. Madrigal), "The Machine Zone: This Is Where You go When You Just Can't Stop Looking at Pictures on Facebook", 「Atlantic」, 2013년 7월 31일(https://www.theatlantic.com/technology/archive/2013/07/the-machine-zone-this-is-where-you-go-when-you-just-cant-stop-looking-at-pictures-on-facebook/278185/)

53 이언 레슬리(Ian Leslie), "The Scientists Who Make Apps Addictive", 「Economist 1843」, 2016년 10/11월호(https://www.economist.com/1843/2016/10/20/the-scientists-who-make-apps-addictive) / 비앙카 보스커(Bianca Bosker), "The Binge Breaker", 「Atlantic」, 2016년 11월 (https://www.theatlantic.com/magazine/archive/2016/11/the-binge-breaker/501122/)

54 이를 다룬 경우로는 캐스 R. 선스타인, 크리스틴 졸스(Christine Jolls), 리처드 탈러(Richard Thaler), "A Behavioral Approach to Law and Economics"이 있다(「Stanford Law Review」, Vol. 50, 1998). 여기에서 저자들은 "제한된 합리성은 … 인간의 인지 능력은 무한하지 않다는 명백한 사실을 지칭한다."라고 설명한다.

55 대니얼 카너먼, 『생각에 관한 생각(Thinking Fast and Slow)』, 김영사, 2018 / 댄 애리얼리(Dan Ariely), 『상식 밖의 경제학(Predictably Irrational)』, 청림출판, 2018 / 대니얼 길버트(Daniel Gilbert), 『행복에 걸려 비틀거리다 (Stumbling upon Happiness)』, 김영사, 2006

56 S. 샤얌 순다(S. Shyam Sundar), 김진영(Jinyoung Kim), 앤드루 갬비노 (Andrew Gambino), 메리 베스 로슨(Mary Beth Rosson), "Six Ways to Enact Privacy by Design: Cognitive Heuristics That Predict Users' Online

Information Disclosure", 2016년 5월 7~12일 미국 산호세에서 열린 CHI 2016에 제출된 논문(https://networkedprivacy2016.files.wordpress. com/2015/11/sundar-et-al-final_chi-pbd-workshop-161.pdf)

57 S. 샤얌 순다, 강현진(Hyunjin Kang), 무 우(Mu Wu), 고은(Eun Go), 보 장 (Bo Zhang), "Unlocking the Privacy Paradox: Do Cognitive Heuristics Hold the Key?", 2013년 미국컴퓨터협회 콘퍼런스 CHI 2013에서 발표된 논 문(https://www.researchgate.net/publication/262355768_Unlocking_ the_privacy_paradox_Do_cognitive_heuristics_hold_the_key)

58 패트릭 M. 코리건(Patrick M. Corrigan), " 'Abusive' Acts and Practices: Dodd-Frank's Behaviorally Informed Authority over Consumer Credit Markets and Its Application to Teaser Rates", 「N.Y.U. Journal of Legislation and Public Policy」, Vol. 18, 2015, 여기에서 저자는 이렇게 지적 한다. "최선의 조건을 찾는 과정에서 소비자들은 소비자 상품이나 서비스의 실 제 비용과 혜택을 잘못 인식할 수 있다. 이것은 해당 상품이나 서비스에 대한 정보 부족 때문이거나 그들에게 주어진 정보를 잘못 이해한 탓이다. 전자는 불 완전한 정보의 문제인데 비해 후자는 불완전하거나 제한된 합리성의 문제라고 볼 수 있다. 불완전한 정보 문제는 소비자에게 외인(外因)적인 데 비해 불완전 한 합리성은 내재적인 것이다."

59 라이언 케일로(Ryan Calo), "digital market manipulation", 「George Washington Law Review」, Vol. 82, 2014(http://www.gwlr.org/wp-content/uploads/2014/10/Calo_82_41.pdf)

60 라이언 케일로, "digital market manipulation"

61 인종에 따라 다르게 적용하는 행태는 가격 문제와 표적 광고의 차별성 을 표나게 드러내는 시험 사례다. 알레시아 랭(Alethea Lange), 레나 코엔 (Rena Coen), "How Does the Internet Know Your Race?", Center for Democracy and Technology, 2016년 9월 7일(https://cdt.org/insights/ how-does-the-internet-know-your-race/)

62 제프 라클린스키, "Cognitive Errors, Individual Differences, and Paternalism", 「University of Chicago Law Review」, Vol. 73, 2006 / 존 D. 핸슨(John D. Hanson), 더글러스 A. 카이사(Douglas A. Kysar), "Taking Behavioralism

Seriously: The Problem of Market Manipulation", 「NYU Law Review」, Vol. 754, 1999 / 재비어 게이백스(Xavier Gabaix), 데이비드 레입슨(Daivd Laibson), "Shrouded Attributes, Consumer Myopia and Information Suppression in Competitive Markets", 「Quarterly Journal of Economics」, Vol. 121, 2006, 이 글은 속성을 두드러지게 내세우거나(salient) 은폐한 (shrouded) 채 마케팅을 할 수 있다고 설명한다.

63 사기를 피하는 기본 선택(default choice)의 효과를 논의한 매우 흥미로운 사례 연구는 로버트 레츨러(Robert Letzler), 라이언 샌들러(Ryan Sandler), 애냐 야로세비츠 (Ania Jaroszewicz), 아이작 T. 노울즈 (Isaac T. Knowles), 루크 올슨(Luke Olson), "Knowing When to Quit: Default Choices, Demographics and Fraud", 2014년 10월 8일(https://onlinelibrary.wiley.com/doi/abs/10.1111/ecoj.12377)

64 라이언 테이트(Ryan Tate), 그레고리 콘티, 알렉산더 파머 (Alexander Farmer), 에드워드 소비에스크, "Evaluating Adversarial Interfaces: An Automated Approach" , 「IEEE Technology and Society」, Vol. 35, 2016

65 그레고리 콘티(Gregory Conti), 에드워드 소비에스크, "Malicious Interface Design: Exploiting the User 271", 2010년 4월 26~30일 미국 노스캐롤라이나 주에서 열린 제19회 국제월드와이드웹 콘퍼런스에서 발표한 논문(https://www.researchgate.net/publication/221022960_Malicious_Interface_Design_Exploiting_the_User), 여기에서 발표자들은 기만적 디자인을 바로잡기 위해서는 보안 전문가와 인간-컴퓨터 상호작용 위원회가 협력해야 한다고 주장했다.

66 그레고리 콘티, 에드워드 소비에스크, "Malicious Interfaces and Personalization's Uninviting Future", 「IEEE Security and Privacy」, Vol. 7, 2009(https://ieeexplore.ieee.org/document/5054913)

67 전주의 처리(preattentive processing)는 의식적으로 근처의 특정 사물에 주의를 기울이기 전에 벌어지는 주위 온도, 조명 수준 등 주변의 감각 정보(sensory information)에 대한 신체의 처리 과정을 가리킨다. - 옮긴이

68 트로이 헌트(Troy Hunt), "Your Affairs Were Never Discreet—Ashley Madison Always Disclosed Customer Identities", 2015년 7월 20일(https://

www.troyhunt.com/your-affairs-were-never-discrete-ashley/) / 로렌
조 프란체스키-비키에라이(Lorenzo Franceschi-Bicchierai), "Who Needs
Hackers? You Can Already See Who's on Cheating Site AshleyMadison",
「Motherboard」, 2015년 7월 20일(https://www.vice.com/en/article/
pga5kv/who-needs-hackers-you-can-already-see-whos-on-
cheating-site-ashleymadison)

69 벤 오이딜라(Ben Wojdyla), "The Top Automotive Engineering Failures:
The Ford Pinto Fuel Tanks", 「Popular Mechanics」, 2011년 5월 20일
(https://www.popularmechanics.com/cars/a6700/top-automotive-
engineering-failures-ford-pinto-fuel-tanks/) / RAND 코퍼레이션,
"Asbestos Litigation"(https://www.rand.org/topics/asbestos-litigation.
html)

70 연방거래위원회법은 위원회가 불공정을 이유로 어떤 행위나 행태를 불법으로
선언할 수 있는 권위를 부여한다.

71 해리 서든, "Structural Rights in Privacy", 「Southern Methodist University
Law Review」, Vol. 60, 2007(https://scholar.smu.edu/smulr/vol60/
iss4/10/)

72 대니얼 J. 솔로브, "Access and Aggregation: Public Records, Privacy and
the Constitution", 「Minnesota Law Review」, Vol. 86, 2002

73 마이클 힐치지(Michael Hiltzij), "Should CalPERS Post Pensioners' Financial
Data Online?", 「Los Angeles Times」, 2013년 7월 19일(https://www.
latimes.com/business/la-xpm-2013-jul-19-la-fi-hiltzik-20130721-
story.html)

74 데이나 보이드(danah boyd), "Facebook's 'Privacy Trainwreck': Exposure,
Invasion, and Drama", 2006년 9월 8일(https://www.danah.org/papers/
FacebookAndPrivacy.html) / 자이넵 투펙치, "Can You See Me Now?
Audience and Disclosure Regulation in Online Social Network Sites",
「Bulletin of Science and Technology」, Vol. 28, 2008(https://www.
researchgate.net/publication/249990380_Can_You_See_Me_Now_

Audience_and_Disclosure_Regulation_in_Online_Social_Network_Sites)

75 유럽위원회의 데이터보호 실무팀, "Guidelines on Data Protection Impact Assessment(DPIA) and Determining Whether Processing Is 'Likely to Result in a High Risk' for the Purposes of Regulation 2016/679"(https://ec.europa.eu/newsroom/article29/item-detail.cfm?item_id=611236)

76 다니엘르 키츠 시트론, "Spying Inc.", 「Washington and Lee Law Review」, Vol. 72, 2015, 여기에서 저자는 "휴대폰기 사용 내역을 비밀리에 추적하는 소프트웨어는 엄청난 프라이버시 피해를 입히는 한편, 아무런 합법적 목적에도 기여하지 않는다."라고 지적한다(https://scholarlycommons.law.wlu.edu/cgi/viewcontent.cgi?article=4464&context=wlulr)

77 mSpy Review 2021, "How Good Is This Popular Spy App?", 유튜브, 2021년 4월 5일(https://www.youtube.com/watch?v=ru6_P7tclnA)

78 브라이언 크렙스, "More Evidence of mSpy Apathy over Breach", 「Krebs On Security」, 2015년 5월 27일(https://krebsonsecurity.com/2015/05/more-evidence-of-mspy-apathy-over-breach/)

79 Aspen Way Enters., Inc., 연방거래위원회 파일 No. 112 3151, No. C-4392 (FTC, 2013년 4월 11일) / CyberSpy Software LLC, Trace R. Spence, 연방거래위원회 파일 No. 082 3160, No. 08-CV-01872(FTC, 2008년 11월 17일), 연방거래위원회는 스파이웨어를 판매하고, 고객들에게 그것을 어떻게 다른 사람들의 컴퓨터에 몰래 혹은 그들의 동의 없이 원격으로 설치하는지 보여주는 행위는 불공정하고 기만적인 거래 관행이라고 주장했다. / 연방거래위원회, "Spyware and Malware"(https://www.ftc.gov/terms/spyware-malware)

80 Privacy Rights Clearinghouse, "Data Breaches"(https://privacyrights.org/data-breaches)

81 데릭 뱀바우어, "Privacy Versus Security", 「Journal of Criminal Law and Criminology」, Vol. 103, 2013(https://scholarlycommons.law.northwestern.edu/jclc/vol103/iss3/2/)

82 연방거래위원회, "Commission Statement Marking the FTC's 50th Data Security Settlement", 2014년 1월 31일(https://www.ftc.gov/system/files/

documents/cases/140131gmrstatement.pdf)

83 우드로 하츠그, 대니얼 J. 솔로브, "The Scope and Potential of FTC Data Protection", 「George Washington Law Review」, Vol. 83, 2015(https://www.gwlr.org/wp-content/uploads/2016/01/83-Geo-Wash-L-Rev-2230.pdf)

84 PCI Security Standards Council, "PCI SSC Data Security Standards Overview"(https://www.pcisecuritystandards.org/pci_security/)

85 이 주제에 대한 더 상세한 정보는 다음을 참조하라. 나탈리 헬버거(Natali Helberger), 프레데리크 주이데르빈 보르게시우스(Frederik Zuiderveeen Borgesius), 아구스틴 레이나(Agustin Reyna), "The Perfect Match? A Closer Look at the Relationship between EU Consumer Law and Data Protection Law", 「Common Market Law Review」, Vol. 54, 2017(https://www.ivir.nl/publicaties/download/CMLR_2017.pdf)

5장

1 조슈아 A. T. 페어필드(Joshua A. T. Fairfield)가 지적하듯이 "기업 측이 주도해 작성한 계약서는 어떤 해석이나 형평성의 툴이 법원에 제시되든 결국은 기업 쪽 이익을 더 우선시할 수밖에 없을 것이다. 그런 점을 감안해 현대의 자동화된 계약서 작성 툴은 소비자와 기업 양쪽에 동등하게 주어져야 한다. 따라서 법원은 온라인 계약법과 소비자 정보 시장의 균형을 회복하기 위한 더 광범위한 노력의 일환으로, 소비자의 위치 추적 금지 같은 소비자가 제안한 계약 조건을 시행할 수 있고, 시행해야 한다." 페어필드, " 'Do Not Track' as Contract", 「Journal of Entertainment and Technology」, Vol. 14, 2012(https://papers.ssrn.com/sol3/papers.cfm?abstract_id=2064920)

2 구글, 쿠키 배치를 둘러싼 소비자 프라이버시 소송(Cookie Placement Consumer Privacy Litigation), 케이스 No. 1:12-md-02358(델라웨어)

3 크리스 제이 후프네이글, 아시칸 솔타니(Ashkan Soltani), 너새니얼 굿(Nathaniel Good), 디트리히 J. 웜바크(Dietrich J. Wambach), 미카 D. 에인슨(Mika D.

Ayenson), "Behavioral Advertising: The Offer You Cannot Refuse", 「Harvard Law and Policy Review」, Vol. 6, 2012, 사용자가 일정한 '무료' 제안에 응하면 광고주는 사용자가 제공한 정보를 해당 사용자 컴퓨터에 저장된 기존 쿠키와 연결할 수 있다.

4   더블클릭(DoubleClick) 프라이버시 소송, 2001년

5   크리스탈 N. 스켈턴(Crystal N. Skelton), "Cookies, Promises, and California: Why the 3rd Circuit Revived Privacy Claims against Google", 「Ad Law Access」, 2015년 11월 19일(https://www.adlawaccess.com /2015/11/articles/cookies-promises-and-california-why-the-3rd-circuit-revived-privacy-claims-against-google/)

6   유럽위원회, 프라이버시와 전자통신에 관한 지침(E-프라이버시 지침) 2002/58/EC (2002년, 개정안 2009년). 하지만 그에 대한 반론도 있다. 준 이안 웡(Joon Ian Wong), "Consenting to Cookies is Driving Europeans Nuts— A New Law Might Kill the Pop-ups", 「Quartz」, 2017년 1월 12일(https:// qz.com/883232/eu-cookies-and-eprivacy-directive-the-proposed-regulation-moves-cookie-consent-to-the-browser/)

7   라이언 케일로, "People Can Be So Fake: A New Dimension to Privacy and Technology Scholarship", 「Penn State Law Review , Vol. 114, 2010년 (https://papers.ssrn.com/sol3/papers.cfm?abstract_id=1458637) / 케이트 달링(Kate Darling), "Extending Legal Protections to Social Robots: The Effects of Anthropomorphism, Empathy, and Violent Behavior Towards Robotic Objects", 「Robot Law」, Elgar, 2016(https://www.elgaronline. com/view/edcoll/9781783476725/9781783476725.00017.xml)

8   해리 브리그널, "Dark Patterns: Inside the Interfaces Designed to Trick You", 「The Verge」, 2013년 8월 29일(https://www.theverge. com/2013/8/29/4640308/dark-patterns-inside-the-interfaces-designed-to-trick-you) / 다크 패턴 사이트도 참조(https://darkpatterns. org)

9   트리스던 해리스, "How Technology Hijacks People's Minds —From a Magician and Google's Design Ethicist", 「Observer」, 2016년 6월 1일

(https://observer.com/2016/06/how-technology-hijacks-peoples-minds%E2%80%8A-%E2%80%8Afrom-a-magician-and-googles-design-ethicist/)

10   야엘 그라우어(Yael Grauer), "Dark Patterns Are Designed to Trick You (and They're All Over the Web)", 「Ars Technica」, 2016년 7월 28일(https://arstechnica.com/information-technology/2016/07/dark-patterns-are-designed-to-trick-you-and-theyre-all-over-the-web/)

11   연방거래위원회, "Putting Disclosures to the Test"(https://www.ftc.gov/reports/putting-disclosures-test)

12   조셉 터로우, 마이클 헤네시(Michael Hennessy), 노라 드레이퍼(Nora Draper), 「The Tradeoff Fallacy: How Marketers Are Misrepresenting American Consumers and Opening Them Up to Exploitation」, University of Pennsylvania, 2015(https://www.asc.upenn.edu/news-events/publications/tradeoff-fallacy-how-marketers-are-misrepresenting-american-consumers-and)

13   방위고등연구계획국 , "DARPA 'Brandeis' Program Aims to Ensure Online Privacy through Technology", 2015년 3월 11일(https://www.darpa.mil/news-events/2015-03-11)

14   알렉스 헌(Alex Hern), "US Government Increases Funding for Tor, Giving $1.8m in 2013", 「Guardian」, 2014년 7월 29일(https://www.theguardian.com/technology/2014/jul/29/us-government-funding-tor-18m-onion-router) / 케리린 엥겔(KeriLynn Engel), "Follow the Money: How the US Government Funds Tor", 「Who Is Hosting This?」(https://www.whoishostingthis.com/blog/2014/11/17/who-funded-tor/)

15   샤론 솔로몬(Sharon Solomon), "11 Essential Bug Bounty Programs of 2015", 「Tripwire」, 2015년 2월 10일(https://www.tripwire.com/state-of-security/vulnerability-management/11-essential-bug-bounty-programs-of-2015/)

16   에반 셀린저, 우드로 하초그, "Opinion: It's Time for an About-Face on

Facial Recognition", 「Christian Science Monitor」, 2015년 6월 22일(https://
www.csmonitor.com/World/Passcode/Passcode-Voices/2015/0622/
Opinion-It-s-time-for-an-about-face-on-facial-recognition) / 나
타샤 싱거(Natasha Singer), "Wrangling over 'Do Not Track' ", 「New York
Times」, 2013년 7월 15일(https://bits.blogs.nytimes.com/2013/07/15/
wrangling-over-do-not-track/)

17 개인정보 정책 플랫폼(Platform for Privacy Preference), 위치 추적 금지
    (Do Not Track) 같은 다른 표준은 개발부터 채택까지 더 힘든 여정을 거쳤다.
    윌리엄 맥게버런(William McGeveran), "Programmed Privacy Promises:
    P3P and Web Privacy Law", 「NYU Law Review」, Vol. 76, 2001(https://
    www.nyulawreview.org/issues/volume-76-number-6/programmed-
    privacy-promises-p3p-and-web-privacy-law/) / 로리 페이스 크레
    이너, 마크 랭게인리크(Marc Langheinrich), 마시모 마치오리(Massimo
    Marchiori), 마틴 프레슬러-마셜(Martin Presler-Marshall), 조셉 리글
    (Josph Reagle), "World Wide Web Consortium, The Platform for Privacy
    Preferences 1.0 (P3P1.0) Specification", 2001년 9월 28일, 미출간 원고
    (https://www.w3.org/TR/2001/WD-P3P-20010928) / 조슈아 A. T. 페어
    필드(Joshua A. T. Fairfield), "Do-Not-Track As Default", 「Northwestern
    Journal of Technology and Intellectual Property Law」, Vol. 11, 2013년
    (https://scholarlycommons.law.northwestern.edu/njtip/vol11/iss7/2/)

18 매시, "Technical Standards and Privacy Law", 로이 T. 필딩(Roy T. Fielding),
    리처드 N. 테일러(Richard N. Taylor), "Principled Design of the Modern
    Web Architecture", 제22회 국제 소프트웨어 엔지니어링 콘퍼런스에서 발표, 미
    국 컴퓨터 협회, 2000년(https://dl.acm.org/doi/10.1145/337180.337228)

19 국제표준화기구(ISO, International Organization for Standardization), "ISO
    /IEC 27000 시리즈-정보보안 관리 시스템"(https://www.iso.org/isoiec-
    27001-information-security.html)

20 매트 블레이즈는 트위터에 매튜 그린(Mathew Green)의 글을 인용했다. "국
    제인터넷기술위원회(IETF)이 크립토 프로토콜이 IEEE의 프로토콜보다 훨씬
    더 많은 리뷰를 받는 것은 우연이 아니며, 그런 이유의 대부분은 IETF의 인터

넷 주석 요청서(RFC)를 구글로 쉽게 찾을 수 있기 때문이다." / 댄 구딘(Dan Goodin), "Severe Flaw in WPA2 Protocol Leaves Wi-Fi Traffic Open to Eavesdropping", 「Ars Technica」, 2017년 1월 16일(https://arstechnica. com/information-technology/2017/10/severe-flaw-in-wpa2-protocol-leaves-wi-fi-traffic-open-to-eavesdropping/)

21 앨런 트래비스(Alan Travis), 찰스 아서(Charles Arthur), "EU Court Backs 'Right to Be Forgotten': Google Must Amend Results on Request", 「Guardian」, 2014년 5월 13일(https://www.theguardian.com/technology/ 2014/may/13/right-to-be-forgotten-eu-court-google-search-results)

22 리고 웨닝, "The ECJ Is Right, the Result Is Wrong", 「Internet-Law」, 2016 년 5월 14일(https://www.internet-law.de/2014/05/the-ecj-is-right-the-result-is-wrong.html)

23 조너선 L. 지트레인, 『인터넷의 미래: 우리는 무엇을 멈춰야 하나?(The Future of the Internet—And How to Stop It)』, 커뮤니케이션북스, 2014

24 White House Press Office, "Executive Order—Improving Critical Infrastructure Cybersecurity", White House, 2013년 2월 12일(https:// obamawhitehouse.archives.gov/the-press-office/2013/02/12/executive -order-improving-critical-infrastructure-cybersecurity), 이 프레임워크 는 한해 동안 여러 차례에 걸친 각계의 다자간 회동을 통해 개발됐다. NIST 사 이버보안 프레임워크(https://www.nist.gov/cyberframework)

25 니콜 펄로스(Nicole Perlroth), 데이비드 E. 생거(David E. Sanger), "Obama Won't Seek Access to Encrypted User Data", 「New York Times」, 2015년 10월 10일(https://www.nytimes.com/2015/10/11/us/politics/obama-wont-seek-access-to-encrypted-user-data.html)

26 해럴드 아벨슨(Harold Abelson), 로스 앤더슨(Ross Anderson), 스티븐 M. 벨 로빈(Steven M. Bellovin), 조시 베날로(Josh Benaloh), 매트 블레이즈, 휘트 필드 디피(Whitfield Diffie), 존 길모어(John Gilmore), 매튜 그린(Matthew Green), 수전 랜다우(Susan Landau), 피터 G. 뉴먼(Peter G. Neumann), 로 널드 L. 리베스트(Ronald L. Rivest), 제프리 I. 실러(Jeffrey I. Schiller), 브루 스 슈나이어, 마이클 스펙터(Michael Specter), 대니얼 J. 와이츠너(Daniel J.

Weitzner), "Keys Under Doormats: Mandating Insecurity by Requiring Government Access to All Data and Communications", 「Computer Science and Artificial Intelligence Laboratory Technical Report」, 2015년 7월 6일(http://dspace.mit.edu/bitstream/handle/1721.1/97690/MIT-CSAIL-TR-2015-026.pdf) / 매트 블레이즈, "A Key Under the Doormat Isn't Safe. Neither Is An Encryption Backdoor", 「Washington Post」, 2015년 12월 15일(https://www.washingtonpost.com/news/in-theory/wp/2015/12/15/how-the-nsa-tried-to-build-safe-encryption-but-failed/)

27 펄로스와 생거는 "오바마 행정부는 암호화된 사용자 데이터에 대한 접근권을 모색하지 않을 것"이라는 제목의 기사에서 "피터 G. 뉴먼과 다른 암호학자와 컴퓨터 과학자들은 정부가 중국과 러시아의 정보요원들, 사이버 범죄자와 테러리스트 그룹에 의해 악용될 수 있는 위험을 노출하지 않은 채 암호화된 통신에 백도어를 설치할 방법은 전혀 없다고 주장했다." / 마크 호센볼(Mark Hosenball), 더스틴 볼즈(Dustin Volz), "Exclusive: White House Declines to Support Encryption Legislation—Sources", 「Reuters」, 2016년 4월 7일(https://www.reuters.com/article/us-apple-encryption-legislation-idUSKCN0X32M4) / 안드레아 피터슨(Andrea Peterson), 엘렌 나카시마(Ellen Nakashima), "Obama Administration Explored Ways to Bypass Encryption", 「Washington Post」, 2015년 9월 24일(https://www.washingtonpost.com/world/national-security/obama-administration-ponders-how-to-seek-access-to-encrypted-data/2015/09/23/107a811c-5b22-11e5-b38e-06883aacba64_story.html)

28 접근을 통제하는 기술적 보호 장치를 우회하는 행위. 즉 복제 방지 기술을 무력화하는 행위를 금지한 조항을 말한다. - 옮긴이

29 The Computer Fraud and Abuse Act Hampers Security Research, EFF (https://www.eff.org/document/cfaa-and-security-researchers) / 애런 알바(Aaron Alva), "DMCA Security Research Exemption for Consumer Devices", 연방거래위원회, 2016년 10월 28일(https://www.ftc.gov/news-events/blogs/techftc/2016/10/dmca-security-research-exemption-

consumer-devices) / 안드레아 M. 매트와이신(Andrea M. Matwyshyn), "The Law of the Zebra", 「Berkeley Technology Law Journal」, Vol. 28, 2013(https://www.jstor.org/stable/24120612?seq=1)

30 조슈아 A. T. 페어필드, 『Owned: Property, Privacy, and the New Digital Serfdom』, Cambridge University Press, 2017 / 코트니 내시(Courtney Nash), "Cory Doctorow on Legally Disabling DRM (for Good)", 「O'Reilly」, 2016년 8월 17일(https://www.oreilly.com/content/cory-doctorow-on-legally-disabling-drm-for-good/)

31 데이비드 소(David Thaw), "Criminalizing Hacking, Not Dating: Reconstruc ting the CFAA Intent Requirement", 「Journal of Criminal Law and Criminology」, Vol. 103, 2013(https://scholarlycommons.law.northwestern. edu/cgi/viewcontent.cgi?referer=&httpsredir=1&article=7459&context =jclc)

32 타브리즈 고바니(Tabreez Govani), 해리엇 패슐리(Harriet Pashley), "Student Awareness of the Privacy Implications When Using Facebook", 카네기 멜론대 정보과학대의 프라이버시 포스터 경연대회에 제출된 논문, 2005년 (https://lorrie.cranor.org/courses/fa05/tubzhlp.pdf) 그에 따르면 설문조 사에 참여한 사용자의 80%는 페이스북의 프라이버시 정책을 읽지 않았다고 응답했다. / 앤디 그린버그(Andy Greenberg), "Who Reads the Fine Print Online? Less Than One Person in 1000", 「Forbes」, 2010년 4월 8일(https:// www.forbes.com/sites/firewall/2010/04/08/who-reads-the-fine-print-online-less-than-one-person-in-1000/?sh=3486d7777017) 여 기에 소개된 한 연구에서 링크를 눌러 해당 사이트의 서비스 약관을 읽는 사람 의 비율은 0.11%에 지나지 않았다고 한다.

33 메리 매든, 애런 스미스(Aaron Smith), "Reputation Management and Social Media: How People Monitor Their Identity and Search for Others Online", 「Pew Research Center」, 2010년 5월 26일(https://www.pewresearch.org/ internet/2010/05/26/reputation-management-and-social-media/) "18~29세 연령대 소셜네트워크 사용자의 71%는 본인 프로필의 프라이버시 설 정을 바꿔 온라인상의 공유 수준을 제한했다."

34 페이스북, Statement of Rights and Responsibilities(https://www. facebook.com/legal/terms/previous), 여기서는 먼저 "우리는 당신의 프라이버시를 매우 중요하게 취급합니다."라고 선언하면서 사용자에게 페이스북의 데이터 정책을 가리킨다. 그리고 페이스북의 '데이터 정책'은 페이스북이 사용자 정보를 어떻게 사용하고 공유하는지 다른 폭넓은 조건과 함께 설명한다(https://www.facebook.com/about/privacy)

35 조셉 터로우, 크리스 제이 후프네이글, "The FTC and Consumer Privacy in the Coming Decade", 2006년 11월 8일, 연방거래위원회의 '테크-에이드(Tech-ade)' 워크숍에서 발표된 논문(https://papers.ssrn.com/sol3/papers. cfm?abstract_id=2365578), 논문에서는 연구에 참가한 사람들 중 1.4%만이 표준 형식의 온라인 약관을 자주 꼼꼼히 읽으며, 66.2%는 가끔 읽거나 합의서를 대충 훑고, 7.7%는 그런 것이 있는지조차 몰랐거나 아예 읽지 않는다고 응답했다.

36 델 베키오(Del Vecchio) 대 아마존(Amazon) 소송, 2011년 11월 30일, 사용자가 잡아놓은 프라이버시 설정을 아마존이 우회한다는 공식 불만 / 퍼거슨(Ferguson) 대 클래스메이츠 온라인(Classmates Online) 소송, 2010년 3월 5일, 여러 불만 중에서도 프라이버시 설정으로 보호된 기밀 정보를 기밀로 유지하는 데 실패해 계약을 위반했다는 불만

37 낸시 S. 킴(Nancy S. Kim), 『Wrap Contracts: Foundations and Ramifications』, Oxford University Press, 2013(https://books.google.ca/books?id =QIVpAgAAQBAJ&printsec=frontcover) / 마가렛 제인 래딘(Margaret Jane Radin), 『Boilerplate: The Fine Print, Vanishing Rights, and the Rule of Law』, Princeton University Press, 2013(https://books.google.ca/books ?id=9msIi5VHEs0C&printsec=frontcover)

38 먼저 한 주장과 상반되는 진술을 뒤에 하는 것을 금지함 - 옮긴이

39 페이스북, '권리와 책임에 관한 정책'은 사용자가 제공하는 콘텐츠 유형과 관련해 사용자가 페이스북에 어떤 허락을 주는지 알려준다(https://ko-kr. facebook.com/legal/proposedSRR/ko).

40 프레드 스터즈만, 로버트 카프라, 자빌라 톰슨, "Factors Mediating Disclosure in Social Network Sites", 『Computers in Human Behavior』, Vol. 27, 2011

(http://fredstutzman.com.s3.amazonaws.com/papers/CHB2011_Stutzman.pdf)

41 마이스페이스(Myspace), Terms and Conditions(https://myspace.com/pages/terms)

42 페이스북, Statement of Rights and Responsibilities(https://ko-kr.facebook.com/legal/proposedSRR/ko) 페이스북의 약관은 프라이버시 설정을 통해 누가 당신의 정보를 볼지 제어할 수 있는 기능에 대한 여러 설명이 나와 있다. 이를테면 "회원님의 공개 범위 설정 및 앱 설정에 따라 페이스북에 게시하거나 페이스북과 관련해 게시하는 모든 IP 콘텐츠를 사용할 수 있는 비독점적이고 양도 가능하며, 재허가 가능하고 로열티가 없는 전 세계 라이선스(이하 'IP 라이선스'라 함)를 페이스북에 부여합니다. (중략) 회원님은 프라이버시 설정을 사용해 이름과 프로필 사진이 상업적 콘텐츠, 후원 콘텐츠와 연관 콘텐츠(예: 회원님이 좋아하는 브랜드)와 연계되는 방식을 제한할 수 있습니다. 회원님이 설정한 제한에 따라 해당 콘텐츠와 관련해 당사가 회원님의 이름과 프로필 사진을 사용할 수 있도록 허락합니다." 그럼에도 논란의 여지는 있지만 일부 기본 설정은 약관의 정신과 위배된다. 예를 들면 '담벼락 사진(Wall Photos)' 앨범은 기본적으로 모두가 볼 수 있다(https://www.facebook.com/help/215496745135618).

43 옴리 벤-샤, 칼 E. 슈나이더, "The Failure of Mandated Disclosure", 「University of Pennsylvania Law Review」, Vol. 159, 2011(https://www.law.upenn.edu/journals/lawreview/articles/volume159/issue3/BenShaharSchneider 159U.Pa.L.Rev.647(2011).pdf)

44 43번 각주와 동일

45 피터 P. 스와이어(Peter P. Swire), "The Surprising Virtues of the New Financial Privacy Law", 「Minnesota Law Review」, Vol. 86, 2002(https://scholarship.law.umn.edu/cgi/viewcontent.cgi?article=3082&context=mlr). 저자는 이러한 고지가 지난 대체로 간과됐지만 실제로는 중요한 혜택을 지적한다. 그중에서 가장 주목되는 대목은 고지문을 발행하고, 새로운 법적 의무를 준수하도록 함으로써 금융기관에 데이터 취급 관행을 진지하게 재검토하도록 유도한 일이다.

46 루카스 제드레이치크(Lukasz Jedrzejczyk), 블레인 A. 프라이스(Blaine A. Price), 아로샤 K. 반다라(Arosha K. Bandara), 바샤르 누세이베(Bashar Nuseibeh), "On The Impact of Real-Time Feedback on Users' Behaviour in Mobile Location-Sharing Applications", 2010년 미국 워싱턴 주 레드먼드에서 열린 가용성 프라이버시와 보안 심포지엄에서 발표된 논문(https://dl.acm.org/doi/10.1145/1837110.1837129)

47 라이언 케일로, "Against Notice Skepticism in Privacy (and Elsewhere)", 「Notre Dame Law Review」, Vol. 87, 2012(https://scholarship.law.nd.edu/ndlr/vol87/iss3/3/). 여기에서 필자는 "문자나 상징에 기대어 정보를 전달하는 전통적 고지와 달리, 근래 떠오르는 '직관적' 고지의 전략은 제조물이나 서비스에 대한 소비자의 경험 자체를 활용해 경고하거나 고지하자는 개념이다 … 여러 가지 이유로 프라이버시 공개의 한 형태로서의 경험은 프라이버시와 다른 분야에서 사용되는 규제 전략으로서 고지를 포기하라고 요청하기 전에 더 심도 있게 연구할 가치가 있다."라고 강조한다.

48 예를 들면 사람들은 광고업계의 '애드옵션(AdOption)' 아이콘을 자주 오해한다. 미국 상거래-과학-운송 위원회의 청문회, "The Need for Privacy Protections: Is Industry Self-Regulation Adequate?", 웹캐스트 34분 26초 지점(https://www.commerce.senate.gov/2012/6/the-need-for-privacy-protections-is-industry-self-regulation-adequate)

49 앤디 그린버그, "Google's Chrome Hackers Are About to Upend Your Idea of Web Security", 「Wired」, 2016년 11월 2일(https://www.wired.com/2016/11/googles-chrome-hackers-flip-webs-security-model/)

50 대니얼 E. 호, "Fudging the Nudge: Information Disclosure and Restaurant Grading", 「Yale Law Journal」, Vol. 122, 2012(https://www.yalelawjournal.org/article/fudging-the-nudge-information-disclosure-and-restaurant-grading)

51 앤 커부키언, "Privacy by Design: From Rhetoric to Reality"(https://www.ipc.on.ca/wp-content/uploads/Resources/PbDBook-From-Rhetoric-to-Reality.pdf)

52 "Resolution on Privacy by Design", 제32회 국제 개인정보보호 감독기구협의체 회의, 예루살렘, 2010년 10월 27~29일(https://edps.europa.eu/sites/edp/files/publication/10-10-27_jerusalem_resolutionon_privacybydesign_en.pdf)

53 데이비드 구디스(David Goodis), 스티븐 맥캐먼(Stephen McCammon), "Privacy by Design in Law, Policy and Practice", 국제 프라이버시 전문가협회 캐나다 프라이버시 심포지엄에서 발표, 2012년 5월 10일, 캐나다 토론토

54 이디스 라미레즈(Edith Ramirez), "Privacy by Design and the New Privacy Framework of the U.S. Federal Trade Commission", 2010년6월 13일 홍콩에서 열린 프라이버시 중심 디자인 콘퍼런스에서 한 발언(https://www.ftc.gov/public-statements/2012/06/privacy-design-and-new-privacy-framework-us-federal-trade-commission) 여기에서 연사는 "어느 기업이든 APEC 프라이버시 규칙 시스템에 서명한다는 것은 프라이버시 중심 디자인의 규칙에 따르겠다고 동의하는 셈이다."라고 말했다.

55 연방거래위원회, "Protecting Consumer Privacy in an Era of Rapid Change: Recommendations for Businesses and Policymakers", 2012년 3월(https://www.ftc.gov/reports/protecting-consumer-privacy-era-rapid-change-recommendations-businesses-policymakers)

56 리 A. 바이그레이브(Lee A. Bygrave), "Hardwiring Privacy", 『The Oxford Handbook of the Law and Regulation of Technology』, Oxford University Press, 2017년 / 리 바이그레이브, "Data Protection by Design and Default: Deciphering the EU's Legislative Requirements", 『Oslo Law Review』, Vol. 1, 2017(https://papers.ssrn.com/sol3/papers.cfm?abstract_id=3035164)

57 데이비드 라이트(David Wright), "Should Privacy Impact Assessments be Mandatory?", 『Communications of the ACM』, Vol. 54, 2011(https://cacm.acm.org/magazines/2011/8/114936-should-privacy-impact-assessments-be-mandatory/fulltext) / 데이비드 탠코크(David Tancock), 시아니 피어슨(Siani Pearson), 앤드루 찰스워스(Andrew Charlesworth), "The Emergence of Privacy Impact Assessments", HP Laboratories, 2010년 5월

21일(https://www.researchgate.net/publication/229046516_The_Emergence_of_Privacy_Impact_Assessments) / R. 클라크(R. Clarke), "Privacy Impact Assessment: Its Origin and Development", 「Computer Law and Security Review」, Vol. 25, 2009(https://www.hpl.hp.com/techreports/2010/HPL-2010-63.pdf)

58 연방거래위원회, "Privacy Impact Assessments"(https://www.ftc.gov/site-information/privacy-policy/privacy-impact-assessments)

59 조슈아 B. 볼튼(Joshua B. Bolten), "Memorandum for Heads of Executive Departments and Agencies: OMB Guidance for Implementing the Privacy Provisions of the E-Government Act of 2002", 대통령실, 2003년 9월 26일(https://www.whitehouse.gov/wp-content/uploads/2017/11/203-M-03-22-OMB-Guidance-for-Implementing-the-Privacy-Provisions-of-the-E-Government-Act-of-2002-1.pdf)

60 마이클 프룸킨, "Regulating Mass Surveillance as Privacy Pollution: Learning from Environmental Impact Statements", 「University of Illinois Law Review」, Vol. 2015, 2015(https://repository.law.miami.edu/cgi/viewcontent.cgi?article=1062&context=fac_articles)

61 케네스 A. 뱀버거, 디어드리 K. 멀리건, "Privacy Decisionmaking in Admini strative Agencies", 「University of Chicago Law Review」, Vol. 75, 2008(https://chicagounbound.uchicago.edu/uclrev/vol75/iss1/5/)

62 아리 에즈라 왈드먼(Ari Ezra Waldman), "Designing Without Privacy,", 「Houston Law Review」, 2017년 3월 31일(https://papers.ssrn.com/sol3/papers.cfm?abstract_id=2944185)

63 시다 거시즈, 카멜라 트론코소, 클라우디아 디아즈, "Engineering Privacy by Design", 2015년 10월 23~25일에 개최된 암스테르담 프라이버시 콘퍼런스에서 발표된 논문(https://software.imdea.org/~carmela.troncoso/papers/Gurses-CPDP11.pdf)

64 크리스토퍼 에이버리(Christopher Avery), 브라이언 톰슨(Bryan Thompson), "California Beefs Up Encryption and Notice in Data Breach Law", 「Privacy

and Security Law」, 2015년 10월 19일(https://casetext.com/analysis/
california−beefs−up−encryption−notice−in−data−breach−law−2)

65 애덤 J. 콜버, "Smooth and Bumpy Laws", 「California Law Review」,
Vol. 102, 2014(https://papers.ssrn.com/sol3/papers.cfm?abstract_
id=1992034), 여기에서 콜버는 "별로 크지 않은 행위의 차이는 지극히 다른 법
적 결과로 이어질 수 있다. 약간의 부주의로 다른 사람에게 해를 끼친 사람에게
10억의 벌금이 부과될 수도 있다. 그가 조금만 더 조심했다면 한 푼의 벌금도
내지 않을 수 있었을 것이다."라고 지적한다.

66 닐 리처즈, 대니얼 J. 솔로브, "Prosser's Privacy Law: A Mixed Legacy",
「California Law Review」, Vol. 98, 2010(https://papers.ssrn.com/sol3/
papers.cfm?abstract_id=1567693)

67 안드레아 매트위신(Andrea Matwyshyn), "The Internet of Bodies", 제9회
연례 프라이버시 법학자 콘퍼런스(PLSC), 조지 워싱턴대, 2016년 6월 2~3일
(https://scholarship.law.wm.edu/wmlr/vol61/iss1/3/)

68 미국 연방 형법(https://www.justice.gov/otj/federal−criminal−law)

69 "The Evolution of Secure Things", 「Emergent Chaos」, 2015년 11월 17일
(https://www.emergentchaos.com/archives/2015/11)

70 앤디 그린버그, "Apple's 'Differential Privacy' Is about Collecting Your
Data—But Not Your Data", 「Wired」, 2016년 6월 13일(https://www.
wired.com/2016/06/apples−differential−privacy−collecting−data/)

71 에릭 조스타드(Eric Jorstad), "The Privacy Paradox", 「William Mitchell
Law Review」, Vol. 27, 2001(https://open.mitchellhamline.edu/wmlr/
vol27/iss3/16/) / 벤저민 R. 삭스(Benjamin R. Sachs), "Consumerism
and Information Privacy: How Upton Sinclair Can Again Save Us from
Ourselves", 「Virginia Law Review」, Vol. 95, 2009(https://papers.ssrn.
com/sol3/papers.cfm?abstract_id=1373123)

72 다니엘르 키츠 시트론(Danielle Keats Citron), "Reservoirs of Danger: The
Evolution of Public and Private Law at the Dawn of the Information
Age", 「Southern California Law Review」, Vol. 80, 2007(https://papers.

ssrn.com/sol3/papers.cfm?abstract_id=928401)

73 제임스 그리멜만, "Privacy as Product Safety", 「Widener Law Journal」, Vol.
19, 2010(https://scholarship.law.cornell.edu/cgi/viewcontent.cgi?articl
e=2673&context=facpub), 여기에서 저자는 "제조물 책임법은 주어진 디자인
의 결함 여부를 테스트하는 과정에서 위험성-유용성의 균형 유지와 소비자의
기대 사이에서 권한이 양분되는 식으로 그 자체의 논리 문제를 안고 있다."고
지적하면서, "제조물 책임법의 이런 원칙을 남김없이 프라이버시 법에 이식하
는 것은 바람직하지 않다."라고 주장한다.

74 대니얼 솔로브, 다니엘르 키츠 시트론, "Risk and Anxiety: A Theory of Data
Breach Harms", 「Texas Law Review」, Vol. 96, 2017(https://papers.ssrn.
com/sol3/papers.cfm?abstract_id=2885638)

75 라이언 케일로, "Open Robotics", 「Maryland Law Review」, Vol. 70, 2011
(https://papers.ssrn.com/sol3/papers.cfm?abstract_id=1706293)

76 랜달 P. 베잔슨(Randall P. Bezanson), "The Right to Privacy Revisited:
Privacy, News, and Social Change 1890 - 1990", 「California Law Review」,
Vol. 80, 1992(https://www.jstor.org/stable/3480738?seq=1), 여기에서 저
자는 "출판에 대한 통제는 그 강조점을 사적인 정보를 보유한 이들에게 부과
되는 기밀성의 의무 쪽으로 옮겨져야 한다."라고 지적한다. / 수전 M. 자일스
(Susan M. Gilles), "Promises Betrayed: Breach of Confidence as a Remedy
for Invasions of Privacy", 「Buffalo Law Review」, Vol. 43, 1995(https://
digitalcommons.law.buffalo.edu/buffalolawreview/vol43/iss1/3/), 저자는
"미국의 법은 세 가지 뚜렷한 이론인 계약, 신탁의무, 아마도 불법행위를 인식하
는 과정으로, 이들은 민감 정보의 기밀성 약속을 어긴 상대에 대한 소송의 근거
로 사용될 수 있다."라고 지적한다. / 앤드루 J. 매클러그(Andrew J. McClurg),
"Kiss and Tell: Protecting Intimate Relationship Privacy through Implied
Contracts of Confidentiality", 「University of Cincinnati Law Review」,
Vol. 74, 2006(https://papers.ssrn.com/sol3/papers.cfm?abstract_
id=1623321) / 파멜라 새뮤얼슨(Pamela Samuelson), "Privacy as Intellectual
Property?", 「Stanford Law Review」, Vol. 52, 2000(https://www.jstor.org/
stable/1229511?seq=1), 저자는 온라인에서 개인정보를 보호하는 방안 중 하

나로 일정한 거래 비밀법을 적용하자고 제안한다. / 스티븐 A. 바이바스(Steven A. Bibas), "A Contractual Approach to Data Privacy", 「Harvard Journal of Law and Public Policy」, Vol. 17, 1994(https://scholarship.law.upenn. edu/cgi/viewcontent.cgi?article=2013&context=faculty_scholarship), 저자는 데이터와 프라이버시 문제를 계약법적 해법으로 풀자고 주장한다. / 스코트 L. 패스트(Scott L. Fast), "Breach of Employee Confidentiality: Moving toward a Common-Law Tort Remedy", 「University of Pennsylvania Law Review」, Vol. 142, 1993(https://repository.library.georgetown.edu/ handle/10822/868351), 저자는 고용주-피고용인 관계의 맥락에서 법원은 피고용인 정보의 제3자 공개에 대한 관습법 차원의 해법을 제공해야 한다고 주장한다. / G. 마이클 하비(G. Michael Harvey), "Confidentiality: A Measured Response to the Failure of Privacy", 「University of Pennsylvania Law Review」, Vol. 140, 1992(https://scholarship.law.upenn.edu/cgi/ viewcontent.cgi?article=3726&context=penn_law_review), 저자는 어떤 사람이 인가되지 않은 정보 출판에 관여한 경우 법적 책임이 부과된 기밀성의 책임을 져야 한다고 주장한다. / 앨런 B. 비커리(Alan B. Vickery), "Breach of Confidence: An Emerging Tort", 「Columbia Law Review」, Vol. 82, 1982년, 저자는 기밀 침해에 법적 책임을 부과해야 하는 기반은 기밀성의 책임을 가진 것으로 이해되는 비대인적 관계의 과정에서 누설된 정보의 공개여야 한다고 결론 짓는다.

77 "Confidentiality", 「Black's Law Dictionary」, 9판, West , 2009년

78 시셀라 보크, 「Secrets: On the Ethics of Concealment and Revelation」, Vintage Books, 1982(https://books.google.ca/books/about/Secrets. html?id=ve5a57b-BfoC&redir_esc=y)

79 대니얼 솔로브, 닐 리처즈, "Rethinking Free Speech and Civil Liability", 「Columbia Law Review」, Vol. 109, 2009(https://scholarship.law.gwu. edu/cgi/viewcontent.cgi?article=2098&context=faculty_publications), 시민적 책임을 동반하지 않는 다른 기밀성의 규칙도 있다. 이를테면 일정 유형의 기밀 정보 공개를 범죄로 규정한 경우라든가, 기밀 데이터에 관한 증언을 제한하는 증거 차원의 보호 그리고 일정 기업이나 정부 기관의 기밀 정보 공개 제한

을 법적으로 보호하는 경우 등이다.

80 민사소송에 관한 연방 규칙은 "한 개인이나 당사자를 골칫거리, 망신, 심한 차별로부터 보호하라."는 명령을 승인한다.

81 '공정신용보고법(Fair Credit Reporting Act)' – 소비자 정보의 수집, 유포 및 사용을 규제한다. / 1999년 제정된 '금융서비스현대화법(그램-리치-블라일리 법)'은 금융기관에 계약 단계에서 고객에게 프라이버시 권리를 고지하며, 이후에는 해마다 그런 내용을 다시 알려야 한다. / 1988년 제정된 '비디오 프라이버시 보호법(Video Privacy Protection Act of 1988)'은 개인의 비디오나 다른 시청각 타이틀의 대여 기록 공개를 금지한다. / 1996년 제정된 '의료보험 이전 및 책임에 관한 법(HIPAA, Health Insurance Portability and Accountability Act of 1996)'은 개인의 의료 서비스와 관련된 정보의 공개를 규제한다.

82 명시적인 서면 계약서는 서명자에게 정보의 기밀을 유지하도록 강제하며, 특히 고용주-피고용인의 비즈니스 관계에서 오랫동안 사용돼 왔다.

83 에이미 J. 슈미츠(Amy J. Schmitz), "Untangling the Privacy Paradox in Arbitration", 「University of Kansas Law Review」, Vol. 54, 2006년, 중재 과정에서 기밀성 합의의 중요성을 설명한다(https://scholarship.law.missouri.edu/facpubs/593/)

84 로리 크래트키 도어(Laurie Kratky Dore), "Secrecy by Consent: The Use and Limits of Confidentiality in the Pursuit of Settlement", 「Notre Dame Law Review」, Vol. 74, 1999년, 법원은 청산 합의를 돕는 수단으로 기밀성 합의를 허락한다(https://scholarship.law.nd.edu/ndlr/vol74/iss2/2/)

85 해먼즈 대 애트나 보험(Hammonds v. Aetna Casualty and Surety Company, 1965년), 법원은 의사와 환자 간 관계는 의사가 환자의 동의 없이 어떤 기밀 정보도 공개해서는 안 된다는 묵시적 조건을 포함한다고 판(https://law.justia.com/cases/federal/district-courts/FSupp/237/96/1458785/) / 대니얼 솔로브, 닐 리처즈, "Privacy's Other Path: Recovering the Law of Confidentiality", 「Georgetown Law Journal」, Vol. 96, 2007(https://scholarship.law.gwu.edu/cgi/viewcontent.cgi?article=2078&context=faculty_publications), 묵시적 계약에도 불구하고 기밀 정보를 공개한 데 따른 법적 보상을 판결한 초기 법정 판결을 논의

86 코엔 대 카울즈 미디어(Cohen v. Cowles Media), 1992년, 신문이 기밀성의 약속을 어긴 데 대해 법원은 금반언의 원칙을 적용, 금반언원칙(禁反言原則, promissory estoppel)은 공식 계약이 없었더라도 어느 한 쪽에 심각한 피해를 입히는 경우 기밀성 위반을 이유로 처벌 가능한 형평성 원칙이다. 우드로 하츠그, "Promises and Privacy: Promissory Estoppel and Confidential Disclosure in Online Communities", 「Temple Law Review」, Vol. 82, 2009년

87 폴 스탠리(Paul Stanley), 「The Law of Confidentiality: A Restatement」, Hart Publishing, 2008년, 현대 영국의 기밀성 법규를 규정하는 근본 원칙을 설명한다.

88 앨런 E. 가필드(Alan E. Garfield), "Promises of Silence: Contract Law and Freedom of Speech", 「Cornell Law Review」, Vol. 83, 1998(https://scholarship.law.cornell.edu/cgi/viewcontent.cgi?article=2716&context=clr)

89 솔로브와 리처즈는 "Privacy's Other Path"에서 기밀유지법은 정보의 콘텐츠보다 출처에 초점을 맞춘다는 점에 주목한다. / 피터 A. 윈(Peter A. Winn), "Confidentiality in Cyberspace: The HIPAA Privacy Rules and the Common Law", 「Rutgers Law Journal」, Vol. 33, 2002(https://epic.org/privacy/imshealth/winn_rutgers_02.pdf), "프라이버시 침해의 주장은 … 정보의 민감하고 사적인 속성에도 불구하고 개인정보가 오용됐다는 주장에 근거한다. 한편 기밀유지의 침해는 상해를 입은 사람과 해당 정보를 오용한 사람 간의 신뢰관계에 상해가 초래됐다는 점을 보여준다."

90 피터 A. 윈은 "Confidentiality in Cyberspace"에서 "기밀성을 위반한 데 따른 불법행위법에서 기밀 의료 정보의 인가되지 않은 공개는 해당 정보가 일반 대중에게 공개 출간됐는지의 여부와는 상관없이 보호를 받는다."라고 지적한다. 기밀성의 일부 개념은 일반에게 공개된 정보는 보호하지 않는다는 점에 주목할 필요가 있다. 패트리샤 산체즈 아브릴(Patricia Sánchez Abril), "Private Ordering: A Contractual Approach to Online Interpersonal Privacy", 「Wake Forest Law Review」, Vol. 45, 2010(http://wakeforestlawreview.com/wp-content/uploads/2014/10/Abril_LawReview_07.10.pdf), 여기에서 저자는 "기본적으로 기밀성의 합의는 일반에게 공개된 정보를 보호해줄 수

는 없다."라고 지적한다.

91 폴 슈와츠는 "Free Speech v. Information Privacy: Eugene Volokh's First
    Amendment Jurisprudence", 「Stanford Law Review」, Vol. 52, 2000년, 공
    정정보 규정은 수정헌법 제1조의 제한에서 협소한 예외라고 주장한다. / 유진
    볼로크(Eugene Volokh)는 "Freedom of Speech and Information Privacy:
    The Troubling Implications of a Right to Stop People from Speaking
    about You", 「Stanford Law Review」, Vol. 52, 2000년, 미국의 프라이버시
    법은 많은 경우 수정헌법 제1조와의 충돌을 피할 수 없다고 결론지었다. / 다
    이앤 L. 짐머만(Diane L. Zimmerman)은 "Requiem for a Heavyweight: A
    Farewell to Warren and Brandeis's Privacy Tort", 「Cornell Law Review」,
    Vol. 68, 2000년, 워런-브랜다이스의 프라이버시의 권리에 따른 많은 정당화
    가 "심각한 헌법적 문제를 자주 과소 평가했다."고 지적했다.

92 캠벨 대 MGN(Campbell v. MGN, 2000년, 영국), 제3자가 기밀유지 약속을
    깨고 공개됐음을 아는 정보를 알게 됐을 경우 역시 기밀 의무를 갖게 된다는 점
    을 보여준다. 다른 여러 법정소송도 동일한 메시지를 전달한다. 해당 정보가 기
    밀 의무의 적용을 받는다면 정보를 수령한 제3자 역시 그와 동일한 기밀 의무
    를 갖게 된다는 것이다.

93 레이철 톰슨(Rachel Thompson), "Snapchat Has Revolutionized Sexting,
    But Not Necessarily for the Better", 「Mashable」, 2017년 2월 7일(https://
    mashable.com/2017/02/07/snapchat-sexting-revolution/#h1eM3Xv1at5S)

94 미국 식품의약국, "Device Approvals, Denials and Clearances"(https://
    www.fda.gov/medical-devices/products-and-medical-procedures/
    device-approvals-denials-and-clearances)

95 애덤 티어러(Adam Thierer), 『Permissionless Innovation: The Continuing
    Case for Comprehensive Technological Freedom』, Mercatus Center at
    George Mason University, 2016(https://www.mercatus.org/publications/
    technology-and-innovation/permissionless-innovation-continuing-
    case-comprehensive)

96 로렌 E. 윌리스, "Why Not Privacy by Default?", 「Berkeley Technology
    Law Journal」, Vol. 29, 2014(https://www.jstor.org/stable/24119938)

97 버나드 하코트(Bernard Harcourt), 「Exposed: Desire and Disobedience in the Digital Age」, Harvard University Press, 2015, 어떤 상황에서는 소비자의 선호와는 상관없이 프라이버시를 중요시하도록 강요하거나 의무화해야 할 수도 있다. / 아니타 앨런(Anita Allen), 「Unpopular Privacy: What Must We Hide?」, Oxford University Press, 2001년

98 윌리엄 매게버런(William McGeveran), "Friending the Regulators", 「Arizona Law Review」, Vol. 58, 2016(https://scholarship.law.umn.edu/cgi/viewcontent.cgi?article=1627&context=faculty_articles)

6장

1 닐 리처즈, "The Perils of Social Reading", 「Georgetown Law Journal」, Vol. 101, 2013(https://www.ssrn.com/abstract=2031307) / 윌리엄 매게버런, "The Law of Friction", 「University of Chicago Legal Forum」, 2013(https://chicagounbound.uchicago.edu/uclf/vol2013/iss1/3/)

2 존 코치어(John Koetsier), "Facebook Goes all Twittery in Its New iOS 7 App Updates", 「VentureBeat」, 2013년 9월 18일(https://venturebeat.com/2013/09/18/facebook-goes-all-twittery-in-its-new-ios-7-app-updates/), 새로운 페이스북 앱은 '더 쉽게 돌아다닐 수 있도록' 기본 내비게이션 버튼을 화면 하단에 고정시킴으로써 어떤 면에서 이전 앱의 끝도 없이 이어지는 스크롤 기능을 없애버렸다.

3 아미르 에프라티(Amir Efrati), "Facebook Struggles to Stop Decline in 'Original' Sharing", 「The Information」, 2016년 4월 17일(https://www.theinformation.com/articles/facebook-struggles-to-stop-decline-in-original-sharing) / 에린 그리피스(Erin Griffith), "Facebook Users Are Sharing Fewer Personal Updates and It's a Big Problem", 「Fortune」, 2016년 4월 8일(https://fortune.com/2016/04/07/facebook-sharing-decline/) / 새라 프라이어(Sarha Frier), "Facebook Wants You to Post More about Yourself", 「Bloomberg Technology」, 2015년 4월 7일(https://www.bloomberg.com/news/articles/2016-04-07/facebook-said-to-face-

decline-in-people-posting-personal-content)

4 나타샤 로마스(Natasha Lomas), "Everything You Need to Know about iOS 8 Keyboard Permissions(But Were Afraid to Ask)", 「TechCrunch」, 2014년 10월 4일(https://techcrunch.com/2014/10/04/everything-you-need-to-know-about-ios-8-keyboard-permissions-but-were-afraid-to-ask/) 이 기사에서 "외부 기업에 키보드 접근권을 승인하는 것은 기술적으로 해당 앱에 당신의 타이핑 내용을 포착하고 다른 어딘가로 전송할 수 있도록 허락하는 셈이다."라고 보도한다. / "Using Bitmoji in Snapchat", Bitmoji(https://support.bitmoji.com/hc/en-us) / 에릭 슬리브카(Eric Slivka), "iOS 8 Keyboards, 'Full Access,' and User Privacy", 「MacRumors」, 2014년 9월 24일(https://www.macrumors.com/2014/09/24/ios-8-keyboards-full-access-and-user-privacy/)

5 트리스탄 해리스(Tristan Harris), "How Technology Hijacks People's Minds—From a Magician and Google's Design Ethicist", 「The Startup」, 2016년 5월 18일(https://observer.com/2016/06/how-technology-hijacks-peoples-minds%E2%80%8A-%E2%80%8Afrom-a-magician-and-googles-design-ethicist/)

6 우드로 하초그, "Don't Listen to Snapchat's Excuses. Security is its Job", 「Wired」, 2014년 10월 14일(http://www.pogowasright.org/dont-listen-to-snapchats-excuses-security-is-its-job-not-yours/)

7 데이나 m. 보이드(danah m. boyd), 니콜 B. 엘리슨(Nicole B. Ellison), "Social Network Sites: Definition, History, and Scholarship", 「Journal of Computer-Mediated Communication」, Vol. 13, 2007(https://www.researchgate.net/publication/220438020_Social_Network_Sites_Definition_History_and_Scholarship), 여기에서 저자들은 "우리는 소셜 네트워크 사이트를 개인들이 (1) 일정한 경계가 있는 시스템 안에 공적이거나 반(半)공적인 프로필을 구축하고, (2) 정보를 공유할 다른 사용자 목록을 설정하며, (3) 그런 연결 목록과 해당 시스템 안에서 다른 사용자가 만든 연결 목록을 보고 공유할 수 있게 해주는 웹 기반의 서비스로 정의한다. 이들 연결의 특성과 명명법은 사이트마다 다양하다."고 설명한다.

8   스티브 로젠부시(Steve Rosenbush), "Facebook Tests Software to Track Your Cursor on Screen", 「Wall Street Journal」, 2013년 10월 30일(https://blogs.wsj.com/cio/2013/10/30/facebook-considers-vast-increase-in-data-collection/) / 잼 코텐코(Jam Kotenko), "Facebook Officially Hits Stalker Mode, Wants to Watch Your Cursor Movements", 「Digital Trends」, 2013년 10월 20일(https://www.digitaltrends.com/social-media/facebook-wants-learn-mouse-hover-habits-site-officially-creepy-stalker-mode/)

9   브루스 슈나이어, "A Revised Taxonomy of Social Networking Data", 「Schneier on Security」, 2010년 8월 10일(https://www.schneier.com/blog/archives/2010/08/a_taxonomy_of_s_1.html) / 브루스 슈나이어, "A Taxonomy of Social Networking Data", 「IEEE Security and Privacy」, Vol. 8, 2010(https://ieeexplore.ieee.org/document/5523874)

10 에반 셀린저, 우드로 하초그, "How to Stop Facebook from Making Us Pawns in Its Corporate Agenda", 「Wired」, 2014년 7월 1일(https://www.wired.com/2014/07/facebook-partner-in-scheme/)

11 빅토르 마이어 쇤버거(Viktor Mayer-Schönberger), 케네스 쿠키어(Kenneth Cukier), 『빅 데이터가 만드는 세상: 데이터는 알고 있다(Big Data: A Revolution That Will Transform How We Live, Work, and Think)』, 21세기북스, 2013년 / 줄리 E. 코엔, "What Privacy Is For", 「Harvard Law Review」, Vol. 126, 2013(https://cdn.harvardlawreview.org/wp-content/uploads/pdfs/vol126_cohen.pdf), 여기에서 저자는 "유구하고 만연된 감시를 '빅데이터'라는 구호 아래 혁신으로 재포장하려는 노력은 우리의 지식 생산 시스템의 핵심이라 할 조절된 사회의 방법과 가치를 유지하려는 노력으로 더 잘 이해될 수 있다."라고 지적한다. / 대니얼 솔로브, "Introduction: Privacy Self-Management and the Consent Dilemma", 「Harvard Law Review」, Vol. 126, 2013(https://harvardlawreview.org/wp-content/uploads/pdfs/vol126_solove.pdf), 현대의 데이터 분석학은 데이터 마이닝이나 '빅데이터'라는 말로 느슨하게 지칭되기도 하며, 여러 단서로부터 한 개인에 관해 방대한 정보를 유추할 수 있다. 다시 말하면 무해한 데이터의 자잘한 조각이 한데 모이면

많은 내용을 알려줄 수 있다는 뜻이다.

12 페이스북, "Data Policy", 앤드루 친(Andrew Chin), 앤 클라인펠터(Anne Klinefelter), "Differential Privacy as a Response to the Reidentification Threat: The Facebook Advertiser Case Study", 「North Carolina Law Review」, Vol. 90, 2012(https://papers.ssrn.com/sol3/papers.cfm?abstract_id=2062447)에서 인용

13 줄리아 앵귄, 테리 패리스 주니어(Terry Parris Jr.), "Facebook Lets Advertisers Exclude Users by Race", 「Pro Publica」, 2016년 10월 28일(https://www.propublica.org/article/facebook-lets-advertisers-exclude-users-by-race)

14 스코트 셰인(Scott Shane), "The Fake Americans Russia Created to Influence the Election", 「New York Times」, 2017년 9월 7일(https://www.nytimes.com/2017/09/07/us/politics/russia-facebook-twitter-election.html) / 스코트 셰인, 빈두 고엘(Vindu Goel), "Fake Russian Facebook Accounts Bought $100,000 in Political Ads", 「New York Times」, 2017년 9월 6일(https://www.nytimes.com/2017/09/06/technology/facebook-russian-political-ads.html) / 조너선 지트레인(Jonathan Zittrain), "Engineering an Election: Digital Gerrymandering Poses a Threat to Democracy", 「Harvard Law Review Forum」, Vol. 127, 2014(https://harvardlawreview.org/2014/06/engineering-an-election/)

15 카시미어 힐(Kashmir Hill), "Facebook User Unwittingly Becomes Sex Lube Pitchman Thanks To Sponsored Stories", 「Forbes」, 2012년 2월 28일(https://www.forbes.com/sites/kashmirhill/2012/02/28/facebook-user-unwittingly-becomes-sex-lube-pitchman-thanks-to-sponsored-stories/) / "The Most Humiliating Accidental Status Updates Ever Posted on Facebook", 「Some News」, 2013년 7월 10일(https://www.pinterest.ca/pin/79587118387713561/)

16 앨리스 E. 마윅(Alice E. Marwick), 데이나 보이드, "I Tweet Honestly, I Tweet Passionately. Twitter Users, Context Collapse, and the Imagined Audience", 「New Media and Society」, Vol. 13, 2010(https://journals.

sagepub.com/doi/10.1177/1461444810365313) / 제니 데이비스(Jenny Davis), "Context Collapse: A Literature Review", 「The Society Pages」, 2013년 1월 10일(https://thesocietypages.org/cyborgology/2013/01/10/context-collapse-a-literature-review/) / 데이나 보이드, "How 'Context Collapse' Was Coined: My Recollection", 「Zephoria」, 2013년 12월 8일 (https://www.zephoria.org/thoughts/archives/2013/12/08/coining-context-collapse.html)

17 윌 리플리(Will Ripley), "Denver Man Fired for Complaining about Work on Facebook", 「9News」, 2013년 5월 7일(https://www.9news.com/article/news/local/9news-evenings/denver-man-fired-for-complaining-on-facebook/73-309005810), "페이스북에 올린 글 때문에 해고됐다."라고 직원은 말했다. 해당 직원의 동료가 그를 상사에게 신고한 것이다. / 페이스북으로 인한 해고(The Facebook Fired), 이 블로그는 페이스북과 다른 소셜미디어에 올린 글 때문에 해고된 직원들의 사연을 소개하는 사이트다(https://thefacebookfired.wordpress.com/). / 대니얼 솔로브, "Employers and Schools That Demand Account Passwords and the Future of Cloud Privacy", 「Teach Privacy」, 2013년 6월 3일(https://teachprivacy.com/employers-schools-demand-account-passwords-future-cloud-privacy/)

18 "Depressed Woman Loses Benefits over Facebook Photos", 「CBC News」, 2009년 11월 21일(https://www.cbc.ca/news/canada/montreal/depressed-woman-loses-benefits-over-facebook-photos-1.861843) / 키 메이 후스너(Ki Mae Heussner), "Woman Loses Benefits after Posting Facebook Pics", 「ABC News」, 2009년 11월 23일(https://abcnews.go.com/Technology/AheadoftheCurve/woman-loses-insurance-benefits-facebook-pics/story?id=9154741)

19 아이리 람피넨(Airi Lampinen), "Practices of Balancing Privacy and Publicness in Social Network Services", 2010년 뉴욕에서 열린 제16회 미국 컴퓨터학회의 지원그룹 워크에 관한 국제 콘퍼런스에서 발표(https://dl.acm.org/doi/10.1145/1880071.1880142) 여기에서 저자는 "기존의 프라이버시

와 컴퓨터 보안 연구는 익명의 제3자가 초래하는 위협과 위험에 초점을 맞추고 있다. 소셜미디어 환경에서 최종 사용자의 프라이버시 우려는 과거 그 어느 때보다도 제2자인 상대방과 관련이 있다. 이들은 오프라인에서도 알고 있으므로 결코 '얼굴 없는' 대상이 아니다."라고 지적했다.

20 마리차 존슨, 서지 에겔만, 스티븐 M. 벨로빈, "Facebook and Privacy: It's Complicated", 2012년 열린 미국 컴퓨터학회의 제8회 가용성 프라이버시와 보안에 관한 심포지엄에서 발표(http://cups.cs.cmu.edu/soups/2012/proceedings/a9_Johnson.pdf), 이들의 '위협' 범주에는 다른 사람에게 해를 끼칠 수 있는 콘텐츠를 의도적으로 올리는 사람이 포함된다. 또 다른 사용자 행동에 대한 억제력의 부재도 일반적인 우려로 꼽힌다.

21 우드로 하츠그, "Website Design as Contract", 「American University Law Review」, Vol. 60, 2011(https://www.ssrn.com/abstract=1808108) / 앨리슨 W. 헤인즈(Allyson W. Haynes), "Online Privacy Policies: Contracting Away Control over Personal Information?", 「Penn State Law Review」, Vol. 111, 2007(https://works.bepress.com/allyson_haynes/1/)

22 The Facebook Fired(페이스북과 다른 소셜미디어에 올린 콘텐츠 때문에 직장에서 해고된 사람들의 사연을 모은 사이트)에 이런 사례가 나온다. / 조프리 파울러(Geoffrey Fowler), "Three Facebook Privacy Loopholes", 「Wall Street Journal」, 2012년 10월 12일(http://w3.salemstate.edu/~pglasser/When_the_Most_Personal_Secrets_Get_Outed_on_Facebook_-_WSJ.pdf) / 윌 오레머스(Will Oremus), "Could Your Crummy Klout Score Keep You from Getting a Job?", 「Slate」, 2012년 10월 3일(https://slate.com/technology/2012/10/online-privacy-can-employers-use-klout-scores-facebook-profiles-to-screen-applicants.html), 클라우트(Klout)는 온라인 사용자의 소셜미디어 영향력을 평가하는 사이트다. 「Slate」는 "고용주가 직원들의 계정에 접근할 수 없는 경우에도 페이스북 게시 내용을 이유로 해고한 사례가 많다."고 보도했다.

23 칼 프랜즌(Carl Franzen), "Facebook Surveying Users about Their Friends' Fake Usernames", 「Talking Points Memo」, 2012년 9월 20일(https://talkingpointsmemo.com/idealab/facebook-surveying-users-about-

their-friends-fake-usernames)

24 양왕, 페드로 조바니 레온(Pedro Giovanni Leon), 샤오슈안 첸(Xiaoxuan Chen), 사랑가 코만두리(Saranga Komanduri), 그레고리 노시(Gregory Norcie), 알레산드로 아퀴스티, 로리 페이스 크레이너, 노먼 사데(Norman Sadeh), "From Facebook Regrets to Facebook Privacy Nudges", 「Ohio State Law Journal」, Vol. 74, 2013년, 이런 사실은 직원들이 직장에 대한 불만을 페이스북 친구들에게 털어놓는 바람에 해고된 경우에 자주 드러난다. 적어도 한 사례에서 불만을 털어놓은 '친구' 중 하나는 본인의 직장 상사였다.

25 닐 리처즈에 따르면 "소위 '마찰 없는 공유' 시스템에서 우리는 우리의 활동 내용을 온라인에서 공유할지 선택할 필요가 없다. 대신 우리가 읽고 보는 모든 것은 페이스북이나 트위터의 피드에 자동으로 올라간다." 닐 리처즈, "The Perils of Social Reading", 「Georgetown Law Journal」, Vol. 101, 2013 / 소미니 센굽타(Somini Sengupta), "Private Posts on Facebook Revealed", 「New York Times」, 2013년 1월 18일(https://bits.blogs.nytimes.com/2013/01/18/private-posts-on-facebook-revealed/)

26 조애나 스턴(Joanna Stern), "Demanding Facebook Passwords May Break Law, Say Senators", 「ABC News」, 2012년 3월 26일(https://abcnews.go.com/Technology/facebook-passwords-employers-schools-demand-access-facebook-senators/story?id=16005565)

27 존 브라우닝(John Browning), "Universities Monitoring Social Media Accounts of Student-Athletes: A Recipe for Disaster", 「Texas Bar Journal」, Vol. 75, 2012(https://editions.mydigitalpublication.com/article/Universities+Monitoring+Social+Media+Accounts+of+Student-Athletes%3A+A+Recipe+for+Disaster/1247888/136447/article.html) / 샌드라 엥겔런드(Sandra Engelland), "Keller District Officials Look to Extra Security, Monitoring Social Media to Prevent Pranks", 「Fort Worth Star-Telegram」, 2013년 5월 28일 / 마이클 하트웰(Michael Hartwell), "Schools Monitor Students' Posts on Facebook, Twitter", 「Fitchburg (MA) Sentinel and Enterprise」, 2013년 1월 14일

28 베니 에반젤리스타(Benny Evangelista), "Social Media Monitored More

by Law Enforcement", 「San Francisco Gate」, 2011년 8월 13일(https://
www.sfgate.com/business/article/Social-media-monitored-more-
by-law-enforcement-2335017.php) / 프리야 쿠마(Priya Kumar), "Law
Enforcement and Mining Social Media: Where's the Oversight?", 「Internet
Monitor」, 2013년 7월 1일(https://blogs.harvard.edu/internetmonitor
/2013/07/01/law-enforcement-and-mining-social-media-wheres-
the-oversight/) / 폴 웨이겐세일(Paul Wagenseil), "British Cops
Admit They Monitor Facebook, Twitter", 「Tech News Daily」, 2013년
6월 27일(http://www.nbcnews.com/id/52334352/ns/technology_and_
science-tech_and_gadgets/t/british- cops-admit-they-monitor-
facebook-twitter/) / 바튼 겔만(Barton Gellman), 로라 포이트라스(Laura
Poitras), "U.S., British Intelligence Mining Data from Nine U.S. Internet
Companies in Broad Secret Program", 「Washington Post」, 2013년 6월 6일
(https://www.washingtonpost.com/investigations/us-intelligence-
mining-data-from-nine-us-internet-companies-in-broad-secret-
program/2013/06/06/3a0c0da8-cebf-11e2-8845-d970ccb04497_
story.html) 여기에서 저자들은 미 국가보안국(NSA)이 페이스북 서버에 직접
접근했음을 시사한다. 그에 반해 페이스북은 그런 사실을 부인했다. / 테드
울리오트(Ted Ullyot), "Facebook Releases Data, Including All National
Security Requests", 「Facebook Newsroom」, 그에 따르면 미국의 정부 기관
은 2012년 12월 31일 전까지 6개월 간 페이스북에 1만~9만 회의 정보 공개를
청구했다(https://about.fb.com/news/2013/06/facebook-releases-data-
including-all-national-security-requests/).

29 마이크 아이작(Mike Isaac), 시드니 엠버(Sydney Ember), "Facebook to
Change News Feed to Focus on Friends and Family", 「New York Times」,
2016년 6월 29일(https://www.nytimes.com/2016/06/30/technology/
facebook-to-change-news-feed-to-focus-on-friends-and-family.
html)

30 이안 커(Ian Kerr), 제니퍼 배리가(Jennifer Barrigar), 재클린 버켈(Jacquelyn
Burkell), 케이티 블랙(Katie Black), "Soft Surveillance, Hard Consent: The

Law and Psychology of Engineering Consent", 『Lessons from the Identity Trail: Anonymity, Privacy and Identity in a Networked Society』, Oxford University Press, 2009

31 게리 막스, "Surveillance and Society", 『Encyclopedia of Social Theory』, SagePublications, 2005, 막스에 따르면 '소프트 감시(Soft surveillance)'는 설득 기법을 사용해 자발적인 준수, 보편성을 유도하고 … 은폐되거나 쉽게 드러나 보이지 않는 정보 수집 기법을 이용한다. / 게리 막스, "Soft Surveillance: The Growth of Mandatory Volunteerism in Collecting Personal Information—'Hey Buddy Can You Spare a DNA?'", 『Surveillance and Security: Technological Politics and Power in Everyday Life』, Routledge 2006

32 윌 오레머스(Will Oremus), "Facebook's 5 New Reactions Buttons: Data, Data, Data, Data, and Data", 『Slate』, 2016년 2월 24일(https://slate.com/technology/2016/02/facebook-s-5-new-reactions-buttons-are-all-about-data-data-data.html)

33 연방거래위원회, "Operators of AshleyMadison .com Settle FTC, State Charges Resulting from 2015 Data Breach That Exposed 36 Million Users' Profile Information", 2016년 12월 14일(https://www.ftc.gov/enforcement/cases-proceedings/152-3284/ashley-madison)

34 팀 존스(Tim Jones), "Facebook's "Evil Interfaces", Electronic Frontier Foundation, 2010년 4월 9일(https://www.eff.org/deeplinks/2010/04/facebooks-evil-interfaces)

35 에반 셀린저, 우드로 하초그, "Why Is Facebook Putting Teens at Risk?", 『Bloomberg』, 2013년 10월 24일(https://www.bloomberg.com/opinion/articles/2013-10-24/why-is-facebook-putting-teens-at-risk-)

36 질리언 돈프로(Jillian D'Onfro), "Mark Zuckerberg Promises That You'll Stop Getting So Many Candy Crush Saga Invites", 『Business Insider』, 2015년 10월 28일(https://ca.sports.yahoo.com/news/mark-zuckerberg-promises-youll-stop-200539319.html)

37 양왕, 그레고리 노시, 사랑가 코만두리, 알레산드로 아퀴스티, 페드로 조바니 레온, 로리 페이스 크레이너, " 'I Regretted the Minute I Pressed Share': A Qualitative Study of Regrets on Facebook", 2011년 미국컴퓨터협회의 제7회 가용성 프라이버시와 보안에 관한 심포지엄에서 발표된 논문(https://cups.cs.cmu.edu/soups/2011/proceedings/a10_Wang.pdf) / 켈리 무어(Kelly Moore), 제임스 매켈로이(James McElroy), "The Influence of Personality on Facebook Usage, Wall Postings, and Regret", 「Computers in Human Behavior」, Vol. 28, 2012(https://www.researchgate.net/publication/220495735_The_Influence_of_Personality_on_Facebook_Usage_Wall_Postings_and_Regret)

38 낸시 S. 김(Nancy S. Kim), 「Wrap Contracts: Foundations and Ramifications」, Oxford University Press, 2013년, 'Wrap contract'는 링크를 클릭하거나 '승인(accept)' 아이콘을 눌러 거의 모든 온라인 활동에 대해 동의하는 계약을 뜻한다. - 옮긴이 / 마가렛 제인 레이딘(Margaret Jane Radin), 「Boilerplate: The Fine Print, Vanishing Rights, and the Rule of Law」, Princeton University Press, 2013

39 해리 브리그널, "Dark Patterns: Inside the Interfaces Designed to Trick You", 「The Verge」, 2013년 8월 29일(https://www.theverge.com/2013/8/29/4640308/dark-patterns-inside-the-interfaces-designed-to-trick-you)

40 야니스 바코스(Yannis bakos), 플로렌시아 마로타-부르글러(Florencia Marotta-Wurgler), 데이비드 R. 트로센(David R. Trossen), "Does Anyone Read the Fine Print? Consumer Attention to Standard Form Contracts", 「Journal of Legal Studies」, Vol. 43, 2014(https://www.jstor.org/stable/10.1086/674424)

41 데브라 카센스 와이스(Debra Cassens Weiss), "Chief Justice Roberts Admits He Doesn't Read the Computer Fine Print", 「ABA Journal」, 2010년 10월 20일(https://www.abajournal.com/news/article/chief_justice_roberts_admits_he_doesnt_read_the_computer_fine_print), 로버츠 대법관우 또 표준 형식의 계약서는 뚜렷한 해법이 없는 문제라고 말했다.

42 페이스북의 데이터 정책(https://ko-kr.facebook.com/about/privacy/previous)

43 홈페이지가 시작되기 전에 홍보나 안내 또는 브라우저와 기타 소프트웨어 시선 환기용으로 잠시 사용되는 페이지 – 옮긴이

44 애덤 알터, 『만들어진 생각 만들어진 행동: 당신의 감정과 판단을 지배하는 뜻밖의 힘(Drunk Tank Pink)』, 알키, 2014년

45 데이나 보이드, "Facebook's Privacy Trainwreck", 『Convergence: The International Journal of Research into New Media Technologies』, Vol. 14, 2008(https://www.danah.org/papers/FacebookPrivacyTrainwreck.pdf) / 자이넵 투펙치, "Can You See Me Now? Audience and Disclosure Regulation in Online Social Network Sites", 『Bulletin of Science, Technology and Society』, Vol. 28, 2008(https://journals.sagepub.com/doi/pdf/10.1177/0270467607311484)

46 우드로 하초그, 에반 셀린저, "Obscurity: A Better Way to Think About Your Data Than 'Privacy'", 『Atlantic』, 2013년 1월 17일(https://www.theatlantic.com/technology/archive/2013/01/obscurity-a-better-way-to-think-about-your-data-than-privacy/267283/)

47 카베 와델(Kaveh Waddell), "Should Border Agents Scroll through Foreigners' Facebook Profiles?", 『Atlantic』, 2016년 6월 29일(https://www.theatlantic.com/technology/archive/2016/06/should-border-agents-scroll-through-foreigners-facebook-profiles/489353/)

48 비즈 스톤(Biz Stone), "Tweet Preservation", 트위터 공식 블로그, 2010년 4월 14일(https://blog.twitter.com/en_us/a/2010/tweet-preservation.html) / 마이클 짐머(Michael Zimmer), "The Twitter Archive at the Library of Congress: Challenges for Information Practice and Information Policy", 『First Monday』, Vol. 20, 2015(https://firstmonday.org/ojs/index.php/fm/article/view/5619)

49 알렉스 헌(Alex Hern), "Facebook Is Chipping Away at Privacy—And My Profile Has Been Exposed", 『Guardian』, 2016년 6월 29일(https://www.

theguardian.com/technology/2016/jun/29/facebook-privacy-secret-profile-exposed?CMP=twt_gu)

50 연방거래위원회, "Snapchat Settles FTC Charges That Promises of Disappearing Messages Were False", 2014년 5월 8일(https://www.ftc.gov/news-events/press-releases/2014/05/snapchat-settles-ftc-charges-promises-disappearing-messages-were)

51 인티 데 큐클레어(Inti De Ceukelaire), "Why You Shouldn't Share Links on Facebook", 「Quartz」, 2016년 6월 29일(https://qz.com/715019/why-you-shouldnt-share-links-on-facebook/)

52 존 엘리스(John Ellis), "Coalinga Grad Loses MySpace Rant Lawsuit", 「Fresno Bee」, 2010년 10월 12일(https://www.fresnobee.com/news/local/education-lab/article19506714.html)

53 피에트릴로 대 힐스톤 레스토랑 그룹(Pietrylo v. Hillstone Restaurant Group) 소송, 2008년 7월 25일(https://casetext.com/case/pietrylo-v-hillstone-restaurant-group)

54 스냅챗을 통해 주고받는 사진이나 비디오를 가리킴 - 옮긴이

55 우드로 하초그, "Don't Listen to Snapchat's Excuses: Security Is Its Job", 「Wired」, 2014년 10월 14일(http://www.pogowasright.org/dont-listen-to-snapchats-excuses-security-is-its-job-not-yours/)

56 스티븐 로브(Steven Loeb), "Heyward: Whisper Is "The Safest Place on the Internet", 「Vator」, 2014년 10월 24일(https://vator.tv/news/2014-10-24-us-senator-demands-whisper-outline-privacy-policies)

57 우드로 하초그, "Promises and Privacy: Promissory Estoppel and Confidential Disclosure in Online Communities", 「Temple Law Review」, Vol. 82, 2009(https://www.ssrn.com/abstract=1473561)

58 우드로 하초그, "The Privacy Box: A Software Proposal", 「First Monday」, Vol. 14, 2009(https://firstmonday.org/ojs/index.php/fm/article/view/2682)

59 물론 더 폭넓은 비밀 유지의 개념은 온라인 환경의 논란에서 완전히 배제된 것은 아니다. 명시적 비밀 유지 계약은 프라이버시 정책을 위반했다는 주장이나 약관을 근거로 인터넷 사용자에 관한 정보 공개를 거부하는 하는 식으로, 온라인 프라이버시 논란에서 중요한 의미를 가진다. 하지만 이런 계약서는 모든 온라인 관계에 내재된 경계와 기대 수준을 완전히 규정해주지는 못한다. 실제로 사실상 아무도 온라인의 표준 약관을 읽거나 이해하지 못한다는 점을 고려하면, 이들 계약서는 인터넷 사용자들의 진정한 기대와 인식의 표면조차 제대로 긁지 못했을 가능성이 크다.

60 이지세이버 리워즈(Easysaver Rewards) 소송, 2010년 / 구글 대 트래픽 인포(Google v. Traffic Info) 소송, 2010년 / 베스트 웨스턴 인터내셔널 대 퍼버(Best Western International v. Furber) 소송, 2008년 / 런던 대 뉴 앨버튼스(London v. New Alberton's Inc.) 소송, 2008년 / 왓슨 대 콜로라도 공공서비스 회사(Watson v. Public Services Company of Colorado) 소송, 2008년 / 피시오타 대 올드 내셔널 밴코프(Pisciott v. Old National Bancorp) 소송, 2007년 / 사우스웨스트 대 보드퍼스트 (Southwest v. Boardfirst) 소송, 2007년, 한 가지 유념할 점은 이들은 모두 비즈니스를 둘러싼 소송이지만 모두 소셜 미디어 환경에서 벌어진 경우는 아니다.

61 앤드루 J. 매클러그(Andrew J. McClurg), "Kiss and Tell: Protecting Intimate Relationship Privacy through Implied Contracts of Confidentiality", 「University of Cincinnati Law Review」, Vol. 74, 2006(https://lawhaha.com/kiss-and-tell-protecting-intimate-relationship-privacy-through-contract-law/) / 패트리샤 산체즈 에이브릴(Patricia Sanchez Abril), "A (My) Space of One's Own: On Privacy and Online Social Networks", 「Northwestern Journal of Technology and Intellectual Property」, Vol. 6, 2007(https://scholarlycommons.law.northwestern.edu/cgi/viewcontent.cgi?referer=&httpsredir=1&article=1058&context=njtip)

62 마이클 코넬(Michael Connell), "You Are Not Very Incognito in Incognito Mode", 「Computerworld」, 2017년 4월 4일(https://www.computerworld.com/article/3186941/you-are-not-very-incognito-in-incognito-mode.html)

63 다니엘르 키츠 시트론, 『Hate Crimes in Cyberspace』, Harvard University Press, 2014년, 여기서 LGBTQ는 성 소수자 중 Lesbian(여성 동성애자), Gay(남성 동성애자), Bisexual(양성애자), Transgender(성전환자), Queer(성 소수자 전반)를 가리킨다. — 옮긴이

64 캐서린 섀퍼(Katherine Schaeffer), "Yak Flak: How Should Schools Respond to Students' Anonymous Speech?", Student Press Law Center, 2015년 9월 18일(https://splc.org/2015/09/yak-flak/)

65 개비 힌슬리프(Gabby Hinsliff), "Play Nice! How the Internet is Trying to Design Out Toxic Behavior", 『Guardian』, 2016년 2월 27일(https://www.theguardian.com/technology/2016/feb/22/play-nice-how-the-internet-is-trying-to-design-out-toxic-behaviour)

66 캐쉬미어 힐, "Blocking People on Twitter Now Just Mutes Them (Update: Psych!)", 『Forbes』, 2013년 12월 12일(https://www.forbes.com/sites/kashmirhill/2013/12/12/blocking-people-on-twitter-now-just-mutes-them/)

67 사만사 앨런(Samantha Allen), "How Facebook Exposes Domestic Violence Survivors", 『Daily Beast』, 2015년 5월 20일(https://www.thedailybeast.com/how-facebook-exposes-domestic-violence-survivors) / 제임스 빈센트(James Vincent), "Facebook Tells Users They Can't Hide From Searches", 『Independent』, 2013년 10월 11일(https://www.independent.co.uk/life-style/gadgets-and-tech/facebook-tells-users-they-can-t-hide-searches-8874562.html)

68 메리 앤 프랭크스, "The Many Ways Twitter Is Bad at Responding to Abuse", 『Atlantic』, 2014년 8월 14일(https://www.theatlantic.com/technology/archive/2014/08/the-many-ways-twitter-is-bad-at-responding-to-abuse/376100/)

69 에반 셀린저, "When Nudge Comes to Shove", 『Slate』, 2013년 7월 7일(https://slate.com/technology/2013/07/nudge-critiques-is-nudging-behavior-unethical-infantilizing-coercive or counter productive.html)

7장

1 　케빈 로스코크(Kevin Rothcock), "Facial Recognition Service Becomes a Weapon against Russian Porn Actresses", 「Ars Technica」, 2016년 4월 26일 (https://arstechnica.com/tech-policy/2016/04/facial-recognition-service-becomes-a-weapon-against-russian-porn-actresses/)

2 　페이스프린트: 신원 확인을 위해 데이터베이스화한 사람 얼굴의 디지털 사진 - 옮긴이

3 　닐 리처즈, "The Dangers of Surveillance", 「Harvard Law Review」, Vol. 126, 2013(https://harvardlawreview.org/2013/05/the-dangers-of-surveillance/)

4 　아르티 샤하니(Aarti Shahani), "Smartphones Are Used to Stalk, Control Domestic Abuse Victims", 「NPR」, 2014년 9월 14일(https://www.npr.org/sections/alltechconsidered/2014/09/15/346149979/smartphones-are-used-to-stalk-control-domestic-abuse-victims)

5 　줄리 코엔, "Privacy, Visibility, Transparency, and Exposure", 「University of Chicago Law Review」, Vol. 75, 2008(https://scholarship.law.georgetown.edu/cgi/viewcontent.cgi?article=1824&context=facpub), 여기에서 저자는 '보편적이고 지속적인 관찰로 구성되는 공간의 특성'을 다룬다. 이런 공간은 '노출 조건'으로 부르는 것이 특징이다. '조건(condition)'이라는 용어는 노출이 당연한 것이라기보다 디자인 원칙이며, 이는 사람들의 행태와 규범의 범위를 제한한다. 프라이버시 법이나 프라이버시 이론 모두 일반적으로 인정되는 관찰 제한에 대한 관심과 분리된 노출 제한의 관심을 인식하지 못했으며, 대체로 그러한 관심을 개념화하고 평가하는 데 필요한 용어도 부족하다.

6 　존 켈리(John Kelly), "Cellphone Data Spying: It's Not Just the NSA", 「USAToday」, 2014년 6월 13일(https://www.usatoday.com/story/news/nation/2013/12/08/cellphone-data-spying-nsa-police/3902809/) 이 보도에 따르면 "10여 곳의 지역 및 주 경찰 기관은 휴대폰 데이터를 실시간으로 도청할 수 있는 모바일 기기를 비롯한 신기술로 무장하고, 한 번에 약 1천 명의 휴대폰 사용자 정보를 이들이 수사 대상인지의 여부와는 상관없이 모으고 있다."

7 리시 이옝가(Rishi Iyengar), "New FBI Software Can Process up to 52 Million Facial Images", 「Time」, 2014년 9월 17일(https://time.com/3389559/fbi-facial-recognition-software-interstate-photo-system-ips-next-generation-identification-ngi/), "시민단체 EFF가 4월 제기한 미국 정보공개법(FOIA) 소송에 따르면 해당 시스템은 최대 5천 2백만 개의 얼굴 이미지를 처리할 수 있으며, 여기에는 수사 목적과는 무관하게 찍힌 수백만 장의 사진이 포함돼 있다."

8 데블린 배럿(Develin Barrett), "U.S. Spies on Millions of Drivers", 「Wall Street Journal」, 2015년 1월 26일(https://www.wsj.com/articles/u-s-spies-on-millions-of-cars-1422314779), "미 법무부는 미국 내에서 자동차 움직임을 실시간으로 추적할 수 있는 전국 데이터베이스를 구축해 왔다. 전현직 정부 관계자와 정부 공식 문서에 따르면 이 비밀 첩보 프로그램은 수억 명의 운전자 기록을 스캔하고 보유한다."

9 톰 로프터스(Tom Loftus), "Concerns Rise about Growing Use of Domestic Drones", 「USA Today」, 2013년 7월 18일(https://www.usatoday.com/story/tech/2013/07/18/drone-concerns-rules-regulations/2552999/), "정부 기관과 대학은 크고 작은 드론을 띄울 수 있는 인증서를 미국 연방항공국(FAA)에 지원할 수 있다. 상업용 드론 사용은 현재 금지돼있지만, 의회가 FAA에 무인항공기를 영공에서 사용할 수 있는 종합 계획을 마련하라고 요구한 시한인 2015년 9월 이후에는 가능해질 것으로 전망된다." / 댄 로버츠(Dan Roberts), "FBI Admits to Using Surveillance Drones over US Soil", 「Guardian」, 2013년 6월 19일(https://www.theguardian.com/world/2013/jun/19/fbi-drones-domestic-surveillance), "미국 내에서나 해외 체류 미국시민에 대한 드론 감시 증가는 의회에서 점점 더 심각한 논란으로 부상하는 가운데, FBI는 자신들의 드론 사용에 프라이버시 보호를 위한 법률적 제한이 필요할 것이라고 시인했다."

10 메리-앤 러슨(Mary-Ann Russon), "Are Flying Drones a Peeping Tom's Dream Tool?", 「International Business Times」, 2014년 6월 11일(https://www.ibtimes.co.uk/are-flying-drones-peeping-toms-dream-tool-1452278), "헬리콥터 드론은 여성을 성적으로 희롱하고 사진을 찍는 데

이용될 수 있어 그에 대한 불안감이 가중되고 있다."

11 앤드루 거스리 퍼거슨(Andrew Guthrie Ferguson), "Personal Curtilage:
Fourth Amendment Security in Public", 「William and Mary Law Review」,
Vol. 55, 2014(https://scholarship.law.wm.edu/wmlr/vol55/iss4/2/) / 조
엘 R. 라이덴버그(Joel R. Reidenberg), "Privacy in Public", 「University of
Miami Law Review」, Vol. 69, 2014(https://repository.law.miami.edu/
umlr/vol69/iss1/6/) / 헬렌 니센바움(Helen Nissenbaum), "Privacy as
Contextual Integrity", 「Washington Law Review」, Vol. 79, 2004(https://
nyuscholars.nyu.edu/en/publications/privacy-as-contextual-integrity)
/ 크리스토퍼 슬로보긴(Christopher Slobogin), "Making the Most of United
States v. Jones in a Surveillance Society: A Statutory Implementation
of Mosaic Theory", 「Duke Journal of Constitutional Law and Public
Policy」, Vol. 8, 2012(https://djclpp.law.duke.edu/article/making-
the-most-of-united-states-v-jones-in-a-surveillance-society-
a-statutory-implementation-of-mosaic-theory/) / 제프리 M. 스코펙
(Jeffrey M. Skopek), "Reasonable Expectations of Anonymity", 「Virginia
Law Review」, Vol. 101, 2015(https://www.virginialawreview.org/
articles/reasonable-expectations-anonymity/), "공개 노출과 제3자 원
칙의 문제점은 개인정보가 다양한 수준에서 보호될 수 있다는 사실을 인식
하는 데 실패했다는 점이다... 더욱이 더 근본적으로 이 보호 기능이 취할
수 있는 두 가지 뚜렷한 형식인 프라이버시와 익명성을 융합해버렸다." / 앤
드루 E. 태슬리츠(Andrew E. Taslitz), "The Fourth Amendment in the
Twenty-First Century: Technology, Privacy, and Human Emotions",
「Law and Contemporary Problems」, Vol. 65, 2002(https://scholarship.
law.duke.edu/lcp/vol65/iss2/7/) / 브라이언 J. 서(Brian J. Serr),
"Great Expectations of Privacy: A New Model for Fourth Amendment
Protection", 「Minnesota Law Review」, Vol. 73, 1989(https://core.ac.uk/
download/pdf/217205619.pdf) / 마고 E. 카민스키(Margot E. Kaminski),
"Regulating Real-World Surveillance", 「Washington Law Review」, Vol.
90, 2015(https://scholar.law.colorado.edu/cgi/viewcontent.cgi?article=
1404&context=articles) / 데이비드 그레이(David Gray), 다니엘 시트론,

"The Right to Quantitative Privacy", 「Minnesota Law Review」, Vol. 98, 2013(https://papers.ssrn.com/sol3/papers.cfm?abstract_id=2228919)

12 사이버보안 영역에서 모호성은 기술적 의미도 지닌다. 여기에서 모호성은 취약성을 은닉함으로써 다른 이들이 그런 약점을 악용할 수 없게 하고, 한 시스템에 관한 일반 정보를 의도적으로 억압해 적대세력, 해커, 제3자가 해당 시스템의 오류를 찾아내기 어렵게 하는 '정보 숨기기(hiding information)'를 시사한다. 에드워드 아모로소(Edward Amoroso), 「Cyber Attacks: Protecting National Infrastructure」, Butterworth-Heinemann, 2012

13 U.S. Dep't of Justice v. Reporters Committee for Freedom of the Press, 489 U.S. at 750, 전과 기록의 '실질적 모호성'을 유지하기 위한 강력한 프라이버시의 이익을 인정했다.

14 우드로 하초그, 프레데릭 D. 스터츠만, "The Case for Online Obscurity", 「California Law Review」, Vol. 101, 2012(https://papers.ssrn.com/sol3/papers.cfm?abstract_id=1597745), 여기에서 저자들은 기자위원회에 명시된 '실질적 모호성'의 개념을 법원이 확장하는 데 소극적임을 지적한다. "공유되거나 사용 가능한 정보가 항상 공개 정보를 구성하지 않는다는 일반적인 의미를 넘어 법원은 그 개념을 확장하는 데 어려움을 겪었다."고 표현한다.

15 우드로 하초그, 에반 셀린저, "Surveillance as Loss of Obscurity", 「Washington and Lee Law Review」, Vol. 72, 2015(https://scholarlycommons.law.wlu.edu/wlulr/vol72/iss3/10/)

16 폴 옴, "Good Enough Privacy", 「University of Chicago Legal Forum」, 2008(https://chicagounbound.uchicago.edu/uclf/vol2008/iss1/2/)

17 닐 리처즈, 「Intellectual Privacy: Rethinking Civil Liberties in the Digital Age」, Oxford University Press, 2015. / 줄리 코엔, 「Networked Self: Law, Code, and the Play of Everyday Practice」, Yale

18 대니얼 마이슬러(Daniel Meissler), "Obscurity Is a Valid Security Layer" (https://danielmiessler.com/study/security-by-obscurity/)

19 아이라 루빈스타인, "Regulating Privacy by Design", 「Berkeley Technology Law Journal」, Vol. 26, 2011(https://papers.ssrn.com/sol3/papers.

cfm?abstract_id=1837862)

20 물론 유료화 기술은 논란의 여지가 있고 이를 우회할 수도 있다. 하지만 정보 접근에 요구되는 수고를 늘리는 것은 정보 노출의 위험성을 낮추는 또 다른 방법이다. "5 Ways to Get Around the New York Times Paywall", 「Make Use Of」, 2011년 3월 30일(https://www.makeuseof.com/tag/5-ways-york-times-paywall/)

21 쿠키 사용과 관련해 프라이버시 문제가 제기된다. 그런 위협은 프라이버시 중심 디자인의 다른 전략을 통해 더 잘 설명할 수 있지만 이는 이 책의 범위를 벗어난다. 아시칸 솔타니(Ashkan Soltani), 새넌 캔티(Shannon Canty), 퀜틴 메이요(Quentin Mayo), 로렌 토마스(Lauren Thomas), 크리스 제이 후프네이글, "Flash Cookies and Privacy", 2009년 8월 11일(https://papers.ssrn.com/sol3/papers.cfm?abstract_id=1446862) / 조셉 터로우, 제니퍼 킹(Jennifer King), 크리스 제이 후프네이글, 에이미 블리클리(Amy Bleakley), 마이클 헤네시, "Americans Reject Tailored Advertising and Three Activities That Enable It", 2009년 9월 29일(https://repository.upenn.edu/cgi/viewcontent.cgi?article=1138&context=asc_papers)

22 리오르 스트라힐레비츠(Lior Strahilevitz), "A Social Networks Theory of Privacy", 「University of Chicago Law Review」, Vol. 72, 2005(https://chicagounbound.uchicago.edu/uclrev/vol72/iss3/3/)

23 메리 매든, 애런 스미스(Aaron Smith), "Reputation Management and Social Media", 「Pew Research Center」, 2010년 5월 26일(https://www.pewresearch.org/internet/wp-content/uploads/sites/9/media/Files/Reports/2010/PIP_Reputation_Management_with_topline.pdf), 그에 따르면 "18~29세 소셜 네트워킹 사용자의 3분의 2 이상(71%)이 온라인 정보 공유 수준을 제한하기 위해 프로필의 프라이버시 설정을 바꿨다."고 한다.

24 로포르카로 대 뉴욕시(Loporcaro v. City of New York) 소송, 2012년 4월, "누구든 페이스북에 계정을 만드는 사람은 어떻게 프라이버시를 설정하든 본인의 개인정보가 다른 누군가와 공유될 수 있으며, 페이스북에 올린 사진과 정보가 개인정보든 아니든, 내가 모르는 다른 회원들에게 유포되지 않을 것이라는 보장이 없다는 데 동의했음을 깨달을 것이다."

25 프레데릭 스터츠만, 우드로 하초그, "Boundary Regulation in Social Media", Proceedings of the ACM 2012 Conference on Computer Supported Cooperative Work, Association for Computing Machinery, 2012(https:// dl.acm.org/doi/10.1145/2145204.2145320)

26 조너선 지트레인, "Privacy 2.0", 「University of Chicago Legal Forum」, 2008(https://chicagounbound.uchicago.edu/cgi/viewcontent.cgi?article =1424&context=uclf), "오늘날 거의 모든 웹 프로그래머는 robots.txt 파일을 통해 로봇에 해당 사이트의 의도를 표시하고, 이런 의도는 문화와 관찰 지역과 상관없이 모든 주요 검색엔진에 의해 자발적으로 존중된다는 점을 안다."

27 애슐리 폴란드(Ashley Poland), "Can You Restrict Ages on Tumblr?", 「eHow」, 2011년 6월 29일

28 "Why Page 2 of the Search Results if the Best Place to Hide a Dead Body", 「Digital Synopsis」, https://digitalsynopsis.com/tools/google-serp-design/

29 클레어 가비(Claire Garvie), 알바로 베도야(Alvaro Bedoya), 조너선 프랭클(Jonathan Frankle), "The Perpetual Line-Up: Unregulated Police Face Recognition in America", 「Georgetown Law Center on Privacy and Technology, 2016년 10월 18일(https://www.academia.edu/29565110/ Perpetual_Line-Up_Unregulated_Police_Face_Recognition_in_America) / 메건 게우스(Megan Geuss), "Facebook Facial Recognition: Its Quiet Rise and Dangerous Future", 「PC World」, 2011년 4월 26일(https://www. pcworld.com/article/226228/Facerec.html)

30 "Augmented Reality", 「Mashable」, https://mashable.com/category/ augmented-reality/ / 스코트 R. 페펫(Scott R. Peppet), "Freedom of Contract in an Augmented Reality: The Case of Consumer Contracts", 「UCLA Law Review」, Vol. 59, 2012(https://www.uclalawreview.org/ pdf/59-3-5.pdf)

31 라이언 싱겔(Ryan Singel), "YouTube Offers Face-Blurring Tool to Protect Dissidents", 「Wired」, 2012년 7월 18일(https://www.wired.com/2012/07/ youtube-face-blurring/)

32 이 주제에 대한 더 상세한 정보는 보안 연구 작업을 DMCA의 반 우회 조항에서 예외로 인정해야 한다고 주장하는 학계의 컴퓨터 보안 그룹 활동을 소개한 앤디 그린버그(Andy Greenberg)의 기사를 참조하라. "It's Finally Legal to Hack Your Own Devices(Even Your Car)", 「Wired」, 2016년 10월 31일 (https://www.wired.com/2016/10/hacking-car-pacemaker-toaster-just-became-legal/) / 애런 앨바(Aaron Alva), "DMCA Exemption For Consumer Devices", 연방거래위원회(https://www.ftc.gov/news-events/blogs/techftc/2016/10/dmca-security-research-exemption-consumer-devices)

33 마이클 프룸킨, "The Metaphor Is the Key: Cryptography, the Clipper Chip, and the Constitution", 「University of Pennsylvania Law Review」, Vol. 143, 1995(https://repository.law.miami.edu/cgi/viewcontent.cgi?article=1315&context=fac_articles)

34 프룸킨, "The Metaphor Is the Key: Cryptography, the Clipper Chip, and the Constitution", 비밀은 권력의 한 형식이다. 비밀을 보호할 능력, 누군가의 프라이버시를 보존할 능력은 권력의 한 형식이다. 비밀을 꿰뚫어 그 내용을 파악하고, 그것을 사용할 수 있는 능력 또한 권력의 한 형식이다. 비밀은 그것을 쥔 쪽에 힘을 주며, 누군가를 보호하며, 그런가 하면 누군가에게 위해를 끼칠 수 있다. 본인 모르게 그 사람의 비밀을 알아낼 수 있는 능력, 한 사람의 프라이버시를 관통할 수 있는 능력은 더더욱 강력한 권력이다.

35 암호화 수준을 조절할 수 있어야 하는지에 대한 더 상세한 논의는 저스틴 거스 허위츠(Justic Gus Hurwitz)의 "Encryption Congress Mod(Apple + CALEA)", 「Harvard Journal of Law and Technology」, Vol. 30, 2017(http://jolt.law.harvard.edu/assets/articlePDFs/v30/30HarvJLTech355.pdf)

36 에릭 겔러(Eric Geller), "A Complete Guide to the New 'Crypto Wars'", 「The Daily Dot」, 2016년 5월 5일(https://www.dailydot.com/debug/encryption-crypto-wars-backdoors-timeline-security-privacy/) / 전자프런티어재단(EFF), "The Crypto Wars", https://www.eff.org/document/crypto-wars-governments-working-undermine-encryption / 브라이언 배럿(Brian Barret), "The Apple-FBI Battle Is Over, but the

New Crypto Wars Have Just Begun", 「Wired」, 2016년 3월 30일(https://www.wired.com/2016/03/apple-fbi-battle-crypto-wars-just-begun/)

37 매트 블레이즈, 미국 하원 산하 에너지상무위원회의 '암호화에 관한 해독 논의'에 대한 감독 및 수사 소위원회의 청문회 증언, 2016년 4월 9일(http://docs.house.gov/meetings/IF/IF02/20160419/104812/HHRG-114-IF02-Wstate-BlazeM-20160419-U3.pdf), "암호화 기법에 제3자의 접근을 허용한다는 개념의 가장 기본적인 문제는 보안성이 보장되는 디자인이 불가능하다는 점입니다. 어떤 키 위탁이나 암호화 시스템에 대한 합법적 접근도 그 본질상 실패점의 숫자를 늘릴 수밖에 없습니다. 불행하게도 우리는 어느 수준까지 낮춰도 보안성이 안전한지는 고사하고, 그것이 정확히 어느 정도까지 보안 수준을 훼손하는지 파악할 수 있을 만큼의 이해도 갖고 있지 못합니다." / 매트 블레이즈, "Protocol Failure in the Escrowed Encryption Standard", Proceedings of the 2nd ACM Conference on Computer and Communications Security, 미국컴퓨터협회, 1994(https://dl.acm.org/doi/10.1145/191177.191193)

38 수전 E. 랜다우(Susan E. Landau), 『Privacy on the Line: The Politics of Wiretapping and Encryption』, MIT Press, 1998

39 킴 제터(Kim Zetter), "The FBI Drops Its Case against Apple after Finding a Way into That Phone", 「Wired」, 2016년 3월 28일(https://www.wired.com/2016/03/fbi-drops-case-apple-finding-way-iphone/#:~:text=06%3A18%20PM-,The%20FBI%20Drops%20Its%20Case%20Against%20Apple,a%20Way%20Into%20That%20iPhone&text=In%20a%20motion%20filed%20with,authorities%20break%20into%20the%20phone)

40 미국 하원법사위원회, "청문회 결산: 하원 법사위원회의 암호화 검토", 2016년 3월 2일(https://republicans-judiciary.house.gov/press-release/hearing-wrap-up-house-judiciary-committee-examines-encryption/)

41 피터 스와이어, 케네사 아마드, "'Going Dark' versus a 'Golden Age for Surveillance'", Center for Democracy and Technology, 2011년 11월 28일(https://cdt.org/insights/%e2%80%98going-dark%e2%80%99-versus-a-%e2%80%98golden-age-for-surveillance%e2%80%99/)

42 헤일리 츠카야마(Hayley Tsukayama), "How Closely Is Amazon's Echo Listening?", 「Washington Post」, 2014년 11월 11일(https://www. washingtonpost.com/news/the-switch/wp/2014/11/11/how-closely-is-amazons-echo-listening/)

43 자이쿠마 바이자얀(Jaikumar Vijayan), "DOJ Seeks Mandatory Data Retention Requirement for ISPs", 「Computerworld」, 2011년 1월 25일 (https://www.computerworld.com/article/2512742/doj-seeks-mandatory-data-retention-requirement-for-isps.html) / 낸시 리빈 (Nancy Libin), 짐 뎀프시(Jim Dempsey)가 관심 있는 사람들에게 보낸 메모, "Re:Mandatory Data Retention—Invasive, Risky, Unnecessary, Ineffective", 2006년 6월 2일(https://www.yumpu.com/en/document/view/18247201/cdt-memo-on-data-retention)

44 알렉시스 마드리갈, "A Privacy Manifesto in Code: What if Your Emails Never Went to Gmail and Twitter Couldn't See Your Tweets?", 「Atlantic」, 2012년 4월 4일(https://www.theatlantic.com/technology/archive/2012/04/a-privacy-manifesto-in-code-what-if-your-emails-never-went-to-gmail-and-twitter-couldnt-see-your-tweets/255414/)

45 알렉산더 하워드(Alexander Howard), "White House Mandates HTTPS by Default for Federal Websites", 「Huffington Post」, 2015년 6월 9일(https://www.huffpost.com/entry/https-federal-websites_n_7539164)

46 케이트 콘저(Kate Conger), "Apple Will Require HTTPS Connections for iOS Apps by the End of 2016", 「TechCrunch」, 2016년 6월 14일(http://techcrunch.com/2016/06/14/apple-will-require-https-connections-for-ios-apps-by-the-end-of-2016/?ncid=rss&web_view=true)

47 마이클 호로위츠(Michael Horowitz), "Lenovo Collects Usage Data on ThinkPad, Think-Centre and ThinkStation PCs", 「Computerworld」, 2015년 9월 22일(https://www.computerworld.com/article/2984889/lenovo-collects-usage-data-on-thinkpad-thinkcentre-and-thinkstation-pcs.html)

48 코리 독토로우(Cory Doctorow), "Chrome Update Turns Browsers into Covert Listening Tools", 「Boing Boing」, 2015년 6월 24일(https://boingboing. net/2015/06/24/chrome-update-turns-browsers-i.html)

49 케이티 로저스(Katie Rogers), "Mark Zuckerberg Covers His Laptop Camera. You Should Consider It, Too", 「New York Times」, 2013년 6월 22일(https://www.nytimes.com/2016/06/23/technology/personaltech/ mark-zuckerberg-covers-his-laptop-camera-you-should-consider- it-too.html)

50 연방거래위원회, "Retail Tracking Firm Settles FTC Charges It Misled Consumers about Opt Out Choices", 2015년 4월 23일(https://www.ftc. gov/news-events/press-releases/2015/04/retail-tracking-firm-settles- ftc-charges-it-misled-consumers, https://www.ftc.gov/enforcement/ cases-proceedings/132-3251/nomi-technologies-inc-matter)

51 솔타니 외, "Flash Cookies and Privacy"

52 프랭크 치데야(Frank Chideya), "The Facebook of the Future Has Privacy Implications Today", 「The Intercept」, 2015년 9월 17일(https:// theintercept.com/2015/09/17/facebook/)

53 "What they know, 「Wall Street Journal」, https://www.wsj.com/news/ types/what-they-know / 애냐 누스바움(Ania Nussbaum), "7 Ways You're Being Tracked Online (and How to Stop It)", 「Wall Street Journal」, 2014년 8월 4일(https://www.wsj.com/articles/BL-DGB-42911) / 제니퍼 발렌티노-드브라이스 (Jennifer Valentino-DeVries), "What They Know about You", 「Wall Street Journal」, 2010년 7월 31일(https://www. wsj.com/articles/SB10001424052748703999304575399041849931612)

54 다니엘 키츠 시트론, "Spying, Inc.", 「Washington and Lee Law Review」, Vol. 71, 2015(https://scholarlycommons.law.wlu.edu/wlulr/vol72/ iss3/7/)

55 아닐 K. 제인(Anil K. Jain), 에이제이 쿠마(Ajay Kumar), "Biometrics Recogni tion: An Overview", 「Second Generation Biometrics: The Ethical, Legal

and Social Context」, Springer, 2011(https://www.researchgate.net/publication/3308596_An_Introduction_to_Biometric_Recognition) / 짐 자일스(Jim Giles), "Cameras Know You by Your Walk", 「New Scientist」, 2012년 9월 19일(https://www.newscientist.com/article/mg21528835-600-cameras-know-you-by-your-walk/)

56 미국 연방수사국(FBI), "Next Generation Identification(NGI)", https://www.fbi.gov/services/cjis/fingerprints-and-other-biometrics/ngi

57 아비바 루트킨(Aviva Rutkin), "Facebook Can Recognise You in Photos Even If You're Not Looking", 「New Scientist」, 2015년 6월 22일(https://www.newscientist.com/article/dn27761-facebook-can-recognise-you-in-photos-even-if-youre-not-looking/)

58 사이러스 파리아르(Cyrus Fariar), "We Know Where You've Been: Ars Acquires 4.6M License Plate Scans from the Cops", 「Ars Technica」, 2015년 3월 24일(https://arstechnica.com/tech-policy/2015/03/we-know-where-youve-been-ars-acquires-4-6m-license-plate-scans-from-the-cops/)

59 미국자유인권협회(ACLU), "You Are Being Tracked", https://www.aclu.org/issues/privacy-technology/location-tracking/you-are-being-tracked

60 카베 와델(Kaveh Wadell), "How License-Plate Readers Have Helped Police and Lenders Target the Poor", 「Atlantic」, 2016년 4월 22일(https://www.theatlantic.com/technology/archive/2016/04/how-license-plate-readers-have-helped-police-and-lenders-target-the-poor/479436/)

61 데이브 매스(Dave Mass), 쿠퍼 퀜틴(Cooper Quentin), "EFF: We found 100+ license plate readers wide open on the Internet", 「Ars Technica」, 2015년 10월 28일(https://arstechnica.com/tech-policy/2015/10/lprs-exposed-how-public-safety-agencies-responded-to-major-vulnerabilities-in-vehicle-surveillance-tech/)

62 저스틴 피터스(Justin Peters), "Why Would Anyone Want a Drone to Follow Them Around All the Time?", 「Slate」, 2016년 1월 14일(http://

www.slate.com/blogs/future_tense/2016/01/14/lily_drone_follows_
owners_around_all_the_time_why.html)

63 대니얼 드메이(Daniel Demay), "Amazon Nets Patent for Mini Police
Drones", 「KOMO News」, 2016년 10월 28일(https://komonews.com/
news/tech/amazon-nets-patent-for-mini-police-drones)

64 저스틴 피터스(Justin Peters), "Judge Dismisses Case against Man Who
Shot Down a Drone over His Property", 「Slate」, 2015년 10월 28일(http://
www.slate.com/blogs/future_tense/2015/10/28/case_against_william_
merideth_for_shooting_down_a_drone_is_dismissed.html) / 마고 카민
스키, "Enough with the 'Sunbathing Teenager' Gambit", 「Slate」, 2016년
10월 28일(https://slate.com/technology/2016/05/drone-privacy-is-
about-much-more-than-sunbathing-teenage-daughters.html)

65 라이언 케일로, "The Drone as Privacy Catalyst", 「Stanford Law Review
Online」, Vol. 64, 2011(https://www.stanfordlawreview.org/online/the-
drone-as-privacy-catalyst/)

66 브루스 슈나이어, "Your TV May Be Watching You", CNN, 2015년 2월 12일
(https://www.cnn.com/2015/02/11/opinion/schneier-samsung-tv-
listening/index.html)

67 엘리어트 C. 맥롤린(Eliot C. MacLaughlin), "Alexa, Can You Help with
This Murder Case?", CNN, 2016년 12월 29일(https://www.cnn.com/
2016/12/28/tech/amazon-echo-alexa-bentonville-arkansas-murder-
case-trnd/index.html)

68 스테이스 그레이, "Always On: Privacy Implications of Microphone-
Enabled Devices", Future of Privacy Forum, 2016년 4월(https://fpf.org/
wp-content/uploads/2016/04/FPF_Always_On_WP.pdf)

69 케이트 콕스(Kate Cox), "All Those Smart Devices That Listen To Your
House May Be Unlawfully Violating Kids' Privacy", 「Consumerist」, 2016년
5월 26일(https://consumerist.com/2016/05/26/all-those-smart-
devices-that-listen-to-your-house-may-be-unlawfully-violating-

kids−privacy/index.html)

70 톰 스코카(Tom Scocca), "The New iPhone Is Set to Record You, Whether You Ask It to or Not", 「Gawker」, 2015년 9월 10일(http://gawker.com/the−new−iphone−is−set−to−record−you−whether−you−ask−it−1729857048)

71 "Body Worn Camera Laws Database", National Conference of State Legislatures, https://www.ncsl.org/research/civil−and−criminal−justice/body−worn−cameras−interactive−graphic.aspx

72 엘리자베스 조(Elizabeth Joh), "Beyond Surveillance: Data Control and Body Cameras", 「Surveillance and Society」, Vol. 14, 2016(https://ojs.library.queensu.ca/index.php/surveillance−and−society/article/view/cdebate4)

73 엘리자베스 조, "The Undue Influence of Surveillance Technology Companies on Policing", New York Law Review Online, 2017년 9월 17일(https://www.nyulawreview.org/wp−content/uploads/2018/08/Joh−FINAL_0.pdf)

74 제이미 콘들리프(Jamie Condliffe), "AI Has Beaten Humans at Lip−Reading", 「MIT Technology Review), 2016년 11월 21일(https://www.technologyreview.com/2016/11/21/69566/ai−has−beaten−humans−at−lip−reading/)

75 제프 존 로버츠(Jeff John Roberts), "Twitter Warns Developers about Misusing Data", 「Fortune」, 2016년 11월 22일(https://fortune.com/2016/11/22/twitter−data−surveillance/)

76 레베카 C. 헤티(Rebecca C. Hetey), 제니퍼 L. 에버하트(Jennifer L. Eberhardt), "Racial Disparities in Incarceration Increase Acceptance of Punitive Policies", 「Psychological Science」, Vol. 25, 2014(https://journals.sagepub.com/doi/full/10.1177/0956797614540307) / 가비 외(Garvie et al.), "The Perpetual Lineup" / 줄리아 앵귄, "Machine Bias: There's Software Used across the Country to Predict Future criminals. And It's Biased

494

against Blacks", 「Pro Publica」, 2016년 5월 23일(https://www.propublica. org/article/machine-bias-risk-assessments-in-criminal-sentencing) / 솔론 바로카스(Solon Barocas), 앤드루 D. 셀브스트(Andrew D. Selbst), "Big Data's Disparate Impact", 「California Law Review」, Vol. 104, 2016(https://www.jstor.org/stable/24758720)

77 데이비드 시갈(David Segal), "Mugged by a Mug Shot Online", 「New York Times」, 2013년 10월 5일(https://www.nytimes.com/2013/10/06/ business/mugged-by-a-mug-shot-online.html) / 잉그리드 로하스 (Ingrid Rojas), 나타샤 델 토로(Natasha Del Toro), "Should Newspapers Make Money off of Mugshot Galleries?", 「Fusion」, 2016년 3월 9일(https:// fusion.tv/story/278341/naked-truth-newspapers-mugshot-galleries/)

78 윌리엄 맥게버런(William McGeveran), "The Law of Friction", 「University of Chicago Legal Forum」, 2013(https://chicagounbound.uchicago.edu/ uclf/vol2013/iss1/3/), "물리적인 환경에서 지나친 마찰은 움직임을 방해하거나 심지어 화재를 초래할 수 있지만, 마찰이 너무 없으면 물건이 테이블 밖으로 미끄러져 떨어지거나 자동차가 도로 밖으로 미끄러지게 만든다. 온라인 공개의 핵심도 마찰을 완전히 제거하는 것이 아니라 적절한 양의 마찰을 유지하는 데 있다." / 닐 리처즈, "The Perils of Social Reading", 「Georgetown Law Journal」, Vol. 101, 2013(https://papers.ssrn.com/sol3/papers. cfm?abstract_id=2031307), "소셜 리딩과 마찰 없는 완전 공유는 우리의 지적 프라이버시에 큰 위협이다."

79 인터넷은 게재된 정보의 유효 기간이 없으며, 누군가가 웹사이트 자체를 없애버릴 때까지 10년이고 20년이고 거기에 남아 있게 된다.

80 브라이언 머천트, "Your Porn Is Watching You", 「Motherboard」, 2015년 4월 6일(https://www.vice.com/en/article/539485/your-porn-is-watching-you)

81 이브라힘 알타윌(Ibrahim Altaweel), 맥시밀리안 힐스(Maximilian Hils), 크리스 제이 후프네이글, "Privacy on Adult Websites", 기술과 소비자 보호에 관한 워크숍, 제38회 IEEE 보안과 프라이버시 심포지엄, 2017년 5월 22일~24일 (https://papers.ssrn.com/sol3/papers.cfm?abstract_id=2851997)

82 로렌조 프란체스키-비치에라이(Lorenzo Franceschi-Bicchierai), "Shazam Keeps Your Mac's Microphone Always On, Even When You Turn It Off", 「Motherboard」, 2016년 11월 14일(https://www.vice.com/en/article/8q8ee3/shazam-keeps-your-macs-microphone-always-on-even-when-you-turn-it-off)

83 다니엘르 키츠 시트론, "Reservoirs of Danger: The Evolution of Public and Private Law at the Dawn of the Information Age", 「Southern California Law Review」, Vol. 80, 2007(https://papers.ssrn.com/sol3/papers.cfm?abstract_id=928401)

84 폴 옴, "Don't Build a Database of Ruin", 「Harvard Business Review」, 2012년 8월 23일(https://hbr.org/2012/08/dont-build-a-database-of-ruin)

85 캐서린 크럼프(Catherine Crump), "Data Retention: Privacy, Anonymity and Accountability Online", 「Stanford Law Review」, Vol. 56, 2003(https://www.jstor.org/stable/1229685?seq=1)

86 유럽재판소(Court of Justice of the European Union), "The Court of Justice declares the Data Retention Directive to be invalid", 보도자료 54/14, 2014년 4월 8일(https://curia.europa.eu/jcms/upload/docs/application/pdf/2014-04/cp140054en.pdf) / 전자 프라이버시정보센터, "Data Retention", https://www.epic.org/privacy/intl/data_retention.html.

87 조엘 R. 라이덴버그, "The Data Surveillance State in the United States and Europe", 「Wake Forest Law Review」, Vol. 49, 2014(https://papers.ssrn.com/sol3/Delivery.cfm/SSRN_ID2670591_code69537.pdf?abstractid=2349269&mirid=1)

88 미 연방총무청(GSA), "Privacy Impact Assessment: Data Leakage Prevention Content Filtering", 2011년 10월 17일(https://www.gsa.gov/reference/gsa-privacy-program/privacy-impact-assessments-pia) / 크리스토프 엑스타인(Christoph Eckstein), "Preventing Data Leakage: A Risk Based Approach for Controlled Use of the Use of Administrative and

Access Privileges", SANS연구원, 2015년 8월 10일(https://www.sans.org/reading-room/whitepapers/critical/implementing-critical-security-control-controlled-administrative-privileges-37115)

89 폴 M. 슈와츠, 에드워드 J. 쟁거(Edward J. Janger), "Notification of Data Security Breaches", 「Michigan Law Review」, Vol. 105, 2007(https://repository.law.umich.edu/mlr/vol105/iss5/2/)

90 말리나 카롤로(Malena Carollo), "Why Webcam Indicator Lights Are Lousy Privacy Safeguards", 「Christian Science Monitor」, 2015년 7월13일(https://www.csmonitor.com/World/Passcode/2015/0216/Web-privacy-is-the-newest-luxury-item-in-era-of-pervasive-tracking)

8장

1 '진동한다'는 뜻의 vibrating과 '속옷'을 뜻하는 undies를 합성한 단어 – 옮긴이

2 Vibrundies(http://www.vibrundies.com/), 이 사이트는 더 이상 유효하지 않다.

3 해리 요크(Harry Yorke), "Grieving Family's Horror as Hardcore Pornography Played at Funeral for Father and Baby Son", 「Wales Online」, 2016년 1월 27일(https://www.walesonline.co.uk/news/wales-news/grieving-familys-horror-hardcore-pornography-10797800)

4 로렌조 프란체스키-비치에라이(Lorenzo Franceschi-Bicchierai), "Smart Fridge Only Capable of Displaying Buggy Future of the Internet of Things", 「Motherboard」, 2015년 12월 11일(https://www.vice.com/en/article/aekdkp/smart-fridge-only-capable-of-displaying-buggy-future-of-the-internet-of-things)

5 닉 스태트(Nick Statt), "Nest Is Permanently Disabling the Revolv Smart Home Hub", 「The Verge」, 2016년 4월 4일(https://www.theverge.com/2016/4/4/11362928/google-nest-revolv-shutdown-smart-home-products)

6 로이터, "The Internet of Things: By 2020, You'll Own 50 Internet-Connected Devices", 「Huffington Post」, 2013년 6월 22일(https://www.huffpost.com/entry/internet-of-things_n_3130340) / OECD 인사이트, "Smart Networks: Coming Soon to a Home Near You", 2013년 1월 21일 (http://oecdinsights.org/2013/01/21/smart-networks-coming-soon-to-a-home-near-you/) / 데이브 에반스(Dave Evans), "The Internet of Things: How the Next Evolution of the Internet Is Changing Everything", 시스코(SISCO), 2011년 4월(https://www.cisco.com/c/dam/en_us/about/ac79/docs/sp/Next-Generation-of-the-Internet.pdf)

7 마리아 퍼렐, "The Internet of Things—Who Wins, Who Loses?", 「Guardian」, 2015년 8월 14일(https://www.theguardian.com/technology/2015/aug/14/internet-of-things-winners-and-losers-privacy-autonomy-capitalism)

8 새라 할자크(Sarah Halzack), "Privacy Advocates Try to Keep 'Creepy,' 'Eavesdropping' Hello Barbie from Hitting Shelves", 「Washington Post」, 2015년 3월 11일(https://www.washingtonpost.com/news/the-switch/wp/2015/03/11/privacy-advocates-try-to-keep-creepy-eavesdropping-hello-barbie-from-hitting-shelves/) / 캐시미어 힐, "Parents Are Worried About the New WiFi-connected Barbie, But Should They Be?", 「Splinter」, 2016년 1월 6일(https://splinternews.com/parents-are-worried-about-the-new-wifi-connected-barbie-1793853908)

9 스코트 피페트, "Regulating the Internet of Things: First Steps toward Managing Discrimination, Privacy, Security and Consent", 「Texas Law Review」, Vol. 93, 2014(https://texaslawreview.org/wp-content/uploads/2015/08/Peppet-93-1.pdf)

10 캐시미어 힐, "Fitbit Moves Quickly After Users' Sex Stats Exposed", 「Forbes」, 2011년 7월 5일(https://www.forbes.com/sites/kashmirhill/2011/07/05/fitbit-moves-quickly-after-users-sex-stats-exposed/)

11 메그 레타 (암브로즈) 존스, 케빈 뮤러, "Can (and Should) Hello Barbie Keep a Secret?", 2016년 5월 13~14일 캐나다 밴쿠버에서 열린 공학, 과학, 기술

윤리에 관한 IEEE 국제 심포지엄에서 발표(https://papers.ssrn.com/sol3/papers.cfm?abstract_id=2768507)

12 브루스 슈나이어, "The Internet of Things That Talk About You Behind Your Back", 슈나이어의 보안 웹사이트, 2016년 1월 13일(https://www.schneier.com/blog/archives/2016/01/the_internet_of.html)

13 연방거래위원회, "FTC Issues Warning Letters to App Developers Using 'Silverpush' Code", 2016년 3월 17일(https://www.ftc.gov/news-events/press-releases/2016/03/ftc-issues-warning-letters-app-developers-using-silverpush-code)

14 새뮤얼 깁스(Samuel Gibbs), "Toy Firm VTech Hack Exposes Private Data of Parents and Children", 「Guardian」, 2015년 11월 20일(https://www.theguardian.com/technology/2015/nov/30/vtech-toys-hack-private-data-parents-children)

15 존 레이든(John Leyden), "One Ring to Own Them All: IoT Doorbell Can Reveal Your Wi-Fi Key", 「The Register」, 2016년 1월 12일(https://www.theregister.com/2016/01/12/ring_doorbell_reveals_wifi_credentials/)

16 앤디 그린버그, 킴 제터, "How the Internet of Things Got Hacked", 「Wired」, 2015년 12월 28일(https://www.wired.com/2015/12/2015-the-year-the-internet-of-things-got-hacked/)

17 로렌조 프란체스키-비치에라이, "A GPS Tracker for Kids Had a Bug That Would Let Hackers Stalk Them", 「Motherboard」, 2016년 2월 2일(https://www.vice.com/en/article/bmvnzz/a-gps-tracker-for-kids-had-a-bug-that-would-let-hackers-stalk-them)

18 데이브 에반스(Dave Evans), "The Internet of Things [Infographic]", CISCO, 2011년 7월 15일(https://www.cisco.com/c/dam/en_us/solutions/trends/iot/docs/iot-aag.pdf)

19 옴너 바라하스(Omner Barajas), "How the Internet of Things (IoT) Is Changing the Cybersecurity Landscape", 「Security Intelligence」, 2014년 9월 17일(https://securityintelligence.com/how-the-internet-of-things-

iot-is-changing-the-cybersecurity-landscape), 바라하스는 데이브 에 반스의 "The Internet of Things: How the Next Evolution of the Internet Is Changing Everything"을 인용했다(시스코). / 대니얼 미에슬러(Daniel Miessler), "HP Study Reveals 70 Percent of Internet of Things Devices Vulnerable to Attack", HP, 2014년 7월 29일(https://www.channelfutures. com/cloud-2/hp-70-of-iot-devices-vulnerable-to-attack)

20   로렌조 프란체스키-비치에라이, "Hacked Toy Company VTech's TOS Now Says It's Not Liable for Hacks", 「Motherboard」, 2016년 2월 9일(http:// motherboard.vice.com/read/hacked-toy-company-vtech-tos-now- says-its-not-liable-for-hacks)

21   야시 코타크(Yash Kotak), "5 Reasons Why My IoT Startup Failed", 「Venture-Beat」, 2015년 6월 16일(https://venturebeat.com/2015/06/16/5- reasons-why-my-iot-startup-failed/) / 내트 갈린(Nat Garlin), "Quirky Files for Bankruptcy, Will Likely Sell Its IoT Company Wink in the Next 60 Days", 「The Next Web」, 2015년 9월 22일(http:// thenextweb.com/insider/2015/09/22/quirky-bankruptcy/)

22   "Why Patch?", MIT Information Systems and Technology(https://ist.mit. edu/secure)

23   파크 로렌스 리(Parc Lawrence Lee), " "How the 'Internet of Everyday Things' Could Turn Any Product into a Service", 「VentureBeat」, 2015년 2월 7일(https://venturebeat.com/2015/02/07/how-the-internet-of- everyday-things-could-turn-any-product-into-a-service/)

24   브라이언 크렙스, "IoT Reality: Smart Devices, Dumb Defaults", 크렙 스의 보안 강좌, 2016년 2월 8일(https://krebsonsecurity.com/2016/02/ iot-reality-smart-devices-dumb-defaults/) / 브라이언 크렙스, "This Is Why People Fear the Internet of Things"(https://krebsonsecurity. com/2016/02/this-is-why-people-fear-the-internet-of-things/) / 캐 시미어 힐, "The Half-Baked Security of Our Internet Of Things", 「Forbes」, 2016년 5월 27일(https://www.forbes.com/sites/kashmirhill/2014/05/27/ article-may-scare-you-away-from-internet-of-things/), 힐은 디자

이너인 아르템 하루툰얀(Artem Harutyunyan)의 말을 인용했다. "사물인터넷 제조사가 보안 조치를 하지 않는 이유는 그것이 비용을 절약해주기 때문이다. 보안 대책을 적용하는 데는 비용이 든다. 베스트바이의 쇼핑객은 40달러짜리 카메라를 사지 100달러짜리를 고르지는 않는다. 보안에 대해서는 알 까닭이 없다. 점점 더 많은 해킹이 단지 카메라뿐 아니라 수많은 사물에 벌어질 것이다. 결국 그런 사고는 사람들의 관심을 끌고, 취약한 보안이 도리어 더 많은 비용을 물린다는 사실을 깨닫게 만들 것이다."

25 브라이언 크렙스, "The Lingering Mess from Default Insecurity", 「크렙스의 보안 강좌」, 2015년 11월 12일(https://krebsonsecurity.com/2015/11/the-lingering-mess-from-default-insecurity/), "사물인터넷이 폭증하면서 보안성 취약한 제품도 봇물을 이룬다. 이들은 그렇게 취약한 상태로 너무 오래 사용되고, 여러 해에 걸쳐 인터넷과 연결돼 온갖 데이터를 주고받을 것이다. (중략) 보안 대책이 없거나 취약한 사물인터넷 기기는 너무 많이 유통돼 이들을 정리하고 보안성을 높이기에는 기술적으로나 경제적으로 매우 어렵다. 그런 한편 이들이 초래한 보안 취약성의 위험은 인터넷 전반에 큰 불안감을 초래할 것이다."

26 라케시 샤마(Rakesh Sharma), "A New Perspective on the Internet Of Things", 「Forbes」, 2014년 2월 18일(https://www.forbes.com/sites/rakeshsharma/2014/02/18/a-new-perspective-on-the-internet-of-things/)

27 댄 구딘, "Why the Silencing of KrebsOnSecurity Opens a Troubling Chapter for the Net", 「Ars Technica」, 2016년 9월 23일(https://arstechnica.com/information-technology/2016/09/why-the-silencing-of-krebsonsecurity-opens-a-troubling-chapter-for-the-net/), 좀비 기기는 여전히 작동하지만 그 제조사는 이미 지원을 중단한 제품을 가리킨다.

28 "First Wi-Fi-Enabled Smart Contact Lens Prototype", 「MIT Technology Review」, 2016년 6월 29일(https://www.technologyreview.com/2016/07/29/158592/first-wi-fi-enabled-smart-contact-lens-prototype/) / 제니퍼 랭스턴(Jennifer Langston), "Interscatter Communication Enables First-Ever Implanted Devices, Smart Contact Lenses, Credit Cards That

'Talk' Wi-Fi", 「UW Today」, 2016년 8월 17일(https://www.washington. edu/news/2016/08/17/interscatter-communication-enables-first-ever-implanted-devices-smart-contact-lenses-credit-cards-that-talk-wi-fi/) / 대니얼 클러리(Daniel Clery), "Could a Wireless Pacemaker Let Hackers Take Control of Your Heart?", 「Science」, 2015년 2월 9일(https://www.sciencemag.org/news/2015/02/could-wireless-pacemaker-let-hackers-take-control-your-heart) / 안드레아 매트와이신(Andrea Matwyshyn), "Internet of Bodies", 2016년 6월 2일 워싱턴 DC에 소재한 조지 워싱턴대학에서 열린 '프라이버시 법학자 콘퍼런스'에서 발표된 글(https://papers.ssrn.com/sol3/papers.cfm?abstract_id=3452891)

29 제임스 모드, "If You're Reading This with Internet Explorer, Stop in the Name of Security", 「Christian Science Monitor」, 2016년 1월 13일(https://www.csmonitor.com/World/Passcode/2016/0113/If-you-re-reading-this-with-Internet-Explorer-stop-in-the-name-of-security)

30 연방거래위원회, "ASUS Settles FTC Charges That Insecure Home Routers and 'Cloud' Services Put Consumers' Privacy at Risk", 2016년 2월 23일 (https://www.ftc.gov/news-events/press-releases/2016/02/asus-settles-ftc-charges-insecure-home-routers-cloud-services-put) / 연방거래위원회, "FTC Approves Final Order Settling Charges against TRENDnet, Inc.", 2014년 2월 7일(https://www.ftc.gov/news-events/press-releases/2014/02/ftc-approves-final-order-settling-charges-against-trendnet-inc)

31 제임스 그리멜만, "Privacy as Product Safety", 「Widener Law Journal」, Vol. 19, 2010(https://www.ssrn.com/abstract=1560243), "데이터베이스 중심의 공정정보 규정 접근은 미국이 실제로 가진 정보 프라이버시 법의 기반이다."

32 연방거래위원회, "Start with Security: A Guide for Business", 2015년 6월 (https://www.ftc.gov/system/files/documents/plain-language/pdf0205-startwithsecurity.pdf)

33 우드로 하츠그, 대니얼 솔로브, "The Scope and Potential of FTC Data Protection", 「 George Washington Law Review」, Vol. 83, 2015(https://

papers.ssrn.com/sol3/papers.cfm?abstract_id=2461096) / 크리스티나 로
젠(Kristina Rozen), "How Do Industry Standards for Data Security Match
Up with the FTC's Implied 'Reasonable' Standards—And What Might This
Mean for Liability Avoidance?", 국제프라이버시전문가협회(IAPP), 2014년
11월 25일(https://iapp.org/news/a/how-do-industry-standards-
for-data-security-match-up-with-the-ftcs-implied-reasonable-
standards-and-what-might-this-mean-for-liability-avoidance)

34 피페트(Peppet), "Regulating the Internet of Things"

35 나는 기사다(I Am The Cavalry), "About"(https://iamthecavalry.org/
about/), "캐벌리(Cavalry)는 컴퓨터 보안이 대중의 안전, 사람의 생명과 교차
하는 지점에 초점을 맞춘 풀뿌리 기관이다. 캐벌리의 관심 분야는 의료기기, 자
동차, 가전 제품과 공공 인프라다."

36 다섯 개 별점 시스템은 다음 자료를 참조. J. M. 포럽(Porup), " Internet of
Things Security Is Hilariously Broken and Getting Worse", 「Ars Technica」,
2016년 1월 23일(https://arstechnica.com/information-technology
/2016/01/how-to-search-the-internet-of-things-for-photos-of-
sleeping-babies/)

37 줄리아 레이튼(Julia Layton), "How Digital Rights Management Works",
「How Stuff Works」, 2006년 1월 3일(https://computer.howstuffworks.
com/drm6.htm)

38 크리스 호프만(Chris Hoffman), "Is DRM a Threat to Computer Security?",
「Make Use Of」, 2014년 6월 12일(https://www.makeuseof.com/tag/drm-
threat-computer-security/)

39 코리 독토로우, "You Can't Destroy the Village to Save It: W3C v. DRM,
Round Two", 전자프런티어재단(EFF), 2016년 1월 12일(https://www.eff.
org/fa/node/90018)

40 미국 국토안보부, 「사물인터넷 보안을 위한 전략적 원리(Strategic Principles
for Securing the Internet of Things)」, 2016(https://www.dhs.gov/
sites/default/files/publications/Strategic_Principles_for_Securing_the_

Internet_of_Things-2016-1115-FINAL....pdf)

41 국토안보부, 『사물인터넷 보안을 위한 전략적 원리(Strategic Principles for Securing the Internet of Things)』, "제조사가 사물인터넷 기기에 부여한 기본 사용자 이름과 비밀번호를 구매자가 바꾸는 경우는 거의 없으며, 쉽게 해킹될 수 있다. 봇넷(botnet)은 제조될 때 설정된 기본 사용자 이름과 비밀번호로 보호되는 사물인터넷 기기를 끊임없이 스캔한다. 강력한 보안 제어를 위해 기기 구매자들은 의도적으로 기본 이름과 비밀번호를 바꿔야 한다."

42 국토안보부, 『사물인터넷 보안을 위한 전략적 원리(Strategic Principles for Securing the Internet of Things)』, "많은 사물인터넷 기기는 리눅스 운영체제를 사용하지만 최신 운영체제를 사용하지 않는다. 이전의 취약점이 패치된 최신 운영체제를 사용하면 위험을 줄일 수 있을 것이다."

43 국토안보부, 『사물인터넷 보안을 위한 전략적 원리(Strategic Principles for Securing the Internet of Things)』, "예를 들면 트랜지스터 수준에서 보안을 적용해 프로세서에 내장한 컴퓨터 칩을 사용하고, 암호화와 익명성을 제공하라."

44 국토안보부, 『사물인터넷 보안을 위한 전략적 원리(Strategic Principles for Securing the Internet of Things)』, "기기의 오작동이나 실패에서 어떤 결과가 초래될지 알면 개발자, 제조사, 서비스 제공사는 잠재적 위험에 근거한 보안 결정을 더 효과적으로 내릴 수 있다. 가능한 한 개발자들은 사물인터넷 기기를 개발할 때 안전장치와 보안 대책을 수립해서 더 큰 시스템 차원의 피해가 초래되지 않도록 해야 한다."

45 랄루카 에이다 포파(Raluca Ada Popa), 니콜라이 젤도비치(Nickolai Zeldovich), "How to Compute with Data You Can't See", 『IEEE Spectrum』, 2015년 7월 23일(https://spectrum.ieee.org/computing/software/how-to-compute-with-data-you-cant-see)

46 연방거래위원회, "Commission Statement Marking the FTC's 50th Data Security Settlement", 2014년 1월 31일(https://www.ftc.gov/system/files/documents/cases/140131gmrstatement.pdf)

47 하초그, 솔로브, "The Scope and Potential of FTC Data Protection", 2014년

7월 1일(https://papers.ssrn.com/sol3/Delivery.cfm?abstractid=2461096) / 다니엘르 키츠 시트론, "The Privacy Policymaking of State Attorneys General", 「Notre Dame Law Review」, Vol. 92, 2017

48 국토안보부,「사물인터넷 보안을 위한 전략적 원리(Strategic Principles for Securing the Internet of Things)」

49 애런 퍼자노스키, 크리스 제이 후프네이글, "What We Buy When We 'Buy Now' ", 「University of Pennsylvania Law Review」, Vol. 165, 2017(https://scholarship.law.upenn.edu/cgi/viewcontent.cgi?article=9564&context=penn_law_review)

50 브루스 슈나이어, "I've Seen the Future and It Has a Kill Switch", 「Wired」, 2008년 6월 26일(https://www.wired.com/2008/06/securitymatters-0626/)

51 국토안보부,「사물인터넷 보안을 위한 전략적 원리(Strategic Principles for Securing the Internet of Things)」

마치면서

1 미국자유인권연맹(ACLU), "Privacy and Surveillance"(https://www.aclu.org/issues/national-security/privacy-and-surveillance) / 오웬 보우코트(Own Bowcott), "EU's Highest Court Delivers Blow to UK Snooper's Charter", 「Guardian」, 2016년 12월 21일(https://www.theguardian.com/law/2016/dec/21/eus-highest-court-delivers-blow-to-uk-snoopers-charter) / 애슐리 고키(Ashley Gorkey), 패트릭 투미(Patrick Toomey), "President Obama Will Soon Turn Over the Keys to the Surveillance State to President-Elect Trump", 미국자유인권연맹(ACLU), 2016년 11월 21일(https://www.aclu.org/blog/national-security/privacy-and-surveillance/president-obama-will-soon-turn-over-keys)

2 댄 구딘, "Why the Silencing of KrebsOnSecurity Opens a Troubling Chapter for the Net", 「Ars Technica」, 2016년 9월 23일(https://

arstechnica.com/information−technology/2016/09/why−the−silencing−of−krebsonsecurity−opens−a−troubling−chapter−for−the−net/)

3 클레어 가비(Claire Garvie), 알바로 베도야(Alvaro Bedoya), 조너선 프랭클(Jonathan Frankle), "The Perpetual Line−Up: Unregulated Police Face Recognition in America", 「Georgetown Law Center on Privacy and Technology」, https://www.perpetuallineup.org/ / 줄리아 앵귄, "Machine Bias", 「Pro Publica」, 2016년 5월 23일(https://www.propublica.org/article/machine−bias−risk−assessments−in−criminal−sentencing) / 조지 조셉(George Joseph), "Exclusive: Feds Regularly Monitored Black Lives Matter since Ferguson", 「The Intercept」, 2015년 7월 25일(https://theintercept.com/2015/07/24/documents−show−department−homeland−security−monitoring−black−lives−matter−since−ferguson/) / 미국자유인권연맹(ACLU), "Unleashed and Unaccountable: The FBI's Unchecked Abuse of Authority", 2013년 9월(https://www.aclu.org/issues/national−security/privacy−and−surveillance/unleashed−and−unaccountable) / 새라 브레인(Sarah Brayne), "Surveillance and System Avoidance: Criminal Justice Contact and Institutional Attachment", 「American Sociological Review」, Vol. 79, 2014(http://users.soc.umn.edu/~uggen/Brayne_ASR_14.pdf), 주로 소수자와 빈곤층에 집중되는 경향이 있는 감시 및 형사사법 접촉이 어떻게 불신과 '시스템 회피'를 유발하는지 검토한다.

4 딜런 바이어스(Dylan Byers), "Exclusive: Russian−bought Black Lives Matter Ad on Facebook Targeted Baltimore and Ferguson", CNN, 2017년 9월 28일(https://money.cnn.com/2017/09/27/media/facebook−black−lives−matter−targeting/index.html) / 마누 라주(Manu Raju), 딜런 바이어스, 데이나 배시(Dana Bash), "Exclusive: Russian−linked Facebook Ads Targeted Michigan and Wisconsin", CNN, 2017년 10월 4일(https://www.cnn.com/2017/10/03/politics/russian−facebook−ads−michigan−wisconsin/index.html) / 조너선 지트레인, "Facebook Could Decide an Election Without Anyone Ever Finding Out", 「New Republic」, 2014년 6월 1일(https://newrepublic.com/article/117878/information−fiduciary−solution−facebook−digital−gerrymandering)

5   1985년 CBM(Commodore Business Machines)에서 출시한 가정용 컴퓨터 –
    옮긴이

6   컴퓨터 화면에서 무엇인가 입력되기를 기다리는 표시. 또는 무엇을 입력해야
    할지 알려주는 텍스트 필드 – 옮긴이

| 찾아보기 |

ㄱ

가용성 휴리스틱　74

가족교육권 및 개인정보보호법　92

가족 유사성　39

가치 중심 디자인　42

가학적 디자인　46, 220

감시법　104

개방성 원칙　166

개인 식별 정보　370

개인정보보호　105

개인정보보호 및 전자문서법　204

거래 비용　48, 55, 64, 154

검색 가시성　179, 180

검색 숨김　180

격자형 시스템　72

경고문 위치　206

경로 의존성　131

고급 암호화 표준　66

고지 뒤 삭제 제도　276

고지에 입각한 동의　265

고지와 선택　113

공/사 이분법　156

공정대부법　119

공정정보 규정　45, 102, 108, 112

과장된 가치 폄하　74

그램-리치-블라일리 법　92. 119

근접성　206

기만적 디자인　46, 210

기밀성　140, 163

기밀유지법　284

ㄴ

낙관론 편향　74

난독화　181

난독화 기술　340

넛지　73

눈에 잘 띌 것　206

뉴저지 도청 및 전자감시 방지법　165

ㄷ

다니엘르 키츠 시트론　91

다크웹　237

대니얼 솔로브　156, 162

대체형 PET　348

덕덕고　26

돈 노먼　42

드론　35, 340

디자인 프레임워크　198

디지털 밀레니엄 저작권법　255

디지털 시장 조작 이론　226

디지털 저작권 관리 기술　255

ㄹ

라이언 케일로　226

로렌스 레식　137

료정보 이동성과 책임에 관한 법   119
루이스 브랜다이스   186
리처드 탈러   73

ㅁ

마셜 매클루언   36
매몰 비용의 오류   74
맥락적 온전성   39
멀웨어   35
명시적 동의   27
명확성   180
모호성   39, 46, 48, 154
모호성 훼손   37
무차별 대입 공격   354
미국 불법행위론   202
미국 식품의약국   286
미레이유 힐데브란트   137

ㅂ

백도어   30, 143, 354
법률적 보호 중심의 디자인   137
보복형 포르노   91
보완형 PET   348
보호   162
보호되지 않은 접근   180, 181
봉쇄   355
불법행위   104, 284
불법행위법   208
비밀성의 패러다임   157

ㅅ

사물인터넷   29, 48
사생활 침해   340
사용자 인증   26

선택 설계   73
세이프하버 협정   276
소비자금융보호국   199
소비자 보호   198
소비자 보호법   198, 205
수단과 방편 이론   208
숨바꼭질 기술   48, 340
스내프닝   328
스냅챗   26, 44, 167
스마트 하이퍼링크   348
스파이웨어   199
식별   180, 181
신뢰   39, 46
신상털기   330
신중성   162, 163
신중성 지표   164
신탁 관계   283
신탁 의무   18
신탁자 법   162
신호   154

ㅇ

아동 온라인 프라이버시 보호법   205
아키텍처 기반의 프라이버시   198
악의적 인터페이스의 유형   228
안문   339
암호화   254
암호화 기술   30
암호화 전쟁   254
애슐리 매디슨   29
앨런 웨스틴   186
앵커 효과   74
얼굴 인식 기술   35
에퀴펙스   28
엠스파이   237

연방거래위원회 58, 119, 167, 207
영장이 무용한 휴대폰 354
옵트아웃 27
위험-실용 균형 요구 조항 201
위험한 디자인 46, 230
유럽연합 272
유료화의 벽 348
율성 39
은둔 105
의료보험 이동성과 책임에 관한 법 92
이중 인증 93
이크야크 27
인식 34
인증 285
인증 프로토콜 327
일반개인정보보호법 98, 272, 286
잊힐 권리 105

ㅈ

자동차 번호판 판독기 340
자유 105
자율성 46, 186
잠금 효과 34
잭 발킨 162
정보 104
정보과학법 137
정직성 162
제레미 벤담 57
제조물 안전 198
제조물 안전법 199
제조물 책임 198
제한된 합리성 222
젭 루벤펠드 186
조너선 지트레인 162
줄리 코엔 137, 186

중간자 공격 63
지침 34

ㅊ

추단법 222
충성심 162
충성해야 할 의무 162

ㅋ

캐스 선스타인 73
컴퓨터과학 및 전기통신 위원회 160
컴퓨터 사기 및 남용 방지법 255
코드는 법 137
쿠키 105
키 위탁 354

ㅌ

통신저장법 165

ㅍ

파인드페이스 339
판옵티콘 57
표시 방식 206
프라이버시 22, 25
프라이버시 강화 기술 348
프라이버시 고지 207
프라이버시에 대한 합리적인 기대 57
프라이버시 자가 관리 156
프라이버시 중심 기본 설정 272, 286
프라이버시 중심 디자인 31, 41
프라이버시 침해 33, 165
프랭크 로이드 라이트 72
프레이밍 프로세스 74

플라시보 버튼   73

ㅎ

행동유도성   42, 43
허락 없는 혁신   143
헬렌 니센바움   39, 186
혼자 있을 권리   38
홀로 남겨질 권리   186
확증 편향   75

A

abusive   46
AES   66
affordance   42
Alan Westin   186
anchoring effect   74
Ashley Madison   29
autonomy   39, 186
availability heuristic   74

B

back door   30, 143
bounded rationality   222

C

Cass Sunstein   73
CFAA   255
CFPB   199
choice architecture   73
clarity   180
code is law   137
Computer Science and Telecommunications
     Board   160

confidentiality   163
consumer protection   198
cookies   105
cost fallacy   74
Crypto War   254

D

dangerous   46
dark web   237
data protection   105
deceptive   46
discretion   162
discretion indicator   165
DMCA   255
Don Norman   42
doxing   330
DuckDuckGo   26
duty of care and loyalty   162

E

Equifax   28
evidentiary privilege   104

F

faceprint   339
Fair Information Practice Principles   45
FDA   286
FERPA   92
FindFace   339
FIPs   102
framing   74
Frank Lloyd Wright   72
freedom   105

G

GDPR   98
Gramm-Leach-Bliley Act   92
grid system   72
guidance   34

H

Hate Crimes in Cyberspace   91, 330
Helen Nissenbaum   39
hide and seek technology   48, 340
HIPAA   92, 119
honesty   162
HTTPS   63
hyperbolic discounting   74

I

identification   180, 181
intrusion upon seclusion   340
invisibility   180
IoT, Internet of Things   48
ISO 27001   286

J

Jack Balkin   162
Jeb Rubenfeld   186
Jeremy Bentham   57
Jonathan Zittrain   162

L

law of surveillance   104
Lawrence Lessig   137
legal protection by design   137

Lex Informatica   137
lock-in effect   34
lockout   355
loyalty   162

M

man-in-the middle attack   63
Mireille Hildebrandt   137
mSpy   237

N

New Jersey Wire Tapping and Electronic
    Surveillance Act   165
notice and choice   113
notice-and-takedown   276
nudge   73

O

obfuscation   181
obscurity   39
obscurity lurches   37
openness principle   166
optimism bias   74
opt out   27

P

panopticon   57
path dependency   131
paywall   348
PbD   41
permissionless innovation   143
PET, privacy-enhancing technology   348
PIPEDA   204

placebo button   73

placement   206

presentation   206

privacy-by-architecture   198

privacy by default   272

privacy by design   31

privacy self-management   156

product safety   198

prominence   206

protection   162

proximity   206

public/ private dichotomy   156

R

reasonable expectations of privacy   57

recognition   34

Restatement of Torts   202

revenge pornography   91

Richard Thaler   73

right to be forgotten   105

right to be let alone   186

risk-utility balancing   201

robots.txt   180

Ryan Calo   226

S

safe harbor   276

search visibility   179, 180

seclusion   105

secrecy paradigm   157

signal   154

Snapchat   26

Snappening   328

Stored Communications Act   165

T

tort   104

trust   39

Truth in Lending Act   119

two-factor authentication   93

V

value sensitive design   42

W

warrant-prone phone   354

Y

Yik Yak   27

숫자

4P   206

프라이버시 중심 디자인은 어떻게 하는가

신기술의 프라이버시 문제, 디자인에 답이 있다

발 행 | 2021년 6월 16일

지은이 | 우드로 하초그
옮긴이 | 김 상 현

펴낸이 | 권 성 준
편집장 | 황 영 주
편 집 | 조 유 나
디자인 | 윤 서 빈

에이콘출판주식회사
서울특별시 양천구 국회대로 287 (목동)
전화 02-2653-7600, 팩스 02-2653-0433
www.acornpub.co.kr / editor@acornpub.co.kr